Verstehenselemente und strukturelle Klarheit

AF209359

Waxmann Verlag GmbH
Steinfurter Straße 555, 48159 Münster
info@waxmann.com

Empirische Studien zur Didaktik der Mathematik

herausgegeben von

Götz Krummheuer
und Aiso Heinze

Band 8

Waxmann 2011
Münster / New York / München / Berlin

Barbara Drollinger-Vetter

Verstehenselemente und strukturelle Klarheit

Fachdidaktische Qualität der Anleitung von mathematischen
Verstehensprozessen im Unterricht

Waxmann 2011
Münster / New York / München / Berlin

Bibliografische Informationen der Deutschen Nationalbibliothek
Die Deutsche Nationalbibliothek verzeichnet diese Publikation in der
Deutschen Nationalbibliografie; detaillierte bibliografische Daten sind
im Internet über http://dnb.d-nb.de abrufbar.

Die vorliegende Arbeit wurde von der Philosophischen Fakultät der
Universität Zürich im Herbstsemester 2009 auf Antrag von
Prof. Dr. Kurt Reusser und Prof. Dr. Eckhard Klieme
als Dissertation angenommen.

Empirische Studien zur Didaktik der Mathematik, Band 8

ISSN 1868-1441
ISBN 978-3-8309-2606-1

© Waxmann Verlag GmbH, Münster 2011

www.waxmann.com
info@waxmann.com

Umschlaggestaltung: Christian Averbeck, Münster
Titelgrafik: © Barbara Drollinger-Vetter

Gedruckt auf alterungsbeständigem Papier, säurefrei gemäß ISO 9706

Vorwort

Dinge und Menschen zu verstehen, Sachverhalte zu durchdringen und dabei Einsicht zu gewinnen gehört zur Lebensform des Menschen. Es gibt kaum eine geistig-kulturelle Tätigkeit, die nicht in irgendeiner Form Züge des Verstehenwollens, des Bemühens um Klarheit aufweisen würde. Bereits bei Descartes heisst es: nur Gedanken, die „claire et distincte" sind, vermögen den Zweifel beim Wissen zu überwinden. Verstehen ist jedoch nicht nur eine erkenntnisphilosophische Kategorie, mit der sich nach 1900 die Denkpsychologie und später die Kognitionspsychologie beschäftigt haben, sondern auch eine pädagogisch-didaktische Bildungsaufgabe. Zu fragen ist nicht nur nach der Bedeutung eines Begriffs, dessen intuitiver Gebrauch im Kontrast steht zur Schwierigkeit seiner analytischen Klärung, sondern auch nach den Möglichkeiten seiner Anleitung und Unterstützung im Unterricht. Was heisst es, verstehensorientiert zu unterrichten? Wie können Lehrpersonen das sachbezogene Verstehen ihrer Schülerinnen und Schüler durch ihr didaktisches Verhalten unterstützen und fördern?

Die vorliegende, sowohl theoretisch als auch empirisch gehaltvolle Dissertation von Barbara Drollinger-Vetter, einer ausgebildeten Mathematikerin und ausgebildeten Erziehungswissenschafterin mit kognitionspsychologischem Schwerpunkt, geht dieser Frage der Verstehensanleitung im Mathematikunterricht nach. Die Arbeit entstand im Rahmen der schweizerisch-deutschen Videostudie „Unterrichtsqualität, Lernverhalten und mathematisches Verständnis", einer Kooperationsstudie zwischen dem Zürcher Institut für Erziehungswissenschaft und dem Deutschen Institut für Internationale Pädagogische Forschung (DIPF) in Frankfurt. Die Studie vernetzt eine längsschnittliche Untersuchung der Entwicklung von mathematischer Kompetenz über ein Schuljahr hinweg mit einer mikrogenetischen Untersuchung zur Entwicklung von mathematischem Verstehen am Beispiel der Einführung des Satzes des Pythagoras. Ziel der Dissertation ist es, Qualitäten einer wirksamen fachdidaktischen Anleitung des Verstehens eines konkreten Konzeptes im Mathematikunterricht zu bestimmen. „Wirksam" heisst, dass ein Effekt von der fachlich-fachdidaktischen Anleitungsqualität auf die Fachleistung der Schüler/innen postuliert wird. Was auf den ersten Blick selbstverständlich erscheint – dass die Qualität der Anleitung im Unterricht mit höheren oder tieferen Schülerleistungen einhergeht – ist aus Sicht der empirischen Unterrichtsforschung alles andere als trivial, sind doch die Wirkungspfade von Unterrichtsqualitätsmerkmalen zu Fachleistungen vielfältig und keineswegs einfach zu bestimmen und wurden fachdidaktische Merkmale (im Vergleich zu allgemein didaktischen und pädagogisch-psychologischen Merkmalen) bislang kaum in grösseren Studien untersucht.

Im theoretischen Teil der Arbeit entwickelt die Autorin u.a. unter Bezugnahme auf Aeblis kognitionspsychologische Strukturaufbautheorie und seine Theorie der Denkmedien, sowie unter Rückgriff auf den gestaltpsychologischen Verstehensbegriff von Wertheimer zuerst ihre Konzeption eines fachdidaktisch unterstützten Verstehensaufbaus. Deren konzeptspezifisches Herzstück bildet das „Pythagoras-Verstehensmodell".

Dieses Modell unterscheidet drei Verknüpfungsebenen: (1) die Verstehenselemente, die für das Verstehen des Satzes konstitutiv sind, (2) die Formen seiner denk-medialen Repräsentation sowie (3) die Vernetzung mit weiteren Sätzen der Mathematik. Da alle drei Ebenen für ein tiefes Verständnis des Satzes notwendig sind, ist es Aufgabe des Unterrichts, diese in der didaktischen Kommunikation mit den Schülerinnen und Schülern als Lerngelegenheiten mikrodidaktisch explizit und kognitiv fassbar zu machen. Den Analysekern und den Träger dieses konzeptspezifischen Lehr-Lerndialoges bilden die sogenannten „Verstehenselemente". Bei diesen handelt es sich um jene Wissenselemente eines Konzeptes, über die man strukturklar verfügen und an die man anknüpfen muss, wenn das Konzept als Ganzes verstanden werden soll. Verstehenselemente berücksichtigen somit einerseits das Vorwissen der Lernenden, andererseits beziehen sie sich auf die fachliche Seite, d.h. auf die fachnotwendig zu verstehenden Elemente eines Konzeptes.

Nachdem im theoretischen Hauptteil der Arbeit der Fokus auf der fachdidaktischen Gegenstandsanalyse lag, wendet die Verfasserin ihre Aufmerksamkeit nun den damit korrespondierenden Qualitäten des Unterrichts zu. Angenommen wird, dass die bezüglich des Pythagorassatzes verstehensnotwendigen Elemente und Beziehungen im Unterricht in strukturklarer Weise auch als Lerngelegenheiten vorkommen müssen, wenn der Satz tatsächlich verstanden werden soll. Diese Hypothese wird im empirischen Teil der Dissertation an den je dreistündigen Einführungen der 38 Klassen der schweizerisch-deutschen Videostudie überprüft – und bestätigt. Die in Videoanalysen ermittelte Qualität des Vorkommens der „Verstehenselemente" erlaubt dabei nicht nur zu bestimmen, wie kohärent und aufbauklar das fachliche Konzept des Satzes des Pythagoras im „Sinnfluss" (Aebli) – und damit im zeitlichen Verlauf – des Unterrichts entwickelt wurde. Gezeigt werden kann auch, dass eine höhere fachdidaktische Qualität der Theoriephasen des Unterrichts mit höheren Fachleistungszuwächsen der Schülerinnen und Schüler einhergeht. Dass sich kein Zusammenhang zwischen allgemein didaktischer kognitiver Aktivierung und den fachdidaktischen Qualitäten nachweisen lässt, macht die Ergebnisse umso interessanter, zeigen sie doch, wie wichtig es für die Verstehensqualität im Unterricht ist, die didaktische Anleitung eng an den zu verstehenden fachlichen Inhalten festzumachen.

Die theoretisch sehr gelungene und empirisch höchst ertragreiche Verbindung von kognitionspsychologischer und fachdidaktischer Analyseoptik macht die Originalität und den innovativen Charakter der vorliegenden, für die fachdidaktische Unterrichtsforschung wegweisenden Arbeit aus.

Zürich, im Oktober 2011   Kurt Reusser

6

Dank

Die vorliegende Arbeit entstand im Rahmen der schweizerisch-deutschen Videostudie „Unterrichtsqualität, Lernverhalten und mathematisches Verständnis". Diese Videostudie war eine Kooperation zwischen dem Institut für Erziehungswissenschaft der Universität Zürich und dem Deutschen Institut für Internationale Pädagogische Forschung (DIPF) in Frankfurt am Main und stand unter der Leitung von Prof. Dr. Eckhard Klieme, Prof. Dr. Kurt Reusser und PD Dr. Christine Pauli.

Herrn Prof. Dr. Kurt Reusser danke ich für die Möglichkeit, in diesem Projekt mitarbeiten und in dessen Rahmen meine Dissertation verfassen zu können. Die Einbindung in dieses Projekt mit seinem speziellen Forschungsdesign hat es mir ermöglicht, die vorliegende fachdidaktische Fragestellung zu untersuchen, welche ich im Alleingang nie hätte angehen können.

Ich danke Herrn Prof. Dr. Kurt Reusser für das Vertrauen und das Wohlwollen, das er meinen Ideen von Beginn an entgegengebracht hat. Es war für mich nicht einfach, einen gangbaren Weg in der lernpsychologischen und fachdidaktischen Begriffs- und Konzeptvielfalt zu finden. Die konstruktive, kritische und wertschätzende Unterstützung, die ich von Herrn Prof. Dr. Kurt Reusser, PD Dr. Christine Pauli und Prof. Dr. Eckhard Klieme beim Verfassen dieser Arbeit erfahren habe, war für mich sehr wichtig. Dafür möchte ich mich ganz herzlich bedanken.

Die Einbindung in das Forschungsprojekt habe ich sehr geschätzt. Alle Mitarbeitenden des schweizerisch-deutschen Projektteams haben mir auf die eine oder andere Art auf fachlicher und/oder emotionaler Ebene beim Verfassen der Dissertation geholfen. Ihnen allen möchte ich dafür danken.

Der empirische Teil dieser Dissertation wäre ohne die Zusammenarbeit mit Prof. Dr. Frank Lipowsky nicht möglich gewesen: Wir haben die Theoriecodierung gemeinsam entworfen und die Daten auch zusammen geratet. Für diese gute Zusammenarbeit, für die sich daraus entwickelnden Gespräche und gemeinsamen Vorträge sowie für das Beantworten von Fragen vor allem zum methodischen Teil möchte ich mich herzlich bedanken.

Auch bei den Lehrpersonen und ihren Schülerinnen und Schülern, die an der Videostudie teilgenommen haben, möchte ich mich herzlich bedanken.

Jonna Truniger und meinen Eltern danke ich für das sorgfältige Korrekturlesen der Arbeit.

Meiner Familie und meinen Freundinnen und Freunden danke ich für die emotionale Unterstützung und die Geduld, die sie mir entgegengebracht haben.

Speziell danken möchte ich meinem Mann Christoph, der mich sehr unterstützt hat, insbesondere mit seinem Humor und seiner Gelassenheit.

7

Inhalt

Zusammenfassung

Im Zentrum dieser Arbeit steht die Frage, durch welche fachdidaktischen Unterrichts-qualitätsmerkmale das Verstehen eines konkreten Konzepts im Mathematikunterricht wirksam angeleitet und unterstützt werden kann. Neu an diesen Unterrichtsqualitäts-merkmalen ist, dass sie inhaltsspezifisch und unabhängig von den im Unterricht ver-wendeten Aufgaben und Methoden formuliert worden sind.

Die vorliegende Arbeit entstand im Rahmen der schweizerisch-deutschen Video-studie „Unterrichtsqualität, Lernverhalten und mathematisches Verständnis" unter der Leitung von Prof. Dr. E. Klieme, Prof. Dr. K. Reusser und PD Dr. C. Pauli (Klieme, Pauli & Reusser, 2009).[1] Der Inhalt des videographierten Unterrichts war standardi-siert: Während dreier Lektionen wurde der Satz des Pythagoras einführt. Ziel des Un-terrichts war das Verstehen dieses Satzes, also konzeptuelles Verstehen. Es liegen von 38 Klassen Videoaufnahmen dieser Einführungslektionen und – nebst vielen weiteren Daten – inhaltsspezifische Tests vor.

Im Theorieteil dieser Arbeit wird „Mathematikverstehen" aus verschiedenen theo-retischen Perspektiven betrachtet: Aus der Sicht der Disziplin Mathematik, aus kogni-tionspsychologischer und fachdidaktischer Sicht. Eine besondere Bedeutung nimmt dabei Aeblis Theorie zum Strukturaufbau ein: Verstehen wird in dieser Arbeit im kog-nitionspsychologischen Sinne als Strukturaufbau aufgefasst. Elemente des Vorwissens werden so miteinander verknüpft und verdichtet, dass neue Wissenselemente entste-hen. Verknüpfungen von Elementen des Vorwissens sind somit die zentralen Bausteine von Verstehensprozessen.

Es folgen theoretische Betrachtungen zur Bedeutung von Repräsentationen für das Verstehen, zum Zusammenhang zwischen Verstehen und Problemlösen sowie zu nicht kognitiven Aspekten des Verstehens.

Anschliessend werden einige zentrale Unterrichtsqualitätsmerkmale in Bezug auf Verstehen aus Sicht der empirischen Unterrichtsforschung beschrieben. Es wird fest-gestellt, dass der zu verstehende Inhalt der betrachteten Unterrichtslektionen in bishe-rigen empirischen Untersuchungen zu Unterrichtsqualität mit Ausnahme von Fallstu-dien kaum explizit berücksichtigt wurde.

Aus der Analyse dieser verschiedenen theoretischen Vorstellungen zum Mathe-matikverstehen wird deutlich, dass für das Verstehen eines neuen mathematischen Kon-zepts Verknüpfungen zentral sind. Für den spezifischen Verstehensinhalt des Satzes des Pythagoras werden solche Verknüpfungen explizit bestimmt. Es zeigt sich, dass sich dabei ganz verschiedene Arten von Verknüpfungen unterscheiden lassen. Für eine Einführung in den Satz des Pythagoras sind jedoch aus kognitionspsychologischer

---

1   Dieses Projekt wurde vom Schweizerischen Nationalfonds im Rahmen des NFP 33 und von der Deutschen Forschungsgemeinschaft im Rahmen des Schwerpunktprogramms „Bildungsqualität von Schule" (BIQUA) unterstützt (SNF 1114-63564.00/1, DFG KL1057/1-2).

Sicht nicht alle gleich wichtig: Zentral sind diejenigen Verknüpfungen, die in einem engen Sinne den inhaltlichen Kern des zu verstehenden Konzepts ausmachen. Die Elemente, welche miteinander verknüpft das Verständnis eines Konzepts ausmachen, werden in dieser Arbeit „Verstehenselemente" genannt. Verstehenselemente sind diejenigen Teilkonzepte eines zu verstehenden Konzepts, die man verstanden haben muss, um mittels Prozessen des Verknüpfens und Verdichtens das Konzept als Ganzes verstehen zu können. Wer den Satz des Pythagoras verstanden hat, kann in den fachlichen Darstellungen alle diese Verstehenselemente erkennen.

Für das Verstehen eines neuen mathematischen Konzepts werden in der vorliegenden Arbeit drei Arten von Verknüpfungen unterschieden, denen bei der Einführung in ein neues Konzept im Unterricht eine wichtige Bedeutung zukommt: a) Verknüpfungen zwischen den Verstehenselementen, b) Verknüpfungen zwischen den Repräsentationen des Konzepts, c) Verknüpfungen mit anderen Konzepten.

Diese drei Arten von Verknüpfungen werden für den Satz des Pythagoras in einem „Pythagoras-Verstehensmodell" miteinander in Beziehung gesetzt. Den Verknüpfungen zwischen den Verstehenselementen kommt dabei eine Vorrangstellung für die Einführung in das neue Konzept zu. Das Modell ermöglicht es, aus theoretischer Sicht über die Mikroprozesse des Verstehens des Satzes nachzudenken. Ausgehend von diesem Modell lassen sich drei fachdidaktische Unterrichtsqualitäten für einen Unterricht, in dem der Satz des Pythagoras eingeführt wird, bestimmen. Konkret heisst dies, dass das Verstehen eines Konzepts im Unterricht nur dann gelingen kann, wenn der Unterricht den Schülerinnen und Schülern Gelegenheit bietet, die zum zu verstehenden Konzept gehörenden zentralen Elemente und Verknüpfungen auch tatsächlich zu konstruieren. Deshalb müssen diese zentralen Elemente und Verknüpfungen im Unterricht explizit vorkommen und im zeitlichen Verlauf des Unterrichts möglichst kohärent und klar miteinander in Beziehung gesetzt werden. Daraus ergeben sich die folgenden drei Unterrichtsqualitätsmerkmale:

1) Das Vorkommen der Verstehenselemente im Unterricht.
2) Die Qualität der im Unterricht vorkommenden fachlichen Repräsentationen des Satzes des Pythagoras.
3) Die „strukturelle Klarheit" des Unterrichts.
   Ein Unterricht, der im zeitlichen Verlauf bezüglich der oben erwähnten Verstehenselemente und fachlichen Repräsentationen klar und kohärent ist, müsste aus theoretischer Sicht das Verstehen der Schülerinnen und Schüler unterstützen. Diese spezielle inhaltliche Klarheit des Unterrichts bezieht sich auf die Anleitung des Strukturaufbaus des zu verstehenden Inhalts.

Im empirischen Teil der Arbeit wird zuerst das Design der Videostudie „Unterrichtsqualität, Lernverhalten und mathematisches Verständnis" vorgestellt. Von zentraler Bedeutung für die vorliegende Arbeit ist, dass der Inhalt (Satz des Pythagoras) und das Lernziel des Unterrichts (konzeptuelles Verstehen) in der Videostudie standardisiert waren.

Anschliessend wird dargestellt, wie die theoretisch bestimmten fachdidaktischen Unterrichtsqualitäten über die Theoriephasen des Unterrichts mittel bis hoch inferent eingeschätzt wurden.

Die Leistungen der Schülerinnen und Schüler wurden im Projekt in einem Vortest und einem der videographierten Unterrichtseinheit folgenden Nachtest erhoben. In den nachfolgenden Auswertungen wurden die postulierten Effekte der fachdidaktischen Qualitäten auf den Lernzuwachs überprüft. In Mehrebenenanalysen zeigt sich, dass alle drei fachdidaktischen Unterrichtsqualitäten einen Effekt auf die Verstehensleistungen der Schülerinnen und Schüler zeigen: Eine von externen Beobachtern als höher eingeschätzte fachdidaktische Qualität der Theoriephasen des Unterrichts geht mit einem höheren Leistungszuwachs der Schülerinnen und Schüler einher. Weiter wird deutlich, dass die drei fachdidaktischen Unterrichtsqualitäten nicht mit einem allgemeindidaktisch formulierten Unterrichtsqualitätsmerkmal der kognitiven Aktivierung korrelieren.

In der Diskussion wird nach einer kritischen Betrachtung der theoretischen und empirischen Vorgehensweise erörtert, inwiefern sich die Ergebnisse auch für Einführungen in andere mathematische Themen und für konzeptuelles Lernen in anderen Fächern verallgemeinern lassen.

Weiter werden Überlegungen zu den Begriffen der allgemeindidaktischen und fachdidaktischen Unterrichtsqualität angestellt. Unter anderem wird deutlich, wie sich allgemeindidaktische und fachdidaktische Unterrichtsqualitätsmerkmale produktiv ergänzen. Anschliessend wird herausgearbeitet, dass hinter dem Pythagoras-Verstehensmodell ein spezielles fachdidaktisches Lehrerwissen steckt, das sich von anderen Komponenten des professionellen Wissens von Lehrpersonen unterscheidet.

Zum Schluss werden Folgerungen für die Lehrerbildung gezogen. Gezeigt wird, dass (zu dem in der Arbeit entwickelten Pythagorasmodell) analoge Verstehensmodelle und damit verbundene Konzepte fachdidaktischer Unterrichtsqualität für die fachdidaktische Planung und Durchführung eines begriffsbildenden Unterrichts generell wichtig sind. Zu diesem Zweck werden einige Heuristiken und Leitfragen zum Auffinden von Verstehenselementen und zur Planung von strukturell klarem Unterricht formuliert.

1 Einleitung

1.1 Problemstellung und Ziele

Durch welche fachdidaktischen Unterrichtsmerkmale kann das Verstehen eines konkreten Konzepts – im vorliegenden Fall des Satzes des Pythagoras – wirksam angeleitet und unterstützt werden? Was sind fachdidaktische Qualitäten der Anleitung von konzeptuellen Verstehensprozessen im Mathematikunterricht?

Es gibt verschiedene Unterrichtsqualitätsmerkmale aus der empirischen Unterrichtsforschung, die sich auf einen verstehensorientierten Unterricht beziehen. Für den Mathematikunterricht sind insbesondere Verknüpfungen als Merkmal von Aufgabenqualität (z.b. Hiebert et al., 2003), kognitive Aktivierung (z.b. Klieme, Schümer & Knoll, 2001b) und Klarheit bzw. Strukturiertheit (z.b. Brophy, 1999; Brophy & Good, 1986) zu nennen. Allerdings wurden diese Unterrichtsqualitätsmerkmale bisher kaum auf die konkreten Inhalte heruntergebrochen: Aus fachdidaktischer Sicht wird *für das spezielle Lernziel „Verstehen eines Konzepts"* in allen diesen Unterrichtsqualitätsmerkmalen der konkrete zu verstehende Inhalt zu wenig beachtet. Die oben erwähnten Qualitätsmerkmale sind zwar nicht völlig inhaltsfrei, so wird beispielsweise bei der Klarheit oft untersucht, ob Zusammenfassungen vorkommen, und bei der kognitiven Aktivierung, ob herausfordernde Aufgaben bearbeitet werden. Beides ist ohne gewisse inhaltliche Betrachtungen kaum einschätzbar. Für das Verstehen eines neuen Konzepts sind aber die *Qualität* der Zusammenfassungen und die *Eignung* der Aufgabe *im Hinblick auf das Verstehen des Konzepts* zentral.

Videobasierte empirische Unterrichtsforschung hat sich bisher (mit Ausnahme von Fallstudien und experimentellen Designs) kaum auf das Verstehen konkreter Konzepte konzentriert (Pauli & Reusser, 2006): In Videostudien wurden oft unterschiedliche Inhalte behandelt, weil andere Forschungsinteressen im Zentrum standen, beispielsweise internationale Vergleichbarkeit. Deshalb wurden auch Unterrichtsqualitätsmerkmale meist konzeptunabhängig oder konzeptübergreifend formuliert. Liegen unterschiedliche Inhalte vor, so können nur inhaltsübergreifende, (fach)didaktische Qualitäten von Unterricht erfasst werden wie beispielsweise das Vorkommen von mathematischen Verknüpfungen. Welche inhaltsspezifischen Verknüpfungen dies sind, auf welcher Ebene sie sich befinden und ob sie in Bezug auf die Verstehensprozesse an der entsprechenden Stelle produktiv sind, kann kaum beurteilt werden. Dies wäre aber für Strukturaufbauprozesse wesentlich.

Leistungstests waren in internationalen Videostudien zudem meist nicht auf den videographierten Unterricht bezogen, sondern dienten der Verankerung in anderen Stichproben oder der internationalen Vergleichbarkeit. Zeitlich wurden die Tests oft weit entfernt vom videographierten Unterricht durchgeführt. Wenn Leistungstests vor allem allgemeine mathematische Fähigkeiten und Kompetenzen erfassen und nicht den konkreten Inhalt einer spezifischen (videographierten) Unterrichtseinheit, so eignen sie sich nicht, um Aussagen über inhaltsspezifisches konzeptuelles Verstehen zu machen, wie es in dieser Arbeit von Interesse ist.

Verschiedene Autoren fordern deshalb eine inhalts- und lernzielspezifischere Erfassung von Unterrichtsqualitätsmerkmalen (z.b. Hiebert & Grouws, 2007; Klieme & Rakoczy, 2008; Seidel & Shavelson, 2007).

In dieser Arbeit werden *fachdidaktische* Merkmale von Unterrichtsqualität für einen Unterricht, in dem ein neues Konzept eingeführt wird, bestimmt. Qualitäten der Anleitung von Verstehensprozessen werden *konzeptspezifisch* formuliert. Der zu verstehende Inhalt steht im Zentrum und das Lernziel ist bekannt: Das Verstehen des Satzes des Pythagoras, im Umfang dessen, was in drei Lektionen möglich ist.

Weil es um das Lernziel des Verstehens eines konkreten Inhalts geht – den Satz des Pythagoras – wird zuerst untersucht, was „Mathematikverstehen" aus verschiedenen theoretischen Perspektiven bedeutet: Was zeichnet gelingende Verstehensprozesse beim Lernen eines neuen mathematischen Konzepts aus? Und welche Folgerungen entstehen dadurch für die Anleitung von Verstehensprozessen im Unterricht? Wobei „Anleitung" in einem umfassenden Sinne verstanden wird, denn das ganze Unterrichtsangebot, von Lehrererklärungen über Schulbücher bis zu öffentlichen Schülergesprächen, gehört dazu.

Theoretisch wird dabei von einer kognitionspsychologischen Sicht von Verstehen als Struktur-/Begriffsaufbau ausgegangen. Es werden verschiedene Theorien und Konzepte betrachtet, um nach Qualitäten von gelingenden Verstehensprozessen zu suchen: In der Disziplin der Mathematik verankerte Vorstellungen, das sozial-konstruktivistische Lehr-Lernverständnis, Aeblis Theorie des Strukturaufbaus einschliesslich der Rolle von Repräsentationen beim Verstehen, theoretische Konzepte, die den Zusammenhang zwischen Problemlösen und Verstehen thematisieren, Ansätze zu nicht kognitiven Aspekten des Verstehens sowie theoretische Qualitätsmerkmale von Unterricht in Bezug auf Konzeptverstehen aus der Sicht der empirischen Unterrichtsforschung.

Als Merkmale gelingender Verstehensprozesse zeigen sich insbesondere spezielle Verknüpfungen von konzeptspezifischen Elementen, welche in dieser Arbeit „Verstehenselemente" genannt werden.

Wenn ganz bestimmte Verknüpfungen und bestimmte Elemente für den individuellen Strukturaufbau wichtig sind, so lässt sich folgern, dass genau diese Elemente und Verknüpfungen im Unterricht vorkommen müssen und im zeitlichen Verlauf des Unterrichts möglichst kohärent und klar miteinander in Beziehung gesetzt werden sollten. Aus theoretischer Sicht kann dies auf ganz unterschiedliche Art und Weise geschehen.

Die Grundannahmen der Argumentation in dieser Arbeit lauten zusammenfassend:

1) In einem gelingenden Verstehensprozess zu einem bestimmten mathematischen Konzept müssen gewisse kognitionspsychologisch-fachlichen Verknüpfungen und Elemente vorkommen. Und diese müssen fachlich passend repräsentiert werden.

2) Ein Unterricht, in dem diese Verknüpfungen und Elemente in kohärenter, deutlicher und vielfältiger Weise mehrfach vorkommen, erhöht die Wahrscheinlichkeit, dass die Schülerinnen und Schüler diese Verknüpfungen konstruieren können und somit das Konzept verstehen.

Denn aus fachdidaktischer Sicht ist ein Unterricht denkbar, in dem bewährte allgemeindidaktische Unterrichtsqualitäten wie Disziplin, Klassenklima, kognitive Aktivierung und allgemeindidaktische Klarheit und Strukturiertheit gegeben sind, in dem die Aufgaben von hoher fachdidaktischer Qualität sind und die Schülerinnen und Schüler aufmerksam und motiviert mitarbeiten. Trotzdem können die Schülerinnen und Schüler in diesem Unterricht Mühe haben, ein neues Konzept zu verstehen, weil sie immer wieder den roten Faden verlieren und nicht wirklich verstehen, worum es geht. Dann nämlich, wenn die zentralen, zum neu zu verstehenden Konzept gehörenden Elemente und Verknüpfungen im Unterricht zu wenig klar werden.

Mit Hilfe dieser speziellen Elemente und Verknüpfungen lassen sich drei spezifische fachdidaktische Unterrichtsqualitätsmerkmale formulieren: 1) Das Vorkommen der Verstehenselemente im Unterricht, 2) die Qualität der im Unterricht vorkommenden fachlichen Repräsentationen des Satzes des Pythagoras und 3) die „strukturelle Klarheit" des Unterrichts, welche eine inhaltsspezifische Art von Klarheit von Unterricht darstellt.

Man beachte, dass diese fachdidaktischen Unterrichtsqualitätsmerkmale für beliebige unterrichtliche Inszenierungen gleichermassen anwendbar sind, denn sie sind unabhängig von bestimmten Methoden und Aufgabenstellungen formuliert.

Es braucht ein spezielles Forschungsdesign, um solche Qualitäten überhaupt ermitteln zu können. Das mikrogenetische Design der Unterrichtsstudie „Unterrichtsqualität, Lernverhalten und mathematisches Verständnis" zeichnet sich durch folgende Punkte aus (vgl. Klieme et al., 2009; Lipowsky, Rakoczy, Klieme, Reusser & Pauli, 2005): *Erstens* wurde der Unterrichtsinhalt standardisiert, d.h. konstant gehalten: Es ging um eine Einführung in die Satzgruppe des Pythagoras mit dem Ziel, den Satz zu verstehen. *Zweitens* wurden drei Unterrichtseinheiten und nicht, wie häufig, nur eine Unterrichtseinheit videographiert. *Drittens* erfolgten die hier verwendeten Tests direkt vor und nach der videographierten Unterrichtseinheit und nicht Wochen oder Monate später. *Viertens* waren die Tests vor und nach der videographierten Unterrichtseinheit inhaltlich auf den Unterricht bezogen: Es wurde pythagorasspezifisches Vorwissen erhoben und der Nachtest überprüfte konzeptuelles Verständnis und einfache Anwendungen.

Innerhalb eines Forschungsdesigns, in dem Leistung konzeptspezifisch erfasst wird, d.h. in dem sich die Tests rund um den Unterricht auf das tatsächliche Lernziel und den Inhalt des analysierten Unterrichts beziehen, hat man die Möglichkeit, zu erfassen, ob die aus theoretischer Sicht bestimmten konzeptspezifischen Unterrichtsqualitäten auch tatsächlich einen Effekt auf das Konzeptverständnis der Schülerinnen und Schüler zeigen. Dies wird in der vorliegenden Arbeit untersucht.

Im folgenden Kapitel werden zwei verschiedene Einstiege in den Satz des Pythagoras beschrieben. Sie zeigen exemplarisch, wie unterschiedlich eine Einführung in dieses Themengebiet gestaltet werden kann, und bilden damit das Ausgangsmaterial, worauf später in der Arbeit wieder Bezug genommen wird.

1.2   Zwei Einstiege in den Satz des Pythagoras

In dieser Arbeit geht es um das Anleiten von Verstehen im Unterricht und nicht um eine Eins-zu-eins-Anleitung von Verstehensprozessen zwischen einer Lehrperson und einem einzelnen Schüler. Diese Unterscheidung ist wesentlich, denn im Unterricht gilt es viele verschiedene Verstehensprozesse anzuregen, weil die Schülerinnen und Schüler an verschiedenen Orten stehen. Die Lehrperson kann nur teilweise direkt und unmittelbar Bezug auf einzelne Schülerschwierigkeiten und Missverständnisse nehmen. Bei zwanzig bis dreissig Schülern können im Unterricht oft nicht alle Schülerinnen und Schüler öffentlich aktiv werden, und auch in Übungsphasen kann die Lehrperson meist nicht mit allen Schülerinnen und Schülern gleich ausführlich sprechen. Die Lehrperson kann im Unterricht deshalb nicht so unmittelbar und adaptiv auf die einzelnen Schülervorstellungen reagieren, wie sie es in einer Eins-zu-eins-Situation tun könnte. Sie muss deshalb Schwierigkeiten antizipieren und das Unterrichtssetting so einrichten, dass die Chancen möglichst gross sind, dass möglichst viele Schülerinnen und Schüler gefördert werden und verstehen. Das Anleiten von Verstehensprozessen einer Klasse im Unterricht ist also ungemein komplexer als das Anleiten eines einzelnen individuellen Verstehensprozesses einer Schülerin oder eines Schülers in einer Eins-zu-eins-Situation.

Wie sieht ein Mathematikunterricht aus, in dem die Schülerinnen und Schüler den Satz des Pythagoras gut verstehen? Um die Komplexität dieser Frage aufzuzeigen, werden im Folgenden zwei Unterrichtsbeispiele zur Einführung des Satzes des Pythagoras dargestellt, wobei jeweils nur der Verlauf der ersten Lektion beschrieben wird. Die zwei Beispiele stammen aus der Stichprobe der Videostudie „Unterrichtsqualität, Lernverhalten und mathematisches Verständnis", in deren Rahmen diese Arbeit entstanden ist. Sie sind aber etwas prägnanter und vereinfacht dargestellt, damit die Struktur deutlicher wird. Beide Beispiele lassen den Satz des Pythagoras durch eine Problemstellung entdecken. Die Schülerinnen und Schüler sind in beiden Varianten an den Formulierungen des Satzes in verschiedenen Medien der Repräsentation beteiligt. Phasen von Gruppenarbeiten und Diskussionen in der ganzen Klasse wechseln sich ab. Die Lehrperson steuert die gemeinsamen Gespräche und fasst zusammen. In beiden Klassen wird ungefähr eine Lektion für die eigentliche Einführung des Satzes und für seine Formulierung im Heft verwendet. Auf der didaktischen Seite sind also in beiden Beispielen viele Aspekte identisch. Auf der fachdidaktischen Ebene unterscheiden sie sich in der Vorgehensweise. Zum Beispiel darin, mit welcher Repräsentation des Satzes das neue Thema im Unterricht eingeführt wird und welche Aspekte des Satzes zu welchem Zeitpunkt im Zentrum stehen. Die Bespiele werden „Einstieg Feldertausch" und „Einstieg Dreiecke" genannt.

Einstieg Feldertausch (1225)[2]

Die Lehrperson erzählt den Schülerinnen und Schülern eine Geschichte über einen Feldertausch, in dem jeweils zwei kleine, quadratische Felder gegen ein einziges grösseres, quadratisches Feld eingetauscht werden sollen. Die Situation liegt bildlich in drei Varianten vor und sieht so aus (vgl. Abbildung 1):

  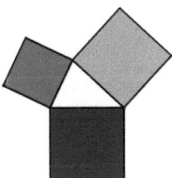

Abbildung 1:   Feldertausch

Die Frage ist, ob sich der Tausch in allen drei Fällen lohne. In Gruppen wird je eine der Situationen untersucht. Bei der anschliessenden Besprechung gibt jede Gruppe in Zahlen an, was sie ausgerechnet hat. Die Lehrperson fragt, woran es liege, dass die gleichen zwei kleinen Quadrate zusammen einmal ein Quadrat ergeben, das gleich gross ist, einmal ein kleineres und einmal ein grösseres. Eine Gruppe vermutet, dass diese Fragestellung einen Zusammenhang mit dem Winkel des Dreiecks haben könnte, welcher durch die beiden kleinen Quadrate gebildet wird. An dieser Stelle führt die Lehrperson die Begriffe Hypotenuse und Kathete ein, damit man einfacher über die Dreiecksseiten sprechen kann. Anschliessend wird gemeinsam nach einer sprachlichen Formulierung dieses Zusammenhangs gesucht. Es kommt unter anderem der folgende Vorschlag vor: „Wenn man an ein rechtwinkliges Dreieck an jeder Seite ein Quadrat

---

2   Vierstellige Zahlen bezeichnen Klassen aus der Videostudie „Unterrichtsqualität, Lernverhalten und mathematisches Verständnis".

zeichnet, dann sind die Flächen der Quadrate an den Katheten zusammen gleich gross wie die Fläche des Quadrats an der Hypotenuse." Die Lehrperson betont die Wichtigkeit der Voraussetzung des rechtwinkligen Dreiecks. Es wird auch diskutiert, dass der Begriff „Quadrat über der Seite" heikel ist, weil dies ja auch für ein Quadrat gelten könnte, dessen Seite kürzer ist als die Dreiecksseite. Ein weiterer Formulierungsvorschlag ist: „Die erste Kathete hoch zwei, plus die zweite Kathete hoch zwei ist die Hypotenuse hoch zwei." Am Schluss diktiert die Lehrperson die folgende Variante ins Heft: „In einem rechtwinkligen Dreieck sind die Flächen der Quadrate an den Katheten zusammen gleich gross wie die Fläche des Quadrats an der Hypotenuse." Die Schülerinnen und Schüler zeichnen auch die bildliche Darstellung des Satzes ins Heft, in der die Begriffe Kathete und Hypotenuse eingetragen werden.

Zusammenfassend: Betrachtet man in dieser Einführung nur die Repräsentationen des Satzes, inklusive der Repräsentationen, welche zum Satz führen, so fällt auf, dass ausgehend von drei Quadratflächen zuerst die Bedeutung des rechten Winkels erkannt wird. Dieser rechte Winkel ist entscheidend für den Zusammenhang zwischen der Summe der Flächeninhalte der kleinen Quadrate und dem Flächeninhalt des grossen Quadrats. Daraus ergibt sich die bildliche Darstellung des Satzes. Es folgt eine sprachliche Darstellung des Satzes, um welche in einer Klassendiskussion lange gerungen wird. Die Formel kommt in dieser Lektion noch nicht vor.

Einstieg Dreiecke (2111)

Die Lehrperson repetiert mit den Schülerinnen und Schülern zu Beginn die Beschriftung im rechtwinkligen Dreieck sowie die Begriffe Hypotenuse und Kathete. Anschliessend erhalten die Schülerinnen und Schüler ein Blatt, auf dem verschiedene rechtwinklige Dreiecke (erkennbar am Thaleskreis) abgebildet sind. Die Seitenlängen der Dreiecke sind angegeben (vgl. Abbildung 2).

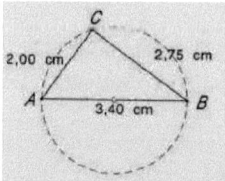

Abbildung 2:   Dreiecke: Ausschnitt aus dem Arbeitsblatt

Die Schülerinnen und Schüler werden aufgefordert, eine Gesetzmässigkeit zwischen den Dreiecksseiten zu entdecken. Es werden verschiedene Beobachtungen über die Grösse der Winkel und die Längen der Seiten genannt. Die Beziehung des Satzes des Pythagoras wird aber nicht entdeckt, sondern von einer Schülerin formuliert, die den Satz schon gehört hat. Die Lehrperson fordert die Schülerinnen und Schüler anschliessend auf, für je drei Dreiecke die folgenden Tabellen-Werte zu bestimmen und in eine Tabelle an der Wandtafel einzutragen (vgl. Tabelle 1).

Tabelle 1:   Tabelle Dreiecke

Dreiecksnummer	a	b	c	a^2	b^2	$a^2 + b^2$	c^2
1							
2							

In der anschliessenden Diskussion wird besprochen, ob aufgrund der Tabelle die Beziehung $a^2 + b^2 = c^2$ tatsächlich gelten könnte. Das Nichtaufgehen wird auf Rundungsfehler zurückgeführt. Die Lehrperson fragt nach einer sprachlichen Formulierung dieses Zusammenhangs und die Schülerinnen und Schüler formulieren verschiedene Varianten, welche sich von einem anfänglichen Ablesen der Formel zu einer sprachlichen Darstellung via Seitenlängen entwickeln. Anschliessend erarbeitet die Lehrperson zusammen mit den Schülerinnen und Schülern die geometrische Bedeutung des Terms a^2, wobei a eine Seitenlänge des Dreiecks darstellt. Sie skizziert die Pythagorasflächenfigur an die Wandtafel. Nun formulieren die Schülerinnen und Schüler den Satz als Aussage über Flächeninhalte von Quadraten über dem rechtwinkligen Dreieck. Die Lehrperson zeigt im Anschluss daran mit Hilfe einer Computeranimation, dass die Beziehung des Satzes des Pythagoras für beliebige rechtwinklige Dreiecke gilt (der Punkt C wird auf dem Thaleskreis bewegt) und dass auch die Grösse des Dreiecks keine Rolle spielt. Zum Schluss legt die Lehrperson die folgende Folie auf, welche die Schülerinnen und Schüler abschreiben (vgl. Abbildung 3):

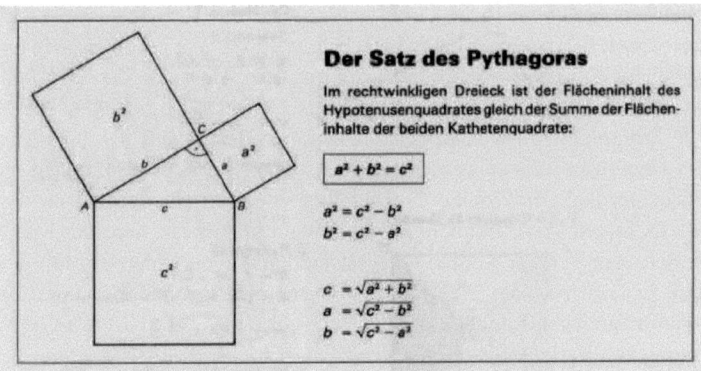

Abbildung 3:   Theorieeintrag (aus Hohl, 1987, S. 81)

Zusammenfassend: Betrachtet man in dieser Einführung nur die Repräsentationen des Satzes, inklusive der Repräsentationen, welche zum Satz führen, so fällt auf, dass ausgehend vom rechtwinkligen Dreieck via Seitenlängen zur Formel gelangt wird. Über die Bedeutung von a^2 als Flächeninhalt des Quadrats über der Seite a wird dann zur bildlichen Darstellung des Satzes übergeleitet. Aus dieser bildlichen Darstellung wird anschliessend eine sprachliche Darstellung erarbeitet. Zum Schluss wird die bildliche Darstellung des Satzes dynamisch visualisiert, wobei die jeweiligen Zahlenwerte der Seitenlängen angegeben werden.

Vergleicht man die beiden Vorgehensweisen der beiden Einstiege, so fällt auf, dass der Ausgangspunkt der Verstehensprozesse unterschiedlich ist. Im ersten Beispiel sind es Quadrate, im zweiten Fall sind es rechtwinklige Dreiecke. Im ersten Beispiel wird die Bedeutung des rechtwinkligen Dreiecks zuerst herausgearbeitet. Im zweiten Beispiel gehört das rechtwinklige Dreieck zur Ausgangslage. Bei beiden Beispielen kommen sowohl die bildliche als auch verschiedene sprachliche Darstellungen des Satzes vor. In der zweiten Klasse ist auch die formale Darstellung vorhanden. Die fachlichen Darstellungen des Satzes werden also in unterschiedlichen Reihenfolgen erarbeitet. Beim ersten Beispiel wird der Satz zuerst als Aussage über Flächeninhalte von Quadraten erfahren, während beim zweiten Beispiel der Satz als Aussage über Seitenlängen kennengelernt wird.

Nach diesen ersten Unterrichtsbeispielen wird nun kurz die grobe Gliederung dieser Arbeit vorgestellt.

1.3 Gliederung

Im theoretischen Teil dieser Arbeit wird in Kapitel 2 das Verstehen von Mathematik aus verschiedenen Perspektiven betrachtet. Hier wird der Verstehensbegriff festgelegt und das Mathematikverstehen wird auch kurz aus der Sicht der Disziplin betrachtet. Das konstruktivistische Lehr-Lernverständnis und kognitionspsychologische Vorstellungen von Strukturaufbau werden beschrieben, und der Begriff des Sinnflusses von Aebli wird eingeführt. Weiter werden einige Aspekte von Repräsentationen und Verstehen beleuchtet und der Problemlösecharakter von Verstehensprozessen wird kurz untersucht. Es folgen kurze Betrachtungen zu nicht kognitiven Aspekten von Verstehensprozessen. Am Schluss werden Qualitätsmerkmale von Unterricht mit dem Ziel, Mathematik zu verstehen, aus Sicht der empirischen Unterrichtsforschung dargestellt. In diesem umfangreichen Kapitel 2 wird aus verschiedenen theoretischen Perspektiven die Bedeutung von Verknüpfungen für Verstehensprozesse deutlich werden.

In Kapitel 3 werden am Beispiel des Satzes des Pythagoras verschiedene Arten solcher Verknüpfungen unterschieden. Gleichzeitig findet eine fachdidaktische Sachanalyse zum Satz des Pythagoras statt.

Dadurch ist die Basis für das Verstehensmodell zum Satz des Pythagoras gelegt, das in Kapitel 4 formuliert wird. Es werden drei Ebenen von Verknüpfungen unterschieden, und eine davon, die Ebene der Verstehenselemente, wird als Grundlage für Verstehensprozesse betrachtet. Ausgehend davon werden nun Qualitätsmerkmale der Anleitung von Verstehensprozessen im Mathematikunterricht beschrieben. Es wird angenommen, dass das Vorkommen von Verstehenselementen und die Qualität der Repräsentationen des Satzes des Pythagoras sowie die Klarheit dieser Verstehenselemente und Repräsentationen im Verlauf des Unterrichts entscheidend sind. Da sich diese Klarheit auf die Anleitung von Verstehensprozessen im Unterricht bezieht und weil Verstehen als Strukturaufbau definiert wird, nenne ich diese konzeptspezifische Klarheit des Unterrichts in Kapitel 4 „strukturelle Klarheit".

Diese theoretisch bestimmten fachdidaktischen Unterrichtsqualitätsmerkmale werden nun im empirischen Teil dieser Arbeit anhand der Videodaten untersucht. Zuerst werden in Kapitel 5 die Fragestellungen formuliert. In Kapitel 6 wird die Methode vorgestellt. Dieses Kapitel enthält insbesondere die Instrumente zur Erfassung der fachdidaktischen Unterrichtsqualitäten und Beispiele aus den Videodaten, welche illustrieren, mit welcher unterrichtlichen Vielfalt diese Instrumente umgehen können müssen. Anschliessend werden in Kapitel 7 die Ergebnisse in der Reihenfolge der Fragestellungen dargestellt: Zuerst werden der Summenscore respektive die Skalenbildung der fachdidaktischen Unterrichtsqualitäten einzeln und anschliessend die Korrelationen zwischen diesen beschrieben. Es folgen die Länder- und Schulformunterschiede, die Ergebnisse zum Effekt der fachdidaktischen Qualitäten auf den Leistungsstand der Schülerinnen und Schüler sowie der Zusammenhang zwischen den Qualitäten und der kognitiven Aktivierung. In der Diskussion in Kapitel 8 werden zuerst die zentralen Befunde zusammengefasst. Anschliessend wird sowohl das methodische Vorgehen als auch das Pythagoras-Verstehensmodell kritisch analysiert. Neben einem kurzen Ausblick auf weiterführende Fragen werden Überlegungen zum Begriff der allgemeinen und fachdidaktischen Unterrichtsqualität und zum fachdidaktischen Lehrerwissen angestellt sowie Folgerungen für die Lehrerbildung diskutiert.

2 Mathematikverstehen aus verschiedenen Perspektiven

In diesem umfangreichen Kapitel wird zuerst auf den in dieser Arbeit verwendeten Verstehensbegriff eingegangen (Kapitel 2.1). Anschliessend werden einige Aspekte von Verstehen aus der Sicht der Disziplin beschrieben (Kapitel 2.2). Der grösste Teil des Kapitels handelt von Mathematikverstehen aus Sicht der Kognitionspsychologie und der Fachdidaktik (Kapitel 2.3 mit Unterkapiteln).

2.1 Einleitung: Was heisst Mathematikverstehen?

In der Mathematikdidaktik wird übereinstimmend gefordert, dass die Schülerinnen und Schüler Mathematik wirklich verstehen und nicht auswendig lernen sollen (z.b. Hiebert et al., 1997; Hiebert & Wearne, 2003; NCTM, 1989). Was heisst es, Mathematik zu verstehen?

Bevor diese Frage allgemein angegangen wird, sollen einige Überlegungen zum Verstehen des Satzes des Pythagoras einen Eindruck geben, wie schwierig diese Frage selbst für ein konkretes Konzept zu beantworten ist: Wann habe ich den Satz des Pythagoras verstanden?

- Wenn ich $a^2 + b^2 = c^2$ angeben kann?
- Wenn ich weiss, dass man mit diesem Satz Seitenlängen ausrechnen kann?
- Wenn ich weiss, dass der Satz mit rechtwinkligen Dreiecken zu tun hat?
- Wenn ich den Ergänzungsbeweis mit Papierfiguren richtig nachlegen kann?
- Wenn ich aus zwei gegebenen Seitenlängen in einem rechtwinkligen Dreieck die dritte Seitenlänge ausrechnen kann?

Es ist zu erkennen, dass ein Verständnis des Satzes des Pythagoras verschiedene Aspekte umfasst und dass es so etwas wie verschiedene Grade des Verstehens geben muss.

Die Frage, was Mathematikverstehen bedeutet, wird in den folgenden Kapiteln aus unterschiedlichen Perspektiven angegangen. Dieses Kapitel erläutert, warum unterschiedliche Blickwinkel nötig sind. Im Folgenden wird zuerst die in dieser Arbeit verwendete Definition von Mathematikverstehen vorgestellt. Anschliessend wird das Verstehen von Mathematik in einer umfassenderen Sicht betrachtet, wobei auf Reusser und Reusser-Weyeneth (1994b) Bezug genommen wird. Es werden verschiedene Aspekte von Mathematikverstehen kurz thematisiert und die meisten davon werden im Verlauf der Arbeit zu einem späteren Zeitpunkt wieder aufgenommen und genauer diskutiert werden. Vor diesem Hintergrund wird anschliessend überlegt, was der von Reusser und Reusser-Weyeneth (1994b) beschriebene Subjekt- und Objektbezug sowie die Kontextgebundenheit von Verstehen für das Mathematikverstehen bedeuten könnten. Ausgehend davon wird deutlich werden, welche Blickwinkel auf Mathematikverstehen produktiv sein könnten, und es wird ein Überblick über die Kapitel 2.2 und 2.3 und einige ihrer zentralen Aussagen gegeben.

Vorausgehend muss festgehalten werden, dass der in dieser Arbeit verwendete Verstehensbegriff auf folgendem Menschenbild beruht (vgl. Hörmann, 1976; Reusser, 1984/1994): Menschen sind bedeutungs- und sinnsuchende Wesen. Sie haben den angeborenen Wunsch zu verstehen, und sie streben beim Lernen und Verstehen nach Kohärenz. Dabei nehmen sie an, dass jegliches Geschehen im Prinzip als sinnvoll vorausgesetzt werden kann.

Definitionen von Verstehen von Mathematik

Der Begriff des Verstehens (unabhängig vom Fach) ist gemäss Reusser und Reusser-Weyeneth (1994b) und Shuell (2001) schwierig theoretisch zu fassen. Ich halte mich in dieser Arbeit an die folgende Definition von Verstehen von Mathematik, welche von einem (sozial-) konstruktivistischen Lernverständnis geprägt ist: „(...) understanding in mathematics is making connections between ideas, facts or procedures" (Hiebert & Carpenter, 1992, S. 67). Eine mathematische Idee, eine Prozedur oder ein Fact sind gemäss den Autoren dann verstanden, wenn sie Teile eines internalen Netzwerkes geworden sind. Varianten dieser Definition lauten wie folgt: „By conceptual understanding we mean mental connections among mathematical facts, procedures, and ideas (...). This definition suggests that conceptual understanding grows as mental connections become richer and more widespread" (Hiebert & Grouws, 2007, S. 380). Oder: „Knowing a subject means getting inside it and seeing how things work, how things are related to each other, and why they work like they do" (Hiebert et al., 1997, S. 2). Im NCTM (2000, S. 64) steht ebenfalls, dass „understanding involves making connections". Diese Definitionen sind auch vor dem Hintergrund zu sehen, dass die Mathematik eine stark hierarchisch geordnete, verknüpfte Disziplin ist, in der immer wieder von Neuem und auf unterschiedlichen Abstraktionsebenen Phänomene geordnet werden (vgl. Kapitel 2.2). Es gibt aber viele weitere fachunabhängige Bedeutungen von Verstehen (vgl. Stebler, Reusser & Pauli, 1994).

Die oben erwähnten Definitionen lassen viele Freiräume offen. Es entstehen die folgenden Fragen: Sind alle Arten von Verknüpfungen hilfreich? Gibt es verschiedene Qualitäten von Verknüpfungen? Auf welcher Ebene wird verknüpft? Welche Einheiten werden verknüpft? Mit diesen Fragen wird sich die vorliegende Arbeit beschäftigen. Im Zentrum steht das Verstehen eines konkreten Konzepts in einer dreistündigen Einführung.

Im Folgenden werden einige zentrale Aspekte zum Verstehen von Mathematik dargestellt (vgl. z.B. Aebli, 1994, 2001; Dewey, 1910/2002; Duncker, 1935; Fennema & Romberg, 1999; Fennema, Sowder & Carpenter, 1999; Freudenthal, 1973; Gallin & Ruf, 1990; Hiebert & Carpenter, 1992; Hiebert et al., 1996; Hiebert & Grouws, 2007; Hiebert & Wearne, 2003; Reusser, 1984/1994; Reusser & Reusser-Weyeneth, 1994a,

1994b; Ruf & Gallin, 1998; Sfard, 2001; Sierpinska, 1994; Stebler et al., 1994; Wertheimer, 1945/1964). Dies ist gleichzeitig auch eine kurze Zusammenfassung der in den folgenden Kapiteln dargestellten Theorie zum Verstehen.

Das Vorgehen ist Folgendes: Die acht allgemeinen Strukturmerkmale des Verstehens aus Reusser und Reusser-Weyeneth (1994b) werden zu vier zusammengenommen, welche für das Verstehen von Mathematik besonders wichtig erscheinen:

1) Verstehen als kognitive Konstruktion,
2) Verstehen als Problemlösen,
3) Verstehen als mehrperspektivischer, mehrdeutiger und unabschliessbarer Vorgang, der auf Sinnvollheit, Strukturgüte und Funktionalität bezogen ist,
4) Verstehen als kontextuell eingebetteter Vorgang.

Anschliessend wird versucht, Aspekte des Verstehens aus der oben erwähnten Literatur, welche für das Mathematikverstehen zentral sind, unter diese vier allgemeinen Strukturmerkmale einzuordnen.

1) Verstehen als kognitive Konstruktion

Gemäss einem konstruktivistischen Lernverständnis (vgl. Kapitel 2.3.1) ist Verstehen eine subjektive Konstruktionsleistung. Verstehen bedeutet Verknüpfungen, Beziehungen, Zusammenhänge herzustellen zwischen mathematischen Ideen, Prozeduren und Konzepten (Hiebert & Carpenter, 1992, vgl. oben). Für Aebli ist Verstehen vor allem Begriffsbildung (Aebli, 1993, 1994). Auch Leuders (2007) betont, dass Mathematiklernen im Kern als ein gestufter Begriffsbildungsprozess aufgefasst werden kann. Begriffe sind als Denkinstrumente wiederum selbst Werkzeuge des Verstehens. Weil tiefes Verstehen zu einer flexiblen und beweglichen Struktur führt, fördert Verstehen den Transfer (Aebli, 2001). Aus demselben Grund führt Verstehen zu Erinnern und reduziert die Menge, die erinnert werden muss. Das ist zum Beispiel im Zusammenhang mit dem Aufbau von numerischen Netzwerken wichtig (Steiner, 1996).

Wer schon viel verstanden hat, dem fällt das weitere Verstehen einfacher (Aebli, 2001); dieses Phänomen ist in der Mathematik gut beobachtbar. Der Grund für diese positive Wirkung liegt darin, dass gut strukturierte und verknüpfte Netzwerke (das bestehende Verständnis) das weitere Verknüpfen erleichtern.

Mathematiklernen wird heute oft als eine „sense-making activity" betrachtet (De Corte & Verschaffel, 2006; Hiebert et al., 1997; Schoenfeld, 1992). Also heisst Verstehen auch Bedeutung und Sinn zu erkennen (vgl. auch Dewey, 1910/2002; Sierpinska, 1994). Die Bedeutung liegt aber weder in den verwendeten Materialien noch in deren Präsentationsart (Shuell, 2001). Shuell betont auch, dass Informationen zwar ein Potenzial besitzen, bedeutungsvoll zu sein, dass es aber der Lerner selbst ist, der ihnen eine Bedeutung gibt.

Fachliches Verstehen kann aber nicht nur aus einem subjektiven Sinnherstellen bestehen. Die individuellen, singulären Vorstellungen der Lernenden sollen sich den fachlichen, regulären Vorstellungen nähern (Gallin & Ruf, 1990; Ruf & Gallin, 1998).

Denn Verstandenhaben äussert sich auch darin, dass die Fachsprache adäquat verwendet wird, dass die verstandenen Konzepte sachadäquat eingesetzt und als Werkzeuge gebraucht werden können. Es ist entscheidend, dass Mathematikverstehen *als Prozess* nicht von der deduktiven Darstellung der fertigen Mathematik ausgehen soll (vgl. z.B. Freudenthal, 1973). Freudenthal spricht von „antididaktischer Inversion" (ebd., S. 100), wenn die fertige Mathematik als Ausgangspunkt für Verstehensprozesse gewählt wird. Einen Begriff zu verstehen heisst nach Freudenthal auch, zu verstehen, welche Phänomene dieser ordnen kann. Verstehen ist sowohl ein Prozess als auch ein Ergebnis (Stebler et al., 1994), und beides sollte in der Mathematik vor allem in Bezug auf die Darstellung von mathematischen Objekten und Zusammenhängen deutlich voneinander getrennt werden.

Es ist möglich, Sachverhalte auswendig zu lernen, ohne sie zu verstehen. Das ist leider im Fach Mathematik immer wieder zu beobachten. Umgekehrt können Sachverhalte intuitiv verstanden werden, ohne dass sie später wiedergegeben werden können.

Als Konsequenz der Sicht von Verstehen als kognitiver Konstruktion kann die Lehrperson bei den Lernenden Einsicht nicht erzwingen, denn sie stellt eine Leistung der Lernenden dar (Aebli, 2001). Verstehen als kognitive Konstruktion wird in dieser Arbeit vor allem aus dem Blickwinkel von Aeblis Strukturaufbauvorstellungen angegangen (Kapitel 2.3.2). Der Begriff des Sinnflusses von Aebli (1994), der das subjektive Erleben von Verstehen im zeitlichen Verlauf aus kognitionspsychologischer Sicht beschreibt, wird zentral (Kapitel 2.3.3).

Der Grad des Verstehens hängt gemäss Aebli (1994) vom Grad der Vernetzung, der Verdichtung, der Kohärenz, der Strukturiertheit, der Beweglichkeit und Transparenz der aufgebauten Strukturen ab. Reusser (1998) identifiziert etwas allgemeiner vier Dimensionen zur Charakterisierung der Entwicklungshöhe begrifflicher Strukturen und Wissenssysteme: Strukturiertheit und Vernetzung; Flexibilität und Stabilität; Repräsentationale Abhängigkeit; Gegenstands- und Situationsgebundenheit versus Abstraktheit.

2) Verstehen als Problemlösen

Mathematikverstehen kann aus kognitionspsychologischer Sicht als Problemlösen gedeutet werden (Reusser, 1984/1994). In der historischen Entstehung sind viele mathematische Begriffe aus Problemzusammenhängen entstanden. Mathematiker selbst fassen ihre Arbeitsweise oft als Problemlösen auf (z.B. Lang, 1989; Polya, 1949). Verwendet man den oben erwähnten Begriff des Sinnflusses, so entstehen durch Brüche im Sinnfluss meist Problemlösesituationen.

Das plötzliche Sehen von Zusammenhängen, die unmittelbare Einsicht als Folge einer Umstrukturierung (Wertheimer, 1945/1964) hat wohl jeder beim mathematischen Arbeiten selbst erlebt. Die Ähnlichkeit von Verstehensprozessen mit dem Sehen und Wahrnehmen lässt sich gerade in der Geometrie gut beobachten. Obwohl es sehr plötzlich verlaufende Aha-Erlebnisse gibt, brauchen viele mathematische Verstehensprozesse viel Zeit und Anstrengung. Es wird deshalb von „Verstehensarbeit" gesprochen

(Reusser, 1984/1994). Dass Problemlösen zentral im Finden von geeigneten Problemlöserepräsentationen besteht (Duncker, 1935; Reusser, 1984/1994), zeigt sich im Fach Mathematik nicht nur auf der individuellen, sondern auch auf der historischen Seite (Davis & Hersh, 1994). Auf Verstehen als Problemlösen wird in Kapitel 2.3.5 ausführlicher eingegangen.

3) Verstehen als mehrperspektivischer, mehrdeutiger, unabschliessbarer Prozess, der auf Sinnvollheit, Strukturgüte und Funktionalität bezogen ist

Mit Sinnvollheit ist Intelligibilität, mit Strukturgüte sind Wahrheit und Richtigkeit und mit Funktionalität ist situative Angemessenheit gemeint (Reusser & Reusser-Weyeneth, 1994b). Aus der Sicht des Fachs Mathematik scheint die Situation diesbezüglich sehr einfach zu sein: Mathematik erscheint als objektive Wissenschaft, bei der es für jede Aufgabe/Frage genau eine richtige Lösung gibt, die eindeutig und ein für alle Mal bestimmt werden kann. Die Strukturgüte scheint eindeutig, und so etwas wie situative Angemessenheit scheint es gar nicht zu geben. Trifft diese Sicht auf die Mathematik wirklich zu?

Aus Sicht der Disziplin besitzt die reine Mathematik tatsächliche gewisse spezifische Eigenschaften, die sie von anderen Disziplinen unterscheidet (vgl. Kapitel 2.2): Einmal bewiesene Aussagen können zum Beispiel nicht mehr falsifiziert werden. Bei vielen mathematischen Aussagen gibt es tatsächlich genau eine Lösung. Sobald es aber um Anwendungen der Mathematik oder um mathematisches Modellieren geht, ist die Eindeutigkeit nicht mehr gegeben und die Funktionalität wird sehr zentral.

Man muss trennen zwischen dem Mathematikverstehen als Prozess, in dem dieselben Phänomene vorkommen wie bei allen Verstehensprozessen und zwischen der Darstellung von fertiger Mathematik in deduktiver Weise. Bei der Letzteren gibt es tatsächlich weniger Spielräume als in anderen Disziplinen. Aber sie sind viel grösser, als allgemein angenommen wird (vgl. Kapitel 2.2).

Das Verstehen ist auch in der Mathematik immer vorläufig und nie abgeschlossen. Es gibt keinen absoluten Grad an Verstehen, die Begriffsnetze lassen sich immer weiterknüpfen. Es gibt verschiedene Ebenen, Grade, Qualitäten des Verstehens. Diese lassen sich vorstellen als Netze von unterschiedlicher Grösse und Dichte (vgl. Aebli, 1994; Hiebert & Carpenter, 1992; Hiebert & Grouws, 2007). In den folgenden Kapitel wird deutlich werden, dass der Satz des Pythagoras auf vielen verschiedenen fachlichen Ebenen verstanden werden kann: Es ist möglich, diesen Satz immer umfassender zu verstehen, vom Zweidimensionalen ins Dreidimensionale, ins N-Dimensionale, in gekrümmte Räume usw. Also ist auch Mathematikverstehen ein unabschliessbarer Vorgang und kein Alles-oder-Nichts-Phänomen. Daraus ergibt sich das Problem der Strukturgüte (Reusser, 1984/1994): Wann habe ich selbst das Gefühl, einen mathematischen Sachverhalt tief genug verstanden zu haben?

4) Verstehen als kontextuell eingebetteter Vorgang

Auch Verstehensprozesse im Mathematikunterricht sind, wie alle Verstehensprozesse, situiert (Brown, Collins & Duguid, 1989). Darauf wird weiter unten näher eingegangen. Wichtig ist insbesondere, dass es neben der „Logik der Dinge" auch eine „Logik der Situation" gibt, welche die Verstehensprozesse in nicht fachlicher Art beeinflussen kann (vgl. Lehtinen, 1994; Reusser, 1999c).

Verstehen im Allgemeinen und Mathematikverstehen im Besonderen sind also vielseitige, facettenreiche und komplexe Prozesse. Aus den vorangegangenen Überlegungen wird deutlich, dass man Mathematikverstehen aus unterschiedlichen Blickwinkeln angehen muss. Die folgende, grundsätzliche Unterscheidung ist hilfreich, um Perspektiven zu identifizieren, mit deren Hilfe man analytisch an das Verstehen von Mathematik und insbesondere an das Verstehen des Satzes des Pythagoras herangehen kann. Eine Verstehenstheorie muss gemäss Reusser und Reusser-Weyeneth (1994b, S. 15) mindestens drei Voraussetzungen beachten:

1) Die Person des Verstehenden (Subjektbezug),
2) die unterschiedliche Natur von Verstehensgegenständen oder -objekten (Objektbezug),
3) der Kontext, in dem sich Verstehensvorgänge abspielen (Kontextgebundenheit).

In dieser Arbeit sieht die empirisch zu untersuchende Verstehenssituation aufgrund der Stichprobe aus der Videostudie, welche ich verwenden durfte, wie folgt aus: Schülerinnen und Schüler der achten oder neunten Klasse versuchen den Satz des Pythagoras im Unterricht zu verstehen. Es wird nun auf jede der drei Voraussetzungen kurz eingegangen und es werden Perspektiven identifiziert, welchen im Folgenden in Bezug auf das Verstehen von Mathematik nachgegangen wird:

1) Die Person des Verstehenden

Die Person des Verstehenden wird dann für Verstehensprozesse zentral, wenn davon ausgegangen wird, dass ihr Vorwissen, ihre Einstellungen, ihre Ziele, ihre „Standards der Verstehensgüte" (Reusser & Reusser-Weyeneth, 1994b) den Verstehensprozess beeinflussen. Diese Vorstellung gehört zu den Grundannahmen eines kognitiv-konstruktivistischen Lernverständnisses. Eine Analyse von Verstehensprozessen muss sich also zwingend mit dem verwendeten Lehr-Lernverständnis auseinandersetzen (Kapitel 2.3.1). Die Anleitung von Verstehensprozessen kann nur dann erfolgreich sein, wenn sie bei den Voraussetzungen der Lernenden ansetzt. Weiter stellen individuelle Verstehensprozesse im Wesentlichen Problemlöseprozesse dar (Kapitel 2.3.5), in welchen der Aufbau von individuellen, aber fachlich passenden Repräsentationen des zu lernenden Konzepts sehr zentral ist (Kapitel 2.3.4). Neben den kognitiven Fähigkeiten gilt es auch affektive Aspekte von Verstehensprozessen im Auge zu behalten, denn Überzeugungen, Emotionen und Motivation haben einen Einfluss auf Verstehensprozesse (Kapitel 2.3.6).

2) Die unterschiedliche Natur von Verstehensgegenständen

Mathematikverstehen zeigt andere Merkmale als zum Beispiel das Verstehen eines literarischen Textes. Obwohl Mathematikdidaktiker immer wieder darauf hinweisen, dass mathematische Darstellungsformen in der Disziplin flexibel und kreativ genutzt werden (z.b. Wittmann, 2003), obwohl Aufgabenstellungen sich immer wieder als mehrdeutig erweisen (vgl. z.b. Voigt, 1998), obwohl es beispielsweise zu Modellierungsaufgaben oft ein ganzes Spektrum an sinnvollen Lösungen gibt: In der Mathematik lässt sich im Allgemeinen anders über die „Richtigkeit" einer Aufgabenlösung diskutieren als in der Germanistik über die „Angemessenheit" einer Textinterpretation. Dies liegt vor allem an den epistemologischen Besonderheiten des Fachs Mathematik (Kapitel 2.2). Die Art, wie in der Disziplin neu entdecktes Wissen mit bereits bekanntem Wissen in Beziehung gesetzt wird, und die Vorgehensweisen, wie Sicherheit gewonnen wird, unterscheiden sich von anderen Disziplinen. Hingegen ist die Art, wie neue Zusammenhänge entdeckt oder erfunden werden, anderen Fächern vermutlich durchaus ähnlich. Eine Analyse von Verstehensprozessen im Mathematikunterricht muss sich folglich mit den Eigenheiten der Wissensgewinnung und der Wissenssicherung in der Disziplin auseinandersetzen. Einerseits, um die fachlichen Besonderheiten angemessen zu berücksichtigen. Andererseits, um sich bei der Anleitung von Verstehensprozessen im Unterricht auch deutlich von disziplinären Eigenheiten abzugrenzen, die zwar für die Kommunikation in der Disziplin wesentlich, aber für Verstehen im Mathematikunterricht hinderlich sind.

Nun gibt es aber *innerhalb* einer Disziplin weitere Unterschiede in der Natur der Verstehensgegenstände: Ob man beispielsweise eine klassische Textaufgabe oder eine Fermifrage zu verstehen versucht, ist nicht dasselbe. Die fachliche Normierung der Interpretation, die Freiheiten der zugelassenen Vorgehensweisen und die Wohldefiniertheit der Lösung sind in beiden Fällen unterschiedlich. Interessiert man sich für die fachlichen Feinheiten von Verstehensprozessen, kommt man also nicht darum herum, den konkreten, zu verstehenden Gegenstand sehr genau zu analysieren. Es müssen diejenigen fachlichen Facetten eines Konzepts erfasst werden, die für Verstehen im Mathematikunterricht aus Sicht des Fachs *und* der Lernpsychologie relevant sind. Der Satz des Pythagoras wird deshalb aus unterschiedlichen Perspektiven (und – als Folge davon – in unterschiedlichen Kapiteln dieser Arbeit) auf seinen „Verstehensgehalt" analysiert.

3) Der Kontext, in dem sich Verstehensvorgänge abspielen

Verstehensprozesse finden immer in einem Kontext statt, sie sind situiert (Brown et al., 1989). Für die vorliegende Fragestellung, die sich mit dem Verstehen im Mathematikunterricht befasst, ist der grosse Kontext die Schule, in welcher der Unterricht stattfindet. Dieser Kontext umfasst einige spezifische Eigenheiten: Zum Beispiel die

Tatsache, dass in ungefähr 45 Minuten dauernden Phasen in einem geschlossenen Raum 20 bis 30 Lernende gleichzeitig mit Hilfe von Lehrmitteln und Arbeitsblättern sowie unter Anleitung und Unterstützung von genau einer Lehrperson einen Inhalt zu verstehen versuchen. Wichtig für Verstehensprozesse in der Schule ist auch, dass die zeitlichen Ressourcen beschränkt sind. Für das Fach Mathematik ist zusätzlich speziell, dass dieser Inhalt fast ausschliesslich in der Schule gelernt wird. Der Schulkontext nimmt deshalb eine besonders wichtige Rolle ein. Die Normen der Verstehensgüte im Fach Mathematik, die Art und Weise, wie überhaupt über Verstehensprozesse und das Verstandenhaben implizit oder explizit diskutiert wird, werden praktisch ausschliesslich in der Schule erfahren. Das ist nicht in allen Schulfächern so. Verstehensprozesse zu konkreten Inhalten finden aber immer auch in vielen weiteren „Mikro-Kontexten" statt: Additionen können zum Beispiel mit Äpfeln, mit Geld oder einfach mit abstrakten Zahlen vorgenommen werden. Weiter können mit dem Addieren ganz unterschiedliche inhaltliche Handlungen verbunden werden, zum Beispiel etwas geschenkt erhalten, etwas finden, etwas zu etwas anderem hinzufügen usw. Diese Kontextbezogenheit von Konzepten und von Lernprozessen wird mathematikspezifisch auch unter dem Begriff der „subjektiven Erfahrungsbereiche" (Bauersfeld, 1983) diskutiert. Der Kontext, in dem ein Konzept gelernt wird, kann dessen Transfer behindern (vgl. auch „funktionale Gebundenheit" bei Duncker, 1935), es kann träges Wissen entstehen (Gruber, Mandl & Renkl, 2000). Für die Analyse von Verstehensprozessen gilt es folglich, sowohl die Eigenheiten des Schulkontextes als auch die typischen Situierungen des zu verstehenden Konzepts „im Kleinen" zu beachten. Diese Kontextbezogenheit wird in der folgenden Argumentation nicht in einem speziellen Kapitel diskutiert, sie kommt innerhalb der einzelnen Kapitel an mehreren Orten vor. Es zeigt sich, dass nicht kognitive Aspekte des Verstehens ebenfalls sehr fach- oder sogar konzeptabhängig sein können (Kapitel 2.3.6).

Es folgt ein Überblick über die Inhalte der kommenden Kapitel 2.2. bis 2.3.7 und einige ihrer zentralen Aussagen:

Mathematikverstehen aus der Sicht der Disziplin (Kapitel 2.2)

Verstehen hat, wie oben dargestellt, zentral mit dem zu verstehenden Gegenstand zu tun. Deshalb ist es nötig, zuerst einige Eigenheiten der Disziplin Mathematik näher zu betrachten, welche für die Schulmathematik wichtig sind. Es wird darauf eingegangen, dass Mathematik heute als menschliche Tätigkeit, als Wissenschaft von den Mustern betrachtet wird. Weiter wird dargestellt, dass die Entstehung von Begriffen und Sätzen in der Disziplin ganz anders verläuft, als die deduktive Darstellung von fertiger Mathematik vermuten lässt: Die Arbeitsweise der Mathematiker besteht zentral aus Problemlösen.

Die Eigenheiten des hier betrachteten Inhalts, des Satzes des Pythagoras, werden in Kapitel 3 dargestellt.

Mathematikverstehen aus Sicht der Kognitionspsychologie und der Fachdidaktik (Kapitel 2.3, unterteilt in Unterkapitel)

Diese Sicht umfasst mehrere Teilaspekte. Zuerst wird das dieser Arbeit zugrunde liegende Lehr-Lernverständnis dargestellt. Anschliessend wird auf Aeblis Theorie des Strukturaufbaus eingegangen und sein Begriff des Sinnflusses wird in einem separaten Kapitel dargestellt. Es folgen zwei Faktoren, welche für das Mathematikverstehen besonders wichtig sind: Der Zusammenhang zwischen Repräsentationen und Verstehen sowie das Verstehen als Problemlösen. Auch auf nicht kognitive Aspekte beim Verstehen wird kurz eingegangen. Zum Schluss werden zentrale Forschungsergebnisse zu Qualitätsmerkmalen von Unterricht mit dem Ziel, Mathematik zu verstehen, aus Sicht der empirischen Unterrichtsforschung dargestellt. Diese Unterkapitel werden nun einzeln kurz beschrieben:

Lehr-Lernverständnis und zentrale Folgen für den Mathematikunterricht (Kapitel 2.3.1)

Die Auffassung, was Verstehen bedeutet, hängt vom zugrunde liegenden Lehr-Lernverständnis ab. Hier wird von einem sozial-konstruktivistischen Lernverständnis ausgegangen. Verstehen wird verstanden als Aufbau von kognitiven Strukturen, bestehend aus Elementen und Relationen. Verstehen ist zentral die individuelle Leistung des Verstehenden. Verstehensprozesse sind aber immer auch sozial vermittelt und situiert. Aufbauend auf diesem Lehr-Lernverständnis herrscht heute in der Mathematikdidaktik weitgehend Konsens, dass das Ziel von Mathematikunterricht der Erwerb einer mathematischen Disposition ist. Auch die Rolle der Lehrperson und einige Merkmale von produktiven Lernumgebungen werden in diesem Kapitel kurz angesprochen.

Verknüpfen, Verdichten und Einebnen – Strukturaufbau nach Aebli (Kapitel 2.3.2)

Der in dieser Arbeit verwendete Verstehensbegriff baut auf Aeblis (1994) Auffassung von Verstehen als Begriffsaufbau auf. Die Prozesse des Verknüpfens, Verdichtens (Objektivierens) und Einebnens beschreiben, wie aus vorhandenen Vorwissenselementen neue Denkstrukturen entstehen. Ein vollständiger Lernprozess besteht gemäss Aebli (2001) aus dem problemlösenden Aufbau, dem Durcharbeiten, Üben und Anwenden einer Struktur. Diese Arbeit fokussiert auf die ersten beiden Funktionen im Lernprozess. Im Entstehungsprozess sind die kognitiven Strukturen hierarchisch geordnet, während des Durcharbeitens werden diese Hierarchien aufgelöst und am Ende eines erfolgreichen Verstehensprozesses stellen die kognitiven Strukturen ein hierarchieloses, eingeebnetes Netz dar, das beweglich in alle Richtungen durchwandert werden kann. Da nach Aebli (2001) alle komplexen Strukturen aus einfacheren hervorgehen und Denkstrukturen generell in Begriffen der Sache formuliert werden, lassen sich Teilkonzepte identifizieren, die man verstanden haben muss, um ein (übergeordnetes) neues Konzept verstehen zu können. Diese Teilkonzepte werden später Verstehenselemente genannt.

Der Begriff des Sinnflusses – Vom individuellen Verstehen zur Unterrichtsqualität (Kapitel 2.3.3)

In dieser Arbeit stehen Qualitäten der Anleitung von Verstehensprozessen im Unterricht im Fokus des Interesses und nicht die Analyse von individuellen Verstehensprozessen. Eine solche Fragestellung hat aus kognitionspsychologischer Sicht sowohl mit dem Netzcharakter von Begriffen als auch mit dem zeitlichen Verlauf des Unterrichts zu tun. Im Unterricht finden rund 20 verschiedene, individuelle Verstehensprozesse der Schülerinnen und Schüler gleichzeitig statt. Deshalb geht es bei der Anleitung im Unterricht darum, dass bei möglichst allen Schülerinnen und Schülern die individuellen Verstehensprozesse in produktiver Weise angeleitet und gefördert werden. In diesem Zusammenhang wird in der Forschungsgruppe um Professor Dr. K. Reusser an der Universität Zürich der Begriff des Sinnflusses von Aebli (1994) verwendet. Er erfasst sowohl den Netzcharakter als auch den zeitlich-linearen Aspekt von Verstehensprozessen und eignet sich folglich dafür, die Anleitung von Verstehensprozessen analytisch zu erfassen. In diesem Kapitel wird deshalb der für diese Arbeit zentrale Begriff des Sinnflusses eingeführt und aus unterschiedlichen Blickwinkeln beschrieben.

Repräsentationen und Verstehen – Verstehen von fachlichen Repräsentationen im Mathematikunterricht (Kapitel 2.3.4)

Zu den explizit im Unterricht beobachtbaren Aspekten von Verstehensprozessen gehören unter anderem die fachlichen Darstellungen des Satzes und die dazu geäusserten individuellen Vorstellungen der Lernenden. Repräsentationen sind für das Verstehen im Mathematikunterricht zentral. Sie stellen Hilfsmittel für die Gestaltung von Verstehensprozessen dar. Das Verfügen über die fachlichen Repräsentationen und das Darin-Denken-Können ist aber gleichzeitig auch ein Ziel des Verstehens. In diesem Kapitel kommen nicht nur die Repräsentationsformen von Bruner (1974) in einer Erweiterung für die Mathematik vor, sondern es wird auch kurz auf Grundvorstellungen und epistemologische Hürden eingegangen.

Verstehen als Problemlösen (Kapitel 2.3.5)

Verstehen hat zentral mit dem Herstellen von Sinn und Verknüpfungen zu tun. Es gibt zwar Verstehensprozesse, welche unmittelbar erfolgen. Komplexere Verstehensprozesse sind aber im Wesentlichen Problemlöseprozesse (Reusser, 1984/1994; Reusser & Reusser-Weyeneth, 1994b). Dass Verstehen von Mathematik sowohl aus fachlicher als auch aus lernpsychologischer Sicht als Problemlösen aufgefasst werden kann und welche Konsequenzen daraus für die Anleitung von Verstehensprozessen entstehen, wird in diesem Kapitel behandelt. Konzeptwechsel wird als Spezialfall des Problemlösens verstanden. Es wird deutlich werden, dass für Analysen von Verstehensprozessen im Unterricht nicht zwingend auf der Ebene der Aufgaben gearbeitet werden muss.

Überzeugungen, Emotionen, Motivation und Verstehen (Kapitel 2.3.6)

Individuelle Verstehensprozesse sind keinesfalls nur rein kognitive Prozesse. Emotionen, Motivation und Überzeugungen beeinflussen individuelle Verstehensprozesse. Sie können sowohl Bedingungen als auch Mediatoren/Begleitfaktoren sowie Folgen von Lern- und Verstehensprozessen darstellen. Bei den Überzeugungen wird auf Schoenfeld und die Gruppe um De Corte, bei den Emotionen auf die Gruppe um Pekrun und bei der Motivation auf Deci und Ryan zurückgegangen. Zentral ist die reziproke Wirkung zwischen Emotionen/Motivation/Überzeugungen und Leistung/Verstehen.

Qualitätsmerkmale von Unterricht in Bezug auf Konzeptverstehen aus Sicht der empirischen Unterrichtsforschung (Kapitel 2.3.7)

Über Verstehensprozesse und die Anleitung von Verstehensprozessen im Unterricht ist bereits in vielfältiger Art und Weise geforscht worden. Auf einige zentrale Ergebnisse wird in diesem Kapitel eingegangen, wobei nur Forschungsergebnisse berücksichtigt werden, welche den Unterricht aus der Perspektive des Beobachters analysieren.

Die empirische Unterrichtsforschung hat die folgenden drei Merkmale identifiziert, welche für Verstehen zentral sind: 1) Klarheit/Strukturiertheit/Kohärenz; 2) Verknüpfungen und Qualitäten von Aufgaben; 3) kognitive Aktivierung. Diese Qualitätsmerkmale werden ausführlich dargestellt. Zentral für meine Argumentation sind weiter die beiden Unterrichtsmerkmale, welche Hiebert und Grouws (2007) aus unterschiedlichsten empirischen Forschungsergebnissen zum Unterricht mit dem Ziel, Konzepte zu lernen, identifiziert haben: „Teachers and students attend explicitly to concepts" und „Students struggle with important mathematics".

Dieses Kapitel macht deutlich, wie speziell das mikrogenetische Design der Videostudie, in deren Rahmen diese Arbeit stattfinden konnte, unter den vielen anderen Videostudien ist. Dies liegt an der Standardisierung der unterrichtlichen Inhalte auf eine Einführung in die Satzgruppe des Pythagoras,[3] welche drei Lektionen umfasst, sowie an der konzeptspezifischen Erfassung des konzeptionellen Verständnisses. Es ist dieses Design, welches eine Analyse der Anleitung von Verstehensprozessen zu einem konkreten Konzept im Unterricht erst möglich macht.

---

3   Es zeigt sich später, dass nicht nur die Standardisierung des Inhalts für die vorliegende Fragestellung wichtig ist. Entscheidend ist auch, dass der videographierte Unterricht dasselbe Lernziel hat: Ein Konzept soll verstanden werden.

2.2 Mathematikverstehen aus der Sicht der Disziplin

Um zu untersuchen, was Verstehen im Mathematikunterricht bedeutet, müssen aus mindestens vier Gründen kurz die Eigenheiten der Disziplin Mathematik betrachtet werden:

1) Verstehen ist inhaltsabhängig

Das Verstehen von mathematischen Inhalten hängt aus kognitionspsychologischer und fachdidaktischer Sicht zentral von den Eigenheiten des Stoffes ab. Aebli (2001) betont beispielsweise, dass die Strukturen des Denkens in den Begriffen der Sache beschrieben werden müssen. Die Eigenheiten des zu lernenden Inhalts sind also von fundamentaler Bedeutung und diese werden auch durch die Eigenheiten der Disziplin geprägt.

2) Lernen und Verstehen als Enkulturation in die mathematische Gemeinschaft

In Kapitel 2.3.1 wird deutlich werden, dass Lernen und Verstehen aus sozial-konstruktivistischer Sicht eine Enkulturation in die mathematische Praxis darstellen (Brown et al., 1989). Die zu lernenden Konzepte werden aus dieser Sicht stark durch ihre Verwendung in der Gemeinschaft bestimmt. Also müssen bei der Analyse von Verstehensprozessen die Regeln, Denkweisen und Gewohnheiten der mathematischen Community im Rahmen dessen, was in der Schule möglich ist, berücksichtigt werden.

3) Orientierung des Mathematikunterrichts an der Disziplin

Viele Mathematikdidaktiker fordern (unabhängig von einer sozial-konstruktivistischen Sicht des Lernens) einen Mathematikunterricht, der sich daran orientiert, wie Mathematik in der Disziplin entsteht und wie Mathematiker und Mathematikerinnen arbeiten (z.B. Blum, Drüke-Noe, Hartung & Köller, 2006; Bruner, 1974; Freudenthal, 1983; Lampert, Rittenhouse & Crumbaugh, 1998; Leuders, 2003; Müller, Steinbring & Wittmann, 1997; NCTM, 1989, 1991; Wittmann, 1981, 2003). Es gibt aber auch Ansätze, welche die Beziehung zwischen der Disziplin und der Schulmathematik kritisch ansehen: „(…) the epistemology of a discipline should not be confused with a pedagogy for teaching or learning it. The practice of a profession is not the same as learning to practice the profession" (Kirschner, Sweller & Clark, 2006, S. 83). Auch Brophy (2006), Hiebert et al. (1996), Müller et al. (1997) und Sfard (2001) weisen auf die Differenzen zwischen der Disziplin und der Schule hin, insbesondere, was deren Ziele anbelangt und welche Voraussetzungen die Beteiligten mitbringen. Freudenthal verwendet den Begriff der „antididaktischen Inversion" (Freudenthal, 1973, S. 100) um aufzuzeigen, wie undidaktisch es ist, die fertige und deduktiv aufgeschriebene Mathematik als Ausgangspunkt für Lernprozesse zu verwenden. Diese Kontroverse zeigt, dass nicht in einer simplen Art von der Arbeitsweise der Fachmathematiker auf das Lernen in der Schule gefolgt werden kann. Allerdings ist in dieser Diskussion ganz entscheidend, von welcher „epistemology of a discipline" (Kirschner et al., 2006) ausgegangen wird. Denn der Widerspruch könnte darin liegen, dass auf unterschiedliche Aspekte geachtet wird. Deshalb werden im Folgenden einige zentrale Aspekte dieser Epistemologie dargestellt.

4) Vorstellungen zur Mathematik und zum Lernen von Mathematik prägen den Unterricht

Empirische Befunde zeigen, dass die eigenen Vorstellungen vom Fach das Handeln und Denken von Lehrpersonen und Lernenden im Unterricht beeinflussen (z.b. Schoenfeld, 1985, 1992).[4] Auf diesen Zusammenhang wird in Kapitel 2.3.6 kurz eingegangen.

Nichtmathematiker und Nichtmathematikerinnen stellen sich das mathematische Arbeiten in der Disziplin gemäss meiner Erfahrung oft wie folgt vor:

- Mathematiker und Mathematikerinnen rechnen den ganzen Tag mit Zahlen und Formeln.

- Sie entwickeln neue Mathematik, indem sie zuerst Begriffe definieren, anschliessend daraus Sätze ableiten und diese beweisen. Kurz, so wie Mathematik aufgeschrieben wird, so wird sie auch erfunden/entdeckt.

- Zu jedem Begriff gibt es genau eine richtige Definition. Je abstrakter diese aufgeschrieben ist, desto „mathematischer" ist sie.

Treffen diese Vorstellungen wirklich zu? In drei Kapiteln werden die folgenden zentralen Aspekte des Mathematikverstehens aus der Sicht der Disziplin kurz besprochen:

1) Was ist Mathematik? (Kapitel 2.2.1)
   Wie lässt sich Mathematik definieren? Was sind Eigenheiten dieses Fachs? Welche Rolle nehmen die formale Sprache und Beweise ein?
2) Eigenheiten von mathematischen Strukturen: Begriffe und Sätze (Kapitel 2.2.2)
   Wie entstehen neue Begriffe in der Disziplin Mathematik? Was haben mathematische Begriffe mit der realen Welt zu tun?
3) Wie arbeiten Mathematikerinnen und Mathematiker? (Kapitel 2.2.3)

Die Antworten beziehen sich auf die „reine Mathematik", die sich nicht um die Anwendungen kümmert. Denn der Satz des Pythagoras, um den es im empirischen Teil dieser Arbeit geht, gehört zur euklidischen Geometrie und damit zur „reinen Mathematik". Bei der „angewandten Mathematik" spielen Zahlen, der Computer und die Eigenschaften der jeweiligen Anwendung eine wesentlich grössere Rolle. Es kommen weitere und andere Phänomene hinzu, auf die hier nicht eingegangen wird.

---

4   Selbstverständlich sind viele weitere Aspekte für das Lehrerhandeln wichtig, beispielsweise das Lernverständnis (z.B. Staub & Stern, 2002) und das Fachwissen (vgl. zusammenfassend Lipowsky, 2006).

Die Vorstellung, was Mathematik ist, und die Praxis des Mathematiktreibens haben sich verändert (vgl. Heintz, 2000; Kaiser & Nöbauer, 2002). Zum Teil bestanden und bestehen auch gleichzeitig verschiedene Auffassungen parallel.

Eine Darstellung eines Bildes der Disziplin Mathematik auf wenigen Seiten muss selbstverständlich sehr lückenhaft und oberflächlich bleiben. Für einen ausführlichen Blick auf die Mathematik als Disziplin sind zum Beispiel Davis und Hersh (1994) und Devlin (1998, 2000) zu empfehlen. Ein historischer Überblick, der auch die Schulmathematik streift, ist in Kaiser und Nöbauer (2002) zu finden. Lang (1989) und Steen (1978) beschreiben die Disziplin von innen her. Aus einer Perspektive, die sowohl fachdidaktische als auch innerfachliche Aspekte berücksichtigt, findet man viel Interessantes z.b. bei Freudenthal (1973), Wittmann (z.b. 2003) und Winter (1989) und zusammenfassend auch Leuders (2003). Eine soziologische Aussensicht auf die Disziplin ist in Heintz (2000) zu finden.

2.2.1 Was ist Mathematik?

Die Disziplin besteht aus vielen verschiedenen Facetten. Es gibt Unterschiede zwischen der reinen und der angewandten Mathematik, aber auch innerhalb verschiedener Teildisziplinen. Trotzdem lässt sich auf einer allgemeine Ebene über die Disziplin als Ganzes sprechen. Mathematik wird im Alltag mit Formeln und Zahlen verbunden. Im Folgenden wird zuerst gezeigt, dass Mathematik viel mehr umfasst. Zwei Aspekte sind besonders wichtig und werden kurz vorgestellt: Mathematik ist erstens eine menschliche Tätigkeit und zweitens wird Mathematik heute oft als Wissenschaft von den Mustern bezeichnet.

Mathematik als menschliche Tätigkeit

Mathematik ist eine menschliche Tätigkeit (z.B. De Corte, Greer & Verschaffel, 1996; Freudenthal, 1973; Romberg & Kaput, 1999; Schoenfeld, 1992; Wittmann, 2000) und nicht ein deduktiv geordnetes, statisches, abstraktes Gebäude. Dies illustriert das folgende Zitat:

> Mathematics deals with ideas. Not pencil or chalk marks, not physical triangles or physical sets, but ideas (which may be represented or suggested by physical objects). What are the main properties of mathematical activity or mathematical knowledge, as known to all of us from daily experience?
>
> 1. Mathematical objects are invented or created by humans.
>
> 2. They are created, not arbitrarily, but arise from activity with already existing mathematical objects, and from the needs of science and daily life.
>
> 3. Once created, mathematical objects have properties which are well-determined, which we may have great difficulty in discovering, but which are possessed independently of our knowledge of them. (Hersh, 1986, S. 22, zitiert nach Dossey, 1992)

Mathematik als Wissenschaft von den Mustern

Die Mathematik ist eine sehr alte Wissenschaft, welche in ihrer historischen Entwicklung eng mit Philosophie, Logik, Naturwissenschaften und Musik zusammenhing und zum Teil immer noch zusammenhängt (vgl. z.b. Kaiser & Nöbauer, 2002). So hat sich das Selbstverständnis des Fachs auch mehrfach verändert und weiterentwickelt. Mathematik wird heute weniger als Wissenschaft von den Zahlen angesehen, sondern als Wissenschaft von den Mustern oder Strukturen (z.b. Devlin, 1998; Schoenfeld, 1992; Wittmann, 2000). Viel zitiert ist die folgende Definition von Devlin:

> Erst in den letzten zwanzig Jahren ist eine Definition [von Mathematik, BD] aufgekommen, der wohl die meisten heutigen Mathematiker zustimmen würden: Mathematik ist die Wissenschaft von den Mustern. Der Mathematiker untersucht abstrakte „Muster" – Zahlenmuster, Formenmuster, Bewegungsmuster, Verhaltensmuster und so weiter. Solche Muster sind entweder wirkliche oder vorgestellte, sichtbare oder gedachte, statische oder dynamische, qualitative oder quantitative, auf Nutzen ausgerichtete oder bloss spielerischem Interesse entspringende. Sie können aus unserer Umgebung an uns herantreten oder aus den Tiefen des Raumes und der Zeit oder aus unsrem eigenen Innern. (Devlin, 1998, S. 3 f.)

Als Beispiele nennt Devlin (2000) unter anderem Symmetrien von Blüten, die Umlaufbahnen der Himmelskörper, das Stimmverhalten der Bevölkerung bei einer Wahl, Zufallsergebnisse beim Roulettespiel. Manche Muster lassen sich durch Zahlen beschreiben, viele andere aber mittels anderer mathematischer Strukturen. Die Mathematik erlaubt es gemäss Devlin, Ähnlichkeiten zwischen zwei Phänomenen zu erkennen, welche auf den ersten Blick wenig miteinander zu tun haben.

Nach diesen zwei ersten allgemeinen „Definitionen" von Mathematik werden im Folgenden drei weitere Besonderheiten der Disziplin Mathematik beschrieben: Die duale Natur der Mathematik, die Rolle des Formalismus und die Rolle des Beweises beim mathematischen Arbeiten. Diese Abschnitte werden zeigen, dass der Formalismus und der Beweis (als typische Kennzeichen der Disziplin) in der Arbeitsweise der Mathematikerinnen und Mathematiker eine andere Rolle einnehmen, als gemeinhin angenommen wird.

Die duale Natur der Mathematik: Struktur und Anwendung

Mathematik beschäftigt sich einerseits mit abstrakten Strukturen, die keinen Bezug zu realen Objekten mehr aufweisen. Andererseits lässt sich Mathematik hervorragend anwenden, um zum Beispiel technische, naturwissenschaftliche oder ökonomische Prozesse zu beschreiben. Erstaunlich ist, dass abstrakte Strukturen, die unter keinem Anwendungszweck erarbeitet worden sind, Jahrzehnte oder Jahrhunderte später in Anwendungen plötzlich eine zentrale Rolle spielen können. Die Verbindung zwischen diesen beiden Seiten der Mathematik ist die Tätigkeit des Modellieren (De Corte et al., 1996). Diese doppelte Natur der Mathematik – als abstrakte Struktur und als anwendungsfähiges Werkzeug – wird oft als duale Natur bezeichnet. In der Fachdidaktik wird in Bezug auf die Ausrichtung des Fachs an der Schule in diesem Zusammenhang auch von Struktur- versus Anwendungsorientierung gesprochen (vgl. z.b. Krauthausen

& Scherer, 2003). Sowohl für die Disziplin als auch in der Fachdidaktik wird betont, dass beide Aspekte gleichermassen wichtig sind und einander gegenseitig bedingen (vgl. z.B. Krauthausen & Scherer, 2003; Winter, 1996; Wittmann, 2003).

Die Rolle des Formalismus in der Mathematik[5]

Speziell an mathematischen Begriffen und Strukturen ist die Präzision der Formulierungen. Die Fachsprache ist hoch formalisiert, es fehlen Redundanzen, die Begriffe sind sehr präzise definiert. Ohne diese hoch verdichteten Darstellungen in Symbolen wäre mathematisches Arbeiten in der Disziplin nicht denkbar. Warum die Symbole und die formalen Darstellungen in der Disziplin Mathematik zentral sind, zeigt das folgende Zitat von Winter (1975), in welchem er das „formale Gesicht der Mathematik" beschreibt:

> Das Hantieren mit Symbolen erscheint vielfach als Geheimschrift und wird als l'art-pour-l'art-Spiel unter- oder als wunderbares Beweismittel für alles in der Welt überbewertet, der Mathematiker entsprechend als Rechenmaschine abqualifiziert oder als Zauberer mythologisiert. Tatsächlich ist Mathematik ohne das formale Moment undenkbar; Formalismus führt durch die Distanzierung von semantischen Bezügen zu Verallgemeinerungen, die weit über das Anschaulich-Fassbare hinausgehen; Formalismus erlaubt rigorose Präzisierung der Denkschritte durch Verbannung anschaulich-plausibler Vorstellungselemente; Formalismus macht Begriffsbildung objektivierbar, überprüfbar, mitteilbar; Algorithmen sichern gewisse Gedankengänge ein für alle Mal ab und entlasten den Geist zugunsten produktiven Denkens.
>
> Damit ist auch die allgemein-menschliche Bedeutung von Formalismus angesprochen: Der Mensch entwirft Zeichen, um mit Hilfe von Zeichen Wirklichkeit widerzuspiegeln, diese Wirklichkeiten aber auch zu übersteigen, indem Zeichensysteme zu neuen Wirklichkeitsbereichen sui generis gemacht werden. (Winter, 1975, S. 114)

Formale Schreibweisen entlasten das Gedächtnis, indem vorübergehend die Bedeutung von Zeichen ausgeschaltet werden kann und diese Zeichen rein formal nach gewissen Regeln manipuliert werden können. Gute Zeichen und Darstellungsweisen waren und sind bei der Entwicklung der Disziplin zentral (Kaiser & Nöbauer, 2002). Sie ermöglichen es erst, gewisse Dinge zu denken und formal mit ihnen zu arbeiten. Als Beispiele seien genannt: die Erfindung der Ziffer 0 und des Stellenwertsystems; die Entwicklung der Idee der Variablen; die Darstellung in Koordinaten, welche eine Verbindung von Algebra und Geometrie ermöglichte usw. Wichtige mathematische Darstellungsmittel sind neben Formeln auch Tabellen und Funktionsgraphen.

Die formale schriftliche Darstellung als einzig akzeptierte Art des Präsentierens von Mathematik in der Disziplin ist mathematikhistorisch gesehen eher jung: Gemäss Heintz (2000) ist der abstrakte und unpersönliche Formalismus zusammen mit der Forderung nach strengen Beweisen erst im 19. Jahrhundert aufgrund von innermathematischen und institutionellen Veränderungen entwickelt worden. Der abstrakte Formalismus ist also ein Kommunikationshilfsmittel, das sich historisch entwickelt hat

---

5   Die formale Schreibweise und das deduktive Vorgehen (nächster Abschnitt) hängen sehr eng zusammen.

und keineswegs immer in der heutigen Form zur Disziplin Mathematik gehört hat. So hat Pythagoras beispielsweise den nach ihm benannten Satz nie in der heute bekannten formalen Schreibweise gesehen. Diese Notationsform wurde erst Jahrhunderte später systematisch gebraucht. Diese Überlegung zeigt auf, dass die Bedeutung eines mathematischen Zusammenhangs oder Begriffs nicht in dessen Darstellung liegt. Die Symbole sind meist willkürlich gewählt und könnten auch ganz anders aussehen (vgl. auch Kapitel 2.3.4).

Die Rolle des Beweises in der Mathematik

Die Mathematik ist eine beweisende Disziplin. Als Wahrheitskriterium ist im Unterschied zu den Naturwissenschaften nur das logisch-deduktive Vorgehen zugelassen. Beim Entdecken von neuen mathematischen Zusammenhängen hingegen wird sehr wohl induktiv und heuristisch gearbeitet (vgl. weiter unten). Jede mathematische Behauptung muss aber anschliessend deduktiv bewiesen werden. Erst dann ist sie in der mathematischen Gemeinschaft als Tatsache akzeptiert.

Mathematisches Argumentieren beruht auf Konventionen und Schreibweisen, die sich historisch herausgebildet haben und die sich in Zukunft weiterentwickeln werden. Beweise wurden erst im 19. Jahrhundert zu einem zentralen Kommunikationsmittel aufgrund von innermathematischen und institutionellen Veränderungen (Heintz, 2000): Während früher die mathematische Gemeinschaft so klein war, dass man sich gegenseitig kannte und die Richtigkeit einer Überlegung im direkten Kontakt mündlich dargestellt werden konnte, war eine solche informelle Vermittlung von mathematischem Wissen im 19. Jahrhundert zunehmend nicht mehr möglich. Der Beweis als einzige Validierungsinstanz ist also gemäss Heintz (2000) ein Produkt dieser Zeit. Der Beweis hat nicht nur die Funktion, die Sicherheit des mathematischen Wissens zu garantieren, sondern er hat auch eine soziale und eine erklärende Funktion. Der Beweis ist der letzte Schritt eines komplexen Suchprozesses. Es gibt viele Wahrheitskriterien, die vor dem Beweis eine zentrale Rolle spielen, das Überprüfen an Beispielen, die Schönheit oder Anwendungen, die nicht zu Widersprüchen führen usw. Mathematikerinnen und Mathematiker wissen oft, dass ihre Überlegungen richtig sind, bevor sie einen formalen Beweis aufgeschrieben haben. Lakatos (1979) hat darauf aufmerksam gemacht, dass der Prozess des Beweisens kein lineares, deduktives Aufschreiben ist. Vielmehr stellt der Beweisprozess einen mehrfachen Zyklus des Beweisens und Widerlegens dar, in dem sich sowohl die Aussage des zu beweisenden Satzes als auch das Beweisvorgehen und die Definition der neu gebildeten Begriffe mehrfach präzisieren und verändern können.

Formale Beweise sehen viele Mathematikerinnen und Mathematiker als Pflichtaufgabe am Ende der eigentlichen kreativen Arbeit. Das individuelle Wissen, die subjektive Gewissheit muss nun noch in eine standardisierte Form gebracht werden, welche die objektive Sicherheit garantiert und das Wissen mitteilbar macht. So kann die Vermutung intersubjektiv überprüft werden. Beweise sind also vor allem dazu da, andere von der Richtigkeit einer Vermutung zu überzeugen, von der man subjektiv schon lange überzeugt ist.

Beim Übersetzen in eine formale Sprache geht viel verloren. Schriftliche Beweise sind viel schwieriger zu verstehen als mündliche Darstellungen in einem Gespräch. Denn beim Sprechen kann in einfacher Weise das Wissen explizit gemacht werden, welches implizit beim Beweis vorausgesetzt wird. Es ist weiter wichtig anzumerken, dass es keine lückenlosen, streng deduktiven Beweise gibt. Der Beweis kann nie vollständig bis in jeden Winkel des darin vorkommenden impliziten Wissens ausformuliert werden. Um den Beweis zu verstehen, muss man deshalb zwischen den Zeilen lesen können. Die Alltagssprache und Vorerfahrungen spielen auch in den Beweisen der Disziplin eine wichtige Rolle (Winter, 1978).

Mit dem Verfassen eines Beweises ist aber die Frage nach der Wahrheit noch nicht erledigt. Wie es anschliessend weitergeht, beschreiben Davis und Hersh:

> Auf der einen Seite haben wir die wirkliche Mathematik, mit Beweisen, die durch einen „Konsens der Qualifizierten" etabliert sind. Ein echter Beweis lässt sich nicht durch die Maschine überprüfen, ja nicht einmal durch einen Mathematiker, der nicht eingeweiht ist in die Gestalt und die Denkweise des speziellen mathematischen Gebietes, in dem der Beweis liegt. Selbst unter „qualifizierten" Lesern kommt es normalerweise zu Meinungsverschiedenheiten, ob ein konkreter Beweis (d.h. einer, der tatsächlich formuliert oder niedergeschrieben wurde) vollständig oder korrekt ist. Solche Zweifel werden durch Diskussionen und Erklärungen aus der Welt geschafft, auf keinen Fall jedoch dadurch, dass man den Beweis in der Prädikatenlogik erster Stufe [rein abstrakte Sprache der Logik, BD] transkribiert. Wenn ein Beweis einmal akzeptiert ist, werden seine Resultate als (mit hoher Wahrscheinlichkeit) richtig betrachtet. Es kann Generationen dauern, bis ein Fehler in einem Beweis entdeckt wird. Ist ein Satz einmal allgemein bekannt, wird er oft angewendet, sein Beweis häufig studiert; wenn andere Beweise gefunden werden, wenn Anwendungen, Verallgemeinerungen sowie Analogien zu Resultaten auf verwandten Gebieten bekannt sind, dann wird so ein Satz „felsenfest". In diesem Sinne sind die ganze Arithmetik und die euklidische Geometrie felsenfest. (Davis & Hersh, 1994, S. 373 f.)

Die Reihenfolge der Ordnung von mathematischen Sätzen, d.h., welcher Satz aus welchem abgeleitet werden kann, ist nicht eindeutig. Viele Sätze und Begriffe können wechselseitig auseinander entwickelt werden, je nach Ausgangspunkt. Es gibt sogar verschiedene Axiomensysteme, von denen man ausgehen kann. Auch in der Mathematik existiert also keine eindeutige, absolute Ordnung. Wenn man aber ein Axiomensystem akzeptiert, können Meinungsverschiedenheiten in der Regel schnell und ohne grosse Konflikte beseitigt werden.[6] Die Entwicklung der Mathematik ist deshalb kontinuierlich und kumulativ: Mathematisches Wissen gilt als sicheres Wissen. Bestehendes, einmal als richtig anerkanntes Wissen kann nicht mehr falsifiziert werden. Es kann höchstens in seinem Gültigkeitsbereich eingeschränkt oder wieder vergessen werden. Dies darf aber nicht mit dem Prozess der Entstehung von neuer Mathematik verwechselt werden: Im Prozess der Entstehung gibt es sehr wohl verschie-

---

6 Grosse Kontroversen gab es aber auf der Metaebene: Die Grundlagenkrise war ein Streit über die Mathematik (Heintz, 2000).

dene Sichtweisen, über die gestritten wird, bis Klarheit herrscht. Und die Geschichte der Mathematik zeigt, dass dies Jahrzehnte dauern kann (Davis & Hersh, 1994; Kaiser & Nöbauer, 2002).

Nachdem nun einige zentrale allgemeine Elemente der Disziplin Mathematik beschrieben worden sind, geht es im folgenden Kapitel um die besonderen Eigenheiten von Begriffen und mathematischen Sätzen als *die* typischen Elemente mathematischen Denkens.

2.2.2 Eigenheiten von mathematischen Strukturen: Begriffe und Sätze

Begriffe und Sätze sind die zentralen Denkeinheiten der Disziplin. Zahlen nehmen in der „reinen Mathematik" eine viel kleinere Rolle ein, als Laien denken. Mathematiker denken aber keinesfalls nur in Begriffen und Symbolen. Sie stellen sich zu allen Begriffen typische Beispiele, Bilder und Objekte vor, in denen sie denken (vgl. unten „quasi-empirischer Charakter der Mathematik").

Es gehört zu den wichtigsten Grundpfeilern der Disziplin, dass es einen wesentlichen Unterschied zwischen diesen beiden Elementen gibt: Begriffe werden definiert, mathematische Sätze hingegen müssen bewiesen werden.[7] Allerdings sieht der Entstehungsprozess von neuen Begriffen ganz anders aus, als es die fertigen Definitionen der Begriffe erahnen lassen.

In diesem Abschnitt werden einige Eigenheiten von mathematischen Begriffen und Sätzen illustriert und es wird aufgezeigt, wie diese entstehen können. Es ist wichtig im Auge zu behalten, dass es hier um Begriffe als Teile der fachlichen Struktur der Disziplin und nicht um Begriffe als Elemente der kognitiven Struktur des lernenden Individuums geht. Diese Fachbegriffe haben sich historisch entwickelt, oft sogar über eine lange Zeitspanne hinweg. Sie sind meist kein individuelles, sondern ein soziales und kulturelles Produkt.

Entstehung von Begriffen und Sätzen erfolgt in Problemzusammenhängen

Wie oben erwähnt, *entstehen* mathematische Begriffe nicht durch Definieren und Sätze werden meist nicht einfach rein deduktiv aus anderen Sätzen abgeleitet. Gemäss Vollrath (1984) sind Begriffe aus historischer Sicht immer aus Problemzusammenhängen entstanden. Für das Lernen einer Wissenschaft ist es deshalb gemäss Vollrath (1984) und vielen anderen Mathematikdidaktikern zentral, die typischen Fragestellungen zu erkennen, mit denen man in der Disziplin zu Erkenntnissen kommt.

---

7   Nicht alle Begriffe werden definiert: Die Grundbegriffe werden als Axiome formuliert. Gemäss Vollrath (1984) ist es für Laien oft nicht einfach, Definitionen und Sätze sprachlich auseinanderzuhalten, weil die Fachsprache sehr subtil sein kann.

Bei Freudenthal (1983) entstehen mathematische Begriffe und Strukturen verein-facht gesagt aus dem Bedürfnis, Phänomene zu ordnen. Diese mathematischen Begriffe und Strukturen können dann selbst wieder zu neuen Phänomenen werden, die ebenfalls geordnet und strukturiert werden. Mit mathematischen Begriffen und Strukturen wird also versucht, die Wirklichkeit (der Phänomene oder anderer mathematischer Objekte) zu ordnen und zu verstehen.

Lakatos zeigt in seinem berühmten Werk „Beweisen und Widerlegen" (Lakatos, 1979), dass Begriffe und Sätze in einem wechselseitigen und mehrfachzyklischen Prozess entstehen: Ein Begriff führt zu einer Vermutung. Während des Versuchs, die Vermutung zu beweisen, wird die Notwendigkeit erkannt, den Begriff präziser zu fassen. Dies führt wiederum zu einer Anpassung der Formulierung der Vermutung usw. Präzisere Definitionen sind insbesondere dann nötig, wenn sich an Spezialfällen herausstellt, dass der Begriff noch zu vage ist, noch „Monster" (Lakatos, 1979) umfasst, die man lieber nicht im Begriffsumfang haben möchte.

Hinter Definitionen stecken oft lange Begriffsentwicklungsphasen. Manche Begriffe haben sich während Jahren bis Jahrhunderten entwickelt und haben sich dabei mehrfach verändert, präzisiert und verallgemeinert. Manchmal hat sich eine von mehreren Möglichkeiten durchgesetzt, ohne dass es dazu wirklich einleuchtende Gründe gab. Es sind auch mathematische Begriffe wieder verloren gegangen. Begriffe können aber nicht beliebig gewählt werden: Denn sie dürfen nicht im Widerspruch zu Bestehendem stehen und es muss Objekte geben, welche die Definition erfüllen. Die Begriffsbildung wird immer wieder mit schöpferischem Tun in Verbindung gebracht (Vollrath, 1984; Weth, 1999).

Mathematische Sätze haben eine bestimmte logische Struktur: Es wird deutlich zwischen Voraussetzungen und Behauptungen unterschieden. Beim Satz des Pythagoras ist die Voraussetzung das rechtwinklige Dreieck. Die Behauptung beschreibt eine spezielle Beziehung zwischen den Seiten des rechtwinkligen Dreiecks.

Die Tragweite von neuen Begriffen in der Disziplin

Die „Tragweite", welche ein konkreter Begriff im mathematischen Gefüge als Ganzes einnimmt, kann sehr unterschiedlich sein. Am einen Ende des Spektrums sind mathematische Begriffe, die Spezialfälle bezeichnen und damit die Kommunikation erleichtern. Ein Beispiel dafür ist der Begriff „Kathete": Im rechtwinkligen Dreieck gibt es zwei Typen von Seiten und es ist praktisch, wenn man diese begrifflich unterschieden kann. Mehr steckt nicht dahinter. Das andere Ende des Spektrums stellen Begriffe dar, die von grosser Tragweite sind und welche die Entwicklung der Disziplin als Ganzes massgeblich beeinflusst und strukturiert haben. Dazu gehören beispielsweise der Funktionsbegriff, der Mengenbegriff und der Gruppenbegriff.

Neue Begriffe können nach Vollrath (1984) neue Methoden eröffnen, mit denen alte Probleme gelöst werden. Sie können auch zu neuen Fragestellungen führen. Die neuen Begriffe stellen selbst wieder Werkzeuge dar, mit denen neue Zusammenhänge und Anwendungen möglich werden. Später werden auch die Begriffe selbst wieder zum Untersuchungsobjekt: Welche Eigenschaften haben sie? Wie hängen sie mit anderen Begriffen zusammen?

Quasi-empirische Realität

Da Mathematik gemäss Wittmann (2003) nicht durch Abstraktion von der Realität gewonnen wird und deshalb keine Erfahrungswissenschaft darstellt, sind alle mathematischen Begriffe theoretischer Natur (Winter, 1978). Mathematische Begriffe der Disziplin gehen meist über die konkrete Anschauung hinaus und dieser Umstand ist ein zentraler Baustein für die „Macht" der Mathematik, auch in den Anwendungen. Trotzdem haben Mathematikerinnen und Mathematiker den Eindruck, dass sie mit „realen" Objekten arbeiten und diese untersuchen würden. Diese Tatsache wird auch „quasi-empirischer Charakter" der Mathematik genannt (Lakatos, 1979) und wird in Kapitel 2.2.3 näher beschrieben.

Verschiedene Formulierungen des gleichen Begriffs

In der Mathematik muss jede Definition eindeutig sein, d.h. sie muss das mathematische Phänomen eindeutig beschreiben. Ein mathematischer Sachverhalt kann in der Mathematik aber häufig auf ganz unterschiedliche Arten definiert werden. Die Unterschiede liegen keinesfalls nur in sprachlichen Feinheiten. Für Laien dürfte beim Betrachten solcher verschiedener Definitionen (oder Sätze) oft kaum erkennbar sein, dass vom gleichen Phänomen gesprochen wird. In der Disziplin muss die mathematische Äquivalenz dieser verschiedenen Begriffe (oder Sätze) bewiesen werden. Ein Beispiel ist der Begriff der Stetigkeit (vgl. Vollrath, 1984, S. 23 f.). Je nach Zusammenhang, in dem der Begriff als Werkzeug gebraucht wird, ist jeweils die eine oder die andere Definition geeigneter. Deshalb ist es notwendig und praktisch, über die verschiedenen Definitionen zu verfügen. Es trifft also nicht zu, dass jedes mathematische Objekt oder jeder Sachverhalt auf genau eine Art definiert respektive formuliert werden kann.

Das Ordnen und Umstrukturieren

Ordnen und Umstrukturieren sind in der Disziplin sehr zentral, vor allem beim Bestimmen von Zusammenhängen zwischen verschiedenen Begriffen, Sätzen und Theorien. Dieses Ordnen von Begriffen und Sätzen auf immer noch höheren und allgemeineren Stufen, dieses Zusammenfassen und Bündeln unter einem noch umfassenderen Gesichtspunkt, dieses Verbinden von ehemals unzusammenhängenden Ideen und Fachgebieten zu neuen Sichtweisen und Fachgebieten sind zentrale Elemente des mathematischen Arbeitens in der Disziplin. Um einen Eindruck zu vermitteln, was dies konkret bedeuten könnte, wird im Folgenden an einigen Beispielen skizziert, wie sich der Satz des Pythagoras verallgemeinern lässt:

- Der Satz gilt nicht nur für Quadrate über dem rechtwinkligen Dreieck, sondern für beliebige (im mathematischen Sinne) ähnliche Figuren über den Dreiecksseiten.

- Der Satz ist ein Spezialfall des allgemeineren Cosinussatzes für $\gamma = 90°$, der im Gymnasium zum Standardstoff gehört.
- Der Satz gilt in dieser Form nur im euklidischen Raum, also zum Beispiel in der Ebene. Betrachtet man die Kugeloberfläche oder die Oberfläche eines Atomkraftwerk-Kühlturms als Raum, so gelten dort ähnliche Sätze, in denen unter anderem die Krümmung des jeweiligen Raumes berücksichtigt wird.
- Verändert man die Exponenten in der Pythagorasformel, zu 3, 4 usw., so gibt es keine natürlichen Zahlen mehr, welche diese Aussageform erfüllen. Dies ist die Vermutung von Fermat, welche erst im Jahr 1995 bewiesen werden konnte.

Interessante Literatur zu diesem Thema findet man beispielsweise in Fraedrich (1995) und Maor (2007). Dieses kurze Kapitel lässt erahnen, dass die Schulmathematik nur einen ganz kleinen und sehr spezifischen Ausschnitt aus der Disziplin Mathematik umfasst.

2.2.3 Wie arbeiten Mathematikerinnen und Mathematiker?

Mathematikerinnen und Mathematiker kreieren neue Begriffe, suchen Zusammenhänge und entwerfen Theorien, kurz, sie lösen Probleme. Dabei spielt das Beweisen eine zentrale Rolle als Kommunikations- und Überzeugungsinstrument. Im Allgemeinen haben Mathematikerinnen und Mathematiker, die sich mit reiner Mathematik beschäftigen, relativ wenig mit Zahlen zu tun. Sie arbeiten mit Mustern, Begriffen und Strukturen (vgl. Kapitel 2.2.1). Beim genaueren Untersuchen der Frage, wie Mathematikerinnen und Mathematiker arbeiten, muss unterschieden werden, ob sie selbst neue Mathematik erfinden, oder ob sie fertige Mathematik zu verstehen versuchen, welche andere Personen entwickelt haben.

Selbst neue Mathematik erfinden

Gemäss Lang (1989) heisst Mathematikbetreiben, gute Probleme zu finden und zu versuchen, diese zu lösen. Paul Halmos beschreibt in „Mathematics as a Creative Art" das mathematische Arbeiten wie folgt:

> Mathematik – das mag einige von Ihnen überraschen oder sogar schockieren – entsteht niemals auf deduktive Weise. Der Mathematiker rät vielmehr ständig vage herum, stellt stark Verallgemeinertes bildlich dar und springt von einer ungesicherten Schlussfolgerung zur nächsten. Er schiebt seine Ideen hin und her und ist von ihrer Gültigkeit überzeugt, lange bevor er einen logischen Beweis formulieren kann. (Halmos, 1986, zitiert nach Devlin, 2002, S. 314)

Beim Aufstellen von Vermutungen gehen Mathematiker also heuristisch vor. Sie arbeiten mit Beispielen und mit ihrem Gefühl für mathematische Schönheit (vgl. weiter unten). Welche Rolle die formale Sprache einnimmt, beschreibt Lang auf folgende Weise:

Übrigens werden neue Ergebnisse im Alltag durch Intuition entdeckt, ebenso Beweise, und schliesslich werden sie einem logischen Muster entsprechend aufgeschrieben. Man darf aber beide Dinge nicht miteinander vermengen. Es ist dasselbe wie in der Literatur: Grammatik und Syntax sind nicht Literatur. Wenn Sie ein Musikstück schreiben, benutzen Sie Noten, aber die Noten sind nicht die Musik. (Lang, 1989, S. 29)

Wenn Mathematikerinnen und Mathematiker neue Mathematik erfinden und darüber diskutieren, so findet dies keineswegs (nur) in formaler Form statt, Intuitionen, prototypische Beispiele und Bilder sind absolut zentral. Ausprobieren und heuristische Vorgehensweisen (Polya, 1949) sind wesentliche „Arbeitsformen". Der Formalismus kommt meist erst spät, wenn es darum geht, zu überprüfen, ob die Intuition richtig ist, und wenn die neue Mathematik kommuniziert werden soll. Mathematikerinnen und Mathematiker arbeiten also nicht immer auf dem gleichen Niveau der Formalisierung und sie denken nicht nur in Formeln. Beweise ermöglichen es dann, andere von der Richtigkeit der eigenen Vermutungen zu überzeugen. Sie ermöglichen damit Kommunikation und das Überprüfen von Ideen. Sie stehen aber erst am Ende des Arbeitsprozesses.

Während Fachliteratur und oft auch Vorlesungen an der Universität nach der Methode „Definition – Satz – Beweis – Folgesatz – Definition – ..." aufgebaut sind, sieht die Arbeit der Mathematiker beim Entdecken von neuer Mathematik anders aus (vgl. das Zitat von Hersh, 1986, auf S. 39): Mathematikerinnen und Mathematiker arbeiten mit Objekten und Strukturen, die sie selbst geschaffen haben. Diese können sie aber nicht beliebig konstruieren, es sind nur Konstruktionen erlaubt, die nicht im Widerspruch zu bereits bestehenden Objekten und Strukturen stehen. Sobald die mathematischen Objekte und Strukturen festgelegt sind, können ihre Eigenschaften erforscht werden. Auf diese Weise entwickeln mathematische Objekte eine Eigendynamik.

Bei der Entwicklung von mathematischen Sätzen spielt die Intuition aus der Erfahrung mit mathematischen Objekten eine grosse Rolle. Vermutungen werden zuerst an Beispielen und Anwendungen überprüft. Beispiele haben den Charakter von Fakten (Heintz, 2000), die immer wieder beigezogen werden. Obwohl die mathematischen Objekte nicht real existieren, gibt dieses Hantieren mit mathematischem Material den Mathematikern das Gefühl, „quasi-empirische" Erfahrungen zu machen (Heintz, 2000). Auch Wittmann (2001) spricht in Anlehnung an Lakatos (1979) vom „quasi-empirischen Charakter der Mathematik":

Anders als in der Naturwissenschaft, wo die untersuchten Objekte gegeben sind, werden die mathematischen Objekte aber konstruiert und bilden daher eine künstliche Welt, eine „Quasi-Realität". Bei der Konstruktion werden den Objekten Eigenschaften und Beziehungen aufgeprägt. Durch Operationen können die Objekte bearbeitet und verändert werden und man kann untersuchen, in wie weit dabei Eigenschaften und Beziehungen invariant bleiben bzw. sich in systematischer Weise verändern. (Wittmann, 2001, S. 236)

Dieses Prinzip des mathematischen Arbeitens findet man bei Wittmann (1985) unter dem Begriff des „Operativen Prinzips" ähnlich auch für den Mathematikunterricht.

Fertige Mathematik anderer Personen verstehen

Fertige Mathematik wird praktisch ausschliesslich in der Form „Definition, Satz, Beweis, Folgesatz, Definition, …" aufgeschrieben. Dabei werden die klassische formale Schreibweise und ein streng deduktives Vorgehen gewählt, weil es zum Standardvorgehen der Mathematiker gehört, d.h., es entspricht der Norm der Kommunikation innerhalb der mathematischen Gemeinschaft (Heintz, 2000). Sie hat den Vorteil der grösstmöglichen Eindeutigkeit und Präzision.

Je nachdem, wie wichtig die zu verstehende Theorie für den Eigengebrauch ist, werden beim Verstehen von fertiger Mathematik nur die grossen Ideen gesucht. Wenn aber die Theorie tief verstanden werden muss, dann wird sie Zeile für Zeile durchgearbeitet. Eine weitere Methode, welche Steen (1978) und Freudenthal (1973) beschreiben, besteht darin, dass nur der Sachverhalt gelesen wird und anschliessend selbst versucht wird, diesen zu beweisen.

Allgemeine Bemerkungen zum mathematischen Arbeiten

Zum Abschluss dieses Kapitels folgen einige kurze allgemeine Bemerkungen zum mathematischen Arbeiten, auch zur Frage der Ästhetik.

In der Mathematik wird gemäss Heintz (2000) primär allein gearbeitet. Kooperationen sind auf kleine Gruppen beschränkt, oft sind sie befristet und international. Weil die Mathematik wenig teure Infrastruktur benötigt, ist der äussere Zwang zu langfristiger und formeller Zusammenarbeit klein.

Beim mathematischen Arbeiten spielt die Schönheit eine zentrale Rolle. „But mathematicians persist in talking about their field in terms of an art – beauty, elegance, simplicity – and draw analogies to painting, music" (Hammond, 1978, S. 16). Die Schönheit wird auch als Kriterium für den Wert von Ideen verwendet: „Aesthetic judgments transcend both logic and applicability in the ranking of mathematical theorems: beauty and elegance have more to do with the value of a mathematical idea than does either strict truth or possible utility" (Steen, 1978, S. 10).

Die Standardphilosophie des arbeitenden Mathematikers ist gemäss Heintz (2000) der Platonismus: Er geht davon aus, dass mathematische Objekte unabhängig von unserer Vorstellung existieren. „Fast alle Mathematiker sehen sich selbst als Forscher, Entdecker einer faszinierenden Welt, die gekennzeichnet ist durch Harmonie, Ordnung und Einheit. Mathematik betreiben heisst, die Beschaffenheit dieser Welt zu untersuchen" (Heintz, 2000, S. 40). Der Platonismus gibt gemäss Heintz die Arbeitserfahrung des praktizierenden Mathematikers gut wieder: „Er liefert eine praktikable Erklärung für die Erfahrung, es mit einer eigenständigen – und manchmal auch widerständigen – Wirklichkeit zu tun zu haben" (Heintz, 2000, S. 40). Dies liegt auch daran, dass einmal definierte mathematische Objekte und Begriffe, wie oben erwähnt, eine Eigendynamik entwickeln.

Zusammenfassend: Beim Aufstellen von Vermutungen gehen Mathematikerinnen und Mathematiker heuristisch vor. Sie arbeiten mit Beispielen und mit ihrem Gefühl für mathematische Schönheit. Beweise ermöglichen es, andere von der Richtigkeit der eigenen Vermutungen zu überzeugen. Sie ermöglichen damit Kommunikation und das Überprüfen von Ideen. Beweise stehen aber erst am Ende des Arbeitsprozesses. Die Entscheidung, ob eine neue mathematische Aussage als richtig angenommen wird, wird letztlich von der mathematischen Gemeinschaft getroffen. Mathematisches Argumentieren beruht auf Konventionen und Schreibweisen, die sich erst herausgebildet haben und sich in Zukunft weiter verändern werden.

Inwiefern kann man von der Arbeitsweise und den Verstehensprozessen in der Disziplin Mathematik auf das Lernen und Verstehen der Schülerinnen und Schüler im Unterricht schliessen?

Diese Übertragung vom Fach auf das Lernen der Schülerinnen und Schüler wird kritisch betrachtet: Kinder sind gemäss Hiebert et al. (1996) keine kleinen Mathematiker, sie haben nicht die gleichen Erfahrungen, Ambitionen, kognitiven Fähigkeiten und Repräsentationswerkzeuge wie Fachpersonen. Im Unterschied zu diesen bringen sie viel weniger Vorwissen und keine entsprechende jahrelange Sozialisation mit. Kinder sollen deshalb gemäss den Autoren wie Kinder denken, aber über Probleme und Ideen, die mathematisch fruchtbar sind. Die Ähnlichkeiten zwischen Mathematikern und Kindern sehen Hiebert et al. (1996, S. 19) „in the fact that they are both working on situations that they can problematize with the goal of understanding the situations and developing solution methods that make sense for them."

Kinder erfinden fachliche Strukturen für sich neu, die schon lange bekannt sind und für die es bewährte Arten der fachlichen Repräsentation gibt. Entdeckungsprozesse von Schülerinnen und Schülern müssen mindestens zu einem gewissen Grad in reguläre Darstellungsweisen einmünden, damit eine Kommunikation im Klassenzimmer möglich ist und damit ein kumulativer Wissensaufbau gewährleistet werden kann. Dieser Grad ist abhängig vom Schuljahr, vom Schulniveau und vom konkreten Inhalt. Wenn man verschiedene Lehrmittel vergleicht, so gibt es diesbezüglich durchaus grössere Unterschiede.

2.3 Mathematikverstehen aus Sicht der Kognitionspsychologie und der Fachdidaktik

Die Frage, was Mathematikverstehen im Unterricht bedeutet, wird in mehreren Kapiteln untersucht: Im ersten Teil wird das zugrunde liegenden Lehr-Lernverständnis in allgemeiner Form beschrieben, welches die Auffassung von Verstehen prägt (Kapitel 2.3.1). Verstehen von mathematischen Konzepten wird in Anlehnung an Aebli als Struktur- oder Begriffsaufbau verstanden. Aeblis Vorstellungen des Verknüpfens, Verdichtens und Einebnens im Rahmen von Strukturaufbauprozessen werden deshalb in Kapitel 2.3.2 zusammengefasst. Der Begriff des Sinnflusses von Aebli (1994) wird in Kapitel 2.3.3 eingeführt. Anschliessend werden einige für das Fach Mathematik besonders wichtige Aspekte von Verstehen dargestellt: Repräsentationen und Verstehen sowie Verstehen als Problemlösen (Kapitel 2.3.4 und 2.3.5). In Kapitel 2.3.6 wird auf nicht kognitive Aspekte des Mathematikverstehens kurz eingegangen. Zum Schluss werden einige Ergebnisse zum Mathematikverstehen aus Sicht der empirischen Unterrichtsforschung dargestellt, wobei die Unterrichtsqualitätsmerkmale der Klarheit, Strukturiertheit und Kohärenz von Unterricht für diese Arbeit besonders zentral sind (Kapitel 2.3.7).

In diesem Kapitel werden unterschiedliche Arten von Verknüpfungen vorkommen. Da Verstehen zentral mit Herstellen von Verknüpfungen in Verbindung gebracht wird, ist es für die Argumentation in dieser Arbeit wichtig, diejenigen Arten von Verknüpfungen im Mathematikunterricht näher zu bestimmen, welche dem Verstehen eines Konzepts dienen. Die unterschiedlichen Perspektiven auf Mathematikverstehen helfen, diese Arten von Verknüpfungen zu identifizieren.

2.3.1 Lehr-Lernverständnis und zentrale Folgen für den Mathematikunterricht

Die Anleitung von Verstehensprozessen im Unterricht ist nicht nur geprägt vom Fach selbst, sondern ebenso zentral von den Vorstellungen, wie Lernen und Verstehen beim Individuum vor sich gehen: Empirische Forschung zeigt, dass Vorstellungen der Lehrpersonen über das Lernen im Allgemeinen und das Mathematiklernen im Besonderen den Unterricht prägen (vgl. z.B. Staub & Stern, 2002).

Zuerst wird das heute in der Lernpsychologie vorherrschende Lehr-Lernverständnis kurz dargestellt. Es folgt eine Beschreibung eines umfassenden Lernziels für den Mathematikunterricht. Anschliessend werden einige zentrale Folgerungen für den Mathematikunterricht in Bezug auf das Gestalten von Lernumgebungen und die Rolle der Lehrperson gezogen.

Lehr-Lernverständnis

Lernen wird heute als ein aktiver, konstruktiver, kumulativer, selbstgesteuerter, zielorientierter, situierter und sozialer Prozess aufgefasst (vgl. z.B. Baumert, Blum & Neubrand, 2004; De Corte, 1995, 2007; De Corte et al., 1996; De Corte & Verschaffel, 2006; Reusser, 1998, 2001a, 2006; Shuell, 1996, 2001; Stebler et al., 1994; Vosniadou, 2001).

Aus einer *kognitiv-konstruktivistischen Sicht* (z.B. Aebli, 2001; Hiebert & Carpenter, 1992; Reusser, 1998, 2006) welche auf Piaget (1973) zurückgeht, besteht Lernen zentral darin, dass das Individuum kognitive Strukturen aufbaut. Statt von Strukturen wird auch von mentalen Repräsentationen gesprochen. Diese kognitiven Strukturen werden als semantische Netzwerke vorgestellt, in denen Elemente durch Verknüpfungen (sogenannte Relationen) miteinander in Beziehung gesetzt werden. Lernen ist also ein konstruktiver Prozess. Die individuellen Konstruktionsprozesse können nur in einer aktiven Auseinandersetzung mit dem Lerngegenstand erfolgen. Idealerweise erfolgen sie aus lernpsychologischer Sicht in problemlösender Art (Aebli, 2001). Entscheidend ist nicht die äussere Aktivität des Lernenden, zentral ist die geistige, die kognitive Aktivität. Der individuelle Aufbau der Strukturen erfolgt nicht zufällig oder beliebig: Die Verknüpfungen, die das Individuum herstellt, und die Deutungen, die es vornimmt, zielen darauf, subjektiv Sinn und Bedeutung herzustellen. Lernen ist also „an active process in which learners are active sense makers who seek to build coherent and organized knowledge" (Mayer, 2004, S. 14). Dies geschieht ausgehend von den bereits vorhandenen kognitiven Strukturen, dem Vorwissen: „People continually try to understand and think about the new in terms of what they already know" (Glaser, 1984, S. 100). Die bereits vorhandenen Wissensstrukturen können dabei den Erwerb von neuen Strukturen auch behindern oder sogar verhindern (vgl. Kapitel 2.3.4). Beim Lernen kann das vorhandene Netzwerk einerseits ausgebaut und damit vergrössert werden, andererseits kann das Vorhandene aufgrund eines entstehenden kognitiven Konfliktes auch verändert, neu organisiert oder umstrukturiert werden. Das Lernen ist in diesem Sinne ein kumulativer Prozess. Die Experten-Novizen-Forschung zeigt, dass Lernen bereichsspezifisch erfolgt und dass Experten ihr Wissen oft grundsätzlich anders strukturieren als Novizen (Bromme, 1992). Das Lernen wird sowohl vom Lernenden selbst als auch von aussen gesteuert. Lernstrategien und Metakognition spielen dabei eine wichtige Rolle (Friedrich & Mandl, 1997; Mandl & Friedrich, 2006; Schoenfeld, 1992). Langfristiges Ziel ist, dass die Lernenden selbst die Verantwortung für ihre Lern- und Verstehensprozesse übernehmen (selbstgesteuertes Lernen). Lernen ist weiter am effektivsten, wenn es auf ein Ziel gerichtet ist. Ob das Ziel von den Lernenden selbst definiert wurde, von der Lehrperson oder dem Lehrmittel, ist sekundär. Zentral ist, dass die Lernenden diese Ziele für sich selbst übernehmen.

Aus einer *sozial-konstruktivistischen und situierten Sicht* des Lernens kommt hinzu, dass das Individuum immer in einem sozialen und kulturellen Kontext lernt, mit dem es interagiert (Vygotsky, 1978). Die Merkmale des Kontextes, in dem das Lernen stattfindet, schlagen sich ebenfalls in den Begriffsnetzen nieder. Lernen ist deshalb ein situierter Prozess (Brown et al., 1989). Diese Situiertheit kann den Transfer des Gelernten auf andere Kontexte beeinträchtigen. Damit nicht träges Wissen (Gruber et al., 2000) entsteht, ist es deshalb wichtig, dass die an einem konkreten Beispiel erarbeiteten neuen Wissensstrukturen von den Besonderheiten der Situation gelöst, beweglich und flexibel gemacht werden (Aebli, 2001). Lernen ist aber auch ein sozialer Prozess. Obwohl die Lernenden letztlich selbständig Wissensstrukturen konstruieren, müssen diese sozial und kulturell akzeptiert sein. Individuelle Wissenskonstruktion erfolgt deshalb immer (auch) durch Interaktion, Aushandeln von Bedeutung und Kooperation (Wood, Cobb & Yackel, 1991). Wissen wird gemeinsam ko-konstruiert, denn die Bedeutung von Begriffen entsteht wesentlich im gemeinsamen Gebrauch.[8] Die Lernenden müssen soziale Praktiken lernen, um in diesen Gemeinschaften zu funktionieren. Dazu gehört auch der Gebrauch von Werkzeugen, insbesondere der Sprache, denn Begriffe sind kulturelle Werkzeuge (Brown et al., 1989), die zwischen dem Denken des Individuums und der sozialen Umwelt vermitteln. Lernen ist in diesem Sinne nicht nur ein kognitiver Prozess des individuellen Strukturaufbaus, sondern gleichzeitig auch ein Prozess der Enkulturation in die Gemeinschaft der Schulmathematiker (Brown et al., 1989). Deshalb sind authentische Aktivitäten in passenden Situationen zentral. Kooperative Arbeitsformen werden wichtig, sie sind aber auch schwierig (Pauli & Reusser, 2000). Die Lernenden erfahren in der Interaktion mit anderen (oder mit Aufgaben), ob ihre Vorstellungen sozial und fachlich akzeptiert werden und in welche Richtung sie allenfalls verändert werden müssten. Ziel ist, dass beim Aushandeln Intersubjektivität hergestellt werden kann und so ein „gemeinsam geteiltes Wissen" (Brown & Campione, 1996) entsteht. Während der Interaktion können aber auch sozio-kognitive Konflikte entstehen (Doise & Mugny, 1984). Das Aushandeln und Überzeugen, das Erklären und Begründen, um Intersubjektivität zu erreichen, führt zu Lernzuwachs und zu Verstehen (Hiebert et al., 1997). Ergebnisse von Forschung zur sozialen Interaktion im Mathematikunterricht zeigen aber auch, wie sozio-kognitive Konflikte sowohl auf der sachlichen Ebene als auch auf der sozialen Ebene gelöst werden (Krummheuer, 1992; Lampert et al., 1998).[9] Dies liegt auch daran, dass es schwierig ist, über Dinge zu sprechen, die man gerade erst lernt, da Rahmungen fehlen, welche die Kommunikation erleichtern würden (Krummheuer, 1992; Krummheuer & Voigt, 1991). Die Lehrperson hat also die wichtige Rolle, darauf zu achten, dass Aushandlungsprozesse auf der Sachebene vorgenommen werden. Sie ist auch für die Etablierung von sozialen und sozio-mathematische Normen (Cobb & Yackel, 1996), d.h. für die Klassenzim-

---

8   Es mag auf den ersten Blick erstaunen, dass mathematisches Lernen mit sozialem Aushandeln von Bedeutungen zu tun haben soll. Man kann sich fragen, was es da auszuhandeln gibt, wo doch die Lösung einer mathematischen Aufgabe im Allgemeinen entweder richtig oder falsch ist. Es geht hier aber nicht um das Aushandeln der fachlichen Richtigkeit an sich, denn diese ist für die Schulmathematik schon längst geklärt. Vielmehr geht es darum, selbst zu verstehen, dass und warum ein Sachverhalt gilt, und dieses Verständnis muss gleichzeitig in der Gemeinschaft der Lernenden intersubjektiv akzeptiert sein.

9   Hier zeigt sich ein wesentlicher Unterschied zwischen dem mathematischen Arbeiten in der Disziplin und im Mathematikunterricht. Mathematiker haben Wissen und Strategien, die es ihnen ermöglichen, auf der Sachebene zu bleiben. Sie sind so sozialisiert, dass sie wissen, dass mathematische Probleme niemals erfolgreich auf der Beziehungsebene gelöst werden können. In der Schule hingegen kann sich diese Strategie durchaus bewähren und häufig fehlen für ein alternatives Vorgehen schlicht die nötigen Strategien, das entsprechende Fachwissen und die entsprechende Sozialisation. Deshalb wird immer wieder betont, dass in diesem Hinblick das mathematische Arbeiten in der Disziplin nicht direkt als Vorbild für das mathematische Arbeiten in der Schule genommen werden kann (Brophy, 2006; Kirschner, Sweller & Clark, 2006; Müller, Steinbring & Wittmann, 1997; Sfard, 2001). Produktive Gesprächsformen können nicht vorausgesetzt werden, sie müssen, sorgfältig angeleitet, zuerst gelernt werden.

merkultur zuständig. Die sozio-mathematischen Normen regeln das mathematische Verhalten im Klassenzimmer, z.B. legen sie fest, was als akzeptable mathematische Argumentation gilt. Lernen findet gemäss Vygotsky (2002) zentral in der Zone der nächsten Entwicklung statt, also in dem Bereich, in dem die Lernenden mit Hilfe einer kompetenteren Person lernen können. Das „Cognitive-apprenticeship"-Modell (Collins, Brown & Newman, 1989) zeigt eine Möglichkeit auf, wie die Verantwortung für das Lernen im Unterricht und die Steuerung von Lernprozessen allmählich von der Lehrperson auf die Lernenden übertragen werden kann: Durch „modeling", „coaching", „scaffolding" und „fading". Die Lehrperson zeigt zuerst vor (modeling) und macht nicht beobachtbare Gedankengänge und Methoden explizit. Anschliessend überwacht und unterstützt sie die Lernenden (coaching). Sie gibt Hinweise, korrigiert und wirkt als Lerngerüst (scaffolding), an dem sich die Lernenden, soweit sie es benötigen, festhalten können. Je mehr die Lernenden selber zurechtkommen, je mehr sie ihr Lernen selbst steuern können, desto mehr zieht sich die Lehrperson zurück (fading).

Lernen und Verstehen im Unterricht umfassen also immer gleichzeitig soziale und kognitive Faktoren. Zwei Schüler, die denselben Unterricht besucht haben, werden unterschiedliche Dinge gelernt haben. Denn sie besitzen unterschiedliches Vorwissen und nehmen auf unterschiedliche Art und Weise an der Klassenzimmerkultur teil.

Lernen hat aber immer zum Ziel, dass die neuen Wissens- und Denkstrukturen auch in neuen Situationen flexibel angewendet werden können. Voraussetzung für einen solchen Transfer ist, dass die neu gelernten Sachverhalte tief verstanden wurden (Aebli, 2001; Hiebert & Carpenter, 1992; Reusser & Reusser-Weyeneth, 1994b; Salomon & Perkins, 1989; Stebler et al., 1994). Ergebnisse zum Thema Transfer, z.B. aus der Experten-Novizen-Forschung (Bromme, 1992), weisen darauf hin, dass Lernen bereichsspezifisch und situiert erfolgt und dass es also kein allgemeines, inhaltsunabhängiges Lernenlernen geben kann (Reusser, 2001b). Die Lern- und Denkkompetenzen müssen eingebettet in fachliche Inhalte erworben werden. Tief verstandenes Fachwissen, das aus dem spezifischen Lernkontext herausgearbeitet und flexibilisiert worden ist, stellt folglich eine wesentliche Voraussetzung für Transfer dar (Aebli, 2001). Auch die Art und Weise, wie Strukturen und Beziehungen repräsentiert werden, beeinflussen den Transfer (Hiebert & Carpenter, 1992; vgl. Kapitel 2.3.4). Verstehen ist weiter wesentlich von einer hohen Qualität der beteiligten kognitiven Prozesse abhängig (Dewey, 1910/2002; Hiebert & Carpenter, 1992; Weinstein & Mayer, 1986). Lernstrategien, welche helfen, neues Wissen in bestehende Wissensstrukturen zu integrieren (Elaborationsstrategien) oder neues Wissen zu organisieren und zu strukturieren (Organisationsstrategien), sind für das Verstehen wichtig (Mandl & Friedrich, 2006). Entscheidend für das Verstehen ist, dass sich die Strategien auf den Sinn und die Bedeutung des zu lernenden Sachverhalts beziehen, also „tiefenverarbeitend" sind und sich nicht nur auf oberflächliches Auswendiglernen richten.

Reusser fasst die Forschungsbefunde in Bezug auf die Wirksamkeit von konstruktivistischem Lernen wie folgt zusammen:

Je aktiver und selbstmotivierter, je problemlösender und dialogischer, aber auch je bewusster und reflexiver Wissen erworben resp. (ko-)konstruiert wird, desto besser wird es verstanden und behalten (Transparenz, Stabilität), desto beweglicher kann es beim Denken und Handeln genutzt werden (Transfer, Mobilität) und als desto bedeutsamer werden die mit dessen Erwerb verbundenen Lernerträge erfahren (Motivationsgewinn, Zugewinn an Lernstrategien, Selbstwirksamkeit). (Reusser, 2006, S. 159)

Umfassendes Lernziel: Erwerb einer mathematischen Disposition

Die oben erwähnte Sicht des Lernens stellt die Prozesse des Lernens ins Zentrum und nicht nur die Lernprodukte und Inhalte. Für den Mathematikunterricht sind die folgenden Prozesskomponenten zentral: Problemlösen, Argumentieren, Modellieren, mathematische Darstellungen benutzen, Kommunizieren usw. (z.B. Blum et al., 2006; ähnlich auch in NCTM, 2000). Auf das Problemlösen und seinen Zusammenhang mit dem Verstehen wird in Kapitel 2.3.5 ausführlicher eingegangen.

Der Mathematikunterricht hat sich gemäss Reiss und Reiss (2006) in den letzten Jahren bezüglich seiner Zielsetzungen gewandelt: „Konkret soll es weniger darum gehen, begriffliches Wissen oder Kalküle zu erwerben, als vielmehr dieses Wissen anzuwenden und mit Hilfe der Mathematik Probleme zu modellieren und zu lösen" (Reiss & Reiss, 2006, S. 230). Das Anwenden kann sich dabei auf den Alltag, auf innermathematische Probleme oder auf andere Wissenschaftsbereiche beziehen.

Als zentrale Lernziele von Mathematikunterricht gelten heute der Erwerb von kognitiven *und* motivationalen, volitionalen Fähigkeiten sowie das Anwendenkönnen von mathematischem Wissen in Problemzusammenhängen. Diese Sicht widerspiegelt sich in vier aktuellen mathematikdidaktischen Konzeptionen:

- im Konzept der mathematischen Disposition (vgl. unten),
- im Konzept der „mathematical proficiency" (Kipatrick, Swafford & Findell, 2001; vgl. auch zusammenfassend De Corte & Verschaffel, 2006),[10]
- im Konzept der mathematischen Kompetenz (Blum et al., 2006; Klieme et al., 2003), welches auf dem Kompetenzbegriff von Weinert (2001) aufbaut,
- im Konzept der „mathematical literacy" (mathematische Grundbildung), das in PISA verwendet wurde (vgl. Überblick in Neubrand, 2003).

Ich gehe hier nur auf den Begriff der mathematischen Disposition ein. Gemäss De Corte herrscht heute ein grosser Konsens, was mathematische Kompetenz ist und was die Ziele von mathematischem Lernen sind: Der Erwerb einer „mathematischen Disposition" (De Corte, 1995, 2004, 2007; De Corte et al., 1996; De Corte & Verschaffel, 2006; Schoenfeld, 1992).

Learning mathematics extends beyond learning concepts, procedures, and their applications. It also includes developing a disposition toward mathematics and seeing mathematics as a powerful way for looking at situations. Disposition refers not simply to attitudes but to a tendency to think and to act in positive ways. Students' mathematical dispositions are manifested in the way

---

10 Einer von fünf Punkten ist in diesem Modell „conceptual understanding".

they approach tasks – whether with confidence, willingness to explore alternatives, persever-ance, and interest and in their tendency to reflect on their own thinking. (NCTM, 1989, zitiert nach De Corte, 1995)

Diese Sicht von Mathematiklernen zeigt ein multikriteriales Verständnis von mathe-matischer Kompetenz. Zu einer solchen mathematischen Disposition gehören Wissen und Fähigkeiten in den folgenden Bereichen (De Corte & Verschaffel, 2006):

1) Gut organisiertes und flexibles fachspezifisches Wissen,
2) heuristische Methoden,
3) Meta-Wissen (metakognitives Wissen und Wissen über die eigene Motivati-on und Emotionen),
4) Selbstregulationsfähigkeiten zur Aufrechterhaltung von kognitiven und voli-tionalen Prozessen,
5) positive Überzeugungen über sich selbst, über soziale Kontexte, in denen mathematisches Arbeiten stattfindet, über Mathematik und mathematisches Lernen und Problemlösen.

Diese Merkmale interagieren beim Lernen und Problemlösen. Die Disposition kann nicht direkt gelehrt werden, sie entwickelt sich langfristig (De Corte, 1995). Wesent-lich ist, dass der Lerner erstens überhaupt Situationen erkennt, in denen es relevant ist, das erworbene Wissen und die Fähigkeiten anzuwenden, und dass er zweitens auch die Bereitschaft hat, dies tatsächlich zu tun.

Aus dem dargestellten Lehr-Lernverständnis ergeben sich unmittelbare Folgerun-gen für die Gestaltung von Mathematikunterricht mit dem Ziel, dass die Lernenden verstehen: Lehrpersonen und Unterricht spielen eine wesentliche Rolle (z.B. Brophy, 2006; Hiebert & Grouws, 2007; Lipowsky, 2006; Reusser, 2006; Shuell, 1996), nicht nur in direkter Weise, sondern auch indirekt und subtil. Im Folgenden wird kurz auf die Gestaltung von Lernumgebungen und die Lehrerrolle eingegangen.

Gestaltung von Lernumgebungen

Die Hauptaussage aus der dargestellten (sozial-)konstruktivistischen Sicht ist: Der Ausgangspunkt für das didaktische Handeln im Unterricht sind die beabsichtigten psy-chologischen Lernprozesse der Schülerinnen und Schüler.[11] Das bedeutet, dass der Unterricht einerseits bei den Fähigkeiten der Lernenden ansetzen muss. Andererseits muss er die Lernenden dazu anleiten, die gewünschten, fachlich passenden kognitiven Strukturen aufzubauen.

Reusser (2006, 2008) unterscheidet drei Teilkulturen als Basisdimensionen der Gestaltung von konstruktivistischen Lehr-Lern-Arrangements. Sie verweisen je auf eine Dreiecksseite im didaktischen Dreieck mit den Eckpunkten Lehrperson, Gegen-stand und Lernende.

---

11 Gemäss Messner und Reusser (2006) war Aebli einer der Ersten, der darauf aufmerksam ge-macht hat.

Die Lehrstoff- und Aufgabenkultur (Lehrperson – Gegenstand): Sie ist geprägt durch ein genetisch-konstruktivistisches Stoffverständnis. Die Mathematik soll als etwas „Gewordenes" erlebt und verstanden werden. Deshalb wird der Stoff idealerweise problemlösend nachkonstruiert. Die „Verstehensklippen" (Reusser, 2006) des mathematischen Inhalts müssen von der Lehrperson beachtet und das Vorwissen der Lernenden muss berücksichtigt werden.

Die Lern- und Interaktionskultur (Gegenstand – Lernende): Sie zeichnet sich durch die Qualität der Verstehens-, Problemlöse- und Kompetenzaufbauprozesse der Lernenden aus. Dazu gehört, dass die Lernenden durch die Gestaltung des Unterrichts wirklich die Möglichkeit haben, neues Wissen aufzubauen, in ihre bisherigen Wissensstrukturen zu integrieren und damit zu vernetzen. Dies geschieht in der entdeckenden, kooperativen aber auch rezeptiven Auseinandersetzung mit den Inhalten, insbesondere mit den typischen mathematischen Darstellungen als kulturellen Werkzeugen und mit der sozialen Umwelt.

Die Lernhilfe- und Unterstützungskultur (Lernende – Lehrperson): Sie ist bestimmt durch eine konstruktivistische Rolle der Lehrperson, welche im nächsten Abschnitt näher beschrieben wird.

Beispiele für effektive Lernumgebungen aus sozial-konstruktivistischer Sicht und weitere Kriterien spezifisch für den Mathematikunterricht findet man beispielsweise in De Corte (1995), De Corte, et al. (1996), De Corte und Verschaffel (2006), Hiebert et al. (1997), Schoenfeld (1992), Stebler et al. (1994) und Wittmann (2004).

Im Fach Mathematik wird in Bezug auf die Konstruktion von Lernumgebungen meist in der Einheit Aufgaben und der dazugehörenden Aufgabenbearbeitung gedacht (auch in der Diskussion um den Erwerb mathematischer Kompetenzen im Sinne der Bildungsstandards, vgl. z.B. Blum et al., 2006 und Büchter & Leuders, 2005). Da die Argumentation dieser Arbeit nicht mit der Einheit „Aufgabe" arbeitet und weil einige Aspekte zu Aufgaben in den folgenden Kapiteln vorkommen werden (insbesondere Kapitel 2.3.7), gehe ich hier nicht näher darauf ein.

Rolle der Lehrperson

Die Prinzipien für die Gestaltung von Lernumgebungen aus sozial-konstruktivistischer Sicht zeigen eine komplexe Rolle der Lehrperson auf (Lipowsky, 2006; Reusser, 1994a, 1999b, 2001b, 2006). Aus der Sicht eines verstehensorientierten Unterrichts sind folgende Aspekte besonders wichtig: Die Lehrperson nimmt eine zentrale und aktive Rolle bei allen Verstehensaufbauprozessen ein. Auch wenn Lernende ihr Wissen letztendlich aktiv selbst konstruieren müssen und auch wenn dies problemlösend geschieht, werden sie dabei von Lehrpersonen, von Mitschülerinnen und Mitschülern sowie Lehrmitteln und -materialien unterstützt; dafür sprechen sowohl theoretische Überlegungen als auch empirische Befunde (Aebli, 2001; Grouws & Cebulla, 2000; Kirschner et al., 2006; Lipowsky, 2006; Mayer, 2004; Reusser, 1995, 2006). Dazu sind in der Regel auch Phasen eines qualitätsvollen Klassenunterrichts erforderlich. Insbesondere braucht es die Lehrperson sowie mitdenkende, fähige Peers als kognitive Verhaltensmodelle, denn die Wissensbildungsgemeinschaft ist auf kompetente Mitglieder angewiesen. Die Lehrperson ist dabei der Fachexperte, der die Lernenden vor allem auch auf der fachlichen Ebene adaptiv unterstützen muss (Reusser, 2006). Die Rolle der Lehrperson ist von einem Dilemma geprägt, für das es keine einfache Lösung gibt: Sie muss sowohl der Sache als auch den Lernenden gerecht werden. Lehrpersonen vermittelt also zwischen Individuellem und Sozialem, zwischen dem Singulären und dem Regulären (Gallin & Ruf, 1990; Reusser, 2006). Erschwerend kommt hinzu, dass die Lernenden sehr verschiedene individuelle Konstruktionswege nehmen. Das subjektive, individuelle, singuläre Wissen soll aber am Ende eines erfolgreichen Lernprozesses passend zum fachlich akzeptierten, regulären Wissen werden (Ruf & Badr Goetz, 2002; Ruf & Gallin, 1998). Dabei ist entscheidend, dass auch im Mathematikunterricht, analog zur Disziplin selbst (vgl. Kapitel 2.2), die „Sprache des Verstehens" nicht mit der „Sprache des Verstandenen" (Wagenschein, 1980, zitiert nach Ruf & Gallin, 1998) übereinstimmen kann. Das reguläre Wissen umfasst Konventionen und formale Schreibweisen, welche historisch gewachsen sind und von Schülerinnen und Schülern nicht selbst entdeckt werden können. Lernen und Verstehen von Begriffen hat also immer gleichzeitig mit kognitiver Konstruktion und Enkulturation in die soziale Praxis zu tun. Die Lehrperson nimmt eine zentrale Rolle ein: „Das Aushandeln und Herstellen von Intersubjektivität unter der letztendlichen Steuerungsverantwortung durch die Lehrperson bleibt in jedem kulturbezogenen Unterricht eine Kardinalaufgabe" (Reusser, 2006, S. 165).

Für das Verstehen sind zusammenfassend die folgenden Aspekte der Lehrerrolle besonders zentral (vgl. Aebli, 2001; Hiebert et al., 1997; Reusser, 1995, 2006; Wittmann, 2000):

1) Die Lehrperson plant aus der Perspektive der bei den Schülern auszulösenden fachlichen Verstehensprozesse den Unterricht, insbesondere die Auswahl von Aufgaben und deren Reihenfolge.

2) Die Lehrperson muss zentrale Elemente und Verknüpfungen deutlich machen, welche die Schülerinnen und Schüler prinzipiell nicht entdecken können: Konventionen, Bezeichnungen, prägnante Zusammenfassungen der Ergebnisse.

3) Die Lehrperson ist verantwortlich für die Klassenzimmerkultur, welche aus der Sicht des sozialen Lernens zentral ist. Sie ist ein Modell für fachlich akzeptierte Argumentation und sie muss auch darauf achten, dass beim kooperativen Lernen kognitive und sozio-kognitive Konflikte auf der Sach- und nicht auf der Beziehungsebene gelöst werden.

Man beachte, dass in diesen Forderungen sowohl eher kurzfristig als auch längerfristig zu erreichende Elemente enthalten sind: Die ersten beiden Punkte sind mindestens teilweise innerhalb von kurzen Zeiträumen durchführbar. Der letzte Punkt, der Aufbau einer produktiven Klassenzimmerkultur, ist hingegen vermutlich nur über Monate oder

Jahre hinweg erreichbar.[12] Zentral ist, dass die Lehrperson die Lernprozesse ihrer Schülerinnen und Schüler nur anregen und unterstützen kann:

> Das Handeln von Lehrpersonen vermag zwar günstige Bedingungen für verständnisvolles Lernen zu schaffen und damit das Lernfeld abzustecken, das Lernen von individuellen Schülern aber kann es weder zwingend in Gang setzen noch sicher zum Erfolg führen. Das heisst, keine Lehrperson kann einem Lernenden den Vollzug einer gedanklichen Verknüpfung abnehmen. (Reusser, 2006, S. 160)

Gute Lerngelegenheiten führen also nicht automatisch zu erfolgreichem Lernen. Damit die Lerngelegenheiten effektiv werden, müssen sie durch die Lernenden wahrgenommen und genutzt werden. Dies ist die Grundannahme des in der heutigen empirischen Unterrichtsforschung weit verbreiteten Angebots-Nutzungs-Modells (Fend, 2008; Helmke, 2003; Pauli & Reusser, 2006).

Vergleicht man dieses Kapitel mit dem vorangegangenen Kapitel, welches das Verstehen von Mathematik aus der Sichtweise der Disziplin zum Thema hatte, so fällt ein wesentlicher Punkt auf: Begriffslernen kann keinesfalls mit dem Auswendiglernen einer fachlichen Begriffsdefinition gleichgesetzt werden. Weiter muss deutlich unterschieden werden zwischen Begriffsdefinition in der Disziplin und dem individuellen Prozess der Begriffsbildung. Aus kognitionspsychologischer Sicht ist alles Lernen Aufbau von kognitiven Strukturen, ganz unabhängig davon, ob es Begriffe, mathematische Sätze oder Verfahren sind, die gelernt werden sollen. Es gibt in diesem Sinne auf der individuellen Ebene nur eine Art der Begriffsbildung, des Strukturaufbaus. In der Disziplin selbst gibt es hingegen eine fundamentale Unterscheidung zwischen Sätzen und Begriffen, denn Begriffe werden definiert und Sätze müssen bewiesen werden. Diese Unterscheidung geschieht aber in systematischer Weise erst am Schluss eines Entdeckungsprozesses, denn es gibt verschiedene Möglichkeiten der Ordnung (vgl. Kapitel 2). Manche Fachdidaktiker unterscheiden deshalb zwischen dem Lernen von Begriffen und dem Lernen von mathematischen Sätzen (z.B. Vollrath, 2001). Ich halte mich hier an die kognitionspsychologische Sicht und betrachte das Lernen und Verstehen eines mathematischen Satzes ebenfalls als Begriffsbildungsprozess.

In dieser Arbeit wird das Lernen und Verstehen eingeschränkt auf den Aufbau von neuen Wissensstrukturen zum Satz des Pythagoras. Im Zentrum des Interesses stehen deshalb Merkmale der Gestaltung von Unterricht, der einen systematischen und sorgfältigen Begriffsaufbau/Strukturaufbau fördert. Im Folgenden wird die kognitiv-konstruktivistische Sicht von Lehr-Lernprozessen eine grössere Rolle einnehmen als die soziale und situierte Sicht. Dies bedeutet nicht, dass diese Perspektiven als weniger wichtig angesehen werden. Aus einer heutigen Sicht müssen sowohl die kognitiven als auch die sozialen Aspekte beim Lernen betrachtet werden (Reusser, 2006; Sfard, 1998).

---

12 Dies ist der Grund, warum ich mich bei der Suche nach fachdidaktischen Qualitätsmerkmalen der Anleitung von Verstehensprozessen in einer dreistündigen Einführung in den Satz des Pythagoras auf die ersten beiden Aspekte konzentrieren werde.

2.3.2 Verknüpfen, Verdichten und Einebnen – Strukturaufbau nach Aebli

Dass Verstehen als Begriffs- oder Strukturaufbau aufgefasst werden kann, wurde bereits im vorangegangenen Kapitel erwähnt. In diesem Kapitel wird ausführlicher auf Aeblis kognitionspsychologische Vorstellungen des Strukturaufbaus eingegangen, in welchen die Prozesse des Verknüpfens, des Verdichtens und Einebnens eine wichtige Rolle einnehmen. Das Pythagoras-Verstehensmodell, welches in Kapitel 4 entwickelt werden wird, baut zentral auf diesem Kapitel auf. Weil das Modell später die Ausgangslage für die neuen Unterrichtsqualitätsmerkmale bildet, kann man sagen, dass Aeblis Strukturaufbauvorstellungen eine wichtige Grundlage für die hier neu entwickelten Unterrichtsqualitätsmerkmale darstellen.

Im Zentrum von Aeblis Strukturaufbautheorie steht der Aufbau von beweglichen und immer komplexer werdenden fachlichen Wissensstrukturen (Aebli, 1985, 1993, 1994, 2001; Reusser, 1998, 2006). Handlungen und Problemlösen sind *die* zentralen Elemente von Wissensaufbauprozessen. Diese Strukturen müssen im Unterricht unter Anleitung und Begleitung einer Lehrperson individuell konstruiert werden, Aebli spricht von „geleitetem Strukturaufbau" (Aebli, 1977). Verstehen heisst nach Aebli, dass das Netz von Beziehungen durchsichtig ist und beweglich durchlaufen werden kann.

In den 12 Grundformen leitet Aebli aus psychologischen Analysen des Lernprozesses der Schülerinnen und Schüler didaktische Massnahmen ab. Der Blickwinkel geht also vom Lernen zum Lehren. Das Buch ist nach drei Dimensionen gegliedert: Medien, inhaltliche Struktur und Funktionen im Lernprozess. Die Dimension inhaltliche Struktur und darin die Unterkapitel zu den Operationen und Begriffen sind hier von besonderem Interesse. Auf die Funktionen wird unter dem Blickwinkel des Strukturaufbaus ebenfalls kurz eingegangen.

Für das Ziel dieser Arbeit, die Analysen der Qualität der Anleitung von Verstehensprozessen im Unterricht, sind die folgenden sechs Punkte aus Aeblis Werk zentral. Die Punkte werden im Anschluss – der Strukturierung aus den 12 Grundformen folgend – ausführlicher dargestellt:

1) Verstehen als Strukturaufbau, als Begriffsbildung.
2) Die Denkstrukturen müssen in Begriffen der Sache beschrieben werden.
3) Begriffsaufbauprozesse erfolgen zuerst „in die Tiefe des Begriffs", erst dann in die „Breite".
4) Verknüpfen, Verdichten und Einebnen sind zentrale Elemente des Strukturaufbaus.
5) Das Durcharbeiten als zentrale Funktion im Lernprozess, das zu einem tiefen und beweglichen Verständnis führt.
6) Klarheit und Kohärenz als Leitlinien von Strukturaufbauprozessen.

Eine Zusammenfassung von Aeblis Strukturaufbauvorstellungen findet sich im „operativen Prinzip" (Aebli, 1985). Dieses Prinzip hat in der Mathematikdidaktik vor allem in Bezug auf den Aspekt des Durcharbeitens und in der Formulierung von Wittmann (1985) Eingang gefunden.

1) Verstehen als Strukturaufbau, als Begriffsbildung

Verstehen heisst nach Aebli (1994) Aufbau von beweglichen und transparenten kognitiven Strukturen. Da alle hierarchischen Strukturen letztlich als Begriffe aufgefasst werden können (vgl. weiter unten) und weil die meisten mathematischen Sachverhältnisse hierarchischer Natur sind, lassen sich mathematische Verstehensprozesse oft als Begriffsbildungsprozesse (im Sinne von Aebli) auffassen. Für mathematische Verstehensprozesse ist der Übergang von Handlungen zur Operation und zum Begriff zentral. Begriffsbildung versteht Aebli als den „Prozess des Aufbaus und der Objektivierung von Strukturen" (Aebli, 1993, S. 245). Eine Sache zu verstehen heisst in diesem Sinne, dass man das Netz von Beziehungen, die der Sache innewohnen, transparent sieht und sich in diesem Netz geistig bewegen kann. Aebli trennt, genau wie Bruner, Olver und Greenfield (1971), zwischen der Struktur und dem Medium ihrer Repräsentation. Darauf wird in Kapitel 2.3.4 eingegangen.

2) Die Denkstrukturen müssen in Begriffen der Sache beschrieben werden

Aebli gibt in seiner Denkpsychologie den Fachinhalten eine wichtige Rolle (vgl. auch Messner & Reusser, 2006): „Die Strukturen des Denkens müssen in Begriffen der Sache beschrieben werden. Wenn wir einen mathematischen Begriff analysieren und beschreiben, so müssten wir das mit Hilfe von mathematischen Begriffen tun" (Aebli, 2001, S. 387). Aebli Bezieht sich auf die „Sachverhältnisse" von Selz (1913) und er meint hier eine mathematische Sprache, die für die Sekundarstufe I angemessen ist. Was diese „Begriffe der Sache" bedeuten könnten, wird weiter unten an den Beispielen deutlich werden. Wie Kapitel 2 gezeigt hat, ist diese Frage gar nicht so einfach zu beantworten, weil sich jeder mathematische Sachverhalt auf sehr unterschiedliche Art und Weise ausdrücken lässt und weil Sachverhalte oft auch „verschiedene Gesichter" besitzen (vgl. auch Kapitel 2.3.4).

3) Begriffsaufbauprozesse erfolgen zuerst „in die Tiefe des Begriffs", erst dann in die „Breite"

Aus der kognitiv-konstruktivistischen Sicht von Aebli ist zentral, dass alle neuen Strukturen aus den bereits vorhandenen Wissensstrukturen konstruiert werden: „Wir sind der Meinung, dass alle neuen Inhalte des geistigen Lebens durch Konstruktion aus einfacheren Elementen hervorgehen" (Aebli, 2001, S. 389). Entscheidend ist, dass in Aeblis Theorie nicht nur in abstrakter Weise von der Kumulativität des Lernens gesprochen wird. Aebli beschreibt sehr genau, was für Elemente er meint, wie diese verknüpft werden und wie aus einfachen, bereits vorhandenen Elementen neue Elemente gebildet werden, indem die einfachen Elemente zu grösseren Einheiten „verdichtet" werden. Die Dimension „Handlung – Operation – Begriff" aus Aebli (2001) bildet den Hintergrund dazu und wird nun näher beschrieben.

Handlung – Operation – Begriff

Bei Aebli sind, als Schüler Piagets, Handlungen die Grundbausteine jeglichen Denkens. Er geht davon aus, dass „das mathematische Denken aus dem praktischen Tun und aus der Herstellung konkreter Beziehungen innerhalb der Wirklichkeit hervorgegangen sei" (Aebli, 2001, S. 203). Die in den Handlungen enthaltenen Strukturen[13] sind es, die letztlich zu den mathematischen Begriffen führen. Denken ist ein verinnerlichtes Tun. Ein Begriffsaufbau muss deshalb idealerweise zuerst beim Handeln ansetzen und dann die Struktur der Handlung herausarbeiten.

Das Handeln im Bewusstsein der Struktur, sei es effektiv oder vorgestellt oder sprachlich vermittelt, nennt Aebli Operieren. „Eine Operation ist eine effektive, vorgestellte (innere) oder in ein Zeichensystem übersetzte Handlung, bei deren Ausführung der Handelnde seine Aufmerksamkeit ausschliesslich auf die entstehende Struktur richtet. Abgekürzt sagen wir: Eine Operation ist eine abstrakte Handlung" (Aebli, 2001, S. 209).

Prototypen von Operationen sind die typischen mathematischen Operationen. Im Unterschied zu konkreten Handlungen sind Operationen beweglich, durchsichtig, reversibel und anwendungsfähig. Vielfach lassen sie sich auch in ein anderes Medium übersetzen, zum Beispiel in Symbole. Dadurch wird die Struktur oft viel einfacher handhabbar, weil man mit den Zeichen wie mit Dingen operieren kann. Operationen lassen sich weiter zu Systemen verbinden, in denen auf einer höheren Stufe wiederum Beweglichkeit erlangt werden kann. Sie sind aber im Unterschied zu Begriffen noch „Geschehnisse" in der Zeit. Es lassen sich auch Operationen aufbauen, zu denen es keine Handlungen mehr gibt (Aebli, 1978), dies gilt insbesondere für die höhere Mathematik.

Operationen werden zuerst aufgebaut und dann verinnerlicht. Idealerweise geschieht die Verinnerlichung – wie bei Bruner (1974) – von der konkreten Handlung via Bild zum (willkürlichen) Zeichen. Nach Aebli (2001) sollen sich diese Repräsentationen überlappen und immer von der Sprache begleitet sein. Als Vorbedingung für höhere Denkoperationen müssen Operationen automatisiert werden, dies entlastet das Denken.

Die Lehrperson muss bei der Vorbereitung eines Themas hinter den Zeichen und dem Automatismus wieder die Beziehungen, also die Operationen sehen und der Unterricht muss zentral auf der Ebene der Beziehungen stattfinden. Die Rolle der Lehrperson sieht Aebli wie folgt: „So ist der Lehrer der Anwalt des klaren Aufbaus, der Bewusstwerdung der Beziehungen innerhalb der Operationen" (Aebli, 2001, S. 133).

---

13 Das Herausarbeiten der in der Handlung „inhärenten" Struktur erinnert etwas an einen Bildhauer, der eine im Stein bereits vorhandene Figur nur herauszumeisseln braucht. Fachdidaktisch gesehen ist diese vom Pragmatismus geprägte Sicht von Aebli nicht unheikel, weil in derselben Handlung oft verschiedene mathematische Strukturen denkbar wären.

Die Einsicht der Schülerinnen und Schüler kann man aber nicht erzwingen, sie stellt eine Konstruktionsleistung des Lernenden dar. In der Regel werden gemäss Aebli mit Operationen auch Begriffe gebildet, denn Begriffsnamen sind „objektivierte" Operationen.

Begriffe sind die Werkzeuge des Denkens und Erkennens mit denen wir die Wirklichkeit deuten (Aebli, 1994). Begriffsbildung ist nach Aebli ein Ordnen des Tuns. Begriffe müssen aufgebaut werden. Sie bestehen aus Netzwerken von Elementen und Beziehungen zwischen diesen Elementen (Relationen). Ausgehend von bekannten Strukturen (dies können Begriffe, Handlungen und Operationen sein), die abgerufen werden können, werden neue Netzwerkteile konstruiert. „Jedes Beziehungsgefüge, das man schrittweise aus einfacheren Teilen aufbaut, auf eine gedankliche Spitze ausrichtet und benennt, liefert einen Begriff" (Aebli, 2001, S. 261). Begriffe sind hierarchische Strukturen. Sie enden nach Aebli (1993) in einer obersten Beziehung, die sich im Begriffsnamen verdichtet. Kognitiver Strukturaufbau besteht also aus Begriffsbildung, welche eine Konstruktion und keine Abstraktion in Begriffshierarchien darstellt. Die Begriffsbildung findet auf der Ebene der Beziehungen (Begriffsinhalt) statt und nicht auf der Ebene der Menge der Fälle, die unter diesen Begriff fallen (Begriffsumfang). Begriffsinhalte aufzubauen heisst also, neue Beziehungen zu schaffen. Nach Aebli genügt deshalb meist ein einziges Beispiel, um einen konkreten Begriff aufzubauen.[14] Begriffsbildung ist sowohl in Bildern als auch in der Sprache möglich. Eines der ersten Zeichen von Verstehen ist nach Aebli das Nachvollziehenkönnen von Verknüpfungen (Aebli, 1993). Beim Begriffsaufbau gilt es zu beachten:

> Begriffe sind Sinn- und Sachzusammenhänge, die von der Wissenschaft in Wechselwirkung mit ihren Abnehmern, den Menschen eines Sprachgebietes, über Jahrzehnte und Jahrhunderte aus dem Vielerlei der menschlichen Erfahrungen herausgelöst und durchsichtig definiert worden sind. Die Schule tut gut daran, sich an diesen kollektiven Entscheidungen zu orientieren. (Aebli, 2001, S. 263)

Die Passung zwischen der kognitiven Struktur des Individuums und der fachlichen Struktur lässt sich nur indirekt feststellen: Bei der Anwendung des Wissens an mathematischen Objekten, beim Lösen von Aufgaben oder im Gespräch mit anderen Personen kann festgestellt werden, ob Widersprüche auftauchen oder Konflikte entstehen. Ist dies nicht der Fall, so geht man davon aus, dass der Lernende fachlich passende Strukturen konstruiert hat.

Begriffsbildung sieht Aebli als den Prozess des Aufbaus und der Objektivierung von Strukturen, Problemlösen ist die Suche nach Kohärenz, Einfachheit und Widerspruchslosigkeit des Denkens (Aebli, 1993, S. 245). Ziel ist die Einsicht in die Struktur von Sachzusammenhängen. Begriffsbildung und Problemlösen sind beides Konstruktionsprozesse und hängen also eng zusammen, wie auch die folgenden Funktionen im Lernprozess zeigen (zum Zusammenhang zwischen Problemlösen und Begriffsbildung

---

14   Allerdings sind in der Phase des Durcharbeitens (vgl. weiter unten) weitere Beispiele und auch Gegenbeispiele unbedingt nötig.

vgl. auch Kapitel 2.3.5). Nicht jedes Problemlösen ist aber eine Begriffsbildung. Problemlösen hat mit Umstrukturieren zu tun: Situationen müssen neu betrachtet werden und oft werden dabei Sachzusammenhänge in ein anderes Medium übersetzt, in dem die Aufgabe besser gelöst werden kann (Aebli, 1994; vgl. Kapitel 2.3.4). Die Begriffsbildung soll nach Aebli (1994) problemlösend erfolgen, weil so der Strukturaufbau für die Lernenden Sinn hat.

Aebli weist darauf hin, dass die Lernenden in einem linearen Prozess des Unterrichts eine netzförmige Struktur konstruieren müssen. Er folgert:

> Der Erklärende muss das Netz der Beziehungen wie eine Spinne aus einem einzigen Faden weben. Dabei ist es dem Schüler nicht möglich, in jedem Moment das ganze bisher gewobene Netz in seinem Geiste präsent zu haben. Unmittelbar gegenwärtig sind ihm nur die Beziehungen, die er zuletzt aufgebaut hat. Die Erklärung muss daher immer wieder zu den Punkten zurückkehren, an denen sie ein Element stehengelassen hat, es erneut aufnehmen und von hier aus weiterspinnen. Dies aber setzt voraus, dass das stehengelassene Element noch vorhanden und in tunlicher Frist wieder vergegenwärtigt werden kann. Dies erfordert, dass es in einem gewissen Masse schon konsolidiert worden ist.
>
> Daraus folgt, *dass Teilergebnisse bewusst festgehalten und eingeprägt werden müssen.* (Aebli, 2001, S. 267, Hervorhebung im Original)

Aebli betont auch immer wieder, wie wichtig eine Arbeitsrückschau ist, in der die Prozesse nochmals vergegenwärtigt werden. Die Bedeutung wird also aus dem Vorwissen konstruiert und sie liegt in den Beziehungen. Die Art der Verknüpfungen und der hierarchischen Ordnung in Begriffsnetzen ist ganz zentral. Diese werden im folgenden Abschnitt beschrieben.

4) Verknüpfen, Verdichten und Einebnen sind zentrale Elemente des Strukturaufbaus

Dass Verknüpfungen zentral sind, wurde bereits oben beschrieben. Neue Elemente werden dabei in die bestehenden Strukturen eingeknüpft und vorhandene Netzteile werden ausdifferenziert. Verknüpfungen allein genügen aber nicht, denn dadurch würden die Netze immer grösser und „unhandlicher". Der Gedanke des Verdichtens (Objektivierens) und des „Einebnens von Netzen" ist bei Aebli ganz wesentlich: Der entscheidende Schritt, wie aus Bekanntem Neues entsteht, ist der Schritt des Bildens von Einheiten höherer Ordnung: Dies geschieht durch *Verdichten (Objektivieren)*[15], das nicht mit einer Abstraktion verwechselt werden darf: „So bedeutet hierarchischer Begriffsaufbau nichts anderes als die Tatsache, dass die übergeordneten Aussagen mit Elementen arbeiten, die als Merkmale die Ergebnisse der unter- oder vorgeordneten Aussagen enthalten" (Aebli, 1994, S. 103). Verdichtungen stellen in diesem Sinne „leicht fassbare und leicht behaltbare Konzentrate des bisher aufgebauten Netzes dar" (ebd., S. 104). Aebli spricht auch von „Spitzen" in einem hierarchischen Begriffsnetz.

---

15 Aebli spricht hauptsächlich von „Objektivieren". Steiner (2001) verwendet die Begriffe „Verdichten" und „Auffalten". Objektivieren bedeutet Vergegenständlichen. Der Begriff hat also nichts mit „objektiv" zu tun. In dieser Arbeit wird hauptsächlich von Verdichten gesprochen.

Es geht hier keineswegs einfach um Ober- und Unterbegriffe. Objektivierungen ermöglichen es, komplexe Strukturen in umfassendere Zusammenhänge einzubauen. Ergebnisse des bisherigen Aufbaus werden in eine Form gebracht, die eine weitere Verarbeitung ermöglicht (Aebli, 1994). Dass die Ergebnisse von früheren Verknüpfungen in die nächsten Verknüpfungen eingehen, macht nach Aebli (1977) den Kern des Begriffsaufbaus aus. Der Funktionsgraph ist beispielsweise eine Objektivierung der Funktion, in der sich leicht denken lässt (Aebli, 1993). Die Verknüpfungsstruktur wird dann durch den Graphen repräsentiert. Die Objektivierung einer Aussage kann sowohl in der Relation als auch im Element erfolgen und was das Medium anbelangt, kann sie in Worten, Zeichen oder Bildern geschehen.[16] Begriffliches Denken ist aber immer auch auf Sprache angewiesen, zum Beispiel, um auf Wichtiges aufmerksam zu machen. In diesem Prozess der Verdichtung gehen Informationen verloren, die aber – und das ist ganz entscheidend – jederzeit durch *Auffalten* des betreffenden Elements in seine dazugehörenden Teilelemente und Beziehungen wieder vollständig hergestellt werden können. Das Verdichten entlastet also das Gedächtnis und ermöglicht, dass in den riesigen Denkstrukturen Wege gefunden werden können. Das Umstrukturieren und Ordnen des Netzes kann auf jeder Ebene der Verdichtung wieder neu erfolgen. Nach dem Strukturaufbau gibt es im Begriffsnetz eine ganz bestimmte Hierarchie in der Art, wie der Begriff hergeleitet wurde. Dieses hierarchische Netz kann aber „eingeebnet" werden, so dass die spezielle Hierarchie des anfänglichen Strukturaufbaus aufgehoben wird, die Kohärenz aber bestehen bleibt. Das Netz kann dann in allen Richtungen durchlaufen werden. Im Prinzip kann nun jedes Teilelement des Netzes neu der oberste Begriff werden, so, als ob man ein flach ausgebreitetes Taschentuch an irgendeiner Stelle in die dritte Dimension zieht (vgl. Aebli, 1994, S. 111): Es entsteht eine Spitze, eine neue Hierarchie. Auf diese Weise sind in ein und demselben Netz verschiedene Begriffe enthalten. Dies ermöglicht vielfältige Verknüpfungen und spart Ressourcen. Aebli spricht in einem anderen Bild davon, dass ein Begriff ein Lichtkegel in das grosse, alles umfassende Netz des vorhandenen Wissens sei (das er auch Weltwissen nennt). Eine Begriffshierarchie ist also eine „Perspektive in einem Netz von Sachbeziehungen" (Aebli, 1994, S. 108). Zentral ist, dass man flexibel im Begriffsnetz auf- und absteigen und verschiedene Perspektiven einnehmen kann. Dies ist dann möglich, wenn man das Netz „eingeebnet hat", dann sind die Denkstrukturen durchgearbeitet und beweglich. Der Weg zum Einebnen ist also das Durcharbeiten (vgl. weiter unten).

Kennzeichnend für den Begriffserwerb sind also einerseits der Übergang von der Handlung zur Operation zum Begriff und andererseits das Umstrukturieren, Umordnen und Verdichten (Objektivieren) der vorhandenen Wissensstrukturen. Wie kommt es,

---

16 „Durch die Objektivierung wird eine Aussage, eine Operation oder eine wahrgenommene Beziehung in einen einfachen Stellvertreter projiziert und durch diesen vertreten. Der Stellvertreter kann ein Wort, ein algebraisches Zeichen oder das wahrgenommene oder vorgestellte Bild eines Objektes oder eines seiner Teile sein" (Aebli, 1994, S. 119).

dass sich die Begriffe des Individuums den Begriffen der Disziplin nähern? Das ist im Wesentlichen die Leistung der Lehrperson, denn die Aufbauprozesse müssen bei Aebli von der Lehrperson angeleitet und begleitet werden.

Das Beispiel des Zeugen

Am Beispiel des Begriffs „Zeuge" sollen nun das Verknüpfen von Elementen, das Verdichten, Objektivieren und Einebnen kurz illustriert werden. Der Begriffsinhalt lässt sich als (nicht hierarchisches und nicht zeitliches) Netz darstellen. Die Erklärung eines Begriffs lässt sich als hierarchischer Baum darstellen, in dem eine zeitliche Abfolge gegeben ist.

Die Grundform des kognitiven Aufbaus ist bei Aebli (1978) das Erklären, die Grundtätigkeit der Lernenden das Nachvollziehen der Erklärung. Der Erklärer nimmt zwei Elemente und verknüpft diese, objektiviert die Verknüpfung in der Relation oder im Element und schafft dadurch ein neues Element, das er wieder weiter in Beziehung setzt usw. Beim Erlernen einer Begriffsbedeutung (was gleichbedeutend ist mit dem Aufbau eines Schemas für den Begriff) sind Erklärungen und das Nachvollziehen von Erklärungen zentral. Dies soll nun anhand der Erklärung des Begriffs „Zeuge" illustriert werden:

> Ein Auto und ein Motorrad stossen zusammen. Peter, der zur Schule geht, beobachtet diesen Zusammenstoss. Er berichtet seine Beobachtung der Polizei. Dieser Peter ist ein Zeuge. (Aebli, 1978, S. 619)

Aebli verwendet verschiedene Darstellungen für Bäume (vgl. zum Beispiel Aebli, 1994, S. 105 und S. 127). Hier wird das Beispiel aus Aebli (1978) in der von mir leicht angepassten Darstellung von Aebli (1994, S. 127) dargestellt, weil mir diese Darstellung besonders einprägsam scheint (vgl. Abbildung 4).

1	GEHEN (peter, schule)	Element
	→peter der zur Schule geht	
1.1	ZUSAMMENSTOSSEN (auto, motorrad)	Relation
	→zusammenstoss des Autos und des Motorrads	
2	BEOBACHTEN (zusammenstoss 1.1, peter 1)	Relation
	→beobachtung des Zusammenstosses durch Peter	
3	BERICHTEN (beobachtung 2, peter 1, polizei)	Element
	→peter der die Beobachtung der Polizei berichtet	
4	Peter 3 = „Zeuge"	

Abbildung 4:   Aufbauschema der Begriffserklärung zum Begriff „Zeuge"

Die Elemente sind klein geschrieben, die Relationen in Grossbuchstaben. Die Verknüpfungen der Elemente durch Relationen sind in der Form von Propositionen dargestellt. Abgetrennt durch einen Pfeil ist das Produkt der Objektivierung aufgeführt: das neu entstandene Element, welches die Bedeutung der Verknüpfung enthält. (Diese Bedeutung ist in Indizes in sprachlicher Form dargestellt. Dies entspricht nicht der Darstellung von Aebli, sie scheint mir aber einfacher lesbar zu sein.) Ganz rechts ist angegeben, ob die Objektivierung im Element oder in der Relation stattfindet.

Dass Peter zur Schule geht, ist irrelevant, dient aber der Verankerung im Weltwissen des Lernenden. Der Kern des Begriffs „Zeuge" ist gemäss Steiner (2001, S. 170), „dass jemand etwas beobachtet, worüber er allenfalls auch berichten könnte."

Durch Objektivierung entstehen neue Objekte des Denkens (neue Elemente), die wiederum ihrerseits mit anderen Elementen verknüpft werden können. So werden beispielsweise in Zeile 2 Peter und der Zusammenstoss in Verbindung gebracht, welche beide bereits ihrerseits Objektivierungen darstellen. Die Prozesse des Verknüpfens und Verdichtens geschehen also im Wechsel und sie hängen gemäss Hasselhorn und Gold (2006) von der Kapazität des Arbeitsgedächtnisses und den bereits vorhandenen Wissensstrukturen der Schülerinnen und Schüler ab. Gemäss Steiner (2001) machen diese weiterführenden Verknüpfungen für Aebli den fortschreitenden Sinnfluss aus (vgl. 2.3.3).

Wie sieht das semantische Netz zum Begriff des Zeugens aus, das dem Ergebnis des Aufbauprozesses im Kopf des Schülers entspricht? Das Netz der im Begriffsinhalt verknüpften Beziehungen zu diesem Begriff ist in Abbildung 5 dargestellt.

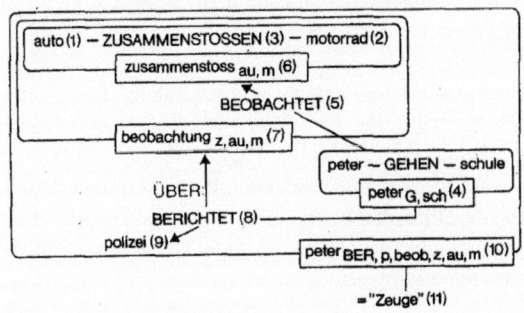

Abbildung 5:   Das semantische Netz zum Begriff „Zeuge" aus Aebli (1978, S. 619)

Auch hier erkennt man die Elemente und Verknüpfungen, allerdings ist keine Hierarchie mehr gegeben. Die Objektivierungen sind durch die Rahmen dargestellt.

Sowohl die individuellen Konstruktionspfade (die Bäume) als auch die Netze können je nach Schülerin oder Schüler unterschiedlich aussehen, auch wenn die Lernenden der gleichen Erklärung gefolgt sind. Denn ihre bereits vorhandenen Verknüpfungen, auf denen die weiteren Konstruktionsprozesse aufbauen, unterscheiden sich. Wenn sich das Verständnis weiterentwickelt, so verändern sich auch die Netze. Neue Verknüpfungen kommen hinzu, alte werden gelöscht, Umstrukturierungen werden vorgenommen.

Unter Aeblis Netzen findet man sowohl Darstellungen von Begriffen als auch Rechenanleitungen (z.B. wie man die Mittlere Streuung ausrechnet). Er erwähnt weiter, dass (didaktische) Bilder ebenfalls als Netze aufgefasst werden können, in welche die Beziehungen hineingesehen werden müssen (vergleiche z.b. das Bild einer Pumpe in Aebli, 1978).

5) Das Durcharbeiten als zentrale Funktion im Lernprozess, die zu einem tiefen und beweglichen Verständnis führt

In einem vollständigen Lernprozess müssen gemäss Aebli (2001) in einem zeitlichen Verlauf die folgenden vier Funktionen vorkommen: Problemlösender Aufbau, Durcharbeiten, Üben, Anwenden. Die vier Phasen enthalten sowohl die Sicht der Lehrperson als auch diejenige der Lernenden. Entscheidend für die Argumentation in dieser Arbeit ist vor allem die Bedeutung der aufzubauenden Struktur innerhalb dieser vier Phasen.

Problemlösender Aufbau

Als Vorbereitung muss sich die Lehrperson der zu lernenden Struktur bewusst sein. Aebli stellt sich dies so vor, dass sich die Lehrperson das zugehörige Netz aufzeichnet (vgl. oben). In der Phase des Problemlösenden Aufbaus wird die eigentliche zu lernende Struktur via eine motivierende Problemstellung aufgebaut. Die Problemstellung muss ganz gezielt ausgewählt werden, da sie ja zur beabsichtigten Handlung, Operation oder zum beabsichtigten Begriff führen soll. Ziel ist die Einsicht in die neue Struktur im Sinne der Beziehungen im Netz. Die Lehrperson nimmt hier eine zentrale Rolle ein, indem sie den ganzen Prozess anleitet und nach dem „Prinzip der minimalen Hilfe" begleitet (vgl. Pauli, 2006). Da die Schülerinnen und Schüler aufgrund mangelnder Erfahrung beim Problemlösen nicht in der Lage sind, die zielführenden Fragen selbst zu stellen, gelingt es ihnen nicht, die relevanten Punkte aus dem Vorwissen abzurufen; deshalb braucht es die Hilfe der Lehrperson. Das Nachdenken über Heuristiken ist zentral und soll auch in einer Rückschau erfolgen. Der Aufbau soll dabei möglichst in der Sprache der Lernenden erfolgen.

Durcharbeiten

Für ein tiefes und anwendungsfähiges Verständnis braucht es mehr als nur ein problemlösendes Aufbauen der neuen Struktur. Diese Strukturen sind noch verhaftet im konkreten Einstiegsbeispiel, an der ursprünglichen Formulierung, sie sind noch starr und nicht nur auf das Wesentliche konzentriert. Damit die Strukturen anwendungsfähig werden, damit sie wirklich tief verstanden werden, müssen sie durchgearbeitet werden: Die neu aufgebauten Netze müssen sozusagen auf allen Wegen durchwandert werden. Die Strukturen werden dadurch beweglich, transparent und, wie Aebli sagt,

„von der Schlacke gereinigt" (Aebli, 2001, S. 270). Die wesentlichen Zusammenhänge treten hervor, es wird erkennbar, worauf es wirklich ankommt, und welche Aspekte nur zufällig mitbeteiligt sind. Die Arbeit findet also auf der Ebene der Bedeutung statt. Das Bewusstsein der Struktur ist wichtig. Ziel ist das vertiefte Verständnis, die klare, bewegliche, durchsichtige Struktur. Denn die Fähigkeit zum Transfer beruht auf Verständnis (Aebli, 2001, S. 315). Das Durcharbeiten ist im Wesentlichen eine individuelle Arbeit. Die für das Problemlösen so wichtige Fähigkeit zur Umstrukturierung ist gemäss Aebli ein Zeichen der Beweglichkeit des Denkens.[17]

Üben

Manche Strukturen – längst nicht alle – müssen automatisiert oder auswendig gelernt werden, weil eine flüssige und effektive Ausführung dieser Strukturen erst einen weiteren Transfer erlaubt. Dieses Flüssigmachen im Sinne von Automatisieren findet in der Phase des Übens statt. Im Unterschied zum umgangssprachlichen Gebrauch von „Üben" ist also das „Üben" bei Aebli reserviert für ein Automatisierungstraining. Das Verstehen des Sachverhalts hat vorher stattgefunden, in den Phasen des Aufbaus und des Durcharbeitens. Die Zusammenhänge sind in dieser Phase nicht wichtig, es geht um das flüssige, sichere und rasche Ausführen der Struktur. Allerdings soll jederzeit zu der Bedeutung zurückgekehrt werden können. Die Wissensstrukturen sollen solide und robust gemacht werden, damit das Wissen gesichert und verfügbar wird. Geübte Strukturen sind schnell abrufbar, so dass sie das Denken entlasten. Dadurch bleibt beim Anwenden mehr Aufmerksamkeit für die neuen Beziehungen und Verknüpfungen übrig.[18]

---

17 Durcharbeiten geschieht nicht einfach durch eine möglichst umfassende Variation jeder Aufgabe. Denn es muss nicht die fachliche Struktur möglichst breit variiert werden, sondern die individuelle kognitive Struktur soll durchsichtig und flexibel gemacht werden. Die mathematische Reichweite und die Nützlichkeit eines Begriffs werden eher in der Phase der Anwendung deutlich, weniger beim Durcharbeiten (vgl. Kapitel 3.2).

18 Im aktiv-entdeckenden Mathematikunterricht wird eine Überschneidung von Üben und Entdecken gefordert: vgl. z.B. Winter (2006) mit dem Titel „Entdeckend üben – übend entdecken" oder auch das produktive Üben in Wittmann (1990). Gemeint ist damit Folgendes:
> Im Rahmen des entdeckenden Lernens ist das Üben integraler Bestandteil des Lernprozesses in allen seinen Stadien (und nicht in eine mehr separierte Phase nach der Phase der Einführung abgedrängt): Bei der Auseinandersetzung mit einem Phänomen wird das Beobachten, Erkunden, Fragen geübt, und dabei wird unweigerlich Bekanntes wiederholt. Der Entdeckung geht immer ein Suchprozess voraus, der aber nichts anderes bedeutet als ein Durchmustern, Umordnen und Neuordnen von Gedächtnisinhalten, was eine intensive (immanente) Wiederholung darstellt. (Winter, 1987, S. 31)
Was auf den ersten Blick wie ein kompletter Widerspruch zu Aeblis Auffassung aussieht, lässt sich etwas entschärfen: Zum einen dadurch, dass hier „Üben" breiter als bei Aebli aufgefasst wird und sowohl Durcharbeiten, Üben als auch Anwenden im Sinne Aeblis umfasst. Zum anderen, weil beim endeckenden Üben üblicherweise nicht dieselbe fachliche Struktur entdeckt und geübt wird. Bei Aeblis Modell eines vollständigen Lernprozesses hingegen ist zentral, dass immer von der gleichen Struktur gesprochen wird, welche zuerst aufgebaut, dann durchgearbeitet,

Anwenden

Der Wert von Lernen liegt nicht in der „Möblierung des Geistes" (Aebli, 2001, S. 353). Wissen hat gemäss Aebli Werkzeugcharakter und soll zu Kulturfähigkeit und Orientierung in der Welt führen. Die neuen Wissensstrukturen müssen also in neuen Situationen angewendet werden können. Dies findet zentral in der letzten Phase des Anwendens statt, in der die neue Struktur in weiteren Kontexten verwendet wird und auch mit weiterem, bereits vorhandenem Wissen verknüpft wird.[19] Denn so, wie die Wissensstrukturen aus Handlungen entstanden sind, sollen sie auch wieder zu neuen Handlungen führen. Während beim Durcharbeiten die neu aufgebauten Strukturen sozusagen „im Kleinen" verknüpft werden, finden beim Anwenden Verknüpfungen in weiteren Zusammenhängen statt.

Eine Arbeitsrückschau auf den ganzen Lernprozess mit metakognitiven Tätigkeiten ist gemäss Aebli zentral.

In den letzten beiden Phasen, beim Üben und Anwenden, arbeiten die Lernenden wie beim Durcharbeiten allein oder in Gruppen.[20] Die Abfolge der vier Phasen ist linear und zyklisch. Die Phasenreihenfolge soll gemäss Aebli aber sinnvoll gehandhabt werden, insbesondere können einzelne Phasen wegfallen, wenn sie für einen konkreten Gegenstand keine Bedeutung haben (z.B. ist evtl. kein Automatisieren nötig) oder wenn die Lernfunktionen der betreffenden Phase schon früher in einem anderen Zusammenhang stattgefunden haben.

Bei Aebli spielen unter anderem auch motivationale Aspekte eine Rolle und die Einbettung von Aufgaben und Begriffen in die Lebenswelt der Schülerinnen und Schüler ist zentral. Die Lehrperson nimmt eine wichtige Rolle bei der Begriffsbildung ein.

Aebli unterscheidet in seine vier Funktionen eines vollständigen Lernprozesses die Rolle der Schülerinnen und Schüler und diejenige der Lehrperson nicht. Reusser (1999a) hingegen trennt die Tätigkeiten der Schülerinnen und Schüler einerseits und der Lehrperson andererseits: Das Lehrerhandeln wird mit dem SAMBA-Modell beschrieben, bestehend aus *S*ituieren, *A*nstossen, *M*odellieren, *B*egleiten/Beraten und *A*uswerten, während die vollständigen Lernprozesse der Schülerinnen und Schüler mit dem KAFKA-Modell dargestellt werden: *K*ontakt herstellen, *A*ufbauen, *F*lexibilisieren, *K*onsolidieren, *A*nwenden. Die Elemente des Lehrerhandelns stehen untrennbar

---

geübt und angewendet wird. Ob beim Durcharbeiten oder Anwenden nebenbei noch andere Strukturen geübt werden, steht bei Aebli nicht im Vordergrund, wird aber auch nicht ausgeschlossen.

19   Die Wichtigkeit des Anwendens für das Verstehen betont auch Dewey (1910/2002, S. 75): „Niemand hat ein allgemeines Prinzip vollständig verstanden, wie richtig er auch imstande sein mag, es zu demonstrieren oder zu wiederholen, solange er es nicht anwenden kann, um neue Situationen zu meistern (…)."

20   Zu einer kritischen Sicht auf die Sozialformen in Aeblis geleitetem Strukturaufbau vgl. Pauli (2006).

und wechselseitig mit den Elementen der Lernprozesse der Schülerinnen und Schüler in Beziehung. Zusammen machen sie die Tiefenstruktur von Unterricht aus: Die Lern- und Verstehensprozesse der Schülerinnen und Schüler und das darauf bezogene, unterstützende Handeln der Lehrperson.

6) Klarheit und Kohärenz als Leitlinien von Strukturaufbauprozessen

Man beachte, dass im Zentrum des oben beschriebenen vollständigen Lernprozesses immer *dieselbe* zu lernende Struktur steht. Diese wird zuerst idealerweise problemlösend aufgebaut, dann wird sie durchgearbeitet, geübt und angewendet. Es sind nicht irgendwelche Zusammenhänge, die auch noch hergestellt werden. Ziel ist das Herausarbeiten der klaren Struktur im engen Sinne. Beim Aufbau der Operation ist die „Klarheit des Aufbaus", die Transparenz ganz entscheidend (Aebli, 2001, S. 231). Sie zeigt sich vor allem im Bewusstsein der Beziehungen. Die Leitvorstellung beim Aufbau von Wissensnetzen ist gemäss Aebli die Vorstellung der Kohärenz (ebd., S. 261). Bei Aebli sind also Klarheit und Kohärenz eher auf die individuelle Ebene des Strukturaufbaus bezogen und weniger auf den Unterricht.

Was lässt sich daraus für die Qualität der Anleitung von Verstehensprozessen im Unterricht folgern?

Für die Qualität eines Unterrichts mit dem Ziel eines konkreten inhaltlichen Strukturaufbaus lassen sich folgende drei Kriterien ablesen:

1) Die zu verstehende Struktur steht im Zentrum

Die grosse Qualität von Aeblis Vorstellungen von Lernen und Verstehen liegt für die vorliegende Arbeit darin, dass er den Unterricht auf die zu lernende Struktur konzentriert. Verstehensprozesse können als Strukturaufbauprozesse, als Begriffsaufbauprozesse aufgefasst werden. Ziel ist die klare, beweglich, transparente, kohärente begriffliche Struktur. Verknüpfungen und Verdichtungen sind die zentralen Elemente des Strukturaufbaus. Die Konzepte des Verdichtens und Auffaltens findet man in der deutschsprachigen fachdidaktischen Literatur kaum. Man beachte weiter, dass eine weiter gehende Verknüpfung mit weiteren bekannten Konzepten bei Aebli erst nach der Phase des Durcharbeitens erfolgt. Erst wenn das zu lernende Konzept tief verstanden ist, werden Zusammenhänge mit anderen Sätzen und Kontexten hergestellt.[21] Verknüpfungen kommen in der aktuellen Mathematikdidaktik oft im Rahmen von Vernetzungen mit weiteren Konzepten über verschiedene Lektionen und Schuljahre hinweg vor, aber kaum in so spezifischer Weise innerhalb von Konzepten wie bei Aebli (vgl. auch Kapitel 2.3.7.1 und 3.2).

---

21 Diese Sicht hat auch einen heiklen Punkt: Es besteht die Gefahr, dass die schwächeren und langsameren Schülerinnen und Schüler beim Üben hängen bleiben und deshalb gar nie zum Anwenden kommen. Das Anwenden zeigt aber häufig gerade den Sinn und den Wert eines neuen Konzepts auf, was wiederum einen Einfluss auf die Motivation haben kann.

Aber welche Verknüpfungen sind für ein konkretes Konzept und für bestimmte Schülerinnen und Schüler relevant? Welcher Objektivierungsgrad ist geeignet? In welchen Medien der Repräsentation?

2) Auffalten von Konzepten in Teilelemente

Weil gemäss Aebli alle neuen Dinge aus einfacheren Elementen hervorgehen und weil sich die Strukturen des Denkens in Begriffen der Sache beschreiben lassen, folgere ich, dass jedes mathematische Konzept in Teilelemente zerlegt werden kann, welche man verstanden haben muss, um das neue Konzept zu verstehen. Diese Teilelemente bilden keine „Und-Summe" im Sinne Wertheimers (vgl. Kapitel 2.3.5.5), sondern es sind Auffaltungen der verdichteten Struktur des neuen Konzepts. Gleichzeitig sind sie aber auch Elemente des Vorwissens der Schülerinnen und Schüler. Da diese Teilelemente das Ausgangsmaterial für die Begriffsbildung darstellen, eigenen sie sich zur Beschreibung von Unterrichtsqualität in Bezug auf das Anleiten von Verstehensprozessen.

Aber welches sind die relevanten Elemente und Beziehungen? Was ist ein geeigneter Grad der Auffaltung, wenn man später damit Unterrichtsqualität erfassen will? Welche Rolle spielen fachliche Repräsentationen?

3) Qualitäten und Reihenfolgen von Aufgaben

Die Qualität von Aufgabenstellungen und deren Bearbeitung lassen sich aus dieser Sicht in erster Linie daran messen, inwiefern sie es den Lernenden ermöglichen, die von der Lehrperson (oder vom Lehrmittel) intendierte Struktur aufzubauen, durchzuarbeiten usw. Die aufzubauende Struktur tritt ins Zentrum, Aufgaben sind nur Hilfsmittel, um diesen Strukturaufbau anzuregen. Aus dieser Sicht werden die Reihenfolge der Aufgaben und deren Passung innerhalb des Lernprozesses zentral. Es gibt Aufgaben, die sich problemlos praktisch identisch an verschiedenen Stellen im Lernprozess produktiv bezüglich des Strukturaufbaus einsetzen lassen. Manche Aufgaben sind aber eher typisch für bestimmte Phasen und müssten für einen anderen Einsatz erst umformuliert werden. Die Fähigkeiten der Lernenden und die Formulierung der Aufgabe sind also zentral. Motivierende, realitätsnahe, problemlösende Aufgaben können lernhinderlich sein, wenn sie a) zu wenig auf das zu lernende Konzept fokussiert sind oder b) an der falschen Stelle im Lernprozess eingesetzt werden. Dieses Argument ist wichtig, weil es aufzeigt, dass es Qualitäten von Strukturaufbauprozessen im Unterricht gibt, die sich sozusagen unterhalb der Ebene der Aufgabe und deren lokalen fachdidaktischen Qualitäten befinden. In Kapitel 2.3.7 wird gezeigt, dass sich empirische Unterrichtsforschung bisher eher mit der Klassifizierung von Aufgaben beschäftigt hat, als mit deren Anordnung und Passung im Lernprozess. Eine weitere zentrale Folgerung wird im nächsten Kapitel dargestellt, Aeblis Begriff des „Sinnflusses".

2.3.3 Der Begriff des Sinnflusses – Vom individuellen Verstehen zur Unterrichtsqualität

Aebli (1994) hat den Begriff „Sinnfluss" geprägt, der in der Forschungsgruppe von Professor Dr. K. Reusser an der Universität Zürich verwendet wird, um über Qualitäten von Unterricht und Verstehen nachzudenken. Dieser Begriff erlaubt es, die Verständlichkeit von Unterricht im zeitlichen Verlauf präziser zu fassen. Zuerst wird der Begriff für Erklärungen und dann allgemeiner für verstehensorientierten Unterricht beschrieben. Anschliessend wird kurz auf Brüche im Sinnfluss eingegangen und es wird beschrieben, wie Sinnfluss auch im nicht fachlichen Sinne hergestellt werden kann. Dadurch kann die Verwendung der Begriffe „Sinn" und „Sinnfluss" in dieser Arbeit präzisiert werden.

Sinnfluss in der Begriffskonstruktion nach Aebli (1994)

Eine gute Erklärung wird nach Aebli (1994) vom Verstehenden dann als sinnvoll erlebt, wenn sie schrittweise auf dem vorhandenen Wissen und auf den Lebenserfahrungen des Verstehenden aufgebaut ist. Sinnvolle Begriffsbildung nimmt nach Aebli ihren Ausgangspunkt in den Sachzusammenhängen des Vorwissens, des konkreten, vielfältig verknüpften Weltwissens des Verstehenden. Wesentlich ist, „dass der neue Begriff in Kontinuität an das bisherige Wissen anschliesst und dass durch die Pyramide seiner Konstruktion hindurch die Bedeutungen weitergereicht werden, die im bisherigen Wissen und in der bisherigen Erfahrung angelegt sind" (Aebli, 1994, S. 111). Dieses kontinuierliche Weiterreichen der Bedeutung durch wiederholtes Verknüpfen und Verdichten nennt Aebli *Sinnfluss* in der Begriffskonstruktion. Die Endung „-fluss" weist auf den zeitlichen Verlauf dieses Verstehensprozesses hin.

Brüche im Sinnfluss entstehen für die Lernenden vor allem dann, wenn Elemente oder Verknüpfungen in einer Erklärung vorkommen, die nicht zum Vorwissen der Lernenden gehören. Eine schlechte Erklärung setzt nach Aebli oft an der Spitze der Begriffshierarchie ein, statt am Vorverständnis der Schülerinnen und Schüler, und diese können dann nur schwer Sinn erkennen. Analog zu den Formulierungen des Zoll-Beispiels von Aebli (1994, S. 109) wird hier an zwei unterschiedlichen Varianten illustriert, was dies für eine Erklärung des Satzes des Pythagoras bedeutet:

Erklärung A
Der Satz des Pythagoras sagt, dass in jedem rechtwinkligen Dreieck der Flächeninhalt der Summe der Kathetenquadrate gleich dem Flächeninhalt des Hypotenusenquadrats ist.

Erklärung B
Ausgangspunkt ist ein rechtwinkliges Dreieck. Über jeder der Dreiecksseiten wird das entsprechende Quadrat eingezeichnet. Nun werden die Flächeninhalte dieser Quadrate einzeln berechnet. Eines der Quadrate liegt dem rechten Winkel des Dreiecks gegenüber. Der Flächeninhalt von diesem Quadrat ist gleich gross wie die Flächeninhalte der beiden anderen Quadrate zu-

sammen. Diese Beziehung zwischen den Flächeninhalten der Quadrate über dem rechtwinkligen Dreieck nennt man Satz des Pythagoras.

Es ist anzunehmen, dass die Erklärung A für jemanden, der den Satz noch nicht kennt, weniger verständlich ist als die Erklärung B. Die Erklärung A ist eine fachsprachliche Darstellung des Satzes, die man in ähnlicher Weise oft in Lehrmitteln findet. Sie ist so kurz, prägnant und dicht, das sie beim erstmaligen Hören für die wenigsten Schülerinnen und Schüler verständlich ist, auch weil viele Fachbegriffe vorkommen. Der Abschnitt „Der Flächeninhalt der Summe der Kathetenquadrate" besteht beispielsweise aus dreimal dem Wort „der" und drei Fachbegriffen.

Die Erklärung B setzt am Vorwissen der Schülerinnen und Schüler an (das rechtwinklige Dreieck ist bekannt) und entwickelt die Beziehungen im Satz Schritt für Schritt. Die Formulierung ist länger und umfasst mehr Redundanzen. Sie verwendet nur wenige Fachbegriffe, die in der achten Klasse für die meisten Schülerinnen und Schüler verständlich sein sollten. Auf diese Weise werden die im Satz vorkommenden Beziehungen für jemanden, der den Satz vorher noch nicht gekannt hat, deutlicher und expliziter als in der Erklärung A.

Erst *nachdem* man den Satz verstanden hat, kommen die Vorteile der Formulierung A wirklich zur Geltung: ihre Kürze, Prägnanz und Eleganz. Man sieht hier wieder die bereits früher erwähnte Unterscheidung zwischen der präzisen Formulierung von bekannter Mathematik und dem Verstehen von Mathematik als Prozess (vgl. Kapitel 2.2). Bisher wurde von Erklärungen gesprochen. Was heisst das für den Unterricht?

Situation im Unterricht

Eine Lehrperson möchte, dass ihre Schülerinnen und Schüler den Satz des Pythagoras verstehen. Aufgrund ihres eigenen Verständnisses des Satzes arrangiert sie den Unterricht so, dass die Schülerinnen und Schüler den Satz möglichst gut verstehen sollten. Sie wählt bestimmte Aufgaben im Lehrmittel aus, inszeniert Diskussionen zu zentralen Elementen des Satzes im Plenum und in Gruppen, verfasst einen einfach verständlichen Theorieeintrag, überprüft die Lernfortschritte ihrer Schülerinnen und Schüler usw. Die Lernenden ihrerseits versuchen, dem Unterricht zu folgen, den „roten Faden" zu sehen, „dabeizubleiben" und nicht „abgehängt" zu werden, wobei sie annehmen, dass das zu lernende Konzept im Prinzip bedeutungsvoll und verstehbar ist.

Die umgangssprachlichen Metaphern für Verstehen im Unterricht – den roten Faden erkennen, dem Unterricht folgen, nicht abgehängt werden – lassen sich aus einer kognitionspsychologischen Sicht des Verstehens als Aufbau von kognitiven Strukturen von Aebli wie folgt deuten: Die Lernenden konstruieren im Unterricht in *subjektiv sinnvoller Weise* aus dem Vorwissen heraus neue Wissensstrukturen. Im Laufe des Unterrichts zum Satz des Pythagoras wird sich diese Struktur verändern, umstrukturieren, präzisieren, manche Verknüpfungen werden auch wieder gelöscht. Dieses Aufbauen und Durchwandern einer subjektiv bedeutungsvollen kognitiven Struktur erlebt der Schüler, die Schülerin als „Verstehen". Der zeitliche Prozess des Herstellens von

Verständnis via Verknüpfen von Elementen und Verdichten ist das, was Aebli mit „Sinnfluss" meint.

Die Schülerin versucht, durch ihr Verhalten im Unterricht Sinnfluss zu generieren. Das Herstellen von Sinnfluss kann eher rezeptiv via Zuhören, Nachvollziehen und Mitkonstruieren erfolgen. Vor allem aber geschieht es durch Problemlösen (Reusser, 1984/1994; vgl. Kapitel 2.3.5). Neue Gegebenheiten werden dabei so in die bestehenden kognitiven Strukturen integriert, dass sie für das Individuum sinnvoll sind und Bedeutung haben. Solange dies gelingt, ist der Unterricht für den Lernenden „verständlich". Der Lernende durchwandert geistig sein Bedeutungsnetz, knüpft an und knüpft weiter und erlebt Sinnfluss.

Für erfolgreiche Begriffsbildung sind hauptsächlich zwei Aspekte wesentlich: Die Lernenden müssen die notwendigen Elemente abrufen können und sie müssen diese richtig verknüpfen können. Dies setzt sowohl eine ausreichende Konsolidierung und Flexibilisierung des Vorwissens voraus (vgl. Kapitel 2.3.2) als auch günstige emotionale Bedingungen (darauf wird in Kapitel 2.3.6 eingegangen). Nun können Bedingungen von verstehensorientiertem Unterricht formuliert werden.

Verständnisfördernder Unterricht

Die Verstehenssituation im Unterricht sieht wie folgt aus: Rund 20 bis 30 Schülerinnen und Schüler versuchen während des Unterrichts je für sich, aber in der Interaktion mit anderen, persönlichen Sinnfluss herzustellen. Aufgrund ihres Vorwissens und des Geschehens im Unterricht konstruieren sie an ihren individuell verschiedenen, kognitiven Strukturen weiter. Der stattfindende Unterricht kann den Sinnfluss der Lernenden unterstützen, fördern, aber auch behindern.

Unterricht ist dann verstehensorientiert, wenn er für möglichst viele Lernende fachlich adäquaten Sinnfluss ermöglicht. Die Lehrperson versucht zusammen mit den Lernenden einen entsprechenden Unterrichtsverlauf zu gestalten. Dies geschieht beispielsweise durch die Auswahl und Anordnung von Aufgaben, durch Erklärungen und durch sonstiges fachlich-adaptives Verhalten. Es ist wichtig, dass die Anregung der individuellen Sinnflüsse der Lernenden nicht nur durch die Lehrperson bestimmt wird, sondern auch durch das verwendete Material (Aufgabenblätter, Lehrmittel, didaktische Veranschaulichungen), durch Schülerbeiträge, durch Gruppen- und Partnerarbeiten usw. Dabei darf nicht vergessen werden, dass die Lehrperson aus einer konstruktivistischen Sicht die Verstehensprozesse der Lernenden nicht direkt beeinflussen kann. Sie kann nur Gelegenheiten zu kognitiven Konflikten und zur Auseinandersetzung liefern und versuchen, die Lernenden so zu unterstützen, dass diese fachlich passende kognitive Strukturen entwickeln. „Durchführen" durch Verstehensprozesse bedeutet also, die Schülerinnen und Schüler bei den entsprechenden Verknüpfungen bestimmter Elemente zu unterstützen.

Oser und Patry (1990) unterscheiden beobachtbare Unterrichtsaktivitäten („Sichtstrukturen") von intern ablaufenden, psychologischen Lernprozessen („Basismodelle des Lernens"). Beim Betrachten von Unterricht ist nur die „Oberflächenstruktur" erkennbar, darunter gibt es eine „Tiefenstruktur" von Unterricht, welche nicht beobachtbar ist. Der Sinnfluss der Lernenden verläuft in der Tiefenstruktur des Unterrichts, er ist nicht direkt beobachtbar. Aber auf der Sichtstruktur des Unterrichts werden im zeitlichen Verlauf zumindest gewisse Elemente sichtbar, von welchen man annehmen kann, dass sie den Sinnfluss der Lernenden unterstützen können. Baumert und Köller (2000) und Prenzel et al. (2002) nennen diese beobachtbaren Aspekte des Unterrichts „Gelegenheitsstrukturen". Dieses Angebot kann von den Lernenden genutzt werden oder auch nicht.

Die Lehrperson kann nur indirekt versuchen, anhand von sprachlichen oder schriftlichen Schüleräusserungen, sei es im Dialog oder via Aufgabenlösungen, auf das Verständnis der Lernenden zu schliessen. Auch bringen Schülerinnen und Schüler manchmal lückenhaftes, falsches oder gar kein Vorwissen mit.

Es folgen zwei Präzisierungen: Zum einen, auf welche grundsätzlich verschiedenen Arten Brüche im Sinnfluss entstehen können. Zum anderen, wie Brüche im Sinnfluss auch nicht inhaltlich überbrückt werden können. Beide Aspekte helfen, den speziellen Fokus auf Verstehen im Mathematikunterricht näher zu bestimmen, der in dieser Arbeit gewählt wurde.

Wie entstehen Brüche im Sinnfluss?

Aus der alltäglichen Erfahrung im Verstehen ist klar, dass Sinnflüsse zerbrechliche Prozesse sind. Es gehört zum Normalfall von komplexen Verstehensprozessen, dass der Sinnfluss immer wieder (vorläufig) unterbrochen wird: Eine neue Information widerspricht einer alten. Das Resultat einer Aufgabe stimmt nicht mit der erwarteten Antwort überein. Oder beim Argumentieren mit dem Pultnachbarn wird deutlich, dass dieser eine andere Dreiecksseite als Hypotenuse identifiziert hat usw. Für diese Lernenden ist der Sinnfluss im Laufe des Unterrichts unterbrochen. Je nach Situation kann der Fluss schnell wieder in Gang gebracht werden. Eine kurze Nachfrage, ein zweiter Versuch, in dem der Rechenfehler gefunden wird. Es kann aber auch sein, dass mit viel Aufwand und unter grosser Anstrengung erst nach langem wieder Sinn hergestellt werden kann. Dann sind die Verstehensprozesse ernsthaft behindert.

Komplexe Verstehensprozesse verlaufen also meist nicht stetig. Es wird später in Kapitel 2.3.5 sogar argumentiert werden, dass Problemlösen und Verstehen in fundamentaler Art und Weise zusammenhängen (Reusser, 1984/1994) und dass „students struggle with important mathematics" ein zentrales Qualitätsmerkmal eines Unterrichts mit dem Ziel, Konzepte zu verstehen, darstellt (Hiebert & Grouws, 2007; vgl. Kapitel 2.3.7).

Gewisse Brüche im Sinnfluss gehören also zum Verstehensalltag und sind sogar äusserst produktiv. Allerdings sind sie es nur so lange, als dass ihre Bewältigung in der Reichweite der Möglichkeiten der Lernenden liegt (in der Zone der proximalen Entwicklung nach Vygotsky, 1978). Alle anderen Brüche sind aus dieser Sicht unproduktiv, verstehenshinderlich und sollten im Unterricht vermieden werden. Für die Anleitung von Verstehen im Unterricht ist es deshalb eine zentrale Frage, wie der Sinnfluss der Schülerinnen und Schüler durch die Unterrichtsgestaltung gefördert und wie unproduktive Brüche und Abbrüche in den Sinnflüssen möglichst verhindert werden können.

Brüche und Lücken können im Sinnfluss auf unterschiedliche Weise entstehen. Manche Stellen kann die Lehrperson beeinflussen, andere nicht. Einige lassen sich kurzfristig beheben (zum Beispiel durch das Einfügen einer speziellen Aufgabe), andere nur längerfristig (zum Beispiel durch das Ändern von Überzeugungen). Dabei gilt es zu berücksichtigen, dass Verstehensprozesse immer abhängig vom Vorwissen sind. Eventuell entstehen für den Schüler, die Schülerin subjektiv gar keine Brüche oder Widersprüche, obwohl objektiv gesehen solche vorhanden wären (Merenluoto & Lehtinen, 2004).

Die Quellen für solche Brüche können, wie die Kapitel 2.2 und 2.3.1 gezeigt haben und wie in den folgenden Kapiteln weiter deutlich wird, an ganz unterschiedlichen „Orten" liegen, beispielsweise:

- in der fachlichen Natur der zu lernenden Konzepte; in Schwierigkeiten des Stoffes an sich (Schwierigkeiten in den Repräsentationen und Grundvorstellungen, epistemologische Hürden usw., vgl. Kapitel 2.3.4);
- in der Gestaltung des Unterrichts (z.B. organisatorisch: Disziplinprobleme, Unterbrüche und Störungen von aussen; inhaltlich: Fehler, Lücken, „ungünstiger Aufbau");
- beim Schüler, bei der Schülerin selbst (z.B. Vorwissen, Grundvorstellungen; Überzeugungen, Emotionen, Motivation, Aufmerksamkeit, Anstrengung, vgl. auch Kapitel 2.3.6).

In der Praxis spielen wohl oft alle drei Gründe gleichzeitig mit und sie bedingen sich häufig gegenseitig. „Ungünstiger" Unterricht führt zu unproduktiven Vorstellungen der Lernenden (vgl. Kapitel 2.3.6). Umgekehrt liegt die Vermutung nahe, dass es bei unproduktiven Vorstellungen der Lernenden unter Umständen viel schwieriger sein könnte, einen „guten" Unterricht zu gestalten.

Aus Sicht des Problemlösens ist es unerwünscht, Unterricht so zu gestalten, dass die Lernenden keine „Beunruhigungen" im Sinne von Dewey (1910/2002) erleben. Vermutlich wäre es auch an sich unmöglich, Unterricht über längere Zeit so zu gestalten, dass bei keinem Lernenden Brüche im individuellen Sinnfluss vorkommen, aber trotzdem alle Lernenden gefordert und gefördert sind. Unterricht soll aber nicht zusätzliche, unnötige Hürden für Verstehensprozesse einbauen, wobei noch genauer zu präzisieren ist, was „unnötig" hier bedeutet. Es ist weiter wesentlich, dass die Lernenden dank des unterrichtlichen Angebots immer wieder die Chance haben, ihre unterbrochenen Verstehensprozesse von Neuem aufzunehmen und Sinnfluss herzustellen. Das ist vermutlich eine Frage der Adaptivität von Unterricht und auch der Redundanz. Aber wie lässt sich dies fachlich festmachen? Am Beispiel des Satzes des Pythagoras wird in dieser Arbeit versucht, diese Frage anzugehen. Es gibt aber auch Aspekte nicht fachlicher Art, welche den Sinnfluss der Schülerinnen und Schüler behindern können. Darauf wird als Nächstes eingegangen.

Sinnfluss in nicht fachlicher Hinsicht

Individueller Sinn wird leider im Unterricht nicht nur im fachlich passenden Sinne konstruiert. Eine Verknüpfung zwischen zwei Elementen kann für einen Lernenden äusserst sinnvoll und logisch sein, obwohl sie fachlich falsch oder gar nicht fachlicher Natur ist. Es gibt weiter viele Beschreibungen von „Verstehensprozessen", die letztlich nicht in der Sache, sondern im Sozialen gelöst werden. Zwei Beispiele sollen dies illustrieren:

1) Schülerinnen und Schüler berechnen falsche Lösungen von „Kapitänsaufgaben" oder verwandten Problemen ohne mit der Wimper zu zucken und geben später aber an, dass sie schon gemerkt hätten, dass da etwas nicht stimmen könne. Dieses Vorgehen ist aus Schülersicht zum Beispiel deshalb sinnvoll, weil aus ihrer Sicht jede Aufgabe in der Schule eine Lösung haben muss (z.B. Reusser, 1999c).

2) Wenn Schülerinnen und Schüler als falsch erkannte Lösungen ihrer Kameraden nicht kritisieren wollen, ist das sinnvoll, weil sie so ihre Peers nicht in Verlegenheit bringen (Lampert et al., 1998).

Solche Vorgehensweisen können also aus der subjektiven Sicht der Lernenden höchst sinnvolle Vorgehensweisen darstellen, obwohl sie objektiv gesehen nicht dazu beitragen, inhaltlichen Sinn, Bedeutung herzustellen. Trotzdem helfen diese Vorgehensweisen den Lernenden die Anforderungen zu bewältigen, welche der Unterricht an sie stellt: Die Schülerinnen und Schüler versuchen, die Anforderungen der Lehrperson zu befriedigen, ihr Gesicht zu wahren oder das ungute Gefühl über einen Fehler bei sich und bei anderen zu minimieren. Es gibt eben verschiedene Logiken im Unterricht, wie Reusser beschreibt:

> Neben der kognitiv-fachlichen Rationalität des Verstehens gibt es eine pragmatisch-situative Rationalität, eine soziale Grammatik von Wahrheit und Irrtum. Verstehen und Nichtverstehen im Unterricht und damit auch Fehlermachen hängen nicht nur von der Logik der Dinge (von einem gut organisierten und verstandenen Sachwissen) ab, sondern auch von der Logik der Situation, in der sich der Problemlöser befindet. (Reusser, 1999c, S. 218)

Es sind gemäss Reusser (1999c) das Kontextwissen und das Erfahrungswissen, welche die Problemlöse- und Verstehensbemühungen der Lernenden oft stärker bestimmen als die Auseinandersetzung mit dem zu verstehenden Gegenstand an sich. Zum Kontextwissen gehört zum Beispiel das Wissen, was gerade das Thema der Lektion ist. In einem Unterricht zum Thema „Satz des Pythagoras" ist die Chance gross, dass man die vorkommenden Aufgaben mit diesem Satz lösen kann. Zum Erfahrungswissen gehört beispielsweise das Wissen, dass Aufgaben im Unterricht oft zu ganzzahligen Lösungen führen. Dies wird dann von den Lernenden als Wahrheitskriterium verwendet („Es geht nicht auf, also muss es falsch sein").

Aus der Sicht des inhaltlichen Verstehens sind diese Arten der „Sinnkonstruktion" unerwünscht, weil sie die *fachlichen* Verstehensprozesse behindern oder verhindern. Sie stellen aber eine Realität im Unterricht dar und müssen im Unterricht offensichtlich so weit wie möglich verhindert werden. Dazu sind vor allem die Etablierung einer produktiven Klassenzimmerkultur und ein fachlich-adaptives Vorgehen der Lehrperson zentral (z.B. Hiebert et al., 1997; Reusser, 2006). Wenn in dieser Arbeit im Folgenden im Zusammenhang mit Verstehen vom „Sinnherstellen" die Rede ist, so ist immer der inhaltliche Sinn, die fachliche Schlüssigkeit gemeint und nicht der soeben erwähnte soziale oder strategische Sinn und auch nicht die persönliche Relevanz, welche einem Sachverhalt zugeschrieben wird.

Zusammenfassung: Der Sinnfluss beschreibt aus kognitionspsychologischer Sicht die Qualität von individuellen Verstehensprozessen zu einem Konzept. Auf subjektiv sinnvolle Weise werden durch Verknüpfen und Verdichten neue Elemente konstruiert. Er kann als Ausgangspunkt für didaktische Überlegungen und damit auch für die Bestimmung von Unterrichtsqualität genommen werden: Unterricht ist dann verstehensorientiert, wenn er möglichst vielen Schülerinnen und Schülern einen fachlich passenden Sinnfluss ermöglicht. Das Ausgangsmaterial der Begriffsbildung ist „die Menge der Elemente, die im Zuge der Begriffsbildung verknüpft werden" (Aebli, 1994, S. 100). Die Grundidee dieser Arbeit ist nun, dieses Ausgangsmaterial für das zu verstehende Konzept – hier den Satz des Pythagoras – näher zu bestimmen. Dies führt zum Begriff des „Verstehenselements", mit dessen Hilfe anschliessend fachdidaktische Qualitäten von Unterricht bestimmt werden (vgl. Kapitel 4). Mit dieser kognitionspsychologischen Deutung von Verstehensprozessen kann gleichzeitig sowohl der Netzcharakter von Strukturaufbauprozessen als auch deren linearer Verlauf im Unterricht berücksichtigt werden. Deshalb kann später in Kapitel 4 Klarheit von Unterricht mit Hilfe des Begriffs „Sinnfluss" beschrieben werden. Es ist das Ziel dieser Arbeit, fachdidaktische Unterrichtsqualitätsmerkmale in Bezug auf die Unterstützung von Sinnfluss bei den Schülerinnen und Schülern während einer Einführung in den Satz des Pythagoras zu bestimmen. Mathematikverstehen hat aber nicht nur mit Verknüpfen von sprachlichen Elementen zu tun, bildliche und formale Repräsentationen spielen ebenfalls eine zentrale Rolle. Darum geht es im nächsten Kapitel.

2.3.4 Repräsentationen und Verstehen – Verstehen von fachlichen Repräsentationen im Mathematikunterricht

Verstehen hat zentral mit Aufbau von passenden mentalen Repräsentationen von Sachverhalten zu tun. Diese Repräsentationen bilden Denk- und Kommunikationswerkzeuge und haben deshalb einen wichtigen Einfluss auf weitere Verstehensprozesse, auf Problemlösetätigkeiten und auf Transfer (vgl. Kapitel 2.3.5). Das Verstehen- und Gebrauchenkönnen von bestimmten fachlichen Repräsentationen sind also wichtige Lernziele.[22] Die Einstiegsbeispiele (Kapitel 1.2) haben gezeigt, dass fachliche Repräsentationen beim Anleiten und Begleiten von Verstehensprozessen zum Satz des Pythagoras im Unterricht eine besonders wichtige Rolle einnehmen.

Der Aufbau des Kapitels sieht wie folgt aus: Zuerst wird aus kognitionspsychologischer Sicht der Zusammenhang zwischen kognitiver Struktur und deren Repräsentation kurz dargestellt (Kapitel 2.3.4.1). Wichtig ist die Unterscheidung zwischen der Struktur eines Sachverhalts und dem Medium der Repräsentation dieser Struktur. Es werden die verschiedenen Medien der Repräsentation nach Bruner (1974) erwähnt und die Bedeutung von guten Repräsentationen für das Verstehen, für das Lösen von Problemen und für den Transfer wird beschrieben.

Repräsentationen lassen sich in einem nächsten Schritt auch aus fachlicher Sicht betrachten (Kapitel 2.3.4.2). Für mathematische Objekte und Beziehungen haben sich ganz bestimmte fachliche Repräsentationen ausgeprägt. Diese können im Sinne Vygotskys (1978) als kulturelle Werkzeuge aufgefasst werden. In diesem Kapitel wird auch kurz auf eine spezielle fachdidaktische Art von „mentalen Repräsentationen mathematischer Begriffe" eingegangen, auf die sogenannten Grundvorstellungen und ebenfalls sehr kurz auf epistemologische Hürden.

Zum Schluss geht es um das Verstehen einer konkreten fachlichen Repräsentation respektive um den Aufbau fachlich passender Repräsentationen im Mathematikunterricht und um die Anleitung von solchen Verstehensprozessen (Kapitel 2.3.4.3).

2.3.4.1   Repräsentationen und Verstehen aus kognitionspsychologischer Sicht

Wie Wissen und Denken repräsentiert werden und ob dies auch amodal möglich ist, gehört zu den zentralen kognitionspsychologischen Fragen. Es gibt unterschiedliche Ansätze (vgl. z.B. Seel, 2003), in diesem Kapitel wird vor allem auf Bruner und Aebli eingegangen. Im Zusammenhang mit dem Vergegenwärtigen von Sacherhalten wird nicht nur vom Aufbau mentaler Repräsentationen, sondern auch von Situationsmodellen (vor allem beim Textverstehen) und ganz allgemein vom Aufbau mentaler Modelle[23] gesprochen.

Um über Sachverhalte nachdenken und um über sie reden zu können, müssen wir sie vergegenwärtigen, repräsentieren. Wie wir uns Dinge vergegenwärtigen, hängt vom Vorwissen ab: vom Wissen um typische und produktive Darstellungsweisen von

---

22 Aktuelle Konzeptionen zu Bildungsstandards weisen auf die Wichtigkeit der allgemeinen Kompetenz des Repräsentierens im Sinne des Verstehens und Verwendens vom mathematischen Darstellungen hin (Blum, Drüke-Noe, Hartung & Köller, 2006; NCTM, 2000). In dieser Arbeit geht es um das Verstehen von fachlichen Repräsentationen eines konkreten Konzepts und nicht um diese allgemeine Kompetenz des Repräsentierens mathematischer Strukturen.

23 Mentale Modelle sind nach Seel (2003, S. 258) konkrete Repräsentationen unübersichtlicher oder abstrakter Sachverhalte. Sie stellen Wissenskonstruktionen höherer Ordnung dar (ebd., S. 58).

bestimmten fachlichen Strukturen, aber auch vom allgemeinen Weltwissen, wie zum Beispiel davon, was gewisse Handlungen im Alltag bedeuten.

Aus kognitionspsychologischer Sicht wird unterschieden zwischen der Struktur (dem Netz aus Elementen und Relationen) und dem Medium, in dem die Struktur realisiert wird (Aebli, 1994; Bruner et al., 1971; Reusser, 1998). Entscheidend ist, dass derselbe Sachverhalt sehr unterschiedlich repräsentiert werden kann. Erfahrungen und Sachverhalte können gemäss Bruner (1974) und Bruner et al. (1971) in drei verschiedenen Medien repräsentiert werden: Enaktiv (handelnd), ikonisch (bildlich) und symbolisch. Zech (1998) unterteilt das symbolische Medium für die Mathematik zusätzlich in ein sprachliches und ein formales Medium.

Es müssen also zwei Dinge unterschieden werden:[24]

1) Die *Struktur*, bestehend aus Elementen und Relationen.

2) Das *Medium der Repräsentation* dieser Struktur (bei Aebli heisst dies Modalität): Handlung, Bild, Symbol (Sprache und Formel). Hier geht es also um *die Art* der Vergegenwärtigung, nicht um die konkrete Vergegenwärtigung einer Struktur selbst.

Die konkrete Vergegenwärtigung einer Struktur in einem bestimmten Medium wird im folgenden *Repräsentation oder Darstellung* der Struktur genannt. Diese Vergegenwärtigung kann explizit sein oder auch nur in der Vorstellung. Es kann eine individuelle Darstellung sein oder eine fachliche Konvention.

Für den Satz des Pythagoras sind in Abbildung 6 verschiedene Repräsentationen angegeben, wobei eine Repräsentation im Medium der Handlung fehlt. Eine enaktive Darstellung des Satzes wäre zum Beispiel ein Zerlegungsbeweis mit Hilfe von Papier (vgl. Kapitel 3.1.2).

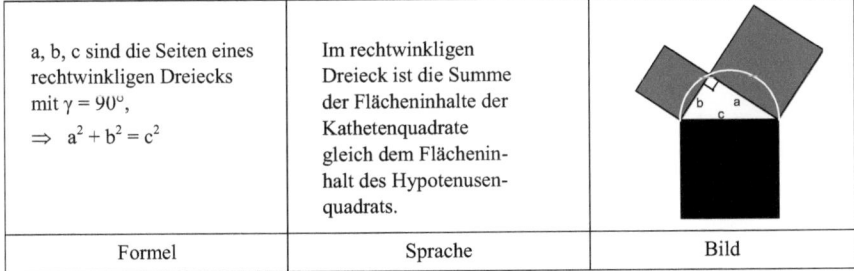

a, b, c sind die Seiten eines rechtwinkligen Dreiecks mit $\gamma = 90°$, $\Rightarrow\ a^2 + b^2 = c^2$	Im rechtwinkligen Dreieck ist die Summe der Flächeninhalte der Kathetenquadrate gleich dem Flächeninhalt des Hypotenusenquadrats.	
Formel	Sprache	Bild

Abbildung 6:   Repräsentationen des Satzes des Pythagoras in verschiedenen Medien

Wer den Satz des Pythagoras verstanden hat, benutzt meist eine der abgebildeten Repräsentationen des Satzes (oder Variationen davon), wenn er über den Satz spricht

---

24 Die Begrifflichkeiten werden sehr unterschiedlich verwendet und es scheint mir, dass sie zum Teil auch innerhalb eines Werkes nicht konsistent gebraucht werden (z.B. in Aebli, 1994).

oder ihn als Werkzeug verwendet. Während für die Lehrperson die drei Repräsentationen des Satzes des Pythagoras drei Darstellungen des gleichen Konzepts sind, müssen sich die Schülerinnen und Schüler erst die Zusammenhänge zwischen diesen drei Repräsentationen erschliessen. Für Novizen sind es drei völlig unabhängige Darstellungen von mathematischen Sachverhalten.

Die Bedeutung eines Konzepts liegt aus kognitionspsychologischer Sicht in der Struktur, denn in dieser sind die Beziehungen enthalten, welche die Bedeutung ausmachen. Die Bedeutung kann aber in verschiedenen Medien repräsentiert werden. Es sind oft mehrere Varianten der Darstellung innerhalb des gleichen Mediums möglich. Das Medium der Repräsentation beeinflusst die Leichtigkeit des Zugriffs und die Möglichkeiten der Speicherung der Struktur (Aebli, 1994), denn jedes hat seine Stärken und Schwächen (vgl. auch Bruner et al., 1971): Handelnde Darstellungen müssen beispielsweise unmittelbar erfolgen, die anderen können auch zeitlich verschoben auftreten. Bei der bildlichen Darstellung können viele Aspekte gleichzeitig wahrgenommen werden, während dies bei einer symbolischen Darstellung nur sequenziell nacheinander möglich ist. Formale Darstellungen sind meist sehr prägnant und unabhängig von einem konkreten Einzelfall formuliert. Dadurch können die abstrakten Eigenschaften von Handlungen und Bildern erfasst werden. Aber formale Darstellungen setzen viel Vorwissen voraus. Bruner formuliert: „Die Wirksamkeit einer Darstellungsform kann auch dadurch beschrieben werden, inwieweit sie einen Lernenden befähigt, Dinge in Zusammenhang zu bringen, die, oberflächlich betrachtet, nichts miteinander zu tun haben. Dies gilt ganz besonders für den Bereich der Mathematik (…)" (Bruner, 1974, S. 52).

Bruner weist der Sprache bei der geistigen Entwicklung die zentrale Rolle zu: „Das Unterrichten wird in höchstem Mass durch das Medium Sprache ermöglicht; dieses ist schliesslich nicht nur das Medium für den Gedankenaustausch, sondern wird das Mittel, das der Lernende nun selbst anwenden kann, um Ordnung in seine Umwelt zu bringen" (Bruner, 1974, S. 13).[25]

Gemäss Bruner (1974, der auf Piaget aufbaut, und ähnlich auch bei Aebli, 2001) folgt die Entwicklung des Kindes dem oben erwähnten Repräsentationssystem: Zuerst liegt der Fokus auf den enaktiven, später auf den ikonischen und zuletzt auf den symbolischen Repräsentationen.[26] Diese Annahme einer starren Reihenfolge der Repräsentationen in der Entwicklung des Kindes in der Reihenfolge „enaktiv – ikonisch – symbolisch" konnte gemäss Reusser (1998) und Seel (2003) empirisch nicht bestätigt werden. Die Repräsentationsformen kommen vielmehr schon sehr früh parallel nebeneinander vor. Mathematikdidaktiker fordern, dass die formalen Darstellungen innerhalb

---

25 Die besondere Stellung der Sprache im Mathematikunterricht ist auch in der Mathematikdidaktik ein grosses Thema (vgl. z.B. Maier & Schweiger, 1999; Ruf & Gallin, 1998; Winter, 1978).

26 Aebli weist darauf hin, dass Überlappungen der Darstellungsformen bei der Verinnerlichung einer Operation wichtig sind und dass diese Übergänge von der einen zur anderen Repräsentationsform durch die Sprache begleitet werden müssen (Aebli, 2001).

eines Lernprozesses zu einem konkreten Konzept nicht zu früh vorkommen und nicht zu viel Raum einnehmen sollen (z.B. Freudenthal, 1973; Wittmann, 2003). Beide Autoren plädieren aber auch dafür, dass schon kleine Kinder den Wert von formalen Strukturen erleben sollen, weil diese für das mathematische Denken fundamental sind. Entscheidend ist gemäss Bruner, dass „der Erziehungsprozess im Innersten darin besteht, Mittel und Dialoge zu bieten, die helfen, Erfahrungen in hinlänglichere Notations- und Einordnungssysteme zu übertragen" (Bruner, 1974, S. 27). Eine immer bessere Koordination zwischen den verschiedenen Repräsentationsebenen kennzeichnet gemäss Bruner die Denkentwicklung. Flexibel zwischen den Darstellungsformen wechseln zu können, ist ein zentrales Lernziel (Bruner, 1974), denn die Repräsentationsformen können sich gemäss Bruner gegenseitig stützen: Diskrepanzen zwischen unterschiedlichen Repräsentationsebenen können die Denkentwicklung anstossen. Die Übergänge von einer Repräsentationsform zur anderen können auf diese Weise als Triebfeder für die geistige Entwicklung wirken (Bruner et al., 1971).[27] Allerdings lassen sich nicht alle Sachverhalte in allen Medien darstellen. Man denke zum Beispiel an die Versuche, den Vorgang des Bindens von Schuhen von einem enaktiven Medium in ein sprachliches Medium zu übersetzen (z.B. Gallin & Ruf, 1990). Die Wichtigkeit von verschiedenen Repräsentationen wird in Bezug auf Mathematik auch von Hiebert und Carpenter (1992) betont: Verstehensprozesse werden zentral durch den Vergleich zwischen verschiedenen und innerhalb von gleichen Repräsentationen eines Konzepts angeregt. Dies liegt auch daran, dass aus einer fachdidaktischen Sicht eine bestimmte Repräsentation eines Konzepts meist nur einen Teil des Sachverhalts darstellen kann und damit immer nur einen speziellen Ausschnitt des Konzepts deutlich macht (Hiebert & Carpenter, 1992; NCTM, 2000).

Repräsentationen sind also für das Denken und Problemlösen fundamental. Ist jedes Denken modal? Gemäss Aebli (1994) sind die Elemente in Verhaltenssystemen (zu denen auch die begrifflichen Strukturen gehören, aber zum Beispiel auch Geigespielen) modal, während die Verknüpfungen selbst amodaler Natur sind. Damit lässt sich gemäss Aebli erklären, warum dieselbe Struktur in verschiedenen Medien gelernt werden kann:

> Wenn aber der entscheidende Vorgang in der Strukturbildung, also im strukturellen Lernen, amodaler Natur ist, so erklärt sich auch die erstaunliche Unabhängigkeit des Lernens von der Modalität der Repräsentation der Objekte. Vor dem wirklichen Prozess, vor einem Modell, vor einem Bild lernen wir fast ebenso gut, wenn nur die Objekte geeignet dargestellt sind. Ja, in erstaunlich vielen Fällen ist der Lernprozess sogar aufgrund einer guten verbalen Beschreibung und Erklärung möglich, und dies trotz den Didaktikern der Anschaulichkeit. Das Entscheidende, die Beziehungsbildung, ist eben so oder so nicht darstellbar. (Aebli, 1994, S. 307)

---

27 Das Wechselnkönnen zwischen den Darstellungsformen wird auch in Wittmann (1981) als Unterrichtsprinzip formuliert (vgl. „Prinzip der Interaktion der Darstellungsformen", Wittmann, 1981, S. 91).

Verknüpfungen können aber modal werden, denn durch Objektivierung wird eine Verknüpfung zu einem neuen Element und dadurch wird sie modal. Da Objektivierungen gemäss Aebli (1994) auch in Bildern oder in Formeln erfolgen können, lassen sich Verknüpfungen von Elementen also nicht nur sprachlich, sondern auch bildlich und formal objektivieren/verdichten. Dieser Gedanke wird später wieder aufgenommen werden.

Repräsentationen und Problemlösen/Transfer

Im nächsten Kapitel 2.3.5 wird der enge Zusammenhang zwischen Problemlösen und Verstehen beschrieben werden. Wie wichtig es ist, über verschiedene Repräsentationen zu verfügen, wird auch aus der Perspektive des Problemlösens deutlich. Denn die Art und Weise, wie man sein Wissen und Denken vergegenwärtigen kann, beeinflusst die Problemlösefähigkeiten. Das Finden einer geeigneten Problemrepräsentation ist gemäss Reusser oft *die* entscheidende Problemlöseleistung und nicht nur eine Vorarbeit zur Lösung des Problems, denn „gute Repräsentationen sind gute Ablesungsfundamente" (Reusser, 1984/1994, S. 262). Eine Problemrepräsentation ist dann geeignet, wenn die Lösung direkt ablesbar oder wenn die Lösung aus der Repräsentation durch ein Standardverfahren zu bestimmen ist, wie es bei Textaufgaben der Fall ist, die mit Gleichungen gelöst werden. Geeignete Repräsentationen sollen so „beschaffen sein, dass die wesentlichen Beziehungen, die sich im Prozess des Problemlösens allmählich abzeichnen und die in der Folge immer prägnanter gefasst werden, deutlich zum Ausdruck kommen" (Aebli, 1994, S. 71). Es geht also darum, das Problem vom Medium, in dem es präsentiert worden ist, in ein Medium zu übersetzen, in dem das Problem einfach gelöst werden kann. Dabei handelt es sich gemäss Aebli (1994) keinesfalls nur darum, zwischen einer enaktiven, symbolischen oder ikonischen Darstellung zu wählen. Denn innerhalb eines Mediums selbst gibt es viele Varianten der Darstellung (vgl. beispielsweise die verschiedenen Repräsentationen zum Turm von Hanoi, Aebli, 1994, S. 71 f.). Für den Unterricht ist dabei erschwerend, dass eine bestimmte Problemrepräsentation ein Problem aus Expertensicht sofort löst, während dieselbe Repräsentation dem Anfänger nicht weiterhilft. Viele Beispiele zur Problematik guter Problemrepräsentationen findet man bei den Gestaltpsychologen, insbesondere bei Duncker (1935) und Wertheimer (1945/64, vgl. dazu ausführlicher in Kapitel 2.3.5.5). Umgekehrt ist es aber auch so, dass die Problemstellungen, anhand derer ein Sachverhalt gelernt wird, die Art der internen Repräsentation des Sachverhalts beeinflussen (z.B. Aebli, 2001; Hiebert & Carpenter, 1992). Auch deshalb ist die Phase des Durcharbeitens im PADUA-Modell von Aebli (2001) so wichtig.

Die Art der aufgebauten Repräsentationen (Bransford, Zech, Schwartz, Barron, Vye & CTGV, 2000) und die Verknüpfungen zwischen diesen Repräsentationen (Hiebert & Carpenter, 1992) beeinflussen nicht nur das Problemlösen im engen Sinne, sondern auch den Transfer auf neue Gegebenheiten. Die Wichtigkeit von geeigneten Repräsentationen zur Lösung von Problemen zeigt sich auch in der historischen Entwicklung der Mathematik (z.B. Davis & Hersh, 1994). Man denke zum Beispiel an das kartesische Koordinatensystem, welches eine Verbindung von Geometrie und Algebra ermöglichte, oder an die Vorteile des arabischen Zahlensystems gegenüber dem römischen Zahlensystem. Auch die prototypischen Repräsentationen des Satzes des Pythagoras haben sich im oben erwähnten Sinne als „gute Ablesungsfundamente" bewährt. Gewisse Zusammenhänge lassen sich daraus einfach ablesen, unter der Voraussetzung, dass man die Struktur des Satzes verstanden hat (vgl. Kapitel 3.1).

Repräsentationen sind also Mittel und Ziel von problemlösenden Verstehensprozessen: Gute Repräsentationen sind im Prozess des Verstehens zentral, weil sie es ermöglichen, Beziehungen abzulesen respektive hineinzulesen. Gleichzeitig sind gute Repräsentationen der zu verstehenden Struktur auch das Ziel von Verstehensprozessen. Mit ihrer Hilfe lassen sich Zusammenhänge, Verknüpfungen vergegenwärtigen und damit lassen sich wiederum neue Verstehensprobleme lösen. Denn Sachverhalte, die man nicht repräsentieren kann, kann man nicht reproduzieren (Oerter & Montada, 1998).

2.3.4.2 Mathematische Repräsentationen vom Fach aus gedacht

Wie in jeder Disziplin haben sich in der Mathematik, und auch in der Schulmathematik, unter den vielen fachlich möglichen Repräsentationen eines Sachverhalts gewisse Repräsentationen so etabliert und bewährt, dass sie zu Konventionen geworden sind. Es darf aber nicht vergessen werden, dass sie historisch und kulturell gewachsene Darstellungsarten sind. Es hätte immer auch andere Möglichkeiten der Darstellung gegeben, und es gibt bei jeder Repräsentation willkürliche Aspekte, die von den wesentlichen strukturellen Aspekten unterschieden werden müssen.[28] Es ist eine wichtige curriculare Frage, wie viele und welche fachlichen Repräsentationen für die jeweilige Schulstufe und das Niveau notwendig sind und auf welche problemlos verzichtet werden kann:

> The ways in which mathematical ideas are represented is fundamental to how people can understand and use those ideas. (...) When students gain access to mathematical representations and the ideas they represent, they have a set of tools that significantly expand their capacity to think mathematically. (NCTM, 2000, S. 67)

---

28 Einige Beispiele für willkürliche Aspekte beim Satz des Pythagoras: In der Formel sind insbesondere die Buchstaben a, b und c willkürlich. Diese könnten geradeso gut e, x und s lauten, wenn die Seiten des rechtwinkligen Dreiecks entsprechend angeschrieben worden sind. Und es gäbe auch ganz andere formale Darstellungsweisen (vgl. Kapitel 3.1). In der bildlichen Darstellung sind die Grösse der Quadrate, die Seitenverhältnisse des rechtwinkligen Dreiecks und die Lage der ganzen Figur willkürlich. Bei der sprachlichen Formulierung könnte auf einige Fachbegriffe (zum Beispiel „Summe", „Kathete", „Hypotenuse") verzichtet werden, indem diese Sachverhalte umschrieben werden. Die Aussage wäre dann aus der Sicht eines Experten etwas weniger präzise und elegant formuliert, aber fachlich kann sie genauso korrekt sein.

Fachliche Repräsentationen stellen also wichtige Denk- und Kommunikationshilfsmittel dar. Auch wenn die Qualitäten dieser Darstellungen für Lernende oft nicht auf den ersten Blick erkennbar sind, erweisen sich jene hoffentlich auch für sie zu späteren Zeiten als äusserst effiziente, praktische und „ablesungsfreundliche" Darstellungen.

Jede Repräsentation vergegenwärtigt für einen Experten spezifische Aspekte des Konzepts besonders deutlich und lässt andere in den Hintergrund treten oder ganz verschwinden. Deshalb sind diese Darstellungen in unterschiedlichen Problemsituationen hilfreich. Es ist also nicht nur wichtig, über bestimmte Repräsentationen zu verfügen, sondern auch zu erkennen, für welche Ziele welche der verschiedenen Repräsentationen eines Konzepts besonders geeignet sind (vgl. auch Kapitel 3.1).[29] Die symbolische Darstellung ist für die Mathematik besonders wichtig (vgl. Kapitel 2.2): Symbole sind willkürlich, es gibt keine Ähnlichkeit zwischen der Sache und dem Symbol. Ihre Bedeutung kann deshalb verändert werden. Es können Regeln in den Symbolsystemen aufgestellt werden, die es ermöglichen, Aussagen zu machen, die nichts mehr mit der Wirklichkeit zu tun haben. Symbolische Systeme ermöglichen es auf diese Weise, Wissen zu verdichten und damit die benötigte Aufmerksamkeit zu entlasten. Entscheidend ist, dass Probleme aus unterschiedlichsten Kontexten dieselbe mathematische Struktur aufweisen können und deshalb durch die gleiche mathematische Repräsentation beschrieben werden können.[30] Das hat zur Folge, dass diese Probleme mit demselben mathematischen Verfahren gelöst werden können. Besonders schön zeigt sich dies bei Textaufgaben: Auf der sprachlichen Oberfläche sehr unterschiedliche Textaufgaben können in Situationsmodelle übersetzt werden, welche sich mit derselben mathematischen Gleichung beschreiben lassen (vgl. Modell von Reusser, 1989/1995). Der formale Lösungsweg ist dann identisch, die Interpretationen der Lösung hingegen unterscheiden sich wieder.

Im Fach Mathematik gibt es neben den prototypischen Repräsentationen zu Konzepten auch konzeptübergreifende, mathematische Darstellungshilfsmittel wie z.B. Tabellen, Graphen, Flussdiagramme.

Grundvorstellungen

Eine weitere fachliche Besonderheit in Bezug auf das Vergegenwärtigen von mathematischen Strukturen wird durch das Konzept der „Grundvorstellungen" beschrieben. Viele mathematische Konzepte lassen sich nicht nur in verschiedenen Medien repräsentieren, sondern sie umfassen auch verschiedene Grundvorstellungen. Grundvorstellungen sind mentale Repräsentationen mathematischer Konzepte und Verfahren und

---

29 Je nach Konzept gilt dies nicht nur für verschiedene Repräsentationen, sondern auch für verschiedene Darstellungen innerhalb des gleichen Mediums der Repräsentation: Man denke zum Beispiel an die Normal- und Scheitelpunktsform bei Parabeln, die je andere Merkmale von Parabeln deutlich machen. Beide sind formale Darstellungen.

30 Man könnte dies auch wie folgt formulieren: Unterschiedlichste Problemstellungen lassen sich durch das gleiche mathematische Modell beschreiben.

tragen die Bedeutung der mathematischen Inhalte (Pekrun et al., 2005).[31] Sie vermitteln zwischen Realität, Mathematik und Individuum (Blum & vom Hofe, 2003; vom Hofe, 1995, 1996, 2003). Grundvorstellungen werden auch als „mentale Modelle mathematischer Inhalte" bezeichnet (Kleine, Jordan & Harvey, 2005a). Es geht also zentral um die inhaltliche Bedeutung des Konzepts, denn das Konzept kann, anschaulich gesagt, verschiedene inhaltliche „Gesichter" haben (Hefendehl-Hebeker, 1996). Dies zeigt sich dadurch, dass zu einem einzelnen Konzept unterschiedliche, fachlich sinnvolle Handlungen und Vorstellungen gehören können. Das Konzept kann also inhaltlich unterschiedlich interpretiert werden.[32] Ein Beispiel soll dies illustrieren (für weitere Beispiele vgl. z.b. vom Hofe, 2003):

Der Bruch ¾ kann – neben anderen Möglichkeiten – gedeutet werden als:

1) Teil von einem Ganzen: Ein ganzer Kuchen wird in vier gleiche Teile geteilt und drei davon werden genommen.

2) Teil von drei Ganzen: Drei ganze Kuchen werden in vier Teile geteilt. Jeder erhält also einen Dreiviertel-Kuchen.

3) Die Darstellung 3 : 4 kann auch ein Verhältnis ausdrücken: Von den 7 Toren hat 3 die Mannschaft A und 4 die Mannschaft B geschossen.

Die Zahlen 3 und 4 in der formalen Repräsentation „3 : 4" haben in jeder dieser drei Grundvorstellungen jeweils eine andere inhaltliche Bedeutung. Je nach Aufgabe, die gelöst werden soll, wird eine andere Grundvorstellung benötigt.

Man beachte, dass der Bruch 9/4 in der ersten Grundvorstellung keine inhaltliche Bedeutung hat: Es ist in der Realität unmöglich, einen Kuchen in vier Teile zu teilen und dann neun Teile davon zu nehmen. Ein Bruch als Teil *eines* Ganzen muss immer kleiner oder gleich 1 sein.

Weil Grundvorstellungen zwischen Individuum, Realität und Mathematik vermitteln, befinden sie sich im Übergangsbereich zwischen der mathematischen Welt und der realen Welt (z.B. Kleine et al., 2005a; vom Hofe, 2003). Das Herausbilden von Grundvorstellungen ist nach Blum und vom Hofe (2003) untrennbar mit mathematischem Modellieren verbunden und es bildet ein Kernthema des Mathematiklernens.

---

31 Bereits an dieser Definition wird deutlich, dass dieses Konzept nicht in einer einfachen Weise in kognitionspsychologische Vorstellungen zum Strukturaufbau integrierbar ist. Weil das Konzept der Grundvorstellungen aber wichtige – auch subtile – fachdidaktische Phänomene beschreiben kann, wird hier trotzdem kurz darauf eingegangen. Es ist wichtig anzumerken, dass es zu manchen mathematischen Konzepten verschiedene Grundvorstellungen gibt, die in der Fachdidaktik ausführlich diskutiert werden, während es zu anderen Konzepten nur eine einzige Deutung zu geben scheint.

32 Man beachte, dass hier zum Teil innerhalb des gleichen Kontexts (z.B. Kuchenaufteilen) unterschiedliche Handlungen vorkommen. Es wäre interessant, genauer herauszuarbeiten, wo die Unterschiede und Gemeinsamkeiten zu Theorien der situierten Kognition (Brown et al., 1989) liegen.

Der Begriff „Grundvorstellung" kann nach vom Hofe (1996) sowohl für fachlich normierte als auch für individuelle Vorstellungen verwendet werden. Eine typische Schülergrundvorstellung ist „Multiplikation macht grösser", also die Annahme, dass das Produkt von zwei Faktoren immer grösser sei als jeder Faktor einzeln.[33] Die Theorie des Konzeptwechsels (vgl. z.B. Vosniadou & Verschaffel, 2004) beschreibt gemäss Kleine et al. (2005a) das Herausbilden von Grundvorstellungen.

Manche Missverständnisse und Verstehensprobleme im Unterricht lassen sich dadurch erklären, dass die Beteiligten unbemerkt auf unterschiedlichen Grundvorstellungsebenen agieren. In einer solchen Situation wird zwar in gewisser Weise über das gleiche mathematische Konzept gesprochen evtl. sogar mit Hilfe der gleichen fachlichen Repräsentation. Setzt man aber die Grundvorstellungsbrille auf und betrachtet dieselbe Situation nochmals, dann reden die Beteiligten – obwohl über das gleiche Konzept diskutiert wird – effektiv über andere Aspekte des Konzepts. Es ist kein Wunder, dass dann Brüche im Sinnfluss der Lernenden entstehen.

Was weiter oben über die unterschiedlichen Repräsentationen und Problemlösen respektive Transfer gesagt wurde, trifft genauso für Grundvorstellungen zu: Das Verfügen über verschiedene Grundvorstellungen eines konkreten Konzepts ist entscheidend für das Problemlösen und für Transfer. Was auf einer oberflächlichen Ebene als einfacher Transfer der bekannten Struktur in einen anderen Kontext aussieht, kann auf einer tieferen, fachlichen Ebene den Wechsel in eine andere Grundvorstellung erfordern.[34]

Grundvorstellungen, vor allem die „Grundvorstellungsintensität", wurden in verschiedenen Untersuchungen innerhalb von Aufgabenanalysen erfasst: PISA (z.B. Blum, vom Hofe, Jordan & Kleine, 2004), PALMA (z.B. Pekrun et al., 2005) und COACTIV (Jordan et al., 2008; Jordan et al., 2006). Es zeigt sich weiter, dass die „Grundvorstellungsintensität" nicht nur ein theoretischer, sondern auch ein empirisch nachweisbarer Faktor von Aufgabenschwierigkeit ist (Blum et al., 2004, siehe auch Kleine, Jordan & Harvey, 2005b).

Während langfristiger Verstehensprozesse können massive Grundvorstellungswechsel notwendig werden, wie der folgende Abschnitt zeigt.

---

33 Auf Brüche trifft dies nicht zu.

34 Grundvorstellungen weisen eine gewisse Ähnlichkeit zu Dunckers (1935) Funktionalwert auf: Duncker spricht aber meist von konkreten Gegenständen und ihrer Funktion innerhalb einer Problemlösung. Bei den Grundvorstellungen hingegen geht es um die inhaltliche Deutung von mathematischen Konzepten, mit denen man nur mental operieren kann. Für das Problemlösen ist es bei Duncker hilfreich, einen konkreten Gegenstand in unterschiedlichen, auch atypischen Funktionen denken zu können. Genauso ist es für mathematisches Problemlösen hilfreich oder sogar notwendig, flexibel zwischen verschiedenen Grundvorstellungen eines Konzepts wechseln zu können. Statt von funktionaler Gebundenheit könnte man analog von einer „grundvorstellungsmässigen Gebundenheit" sprechen.

Epistemologische Hürden

Beim Lernen und Verstehen von neuen Begriffen und Konzepten gibt es Hindernisse, die in den zu lernenden Inhalten selbst liegen und nichts mit den Fähigkeiten der Lernenden zu tun haben. Diese Hindernisse werden von Brousseau als „epistemological obstacles" (epistemologische Hürden oder Hindernisse) bezeichnet (vgl. z.b. Sierpinska, 1994). Ein Beispiel zeigt typische Schwierigkeiten beim Übergang in neue Zahlbereiche:

> *Jede natürliche Zahl hat einen Vorgänger und einen Nachfolger: Vor der Zahl 6 kommt die Zahl 5 und unmittelbar danach die Zahl 7.*
>
> Für Brüche gilt dies nicht mehr. Zum Bruch drei Viertel gibt es keinen unmittelbaren Vorgänger oder Nachfolger. Denn zwischen je zwei Brüchen liegen immer beliebig viele weitere Brüche. Der für die natürlichen Zahlen so typische Vorgang des Abzählens von Gegenständen ist innerhalb dieser Zahlen plötzlich nicht mehr (so einfach) möglich.

Es gibt also in der mathematischen Stoffstruktur selbst Diskontinuitäten (Prediger, 2008). Diese Diskontinuitäten können im Lernprozess zu Schwierigkeiten führen, wenn die Lernenden diese Brüche nicht erkennen und versuchen, mit den alten Denkstrukturen auch in den neuen Gebieten zu operieren, wo diese aus fachlicher Sicht gar nicht mehr anwendbar sind. Gemäss Prediger (2008) liegen die epistemologischen Hürden darin, dass ein Wechsel der Grundvorstellung zum Konzept notwendig wird. So ist zum Beispiel die Grundvorstellung „Multiplikation als mehrfache Addition" gemäss Prediger (2008) zwar bei der Multiplikation der natürlichen Zahlen sehr hilfreich, bei der Multiplikation zweier Brüche funktioniert sie aber nicht mehr.

Man beachte, dass epistemologische Denkhürden fachlicher Natur sind und deshalb gemäss Prediger (2008) ohne Analyse von psychologischen Denkprozessen bestimmt werden können. Es sind vielmehr genaue und tiefe Sachanalysen notwendig, die mit Vorteil auch die historische Entwicklung miteinbeziehen, welche diese Diskontinuitäten oft schön aufzeigen. Denn es hat bei vielen mathematischen Konzepten Jahrhunderte gedauert, bis sie auf dem heute akzeptierten Stand ausgearbeitet und breit akzeptiert wurden (negative Zahlen, Brüche, Begriff des Grenzwerts und der Stetigkeit usw.).[35]

Verstehen beinhaltet in diesem Sinne auch das Erkennen von Brüchen und Diskontinuitäten innerhalb der fachlichen Strukturen selbst. Für den Unterricht bedeutet dies, dass sich die Lehrperson der für das Unterrichtsthema relevanten epistemologischen Denkhürden bewusst sein muss und dass diese im Unterricht explizit thematisiert werden müssen (Prediger, 2008). Die Schwierigkeit bei der Anleitung von Verstehensprozessen liegt darin, dass die Lehrperson selbst diese epistemologischen Hürden schon lange überwunden hat, sodass es besondere Anstrengung braucht, um diese Hürden wieder als solche erkennen zu können.

---

[35] Es gibt Geschichten von berühmten Mathematikern, die grosse Mühe hatten, Denkhürden zu überwinden, die heute jedes Schulkind lernen muss (z.B. negative Zahlen, vgl. Kaiser & Nöbauer, 2002).

2.3.4.3 Repräsentationen und Verstehen im Mathematikunterricht

Repräsentieren von Sachverhalten geschieht während Verstehensprozessen automatisch. Im Mathematikunterricht sollen aber auch ganz bestimmte, produktive und kulturell akzeptierte Formen der Vergegenwärtigung von mathematischen Strukturen erworben werden. Nur so sind ein gemeinsames Arbeiten im Unterricht, das Lösen bestimmter Probleme sowie Transfer und ein kumulativer Wissensaufbau möglich.

Aus konstruktivistischer Sicht ist die mathematische Bedeutung, die eine bestimmte fachliche Repräsentation für einen Schüler trägt, das Produkt der Interpretationsleistung dieses Schülers (Cobb, Yackel & Wood, 1992). Die Bedeutung kann nicht abgelesen, sondern muss vom Lernenden aktiv konstruiert werden. Aus einer sozialkonstruktivistischen Sicht des Lernens kommt hinzu, dass die Bedeutung durch die Art und Weise entsteht, wie der Begriff in der Praxis gebraucht wird.

Allerdings gibt es viel mehr fachlich korrekte Darstellungen von mathematischen Sachverhalten, als in den Lehrbüchern dargestellt werden können. Schülerformulierungen sind oft etwas umständlicher als die präzisen mathematischen Konventionen. Solange sie fachlich korrekt sind und die Schülerinnen und Schüler damit später nicht an Grenzen stossen, sind diese aber genauso wertvoll wie die prototypischen fachlichen Repräsentationen. Allerdings ist es für die Kommunikation im Klassenzimmer hilfreich, wenn man sich auf gewisse Schreib- und Sprechweisen einigt. Genau dies war auch der Grund, warum formale Schreibweisen historisch eingeführt wurden (vgl. Kapitel 2.2). Deshalb spielt das Erarbeiten und Aushandeln von allgemein verständlichen und akzeptierten Bedeutungen von Schreib- und Sprechweisen eine wichtige Rolle im Mathematikunterricht. Wer selbst unterrichtet oder Unterricht beobachtet weiss, dass dies immer einen Balance-Akt zwischen Verständlichkeit auf der einen Seite und Präzision, Korrektheit auf der anderen Seite darstellt.

Wie kann man als Lehrperson den Aufbau von fachlich passenden Repräsentationen eines Konzepts anleiten und unterstützen? Die Anleitung von Verstehensprozessen zum Satz des Pythagoras im Unterricht erfolgt zentral via die prototypischen fachlichen Repräsentationen oder Vorstufen davon. Bereits in den einleitenden Beispielen in Kapitel 1.2 ist deutlich geworden, dass es viele Möglichkeiten im Umgang mit diesen Repräsentationen gibt: In beiden Beispielen kamen mehrere Repräsentationen vor und diese wurden miteinander verknüpft, aber die Reihenfolge war unterschiedlich. Es wurde je fast eine Lektion gebraucht, um die Bedeutung der fachlichen Repräsentation zu erarbeiten. Es kamen dabei unterschiedliche Zwischenstufen der Annäherung an die Fachsprache vor.

Welche komplexe Rolle Repräsentationen innerhalb von Verstehensprozessen und bei der Anleitung von Verstehensprozessen einnehmen, illustrieren die folgenden beiden Beispiele, welche zwischen der fachlichen Bedeutung und der Interpretation durch einen Schüler, eine Schülerin hin- und herspringen.

1) Einführung: Von einem Bild zur bildlichen Repräsentation des Satzes

Mit der Einführung Feldertausch, welche in Kapitel 1.2 geschildert wurde, lässt sich das schrittweise Entstehen von Bedeutung beim mathematischen Arbeiten mit fachlichen Repräsentationen schön zeigen: Die Schülerinnen und Schüler arbeiten zu Beginn des Problemlöseprozesses mit den in Abbildung 1 dargestellten Bildern. Eines davon entspricht der prototypischen bildlichen Repräsentation des Satzes des Pythagoras (vgl. Abbildung 7 mit zusätzlich eingezeichnetem rechtem Winkel). Während die Lehrperson in dieser bildlichen Repräsentation des Satzes alle zum Satz gehörenden Elemente und Beziehungen direkt ablesen kann, trägt dieselbe Darstellung für die Schülerinnen und Schüler zu Beginn der Lektion noch wenig Bedeutung.

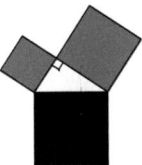

Abbildung 7:   Bildliche Repräsentation des Satzes des Pythagoras

Sie erkennen vermutlich nur drei Quadrate, zwei kleine hellgraue und ein grösseres dunkelgraues, deren Flächeninhalte sie berechnen. Vielleicht nehmen die Schülerinnen und Schüler zusätzlich wahr, dass die Quadrate etwas seltsam angeordnet sind: Sie berühren sich an gewissen „Ecken". Im Laufe der weiteren Arbeit ändert sich die Wahrnehmung der Situation. Das rechtwinklige Dreieck, welches die drei Quadrate bilden, ist für viele Schülerinnen und Schüler zu Beginn des Verstehensprozesses wohl einfach ein Loch. Erst beim Vergleich der drei Ausgangssituationen fällt auf, dass der Unterschied ganz wesentlich im Dreieck liegt: Der Winkel zwischen den kleineren Quadratseiten ist entscheidend. Am Schluss der Einführung trägt das anfangs bedeutungsarme Bild die Bedeutung des Satzes des Pythagoras. Die Schülerinnen und Schüler haben sich eine entsprechende kognitive Struktur aufgebaut, die sie nun mittels dieser Darstellung repräsentieren können. Während des weiteren Arbeitens am und mit dem Satz werden zusätzliche Bedeutungsfacetten hinzukommen.

2) Das Verstandene und das Dargestellte[36]

Von fachlichen Repräsentationen wird nun zu einer Schülervorstellung gewechselt. Auch diese Darstellung stammt aus der Videostudie. Die in Abbildung 8 dargestellte

---

36   Schülervorstellungen zu einem Konzept und die Art, wie die Schülerinnen und Schüler fachliche Repräsentationen verwenden, lehren einem als Lehrperson nicht nur viel über das Schülerdenken, sondern auch über das Konzept selbst. Denn Schülervorstellungen können ein spezielles Fenster zur fachlichen Struktur darstellen, weil sie auf Schwierigkeiten des Konzepts aufmerksam machen, die für Experten schon längst nicht mehr sichtbar sind.

Schülerformel des Satzes des Pythagoras enthält aus Sicht des Fachs einen Fehler. Anstelle der Wurzel aus der Hypotenuse müsste es das Quadrat der Hypotenuse heissen.

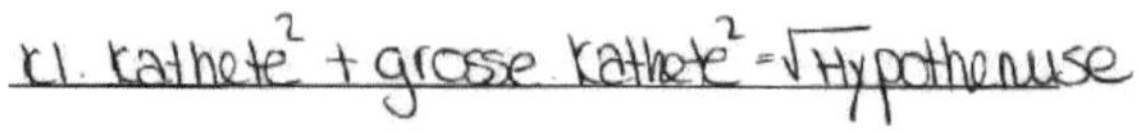

$$\text{kl. kathete}^2 + \text{grosse kathete}^2 = \sqrt{\text{Hypothenuse}}$$

Abbildung 8:   Schülervorstellung des Satzes des Pythagoras

Liest man aber die ganze Formel als Kurzanweisung für das Berechnen der Hypotenuse aus den gegebenen Katheten mit Hilfe des Taschenrechners, so führt diese Anleitung zum richtigen Ergebnis. Sprachlich formuliert, lässt sich die Formel nämlich als folgende Anleitung deuten: „Nimm die Länge der kleinen Kathete und quadriere sie. Addiere dazu das Ergebnis der folgenden Rechnung: Nimm die Länge der grossen Kathete und quadriere sie. Ziehe nun die Wurzel. Das Resultat ist die Länge der Hypotenuse." Obwohl die Schreibweise nicht den fachlichen Konventionen entspricht und deshalb als mathematisch falsch interpretiert werden müsste, könnte dahinter eine unkonventionelle Schreibweise der richtigen fachlichen Struktur stecken.

An der Analyse dieser Darstellung lässt sich gut erkennen, wie komplex der mathematische Formalismus ist. Und wie viel Vorwissen es braucht, um ihn richtig zu verwenden. Umgekehrt kann man auch gut den Wert von formalen Darstellungen erkennen, unabhängig davon, ob sie den fachlichen Konventionen entsprechen oder nicht.[37]

Was ein Schüler meint und was er davon tatsächlich darstellen kann, sind zwei verschiedene Dinge. Weiter kommt hinzu, inwiefern die Darstellung des Schülers den üblichen fachlichen Konventionen entspricht. Das Umgekehrte gibt es auch: Schüler verwenden zwar fachliche Repräsentationen, aber diese tragen für sie eine andere Bedeutung als es der fachlichen Konvention entsprechen würde.

Beide Beispiele zeigen, dass im Unterricht ein mehrfaches Hin-und-Her zwischen der fachlichen Repräsentation und dessen Bedeutung stattfindet. Fachliche Repräsentationen werden zu Quasi-Objekten, mit denen operiert wird. Sie sind Hilfsmittel und gleichzeitig auch Ziele von Verstehensprozessen. Repräsentieren und Konstruieren finden gleichzeitig und wechselseitig statt.

Welche verschiedenen Rollen nehmen fachliche Repräsentationen und Schülervorstellungen *im Mathematikunterricht* in Bezug auf das Verstehen eines Konzepts ein?

---

37 Dies ist ein allgemeines und längerfristiges Lernziel des Algebraunterrichts.

Die Rolle von Repräsentationen im Mathematikunterricht[38]

Die Lehrperson und die Lernenden bringen je ihre kognitiven Strukturen und ihre mentalen Modelle mit in den Unterricht. Sie verbinden mit bestimmten Repräsentationen bestimmte inhaltliche Bedeutungen. Diese können den fachlichen Konventionen mehr oder weniger entsprechen. Unabhängig von den im Unterricht verwendeten Aufgaben und Methoden lassen sich die folgenden drei Rollen von Repräsentationen respektive Schülervorstellungen im Unterricht unterscheiden:

1) Die Lehrperson versucht mit Hilfe von fachlichen Repräsentationen das Verstehen der Schülerinnen und Schüler anzuregen. Sie verwendet Zahlen, Formeln, geometrische Skizzen (z.B. Dreiecke und das Pythagorasbild), Fachbegriffe (Summe, Hypotenuse), Tabellen usw.

2) Die Schülerinnen und Schüler wiederum versuchen im Unterricht mit Hilfe der mathematischen Repräsentationen zu verstehen, um was es geht. Unter Umständen deuten einzelne Schülerinnen und Schüler diese fachlichen Repräsentationen ganz anders als die Lehrperson. Beim Lösen von Aufgaben, beim Vergleichen von Methoden oder Lösungswegen arbeiten die Schülerinnen und Schüler mit ihren singulären Darstellungsweisen und verwenden fachliche Repräsentationen gemäss ihrem vorläufigen und evtl. noch unvollständigen oder sogar falschen Verständnis. Oft stossen sie damit schnell an Grenzen. Ihr Sinnfluss wird unterbrochen. Wenn die emotionalen Bedingungen stimmen, beginnt dann ein Problemlöseprozess, der im besten Falle zu einer fachlich adäquateren Interpretation der Repräsentationen und damit zu einem tieferen Verständnis führt.

3) Anhand der explizit gewordenen Schülervorstellung versucht die Lehrperson, indirekt Rückschlüsse auf das Verstehen der Schülerinnen und Schüler zu ziehen. Die explizit und beobachtbar gewordenen Schülervorstellungen stellen für die Lehrperson also Indikatoren für die nicht beobachtbaren mentalen Modelle der Lernenden dar.

Fachliche Repräsentationen und Schülervorstellungen sind also zentrale „Bausteine" eines verstehensfördernden Mathematikunterrichts. Mittels dieser Bausteine, die evtl. für die beteiligten Personen effektiv unterschiedliche Bedeutung haben, wird im Unterricht über Inhalte gesprochen, neue Bedeutungen werden sozial ausgehandelt und individuelle kognitive Strukturen werden konstruiert. Dass diese Bausteine in sehr unterschiedlicher Reihenfolge im Unterricht vorkommen können, haben die beiden Einleitungsbeispiele in Kapitel 1.2 gezeigt.

---

38 Erschwerend kommt hinzu, dass eine Repräsentation eine mathematische Struktur mehr oder weniger gut darstellen kann (für Beispiele vgl. z.B. Hiebert & Carpenter, 1992). Es braucht ein tiefes Verständnis der mathematischen Struktur, um diese Qualitätsunterschiede erkennen zu können.

Wie erhalten die an sich sinnleeren Darstellungen für die Schülerinnen und Schüler eine fachlich passende Bedeutung? Es gibt verschiedene theoretische Ansätze. Hier wird auf die Theorie des „Symbolisierens" kurz eingegangen.

„Symbolizing" – fachliche Repräsentationen erhalten ihre Bedeutung durch die Art, wie sie gebraucht werden

Der Prozess der Bedeutungsgewinnung von fachlichen Repräsentationen wird beispielsweise in Cobb, Yackel und McClain (2000) und in Gravemeijer, Lehrer, van Oers und Verschaffel (2002) beschrieben. In beiden Werken wird von Symbolisieren und weniger von Repräsentieren gesprochen. Der Ausgangspunkt ist ein sozialkonstruktivistisches Lehr-Lernverständnis, in dem Lernen und Verstehen eine Frage der Enkulturation, der Teilnahme an einer sozialen Praxis sind. Symbole sind in Anlehnung an Vygotsky kulturelle Tools, deren Bedeutung erst im Symbolgebrauch entsteht: „cultural tools acquire their meaning in social practices" (Gravemeijer, 2002, S. 8). Zur sozialen Praxis gehört neben Gesprächen auch das Lösen von Aufgaben. Führt das Anwenden von kulturellen Werkzeugen zu richtigen Lösungen, so schliessen die Lernenden, dass sie die Bedeutung der Werkzeuge richtig verstanden haben.[39] Der Umgang mit Symbolen wird als integraler Aspekt von mathematischem Arbeiten angeschaut und nicht als Hilfe dazu. Eine Trennung in internale und externale Repräsentationen, wie sie Hiebert und Carpenter (1992) vornehmen, ist aus dieser Sicht sinnlos, denn auch externe Repräsentationen werden vom Lernenden in einer subjektiven Art und Weise gedeutet und verstanden. Dadurch wird der Prozess der Bedeutungsherstellung von Symbolen betont und weniger das Produkt der verstandenen Repräsentation. Dies zeigt sich im Begriff des „symbolizing", der aber sehr weit gefasst ist und alle Repräsentationsformen nach Bruner umfasst, nicht nur die symbolische Ebene. Das Symbolisieren wird in der Praxis des sozialen Gebrauchs gelernt und es wird dabei gleichzeitig erfahren, welche wichtige Rolle Symbole beim mathematischen Denken ganz allgemein einnehmen. Die Vorgänge des Symbolisierens und des Bedeutungsherstellens geschehen gleichzeitig und sich gegenseitig beeinflussend: „The ways that symbols are used and the meanings they come to have are mutually constitutive and emerge together" (Cobb, 2000, S. 18). Wenn Schülerinnen und Schüler Symbole gebrauchen, so tragen diese für sie eine bestimmte Bedeutung. Durch das Entwickeln der Bedeutung von Symbolen ändert sich wiederum die Art, wie die Symbole gebraucht werden. Die Notwendigkeit zu repräsentieren – sei es während der Kommunikation oder beim Aufgabenlösen – stimuliert dabei das Lernen von Symbolen. Deshalb soll man nach Gravemejer (2002) bei den informalen, selbstkonstruierten Arten von

---

39 Wie heikel dies ist, zeigt sich an einer stark eingeschränkten Aufgabenauswahl oder Gesprächsführung: Wenn zum Beispiel die Aufgaben beim Satz des Pythagoras so gewählt sind, dass die Seite C immer „unten" im Dreieck ist, dann müssen gewisse Überlegungen in Bezug auf die zwei Typen von Seiten gar nie gemacht werden. Ein „Scheinverständnis" wird beim Lösen dieser Aufgaben zu keinen Schwierigkeiten führen.

Symbolisierungen der Schülerinnen und Schüler ansetzen und durch Diskutieren und Aushandeln erst nach und nach zu konventionellen Darstellungsarten finden. Den Ausgangspunkt soll also nicht das Expertenwissen, sondern sollen die Lösungsmethoden der Schülerinnen und Schüler bilden, und diese gilt es dann zu entwickeln. Erst auf diese Weise können die Schülerinnen und Schüler den Nutzen von Symbolen erkennen. Ruf und Gallin (1998) argumentieren in ihrer Konzeption des dialogischen Lernens ganz ähnlich.

Hiebert und Carpenter (1992) gehen von einem anderen Lernverständnis aus und trennen zwischen externalen und internalen Repräsentationen. Trotzdem lassen sich einige ihrer Vorstellungen auch auf die oben erwähnte Sicht des Symbolisierens übertagen: Die beiden Autoren weisen darauf hin, dass Schülerinnen und Schüler möglicherweise andere Verknüpfungen in einer Darstellung erkennen, als von der Lehrperson beabsichtigt ist. Denn es gibt potenziell viele mögliche Verknüpfungen zu entdecken, aber nur gewisse davon sind mathematisch relevant. Deshalb muss die Aufmerksamkeit der Lernenden auf die wesentlichen Aspekte gerichtet werden, Verknüpfungen müssen explizit gemacht werden (vgl. auch Hiebert & Grouws, 2007 in Kapitel 2.3.7). Hiebert und Carpenter (1992, S. 86) nehmen genau wie Aebli an, dass „connections that should be made explicit are the critical connections that are made by individuals proficient in the subject." Die Lehrperson und die soziale Interaktion im Klassenunterricht spielen eine wichtige Rolle beim Herausarbeiten der zentralen Merkmale. Hiebert und Carpenter weisen darauf hin, dass die Gefahr besteht, dass die Schülerinnen und Schüler die im Unterricht explizit vorkommenden Verknüpfungen als isolierte Wissenselemente lernen, statt die entsprechenden Verknüpfungen herzustellen. Umgekehrt sind explizite Verknüpfungen nötig, damit Schülerinnen und Schüler nicht unpassende Verknüpfungen vornehmen oder auf oberflächliche Merkmale achten.

Zusammenfassung: Nach Bruner (1974) gibt es drei Medien der Repräsentation. Wir können uns Sachverhalte formal, bildlich oder handelnd vergegenwärtigen. Gute, passende Repräsentationen sind zentral für das Problemlösen. Fachliche Repräsentationen sind kulturell und historisch gewachsene Konventionen, die in sich schlüssig und auf sich aufbauend sind. Sie sind wichtige Denk- und Kommunikationshilfsmittel, enthalten aber auch viele Willkürlichkeiten. Fachliche Repräsentationen und deren Bedeutung und Gebrauch müssen also gelernt werden. Dies ist schwierig: „The fact that representations are such effective tools may obscure how difficult it was to develop them and, more important, how much work it takes to understand them" (NCTM, 2000, S. 67).

Experten können in den fachlichen Repräsentationen denken und mit ihrer Hilfe kommunizieren, weil für sie diese Repräsentationen Vergegenwärtigungen von aufgebauten kognitiven Strukturen darstellen. Novizen hingegen können in fachlichen Repräsentationen keine Bedeutung erkennen, wenn diese für sie kein Bedeutungsnetz vergegenwärtigen, sondern das Bild, die Formel oder der Satz als Ganzes auswendig gelernt wurde. Ein Konzept ist meist nur über das Zusammenspiel mehrerer seiner Repräsentationen als Ganzes zu vergegenwärtigen. Deshalb ist es für das Verstehen eines Konzepts so wichtig, dass Schülerinnen und Schüler verschiedene Repräsentationen dieses Konzepts kennen und die Zusammenhänge zwischen ihnen verstehen (Hiebert & Carpenter, 1992). Welche Repräsentationen geeignet sind und wie viele sinnvoll sind, lässt sich nur bezüglich eines konkreten Konzepts und einer gegebenen Schulklasse entscheiden.

Die Repräsentationen müssen miteinander kohärent verknüpft werden. Erst dann sind sie flexibel beim Lösen von Aufgaben einsetzbar. Verknüpfungen zwischen Repräsentationen, wie sie Hiebert und Carpenter (1992) für wichtig erachten, finden aus kognitionspsychologischer Sicht effektiv auf der Ebene der kognitiven Strukturen statt, welche durch die Repräsentationen vergegenwärtigt werden.

Repräsentationen sind zentral für Verstehensprozesse im Unterricht, denn sie bilden externe Referenzpunkte für die Gespräche im Unterricht. Deren Bedeutung muss aber erst erarbeitet und ausgehandelt werden. Es ist entscheidend, dass fachliche Repräsentationen überhaupt im Unterricht vorkommen. Da sie kulturelle Produkte sind, werden sie sonst nicht gelernt. Für das Anleiten und Begleiten von Verstehensprozessen ist es erschwerend, dass die kognitiven Strukturen der Schülerinnen und Schüler für die Lehrpersonen nicht sichtbar sind. Aber es gibt äussere Anzeichen dafür: Die Schülervorstellungen können als Indikatoren für das Schülerverständnis betrachtet werden.

Die Bedeutung und der Gebrauch einer Repräsentation entwickeln sich gleichzeitig und unterstützen sich. Die Bedeutung liegt wesentlich im Gebrauch. Es ist deshalb wichtig, dass diese fachlichen Repräsentationen im Unterricht auch tatsächlich gebraucht werden, weil die inhaltliche Bedeutung erst dadurch wirklich deutlich wird. Das heisst ganz konkret, dass es für ein tiefes Verstehen nicht genügt, wenn zu Beginn der Lektion alle drei Repräsentationen des Satzes des Pythagoras eingeführt werden, dann aber nur noch mit einer einzigen weitergearbeitet wird und die anderen nicht mehr vorkommen. Die zentralen Verknüpfungen zwischen den Repräsentationen müssen im Unterricht deutlich werden (vgl. auch die empirische Sicht von Hiebert & Grouws, 2007 in Kapitel 2.3.7). Aus einer kognitionspsychologischen Sicht des Strukturaufbaus bleibt allerdings relativ vage, wie sich dieses „Entstehen der Bedeutung im Gebrauch" in Bezug auf den Aufbau von kognitiven Strukturen deuten lässt. Aeblis Baum-Darstellungen von Begriffsaufbauprozessen sind fast ausschliesslich sprachlicher Art, obwohl er mehrfach betont, dass Begriffsaufbau in allen Medien der Repräsentation möglich ist (Aebli, 1994). In Kapitel 4.1 wird aufbauend auf Aeblis Vorstellungen des Begriffsaufbaus ein Verstehensmodell für den Satz des Pythagoras entwickelt, in dem auch nichtsprachliche Repräsentationen eine wichtige Rolle einnehmen.

Bei den Einstiegsbeispielen in Kapitel 1.2 fällt auf, dass eine schrittweise Annäherung an die fachlichen Repräsentationen stattfindet. Die Reihenfolge der fachlichen Repräsentationen ist in den beiden Beispielen unterschiedlich und gewisse Repräsentationen sind unterschiedlich dominant. Deshalb sind verschiedene Übergänge von der einen Repräsentation zur anderen beobachtbar.

Der Sinnfluss der Schülerinnen und Schüler im Unterricht hat, wie dieses Kapitel gezeigt hat, zentral mit fachlichen Repräsentationen und Grundvorstellungen zu tun. Im Unterricht entstehen massive Brüche im Sinnfluss (vgl. Kapitel 2.3.3), wenn die Beteiligten auf unterschiedlichen fachlichen Repräsentations- und Grundvorstellungsebenen agieren oder die verwendeten Veranschaulichungen diesbezüglich anders deuten. Wer sich dieser Feinheiten der fachlichen Repräsentationen und Grundvorstellungen nicht bewusst ist, kann sich leicht vom vermeintlich gleichen Inhalt täuschen lassen.

Schülerinnen und Schüler können individuelle mentale Modelle zu einem Konzept entwickeln, die sich weit vom eigentlichen fachlichen Konzept entfernt haben. Im besten Falle treten deswegen im Unterricht bald kognitive oder sozio-kognitive Konflikte auf. Im schlechtesten Fall kommen diese Misskonzepte gar nicht zum Tragen, weil damit die immer gleich formulierten Aufgaben problemlos blind gelöst werden können oder weil sich im Schüler, in der Schülerin mehrere konkurrenzierende Vorstellungen parallel etabliert haben, die nun, ohne dass es dem Lernenden auffallen oder ihn gar stören würde, unverbunden koexistieren.

Die Forschung zum Aufbau mentaler Modelle, insbesondere von Grundvorstellungen und fachlichen Repräsentationen, hat sich bisher eher auf Fallanalysen konzentriert. In Studien mit grösseren Stichproben wurden in Aufgabenanalysen die Häufigkeit und zum Teil die Komplexität aller vorkommenden Repräsentationen und Grundvorstellungen erhoben (z.B. Blum et al., 2004; Jordan et al., 2006; Knoll, 2003; Neubrand, 2002; Pekrun et al., 2005). Das Vorkommen und die Qualität von bestimmten fachlichen Repräsentationen und Grundvorstellungen in Bezug auf *ein* konkretes, im Unterricht zu lernendes Konzept standen bisher meines Wissens bei Unterrichtsforschung mit Videos kaum im Zentrum des Forschungsinteresses. Das liegt auch daran, dass solche Fragen ein spezielles Forschungsdesign voraussetzen: Der Unterrichtsinhalt muss standardisiert sein und die Leistungstests müssen auf diesen Inhalt abgestimmt sein. Erst dann sind fachlich präzisere Analysen von den im Unterricht vorkommenden Repräsentationen und von ihren Verläufen und Qualitäten möglich.

Für die Analyse der Qualitäten der Anleitung von Verstehensprozessen im Unterricht sind also Repräsentationen zentral. Ein weiterer wichtiger Punkt ist der Problemlösecharakter des Verstehens, worauf im nächsten Kapitel eingegangen wird.

2.3.5 Verstehen als Problemlösen

Verstehen als Aufbau von kognitiven Strukturen hat zentral mit Problemlösen zu tun. Woran liegt das? Wie ist das zu verstehen? Was folgt für den verstehensorientierten Unterricht und für Unterrichtsqualität in Bezug auf die Anleitung von Verstehensprozessen? In diesem Kapitel geht es um den Beitrag des Problemlösens beim Verstehen eines mathematischen Konzepts. Der Problemlösecharakter des Verstehens steht also im Zentrum des Interesses. Aufgrund des Forschungsinteresses und wegen der verwendeten Verstehensdefinition wird hier also ein spezieller Fokus auf Problemlösen im Mathematikunterricht eingenommen.

Der Aufbau dieses Kapitels sieht wie folgt aus: Zuerst wird an einem Beispiel zum Satz des Pythagoras die Beziehung von Verstehen und Problemlösen illustriert (Kapitel 2.3.5.1). Anschliessend wird der kognitionspsychologische Problembegriff vorgestellt (Kapitel 2.3.5.2). Mit dessen Hilfe kann nun der Zusammenhang zwischen Problemlösen und Verstehen näher betrachtet werden (Kapitel 2.3.5.3) und daraus werden Folgerungen für das Anleiten von Verstehensprozessen im Mathematikunterricht gezogen (Kapitel 2.3.5.4). Es wird begründet, warum in dieser Arbeit Unterrichtsqualität nicht via Qualitäten von Aufgabenstellungen definiert wird, sondern via zentrale zum Konzept gehörende Verknüpfungen. Es stellt sich die Frage, was das für spezielle Verknüpfungen sein könnten und welche Merkmale diese problemlösenden Verstehensprozesse tragen. Eine mögliche Antwort darauf liefert eine nähere Betrachtung von Wertheimers Parallelogramm-Beispiel und seiner gestaltpsychologischen Analyse (Kapitel 2.3.5.5). In diesem Kapitel wird vor allem theoretisch argumentiert. In Kapitel 2.3.7 wird mit Bezug auf TIMSS und auf das Konzept der kognitiven Aktivierung kurz aus empirischer Sicht auf die Problematik von Aufgaben und Problemlösen im Mathematikunterricht eingegangen.

Für einen allgemeineren und umfassenderen Überblick über problemlösenden Unterricht und seine Wirkungen aus empirischer Sicht vgl. auch Hugener (2008). Dort wird für die Stichprobe dieser Arbeit mit Hilfe von Mehrebenenanalysen unter anderem gezeigt, dass sich problemlösende und theoriegeleitete Einführungen hinsichtlich ihrer Auswirkungen auf die Leistungsentwicklung der Schülerinnen und Schüler nicht signifikant unterscheiden.

2.3.5.1   Verstehen als Problemlösen – ein Bespiel zum Satz des Pythagoras

Nach einer Einführung in den Satz des Pythagoras, deren nähere Gestaltung hier nebensächlich ist, erhalten die Schülerinnen und Schüler die folgende Aufgabe, in der erstmals die Seitenbeschriftung geändert worden ist (vgl. Abbildung 9), das heisst, die Hypotenuse ist neu nicht mehr die Seite c.

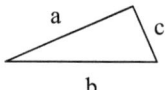

Abbildung 9:   Speziell beschriftetes Dreieck

Inwiefern führt das Lösen und Verstehen dieser Aufgabe zu Problemlösen? Es werden vier Schüler vorgestellt:

Schüler A: Ein Schüler, der den Satz des Pythagoras tief verstanden hat, wird ihn für das oben abgebildete Dreieck richtig formulieren können, auch wenn er dieser speziellen Situation bisher noch nicht begegnet ist. Allenfalls führt diese ungewohnte Darstellung zu einem Schmunzeln, weil dem Schüler das Erkennen der bekannten Struktur in einem neuen „Kleid" intellektuelles Vergnügen bereitet. Dieser Verstehensprozess lässt sich eher als Wiedererkennungsprozess denn als Problemlöseprozess beschreiben. Das Verstehen erfolgt unmittelbar, die bisherigen Wissensstrukturen mussten nicht umstrukturiert oder erweitert werden.

Schüler B: Ein Schüler, der den Satz nicht wirklich verstanden hat, wird allenfalls die ungewohnte Seitenbeschriftung gar nicht bemerken und einfach die gewohnte Formel mit der Seite c als Hypotenuse aufschreiben. Er merkt gar nicht, dass er die Aufgabe (und den Satz des Pythagoras) nicht verstanden hat. Auch dieser Aufgabenlöser löst kein Problem, weil er aufgrund seines Vorwissens nicht fähig ist, die Schwierigkeit überhaupt zu erkennen.

Schüler C: Ein Schüler, der den Satz oberflächlich verstanden hat, aber genau beobachtet und die neue Situation verstehen will, steht wirklich vor einem Problem: Bisher war die Seite c immer „unten", jetzt ist sie auf der „rechten Seite" des Dreiecks. Hat das einen Einfluss auf die Formel? Eine Lösung dieses Problems führt dazu, dass das bestehende Wissen umstrukturiert wird. In Schülersprache könnte das neue Wissen so formuliert werden: Es ist nicht diejenige Seite, die „unten" ist, welche in der Formel „allein auf einer Seite" steht, sondern die Seite „vis-à-vis" des rechten Winkels. Der Satz wird nun tiefer verstanden als zuvor.

Schüler D: Es ist auch denkbar, dass ein Schüler die Lösung vom Pultnachbar übernimmt, ohne sie zu verstehen. Der Schüler begnügt sich damit, die Problem*lösung* zu kennen, ohne diese zu verstehen. Vielleicht denkt er, dass Mathematik für ihn sowieso nicht verstehbar ist.

Diese Beispiele illustrieren, dass Verstehensprozesse und Problemlöseprozesse eng zusammenhängen. Man beachte, dass die Aufgabenstellung keine typische Problemlöseaufgabe darstellt. Dieselbe Aufgabe kann für einen Schüler unmittelbar verständlich sein, während sie für andere Schülerinnen und Schüler zu einer Problemlöseaufgabe wird, deren Lösung zu einem tieferen Verstehen führt. Dieselbe Aufgabe kann bei weiteren Schülern weder zu Problemlöseaktivitäten noch zu Verstehen führen, weil die „Illusion des Verstehens" (Merenluoto & Lehtinen, 2004) zur Folge hat, dass die problematische Situation gar nicht wahrgenommen werden kann. Weiter könnten auch emotionale und soziale Prozesse beteiligt sein, die sowohl hemmend als auch fördernd wirken können (vgl. auch Kapitel 2.3.6).

2.3.5.2 Begriff des Problems aus kognitionspsychologischer Sicht

Problemlösen ist ein zentrales Thema der Kognitionspsychologie (vgl. z.B. Aebli, 1993, 1994; Reusser, 1984/1994): „Problemlösen ist eine Lebensform und dient der Lebensbewältigung" (Reusser, 2005a, S. 163). Es wird angenommen, dass Problemlösen zu Verstehen führt (Aebli, 1994; Dewey, 1910/2002; Fennema et al., 1999; Reusser, 1984/1994; Wertheimer, 1945/1964) und dass es den Transfer von Wissen erleichtert (Reusser, 2005a).

Zuerst muss nun geklärt werden, was ein Problem ist: Ein Problem ist nach Reusser (1994b, S. 170) „eine wahrgenommene Handlungs- oder Wissensstruktur, die bezüglich einer aktuell angestellten schematisch bis präzise vorweggenommenen Zielvorstellung als unbefriedigend, fragmentarisch (lückenhaft, widersprüchlich, kompliziert) erscheint, und deren unmittelbare Veränderung in Richtung der Zielvorstellung durch Handeln oder die Ausführung selbstverständlicher gedanklicher Operationen nicht unmittelbar gelingt." Ähnlich lautet auch die folgende Definition von Duncker: „Ein Problem entsteht zum Beispiel dann, wenn ein Lebewesen ein Ziel hat und nicht weiss, wie es dieses Ziel erreichen soll. Wo immer der gegebene Zustand sich nicht durch blosses Handeln (Ausführen selbstverständlicher Operationen) in den erstrebten Zustand überführen lässt, wird das Denken auf den Plan gerufen. Ihm liegt es ob, ein vermittelndes Handeln allererst zu konzipieren" (Duncker, 1935, S. 1).

Bei beiden Problemdefinitionen sind ein Anfangszustand gegeben, der nicht befriedigt oder unerwünscht ist, ein Zielzustand, der erreicht werden möchte, und ein Übergang vom Anfangs- zum Zielzustand, der nicht unmittelbar gelingt. Entscheidend ist also die wahrgenommene Lücke oder die unbefriedigende Struktur zwischen dem Anfangszustand und dem erwünschten Zielzustand. Problemlösen heisst Überwinden dieser Lücke oder Barriere. Das Ungenügen des Anfangszustandes bezieht sich also auf die Absicht des Problemlösers. Nicht jede erlebte Schwierigkeit stellt gemäss Aebli (1994) ein Problem dar, denn dazu muss sich der Handelnde bewusst sein, worin die Schwierigkeit besteht. „Ein Problem ist die bewusst gewordene, die in ihrer Struktur bereits ein Stück weit verstandene – eben objektivierte oder kristallisierte – Frage" (Reusser, 1984/1994, S. 152). Problemlösen beginnt deshalb, wie weiter unten ausführlicher beschrieben wird, mit dem Fühlen einer Beunruhigung (Dewey, 1910/2002). Ob dies geschieht oder nicht, hängt zentral vom Vorwissen und vom Ziel des Lernenden ab. Er nimmt eine Situation nur dann als unbefriedigend wahr, wenn sein Wissen nicht reicht, um ein angestrebtes Ziel direkt anzugehen. Dann werden Problemlösestrategien und Heuristiken (Polya, 1949; Schoenfeld, 1985, 1992) eingesetzt, falls sie vorhanden sind. Probleme existieren deshalb immer nur in Bezug auf einen bestimmten Problemlöser mit bestimmten Fähigkeiten und Zielen. Salopp gesagt muss man überhaupt erst merken, dass etwas unklar ist, bevor man ein Problem hat. Für das Verstehen wird diese Problematik schön mit dem Begriff der „Illusion des Verstehens" (Merenluoto & Lehtinen, 2004) ausgedrückt. Deshalb wird sowohl in der Lernpsychologie als auch in der Fachdidaktik immer wieder betont, dass die im Unterricht gestellten herausfordernden Aufgaben auch tatsächlich *für die Lernenden selbst* zu einem herausfordernden Problem werden müssen.

An dieser Stelle muss darauf hingewiesen werden, dass der Begriff „Problem" in der Mathematikdidaktik meist auf eine Aufgabenstellung bezogen ist und dass er uneinheitlich verwendet wird: Im amerikanischen Sprachraum werden mit „problem" meist alle beliebigen Aufgaben bezeichnet, während im deutschsprachigen Raum mit „Problemen" eher spezielle, anspruchsvolle Aufgaben gemeint sind.

2.3.5.3 Verstehen als Problemlösen

Verstehen als Problemlösen wird zuerst mit Bezug auf Reusser und Reusser-Weyeneth (1994b) allgemein beschrieben. Anschliessend folgt eine Formulierung mit Hilfe des Begriffs „Sinnfluss". Da Verstehen in dieser Arbeit als Strukturaufbau definiert wird, wird auch kurz auf den Zusammenhang zwischen Problemlösen und Begriffsbildung eingegangen. Die Rolle von Repräsentationen beim problemlösenden Verstehen wurde in Kapitel 2.3.4 diskutiert und auf nicht kognitive Aspekte und Problemlösen wird in Kapitel 2.3.6 eingegangen.

Verstehen als Problemlösen – Übersicht

Zu den acht Strukturformen des Verstehens von Reusser und Reusser-Weyeneth (1994b) gehört auch das Verstehen als Problemlösen. Viele Verstehensprozesse verlaufen gemäss den Autoren problemlos: In Gesprächen, beim Lesen eines Textes, beim Beobachten von Handlungen wird sozusagen unmittelbar verstanden. Dort, wo sich ein Verstehender gut auskennt, kann er den Verstehensgegenstand direkt in die bereits vorhandenen subjektiven Wissensstrukturen assimilieren. Die Verstehensprozesse verlaufen derart schnell, dass sie als Wahrnehmen und Wiedererkennen erlebt werden. Wenn eine solche Assimilation aber nicht unmittelbar gelingt, dann wird aus dem Verstehen ein Problemlösen: „Die meisten anspruchsvollen Verstehensprozesse besitzen mindestens streckenweise Problemlösecharakter" (Reusser & Reusser-Weyeneth, 1994b, S. 20). Es sind Prozesse der Umstrukturierung notwendig, die unter Umständen dazu führen, dass die Verstehensziele selbst präzisiert oder verändert werden müssen. Den Übergang von der Problemstellung zur Problemlösung kann man sich als ein mehrfaches Umformulieren der Problemstellung vorstellen (Reusser, 1984/1994). Problemlösen wird als „progressives Verstehen eines Problems" bezeichnet, denn „Problemlösen heisst ‚Verständnisarbeit leisten'" (ebd., S. 252). Es gibt verschiedene Theorien, wie solche Prozesse ablaufen. Gemäss Deweys Analyse eines vollständigen Denkakts (1910/2002) sieht der Vorgang wie folgt aus: Der Ausgangspunkt ist eine Beunruhigung. Es folgen mehrere Schleifen des Aufstellens, Testens und Verwerfens von Hypothesen, bis schliesslich eine Problemlösung angenommen werden kann. Die Phasen verlaufen also nicht linear. Eine ausführlichere Beschreibung dieser fünf Phasen eines vollständigen Denkakts mit Ergänzungen von Reusser (2005a) ist in Abbildung 10 dargestellt.

Das Befolgen dieser Analyseprozesse zwingt den Schüler, aktiv gegen seine Trägheit anzukämpfen (Reusser, 2005a). Dies fördert tiefes Verstehen. Problemlösen wird nach Dewey (1910/2002) nur durch selbständiges Tun und Reflexion gelernt, wobei die Begleitung durch einen Experten notwendig ist.

1 Bemerkung einer Schwierigkeit: Beunruhigung, Ungewissheit, Zweifel, Staunen, Irritation („a felt difficulty")	- Spüren eines Problems: kognitive Lücke, Konflikt, Widerspruch, Ungleichgewicht, Diskrepanz zwischen Zielen und Mitteln - Problemkonfrontation: erste, in der Regel noch unscharfe Wahrnehmung des Problems
2 Abgrenzung der Schwierigkeit („its location and definition")	- Problemdefinition, sprachlich-begriffliche Analyse von Gegebenheiten und Zielen - Identifikation, Abgrenzung und Präzisierung von Teilproblemen und Erfordernissen
3 Entstehung einer möglichen Erklärung/Lösung („suggestion of possible solutions")	- Lösungsansätze suchen, Aktualisierung und Erarbeitung von Wissen - Hypothesen generieren, Einsicht, Aha! - Lösungs- und Arbeitsplan erstellen
4 Durcharbeiten der Lösung, logische Entwicklung der Konsequenzen („development by reasoning of the bearings of the suggestion")	- Hypothesen, Vermutungen sorgfältig überprüfen, kritisch durchdenken - Synthese der Lösungsschritte, Konkretisierung, Umsetzung der Lösung
5 Prüfung, Bewährung, Bestätigung, Annahme der Lösung („further observation and experiment leading to its acceptance or rejection")	- Verifikation, Evaluation, Erprobung und Reflexion - Entscheidung (Akzeptieren, Ablehnen), Kommunikation der Lösung

Abbildung 10:   Deweys Analyse eines vollständigen, reflektierenden Denkakts (Dewey, 1910/2002), präzisiert von Reusser (2005a, S. 164) in der rechten Spalte

Diese Phasen eines vollständigen Denkakts gelten nicht nur für grosse, komplexe Probleme, sondern genauso für kleine Verknüpfungsprobleme innerhalb von Verstehensprozessen. Für das eingangs gestellte Problem der neuen Beschriftung könnten die fünf Denkschritte eines Schülers, der die Bedeutung der beiden Typen von Seiten noch nicht erkannt hat, wie folgt lauten. (Die Nummerierung gibt die jeweilige Phase nach Dewey an.)

1   Das Dreieck sieht anders aus als sonst.

2   Die Seite c ist nicht mehr unten am Dreieck. Hat das Folgen für die Formel? Die Formel hat bisher immer genau gleich ausgesehen.

3   Es könnte sein, dass immer die Seite, die unten steht, allein auf der rechten Seite der Formel steht, hier wäre es also b.

4   Und wenn ich das Dreieck drehe? Dann ist nicht mehr dieselbe Seite unten. Die Seitenlängen ändern sich aber nicht, deshalb muss die Formel gleich bleiben. Es kann also nicht die Seite „unten" sein.

3 (neue Erklärung) Was ist an der Seite unten zusätzlich anders als den anderen beiden Seiten? Sie ist länger.

4 Das ergibt Sinn: Immer die längste Seite steht allein in der Formel. Sonst könnte die Addition nicht stimmen. Also lautet die Formel: $a^2 + c^2 = b^2$.

5 Das messe und rechne ich nun an einem Beispiel nach.

In diesem Problemlöseprozess wurde von einem gedankenlosen Verwenden der gegebenen Formel übergegangen zum Erkennen einer Beziehung zwischen der Beschriftung des Dreiecks und der Formel. Die erste Hypothese (Position der Seite) wurde verworfen, die zweite (Länge der Seite) wurde für richtig befunden. Da die längste Seite im Dreieck gemäss Dreiecksungleichung immer gegenüber dem rechten Winkel liegen muss, fährt man mit diesem Vorgehen richtig, solange die Seitenlängen von Auge gut unterscheidbar sind.

Der Wunsch, der Beunruhigung ein Ende zu setzen, leitet gemäss Dewey den Reflexionsprozess. Dabei müssen Zweifel, Unsicherheiten ertragen werden. Gemäss Dewey ist die „geistige Neugierde" (1910/2002, S. 28) die treibende Kraft beim Denken. „Das Problem setzt den Gedanken ein Ziel, und das Ziel regelt den Denkprozess" (Dewey, 1910/2002, S. 15).

Problemlösen und Verstehen sind aber nicht gleichbedeutend: Denn es gibt Verstehensprozesse, die keine Problemlösetätigkeiten erfordern, weil der zu verstehende Sachverhalt für den Lernenden unmittelbar einsichtig ist (vgl. Schüler A im Eingangsbeispiel). Umgekehrt ist es aber auch möglich, Problemlösungen zu finden, ohne diese wirklich zu verstehen (vgl. Reusser, 1984/1994).

Sinnfluss und Problemlösen

Wie lässt sich der Zusammenhang zwischen Problemlösen und Verstehen im Unterricht mit Hilfe des Begriffs „Sinnfluss" darstellen?

Die Verstehenstätigkeit eines Schülers im Unterricht kann lange Zeit völlig problemlos erfolgen, der Sinnfluss ist gewährleistet: Neue Informationen können in kohärenter Weise an alte assimiliert werden, die Verknüpfungen werden in selbstverständlicher Art vorgenommen. Wenn ein Schüler aber etwas verstehen möchte und ihm dies nicht auf Anhieb gelingt – wenn also sein Sinnfluss ins Stocken kommt oder ganz abbricht – so hat er im Sinne von Duncker, Reusser und Aebli ein Problem[40]. In anspruchsvollen Lernsettings treten in diesem Sinne bei vielen Schülerinnen und Schülern ständig kleinere oder grössere Problemlöseprozesse auf, in denen die Schülerinnen und Schüler von Neuem Sinnfluss herstellen müssen. Manche dieser Brüche im Sinnfluss der Schülerinnen und Schüler sind gezielt von der Lehrperson inszeniert worden (z.B. via eine Problemlöseaufgabe oder eine Frage). Brüche im individuellen Sinnfluss entstehen im Unterricht aber auch dann, wenn die Inhalte nicht den Fähig-

---

40 Dieses Problem kann auch nicht kognitiv bewältigt werden, wie in Kapitel 2.3.3 beschrieben worden ist.

keiten der Lernenden angepasst sind oder wenn die Reihenfolge der Aufgaben nicht „geschickt" gewählt ist. Oder die Schülerinnen und Schüler verlieren den roten Faden, weil sie aufgrund mangelhaften Vorwissens abgehängt wurden oder weil sie nicht aufgepasst haben usw. Anspruchsvolle Verstehensprozesse lassen sich als das Herstellen und Wiederherstellen von Sinnfluss mittels Problemlöseprozessen beschreiben. Die Problemlösetätigkeit kann sich dabei insbesondere auf Verknüpfungen, Umstrukturierungen, Widerspruchsbeseitigen und Kohärenzbildung beziehen. Beim Lösen von Aufgaben und in der sozialen Interaktion zeigt sich, ob die problemlösende Verstehenstätigkeit des Lernenden zu einer Lösung geführt hat, die sozial akzeptiert ist.

Sinnfluss kann sehr unterschiedlich angeregt werden: Es sind unterschiedlichste Aufgaben denkbar, welche Schülerinnen und Schüler bei ihren spezifischen Verstehensproblemen unterstützen können. Aber auch Erklärungen von der Lehrperson, von anderen Schülerinnen und Schülern oder aus Lehrmitteln können weiterhelfen.

Verstehen als Strukturaufbau/Begriffsbildung und Problemlösen

Verstehen eines Konzepts wird in dieser Arbeit durch einen fachlich passenden Struktur- oder Begriffsaufbau beschrieben (vgl. Kapitel 2.3.1 und 2.3.2). Sinnfluss heisst Konstruktion von Elementen und Relationen, so dass für den Schüler, die Schülerin subjektiv Sinn und Bedeutung entstehen. Deshalb ist es interessant, kurz auf einer abstrakteren Ebene auf den Zusammenhang zwischen Begriffsbildung und Problemlösen einzugehen: Zwischen Problemlösen und Begriffsbildung besteht nach Aebli (1994) ein enger Zusammenhang, weil beide Konstruktionsprozesse implizieren. Wer das Parallelogrammproblem von Wertheimer verstanden hat (vgl. weiter unten), der hat gemäss Aebli (1994) gleichzeitig den Begriff der Fläche eines schiefwinkligen Parallelogramms erworben. Denn Begriffe stellen, wie in Kapitel 2.3.2 beschrieben, hierarchische Strukturen dar, deren „oberste Beziehung" im Namen verdichtet ist (Aebli, 1994). Hierarchische Strukturen, und damit Möglichkeiten für Begriffsaufbau, entstehen aber auch bei Gestaltungsproblemen sowie bei Beweis- und Bestimmungsproblemen. Allerdings führt das Lösen eines solchen Problems nicht immer zum Erwerb eines neuen Begriffs und damit zum Verstehen des Problems. Oft genügt dem Problemlöser die spezifische Lösung, das Allgemeine daran will oder kann er nicht erkennen. Es gibt auch Problemstellungen, welche nichts mit Begriffsaufbau zu tun haben (vgl. Aebli, 1994). Duncker betont, dass erst das Erkennen des Funktionalwerts einer Problemlösung zum Verstehen der Lösung führt (Duncker, 1935, S. 25). Weiter beschreibt er, dass das Verstehen des Funktionalwerts einer Lösung die wichtigste Voraussetzung für einen erfolgreichen Transfer[41] darstellt. Problemlösen wird aus dieser Sicht als etwas Prozesshaftes betrachtet und nicht als das Finden einer Problemlösung. Diese Problemlöseprozesse haben Folgen für die kognitiven Strukturen: Sie werden aufgebaut, erweitert, differenziert, umstrukturiert, verändert.

---

41 Duncker spricht nicht von Transfer sondern von „Transponierbarkeit".

Exkurs: Konzeptwechsel

Konzeptwechsel (z.B. Vosniadou, 2008; Vosniadou & Verschaffel, 2004) kann als ein Spezialfall des Problemlösens aufgefasst werden: Beim Lernen und Verstehen eines Konzepts behindern oder verhindern bereits vorhandene Vorerfahrungen der Lernenden den Erwerb von fachlich passenderen Sichten eines Konzepts. Von aussen sichtbare Brüche im Sinnfluss haben oft mit nicht gelungenem Konzeptwechsel zu tun.

Die Theorie des Konzeptwechsels beschäftigt sich auch damit, wann es aus der Sicht des Individuums rentiert, Konzepte zu wechseln (Posner, Strike, Hewson & Gertzog, 1982), welche kognitiven und motivationalen Bedingungen dazu nötig sind (Merenluoto & Lehtinen, 2004) und welche Rolle die Lehrperson und Materialien einnehmen (Vosniadou, Skopeliti & Ikospentaki, 2005). Denn kognitive Konflikte führen nicht automatisch auch zu gelingendem Konzeptwechsel: Auch wenn der Schüler, die Schülerin ein Problem erkennt und dieses zu lösen versucht, heisst das noch nicht, dass dabei die vorhandenen Konzeptstrukturen in einer fachlich passenderen Art erweitert oder umstrukturiert würden.

Prediger (2008) fordert, dass in den Theorien des Konzeptwechsels noch mehr fachliche Aspekte berücksichtigen werden sollten, insbesondere stoffliche Diskontinuitäten (z.b. epistemologische Hürden) und die damit verbundenen Grundvorstellungen (vgl. Kapitel 2.3.4.2). Da das unterrichtete Thema in dieser Arbeit, der Satz des Pythagoras, praktisch ausschliesslich in der Schule gelernt wird, spielen hier Aspekte des Konzeptwechsels eine weniger zentrale Rolle, als es bei anderen mathematischen Konzepten der Fall wäre (zum Beispiel bei den Brüchen oder der Wahrscheinlichkeit). Deshalb wird hier nicht näher darauf eingegangen.

2.3.5.4 Folgerungen für die Anleitung von Verstehensprozessen zu einem konkreten Konzept im Mathematikunterricht

Es wird nun auf die Ebene des Unterrichts gewechselt. Welche Folgerungen entstehen für die Anleitung von Verstehensprozessen im Mathematikunterricht? Es wird im Folgenden begründet, warum die Qualität der Anleitung von Verstehensprozessen in dieser Arbeit nicht via allgemeine Qualitäten von Aufgaben oder bestimmte Methoden erfasst wird.

Das Forschungsinteresse und der verwendete Verstehensbegriff sind in dieser Arbeit speziell: Es geht um das Verstehen des Satzes des Pythagoras während einer dreistündigen Einführung. Innerhalb dieser Zeitspanne ist kein umfassendes, vollständiges Verständnis des Satzes zu erwerben. Verstehen wird weiter als Begriffsaufbau/Strukturaufbau aufgefasst, in dem ganz bestimmte Verknüpfungen von bestimmten Elementen wesentlich sind. Es interessieren diejenigen Problemlösetätigkeiten, welche den Sinnfluss in Bezug auf das zu verstehende Konzept unterstützen. Aufgaben können und sollen darüber hinaus auch viele weitere und umfassendere Lernziele anregen, wie den Erwerb von allgemeinen Problemlösekompetenzen, positiven Einstellungen zum Fach usw. Das Forschungsinteresse dieser Arbeit ist aber auf das Verstehen im engen Sinne gerichtet und nicht auf diese eher langfristig zu erwerbenden Facetten einer mathematischen Disposition (vgl. Kapitel 2.3.1).

Die Rolle der Aufgaben beim problemlösenden Verstehen

Unter dem hier gewählten, speziellen Fokus auf das Problemlösen, das dem Verstehen eines Konzepts dient, nehmen Aufgaben eine andere Rolle ein, als wenn man mathematisches Problemlösen aus einer allgemeineren Perspektive des Erwerbs von Problemlösekompetenzen betrachtet. Woran liegt das?

Die Problemstellung muss dem Verstehen des Konzepts dienen

Beim Verstehen eines konkreten Konzepts während einer Einführung sind nur Aufgabenstellungen hilfreich, welche dieses Konzept direkt betreffen oder auf das Konzept hinarbeiten. Andere Problemlöseschwierigkeiten innerhalb einer Aufgabenstellung, welche sich nicht auf das Konzept beziehen, können kognitive Ressourcen beanspruchen, welche dann nicht mehr für das Verständnis des Konzepts zur Verfügung stehen.

Der Umgang mit der Aufgabe ist entscheidend für das Verständnis, nicht (nur) die Aufgabenstellung[42]

Alle Aufgabenstellungen können gemäss Hiebert et al. (1996) zu Verknüpfungen und Problemlösen beitragen oder auch nicht: „Tasks are inherently neither problematic nor routine. Whether they become problematic depends on how teacher and students treat them" (ebd., S. 16). Ein problemlösender Unterricht, daher ein Unterricht, in dem Schülerinnen und Schüler Problemlösetätigkeiten ausführen, kann zwar auf einem hohen Niveau allgemeine Problemlösefähigkeiten fördern, aber trotzdem das Verstehen des Konzepts behindern: Dann nämlich, wenn der Inhalt des Problems und seine Bearbeitung zu wenig mit dem Konzept zu tun haben, wenn er falsch oder unvollständig dargestellt wird, wenn die zentralen zum Konzept gehörenden Verknüpfungen gar nicht vorkommen oder wenn diese so schnell oder auf einem so anspruchsvollen Niveau erfolgen, dass die Schülerinnen und Schüler nicht folgen können. Es zeigt sich also, dass bei der Frage nach dem problemlösenden Verstehen eines konkreten Konzepts allgemeine Kriterien von „guten Aufgaben", wie deren Offenheit usw. (vgl. z.B. Büchter & Leuders, 2005; Klieme et al., 2001b) nicht ausreichen. Denn nicht die Problemlösetätigkeit per se ist hier von Interesse, sondern die Problemlösetätigkeit im Dienste des Verstehens eines Konzepts, also im Hinblick auf ganz bestimmte Verknüpfungen. Entscheidend für das Verstehen eines neuen Konzepts ist, dass die zum Konzept gehörenden zentralen Verknüpfungen gemacht werden und nicht irgendwelche andere Verknüpfungen. Komplexe Problemlösesituationen, die vom eigentlich zu

---

42 Dieser Abschnitt gilt nicht nur für problemlösendes Verstehen, sondern für Problemlösen generell. In Kapitel 2.3.7 werden dazu später auch einige empirische Ergebnisse kurz dargestellt (vgl. Hiebert et al., 2003).

lernenden Begriff eher ablenken, können den Begriffserwerb behindern, weil sie zu viel kognitiven Load (Sweller, van Merrienboer & Paas, 1998) absorbieren. Problemlöseprozesse hingegen, welche den Sinnfluss in Gang bringen und ihn in Richtung des aufzubauenden Konzepts bewegen helfen, sind unverzichtbare Komponenten von Verstehensprozessen und somit von verstehensbezogenem Mathematikunterricht.

Berücksichtigung der Reihenfolge der Aufgaben und ihre Kohärenz

Eine Aufgabe kann sehr viele fachdidaktische Qualitäten einer guten Problemlöseaufgabe aufweisen und trotzdem kann sie an der *betreffenden Stelle* im Unterricht für den Sinnfluss der Lernenden völlig ungeeignet sein. Obwohl mit dieser Aufgabe an dieser Unterrichtstelle unter Umständen prima Problemlösestrategien, positive Haltungen usw. erworben werden können, kann die Aufgabe für den Sinnfluss zu einem konkreten Konzept trotzdem hinderlich sein. Anders sieht es beim Trainieren von allgemeinen mathematischen oder überfachlichen Problemlösefähigkeiten aus: Dies ist im Prinzip mit allen Problemlöseaufgaben möglich, unabhängig davon, an welcher Stelle im Unterricht die Aufgabe vorkommt und um welchen Inhalt es geht. Die Problemlösetätigkeit, die kognitive Aktivierung muss sich aus dem hier gewählten speziellen Fokus des Verstehens eines Konzepts während einer Einführung auf die zu verstehenden Sachverhältnisse beziehen und dem Sinnfluss dienen. Allgemeine, konzeptunabhängig formulierte Merkmale von problemlösendem Unterricht treten damit etwas in den Hintergrund. Deshalb wird im Folgenden fachdidaktische Unterrichtsqualität in Bezug auf die Anleitung von Verstehensprozessen via die zentralen zum Konzept gehörenden Verknüpfungen angegangen und nicht via Aufgabenstellungen. Denn Verknüpfungen herzustellen, die nicht offensichtlich sind, ist ebenfalls ein Problemlösen.

Rolle der unterrichtlichen Inszenierung beim problemlösenden Verstehen

Brüche im Sinnfluss der Schüler, ob von der Lehrperson geplant oder nicht, können im Prinzip an jeder Stelle im Unterricht auftreten: Beim Folgen einer Lehrererklärung, beim Aushandeln von Bedeutungen in einer Gruppenarbeit, beim Lösen von typischen Routineaufgaben oder von Problemlöseaufgaben. Während der eine Schüler um Verständnis ringt, können andere Schülerinnen und Schüler gleichzeitig an denselben Stellen im Unterricht überhaupt keine Lücke oder unbefriedigende Struktur bezüglich des zu lernenden Konzepts erkennen: weil sie den Sachverhalt entweder schon verstanden haben, weil sie aufgrund ihres Vorwissens gar nicht erst in der Lage sind, Unstimmigkeiten zu erkennen oder weil sie durch ihre ungünstigen Überzeugungen daran gehindert werden (vergleiche dazu das Beispiel in Kapitel 2.3.5.1). Problemlöseprozesse innerhalb des Sinnflusses sind also im Prinzip unabhängig von der unterrichtlichen Inszenierung möglich, aber vermutlich nicht in allen Inszenierungsformen gleich wahrscheinlich. Den gleichen Sachverhalt kann man auch anders formulieren: Anregungen zur Konstruktion zentraler Verknüpfungen erhalten die Lernenden nicht nur beim Lösen von komplexen Aufgaben innerhalb spezifischer methodischer Arrangements. Zentrale Verknüpfungen können beispielsweise auch beim Reflektieren der

Lösung einer typischen Routineaufgabe oder beim Nachvollziehen eines Lehrervortrags angeregt werden. Es gilt auch zu beachten, „(...) dass anspruchsvolle Begriffsbildung und Problemlösung für die wenigsten Lernenden ohne intelligente Unterstützung durch die Lehrperson oder die von ihr bereitgestellten Instruktionshilfen zu bewältigen sind" (Reusser, 2006, S. 152). In diese Richtung argumentieren auch Hiebert et al. (1996), Kirschner et al. (2006) und Mayer (2004).

Zusammenfassend: Aus kognitionspsychologischer Sicht gibt es immer dann Potenzial für Problemlöseprozesse, wenn der Sinnfluss der Schülerinnen und Schüler stockt. Denn die deswegen entstehenden Brüche im Sinnfluss machen den Problemlösecharakter der Verstehensprozesse zum Konzept aus. Das kann prinzipiell an jeder Stelle im Unterricht geschehen (unabhängig von den bearbeiteten Aufgaben und verwendeten Methoden). Denn die tatsächlich bei den Schülerinnen und Schülern stattfindenden konzeptspezifischen psychologischen Prozesse des Problemlösens sind gemäss der in dieser Arbeit verwendeten Verstehensdefinition für das Verstehen eines Konzepts primär entscheidend. Ob dies in einem speziellen Unterrichtssetting mit besonderen Aufgaben geschieht, ist sekundär. Denn für das Verstehen eines konkreten Konzepts ist die Problemlösetätigkeit zentral, die dem Sinnfluss dient und deshalb auf die zentralen zu verstehenden Verknüpfungen des Konzepts gerichtet ist.

Welche feinen Problemlöseprozesse sind für das Verstehen eines Konzepts zentral? Welche Arten von Verknüpfungen beim Problemlösen sind beim Verstehen eines Konzepts wichtig? In Wertheimers „Produktivem Denken" findet man vor allem unter den Begriffen „Rho-Relation" und „funktioneller Wert" Hinweise darauf: Die Struktur ist zentral, die Teile und ihre Funktion im Ganzen. Dies wird im nächsten Kapitel beschrieben.

2.3.5.5   Sehen von inneren Beziehungen – Wertheimer

Mit verschiedenen Qualitäten von Verstehen hat sich auch der Gestaltpsychologe Wertheimer beschäftigt (Wertheimer, 1945/1964; wenn nichts anderes angegeben ist, beziehen sich die folgenden Inhalte und Seitenangaben auf dieses Werk). Verstehen bedeutet nach Wertheimer eine tiefe Einsicht in die Sachzusammenhänge. Er unterscheidet zwischen einem oberflächlichen, blinden „Nachmachen" und einem tiefen, an den Gegebenheiten der Sache orientierten Verstehen, das auf „struktureller Klarheit" beruht. Beide Qualitäten werden im Folgenden an seinem berühmten Beispiel des Flächeninhalts des Parallelogramms beschrieben. Es wird herausgearbeitet, was ein tiefes Verstehen, einen produktiven Denkakt nach Wertheimer auszeichnet und welche Prozesse dazu gehören. Obwohl es bei Wertheimer als Gestaltpsychologe keine kognitiven Strukturen gibt, keine Begriffe als zentrale Denkeinheiten, sind im Wesentlichen trotzdem Elemente und Verknüpfungen erkennbar. Verstehen hat bei Wertheimer mit dem Erkennen von Bedeutung, Zusammenhängen und Strukturen zu tun. Es geht dabei nicht um Verfahren, sondern darum, Beziehungen und Bedeutungen von Teilelementen in einem Ganzen zu erkennen. Dies verweist auf Qualitäten von tiefem Verstehen hin, die auch unabhängig vom dahinterliegenden gestaltpsychologischen Lernverständnis von Bedeutung sind.

Das Lernverständnis von Wertheimer unterscheidet sich fundamental von dem in Kapitel 2.3.1 beschriebenen:[43] Erkenntnisprozesse geschehen plötzlich, durch eine Umstrukturierung kann die gute Gestalt wahrgenommen werden: „Zum Kern der Theorie gehört der Übergang von der stückhaften Ansammlung, der oberflächlichen Struktur zu der sachlich besseren oder angemesseneren Struktur" (S. 230).[44] Denken ist eine Fortsetzung des Sehens, welches aber mehr umfasst als ein bloss visuelles Wahrnehmen eines Bildes als Ganzes. Gesehen werden sollen auch die „inneren Bezogenheiten", der strukturelle Aufbau der Sache. Dabei werden Ganzheiten in „Unterganze" unterteilt, die aber nicht einfach nur als „Und-Summen" aneinandergereiht werden, sondern in Beziehung zueinander und zum Ganzen stehen. (Wertheimer grenzt sich in seinem Werk von der traditionellen Logik und behavioristischen Tendenzen seiner Zeit ab.) Das Ganze ist eben mehr als die Summe seiner Teile, wie der bekannte gestaltpsychologische Grundsatz lautet. Verstehen ist deshalb zentral Einsehen von Zusammenhängen, von inneren Beziehungen (Reusser & Reusser-Weyeneth, 1994b). Der Sprache wird gegenüber dem Sehen im Lernprozess eher eine untergeordnete Rolle beigemessen.

Wertheimer geht von einem Menschenbild aus, das dem Menschen ein ausgeprägtes Bedürfnis/einen Drang nach struktureller Klarheit zuschreibt: „Es gibt ein Streben nach struktureller Klarheit, Überschaubarkeit, nach Wahrheit im Gegensatz zum Blick auf Belanglosigkeiten – das Verlangen sich nicht selbst zu betrügen" (S. 231) oder „strukturell blind zu sein" (S. 159). Menschen suchen nach guten Gestalten, sie wollen verstehen.[45]

---

43 Es gibt aber auch Überschneidungen zum oben erwähnten konstruktivistischen Lernverständnis, darauf wird am Schluss dieses Abschnitts ausführlicher eingegangen. Wertheimer betont nämlich, dass jeder Einzelne diesen Umstrukturierungsprozess selbst erleben muss: „Zu einem wirklichen Verständnis muss man die Schritte, die strukturelle Bezogenheit, die Forderung der Sache selbst nacherschaffen" (S. 225). Er schreibt somit dem Individuum eine gewisse Aktivität zu. Deutet man das Wahrnehmen der guten Gestalt als ein individuelles Sinnherstellen, so gibt es auch hier Übereinstimmungen mit konstruktivistischen Auffassungen von Lernen (vgl. Kapitel 2.3.1). Auch bei Wertheimer spielen bereits vorhandene Erfahrungen eine wichtige Rolle. Das spezifische Vorwissen scheint ihm aber weniger ausschlaggebend zu sein als Erfahrungen in Bezug auf das Suchen der guten Gestalt: Sind die Erfahrungen blinde, unverstandene Verknüpfungen oder Einsichten in strukturelle innere Beziehungen? Werden die Erfahrungen „blind" und „stückhaft" angewendet oder gemäss den „strukturellen Forderungen der Situation"?

44 „Although Wertheimer did not spell it out in so many words, we can infer from his demonstrations that the structures that underlay productive thinking could often be defined as the structures of mathematics" (Resnick & Ford, 1981, S. 147).

45 Dieses Verlangen nach Verbesserung hängt gemäss Wertheimer mit der Würde des Menschen zusammen. Strukturelle Klarheit ist weit mehr als ein persönliches Bedürfnis, sie ist nötig für die Demokratie (S. 232).

Im Folgenden werden zwei „Qualitäten" von Verstehen beschrieben: Ein strukturblindes Nachmachen und ein tiefes Verständnis.

Strukturblindes Nachmachen

Der Flächeninhalt eines Parallelogramms wird im Unterricht auf den Flächeninhalt
eines Rechtecks zurückgeführt. Die Lehrperson gibt an, wie die entscheidenden Hilfslinien im Parallelogramm eingezeichnet werden (vgl. Abbildung 11, nach Wertheimer,
1945/64, S. 17): „Ich fälle eine Senkrechte von der oberen linken Ecke und eine andere
Senkrechte von der oberen rechten Ecke. Ich verlängere die Grundlinie nach rechts.
Ich benenne die zwei neuen Punkte e und f." Anschliessend wird die Kongruenz der
beiden entstandenen Dreiecke nachgewiesen.

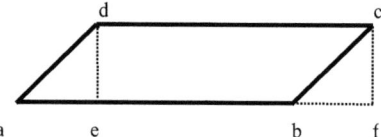

Abbildung 11:   Parallelogramm

Die Aufgaben werden nun in der Grösse und der Höhe des Parallelogramms variiert.
Die Schülerinnen und Schüler lösen viele Aufgaben erfolgreich und es sieht so aus, als
ob sie das Thema gut verstanden hätten.

Angesichts eines umgedrehten Parallelogramms (Abbildung 12 nach Wertheimer,
1945/64, S. 18) oder eines Trapezes sind die Schülerinnen und Schüler aber hilflos,
weil das gelernte Vorgehen hier nicht identisch funktioniert: Es entstehen keine zwei
Dreiecke. Die Lernenden wenden gemäss Wertheimer die neu gelernten Operationen
strukturblind auf die neuen Gegebenheiten an:

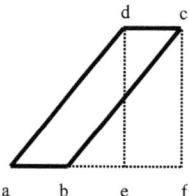

Abbildung 12:   Umgedrehtes Parallelogramm

Wertheimer argumentiert, dass mit dem von der Lehrperson vorgegebenen Verfahren
das Wesentliche an der Situation nicht erfasst wird: Die innere strukturelle Beziehung
zwischen der Hilfslinie und dem Rechteck. Das Verstehen ist also sehr eingeschränkt
und nicht „transponierbar" auf neue Gegebenheiten (heute würden man sagen
„transferierbar"). Wertheimer braucht Adjektive wie „hässlich" und „töricht", um sol-

110

che strukturblinden Vorgehensweisen zu umschreiben.[46] Er unterscheidet deutlich zwischen dem Lösen durch ein von der Lehrperson vorgegebenes (evtl. strukturblindes) Verfahren und dem Verstehen der Sache. Man beachte, dass dieses Nichtverstehen nicht auffällt, solange a) die Lage des Parallelogramms nicht geändert wird, auch wenn andere Faktoren wie dessen Grösse oder die Form verändert werden, und solange b) kein Transfer auf andere Figuren, wie beispielsweise das Trapez, erfolgt.

Die Tatsache, dass ein vorgegebenes Verfahren in einigen Fällen gut funktioniert, aber als Ganzes trotzdem „strukturblind" sein kann, weist auf eine zentrale Schwierigkeit beim Erkennen von Strukturen und also beim Anleiten von Verstehen hin: Man muss über die vorgegebene Aufgabe hinausdenken können, um erkennen zu können, was die eigentliche Struktur ist. Was lokal sehr sinnvoll erscheint (hier das Vorgehen im Fall der Abbildung 11) kann in einem allgemeineren Zusammenhang falsch oder unvollständig sein. Das Erkennen der guten Struktur/Gestalt hängt also wesentlich von der Fähigkeit ab, über lokale fachliche Spezialfälle hinausblicken zu können. Anders gesagt, es sind Fachwissen und ein Gespür für mathematisch produktive Variationen nötig.

Tiefes Verstehen

Tiefes Verstehen beruht nach Wertheimer darauf, dass die Struktur des Sachverhalts erkannt wird. Wertheimer spricht von Einsicht, von Klarheit. Dies führt dazu, dass die Struktur flexibel auf neue Gegebenheiten anpassbar und somit auf andere Aufgabentypen übertragbar ist. Für den Flächeninhalt des Parallelogramms bedeutet dies Folgendes:

- Der Flächeninhalt des Parallelogramms ist unbekannt. Könnte man durch Abschneiden und erneutes Ansetzen die Figur in eine einfachere Figur mit bekanntem Flächeninhalt verwandeln, so wäre das Problem gelöst. Die gute Schluss-Gestalt ist also das Rechteck.

- Der Flächeninhalt verändert sich nicht, wenn etwas abgeschnitten und an einer anderen Stelle wieder angesetzt wird.[47]

- Man muss sehen, dass das, was auf der einen Seite im Parallelogramm im Vergleich zu einem Rechteck „zu viel" ist, gerade auf der anderen Seite des Parallelogramms fehlt. (Dies folgt aus den Eigenschaften des Parallelogramms.)

---

46   Reusser (1984/1994) kritisiert diese normative Einteilung in gute, vernünftige sowie hässliche, törichte, blinde Denkprozesse und verweist darauf, dass Wertheimer nicht klar zwischen dem Generieren von Hypothesen und ihrer Überprüfung unterscheidet. Raten ist zum Beispiel auch bei Polya eine zentrale mathematische Arbeitsweise beim Erfinden von Mathematik: „Mathematische Tatsachen werden erst erraten und dann bewiesen" (Polya, 1975, S. 244).

47   Wertheimer nennt solche Aussagen „heimliche Axiome" (S. 73): Es sind aus dem Alltag stammende Grunderfahrungen.

- Wie muss man also abschneiden? Das Abschneiden und Wiederansetzen erfolgt nicht beliebig: Das Ziel ist die Rechtecksform.
- Der Unterschied zwischen dem Parallelogramm und dem Rechteck muss erkannt werden: Das Rechteck hat zusätzlich zu den je zwei parallelen Seiten (die auch das Parallelogramm hat) vier rechte Winkel.
- Es muss also so geschnitten werden, dass einerseits neu rechte Winkel entstehen, wo es noch keine hat, und andererseits störende „Parallelenspitzen" verschwinden, die es nicht mehr braucht: Damit ist klar, dass der Schnitt senkrecht zur Grundlinie erfolgen muss.[48]
- Man muss verstehen, wie man den Flächeninhalt eines Rechtecks berechnen kann (Länge mal Breite des Rechtecks) und was dies anschaulich bedeutet.

Diese Strategie des Zurückführens auf etwas Bekanntes gehört zu den Grundstrategien in der Disziplin Mathematik und des Problemlösens ganz allgemein (z.b. Polya, 1949).

Man beachte weiter, dass die Einsicht in die Beziehung „Fläche des Parallelogramms gleich Grundlinie mal Höhe" wesentlich auf der bildlichen Darstellung des Parallelogramms beruht. Diese Repräsentation wurde so lange verändert, bis der Flächeninhalt direkt abgelesen werden kann (vgl. dazu die Bedeutung von guten Problemrepräsentationen für das Problemlösen in Kapitel 2.3.4).

Die *Eigenschaften des produktiven Denkens* und damit auch von Verstehensprozessen sollen nun näher charakterisiert werden. Damit wird deutlicher werden, was in den oben erwähnten Aspekten für Qualitäten enthalten sind. Die fünf Eigenschaften produktiven Denkens (vgl. Wertheimer, 1945/64, S. 47 ff.) werden dazu am Parallelogrammbeispiel illustriert (jeweils kursiv dargestellt):

Zu Beginn der Parallelogrammaufgabe wird eine Lücke, eine Störung in der Struktur wahrgenommen, die beseitig werden soll:

Auf der einen Seite ist zu viel, auf der anderen zu wenig für ein Rechteck, dessen Flächeninhalt einfach zu berechnen wäre.

Erstens: Zuerst erfolgt ein Gruppieren, Umordnen, Strukturieren im Hinblick auf das Ganze. Es geht um das Aufteilen in Teile („Unterganze"), wobei diese immer zur „Ganz-Eigenschaft" der Figur (z.B. die Eigenschaften des Parallelogramms) und zum angestrebten Ziel passen müssen. Insbesondere ist dabei wichtig, wie die Teile zueinander und zur Ganz-Eigenschaft der Figur „innerlich aufeinander bezogen" sind. Die einzelnen Schritte werden immer in „ihrer Funktion als Teil des Ganzen" bestimmt, nicht durch blindes Probieren oder Erinnern.

---

48 Dies geht nicht nur via Abschneiden eines Dreiecks. Das Beispiel des Kindes, welches das Parallelogramm zu einem Zylindermantel biegt, den es anschliessend durchschneidet, zeigt, dass der Schnitt an einer beliebigen Stelle der Grundlinie erfolgen kann, solange er nur senkrecht darauf erfolgt (vgl. S. 57).

Man muss im Parallelogramm die „störenden Spitzen" loswerden und gleichzeitig brauchbare „rechteckige Enden" herstellen. Gesucht ist also ein Übergang von der schlechten Parallelogramm-Gestalt zur guten Rechtecks-Gestalt.

Zweitens: Der Prozess des Verstehens beginnt mit dem Wunsch, die „innere Bezogenheit" zwischen der Parallelogrammfläche und der Rechtecksfläche zu verstehen (S. 48). Dabei kann auch die Form des Parallelogramms variiert werden, um zu studieren, was dies bedeutet.

Drittens: Rho-Relationen, also „hervorstechende Beziehungen, die bedeutsam sind im Hinblick auf die innere strukturelle Natur der gegebenen Situation" (S. 48), sind zentral. Sie sichern gemäss Reusser (1984/1994) die Gerichtetheit des Lösungsvorgangs. Das Erkennen von Rho-Relationen ermöglicht einen Transfer auf andere Fälle.

> Ein Beispiel ist hier die Tatsache, dass das Rechteck vier rechte Winkel hat, das Parallelogramm hingegen nicht. Damit ist „die innere Beziehung zwischen der Art des Schneidens und seinem Ergebnis" (S. 70) im Hinblick auf das Erreichen des Ziels gegeben: Das, was man unternimmt, muss zu rechten Winkeln (und gleichlangen parallelen Seiten) führen. Ein Schnitt oder eine Hilfslinie muss also rechtwinklig zur Grundlinie geführt werden.

Viertens: Weiter muss „die funktionelle Bedeutung (die Rolle) der Teile in ihrem Ganzen" (S. 49) studiert werden. Das Vorgehen wird dann bedeutungsvoll, weil die innere Struktur sichtbar wird:

> Die Hilfslinie hat die oben erwähnt Funktion, dass durch sie das Rechteck entstehen muss. Während des Prozesses ändert die Hilfslinie ihre funktionelle Bedeutung mehrfach: Zuerst entsteht sie – in der Formulierung von Wertheimer (S. 62) – als das „ordentlich gemachte linke Ende des Rechtecks", wird dann aber gleichzeitig zum Teil des abgeschnittenen Dreiecks, das nach rechts verschoben wird, wo die Hilfslinie nun zum „ordentlichen rechten Ende des Rechtecks" wird.

Fünftens: „Der ganze Prozess ist *ein einziger in sich geschlossener Gedankenzug.* Es ist nicht eine Und-Summe von aneinandergehängten stückhaften Operationen. Kein Schritt ist willkürlich, unverstanden in seiner Funktion. Im Gegenteil, jeder Schritt wird im und aus dem Überblick über die gesamte Situation vollzogen" (S. 49).[49]

Diese fünf Schritte „vollziehen" sich gemäss Wertheimer „in ganzheitlichem Zusammenwirken", sie werden in einem Denkprozess nicht einzeln formuliert. Wertheimer geht aber davon aus, dass alle für ein tiefes Verstehen des betreffenden Sachverhalts notwendig sind.

---

49 Die obigen Punkte beziehen sich immer auf Gestalten und ihre Unterganze, in unserem Fall geht es um die Figur und ihre Teilelemente. Diese Merkmale von produktiven Denkprozessen beziehen sich immer auf das Sehen. Wenn man die Punkte 1 bis 4 aber so liest, als ob sich die Punkte auf Begriffsnetze und ihre Elemente bezögen, so sind diese Punkte Aeblis Strukturaufbautheorie sehr ähnlich (vgl. Kapitel 2.3.2): Rho-Relationen und funktionelle Bedeutung haben mit Zusammenhängen zwischen diesen Elementen zu tun.

Es geht also um ganz bestimmte „innere Beziehungen", die wichtig sind: „Worauf es entscheidend ankommt, ist, dass es gerade diejenigen Relationen sein müssen, die strukturell gefordert sind im Blick auf das Ganze, dass sie hervortreten, konzipiert werden, benutzt werden *als* Teile in ihrer Funktion in der Struktur" (S. 50). Die strukturellen Veränderungen geschehen also ausgehend vom „strukturellen Nichtverstehen" in Richtung besserer Gestalt, so dass Störungen verschwinden. Dabei geht es immer darum, zu begreifen, was „sachlich gefordert" ist. Nicht die Vertrautheit der Figur ist entscheidend, nicht deren Einfachheit, sondern die angemessene, vollständige, in sich widerspruchsfreie Struktur. Entscheidend ist, dass die Situation strukturell klar wird. Dabei helfen frühere Erfahrungen oder auch bereitgelegte Hilfsmittel nur dann, wenn sie vom Lernenden in ihrer Funktion in Bezug auf die konkrete Fragestellung erkannt werden. Die Art und die „strukturelle Eignung" der früheren Erfahrung sind also zentral.[50]

Die Sprache nimmt bei Wertheimer keine wichtige Rolle ein. Denken kann ganz losgelöst von der Sprache erfolgen, die Kommunikation findet aber über die Sprache statt.

Ein zentraler Prozess beim Sehen der guten Gestalt ist das Umstrukturieren.[51] Es weist eine Richtung auf, eine Dynamik: Es geht um eine „Neuordnung, sofern sie sinnvoll gefordert ist aus der Struktur der Situation" (S. 86). Denken ist nicht nur Aufgaben lösen, auch das Ziel selbst kann bezüglich der Struktur töricht oder sinnvoll sein. Eine Schwierigkeit ist, dass „scharfe Ausdrücke für strukturelle Eigenschaften, für Ganz-Eigenschaften vielfach fehlen, nicht entwickelt worden sind" (S. 112).

---

50 Frühere Erfahrungen sind entscheidend für das produktive Denken: Erstens das persönliche Wissen und hier insbesondere, wie dieses zustande gekommen ist (blind oder mit Einsicht) und wie es angewendet wird (blind oder mit Funktion). Zweitens heimliche Axiome, welche die Grunderfahrungen mit Dingen in der Welt widerspiegeln. Drittens die persönliche Haltung, zu der die Lebensphilosophie und die soziale Lage zählen (z.B. „die Einstellung, nach den sachlichen, strukturellen Forderungen einer Situation zu suchen", S. 74). Viertens das historische Feld, die Geschichte und Kultur („so steht unsere gegenwärtige Generation auf den Schultern früherer Denker in langen historischen Entwicklungen", S. 75).

51 Das Umstrukturieren ist wichtig, weil der Problemlöser am Anfang einen bestimmten Blickwinkel auf die Situation einnimmt. Deshalb kann er oft nicht alle Fakten, die potenziell aus der Situation abgelesen werden können, auch tatsächlich ablesen (Duncker, 1935). Das „Figur-Grund-Relief" ändert sich gemäss Duncker (1935, S. 35) während des Problemlöseprozesses: Was zuerst im Hintergrund war, erscheint nun im Vordergrund und der Fokus der Anstrengung wird darauf gerichtet. Ein Beispiel wäre die Bedeutung der Rechtwinkligkeit des Dreiecks als zentrale Voraussetzung für den Satz des Pythagoras, welche beim Einstieg Feldertausch in Kapitel 1.2 erst im Verlauf der Bearbeitung der Aufgabe deutlich wird: Von den visuell dominanten Quadratflächen muss auf die Anordnung dieser Quadratflächen (rechtwinkliges Dreieck) umstrukturiert werden. Weiter können sich Teile, die anfänglich als Teile unterschiedlicher Ganzheiten betrachtet wurden, infolge von Umstrukturierungsprozessen zu einem neuen Ganzen zusammenfügen. Auch in nicht kognitiven Bereichen sind Umstrukturierungen wichtig. Wertheimer zeigt dies anhand eines Federballspiels mit ungleich fähigen Spielern, das für beide interessant bleiben soll.

Kennzeichnend für Verstehen ist gemäss Wertheimer, auf welche Fälle der Verstehende das gelernte Verfahren anwendet, ob er erkennt, wann dies sinnlos ist und auf welche Schwierigkeiten er dabei trifft. Wichtig ist, das Ganze zu überblicken und die Beziehungen zu erkennen, allenfalls die Struktur des Problems zu vereinfachen.

Folgerungen für den Unterricht

Wertheimer analysiert vor allem individuelle Denkprozesse. Die Unterrichtssituation ist dabei eher ein Aufhänger, als dass die Rolle der Lehrperson und das Unterrichtsgeschehen ausführlich diskutiert würden. Resnick und Ford (1981), die sich ausführlich mit Wertheimer befassen, bemerken: „To a great extent, the gestalt psychologists have left their explanations at the level of concrete example. We can see that they are getting at something important, but we are not shown how to generalize the findings into principles for instruction that can be applied to varieties of specific mathematical content and problems" (Resnick & Ford, 1981, S. 139). Für die beiden Autoren zeigen die gestaltpsychologischen Theorien und Experimente vor allem „the importance of building good mental representations, both of the subject matter of mathematics and of specific problem-solving tasks" (S. 147).

Aus Wertheimers gestaltpsychologischen Analysen lassen sich meiner Meinung nach Folgerungen für einen Unterricht ziehen, der einem konstruktivistischen Lehr-Lernverständnis verpflichtet ist: Die Qualität dieser Analysen sehe ich darin, dass hier sehr präzise hingeschaut wird, welche Teilelemente man genau verstanden haben muss, um den Sachverhalt als Ganzes verstehen zu können. Dabei werden diese Teilelemente immer in Beziehung zum Ganzen gesehen und es ist entscheidend, welche Funktion sie innerhalb des Ganzen einnehmen. Interessant ist, dass sich die Forderung nach der „guten Gestalt" keineswegs nur auf eine oberflächliche Figurerkennung als Ganzes beschränkt. Auch die innere Bezogenheit der Teilelemente muss mitberücksichtigt werden, dazu gehören beispielsweise auch die Eigenschaften eines Parallelogramms.[52] Genau diese Aspekte müssen also im Unterricht deutlich werden. Die Lehrperson muss deshalb die Aufgaben so auswählen und variieren, dass die Struktur des Sachverhalts deutlich wird. Es braucht sowohl Aufgaben, die die gute Gestalt aufweisen (A-Aufgaben), als auch Gegenbeispiele, in denen diese Struktur nicht gegeben ist (B-Figuren). Die Lehrperson muss die Lernenden gegebenenfalls darin unterstützen, die wesentlichen Strukturelemente wahrnehmen zu können und die unwesentlichen als solche zu erkennen. Der Mathematikunterricht soll die „strukturellen Eigentümlichkeiten" gegebener Situationen entdecken lassen und die Schülerinnen und Schüler lehren, sinnvoll und nicht strukturblind damit umzugehen.

Die Art und Weise, wie Wertheimer die Struktur des Sachverhalts beim Verstehen ins Zentrum setzt, indem er die funktionelle Bedeutung des Teils im Ganzen betont, ist

---

52 Insofern spielen Wertheimers Argumente nicht nur auf der Ebene der Figurerkennung (Niveau 0 nach van Hiele, vgl. Battista, 2007; Clements & Battista, 1992), sondern auch auf der Ebene der Eigenschaften der Figuren (Niveau 1 nach van Hiele).

auch über 50 Jahre später und unter einem ganz anderen Lehr-Lernparadigma nach wie vor aktuell. Blendet man nämlich den gestaltpsychologischen Hintergrund aus und liest die oben erwähnten Prozessaspekte des produktiven Denkens so, als ob sie auf Begriffsnetze im Sinne eines kognitiv-konstruktivistischen Lernverständnisses bezogen wären, so sieht man, dass es erstaunlich viele Übereinstimmungen/Parallelen gibt. Denn obwohl die Begriffe „Rho-Relation" und „funktioneller Wert" in Wertheimer (1949/64) letztlich vage bleiben, zeigen sie schön Qualitäten von Verknüpfungen im Rahmen von Strukturaufbauprozessen auf:

- Der Sachverhalt selbst steht im Zentrum.
- Das Ganze kann in Unterganze aufgeteilt werden, die aber in enger Beziehung zum Ganzen stehen: Sie haben eine Funktion und weisen hervorstechende Merkmale auf. Ganz entscheidend sind die Beziehungen der Teile zum Ganzen, denn diese Teilelemente bilden keine „Und-Summe".
- Der Prozess des Umstrukturierens ist zentral.
- Die inneren Beziehungen müssen gesehen werden.

Es wird also herausgearbeitet, worauf es wirklich ankommt und was keine Rolle spielt.

Aebli und Wertheimer schauen beide auf eine jeweils andere Art sehr präzise auf Strukturaufbauprozesse und argumentieren vor dem Hintergrund einer ganz anderen Lerntheorie letztlich in gewissen Bereichen sehr ähnlich (vgl. auch Aeschbacher, 1989): Verstehen hat damit zu tun, „innere Beziehungen" zu erkennen und zwar nicht irgendwelche Zusammenhänge mit weiteren anderen Konzepten, sondern Verknüpfungen im engen Kern des zu untersuchenden Sachverhalts. Beide suchen nach den feinen Strukturen des Verstehens. Es genügt ihnen nicht, Aufgaben erfolgreich lösen zu können. Beide variieren Aufgaben so breit, bis der Kern (die Struktur) des dahinterliegenden Sachverhalts deutlich wird. Obwohl es bei Wertheimer als Gestaltpsychologe keine kognitiven Strukturen gibt, keine Begriffe als zentrale Denkeinheiten, sind im Wesentlichen trotzdem Elemente und Verknüpfungen erkennbar: Die Elemente (Unterganze) bei Wertheimer haben aber einen anderen Auflösungsgrad als bei Aebli und die Verknüpfungen sind nicht propositionaler Art. Die Elemente sind sichtbare Unterganze, die Verknüpfungen sind „innere Beziehungen", welche die Funktion des Teils im Ganzen deutlich machen. Es sind nicht irgendwelche Relationen, sondern diejenigen, die „strukturell gefordert sind, im Blick auf das Ganze", „als Teil in ihrer Funktion in der Struktur" (S. 50).

Es gibt viele Unterschiede zwischen gestaltpsychologischen und kognitiv-konstruktivistischen Lernvorstellungen. Wichtig für den Unterricht ist vor allem die Folgende: Aus einer kognitionspsychologischen Sicht geschehen die wenigsten komplexen Verstehensprozesse plötzlich, wie es die Gestaltpsychologen betonen. Vielmehr verlaufen die meisten komplexen Verstehensprozesse schrittweise und sind verbunden mit viel und oft anstrengender Verstehensarbeit (Reusser, 1984/1994). Dass das Ganze mehr ist als die Summe seiner Teile und dass Ganzheiten in ihre Unterganzheiten aufgeteilt werden können, deren Beziehungen zum Ganzen wesentlich sind, wird hingegen erst durch kognitionspsychologische Vorstellungen und Begriffe von Strukturaufbau wirklich als Phänomen fassbar und beschreibbar. Insbesondere durch das Konzept des Verdichtens und Auffaltens von Strukturen, das bei Aebli so zentral ist.

Der Gedanke, Teilelemente des zu lernenden Konzepts zu bestimmen, deren Zusammenspiel das Verstehen des Ganzen erst ermöglicht, wird im später entwickelten Pythagoras-Verstehensmodell eine zentrale Rolle spielen (vgl. Kapitel 4).

2.3.6 Überzeugungen, Emotionen, Motivation und Verstehen

Mathematikverstehen ist keineswegs nur ein kognitiver Vorgang. Gelingende und misslingende Verstehensprozesse sind immer auch begleitet von affektiven und metakognitiven Prozessen. Jeder, der Mathematik bis an die Grenzen seiner aktuellen Fähigkeiten betrieben hat, kennt die Freude über das Verstandenhaben und die Frustration des „Immer-noch-nicht-Verstehens".

Im Folgenden wird einfachheitshalber als Überbegriff für Überzeugungen, Emotionen und Motivation von Affekten gesprochen.[53]

Hiebert et al. (1997) beschreiben den Zusammenhang zwischen Verstehen und Affekten in ihrer Begründung, warum Verstehen im Mathematikunterricht so wichtig ist, wie folgt:

> Understanding is also important because it is one of the most intellectually satisfying experiences, and, on the other hand, not understanding is one of the most frustrating and ultimately defeating experiences. Students who are given opportunities to understand are likely to experience the kind of internal reward that keeps them engaged. Students who lack understanding and must resort to memorizing are likely to feel little sense of satisfaction and are likely to withdraw from learning. Many of us can recall instances from our own study of mathematics that resonate with these contrasting experiences. Understanding breeds confidence and engagement; not understanding leads to disillusionment and disengagement. (Hiebert et al., 1997, S. 2)

In diesem Zitat wird bereits ein wesentliches Merkmal des Verhältnisses von Verstehen auf der einen Seite und Motivation, Überzeugungen, Emotionen auf der anderen Seite deutlich: Affekte sind sowohl Bedingungen als auch Folgen von Verstehensprozessen. Der Zusammenhang zwischen Verstehen und Affekten lässt sich in Anlehnung an theoretische Modelle und empirische Befunde zum Verhältnis von Leistung und Affekten (vgl. weiter unten) vereinfachend wie folgt beschreiben: Die Erfahrung, etwas gut verstanden zu haben, fördert positive Affekte in Bezug auf den betreffenden Inhalt und die Verstehensarbeit. Diese positiven Affekte wiederum führen im Allgemeinen zu mehr Engagement, mehr Ausdauer sowie vermehrt tiefenorientierten anstelle von oberflächlichen Lernaktivitäten. Diese wiederum führen mit grösserer Wahrscheinlichkeit zu tieferem Verstehen. Somit gibt es eine Rückkoppelung zwischen Af-

---

53   McLeod (1992) verwendet den Begriff „Affekte" als Überbegriff für Überzeugungen, Emotionen und Haltungen (attitude).

fekten und Verstehen (Leistung). Affekte können also Voraussetzungen, Begleitungen und Folgen von Verstehensprozessen darstellen. Es zeigt sich dabei, dass die Affekte nicht nur fachspezifisch, sondern auch themenspezifisch sein können (z.B. Unterschiede im Interesse zwischen Geometrie und Algebra).

Zwischen Emotionen, Überzeugungen und Motivation gibt es enge Zusammenhänge. Es wird auch immer wieder darauf hingewiesen, dass diese Konzepte aus theoretischer Sicht nicht trennscharf sind, dass sie empirisch sehr unterschiedlich operationalisiert werden und dass eine umfassende Theorie für das mathematische Lernen fehlt (McLeod, 1992). Wie schwierig Affekte und ihre Zusammenhänge mit Leistung und Geschlecht empirisch zu erfassen sind, zeigen beispielsweise Ashcraft und Ridley (2005) für das Phänomen der Mathematikangst.

Wichtig ist, dass Affekte nicht nur untrennbar mit Verstehensprozessen verbunden sind, sondern dass positive Affekte aus einer multikriterialen Sicht von (mathematischen) Bildungsprozessen per se unabhängige Bildungsziele des Mathematikunterrichts darstellen (Pekrun & Zirngibl, 2004): Dies wird deutlich in den Konzeptionen der „mathematischen Disposition", der „mathematical proficiency" und der „mathematischen Kompetenzen" (vgl. Kapitel 2.3.1). Die Wichtigkeit von mathematikbezogenen Schülermerkmalen liegt insbesondere darin, dass sie Voraussetzungen und Komponenten von selbstreguliertem Lernen in Mathematik darstellen (Pekrun & Zirngibl, 2004).

Vor allem bei den Überzeugungen wird unterschieden zwischen Schüler-, Lehrer- und sozialen Überzeugungen (Schoenfeld, 1992). Hier werden im Folgenden (fast) ausschliesslich Schüleraffekte betrachtet.

Verstehen heisst Herstellen von Sinn und Verknüpfungen (vgl. Kapitel 2.1). Für Verstehensprozesse sind gemäss den vorangegangenen Kapiteln hauptsächlich die folgenden Aspekte zentral:

- Die Aufmerksamkeit muss auf die zu verstehenden Inhalte gerichtet sein und nicht auf das Wahren des Gesichtes oder das Erfüllen von sozialen Erwartungen der Lehrperson.

- Es braucht ein Vertrauen in die eigenen mathematischen Fähigkeiten und in die prinzipielle Verstehbarkeit von Mathematik, um auch über längere Zeiträume hinweg bereit zu sein, Verstehensarbeit zu leisten.

- Damit nicht oberflächliches Scheinverstehen oder Kulissenlernen (Lehtinen, 1994) entsteht, müssen in den Verstehensprozessen tiefenverarbeitende Strategien gewählt werden.

- Um Verständnis muss häufig gerungen werden, dies erfordert Anstrengung, Ausdauer und Konzentration sowie die Bereitschaft, bisherige Sichtweisen aufzugeben und sich auf neue einzulassen.

Der folgende kurze Überblick wird zeigen, dass sowohl produktive Überzeugungen als auch positive Emotionen und selbstbestimmte Lernmotivation auf die soeben aufgezählten Aspekte der Verstehensarbeit einen Einfluss haben. Umgekehrt gibt es Hinweise darauf, dass die Erfahrung des Verstehens im Mathematikunterricht das Herausbilden von produktiven Überzeugungen, positiven Emotionen und selbstbestimmter Motivation fördert. Im Folgenden werden zuerst mathematische Überzeugungen (mit Bezug auf Schoenfeld und die Gruppe um De Corte), anschliessend Emotionen (mit Bezug auf die Gruppe um Pekrun) und zum Schluss die Motivation (mit Bezug auf die Selbstbestimmungstheorie von Deci und Ryan) kurz näher betrachtet.

Mathematische Überzeugungen[54]

Schoenfeld definiert in seinem „framework for exploring mathematical cognition" den Begriff „belief" wie folgt: „beliefs – to be interpreted as an individual's understandings and feelings that shape the ways that the individual conceptualizes and engages in mathematical behaviour" (Schoenfeld, 1992, S. 358). Op't Eynde, De Corte und Verschaffel (2006) zeigen empirisch, dass die mathematischen Überzeugungen von Schülerinnen und Schülern stark fachspezifisch und kontextspezifisch sind. Sie unterscheiden sich weiter deutlich von den allgemeinen (fachunabhängigen) epistemologischen Schülerüberzeugungen und können sogar im Widerspruch dazu stehen.

Im Folgenden geht es um mathematikspezifische Überzeugungen von Schülerinnen und Schülern. Abkürzend wird nur von Überzeugungen gesprochen.

In der Mathematikdidaktik herrscht gemäss De Corte, Op't Eynde und Verschaffel (2002) und De Corte und Verschaffel (2006) Konsens, dass die mathematikbezogenen Überzeugungen von Schülerinnen und Schülern einen wesentlichen Einfluss auf ihr Lernen und direkt oder indirekt auf die Leistung in Mathematik ausüben: Überzeugungen beeinflussen die Art und Weise, wie die Lernenden sich im mathematischen Lernen und Problemlösen engagieren und welche Art von Strategien sie verwenden. Schüler, die Mathematik als nützlich, interessant und wichtig betrachten, arbeiten gemäss den Autoren mit grösserer Wahrscheinlichkeit intensiv. Dabei gilt: „Students' networks of beliefs provide not only the context within which they perceive and understand the world, but also play an emotional and motivational role in their learning and problem solving" (De Corte et al., 2002, S. 302, mit Bezug auf McLeod, 1992). Es ist entscheidend, dass Überzeugungssysteme situational gebündelt („geclustert") sind und dass sie sich durch subjektive Kohärenz auszeichnen: „People always strive for a coherent belief system; only then they are able to function in an intelligible way" (De Corte et al., 2002, S. 301). Dabei kann das, was von aussen als widersprüchliche Überzeugungen wirkt, intern sehr wohl kohärent sein.

De Corte et al. (2002) unterscheiden in ihrem Framework die folgenden drei Arten von Überzeugungen:

1) Überzeugungen zur Mathematikdidaktik (mathematics education),
2) Überzeugungen zum Selbst in Bezug auf die Mathematik,[55]

---

54 Statt von Überzeugungen wird in der Mathematikdidaktik auch von Einstellungen, Auffassungen und Haltungen gesprochen (Grigutsch, Raatz & Törner, 1998), wobei diese Begriffe unterschiedlich definiert werden. Zu verschiedenen Facetten des Begriffs „belief", auch in Abgrenzung zum Begriff „knowledge" siehe De Corte et al. (2002).

3) Überzeugungen zum sozialen Kontext, in dem Mathematiklernen und Problemlösen stattfinden.

Es folgen einige Beispiele zu den unterschiedlichen Überzeugungsarten und es werden daraus Folgen für das Verstehen abgeleitet (vgl. auch Stebler et al., 1994). Wenn nichts anderes angegeben ist, stammen die kursiven Beispiele aus De Corte et al. (2002).

1) Überzeugungen zur Mathematikdidaktik

Die Überzeugungen zur Mathematikdidaktik unterteilen De Corte et al. (2002) in die folgenden drei Unterkategorien:

a) Überzeugungen zur Mathematik

Mathematics is a solitary activity, done by individuals in isolation. (Schoenfeld, 1992, S. 359)
Verstehen heisst also, allein herauszufinden, wie es geht. Es gibt nichts auszuhandeln, der Sinn von Gruppenarbeiten ist nicht offensichtlich.

Formal mathematics has little or nothing to do with real thinking or problem solving.
Die formale Mathematik ist also reine „l'art pour l'art", sie kann nicht mit konkreten Inhalten verknüpft oder in Problemen angewendet werden. Deshalb wird sie von den Schülern als sinnlos und unnütz empfunden.

b) Überzeugungen zum Mathematiklernen und Problemlösen

Students who have understood the mathematics they have studied will be able to solve any assigned problem in five minutes or less. (Schoenfeld, 1992, S. 359)
Die Schülerinnen und Schüler geben nach kurzer Zeit auf.

Ordinary Students cannot expect to understand mathematics. (Schoenfeld, 1992, S. 359)
Das Ringen um Verständnis lohnt sich nur, wenn Aussichten bestehen, Fortschritte im Verstehen machen zu können. Wenn Mathematikverstehen aber als Begabungssache aufgefasst wird, so gibt es für „normalsterbliche" Lernende wenig zu verstehen. Dann liegt die folgende Überzeugung nahe:

Mathematics learning is memorizing.
Es wird die ganze Energie in das Auswendiglernen von Verfahren und Begriffen investiert. Tiefenverarbeitende Strategien werden kaum gewählt, womit das Verstehen von Mathematik zusätzlich behindert wird.

c) Überzeugungen zum Mathematiklehren

A good teacher first explains the theory and gives an example of an exercise before he or she asks us to solve mathematical problems.
Verstehen heisst also, nachvollziehen und imitieren, wie es die Lehrperson macht. Ist einmal niemand da, der einem zeigen kann, wie es geht, scheint Verstehen unmöglich.

---

55 McLeod (1992) nimmt eine ähnliche, aber vierstufige Einteilung vor wie De Corte et al. (2002). In Bezug auf die Überzeugungen über das Selbst schreibt er: „Research on self-concept, confidence and causal attributions related to mathematics tends to focus on beliefs about the self. Theses beliefs about self are closely related to notions of metacognition, self-regulation, and self-awareness" (McLeod, 1992, S. 580).

*2)	Überzeugungen zum Selbst in Bezug auf die Mathematik (motivational beliefs)*

Dazu gehören "Goal orientation belief", "Task value belief", "Control belief" und "Self-efficacy belief". Solche Überzeugungen bestimmen besonders stark die Emotionen während des Problemlösens (De Corte et al., 2002). Sie enthalten sowohl Erwartungs- als auch Wert-Komponenten.

*3)	Überzeugungen zum sozialen Kontext, in dem Mathematiklernen und Problemlösen stattfinden*

Nach Op't Eynde et al., (2006) gehören dazu Überzeugungen zur Rolle und zur Funktion der eigenen Lehrperson respektive der Schülerinnen und Schüler in der eigenen Klasse sowie Überzeugungen zu sozio-mathematischen Normen in der eigenen Klasse. Beispiele dazu sind die Auffassung davon, was im Unterricht als eine akzeptable Erklärung gilt oder wie man im Unterricht ausdrückt, dass man mit einer Argumentation nicht einverstanden ist (vgl. Lampert et al., 1998).

Schoenfeld (1985) zeigt, dass unproduktive Überzeugungen dazu führen können, dass Schülerinnen und Schüler ihr Wissen, ihre heuristischen Fähigkeiten und Kontrollstrategien beim Problemlösen nicht anwenden, obwohl sie nachweislich vorhanden wären. Problemlösen ist also nicht nur eine kognitive Angelegenheit. Leider ist es so, dass selbst „erfolgreicher" Unterricht (gemessen an Standardtests) zu solchen unproduktiven Überzeugungen führt (Schoenfeld, 1992).

De Corte et al. (2002), De Corte und Verschaffel (2006), Schoenfeld (1985, 1992) und andere gehen davon aus, dass solche negativen mathematikbezogenen Überzeugungen durch jahrelanges Teilnehmen am Unterricht entstehen. Die immer gleiche Erfahrung verfestigt sich langsam zur Überzeugungen (vgl. McLeod, 1992).[56] Op't Eynde et al. (2006, S. 67) gehen davon aus, dass diese Überzeugungen „are constructed in an attempt to make sense of classroom life during mathematics instruction". Die Autoren denken aber, dass passende Überzeugungen durch produktive Lernumgebungen gefördert werden können. Beispiele zu solchen Lernumgebungen findet man z.B. bei den oben genannten Autoren, vgl. auch zusammenfassend Stebler et al. (1994). De Corte und Verschaffel (2006) betonen, dass es Forschung braucht, welche den Zusammenhang zwischen Unterricht und Entstehung von produktiven Überzeugungen systematisch untersucht. Die Interventionsstudie von Mason und Scrivani (2004) zeigt, dass Interventionen, welche sich an einer sozial-konstruktivistischen Sicht von Lernen orientieren, tatsächlich zu einer Entwicklung von produktiveren Überzeugungen führen können.

Es ist also möglich, dass ein optimal verstehensförderlicher Mathematikunterricht von den Lernenden nicht genutzt werden kann, weil sie Überzeugungen haben, welche

---

56	Mathematik wird im Unterschied zu anderen Fächern wie Musik, Sport und auch Literatur von den Schülerinnen und Schülern fast nur im Unterricht und kaum unabhängig davon in der Freizeit betrieben.

die Verstehensprozesse behindern oder gar verhindern. Das vorhandene Verstehens-Angebot kann dann nicht produktiv genutzt werden (vgl. Angebots-Nutzungs-Modell von Fend, 2008 und Helmke, 2003). In einer langfristigen Perspektive (die über den Untersuchungshorizont der in dieser Arbeit verwendeten Daten hinausgeht) ist es deshalb wesentlich, dass in einem Unterricht, der Verstehen fördern will, auch das Entstehen von produktiven und passenden mathematischen Schüler-Überzeugungen gefördert wird.

Mason und Scrivani (2004) vermuten, dass der Startpunkt für die Veränderung von mathematischen Schülerüberzeugungen die Lehrerüberzeugungen sind. Die Befunde zum Zusammenhang zwischen Lehrerüberzeugungen und didaktischem Handeln im Fach Mathematik sind aber inkonsistent (Philipp, 2007; zu Befunden für die Pythagoras-Video-Studie vgl. Leuchter, Pauli, Reusser & Lipowsky, 2006). Schwierig ist, dass die selbst berichteten Überzeugungen und das tatsächliche Handeln im Unterricht nicht miteinander übereinstimmen müssen, dass Überzeugungen dem Besitzer oft nicht bewusst sind und dass sie von aussen kaum beobachtbar sind.

Emotionen

Lern- und leistungsrelevante Emotionen[57] können nach Pekrun und Schiefele (1996) wie folgt klassifiziert werden:

1) negativ oder positiv (Lernfreude/Hoffnung/Stolz, Dankbarkeit vs. Langeweile, Angst, Scham, Ärger),

2) aufgabenbezogen oder sozial,

3) prozess-, zukunfts- oder vergangenheitsbezogen.

Weiter wird bei den positiven und negativen Emotionen zwischen aktivierenden und desaktivierenden Emotionen unterschieden (Pekrun, Goetz, Titz & Perry, 2002): *Positiv aktivierend* sind zum Beispiel Freude, Hoffnung, Stolz, *positiv desaktivierend* ist Erleichterung. *Negativ aktivierend* sind Angst, Ärger und Scham, *negativ desaktivierend* sind Hoffnungslosigkeit und Langeweile.

Für Verstehensprozesse müssten aus theoretischer Sicht insbesondere positiv aktivierende, aufgaben- und prozessbezogene Emotionen unterstützend wirken.

Pekrun et al. (2002) kombinieren ihr kognitiv-motivationales Modell mit ihrer Kontroll-Wert-Theorie und schliessen daraus, dass es eine wechselseitige Beziehung zwischen schulischer Leistung und emotionalem Erleben geben muss. Ich beziehe mich hier auf die Darstellung des erweiterten Modells in Goetz, Pekrun, Zirngibl, Jul-

---

57 Die Begriffe „Emotion" und „Motivation" werden gemäss Pekrun und Schiefele (1996) je nach Forschungsinteresse in wechselseitiger Abhängigkeit definiert: Manchmal ist Motivation ein Bestandteil von Emotion und manchmal ist es umgekehrt. Beide Affekte können direkt auf die Lernhandlungen bezogen sein oder diese im weiteren Sinne beeinflussen. Im ersten Fall spricht man dann auch von Lernemotion respektive Lernmotivation (ebd.). Die empirische Forschung zu Lern- und Leistungsemotionen hat sich stark auf die Angst konzentriert (Pekrun & Schiefele, 1996 und mathematikspezifisch Pekrun & Zirngibl, 2004; Ashcraft & Ridley, 2005).

lien, Kleine, vom Hofe und Blum (2004), welche den Zusammenhang zwischen Lern-emotionen, Lernmotivation und Leistung wie folgt darstellen (Abbildung 13):

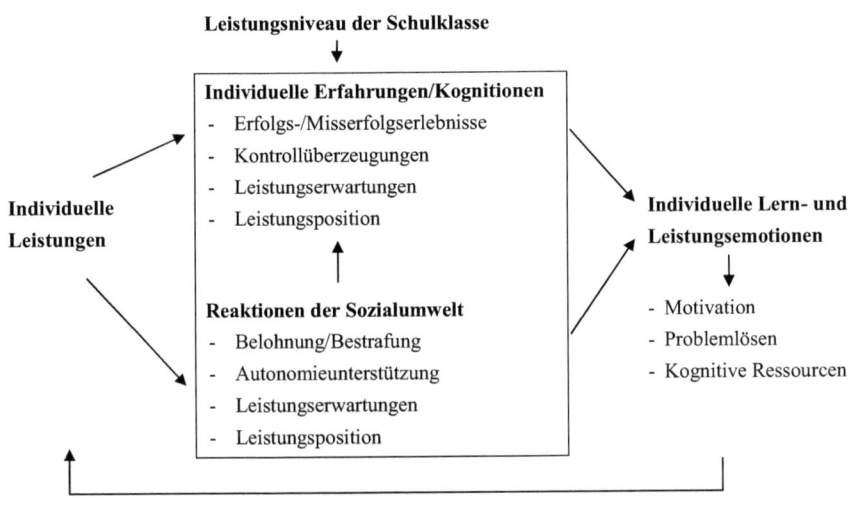

Abbildung 13:   Zusammenhänge zwischen schulischer Leistung, emotionalem Erleben und Motivation gemäss Goetz et al. (2004)

Die Lern- und Leistungsemotionen des einzelnen Lerners wirken gemäss diesem Modell nicht direkt auf dessen Leistung. Lern- und Leistungsemotionen beeinflussen in direkter Weise insbesondere a) die Motivation der Lernenden, b) deren Problemlöse-verhalten und c) die Art der Aktivierung der kognitiven Ressourcen.

a) Emotionen und Motivation

Positiv aktivierende Emotionen fördern die Motivation, während negativ desaktivie-rende Emotionen der Motivation schaden. Bei den positiv desaktivierenden und den negativ aktivierenden Emotionen ist die Lage komplexer, da sie in beide Richtungen wirken können: Zufriedenheit kann die unmittelbare Motivation weiterzuarbeiten des-aktivieren, sie kann aber auch die Motivation für kommende Arbeiten erhöhen. Angst kann die intrinsische Motivation und das Interesse reduzieren (vgl. auch Reiss & Reiss, 2006) und gleichzeitig kann sie die extrinsische Motivation fördern, welche sich darauf richtet, die negativen Folgen zu umgehen.

b) Emotion und Problemlöseverhalten

Gemäss Pekrun und Schiefele (1996) und Pekrun et al. (2002) beeinflussen negative Stimmungen den Einsatz von analytischen, detailorientierten Strategien beim Problemlösen (Auswendiglernen und andere oberflächliche Strategien), während positive Stimmungen eher den Einsatz von kreativen, flexiblen Strategien (Elaboration und Organisation) und metakognitive Überwachung fördern.

c) Emotionen und Aktivierung der kognitiven Ressourcen

Emotionen nehmen auch Einfluss darauf, ob die kognitiven Ressourcen zur Bearbeitung der eigentlichen Aufgaben oder für aufgabenirrelevante Prozesse verwendet werden. Es zeigt sich, dass zum Beispiel Angst die Leistungen bei komplexen mathematischen Aufgabenstellungen reduziert, nicht aber bei einfachen (Ashcraft & Ridley, 2005). Dies führen die Autoren auf eine Wirkung der Angst auf den Arbeitsspeicher zurück.

Die folgende Zusammenfassung zeigt die komplexe Wirkung von positiven und negativen Emotionen auf:

> Aus dem Modell lässt sich ableiten, dass aktivierend-positive Emotionen wie z.B. Lernfreude positiv zur Entwicklung von Interesse und Motivation beitragen, flexible und kreative Modi von Lernen und Problemlösen erleichtern, Aufmerksamkeitsressourcen auf die jeweilige Aufgabenstellung bündeln und sich damit positiv auf den Erwerb mathematischer Kompetenzen auswirken. Das Gegenstück sind desaktivierend-negative Emotionen wie Langeweile oder Hoffnungslosigkeit in Mathematik, die durchweg ungünstige Effekte ausüben dürften. Komplizierter sind die Verhältnisse bei aktivierend-negativen Emotionen wie Angst, Ärger oder Scham in Mathematik, die einerseits Interesse, intrinsische Motivation und Aufmerksamkeitsressourcen negativ beeinflussen, andererseits aber extrinsische Motivation und einen verstärkten Einsatz wiederholender Übestrategien begünstigen können, was – je nach Aufgabenstellung und Kompetenzbereich – den Modellannahmen zufolge auch zu positiven Leistungswirkungen führen kann. (Pekrun et al., 2005, S. 347)

Es sind also die durch Emotionen beeinflusste Motivation, das Problemlöseverhalten und die Aktivierung der kognitiven Ressourcen des Individuums, welche gemäss dem Modell die individuelle Leistung des Lerners beeinflussen.

Die individuelle Leistung wiederum wirkt selbst nicht allein und auch nicht direkt auf die Lern- und Leistungsemotionen des Lernenden. Der Einfluss wirkt simultan mit dem Einfluss des Leistungsniveaus der Schulklasse. Die Wirkung wird vermittelt durch die individuellen Erfahrungen und Kognitionen rund um Leistungen und durch die Reaktionen der Sozialumwelt auf diese individuellen Leistungen. Zu den individuellen Erfahrungen und Kognitionen gehört nach Goetz et al. (2004) auch Selbstwirksamkeit.

Goetz et al. (2004) zeigen mit einer längsschnittlichen Mehrebenenanalyse, dass die individuelle Leistung zu einer Erhöhung der Freude und einer Verminderung der Angst führt, während die Leistung der Klasse, zu welcher der Schüler oder die Schülerin gehört, gerade umgekehrt auf das Emotionserleben des Individuums wirkt.

Pekrun und Zirngibl (2004) weisen darauf hin, dass das leistungsbezogene Selbstvertrauen von Schülerinnen und Schülern (in PISA 2003 gemessen als Fähigkeitsselbstkonzept und Selbstwirksamkeit) von zentraler Bedeutung für die lern- und leistungsbezogenen Emotionen, für die Anstrengungsbereitschaft und den Lernerfolg der Schülerinnen und Schüler ist. Sie beschreiben weiter positive und negative Rückkopplungsschleifen in Bezug auf Selbstvertrauen und Emotionen bei Schülerinnen und Schülern: Lernerfolge führen zu Selbstvertrauen, Selbstvertrauen fördert die Entwicklung von Interesse und positiven Emotionen. Diese wiederum führen zu vermehrtem Einsatz von kreativen und effizienten Lernstrategien, was den Lernerfolg fördert und wiederum zu einem besseren Selbstvertrauen führt usw. Die negative Rückkoppelung verläuft analog: Misserfolg führt zu mangelndem Selbstvertrauen, welches Desinteresse und negative Emotionen beim Lernen (Langeweile, Angst) nach sich zieht. Diese wiederum führen zu oberflächlichen und ineffizienten Lernstrategien, was Misserfolg begünstigt usw. Es ist gut erkennbar, wie wichtig Erfolgserlebnisse im Mathematikunterricht sind. Leider ist es so, dass die Selbstwirksamkeit, die Freude und das Interesse von Jungen international in den meisten Ländern im Durchschnitt höher liegen als bei Mädchen (vgl. Pekrun & Zirngibl, 2004).

Aufgrund des vorangegangenen Abschnitts zu Überzeugungen könnte man in Abbildung 13 den Kasten mit den individuellen Erfahrungen und den Reaktionen der Sozialumwelt um die Kategorie der Überzeugungen ergänzen. Wobei es mir scheint, dass es bei den selbstbezogenen Überzeugungen von De Corte et al. (2002) Überschneidungen zu den bereits im Modell vorhandenen individuellen Kognitionen gibt.

Was Goetz et al. (2004, S. 203 f.) für gute Leistungen ausführen, kann analog für tiefes Verstehen gefolgert werden: Tiefes Verstehen führt zu korrektem Lösen von Aufgaben (Erfolgserlebnis), zu einem positiven Selbstkonzept (Kontrollüberzeugungen) und zu positiven weiteren Verstehenserwartungen, welche alle drei gemäss Goetz et al. (2004) zu positiven Emotionen führen. Da ein tiefes Verständnis im Allgemeinen mit hohen Leistungen einhergeht, gelten in diesem Falle auch die analogen Reaktionen der Sozialumwelt.[58]

Es fragt sich, ob sich für Verstehensprozesse, welche nicht in einen unmittelbaren Leistungskontext eingebunden sind, das Verstehensniveau der Klasse ähnlich auf die Emotionen auswirken könnte wie das Leistungsniveau: Wenn praktisch die ganze Klasse einen Sachverhalt schon verstanden hat, steigt der Druck, diesen selbst auch zu verstehen, und die eigene Verstehensleistung wird als kleiner betrachtet, als wenn man zu den wenigen gehören würde, welche verstehen. In der Praxis lässt sich aber auch so etwas wie ein „Verstehenssog" in der Klasse beobachten: Wenn viele den Stoff verstehen, muss der Stoff folglich „verstehbar" sein und die „Noch-nicht-Versteher" sehen eine Chance, ebenfalls verstehen zu können. Da viele Schülerinnen und Schüler den

---

58 Falls das subjektive Gefühl des Verstandenhabens einer Schülerin oder eines Schülers nicht mit den objektiven Reaktionen der Lehrperson und der Leistungsmessung zusammenfällt, wird die Situation viel komplexer. Darauf gehe ich hier nicht ein.

Stoff verstanden haben, können sie im Unterricht den etwas langsameren Schülern helfen, was das Verstehensniveau der Klasse als Ganzes zusätzlich fördert. Umgekehrt, wenn fast niemand in einer Klasse den Stoff versteht, kann die Klassenstimmung entstehen, dass es am Stoff oder an der Lehrperson liegen müsse und nicht an den eigenen Anstrengungen und Fähigkeiten. Je nach Klasse kann in einer solchen Situation der „Verstehenseifer" der ganzen Klasse abnehmen.

In Verbindung mit dem Abschnitt über Überzeugungen lässt sich also folgern: Lehrpersonen müssten im Unterricht explizit aufzeigen, dass Verstehensprozesse bei allen Menschen immer auch mit Umwegen und Fehlern, mit Phasen der Frustration und Verzweiflung, mit Anstrengung, aber auch mit grosser Freude, Stolz und Befriedigung verbunden sind. Das Klima im Unterricht müsste so sein, dass sich die Lernenden trauen, ohne Angst und Scham unvollständige Gedanken und Vermutungen zu äussern und „Noch-nicht-Verstehen" mitzuteilen. Dem Umgang mit Fehlern kommt somit eine wichtige Rolle zu.

Motivation

Die Qualität der Lernmotivation spielt eine wichtige Rolle bei der Ingangsetzung und Aufrechterhaltung von kognitiven Lernaktivitäten: Forschung zur Lernmotivation zeigt auf, dass selbstbestimmte Formen der Lernmotivation mit dem Einsatz von eher tiefergehender Informationsverarbeitung (Schiefele & Pekrun, 1996), also verstehensorientierten Lernaktivitäten wie vertiefender Elaboration und organisierenden Prozessen im Zusammenhang stehen. Selbstbestimmte Formen der Lernmotivation werden auch mit mehr Engagement und Ausdauer in Verbindung gebracht (Alexander & Murphy, 1998), was für Verstehensprozesse ebenfalls zentral ist. (Diese vermittelnde Wirkung von Motivation könnte man in Abbildung 13 durch einen Pfeil von der Motivation zum Problemlösen und zu den kognitiven Ressourcen einzeichnen.)

Drei grundlegende psychologische Bedürfnisse beeinflussen das Mass an wahrgenommener Selbstbestimmung: das Streben nach Kompetenz, Autonomie und sozialer Einbettung (Deci & Ryan, 1993). Je besser diese Bedürfnisse erfüllt sind, desto höher ist der wahrgenommene Grad an Selbstbestimmung und dadurch wird die Entwicklung von intrinsischer Motivation ermöglicht. Intrinsische Motivation stellt selbstbestimmtes Verhalten dar: Eine Tätigkeit wird aus eigenem Interesse am Inhalt, aus Freude an der Sache selbst und ohne Druck von aussen durchgeführt. Bei extrinsischer Motivation hingegen wird eine Tätigkeit ausgeführt, um positive Konsequenzen zu erreichen oder negative zu vermeiden.[59] Die Kontrolle erfolgt also von aussen und steht nicht im Zusammenhang mit der Lernaktivität (Mietzel, 1998).

Der Unterricht kann dazu beitragen, dass äussere Anforderungen und Anreize durch die Erfüllung der drei Bedürfnisse zu selbstbestimmteren Motivationsformen werden. In der Schule kann dies unter anderem durch sachorientierte Rückmeldung,

---

59 Gemäss Deci und Ryan (1993) gibt es zwischen den Polen extrinsischer und intrinsischer Motivation ein Kontinuum zwischen Kontrolle und Selbstbestimmung.

individuelle Bezugsnormorientierung, durch Wahlmöglichkeiten und Unterstützung von selbständigem Handeln respektive durch kooperatives Arbeiten in einer wertschätzenden und kollegialen Lernatmosphäre geschehen (vgl. z.B. Seel, 2003). Für das Verstehen könnte dies auch bedeuten, dass Schülerinnen und Schüler im Unterricht eigene Verstehenswege wählen können (Autonomie), dass sie darin unterstützt werden, auch kleine Teilerfolge im eigenen Verstehen wahrzunehmen (Kompetenz) und dass in der Klasse ein Klima herrscht, in dem alle einander gegenseitig beim Verstehen helfen (soziale Eingebundenheit). Dabei muss beachtet werden, dass es vermutlich viel schlimmer ist, etwas nicht zu verstehen, was alle Klassenkameraden zu verstehen scheinen, als wenn derselbe Sachverhalt von den andern auch (noch) nicht begriffen worden ist.

Rakoczy (2008) zeigt, dass eine disziplinierte und störungsfreie Führung des Unterrichts einen positiven Einfluss auf die wahrgenommene Motivationsunterstützung der Schülerinnen und Schüler aufweist.

Die Forschungsergebnisse zur Rolle von extrinsischer Lernmotivation sind weniger einheitlich, denn diese führt nicht zwingend zu Leistungseinbussen (Pekrun & Schiefele, 1996).

Der Zusammenhang zwischen Emotionen und Motivation besteht neben den im Abschnitt Emotionen erwähnten Aspekten auch darin, dass bei positiver emotionaler Stimmung vermehrt selbstbestimmte Formen der Motivation angeregt werden. Diese führen, genau wie die positiven Emotionen, zu tiefenorganisierten kognitiven Lernaktivitäten, was insgesamt zu bessern Leistungen führt. Motivation ist gemäss Reiss und Reiss (2006) auch eng verbunden mit Selbstkonzept, Selbstwirksamkeit und Selbstregulation. Bereichsspezifisches Interesse kann zu intrinsischer Lernmotivation und damit zur Bereitschaft führen, anstrengende Lernaktivitäten auf sich zu nehmen (Krapp, 1998).

Motivation allein genügt aber noch nicht: Entscheidend ist, dass Absichten zum Lernen auch tatsächlich in Handlungen umgesetzt werden. Dies erfordert gemäss Pekrun und Schiefele (1996) sowohl metakognitive als auch volitionale Kontrollprozesse (wie z.B. Emotions-, Motivations- und Anstrengungssteuerung). Hier werden auch Überzeugungen eine Rolle spielen (vgl. oben).

In Bezug auf Konzeptwechsel beschreiben Merenluoto und Lehtinen (2004) ein anderes Modell, in dem neben kognitiven auch motivationale Aspekte eine wichtige Rolle spielen. Es geht darum, ob aufgrund einer neuen Lernsituation überhaupt ein Bedürfnis entsteht, an den bestehenden Konzepten etwas zu ändern. Motivationale Aspekte (worunter hier auch Interesse und Selbstwirksamkeit gezählt werden) können im engen Zusammenspiel mit kognitiven Aspekten dazu führen, dass die Aufmerksamkeit gar nicht auf die neuen, kritischen Aspekte der Situation gelenkt wird und deshalb so etwas wie eine „Illusion of Understanding" (Merenluoto & Lehtinen, 2004, S. 524) entsteht, zu der es objektiv betrachtet gar keinen Anlass gibt. Die Motivation, anstrengende Konzeptwechsel und Umstrukturierungen vorzunehmen, ist insbesondere dann klein, wenn sich die bisherigen Vorstellungen im Alltag gut bewähren.

Zusammenfassend: An Verstehensprozessen sind nicht nur kognitive, sondern auch affektive Aspekte wie Überzeugungen, Emotionen und Motivation in vielfältiger und komplexer Art und Weise mitbeteiligt. Die Bemühungen um individuellen Sinnfluss können durch affektive Prozesse sowohl gefördert als auch behindert werden. Reiss und Reiss (2006, S. 235) fassen zusammen, „dass Motivation, Interesse und Emotionen geringe bis mittlere Korrelationen mit Leistungsvariablen im Mathematikunterricht aufweisen. Sie erweisen sich jedoch als wichtige Moderatorvariablen, die bei einer multivariaten Analyse an Bedeutung gewinnen."

Für das Verstehen und Problemlösen sind tiefenorientierte kognitive Lernaktivitäten zentral. Diese Lernaktivitäten werden durch motivationale und emotionale Aspekte des Lernens beeinflusst und durch Überzeugungen mitbestimmt. Selbstbestimmte Formen der Lernmotivation nehmen eine zentrale Rolle ein und sie sind mit positiven Emotionen verbunden.

2.3.7 Qualitätsmerkmale von Unterricht in Bezug auf Konzeptverstehen aus Sicht der empirischen Unterrichtsforschung

In diesem Kapitel werden einige zentrale Konzepte und Ergebnisse der empirischen Unterrichtsforschung zu Qualitätsmerkmalen von Unterricht in Bezug auf die Anleitung von konzeptuellen Verstehensprozessen vorgestellt. Das Kapitel beginnt mit einer Abgrenzung zu experimentellen Untersuchungen und Fallstudien. In Kapitel 2.3.7.1 werden Verknüpfungen bei Aufgabenstellung und Aufgabenbearbeitung betrachtet. Hier wird Bezug genommen auf die beiden TIMSS-Videostudien und es wird daraus abgeleitet, dass die Qualität der Anleitung von Verstehensprozessen in dieser Arbeit nicht via Aufgabenqualitäten angegangen wird. Im darauffolgenden Kapitel 2.3.7.2 wird auf die Unterrichtsqualitätsmerkmale der Klarheit, Strukturiertheit und Kohärenz eingegangen. Es werden Gemeinsamkeiten von verschiedenen Definitionen herausgearbeitet, soweit sie für Strukturaufbauprozesse relevant sind. Auch werden einige Ergebnisse der beiden TIMSS-Videostudien berichtet, in denen Kohärenz von Unterricht unterschiedlich operationalisiert wurde. Dieses Kapitel zeigt, dass Klarheit und Kohärenz von Unterricht mit dem Ziel, ein Konzept zu verstehen, konzeptspezifischer gefasst werden müssten, als dies bisher geschehen ist. In Kapitel 2.3.7.3 werden zwei empirisch bestimmte Unterrichtsqualitätsmerkmale dargestellt, welche sich spezifisch auf konzeptuelles Verstehen beziehen und für unterschiedliche unterrichtliche Inszenierungen gelten (Hiebert & Grouws, 2007). Für einen konkreten Verstehensinhalt lassen sich diese weiter präzisieren. Zum Schluss wird in Kapitel 2.3.7.4 kurz auf das Unterrichtsmerkmal der kognitiven Aktivierung eingegangen. Dies ist nötig, weil im empirischen Teil dieser Arbeit gezeigt wird, dass die entwickelten fachdidaktischen Unterrichtsqualitäten etwas anderes messen als die hoch inferent beurteilte kognitive Aktivierung.

Insgesamt zeigt dieses Kapitel auf, dass bisherige bewährte Unterrichtsqualitätsmerkmale für das spezifische Lernziel des Verstehens eines konkret gegebenen Konzepts inhaltsspezifischer präzisiert werden können. Weiter wird deutlich werden, dass das spezielle mikrogenetische und konzeptspezifische Forschungsdesign der Videostudie „Unterrichtsqualität, Lernverhalten und mathematisches Verständnis" bisher nicht dagewesene fachdidaktische Forschungsmöglichkeiten bietet.

Experimentelle Untersuchungen und Fallstudien

Mit Verstehensprozessen zu konkreten Inhalten im Unterricht und mit deren Anleitung haben sich insbesondere die „Teaching for understanding"-Forschung in den USA (z.B. Hiebert et al. 1997, vgl. auch zusammenfassend Brophy, 2006 und Hiebert & Grouws, 2007) und die interpretative Unterrichtsforschung in Deutschland beschäftigt (vgl. z.B. Krummheuer & Voigt, 1991; Maier & Steinbring, 1998; Maier & Voigt, 1994). Bei Fallstudien und experimentellen Studien stellt sich gemäss Brophy (2006) und Hiebert und Grouws (2007) die Frage der Übertragbarkeit auf alltäglichen Unterricht mit anderen Unterrichtsmethoden und ohne Expertenlehrpersonen.

Die interpretative Unterrichtsforschung analysiert meist einzelne und zeitlich relativ kurze Lektionsausschnitte, wobei der Verstehensprozess eines einzelnen Schülers oder einer kleinen Schülergruppe erforscht wird. Das Aushandeln von Bedeutung in der sozialen Interaktion spielt eine besondere Rolle, der zu verstehende Inhalt wird meist sehr präzise untersucht. In dieser Arbeit ist der Analysegegenstand der alltägliche Unterricht, wobei der Inhalt ebenfalls standardisiert ist. Es werden Qualitäten der Anleitung von Verstehensprozessen in 38 Klassen untersucht. Das Forschungsinteresse, der Auflösungsgrad und die Methode unterscheiden sich also von denjenigen der interpretativen Unterrichtsforschung und von experimentellen Untersuchungen. Deshalb wird hier nicht näher darauf eingegangen.

Es gibt einige Fallstudien, die sich mit dem Inhalt des Satzes des Pythagoras beschäftigt haben:

- Knipping (2003) für einen Zweiländervergleich von Beweisprozessen in Deutschland und Frankreich;
- Schoy-Lutz (2005) für Fehlerkultur im Mathematikunterricht (dies war eine Vorstudie für die Videostudie, in deren Rahmen diese Arbeit entstanden ist);
- Huang und Leung (2002) für einen beschreibenden Vergleich von je einer Pythagoras-Lektion aus Tschechien, Hongkong und Shanghai. Es wird deutlich, wie unterschiedlich Lehrpersonen denselben Inhalt unterrichten.
- Brinkmann (2002, 2007) unterscheidet verschiedene Ebenen von Verknüpfungen zum Satz des Pythagoras. Sie argumentiert allerdings eher mathema-

tisch und weniger kognitionspsychologisch, wie es in dieser Arbeit in Kapitel 4.1 gemacht wird.

- Klieme und Thussbas (2001) analysieren in einer Fallstudie eine Beweissequenz zum Satz des Pythagoras aus der TIMSS-1995-Videostudie und zeigen Probleme und Grenzen des kognitiv aktivierenden Unterrichts auf.

Klieme und Thussbas (2001), Schoy-Lutz (2005) und Huang und Leung (2002) haben mit Videoaufnahmen gearbeitet, Knipping (2003) mit Tonbandaufnahmen und Fotos der Wandtafelbilder, während Brinkmann (2002, 2007) den Unterricht nicht betrachtet hat. Auf der Ebene der Phänomene gibt es aufgrund des gleichen Inhalts einige Gemeinsamkeiten zwischen diesen Fallstudien und der vorliegenden Arbeit. Was die theoretische Einbettung anbelangt, gehe ich hier einen anderen Weg. Deshalb werden diese Studien nicht näher beschrieben.

Das Ziel dieser Arbeit ist das Finden von fachdidaktischen Unterrichtsqualitätsmerkmalen der Anleitung von Konzeptverstehen im alltäglichen Unterricht. Diese sollen möglichst unabhängig von speziellen Methoden und Inszenierungsmustern sein. Denn Hugener (2008) konnte für die vorliegende Videostudie keine Überlegenheit eines problemlösenden Musters über ein fragend-entwickelndes Muster in Bezug auf die Schülerleistung aufzeigen. Auch Brophy (2006), Hiebert und Grouws (2007) und Reusser (2006) gehen davon aus, dass tiefes Verstehen im Prinzip mit verschiedensten Inszenierungsformen zu fördern ist.

Von den meisten Unterrichtsqualitätsmerkmalen lässt sich annehmen, dass sie mindestens indirekt einen positiven Einfluss auf Verstehensaufbauprozesse haben könnten: Wenn sie nicht in direkter Weise die kognitiven Aufbauprozesse der Schülerinnen und Schüler unterstützen, so können sie zumindest deren affektive Voraussetzungen positiv beeinflussen.

In dieser Arbeit sind fachdidaktische Unterrichtsqualitätsmerkmale gesucht, welche Verstehensaufbauprozesse zu einem *konkreten Konzept* unterstützen. Es wird deshalb nur auf Unterrichtsqualitätsmerkmale eingegangen, welche die beiden folgenden Bedingungen erfüllen:

1) Sie sind nahe am konkreten, zu verstehenden Inhalt der (videographierten) Lektionen.

2) Sie haben mit Verknüpfungen zu tun.

Der zweite Punkt ist wichtig, weil sich Verknüpfungen in den bisherigen theoretischen Überlegungen dieses Kapitels 2 als *die* zentralen Teilprozesse des Verstehens herausgestellt haben. Unterrichtsqualitätsmerkmale wie Disziplin, Unterrichtsklima, aber auch allgemeine Qualitätsmerkmale von Aufgaben wie deren Offenheit werden hier nicht diskutiert, weil sie sich im Allgemeinen wenig auf den konkreten Inhalt beziehen. Qualitätsmerkmale der Art „time on task" (auch „opportunity to learn" usw.) fallen wegen des zweiten Punktes weg, denn sie beziehen sich kaum in direkter Weise auf Verknüpfungen. Es wird angenommen, dass Disziplin (Klieme et al., 2001b) und die Dauer der Lernzeit (Hiebert & Grouws, 2007) Basisvoraussetzungen für Lern- und Verstehensprozesse bilden.

Für kumulatives Lernen, bei dem Verknüpfungen eine zentrale Rolle spielen, lassen sich aufgrund der oben genannten zwei einschränkenden Bedingungen die folgenden drei Unterrichtsqualitätsmerkmale identifizieren:

1) Verknüpfungen bei Aufgabenstellung und Aufgabenbearbeitung,
2) Klarheit, Strukturiertheit und Kohärenz im Unterricht,
3) kognitive Aktivierung.

Alle drei haben mit Verknüpfungen zu tun und können inhaltsnahe formuliert werden. Auf diese drei Unterrichtsqualitätsmerkmale wird im Folgenden näher eingegangen. Vor der kognitiven Aktivierung werden zwei fachdidaktische Unterrichtsqualitätsmerkmale von Hiebert und Grouws (2007) beschrieben, die ebenfalls mit Verknüpfungen zu tun haben.

2.3.7.1 Verknüpfungen bei Aufgabenstellung und Aufgabenbearbeitung (TIMSS-Videostudien)

Mehr als 80% der Lektionszeit von Mathematikunterricht werden gemäss der TIMSS-1999-Videostudie international zum Lösen von Aufgaben verwendet (Hiebert et al., 2003; Reusser & Pauli, 2003). Aufgabenstellungen und die damit ausgelösten kognitiven Prozesse sind für das Lernen und Verstehen von Mathematik zentral: Mathematikdidaktiker haben lange vor den beiden TIMSS-Videostudien gute, problemhaltige und realitätsbezogene Aufgaben im Mathematikunterricht gefordert (insbesondere Freudenthal, 1973; Polya, 1949; vgl. auch Schoenfeld, 1992). Durch die TIMSS-1995-Videostudie wurde diese Forderung verstärkt (Pauli & Reusser, 2006): Die offenen, komplexen Problemstellungen, die vor allem in japanischen Lektionen vorkamen, wurden – neben anderen Aspekten – für das gute Abschneiden der Japaner in den Leistungstests verantwortlich gemacht (obwohl sich kein direkter Zusammenhang zwischen der beobachteten Unterrichtsgestaltung und den Mathematikleistungen der Schülerinnen und Schüler herstellen lässt, weil keine entsprechenden Leistungsdaten vorhanden waren, vgl. z.B. Klieme & Bos, 2000). Die Forderung nach einer neuen Aufgabenkultur wurde zu einem zentralen Punkt im BLK-Programm (BLK, 1997; Prenzel, 2000) und führte zusammen mit den Ergebnissen aus den verschiedenen PISA-Studien (vgl. z.B. Klieme, Neubrand & Lüdtke, 2001a), die für den Einbezug von mehr realitätsbezogenen Modellierungsaufgaben im Hinblick auf den Erwerb von Literacy sprachen, zu vielen Publikationen rund um Aufgabenqualität (vgl. z.B. Blum et al., 2006; Bruder, Leuders & Büchter, 2008; Büchter & Leuders, 2005; Klieme & Baumert, 2001; Ulm, 2004).

Für die Argumentation in dieser Arbeit stellt sich die Frage, ob man die Qualität der Anleitung von Verstehensprozessen via die Qualität der im Unterricht vorkommenden Aufgabenstellungen angehen soll. Zur Beantwortung dieser Frage werden einige Ergebnisse aus den beiden TIMSS-Videostudien dargestellt.

TIMSS-Videostudien und die Aufgabenqualität

Der Unterricht in Japan unterscheidet sich in der TIMSS-1995-Videostudie von demjenigen in Deutschland und den USA durch herausfordernde Probleme, bei deren Bearbeitung mathematische Konzepte diskutiert werden (Stigler & Hiebert, 1999). Konzepte werden im Unterricht entwickelt und nicht demonstriert, und auch in den individuellen Schülerarbeitsphasen sind die Übungen anspruchsvoll (ebd.). Der Unterricht ist kohärenter aufgebaut als in den anderen beiden Ländern (vgl. weiter unten). Dieser problemlösende Unterricht, in dem mathematisches Denken und mathematisches Verständnis gefördert werden, entspricht den fachdidaktischen Idealvorstellungen eines guten Mathematikunterrichts (Pauli & Reusser, 2006).

Auch vertiefende fachdidaktische Klassifikationen von Aufgabenstellungen und dazugehörende Fallanalysen der TIMSS-1995-Videodaten zeigen Unterschiede zwischen Ländern und Klassen (Knoll, 2003 für Einführungsphasen; Neubrand, 2002 für Seatworkphasen, wobei sie, im Unterschied zu Knoll, nicht direkt mit den Videoaufnahmen, sondern mit schriftlichen Stundendokumentationen gearbeitet hat). Es konnten aber keine Beziehungen zu Leistungstests hergestellt werden.

Andererseits gibt es in den „Hochleistungsländern" der TIMSS-1999-Videostudie[60] sehr unterschiedliche Aufgabenstellungsprofile und Arten des Umgangs mit Aufgaben: Es gibt kein Aufgabenmerkmal, das in allen „Hochleistungsländern" in einem hohen Mass vorgekommen ist (vgl. Reusser & Pauli, 2003)! Die japanische Aufgabenauswahl und ihre Art Aufgaben zu lösen, scheint also – obwohl fachdidaktisch sehr erwünscht – keine notwendige Voraussetzung für hohe Ergebnisse im TIMSS-Leistungstest zu sein.

Für die Fragestellung dieser Arbeit sind die im Folgenden dargestellten Befunde zum kognitiven Niveau der Aufgabenstellung und der dazugehörenden Bearbeitung aus der TIMSS-1999-Videostudie interessant.

Verknüpfungen beim Aufgabenbearbeiten: Nicht die Aufgabenstellung, sondern die Aufgabenbearbeitung ist entscheidend

Verknüpfungen von Inhalten kommen explizit als Unterrichtsqualitätsmerkmal in den Aufgabencodierungen der TIMSS-1999-Videostudie vor: Es wurden alle vorkommenden Aufgabenstellungen, welche öffentlich besprochen wurden, nach drei Kategorien

---

60   In der TIMSS-1999-Videostudie waren 6 „Hochleistungsländer" – Australien, Hongkong, Japan (mit den Videoaufnahmen aus TIMSS 1995), Niederlande, Schweiz, Tschechien – sowie die USA vertreten. Durch dieses Setting konnten einige aufgrund der TIMSS-1995-Videostudie aufgestellte Hypothesen über notwendige Bedingungen von gutem Mathematikunterricht getestet werden. Diese müssten in allen „Hochleistungsländern" vorkommen, aber in den USA untervertreten sein (vgl. z.B. Hiebert et al., 2003; Pauli & Reusser, 2006; Reusser & Pauli, 2003).

des kognitiven Niveaus geratet: Making Connection, Stating Concepts, Using Proce-dures.[61] (Die folgenden Angaben stammen aus Hiebert et al., 2003, vgl. auch Hiebert et al., 2005 und Hiebert & Grouws, 2007.)

Bei *Making-Connection-Aufgabenstellungen* ging es um das Herstellen von Ver-knüpfungen zwischen Ideen, Fakten und Prozeduren. Zum Beispiel mussten Schüle-rinnen und Schüler mit Hilfe von drei gegebenen konkreten Beispielen von Funktions-gleichungen in der allgemeinen Funktionsgleichung einer linearen Funktion $y = ax + b$ die Bedeutung der Parameter a und b entdecken.

In *Using-Procedures-Aufgabenstellungen* mussten Schülerinnen und Schüler ih-nen bekannte Prozeduren anwenden, um die Aufgabe zu lösen. Zum Beispiel mussten sie eine einfache Gleichung nach der Unbekannten auflösen.

In *Stating-Concepts-Aufgabenstellungen* mussten Schülerinnen und Schüler Defi-nitionen und Eigenschaften erinnern und illustrieren. Zum Beispiel mussten sie im Koordinatensystem einen vorgegebenen Punkt einzeichnen.

Es zeigte sich, dass bei allen Ländern zwischen 13% und 24% der Aufgaben pro Lektion Making-Connection-Aufgaben waren (Hiebert et al., 2005). In den USA wa-ren es 17%. Die Ausnahme bildete Japan mit 54%. Hinsichtlich des Vorkommens von Verknüpfungsaufgaben unterschieden sich die USA also nicht von den meisten „Hoch-leistungsländern". In allen Ländern ohne Japan waren zwischen 57% bis 84% der Aufgaben pro Lektion Using-Procedures-Aufgaben (USA 69%). Interessant ist, dass Japan und Hongkong als die zwei Länder, welche im internationalen Leistungstest am besten abgeschnitten haben, in Bezug auf die Aufgabenstellungen ein ganz anderes Profil aufzeigten: In Japan waren 54% aller Aufgabenstellungen Making-Connection-Aufgaben und 41% Using-Procedures, während es in Hongkong 13% Making-Connection- und 84% Using-Procedures-Aufgaben waren.

Die Unterschiede zwischen den Ländern wurden viel grösser, als die Art der Be-arbeitung der Aufgaben untersucht wurde. Die öffentlichen Besprechungen der Aufga-ben wurden nach denselben drei kognitiven Niveaus codiert. Es musste eine neue Ka-tegorie „Giving only the answer" hinzugenommen werden, für Aufgaben, bei deren Besprechung nur die Lösung angegeben wurde. Nun konnte man untersuchen, was mit Making-Connection-Aufgaben während der Bearbeitung im Unterricht passierte: Denn die Aufgaben können auf einem anderen Niveau bearbeitet werden, als dies durch die Aufgabenstellung beabsichtigt war. In allen Ländern inklusive Japan, mit Ausnahme von Australien und den USA, wurden 37% bis 52% der Making-Connection-Aufgaben auch tatsächlich auf dem Verknüpfungsniveau bearbeitet, d.h. die Verknüpfung wurde für die Schülerinnen und Schüler in öffentlichen Gesprächen explizit. In Australien waren es nur 8%, in den USA weniger als 1%. Erst bei der Aufgabenbearbeitung fallen also die USA deutlich ab. Hiebert et al. (2005) schliessen daraus, dass die Lehrperso-

---

61 Das Kategoriensystem von Smith baute auf demjenigen von Stein, Grover und Henningsen (1996) auf, die in ihren Analysen ähnliche Phänomene des Heruntertransformierens des Potenzi-als von Aufgabenstellungen während der Bearbeitung beobachten konnten.

nen der Hochleistungsländer mehr auf die konzeptuelle Entwicklung der Mathematik achten als diejenigen in den USA. Interessant ist weiter, dass zwischen 0% (USA) und 22% (Japan) der Using-Procedures-Aufgaben auf Making-Connection-Niveau bearbeitet wurden. Aufgaben werden also auch auf einem höheren Niveau bearbeitet, als das Niveau der Aufgabenstellung erwarten lässt.

Die Bedeutung dieses Befundes für die vorliegende Arbeit liegt vor allem darin, dass die Aufgabenbearbeitung – insbesondere die Art, wie die mathematischen Prozesse während der Bearbeitung der Aufgaben hervorgehoben und sichtbar gemacht werden – eher die Art und das Niveau des Lernens der Schülerinnen und Schüler zu beeinflussen scheint als die ursprüngliche Aufgabenstellung (vgl. auch Stein & Lane, 1996). Allerdings waren in der TIMSS-1999-Videostudie keine Leistungsdaten vorhanden, mit denen man diese Hypothese hätte überprüfen können.

Damit lässt sich nun auf die eingangs gestellte Frage zurückkommen, ob man die Qualität der Anleitung von Verstehensprozessen via die Qualität der im Unterricht vorkommenden Aufgaben*stellungen* angehen soll. Es gibt drei Gründe, die dagegen sprechen, sich nur auf die Aufgabenstellungen zu konzentrieren:

Erstens: Es ist anzunehmen, dass die tatsächlich stattfindenden Denk- und Lernprozesse innerhalb der Aufgaben*bearbeitung* nicht nur für das kognitive Niveau, sondern auch für andere zentrale fachdidaktische Aspekte wesentlicher sind als das diesbezügliche Potenzial der Aufgabenstellung. Für die Bestimmung von Merkmalen von Unterrichtsqualität in Bezug auf das Verstehen eines konkreten Konzepts sind die tatsächlich vorkommenden Verknüpfungen während der Bearbeitung von Aufgaben vermutlich entscheidender als das Verknüpfungspotenzial der Aufgabenstellung.

Zweitens: Sowohl aus theoretischer (z.B. Aebli, 2001; Reusser, 2006) als auch aus empirischer Sicht (z.B. Brophy, 2006; Hiebert & Grouws, 2007) werden für das Lernen sowohl anspruchsvolle, verknüpfende als auch repetitive Aufgaben als notwendig erachtet. Deshalb ist kein linearer Zusammenhang zwischen der Anzahl Making-Connection-Aufgaben und konzeptuellem Verstehen zu erwarten. Wichtiger als die Anzahl anspruchsvoller und repetitiver Aufgaben scheint für Strukturaufbauprozesse deshalb die Frage, zu welchem Ziel, wann und in welcher Reihenfolge diese Aufgaben im Unterricht eingesetzt werden sollen. Die Ergebnisse der TIMSS-1999-Videostudie weisen darauf hin, dass guter Unterricht durch verschiedene Aufgabenstellungsprofile zu erreichen ist.

Drittens: Aufgaben dienen unterschiedlichsten Lernzielen. Neben dem Verstehen eines konkreten Konzepts im engen Sinne beeinflussen Aufgaben beispielsweise das Mathematikbild sowie die Problemlöse- und Anwendungsfähigkeiten der Schülerinnen und Schüler (z.B. Schoenfeld, 1992). Manche Merkmale von guten Aufgaben sind vermutlich eher für solche langfristig zu erwerbenden Lernziele und Kompetenzen unbedingt notwendig und weniger für das Verstehen eines konkreten Konzepts innerhalb von drei Lektionen.

Aus diesen drei Gründen wird in dieser Arbeit nicht via Analyseeinheit „Aufgabe" nach fachdidaktischen Unterrichtsqualitätsmerkmalen in Bezug auf das Verstehen eines Konzepts gesucht. Dies ist ein etwas unübliches fachdidaktisches Vorgehen, sind doch Qualitäten von guten Aufgaben und das adäquate Bearbeiten dieser Aufgaben im Mathematikunterricht ein aktuelles fachdidaktisches Thema, das empirisch nicht nur innerhalb der beiden TIMSS-Videostudien und durch die PISA-Studie sondern auch in der COACTIV-Studie ausführlich untersucht wird (Jordan et al., 2008; Jordan et al., 2006; Kunter et al., 2007).

Wenn aber Videoaufnahmen von Unterricht zum gleichen Inhalt vorliegen, so gibt es andere Möglichkeiten, als die Qualität der Aufgabenstellungen zu erfassen. Das nächste Kapitel gibt erste Hinweise darauf, wie man vorgehen könnte.

2.3.7.2   Klarheit, Strukturiertheit und Kohärenz im Unterricht

Die Wichtigkeit der Kohärenz, Klarheit und Transparenz der während der Verstehensprozesse aufgebauten kognitiven Struktur der Schülerinnen und Schüler ist in den vorangegangenen Kapiteln mehrfach erwähnt worden (vor allem in der Argumentation von Aebli und Wertheimer, vgl. Kapitel 2.3.2 und 2.3.5, insbesondere Kapitel 2.3.5.5).

In diesem Kapitel geht es um Klarheit, Strukturiertheit und Kohärenz als Qualitätsmerkmale von *Unterricht*. Diese Unterrichtsqualitätsmerkmale haben sich als zentral für Lernen und Verstehen herausgestellt: In den sechs „Hochleistungsklassen" aus der SCHOLASTIK-Studie gab es neben der Klassenführung genau ein Merkmal, in dem alle Klassen einen überdurchschnittlichen Wert aufwiesen: Die aus Schülersicht beurteilte Klarheit der Lehreräusserung (Helmke & Weinert, 1997b). Die Schülerinnen und Schüler mussten beurteilen, wie häufig es vorkommt, dass sie Fragen, Anweisungen und Aussagen der Lehrperson vom Sinn her nicht verstehen (wobei die Antwort umgepolt wurde).[62]

Insgesamt gehören Klarheit und Strukturiertheit zu den eindeutigsten Unterrichtsqualitätsmerkmalen des Prozess-Produkt-Paradigmas, welche einen Effekt auf Leistung haben (Brophy, 1999, 2006; Brophy & Good, 1986; Einsiedler, 1997; Helmke & Weinert, 1997a, 1997b; Shuell, 1996; Wang, Haertel & Walberg, 1993). Es zeigen sich auch positive Effekte auf affektive Outcome-Variablen (vgl. zusammenfassend Lipowsky, 2009). Insbesondere scheint für die Wirksamkeit offener Unterrichtsformen ein gewisses Mass an Strukturierung wesentlich zu sein (Lipowsky, 2002; Mayer, 2004; Reusser, 2006).

---

62   Aus einer fachdidaktischen Perspektive fragt man sich, was die Schülerinnen und Schüler mit ihren Antworten wohl gemeint haben. Es ist durchaus denkbar, dass sie ihre Lehrer als sehr klar in ihren Anweisungen beurteilt haben, obwohl Experten die inhaltliche Klarheit der Lehreraufforderungen unter Umständen deutlich schlechter beurteilt hätten. Denn die inhaltliche Klarheit können die Schülerinnen und Schüler gemäss Clausen (2002) kaum beurteilen.

Das Vorgehen in diesem Kapitel ist Folgendes: Zuerst werden exemplarisch einige Definitionen der drei Konstrukte vorgestellt und hinsichtlich verschiedener, für die Anleitung von Verstehensprozessen relevanter Aspekte verglichen. Dadurch wird deutlich, warum diese Unterrichtsqualitätsmerkmale für Verstehensprozesse von Bedeutung sind. Es wird aber auch erkennbar, dass diese Unterrichtsqualitätsmerkmale bezüglich der Anleitung von Verstehensprozessen *zu einem konkreten Konzept* unbefriedigend sind. Anschliessend werden exemplarisch einige Ergebnisse der beiden TIMSS-Videostudien zur Kohärenz von Mathematikunterricht dargestellt. Diese Ergebnisse zeigen unterschiedliche Operationalisierungen auf. Es wurden auch Aspekte von mathematischer Kohärenz erfasst, was für die vorliegende Arbeit besonders interessant ist. Insgesamt soll dieses Kapitel aufzeigen, dass eine konzeptspezifischere Erfassung von Klarheit, Strukturiertheit und Kohärenz für das Lernziel des Verstehens eines konkreten Konzepts produktiv sein könnte.

2.3.7.2.1 Definitionen der Konstrukte und einige allgemeine Resultate

Klarheit, Strukturiertheit, Kohärenz in Bezug auf Inhalte findet man unter anderem in den folgenden zusammenfassenden Darstellungen von Unterrichtsqualitätsmerkmalen: Brophy (1999, 2006); Grouws und Cebulla (2001, versteckt unter dem Stichwort „focus on meaning"); Helmke (2003, 2007); Lipowsky (2006; 2009); Meyer (2004); Reiss und Reiss (2006) mit Bezug auf Meyer (2004). Diese drei Begriffe sind inhaltlich schwierig abzugrenzen (vgl. z.B. Helmke, 2007; Lipowsky, 2009). Alle drei zeigen aber für die Anleitung von Strukturaufbauprozessen wesentliche Aspekte auf.

Auf den folgenden Seiten werden mehrere Begriffsdefinitionen exemplarisch dargestellt und anschliessend vergleichend betrachtet: Strukturiertheit von Brophy und Good (1986), Klarheit von Helmke (2007), „klare Strukturierung" und „inhaltliche Klarheit" nach Meyer (2004), „coherent content" von Brophy (1999) sowie der Kohärenzbegriff in den beiden TIMSS-Videostudien. Diese Konzepte stammen aus unterschiedlichen Kontexten, beruhen teilweise aufeinander und befinden sich manchmal auf unterschiedlichen Ebenen. Dies spielt für die folgende Argumentation keine Rolle, weil es nur darum geht, die Gemeinsamkeiten in Bezug auf die Anleitung von Verstehensaufbauprozessen zu bestimmen. Denn es interessiert die Bedeutung von Klarheit, Strukturiertheit und Kohärenz von Unterricht für den Verstehensaufbau. Was wird darüber gesagt, was diese Unterrichtsqualitätsmerkmale zum Strukturaufbau beitragen? Gesucht sind also vor allem Bezüge zu Verknüpfungen. Die Definitionen/ Beschreibungen sind so ausgewählt worden, dass sie ein möglichst vielfältiges Bild ergeben.

Strukturiertheit bei Brophy und Good (1986)

Strukturiertheit ist bei Brophy und Good (1986) eines von 23 Merkmalen ihrer Übersicht der internationalen Forschung zur Lehrerwirksamkeit. Strukturiertheit gehört zur Kategorie „Giving Information"[63] und wird wie folgt beschrieben:

> Achievement is maximized when teachers not only actively present material, but structure it by beginning with overviews, advance organizers, or review of objectives; outlining the content and signaling transitions between lesson parts; calling attention to main ideas; summarizing subparts of the lesson as it proceeds; and reviewing main ideas at the end. Organizing concepts and analogies helps learners link the new to the already familiar. Overviews and outlines help them to develop learning sets to use in assimilating the content as it unfolds. Rule – example – rule patterns and internal summaries tie specific information items to integrative concepts. Summary reviews integrate and reinforce the learning of major points. Taken together, these structuring elements not only facilitate memory for the information but allow for its apprehension as an integrated whole with recognition of the relationships between parts. (Brophy & Good, 1986, S. 362)

Klarheit bei Helmke (2007)

Helmke (2007) unterscheidet in seinem Artikel zu Klarheit und Strukturiertheit vier Komponenten von Klarheit: Akustisch (Verstehbarkeit), sprachlich (Prägnanz), inhaltlich (Kohärenz), fachlich (Korrektheit). Klarheit ist nach Helmke eher senderbezogen, während sich Verständlichkeit eher auf den Empfänger bezieht.

Klare Strukturierung und inhaltliche Klarheit nach Meyer (2004)

Bei Meyer ist das erste seiner empirisch fundierten zehn Unterrichtsqualitätsmerkmale die „*klare Strukturierung*". Sie umfasst die Stimmigkeit der Ziele, Inhalte und Methoden; die Folgerichtigkeit des methodischen Gangs; die Angemessenheit des methodischen Grundrhythmus sowie Regel- und Rollenklarheit. In diesem Kriterium sind also sowohl Aspekte des Classroom Management enthalten als auch eine „geschickte didaktisch-methodische Linienführung", d.h. der für die Schülerinnen und Schüler gut erkennbare „rote Faden", die „innere Zielgerichtetheit", also eine qualitative Verlaufskomponente (die Begriffe in Anführungszeichen stammen von Meyer, 2004, S. 26).

„*Inhaltliche Klarheit*" ist ein zweites Merkmal: „Inhaltliche Klarheit liegt dann vor, wenn die Aufgabenstellung verständlich, der thematische Gang plausibel und die Ergebnissicherung klar und verbindlich gestaltet worden sind" (Meyer, 2004, S. 55). Die Verständlichkeit der Aufgabenstellung umfasst sowohl die Berücksichtigung der notwendigen Kompetenzen und Haltungen der Schülerinnen und Schüler als auch das Durchdenken des inhaltlichen Kerns aus Sicht der Lernprozesse der Schülerinnen und Schüler.

---

63 Zur selben Kategorie gehört auch „Clarity" (der Präsentation). Unter der Kategorie „Questioning the Students" gibt es weiter das Merkmal der „Clarity of Question".

„Coherent content" nach Brophy (1999)

Bei Brophy (1999) kommt Kohärenz als eines von zwölf Prinzipien von effektivem Unterrichten unter dem Begriff „coherent content" vor („innerer Zusammenhang des Inhalts" in der Übersetzung nach Helmke, 2003, S. 123). Gemeint ist: „To facilitate meaningful learning and retention, content is explained clearly and developed with emphasis on its structure and connections" (Brophy, 1999, S. 17; analog auch in Brophy, 2006). Ausführlicher bedeutet dies:[64]

> Whether in textbooks or in teacher-led instruction, information is easier to learn to the extent that it is coherent – the sequence of ideas or events makes sense and the relationships among them are apparent. (...) The teacher presents new information with reference to what students already know about the topic; proceeds in small steps sequenced in ways that are easy to follow; uses pacing, gestures and other oral communication skills to support comprehension; avoids vague or ambiguous language and digressions that disrupt continuity; elicits students' responses regularly to stimulate active learning and ensure that each step is mastered before moving to the next; finishes with a review of main points, stressing general integrative concepts; and follows up with questions or assignments that require students to encode the material in their own words and apply or extend it to new contexts. (Brophy, 1999, S. 17 f.)

„Pädagogische und mathematische Kohärenz" in den TIMSS-Videostudien

Unter *pädagogischer Kohärenz* fassen Hiebert et al. (2005) die Klarheit der zentralen Ideen der Lektion und das Vermeiden von potenziellen Unterbrüchen im Lektionsfluss zusammen.

Mathematische Kohärenz und ihre Notwendigkeit werden – in Analogie zum Verstehen von Erzählungen – wie folgt beschrieben:

> A primary feature of lesson organization is coherence – the connectness of mathematics across the lesson. Imagine the lesson as a story. Well-formed stories consist of a sequence of events that fit together to reach the final conclusion. Ill-formed stories are scattered sets of events that don't seem to connect. As readers know, well-formed stories are easier to comprehend than ill-formed stories, and well-formed stories are like coherent lessons. They offer students greater opportunities to make sense of what is going on.
>
> Coherent lessons are achieved by weaving together ideas and activities. (Hiebert, Stigler & Manaster, 1999, S. 198)

Es wird angenommen, dass die Lektions-Kohärenz die Lerngelegenheiten der Schülerinnen und Schüler beeinflusst, weil kohärenter Unterricht es ihnen erleichtert, die Kernpunkte der Lektion zu erkennen (Hiebert et al., 2005).

Diese unterschiedlichen Definitionen von Klarheit, Strukturiertheit und Kohärenz werden nun bezüglich der vorgekommenen Argumente zu Strukturaufbauprozessen miteinander verglichen.

---

64 Das Konstrukt hat auch eine curriculare Komponente, die auf Kohärenz über Schuljahre hinweg achtet. Darauf gehe ich hier nicht ein.

Zuerst fällt auf, dass die Begriffe nicht trennscharf voneinander unterschieden werden können. Die verschiedenen Konzepte werden zum Teil mit den gleichen Begriffen umschrieben: die Adjektive „klar", „kohärent", „verständlich" kommen in verschiedenen Definitionen vor. Meyer (2004) spricht sogar von „klarer Strukturierung".[65] Generell scheint es so, dass sprachliche und akustische Aspekte eher dem Begriff „Klarheit" zugewiesen werden, fachlich-inhaltliche Aspekte eher der Klarheit oder Kohärenz, während die didaktische und methodische Perspektive, die dem Aufbau von Wissen dient, der Tendenz nach eher zur Strukturiertheit gehört.

Betrachtet man die obigen Definitionen aus der Perspektive des konzeptuellen Verstehens, so fällt auf, dass in allen Konzepten gefordert wird, dass Verknüpfungen hergestellt werden sollen und dass auf die zentralen Punkte aufmerksam gemacht werden soll (z.B. durch Zusammenfassung der zentralen Ideen). Es wird mehrmals argumentiert, dass Neues mit dem Bekannten verknüpft wird. Weiter enthalten alle Definitionen inhaltsbezogene Aspekte, besonders explizit wird dies bei Meyer (2004), Brophy (1999) und Hiebert et al. (2003). In keiner der Beschreibungen werden aber konkrete Inhalte explizit thematisiert. Alle Konzepte haben Aspekte, die das Vorkommen von gewissen Unterrichtsmerkmalen betreffen, und solche, bei denen es um die Qualität des Unterrichts im Verlauf geht. Diese Verlaufskomponenten werden bei Meyer (2004) besonders deutlich.

In Bezug auf die angenommene Wirkung eines kohärenten, klaren, strukturierten Unterrichts wird einheitlich argumentiert, dass dadurch einfacher zu verstehen sei, weil die zentralen Ideen deutlich werden.[66] Ausdrücke wie „Verständlichkeit", „Plausibilität", „making sense", „einfach folgen können" und „roter Faden" kommen vor. Weiter wird begründet, dass durch diese Unterrichtsqualitätsmerkmale eine Unterbrechung des Unterrichtsflusses verhindert wird und Störungen reduziert werden. Stigler und Hiebert (1999) nehmen an, dass Unterbrechungen des Lektionsflusses das Erkennen der zentralen Ideen stören oder verzögern können. Durch die Unterrichtsqualitätsmerkmale der Klarheit, Strukturiertheit und Kohärenz soll also die Aufmerksamkeit der Schülerinnen und Schüler auf die Inhalte gelenkt und ein hoher Anteil an inhaltlicher Lernzeit gewährleistet werden. Zusammenfassend kann man sagen, dass mit Hilfe dieser Unterrichtsqualitätsmerkmale kumulatives, sinnstiftendes, vernetztes Lernen und Verstehen gefördert werden soll.[67] Dabei soll am bereits vorhandenen Wissen

---

65 Es gilt dabei im Auge zu behalten, dass Klarheit und Strukturiertheit praktisch unabhängig davon, wie sie operationalisiert wurden, positive Effekte auf Leistung und Motivation ausüben (vgl. Lipowsky, 2009). Das spricht für die Wichtigkeit dieser Konstrukte.

66 Manchmal ist es schwierig zu unterscheiden, ob in der Beschreibung das kennzeichnende Merkmal der Klarheit/Strukturiertheit/Kohärenz oder die damit zu erreichende Wirkung gemeint ist.

67 In Prenzel (2000) wird zusätzlich erwähnt, dass ein kohärenter, verknüpfter Unterricht die Kompetenzerfahrung und das Entstehen eines angemessenen Mathematikbildes fördert.

angesetzt werden.[68] Es gibt viele Aspekte in den oben erwähnten Definitionen von Klarheit, Strukturiertheit und Kohärenz, welche nur in einigen Konzeptionen vorkommen, beispielsweise Classroom Management (Meyer; pädagogische Kohärenz in TIMSS), sprachliche Aspekte (Brophy; Helmke), Schritt für Schritt vorgehen (Brophy), Korrektheit (Helmke), Adaptivität (Brophy, Meyer), Teil-Ganzes-Beziehungen (Brophy & Good; dieser Aspekt erinnert auch an Wertheimer).

In den Begründungen sind also sowohl allgemeine Voraussetzungen für Lernen (Lernzeit, Ruhe, Aufmerksamkeit) als auch kognitionspsychologische Bedingungen für Strukturaufbau erkennbar (Neues mit Altem verknüpfen usw.) Allerdings ist aus einer konstruktivistischen Sicht von Lehren und Lernen klar, dass das Aufrechterhalten des Lektionsflusses nicht automatisch zu Sinnfluss bei den Schülerinnen und Schülern führt. Aus einer kognitionspsychologischen Sicht auf Strukturaufbauprozesse entsteht die Vermutung, dass sich Aspekte von Klarheit, Strukturiertheit und Kohärenz von Unterricht mit dem Ziel, dass die Schülerinnen und Schüler ein konkretes Konzept verstehen, konzeptspezifischer erfassen lassen müssten. Was soll klar, kohärent sein? Was sind die zentralen Punkte beim Verstehen eines konkreten Konzepts?

Es fragt sich weiter, ob Klarheit, Strukturiertheit und Kohärenz nur Merkmale des Lehrerhandelns oder nicht auch von Schüleräusserungen und Texten sein könnten? Die Qualitätsaspekte werden oft auf die Informationsvermittlung, also auf das Lehrerhandeln bezogen (z.B. Brophy & Good, 1986). Helmke (2007) betont, dass sich seine Klarheit und Strukturiertheit nicht nur auf Lehreräusserungen, sondern auch auf Schülerbeiträge und Texte in gesprochener oder schriftlicher Form anwenden lassen (also Lehrtexte oder Aufgaben).

Im Folgenden werden einige Ergebnisse zu diesen Unterrichtsqualitätsmerkmalen dargestellt, wobei vor allem auf die Kohärenz eingegangen wird, weil diese am inhaltnächsten operationalisiert worden ist. Dieses folgende Kapitel wird helfen, deutlicher abzugrenzen, welche Aspekte von Klarheit und Kohärenz für die Fragestellung dieser Arbeit wichtig sind.

2.3.7.2.2 Ergebnisse aus den TIMSS-Videostudien in Bezug auf Kohärenz und Klarheit/Strukturiertheit

Wie erfasst man Klarheit, Strukturiertheit und Kohärenz methodisch? Wie hängen verschiedene Aspekte dieser Konstrukte zusammen? In den TIMSS-Videostudien wurden unterschiedliche Arten von Kohärenz auf methodisch verschiedene Arten erfasst. Zuerst wird kurz auf ein Ergebnis des TIMSS-1995-Leistungstests eingegangen und anschliessend ausführlicher auf die Videostudien, vor allem auf diejenige von 1999. Es werden nur Ergebnisse in Bezug auf Kohärenz, Klarheit und Vernetzung berichtet.

---

68   Im Detail stehen wohl unterschiedliche Lehr-Lernverständnisse hinter diesen Konzepten. Aber alle scheinen vom Netzcharakter des Wissensaufbaus und von Lernen und Verstehen als aktiver Konstruktion auszugehen.

TIMSS-1995-Leistungstest und Kohärenz

Aus den Ergebnissen des TIMSS-1995-Leistungstests wurde auf die Wichtigkeit der Kohärenz für kumulatives Lernen in der Sequenzierung des Lehrstoffes geschlossen: Die Ergebnisse des TIMSS-Leistungstests zeigten unter anderem die relativen Schwächen von deutschen Schülern beim Lösen anspruchsvoller Probleme, welche konzeptuelles Verständnis und flexibles Anwenden von Wissen erfordern (Baumert et al., 1997; Neubrand, Neubrand & Sibberns, 1998). Dies wurde darauf zurückgeführt, dass die mathematischen Inhalte im Jahresverlauf zu wenig kumulativ unterrichtet und dadurch die Konzepte zu wenig miteinander vernetzt werden, wodurch eine schlecht vernetzte Wissensbasis und ein inkohärentes Bild des Fachs entstehen (Prenzel, 2000). Der Grund wird einerseits im Unterricht gesehen, der meist „fragend-entwickelnd" erfolgt. Er bietet insbesondere wenig Gelegenheit, „das Richtige beim teilweise Verstandenen zu betonen" (Prenzel, 2000, S. 107), und dadurch ist es schwierig, das Verständnis weiterzuentwickeln. Andererseits wird die mangelnde Vernetzung des Wissens auch auf additive und wenig vernetzte Lehrpläne zurückgeführt. Diese relative Schwäche der deutschen Schülerinnen und Schüler führt weiter dazu, dass die Lernenden weniger Möglichkeiten haben, Fortschritte in ihrer Kompetenzentwicklung zu erfahren (Prenzel, 2000), welche für die Lernmotivation notwendig sind. Voraussetzung für das Erfahren von Kompetenzzuwachs ist gemäss BLK (1997) eine kohärente und kumulative Sequenzierung des Lernstoffes: Dabei spielt die vertikale Verknüpfung zwischen früheren, aktuellen oder zukünftigen Lerninhalten eine wichtige Rolle. Im BLK-Modellversuch wurde deshalb in einem von elf Modulen eine kohärente und kumulativ aufbauende Sequenzierung des Lehrstoffes angestrebt (Modul 5: Zuwachs von Kompetenz erfahrbar machen: kumulatives Lernen, vgl. BLK, 1997). Vernetzung wurde hauptsächlich durch Darstellungen der Gesamtzusammenhänge eines Stoffgebietes im Rückblick via Erstellen von Mind-Maps und Concept-Maps sichtbar gemacht (vgl. z.B. Ulm, 2004). Von dieser Art der Vernetzung, die in der deutschsprachigen Mathematikdidaktik an vielen Stellen vorkommt (z.B. Büchter & Leuders, 2005), werde ich mich später abgrenzen (vgl. Kapitel 3.2).

TIMSS-Videostudien – verschiedene Kohärenzarten

In der TIMSS-1995-Videostudie wurde festgestellt, dass der Unterricht in Japan kohärenter ist als in Deutschland und den USA (Baumert et al., 1997; Stigler & Hiebert, 1999). Dies zeigte sich in unterschiedlichen Operationalisierungen: Beim Explizitmachen von Zusammenhängen im Unterricht, beim Grad der Verknüpfungen der unterschiedlichen Phasen im Unterricht sowie bei der allgemeinen Qualität des mathematischen Inhalts (Baumert et al., 1997; Hiebert et al., 1999; Stigler & Hiebert, 1999), wobei die letzten beiden Punkte innerhalb von kulturblinden, eher hoch inferenten Vergleichen einer Teilstichprobe (je 30 Lektionen pro Land) auf der Basis von Unterrichtsprotokollen zustande kamen.

Der Frage, ob guter Unterricht immer so aussieht wie in Japan, konnte mit der TIMSS-1999-Videostudie, welche als „Best-Practice-Studie" angelegt war, nachgegangen werden. Die Antwort ist nein: Es gibt kein Merkmal von Unterricht, das in allen „Hochleistungsländern" hoch, aber in den USA tief ausgeprägt ist (Hiebert et al., 2003; Pauli & Reusser, 2006; Reusser & Pauli, 2003).

Welche Arten von Kohärenz wurden erfasst? Weil in der TIMSS-1999-Videostudie neu Aufgaben als Analyseeinheit verwendet wurden (siehe den Vergleich von TIMSS 1995 und 1999 in Pauli & Reusser, 2006), lagen neue Möglichkeiten vor, Kohärenz zu erfassen. Gemäss Hiebert et al. (2003) können viele Faktoren die Klarheit und Kohärenz einer mathematischen Lektion beeinflussen. Kohärenz ist aber gemäss Hiebert et al. (2005) schwierig zu messen. In der TIMSS-1999-Videostudie wurden verschiedene indirekte Indikatoren entwickelt, um die Kohärenz einer Lektion aus Beobachtersicht zu messen (vgl. insbesondere Hiebert et al., 2003 und 2005):[69]

1) Pädagogische Kohärenz (der Begriff stammt aus Hiebert et al., 2005): Die Klarheit der zentralen Ideen der Lektion (explizite Angabe von Zielen in Bezug auf den mathematischen Inhalt und Lektionszusammenfassungen am Ende der Lektion) sowie Unterbrüche im Lektionsfluss.[70]

2) Mathematische Kohärenz: Beziehungen zwischen einzelnen Aufgaben (eher niedrig inferent, anhand der Videos, durch Experten)

3) Mathematische Kohärenz: Als Gesamturteil über die ganze Lektion (hoch inferent, kulturblind, anhand schriftlicher Lektionsprotokolle, durch Experten)

4) Vergleich Deutschland - Schweiz (Clausen, Reusser & Klieme, 2003): Es gab ein weiteres hoch inferentes Rating zur Klarheit und Strukturiertheit, das anhand der Videos vorgenommen wurde. Allerdings ist dies ein Vergleich zwischen Deutschland (TIMSS-1995-Daten) und der Schweiz (TIMSS-1999-Daten).

Im Folgenden werden exemplarisch einige Ergebnisse dieser vier Arten der Messung von Kohärenz und Klarheit dargestellt:

---

69 Es gäbe noch mehr Variablen dieser Videostudie, die mit Klarheit und Kohärenz in Verbindung gebracht werden könnten. Hier ist keine Vollständigkeit wichtig, sondern es soll die Breite der Vorgehensweisen dargestellt werden. Es gab insbesondere auch Schülerbefragungen zur Klarheit, auf die hier nicht eingegangen wird (vgl. dazu z.B. Reusser & Pauli, 2003).

70 Es wurden insbesondere die folgenden drei Möglichkeiten erhoben, wie der Unterrichtsfluss und damit die Arbeit der Schülerinnen und Schüler unterbrochen werden können (Hiebert et al., 2003):
- Unterbrechungen von aussen wegen zu spät kommender Schüler, Lautsprecherdurchsagen usw.
- Nicht mathematische Phasen, nachdem der inhaltliche Teil der Lektion bereits begonnen hat.
- Öffentliche Ankündigungen, die nichts mit der laufenden mathematischen Arbeit zu tun haben (zum Beispiel Disziplinprobleme oder mathematische Inhalte, welche nicht zur aktuellen Arbeit gehören).

1) Pädagogische Kohärenz

Ein zentrales Ergebnis ist, dass die Tschechische Republik in Bezug auf die Klarheit der zentralen Ideen und den Fluss des Unterrichts besonders positiv und die Niederlande besonders negativ auffallen (Hiebert et al., 2003). Beide sind aber „Hochleistungsländer"! Möglicherweise sind also die Angabe von Zielen und Zusammenfassungen sowie die Aufrechterhaltung des Unterrichtsflusses mindestens teilweise durch andere Aspekte von Kohärenz kompensierbar.

2) Mathematische Kohärenz: Beziehungen zwischen einzelnen Aufgaben[71]

Weil im Mathematikunterricht viel Inhalt durch die mathematischen Aufgaben transportiert wird, kann die Klarheit und Kohärenz der Lektion durch die Art und Weise, wie die unterschiedlichen Aufgaben innerhalb der Lektion miteinander verbunden werden, beeinflusst werden (Hiebert et al., 2003). Auf der Grundlage von schriftlichen Lektionsprotokollen haben Experten die Verbindung zwischen Aufgaben codiert: Allen Aufgaben (mit Ausnahme der ersten in der Lektion) wurden eine der folgenden Arten von Beziehungen zu den vorangegangenen Aufgaben zugewiesen (vgl. auch Reusser & Pauli, 2003):

a) Wiederholung;

b) Mathematische Beziehung (es wird mit der Lösung des vorangegangenen Problems weitergearbeitet, die vorangegangene Aufgabe wird erweitert, verallgemeinert oder spezialisiert usw.);

c) Thematischer Zusammenhang (das gleiche Thema, die gleiche Geschichte oder realitätsbezogene Situation ist gegeben, aber kein mathematischer Zusammenhang);

d) Kein Zusammenhang erkennbar.

Bei allen Ländern waren 92%–100% aller Aufgaben, welche im Unterricht bearbeitet wurden, miteinander verbunden. Es gab also sehr wenige unverbundene Aufgaben, die den mathematischen Unterrichtsfluss unterbrechen könnten. In allen Ländern mit Ausnahme von Japan waren aber mindestens 65% aller Aufgaben durch Repetition miteinander verbunden. In Japan waren dies nur 40% der Aufgaben, während 42% der Aufgaben mathematisch verbunden waren.

3) Mathematische Kohärenz: Gesamturteil

Ein Team von Mathematikern und Mathematiklehrern beurteilte eine Zufalls-Teilstichprobe von 20 Lektionen jedes Landes (ohne Japan, dessen Videoaufnahmen aus TIMSS 1995 stammten und dort schon genauer analysiert worden waren). Die Ra-

---

71 Verknüpfungen zwischen Aufgaben wurden bereits in der TIMSS-1995-Videostudie erfasst (wobei sich die Definition von Aufgaben von derjenigen aus der TIMSS-1999-Videostudie unterscheidet): vgl. Knoll (2003) für Einführungsphasen und vor allem Neubrand (2002, S. 126 f. und M14) für Seatwork-Phasen. Bei Neubrand wird insbesondere zwischen der Variation der mathematischen Struktur und des Kontexts unterschieden.

tings erfolgten hoch inferent, aufgrund länderneutraler Lektionsprotokolle, wobei wegen der Teilstichprobe nur deskriptive und explorative Aussagen gemacht werden konnten. Die Kohärenz wurde über die ganze Lektion hinweg beurteilt: „Coherence was defined by the group as the (implicit and explicit) interrelation of all mathematical components of the lesson" (Hiebert et al., 2003, S. 196).[72] Die Mittelwerte der Hochleistungsländer lagen zwischen 4.9 (Hongkong) und 3.6 (Tschechien), die Schweiz lag bei 4.3. Die USA lagen mit 3.5 nur unbedeutend unter dem besten „Hochleistungsland".

Es wurden weitere Ratings der fachlichen Qualität des Unterrichts vorgenommen (vgl. Hiebert et al., 2003, S. 201; Reusser & Pauli, 2003; Pauli & Reusser, 2006): Die Qualität der Stoffpräsentation,[73] die Partizipation der Schülerinnen und Schüler (die Wahrscheinlichkeit, dass die Schülerinnen und Schüler sich aktiv mit bedeutungsvoller Mathematik beschäftigen), das Gesamtrating der Qualität der Mathematik.

Es fällt auf, dass in diesen kulturblinden hoch inferenten Vergleichen die USA überall schlechter beurteilt wurden als die „Hochleistungsländer". Allerdings sind die Unterschiede zwischen dem am besten und dem am schlechtesten eingeschätzten „Hochleistungsland" bei allen Unterrichtsqualitätsmerkmalen um ein mehrfaches grösser als der Abstand von den USA zum tiefsten „Hochleistungsland". Weiter fällt auf, dass die Kohärenz aller Länder über dem erwarteten Mittelwert von 3 eingeschätzt wurde, während die anderen drei Qualitätsmerkmale tiefere Werte (zwischen 2.3 und 4.0) und mehr Varianz aufwiesen.

Die inhaltliche Kohärenz, die Qualität der Stoffpräsentation und die Partizipation der Schülerinnen und Schüler sind nach Pauli und Reusser (2006) tiefenstrukturelle Qualitäten des Unterrichts.

Interessant ist der Vergleich der Kohärenzarten, denn es fragt sich, ob ein Unterricht hinsichtlich aller Kohärenzarten gleich gut eingeschätzt wird, d.h. ob diese voneinander abhängig sind. Hiebert et al. (2003) bemerken, dass die Tschechische Republik bei den verschiedenen Ratings von Klarheit und Kohärenz unterschiedlich abgeschlossen hat: ein relativ tiefer Wert bei der Kohärenz über die ganze Lektion hinweg (3.6), mehr unverbundene Aufgaben als alle anderen Länder ausser den USA, aber hohe Werte bei der „pädagogischen Kohärenz" (Lektionsziele, Zusammenfassung und wenig Lektionsunterbrechungen). Die Autoren schliessen daraus, dass es verschiedene Dimensionen von Lektions-Kohärenz gibt und dass diese nicht unbedingt voneinander abhängig sind.

---

72   „A rating of 1 indicated a lesson with multiple unrelated themes or topics and a rating of 5 indicated a lesson with a central theme that progressed saliently through the whole lesson" (Hiebert et al., 2003, S. 196).

73   „The extent to which the lesson included some development of the mathematical concepts or precedures" (Hiebert et al., 2003, S. 197), dazu gehören insbesondere mathematisches Begründen, die Qualität der Argumentation sowie fachliche Fehler, welche negativ berücksichtigt wurden.

4) Vergleich Deutschland - Schweiz

Es gab ein weiteres Rating der Klarheit und Strukturiertheit: Clausen et al. (2003) haben die Klarheit und Strukturiertheit, die kognitive Aktivierung, die Instruktionseffizienz und die Schülerorientierung sowohl im deutschen als auch im schweizerischen Unterricht mit einem hoch inferenten Rating erhoben und faktorenanalytisch repliziert.[74] Damit konnten zwei Länder mit ähnlichem kulturellem Hintergrund, die aber in den TIMSS-Leistungstests unterschiedlich abgeschnitten hatten, verglichen werden. Klarheit und Strukturiertheit wurden durch die Merkmale Strukturierungshilfen, Klarheit, Diagnostische Kompetenz im Leistungsbereich und Fokussierung bestimmt. Was die Klarheit und kognitive Aktivierung anbelangt, gab es nur geringe Unterschiede zwischen den beiden Ländern. Auch diese Ratings waren aber nicht inhaltsspezifisch.

Das Kapitel zu Kohärenz, Klarheit und Strukturiertheit im Unterricht zusammenfassend werden nun drei Punkte besprochen: 1) Wo bleiben die konkreten Inhalte? 2) die zeitliche Komponente: unterschiedlicher Zeitraum – verschiedene Verknüpfungen, und 3) Methodisches zur Bestimmung dieser Unterrichtsqualitätsmerkmale. Durch diese Überlegungen wird deutlich werden, was für die vorliegende Fragestellung fehlt.

1) Wo bleiben die konkreten Inhalte?

In den oben erwähnten Studien wurde meist Unterricht von unterschiedlichem Inhalt verglichen. Dies hat zur Folge, dass nicht inhaltsspezifisch vorgegangen werden konnte (was auch nicht dem Forschungsinteresse dieser Studien entsprach). Die Einschätzung der Klarheit usw. bezog sich meist auf eine Zeitdauer von einer Lektion. Die Leistungstests waren meist von allgemeiner Art und nicht spezifisch auf den videographierten Inhalt bezogen. Das Lernziel des videographierten Unterrichts war unter Umständen gar nicht konzeptuelles Verstehen.

Wenn man sich für die Qualitäten der Anleitung von Verstehensprozessen zu einem ganz konkreten Konzept interessiert, so ist an allen diesen Unterrichtsqualitätsmerkmalen unbefriedigend, dass der Inhalt kaum in konkreter Weise vorkommt. Die Sache, die gelernt werden soll, wird nicht näher präzisiert: Welches sind die zentralen Ideen, die zu Beginn der Lektion dargestellt, während des Unterrichts deutlich werden und am Schluss zusammengefasst werden sollen? Welche Verknüpfungen sind wesentlich, welche hinderlich? Was gehört zwingend zum Verstehensgegenstand und was stellt eine unnötige Abschweifung dar? Was ist der Kern der Inhalte? Diese Fragen sind abhängig vom verwendeten Verstehensbegriff, vom konkreten Inhalt und von den Fähigkeiten der Schülerinnen und Schüler.

Aus einer fachdidaktischen Sicht ist für die Anleitung von Verstehensprozessen die Qualität von Zusammenfassungen und Previews entscheidender als deren blosses

---

74 Wiederum wurden für Deutschland die TIMSS-1995- und für die Schweiz die TIMSS-1999-Videodaten beigezogen.

Vorkommen. Man betrachte als Beispiel die folgende Zusammenfassung des Satzes des Pythagoras:

Wir haben heute den Satz des Pythagoras durchgenommen. Er lautet $a^2 + b^2 = c^2$. Das könnt ihr euch einfach merken (die Lehrperson zeigt auf die einzelnen Zeichen an der Wandtafel): a, b, c. Alles Buchstaben hoch 2. Zuerst kommt ein Plus, dann ein Gleich. C ist immer die Seite unten im Dreieck. Das ist alles, was man wissen muss.

Zu einem tiefen Verstehen des Satzes trägt diese Zusammenfassung wenig bei, sie hilft höchstens, die Formel zu erinnern (vgl. Kapitel 3.1). (Obwohl im behavioristischen Sinne gewisse Verknüpfungen hergestellt wurden.)

Bei den Zielen fragt sich weiter, ob diese zum stattfindenden Unterricht passen. Seidel, Rimmele und Prenzel (2005) zeigen in ihrer Studie mit Hilfe von Mehrebenenanalysen, dass Schülerinnen und Schüler in Lektionen, die klarer (transparenter und verständlicher) und kohärenter bezüglich der zu Beginn deklarierten Ziele entwickelt wurden, einen höheren Kompetenzzuwachs über ein Jahr aufweisen.

Es fragt sich auch, was die Aufgabenverbindungsarten der TIMSS-1999-Videostudie zum Verstehen eines Konzepts beitragen. (Dass sie helfen, Verbindungen zwischen Unterrichtsteilen herzustellen, ist unbestritten.) Aus fachdidaktischer Sicht kann eine Aufgabe, welche mit einer anderen durch dieselbe Oberflächenstruktur (Geschichte) verbunden ist, unter Umständen hinderlicher für den Strukturaufbau sein als eine ganz unverbundene Aufgabe. Denn es können Inferenzen entstehen und die Schülerinnen und Schüler könnten beginnen, auf oberflächliche Merkmale zu achten, statt auf die mathematische Struktur der Aufgabe (vgl. auch Neubrand, 2002). Als mathematische Beziehung zwischen Aufgaben wurde auch das Weiterarbeiten mit der Lösung einer vorangegangen Aufgabe betrachtet. Möglicherweise geht es aber in der neuen Aufgabe um eine ganz andere mathematische Struktur.

Die Beziehungen zwischen Aufgaben können bei unterschiedlichen Unterrichtsinhalten nicht präziser bestimmt werden. Wenn der Inhalt der betrachteten Unterrichtslektionen aber standardisiert ist, so kann man die Verbindungen zwischen den Aufgaben konzeptspezifischer beschreiben und zwischen mathematischen Beziehungen von Aufgaben unterscheiden, die dem Strukturaufbau dienen, und solchen, welche dies nicht tun.

Die beiden TIMSS-Videostudien haben gezeigt, dass es möglich ist, den inhaltlichen Verknüpfungsgehalt und die Qualität des Verlaufs von Unterricht verschieden zu operationalisieren. Aus kognitionspsychologischer und fachlicher Sicht wäre es aber für Unterricht mit dem Ziel, ein Konzept zu verstehen, wesentlich, beide Aspekte konzeptspezifischer zu erfassen. Dies wird in Kapitel 4 versucht.

In Rakoczy, Klieme, Drollinger-Vetter, Lipowsky, Pauli und Reusser (2007) wurde auf der Grundlage der Daten der Videostudie „Unterrichtsqualität, Lernverhalten und mathematisches Verstehen", in deren Rahmen auch diese Arbeit eingebettet ist, unterschieden zwischen inhaltlicher und organisatorischer Strukturiertheit. Inhaltliche Strukturiertheit der Präsentation bezieht sich darauf, inwieweit der Aufbau der Theorie sowohl Schritt für Schritt als auch als Ganzes verständlich und sprachlich in einem sinnvollen Masse präzise sind. Weiter wurde erfasst, ob es der Lehrperson gelingt, Wichtiges von Unwichtigem zu trennen und die Theorie nachvollziehbar zu dokumentieren. Organisatorische Strukturiertheit beinhaltete Classroom Management und Disziplinprobleme. Beide Aspekte von Strukturiertheit wurden anhand von hoch inferenten Ratings erhoben. Es wurde untersucht, inwiefern sich die beiden Komponenten der Strukturiertheit unterschiedlich auf kognitive und affektive Variablen auswirken, wobei Mediatoren beigezogen wurden. Ein Hauptergebnis ist, dass inhaltliche Strukturiertheit nur einen Effekt auf die kognitive Variable hat, während organisatorische Strukturiertheit auf beide Variablen einen Einfluss ausübt.

2) Zeitliche Komponente: Unterschiedlicher Zeitraum – Verschiedene Verknüpfungen

Klarheit, Strukturiertheit und Kohärenz haben oft eine zeitliche Verlaufskomponente. Kumulatives Lernen und Klarheit/Strukturiertheit/Kohärenz im Unterricht können sich auf unterschiedliche Zeiträume beziehen:

- Innerhalb einer Lektion über verschiedene Ideen, Aufgaben oder Phasen hinweg.
- Über einige wenige Lektionen hinweg.
- Über ein oder mehrere Schuljahre hinweg (langfristige Sequenzierung des Lernstoffes).

Der erste Punkt entspricht dem, was in den TIMSS-1999-Videoratings erhoben wurde. Aus den Ergebnissen des Leistungstests hingegen wurden eher Rückschlüsse auf die anderen beiden Zeiträume gezogen (vgl. oben).

Es ist denkbar, dass Klarheit und Kohärenz bezüglich unterschiedlicher Zeiträume unterschiedliche Aspekte und auch Schwierigkeiten umfassen, weil andere Arten der Verknüpfung angesprochen sind. In dieser Arbeit geht es um Klarheit und Kohärenz über drei Lektionen hinweg. Es wird sich zeigen, dass dazu eine bestimmte Verknüpfungsart besonders hilfreich ist (vgl. Kapitel 4).

3) Methodisches zur Bestimmung von Klarheit, Strukturiertheit und Kohärenz

In der TIMSS-1999-Videostudie wurden sowohl niedrig inferente (z.B. pädagogische Kohärenz), mittel inferente (z.B. Verbindungen von Aufgaben) als auch hoch inferente Verfahren eingesetzt (z.B. mathematische Kohärenz). In den meisten Untersuchungen wurden diese Unterrichtsqualitätsmerkmale durch Beobachter eingeschätzt. Für fachliche Aspekte werden meist Fachpersonen (Experten in Mathematik und Mathematikdidaktik) beigezogen. Dies ist ganz im Sinne von Clausen (2002), nach dessen Ergebnissen die inhaltliche Klarheit des Unterrichts kaum von Schülerinnen und Schülern oder der Lehrperson beurteilt werden können.

Bei den hoch inferenten Ratings zur Kohärenz in der TIMSS-1999-Videostudie war allerdings die Grundlage für die Beobachterurteile nicht der Unterricht selbst, sondern Unterrichtsprotokolle, weil länderneutral gearbeitet werden sollte. Die Gespräche und die Entwicklung des Stoffes konnten also nur gekürzt und gefiltert aus zweiter Hand beurteilt werden. Im Vergleich Deutschland - Schweizer (Clausen et al., 2003) wurde hingegen direkt anhand der Videodaten geratet. Interessanterweise waren die Raterübereinstimmungen in dieser Untersuchung beim Unterrichtsqualitätsmerkmal der Klarheit am tiefsten.

Zusammenfassend zeigt sich, dass die Qualitätsmerkmale der Klarheit, Strukturiertheit und Kohärenz zentrale Unterrichtsqualitätsmerkmale mit Effekten auf die Leistung der Schülerinnen und Schüler darstellen. Sie wurden aber sehr unterschiedlich operationalisiert, und oft bezogen sich die Leistungsdaten nicht auf den im Unterricht behandelten Inhalt. Mit einem Forschungsdesign, das standardisierte Inhalte und ein mikrogenetisches Design über drei aufeinanderfolgende Unterrichtseinheiten aufweist, sind andere Möglichkeiten der Erfassung von Klarheit, Strukturiertheit und Kohärenz von Unterricht möglich. Es ist zu vermuten, dass diese drei Merkmale für die Anleitung von Strukturaufbauprozessen sinnvollerweise zu einem einzigen zusammengefasst werden müssen. Weiter fragt sich, wie sich diese Unterrichtsqualitätsmerkmale konzeptspezifischer erfassen lassen. In der vorliegenden Arbeit werden sie an kognitionspsychologischen Merkmalen von Verstehensprozessen festgemacht, weil sie dem Sinnfluss der Schülerinnen und Schüler dienen müssen (vgl. Kapitel 4).

Mit Unterrichtsqualitätsmerkmalen von Mathematikunterricht spezifisch in Bezug auf konzeptuelles Verstehen haben sich Hiebert und Grouws (2007) beschäftigt. Dies wird im nächsten Kapitel beschrieben.

2.3.7.3 Zwei Unterrichtsqualitätsmerkmale in Bezug auf konzeptuelles Verstehen im Mathematikunterricht – Hiebert und Grouws[75]

Wenn nicht die Aufgaben und ihre Qualitäten als Analyseeinheit genommen werden, woran soll dann fachdidaktische Unterrichtsqualität festgemacht werden? Hiebert und Grouws (2007) gehen davon aus, dass Unterrichtsqualitätsmerkmale lernzielspezifisch formuliert und untersucht werden müssen: Sie unterscheiden zwischen Fertigkeiten (Skill) und Verstehen von Konzepten. Die Autoren haben in unterschiedlichsten empirischen Studien nach gemeinsamen Unterrichtsqualitätsmerkmalen für konzeptuelles Verstehen im Mathematikunterricht gesucht und die folgenden beiden „key features of teaching that promotes conceptual development" (S. 383) identifiziert:

1) Teachers and students attend explicitly to concepts.
2) Students struggle with important mathematics.

Diese beiden zentralen Unterrichtsqualitätsmerkmale werden nun näher beschrieben und anschliessend für Verstehensprozesse zu einem konkreten Konzept diskutiert.

---

75 Eine technische Vorbemerkung: Alle Seitenangaben beziehen sich auf Hiebert und Grouws (2007), falls nichts anderes angegeben ist.

1) Teachers and students attend explicitly to concepts

Hiebert und Grouws glauben nicht an eine einzige oder beste Unterrichtsmethode für das Fördern von konzeptuellem Verständnis. Aufgrund ihrer Analysen gehen sie aber davon aus, dass es ein Unterrichtsmerkmal gibt, das Teil von verschiedenen Methoden sein könnte: „explicit attention to conceptual development of the mathematics" (S. 384). Schülerinnen und Schüler können konzeptuelles Verständnis erwerben, wenn sich der Unterricht explizit auf Konzepte bezieht – auf Verknüpfungen zwischen mathematischen Fakten, Prozeduren und Ideen (vgl. auch Hiebert & Carpenter, 1992). Konkreter bedeutet dies:

> By attending to concepts we mean treating mathematical connections in an explicit and public way. Brophy (1999) described such teaching as infused with coherent, structured, and connected discussions of the key ideas of mathematics. This could include discussing the mathematical meaning underlying procedures, asking questions about how different solution strategies are similar to and different from each other, considering the ways in which mathematical problems build on each other or are special (or general) cases of each other, attending to the relationship among mathematical ideas, and reminding students about the main point of the lesson and how this point fits within the current sequence of lessons and ideas. (S. 383)

Zusammenfassend heisst dies: „We conclude that when teaching attends explicitly and directly to the important conceptual issues students are more likely to develop important conceptual understandings" (S. 385). Dieses Qualitätsmerkmal zeigte sich gemäss den Untersuchungen der Autoren über Studien von unterschiedlichem Design und in methodisch sehr verschieden gestalteten Unterricht. Die Autoren folgern „that conceptual development of the mathematics can take many pedagogical forms" (S. 387).

Die explizite Auseinandersetzung mit dem zu lernenden Inhalt wird als zentrale Qualität von Aufbauprozessen betont. In der Beschreibung dieses ersten Qualitätsmerkmals sind auch verschiedene Aspekte von Kohärenz und Klarheit erkennbar: Der Zusammenhang zwischen Aufgaben und Ideen, das Hervorheben der zentralen Punkte und wie diese mit Inhalten aus anderen Lektionen zusammenhängen. Die wesentlichen Verknüpfungen sollen gemäss den Autoren explizit und öffentlich werden (vgl. ähnlich auch Hiebert & Carpenter, 1992). Interessant ist auch, dass hier beide, Lehrer *und* Schüler, auf die zentralen Aspekte von Konzepten fokussieren sollen, während sonst Klarheit und Strukturiertheit häufig ausschliesslich auf das Lehrerhandeln bezogen ist.

2) Students struggle with important mathematics

Das zweite Unterrichtsqualitätsmerkmal ist „students struggle with important mathematics". Gemeint ist damit: „The engagement of students in struggling or wrestling with important mathematical ideas" (S. 387). „Struggling" wird im Folgenden mit „Ringen" übersetzt. Was ist damit gemeint?

> We use the word *struggle* to mean that students expend effort to make sense of mathematics, to figure something out that is not immediately apparent. We do *not* use *struggle* to mean needless frustration or extreme levels of challenge created by nonsensical or overly difficult problems. We do not mean the feelings of despair that some students can experience when little of the ma-

149

terial makes sense. The struggle we have in mind comes from solving problems that are within reach and grappling with key mathematical ideas that are comprehensible but not yet well formed. (Hiebert & Grouws, S. 387, Bezug nehmend auf Hiebert et al., 1996)

Die Schülerinnen und Schüler müssen „feel a need to resolve a problematic situation" (S. 388).[76] Die Argumentation für diese Unterrichtsqualitätsmerkmale zeigt viele Gemeinsamkeiten zu den in Kapitel 2.3.5 dargestellten Argumenten für das Verstehen als Problemlösen. Mit Bezug auf Dewey wird in Hiebert und Grouws (2007) betont, dass das Ringen wesentlich ist für die Konstruktion eines tiefen Verstehens, für das Sinnergeben. Denn es hängt mit Zweifel, mit dem Erkennen von Schwierigkeiten zusammen (vgl. Dewey, 1910/2002), dem Bedürfnis, eine problematische Situation zu lösen und der Möglichkeit, dies auch wirklich zu tun. (Ähnliche Argumente findet man auch bei Aeblis problemlösendem Strukturaufbau.) Dass Ringen mit Verstehen zusammenhängt, lässt sich gemäss Hiebert und Grouws (2007) insbesondere wie folgt begründen: Wenn neue Informationen nicht einfach assimiliert werden können oder wenn alte Verknüpfungen sich angesichts eines neuen Problems als unpassend herausstellen, muss darum gerungen werden. Dies führt dazu, dass die eigenen mentalen Verknüpfungen in einer mächtigeren Art und Weise umstrukturiert werden. Ringen bedeutet also, dass aktiver und angestrengter versucht werden muss, Sinn herzustellen und dies führt zu mehr Verknüpfungen und damit zu tieferem Verständnis (vgl. Kapitel 2.3.5).

Auch hier sind sowohl die Lehrperson als auch die Lernenden in der Verantwortung: Ob herausfordernde Aufgaben von den Schülerinnen und Schülern tatsächlich als Gelegenheit zum Ringen um Verständnis und Bedeutung genutzt werden, hängt ganz zentral von ihnen ab. Dabei müssen sich die Aufgaben gemäss Hiebert und Grouws (2007) an der Zone der nächsten Entwicklung nach Vygotsky (1978) orientieren (vgl. Kapitel 2.3.1). Weiter wird Polya (1949) zitiert, der das Ringen als einen natürlichen Teil des mathematischen Arbeitens betrachtet, den die Schülerinnen und Schüler ebenfalls erfahren sollen (vgl. Kapitel 2.2).

Neu an diesen Vorstellungen von Ringen von Hiebert und Grouws (2007) ist, dass sich die kognitive Aktivierung explizit auf Konzepte richtet. Sie wird nicht direkt an Aufgaben oder Lehrerfragen festgemacht, sondern an der Schülertätigkeit des Ringens.

---

76 Bereits in früheren Publikationen ist dieser Gedanke enthalten und noch deutlicher in Bezug zu Problemlösen dargestellt: Bei Hiebert et al. (1996) wird stark auf Dewey (1910/2002, 2000) Bezug genommen. Ein Prinzip ist für die Reform des Unterrichts und des Curriculums besonders zentral: „students should be allowed to make the subject problematic." Dies bedeutet:
> Allowing students to wonder why things are, to inquire, to search for solution, and to resolve incongruities. (...) We do not use „problematic" to mean that students should become frustrated and find the subject overly difficult. Rather, we use „problematic" in the sense that students should be allowed and encouraged to problematize what they study, to define problems that elicit their curiosities and sense-making skills. (Hiebert et al., 1996, S. 12)

Dies hängt nicht von besonderen Aufgaben ab, sondern ist beispielsweise auch bei der Entwicklung einer Prozedur zur Berechnung der folgenden Aufgabe möglich, wie der Artikel illustriert: $62 + 37$.

Es geht also weniger um das Angebot (die Aufgaben), als um dessen Nutzung. Gemäss Hiebert und Grouws gibt es empirische Hinweise darauf, dass gewisse Eigenschaften des Unterrichts die Gelegenheit der Schülerinnen und Schüler zum Ringen fördern könnten: der Austausch von verschiedenen Lösungswegen; herausfordernde Aufgabenstellungen und deren entsprechende Bearbeitung im Unterricht; anspruchsvolle Fragen und darauffolgende längere Schülerantworten.

Ringen wird üblicherweise mit schülerzentriertem Unterricht verbunden:

> But we can imagine teacher-centred approaches that provide targeted and highly structured activities during which students are asked to solve challenging problems and work through challenging ideas. In fact, it seems plausible that students' struggle should be sufficiently bounded and directed so that it centers on the important mathematical ideas. This requires some level of teacher guidance. (S. 390)

Ähnliche Argumente findet man bei Aebli (2001), Kirschner et al. (2006), Meyer (2004) und Reusser (2006): Der problemlösende Strukturaufbau muss angeleitet und unterstützt werden (vgl. Kapitel 2.3.2).

Weiter zeigen verschiedene Studien, „that instruction emphasizing conceptual development facilitated skill learning as well as conceptual understanding" (Hiebert & Grouws, 2007, S. 387; vgl. auch Hiebert & Carpenter, 1992). Andere Eigenschaften, die üblicherweise mit konzeptuellem Lernen in Verbindung gebracht werden, wie anspruchsvolle Fragen oder Materialgebrauch, scheinen den Autoren zu spezifisch auf besondere Unterrichtssettings zugeschnitten. Gemäss Hiebert und Grouws (2007) gibt es aber noch viele offene Fragen: Sind die beiden Unterrichtsqualitätsfaktoren je einzeln oder in Kombination notwendig und hinreichend? Gibt es Interaktionen zwischen den beiden? Sind sie Teil eines umfassenderen Konzepts?

Was bedeuten diese beiden Unterrichtsqualitätsmerkmale von Hiebert und Grouws für Unterrichtsqualität in Bezug auf das Verstehen eines bestimmten Konzepts? Mathematikunterricht, der konzeptuelles Verstehen fördert, fokussiert gemäss den Autoren auf die Verknüpfungen zwischen mathematischen Facts, Prozeduren, Ideen und Repräsentationen. Hiebert und Grouws zeigen, dass das kohärente und explizite Achten auf die zentralen Aspekte von Konzepten im Unterricht aus empirischer Sicht wesentlich ist. Lehrpersonen sollen so unterrichten, dass die Schülerinnen und Schüler einem Ringen mit den zentralen Ideen möglichst nicht ausweichen können, dass die Konstruktion der zentralen Verknüpfungen möglichst wahrscheinlich wird. Die beiden Unterrichtsqualitätsmerkmale fokussieren also auf die Tiefenstruktur von Unterricht. Der Artikel von Hiebert und Grouws (2007) fasst Gemeinsamkeiten aus ganz unterschiedlichen Studien zusammen, in denen verschiedenste Instruktionsmethoden untersucht worden sind. Sie sind aber eher für allgemeines konzeptuelles Lernen formuliert und nicht für ein ganz konkretes zu lernendes Konzept, denn es wird oft im Plural von „Konzepten", „Ideen" und „understandings" gesprochen. Es ist aber ein Unterschied, ob von konzeptuellem Lernen allgemein oder vom Verstehen eines spezifischen, konkreten Konzepts gesprochen wird. Wenn es um die Einführung eines bestimmten, neuen Konzepts geht und nicht um konzeptuelles Lernen allgemein, stellt sich die Frage, was in diesem Falle mit „key ideas", „important conceptual issues", „important mathematics" gemeint ist. Sind mit „key ideas" auch fundamentale Ideen im Sinne von Bruner gemeint, wie zum Beispiel die Idee des Messens, oder sind die zentralen Strukturen eines zu lernenden Konzepts im Sinne von Aebli und Wertheimer gemeint? (Die Unterscheidung ist wichtig, weil ein Verständnis für fundamentale Ideen oft erst über mehrere Jahre hinweg ausgebildet werden kann, während die Struktur eines gewöhnlichen Begriffs in wenigen Minuten oder Stunden verstanden werden kann.) Womit sollen die Lernenden ringen und welches Ringen soll möglichst vermieden werden? Haben die Lernenden überhaupt die Gelegenheit, genau diejenigen Verknüpfungen zu konstruieren, die zum entsprechenden zu lernenden Konzept gehören? In den oben beschriebenen Unterrichtsqualitätsmerkmalen kommen weiter Verknüpfungen auf unterschiedlichen Ebenen vor, beispielsweise zwischen Fakten, Lösungswegen, verschiedenen Aufgaben, verschiedenen Lektionen. Welche davon sind für Verstehensprozesse während einer dreistündigen Einführung wichtig und welche sollten vermieden werden? Denn es gibt, wie in Kapitel 3.2 gezeigt werden wird, unterschiedliche Arten von Verknüpfungen zu einem spezifischen Konzept. Die Annahme ist, dass nicht alle davon in einer Einführung produktiv sind. Im Folgenden wird argumentiert werden, dass aus einer kognitionspsychologischen Sicht des Strukturaufbaus für spezifische konzeptuelle Verstehensprozesse die zum Konzept gehörenden Elemente und Verknüpfungen wichtig sind. Es wird angenommen, dass sich das Ringen um Verständnis zentral auf die zu lernende begriffliche Struktur im engen Sinne beziehen soll und nicht auf andere mathematische Aspekte, die auch mit „important mathematics" zu tun haben.

Um später zeigen zu können, welchen Zusammenhang die fachdidaktischen Qualitätsmerkmale mit dem Rating der kognitiven Aktivierung aufweisen, wird im Folgenden etwas allgemeiner als beim Ringen von Hiebert und Grouws (2007) kurz auf dieses Unterrichtsqualitätsmerkmal eingegangen.

2.3.7.4 Kognitive Aktivierung

Weil gemäss einem konstruktivistischen Lernverständnis Lernen und Verstehen eine aktive Konstruktionsleistung darstellen, gilt die kognitive Aktivierung der Lernenden als ein zentrales Qualitätsmerkmal eines verständnisorientierten Mathematikunterrichts: Mathematikunterricht, der hohe kognitive Aktivtäten bei den Schülern in Gang setzen kann – sei es durch Aufgaben und/oder durch die Qualität der Interaktion – wird als Voraussetzung für systematischen Wissensaufbau und (konzeptuelles) Verstehen der Schülerinnen und Schüler betrachtet (Brophy, 1999; Greeno, Collins & Resnick, 1996; Grouws & Cebulla, 2000; Hiebert & Grouws, 2007; Hiebert & Wearne, 1993; Klieme, Lipowsky, Rakoczy & Ratzka, 2006; Mayer, 2004; Reusser, 2006; Stein & Lane, 1996).

Der Begriff „Kognitive Aktivierung" wurde von Baumert und Klieme eingeführt (Baumert, et al., 2004; Klieme et al., 2001b; Klieme et al., 2006). Ob die Schülerinnen und Schüler tatsächlich kognitiv aktiviert sind, ist aber nicht direkt beobachtbar. Es muss also durch beobachtbare Indikatoren näherungsweise auf kognitive Aktivität geschlossen werden. Entscheidend ist:

> The kind of activity that really promotes meaningful learning is cognitive activity (e.g., selecting, organizing, and integrating knowledge) (...) Methods that rely on doing or discussing should be judged not on how much doing or discussing is involved but rather on the degree to which they promote appropriate cognitive processing. (Mayer, 2004, S. 17)

Dies ist gemäss Mayer nicht nur von anspruchsvollen Aufgaben, sondern auch von einer passenden inhaltlichen Strukturierung des Unterrichts abhängig (vgl. auch Klieme & Rakoczy, 2008; Lipowsky, 2002; Reusser, 2006).

Es wird heute davon ausgegangen, dass die kognitive Aktivität der Lernenden nicht von einer bestimmten Methode oder einem spezifischen Instruktionsansatz abhängt, sondern dass vielmehr tieferliegende Qualitätsmerkmale von Unterricht, insbesondere die Lehrer-Schüler-Interaktion, zentral sind (vgl. z.B. Hiebert & Grouws, 2007; Klieme et al., 2006; Reusser, 2006).

Die Ergebnisse des Unterrichtsqualitätsmerkmals kognitive Aktivierung in Bezug auf den Lernerfolg der Schülerinnen und Schüler sind nicht eindeutig. Hier sollen nur einige wenige exemplarische Befunde angegeben werden. Für eine umfassende Zusammenfassung zum Konzept der kognitiven Aktivierung und zu verschiedenen Studien und ihren Ergebnissen vgl. Klieme et al., (2006), Lipowsky (2009), Lipowsky, Rakoczy, Pauli, Drollinger-Vetter, Klieme und Reusser (2009) und Pauli, Drollinger-Vetter, Hugener und Lipowsky (2008), siehe auch zusammenfassend Hugener (2008).

Kognitive Aktivierung ist neben unterstützendem Klima und Classroom Management eine von drei Basisdimensionen von Unterrichtsqualität, welche Klieme et al. (2006) identifiziert haben. Die Analysen beruhten auf Daten der TIMSS-1995-Videostudie. Es konnte ein positiver Effekt der kognitiven Aktivierung der Lernenden auf den Leistungszuwachs nachgewiesen werden, wobei keine Mehrebenenanalysen vorgenommen wurden. Der Faktor kognitive Aktivierung wurde faktorenanalytisch bestimmt und widerspiegelt „die Komplexität von Aufgabenstellungen und Argumentationen und die Intensität des fachlichen Lernens" (Klieme et al., 2001b, S. 51). Weiter zeigte sich, dass eine effiziente Unterrichts- und Klassenführung eine notwendige, aber nicht hinreichende Vorbedingung für die kognitive Aktivierung darstellt.

Verschiedene Studien zeigen einen positiven Effekt eines höheren Anteils von kognitiv anspruchsvollen Aufgaben im Mathematikunterricht auf den Lernerfolg (vgl. zusammenfassend Hiebert & Grouws, 2007; Stein, Boaler & Silver, 2003). Auch anspruchsvolle Unterrichtsgespräche im Mathematikunterricht weisen einen positiven Effekt auf den Lernerfolg auf (Franke, Kazemi & Battey, 2007; Schoenfeld, 2006). Allerdings stammen die empirischen Ergebnisse gemäss Hiebert und Grouws (2007) hauptsächlich aus Designstudien zu konstruktivistischen Lernumgebungen und es fragt sich, inwiefern sich diese Ergebnisse auf den Alltag übertragen lassen.

Clausen et al. (2003) bestimmten ebenfalls auf der Grundlage hoch inferenter Ratings von schweizerischem und deutschem Mathematikunterricht[77] faktorenanalytisch eine Skala kognitiver Aktivierung. Diese umfasste mathematische Produktivität, anspruchsvolles Üben, Lehrer als Mediator, Pacing, Motivierungsfähigkeit und umgepolt repetitives Üben, Sprunghaftigkeit. Es war hinsichtlich der kognitiven Aktivierung kein Länderunterschied zwischen den schweizerischen und den deutschen Klassen beobachtbar.

Kunter (2005) fand bei einer Re-Analyse von TIMSS-1995-Videodaten mittels Mehrebenenanalyse unter Kontrolle der Schulform keinen Effekt der kognitiven Aktivierung („aktive Konstruktion") auf die Leistungsentwicklung.

In der Videostudie, in deren Rahmen diese Arbeit entstand, zeigten sich bezüglich des kognitiv aktivierenden Unterrichts folgende Ergebnisse, in welchen der Mehrebenencharakter der Daten berücksichtigt wurde:

- Es gibt einen positiven Effekt der hoch inferent durch trainierte Beobachter erfassten kognitiven Aktivierung auf die Entwicklung des konzeptionellen Verständnisses (Lipowsky et al., 2009). Diese Operationalisierung der kognitiven Aktivierung wird in Kapitel 6.7 dargestellt.

- Mathematikstunden mit einem problemlösend-entdeckenden Inszenierungsmuster wurden zwar von den hoch inferent ratenden Beobachtern als kognitiv aktivierender beurteilt als solche mit einem darstellenden oder fragend-entwickelnden Inszenierungsmuster. Es zeigte sich aber kein Unterschied in Bezug auf den Lernerfolg (Hugener, 2008).

- Ein prozessorientierter Umgang mit Hausaufgaben (aus Schülersicht mit Fragebogen eingeschätzt) hatte einen signifikanten positiven Einfluss auf die Leistungsentwicklung im Verlauf des Schuljahrs (Klieme et al., 2006).

- Pauli et al. (2008) unterscheiden zwischen verschiedenen Aspekten von kognitiver Aktivierung. Da in diesen Auswertungen eine der Skalen vorkommt, die im empirischen Teil dieser Arbeit hergeleitet wird, wird erst in der Diskussion auf diese Ergebnisse eingegangen.

Die unterschiedlichen Ergebnisse der verschiedenen Studien könnten auf die folgenden Gründe zurückzuführen sein: Auf unterschiedliche Operationalisierungen des Konstrukts kognitive Aktivierung, auf verschiedene Auswertungsmethoden (mehrebenen-analytisch oder nicht) und auf Leistungstests, welche sich auf den Unterrichtsinhalt der videographierten Lektionen beziehen oder nicht.

Herausfordernde Konstruktionsleistungen, welche nichts mit dem zu lernenden Konzept zu tun haben, können beim Verstehen eines konkreten Konzepts kognitive

---

77 Die Schweizer Videos stammten, wie bereits erwähnt, aus der TIMSS-1999-Videostudie, die deutschen aus der TIMSS-1995-Videostudie.

Ressourcen abziehen (vgl. Sweller et al., 1998). Diese stehen dann nicht mehr für die zentralen Verknüpfungsleistungen zum zu verstehenden Konzept zur Verfügung. In einem Unterricht mit dem Ziel, dass die Schülerinnen und Schüler ein bestimmtes Konzept verstehen, fragt sich deshalb, wie kognitive Aktivierung näher auf die aufzubauende begriffliche Struktur bezogen erfasst werden könnte. Dies wird in Kapitel 8.5.3.1 diskutiert werden.

2.3.7.5 Folgerungen für das Bestimmen von fachdidaktischen Unterrichtsqualitäten der Anleitung von Verstehensprozessen zu einem konkreten Konzept

In diesem Kapitel wurden Qualitätsmerkmale von Unterricht in Bezug auf Konzeptverstehen aus Sicht der empirischen Unterrichtsforschung dargestellt. Als Erstes fällt auf, wie hilfreich Videoaufnahmen für die Analyse von Strukturaufbauprozessen im Unterricht sind: Die Analysen der TIMSS-1999-Videostudie haben schön gezeigt, wie die gleichen Lektionen unter unterschiedlichsten Gesichtspunkten, mit verschiedensten theoretischen Brillen und empirischen Methoden immer wieder analysiert werden können. Insgesamt wird deutlich, dass Qualitäten der Anleitung von Verstehensaufbauprozessen im Unterricht bisher wenig an den eigentlich zu verstehenden Inhalten festgemacht wurden. Oft wurden verschiedene mathematische Inhalte miteinander verglichen, welche zufällig ausgewählt wurden. Es zeigt sich, dass die tatsächliche Bearbeitung von Aufgaben (und weniger die Aufgabenstellung) und die Klarheit und Kohärenz von Unterricht im Verlauf für die Verstehensprozesse im Unterricht wichtig sein könnten. Verknüpfungen, die aus theoretischer Sicht so wichtig für Verstehensprozesse sind, lassen sich verschieden operationalisieren und scheinen sich auch empirisch als wichtiges Unterrichtsqualitätsmerkmal zu bestätigen. Allerdings wurden bisher sehr verschiedene Arten von Verknüpfungen unter einem Hut zusammengefasst. Dies war aufgrund der oft unterschiedlichen Inhalte und Lernziele in den videographierten Lektionen auch nicht anders machbar. Tiefer gehende fachdidaktische Analysen in Bezug auf Konzeptverstehen waren deshalb nicht möglich, wobei die Videostudien meist nicht auf Begriffsaufbauprozesse fokussiert waren. Angesichts der in den vorangegangenen Kapiteln dargestellten Überlegungen muss bezweifelt werden, dass jede Verknüpfung beim Einstieg in ein neues Thema dem Verstehen dieses Konzepts dient.

Wenn man fachdidaktische Qualitäten der Anleitung von Verstehensprozessen zu einem *konkreten Konzept* finden will, so müssen die Unterrichtsqualitätsmerkmale an den konkreten, zu verstehenden Sachverhältnissen festgemacht werden. Dies folgt einerseits aus theoretischer Sicht (vgl. die vorangegangenen Kapitel). Andererseits weisen verschiedene Autoren nicht zuletzt aufgrund der oben erwähnten, oft nicht eindeutigen empirischen Resultaten darauf hin, dass Unterrichtsqualität *fachspezifischer* erhoben werden soll (Brophy, 2006; Klieme & Rakoczy, 2008; Reusser, 2006; Seidel &

155

Shavelson, 2007). Seidel und Shavelson (2007) fanden in ihrer Metaanalyse die höchsten Effektstärken bei fachspezifischen Komponenten des Unterrichts. Es wird auch gefordert, dass Unterrichtsqualität spezifisch für verschiedene *Lernziele* kognitiver und auch nicht kognitiver Art untersucht werden soll (z.b. Hiebert & Grouws, 2007; Seidel & Shavelson, 2007, vgl. auch Klieme et al., 2006 und Reusser, 2001c). Weiter wird in Frage gestellt, inwiefern sich Ergebnisse aus experimentellen Designstudien auf *alltäglichen Unterricht* übertragen lassen (z.b. Brophy, 2006).

Ein Forschungsvorhaben, das Verstehensprozesse konzeptspezifisch betrachten will, setzt ein bestimmtes Forschungsdesign voraus: Erstens müssen der Inhalt und das Lernziel des Unterrichts standardisiert werden. Weiter muss der analysierte Unterrichtszeitraum bezüglich dieses Lernziels von geeigneter Dauer sein. Denn Begriffsaufbauprozesse benötigen auf der Sekundarstufe I üblicherweise mehr als eine Lektion Zeit. Will man Effekte des Unterrichts auf konzeptuelles Verstehen messen, so braucht es konzeptspezifische Tests. Bisher wurden meist Leistungstests aus TIMSS und PISA verwendet, welche nicht auf den Unterricht abgestimmt waren und eher langfristige Lernziele erfassen. Kurz, es braucht ein mikrogenetisches, konzeptspezifisches Design, wie es in der Videostudie „Unterrichtsqualität, Lernverhalten und mathematisches Verständnis" gegeben ist, in deren Rahmen diese Arbeit entstanden ist.

Fachdidaktische Unterrichtsqualitätsmerkmale werden in dieser Arbeit ausgehend von Verknüpfungen innerhalb von Verstehensprozessen bestimmt. Zuerst muss deshalb geklärt werden, welche Verknüpfungen während einer dreistündigen Einführung in den Satz des Pythagoras zentral sind. Dies ist das Ziel des nächsten Kapitels.

3   Verstehen als Herstellen von Verknüpfungen und Sinn – am Beispiel des Satzes des Pythagoras

Verstehen wird in dieser Arbeit als Strukturaufbau definiert, in dem Verknüpfungen- und Sinnherstellen zentral sind. Im vorangegangenen Kapitel wurde Verstehen relativ inhaltsfrei aus verschiedenen theoretischen Perspektiven betrachtet. In diesem Kapitel wird der konkrete Inhalt der Videostudie, der Satz des Pythagoras, näher betrachtet. In Kapitel 3.1 geht es um den Satz selbst: Die Besonderheiten des Satzes als Schulstoff (Kapitel 3.1.1), fachliche Repräsentationen des Satzes (3.1.2), worauf man beim Anwenden des Satzes achten muss (3.1.3), und Schülervorstellungen des Satzes (3.1.4) werden beschrieben. In Kapitel 3.2 werden verschiedene Arten von Verknüpfungen betrachtet. Nach einer kurzen Repetition, warum Verknüpfungen beim Verstehen im Unterricht so wichtig sind (Kapitel 3.2.1), werden diese verschiedenen Arten am Beispiel des Satzes des Pythagoras dargestellt (Kapitel 3.2.2). Dies ist wichtig, weil im darauffolgenden Kapitel 4, welches den Kern dieser Arbeit darstellt, argumentiert wird, dass nicht jede dieser Verknüpfungen bei einer Einführung in den Satz des Pythagoras gleich wichtig ist.

Vorwegnehmend sei erwähnt, dass es zum Satz des Pythagoras eine umfangreiche Literatur gibt, in der kulturhistorische, mathematische oder fachdidaktische Aspekte enthalten sind, wobei meist mehrere dieser Aspekte miteinander kombiniert werden (z.B. Baptist, 1998; Brown & Walter, 1990; Fraedrich, 1995; Hoehn & Huber, 2005; Lietzmann, 1966; Loomis, 1968; Maor, 2007; Winter, 1984; Wittmann, 1996).

3.1   Der Satz des Pythagoras

In diesem Kapitel steht der Satz des Pythagoras im Zentrum. Genau so, wie man eine Aufgabenanalyse vornehmen kann, lässt sich auch ein bestimmtes Konzept analysieren. Die vorangegangenen Kapitel zeigten dazu verschiedene Wege auf. Betrachtet man die Besonderheiten des Satzes des Pythagoras (Kapitel 3.1.1), so wird deutlich, dass seine fachlichen Repräsentationen eine wichtige Rolle einnehmen. Auf diese wird deshalb ausführlich eingegangen (Kapitel 3.1.2). Sowohl die Art der Repräsentation als auch die Formulierung des Satzes via Seiten oder Flächen haben vermutlich einen Einfluss auf das Lösen von bestimmten Aufgaben. Dies wird an Beispielen gezeigt. Bei der Anwendung des Satzes kommen weitere Aspekte hinzu, auf die nur kurz eingegangen wird (Kapitel 3.1.3).

Nicht nur die Analyse des Konzepts für sich, sondern auch die Analyse von Schülervorstellungen ist in der Fachdidaktik ein wichtiges Hilfsmittel, um Schwierigkeiten beim Verstehen eines Konzepts zu erkennen (Prediger, 2008; Spiegel & Selter, 2003).

Für den Satz des Pythagoras werden fünf Schülervorstellungen auf ihren „Verstehens-gehalt" analysiert (Kapitel 3.1.4).

3.1.1 Das Besondere am Satz des Pythagoras als Schulstoff

Die Schülerinnen und Schüler bringen kaum informelles Wissen zu diesem Satz mit. Allenfalls kennen sie die Formel, wissen aber meist deren Bedeutung nicht. Im Ver-gleich zu anderen Themen der Schulmathematik, wie zum Beispiel der Wahrschein-lichkeitsrechnung, kommt deshalb die Problematik von fachlich unpassenden Alltags-vorstellungen, welche einen Konzeptwechsel nötig machen, kaum vor. Die Schülerin-nen und Schüler besitzen deshalb aber auch kaum alltagssprachliche Darstellungsmög-lichkeiten für den Satz des Pythagoras. In einem Unterricht zum Satz des Pythagoras kommen als Folge davon möglicherweise früher und vermehrt fachliche Repräsentati-onen vor als bei anderen mathematischen Themen.

Der Satz des Pythagoras ist weiter einer der ersten nicht offensichtlich richtigen mathematischen Sätze im Geometrieunterricht. Das Thema Beweisen nimmt deshalb einen besonderen Spielraum ein.

Der Satz verbindet Geometrie mit Algebra: Die geometrische Bedeutung des Sat-zes lässt sich mit Hilfe der einprägsamen Formel beschreiben.

Der Satz weist viele Anwendungen und Beziehungen zu anderen mathematischen Sätzen und Themen auf. Gemäss Baptist (2001) liegt in diesem Beziehungsreichtum die Bedeutung des Satzes für den Unterricht.

3.1.2 Fachliche Repräsentationen des Satzes des Pythagoras

Zech (1998) teilt die symbolische Darstellungsebene von Bruner (vgl. Kapitel 2.3.4) weiter auf in eine sprachliche Formulierung und in eine Darstellung mit mathemati-schen Zeichen. Im Folgenden werden diese beiden Darstellungen „sprachliche Reprä-sentation" und „formale Repräsentation" genannt. Somit lassen sich in der Mathema-tikdidaktik die folgenden vier Repräsentationsformen eines Sachverhalts unterschei-den:

1) Sprachliche Repräsentation;
2) Formale Repräsentation;
3) Bildliche Repräsentation;
4) Handelnde Repräsentation.

Es werden nun Beispiele für alle vier Repräsentationen des Satzes angegeben und kurz kommentiert.

Sprachliche Repräsentation

In jedem rechtwinkligen Dreieck ist die Summe der Flächeninhalte der Kathetenquadrate gleich dem Flächeninhalt des Hypotenusenquadrats.

Es gibt viele weitere Variationen davon (vgl. Kapitel 6.3.2.2). Man beachte, wie viele Fachbegriffe in dieser Darstellung vorhanden sind. Wer beispielsweise mit dem Begriff Kathetenquadrat nichts anfangen kann, ist hier verloren.

Bildliche Repräsentation

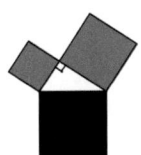

Ein Novize erkennt in diesem Bild drei Quadrate, wobei die oberen beiden Quadrate kleiner sind als das untere. Allenfalls fällt noch auf, dass die Quadrate speziell angeordnet sind: in der Mitte entsteht ein rechtwinkliges Dreieck. Die Gleichheit gewisser Quadratflächen ist aber kaum von Auge erkennbar.

Formale Repräsentation
An dieser Stelle ist zentral, dass die berühmte Formel $a^2 + b^2 = c^2$, entgegen der landläufigen Annahme, den Satz selbst noch nicht darstellt. Die Formel ist bloss eine Aussageform, welche je nach eingesetzten Zahlen eine wahre oder eine falsche Aussage liefert. Die Bedeutung der Variablen a, b und c wird in der Formel allein nicht explizit. Dass der Satz des Pythagoras ein geometrischer Satz ist, lässt sich anhand der algebraischen Formeldarstellung nicht erkennen. Die Formel muss also durch eine Formulierung der speziellen geometrischen Bedeutung der Variablen a, b und c ergänzt werden. Dies kann zum Beispiel durch eine Skizze eines entsprechend beschrifteten rechtwinkligen Dreiecks oder durch eine sprachliche Formulierung der geometrischen Bedeutung der Seiten geschehen. Erst dann ist eine vollständige formale Repräsentation des Satzes gegeben. Ein mögliches Beispiel ist:

a, b, c sind Seiten eines rechtwinkligen Dreiecks mit $\gamma = 90°$, dann gilt $a^2 + b^2 = c^2$.

Ein Novize erkennt beim Betrachten der blossen Formel einfach eine Gleichung: „Eine Zahl hoch 2 und eine zweite Zahl hoch 2 ergibt zusammen eine dritte Zahl hoch zwei." Beim Einsetzen von Zahlen erkennt man schnell, dass dies offensichtlich nur für ganz bestimmte Zahlen und nicht allgemein gilt. Es gilt nur für Zahlen, die bestimmte Seitenlängen von Seiten in einem rechtwinkligen Dreieck darstellen.

Handelnde Repräsentation
Ein Zerlegungs- oder Ergänzungsbeweis mit Papierfiguren lässt handelnd erfahren, dass der Flächeninhalt beider Kathetenquadrate flächengleich mit dem Inhalt des Hypotenusenquadrats ist. Dieses handelnde Erleben der Flächengleichheit gewisser Quadrate kann sehr einprägsam sein. Gleichzeitig ist es aber auch problematisch, weil es viele Beispiele gibt, bei denen der Betrachter auch eine Flächengleichheit zu erkennen glaubt, obwohl keine vorhanden ist. Diese Beispiele beruhen üblicherweise darauf, dass es zwischen den Teilfiguren Überlappungen oder Lücken gibt, welche von Auge kaum wahrnehmbar sind, aber rechnerisch problemlos nachgewiesen werden können. Um die Flächengleichheit im mathematischen Sinne zu beweisen, braucht es mathematische Argumente, mit denen man zeigen kann, dass es wirklich „aufgeht",

dass also keine Lücken oder Überlappungen der Teilfiguren entstehen. Dies erfordert, dass man den allgemeinen mathematischen Gedanken in der vorliegenden spezifischen Papierfigur erkennen kann. Die dazugehörenden mathematischen Argumente können gute Sekundarschüler beim Ergänzungsbeweis verstehen. Die mathematischen Überlegungen bei den Zerlegungsbeweisen sind hingegen meist sehr viel schwieriger und werden in der Schule kaum besprochen.

Aus fachlicher Sicht gibt es für ein und dasselbe Konzept meist mehrere korrekte Darstellungsweisen innerhalb desselben Mediums (vgl. auch Kapitel 2.3.4). Der Satz des Pythagoras könnte formal genauso gut durch die Formeln $e^2 + q^2 = z^2$ oder $|AC| \cdot |AC| + |BC| \cdot |BC| = |AB| \cdot |AB|$ ausgedrückt werden, wenn das dazugehörende rechtwinklige Dreieck entsprechend bezeichnet ist. Es gibt auch diverse unterschiedliche sprachliche Varianten. Im Mathematikunterricht haben sich aber für viele Konzepte gewisse fachliche Repräsentationen derart etabliert, dass sie eine Sonderstellung unter allen denkbaren mathematischen Repräsentationen des betreffenden Konzepts einnehmen: Ich nenne sie deshalb im Folgenden *prototypische Repräsentationen*. Die oben dargestellte sprachliche, bildliche und formale Repräsentation sind prototypische Repräsentationen des Satzes des Pythagoras. Im Schulunterricht spielen sie eine wichtige Rolle. Denn ohne diese prototypischen Repräsentationen oder alltagssprachlichen Variationen davon ist es schwierig, über den Sachverhalt des Satzes des Pythagoras zu reden und Aufgaben zu lösen. (Es gibt alltagsnähere Konzepte, bei denen im Unterricht problemlos viel länger mit Schülerformulierungen gearbeitet werden kann, die viel weiter weg von den fachsprachlichen Repräsentationen liegen. Je abstrakter der Schulstoff wird, desto unumgänglicher scheint die Fachsprache zu werden. Das könnte daran liegen, dass keine Alltagserfahrungen und damit keine Alltagsbegriffe mehr vorhanden sind.)

Am Beispiel des Satzes des Pythagoras lassen sich konzeptspezifische Vor- und Nachteile der einzelnen Repräsentationsformen erkennen:

Die *bildliche Repräsentation* des Satzes macht besonders deutlich, welche geometrische Bedeutung das Quadrieren der Seiten des rechtwinkligen Dreiecks hat. Wer diesen Zusammenhang nicht kennt, für den bedeutet a^2 nichts anderes als die Multiplikation der Zahl a mit sich selbst, ohne jede geometrische Bedeutung.

Die *formale Darstellung* ist vielfach am praktischsten zum Rechnen: Kurz und kompakt enthält sie alles Wesentliche, wenn man das dazugehörende rechtwinklige Dreieck mitdenkt. Angesichts der Schönheit und Eleganz der Formel werden das rechtwinklige Dreieck und die dazugehörenden Seitenbezeichnungen oft übersehen. Damit geht die Bedeutung der Formel verloren.

In der *sprachlichen Darstellung* wiederum wird explizit deutlich, dass man die Seiten im rechtwinkligen Dreieck nicht beliebig wählen kann. Dieser Sachverhalt ist in der Formel allein gar nicht zu erkennen (vgl. Bemerkung oben). So umständlich diese sprachliche Formulierung im Vergleich zur eleganten Formel ist, sie ist die einzige der hier gezeigten Repräsentationen, welche unabhängig von der Lage des Dreiecks und dessen Beschriftung der Seiten formuliert ist: Denn die bildliche Darstellung zeigt einen konkreten Zustand, und die Formel gilt nur für eine bestimmte Beschriftung des Dreiecks. Es braucht deshalb bei der Formel und der bildlichen Darstellung mindestens eine Analogieüberlegung, um die Struktur auf andere Beschriftungen und Dreieckslagen übertragen zu können.

Hier zeigt sich konkret für den Satz des Pythagoras, was Hiebert und Carpenter (1992) formuliert haben: Jede fachliche Repräsentation zeigt üblicherweise nur einen Ausschnitt des Konzepts besonders deutlich. Unterschiedliche Repräsentationen sind deshalb in unterschiedlichen Anwendungssituationen von Vorteil.

Fachliche Repräsentationen beim Lösen von Aufgaben

Es gibt Aufgaben, die mit Hilfe einer bestimmten Repräsentation sehr viel einfacher zu lösen sind als mit einer anderen. Das Verfügen über verschiedene Repräsentationen eines Konzepts kann also beim Aufgabenlösen entscheidend sein (vgl. auch etwas allgemeiner die Bedeutung von guten Repräsentationen beim Problemlösen in Kapitel 2.3.5). Am Beispiel des Satzes des Pythagoras soll dies illustriert werden: Die folgende Aufgabe ist vermutlich mit einer bildlichen Vorstellung des Satzes, in der die Flächeninhalte der Quadrate vorkommen, einfacher zu lösen, als wenn nur eine formale Vorstellung vorhanden ist.

Gegeben sind zwei Quadrate mit dem Flächeninhalt 9 cm^2 und 16 cm^2. Konstruiere ein Quadrat, dessen Flächeninhalt so gross ist wie beide Flächeninhalte der gegebenen Quadrate zusammen.

Umgekehrt braucht es, ausgehend von der bildlichen Repräsentation, eine zusätzliche Überlegung, um die folgende Aufgabe zu lösen. Die formale Repräsentation hingegen ist hier sehr hilfreich.

In einem Dreieck sind die Seiten c = 5 cm und b = 4 cm gegeben. Berechne die Länge der Hypotenuse a.

Wenn man aber die Struktur hinter der Formel (die Bedeutung, die Beziehungen!) nicht verstanden hat, wird man bei dieser Aufgabe eine falsche Lösung erhalten, denn das verwendete Dreieck ist anders bezeichnet als üblich, die Hypotenuse ist a.

Ein Konzept ist in diesem Sinne meist nur über das Zusammenspiel mehrerer seiner unterschiedlichen Repräsentationen als Ganzes erkennbar und vielseitig anwendbar. Deshalb ist es für das Verstehen eines Konzepts so wichtig, dass Schülerinnen und Schüler verschiedene Repräsentationen dieses Konzepts kennen und die Zusammenhänge zwischen ihnen verstehen (Hiebert & Carpenter, 1992). Welche Repräsentationen es sein müssen und wie viele sinnvoll sind, lässt sich nur bezüglich eines konkreten Konzepts und einer gegebenen Schulklasse bestimmen. Wenn man bedenkt, dass jede fachliche Repräsentation einzeln gelernt werden muss, ist umgekehrt auch klar, dass zu viele verschiedene Repräsentationen vermieden werden müssen.

Flächen- und Seitenaspekt

Zum Satz des Pythagoras sind meines Wissens bisher keine verschiedenen Grundvorstellungen formuliert worden. Dies deutet darauf hin, dass sich der Satz in Bezug auf seine Anwendungen nur auf eine einzige Art inhaltlich deuten lässt. Aus der Sicht der Schülerinnen und Schüler sind aber meiner Meinung nach zwei Schüler-Grundvorstellungen denkbar: „Der Satz macht eine Aussage über die Seitenlängen im Dreieck" und „Der Satz macht eine Aussage über Flächeninhalte von (speziell angeordneten) Quadraten". Aus einer fachlichen Sicht sind beide Vorstellungen identisch: Der Zusammenhang zwischen diesen beiden Interpretationen ist durch die geometrische Bedeutung von a^2 (Seite a mal Seite a) bestimmt: Wenn a eine Seitenlänge darstellt, ist a^2 der Flächeninhalt des dazugehörenden Quadrats. Für viele Schülerinnen und Schüler der achten Klasse ist dieser Zusammenhang aber nicht offensichtlich. Für sie kann der Term a^2 ausschliesslich die Bedeutung „Zahl mal Zahl" haben, ohne dass dessen geometrische Deutung als Fläche erkannt wird. Deshalb wird im Folgenden zwischen diesen Aspekten des Satzes unterschieden. Ich nenne sie *Seitenaspekt* und *Flächenaspekt*. Die Unterscheidung zwischen diesen beiden Aspekten ist für die Analyse von Verstehensprozessen hilfreich.[78] Der entscheidende Punkt ist nun, dass beim Aufgabenlösen – analog zu den fachlichen Repräsentationen – manchmal der Flächenaspekt und manchmal der Seitenaspekt im Vordergrund steht. Dies lässt sich an einer fiktiven Interaktion zur bereits oben erwähnten Aufgabe zeigen.

> Gegeben sind zwei Quadrate mit dem Flächeninhalt 9 cm² und 16 cm². Konstruiere ein Quadrat, dessen Flächeninhalt so gross ist wie beide Flächeninhalte der gegebenen Quadrate zusammen.

Die Lehrperson und eine Schülerin sprechen über das Anwenden der Formel zum Satz des Pythagoras bei der oben erwähnten Flächenaufgabe. Obwohl beide über die gleiche fachlich korrekte, typische mathematische Darstellung des Satzes sprechen – über die Formel –, kann es nun passieren, dass die Schülerin diese Formel nur als Aussage über Seitenlängen deuten kann. Es werden einfach bestimmte Zahlen quadriert, aber diese haben für die Schülerin keine geometrische Bedeutung. Deshalb erkennt sie keine Beziehung zwischen der Formel und der Aufgabe. Die Lehrperson hat aber den Satz als Aussage über Flächeninhalte im Kopf und deutet die Terme in der Formel geometrisch. Wenn die Lehrperson nicht merkt, dass die Schülerin noch keine Flächen-

---

78 Um den Zusammenhang zwischen der Formelschreibweise und der geometrischen Bedeutung zu verstehen, muss man eine Beziehung zwischen einem algebraischen und einem geometrischen Objekt herstellen können. Dies ist mathematikhistorisch gesehen eine relativ junge Denkweise, denn diese beiden Themen waren lange getrennt. Heute gehört es zu den Selbstverständlichkeiten der Disziplin Mathematik, dass Algebra und Geometrie sehr eng zusammenhängen. Manche Probleme aus dem einen Gebiet wurden erst durch Übersetzen in das andere Gebiet lösbar. Die Lernenden sind algebraisch formulierten geometrischen Objekten im Unterricht bereits beim Umgang mit Formeln zur Berechnung von Flächen und Volumen oder bei der Einführung von Variablen begegnet. Trotzdem könnte hier für die Schülerinnen und Schüler eine epistemologische Hürde vorliegen (vgl. Kapitel 2.3.4).

vorstellung erworben hat, kann es sein, dass die gemeinsame Kommunikation über die Formel für die Schülerin unverständlich bleibt, obwohl beide über dieselbe Repräsentation des Satzes sprechen.[79]

3.1.3 Worauf man bei der Anwendung des Satzes des Pythagoras achten muss

Beim Anwenden des Satzes des Pythagoras gilt es hauptsächlich zwei Dinge zu beachten: *Einerseits* müssen in Anwendungssituationen rechtwinklige Dreiecke erkannt werden. Je nach Zusammenhang müssen rechtwinklige Dreiecke zum Beispiel in dreidimensionalen Objekten oder in Alltagssituationen „gesehen" werden. Insbesondere müssen mathematische Konzepte, welche mit rechtwinkligen Dreiecken zu tun haben, bekannt sein (Höhen in Dreiecken, Thaleskreis usw.). Unter Umständen müssen zuerst Hilfslinien eingezeichnet werden, damit ein rechtwinkliges Dreieck entsteht. Aus dem Wissen, dass das rechtwinklige Dreieck die Voraussetzung für den Satz darstellt, folgt nicht automatisch die Fähigkeit, solche rechtwinkligen Dreiecke in komplexen Situationen auch tatsächlich erkennen zu können. Diese Fähigkeit muss trainiert werden. *Andererseits* kommen in komplexen Aufgaben häufig mehrere verschiedene rechtwinklige Dreiecke vor und es ist entscheidend, daraus ein ganz bestimmtes Dreieck auswählen zu können, das tatsächlich bei der Problemlösung weiterhilft. Das Vorkommen eines rechtwinkligen Dreiecks genügt also beim erfolgreichen Anwenden des Satzes des Pythagoras oft noch nicht. Damit der Satz tatsächlich angewendet werden kann, müssen noch zwei weitere Dinge zutreffen: Es müssen einerseits zwei Seitenlängen des rechtwinkligen Dreiecks bekannt sein und andererseits muss die dritte Seite, welche mit Hilfe des Satzes berechnet werden kann, auch tatsächlich zur Lösung des Problems beitragen.

Zusammenfassend ist das Vorgehen beim Anwenden des Satzes des Pythagoras Folgendes:

1) Rechtwinkliges Dreieck erkennen.
2) Darin zwei bekannte Seiten suchen.
3) Überlegen: Hilft die dritte Seite auch tatsächlich zur Problemlösung?
4) Wenn ja: Seite ausrechnen.

Der Satz des Pythagoras ist häufig nur einer von vielen Teilschritten innerhalb eines komplexeren Problems.

---

79   Man beachte, dass das Gespräch durchaus auf einem „hohen Niveau" stattfinden kann, dass die Beteiligten je für sich Verknüpfungen machen können und dass die Schülerin dabei evtl. sogar sehr lange selbst spricht. Trotzdem kann die Kommunikation misslingen, wenn beide von verschiedenen Aspekten eines Begriffs sprechen und die andere Sichtweise nicht erkennen oder übernehmen können.

3.1.4 Schülervorstellungen des Satzes des Pythagoras

Bisher wurde mehrheitlich von fachlichen Repräsentationen des Satzes gesprochen, also von fachlich normierten Darstellungen, welche sich kulturell entwickelt haben. Eine Analyse dieser Repräsentationen hat bereits einige Schwierigkeiten des Konzepts offengelegt. Eine weitere, in der Mathematikdidaktik weit verbreitete Möglichkeit, um Lernhürden eines Konzepts zu entdecken, ist die Analyse von Schülervorstellungen. Hier interessiert, was sich daraus für die Anleitung von Verstehensprozessen lernen lässt.

Schülerinnen und Schüler wurden gefragt, was sie vor Augen haben, wenn sie vom Satz des Pythagoras hören oder lesen.[80] Die folgende Abbildung 14 zeigt fünf Schülerantworten auf:

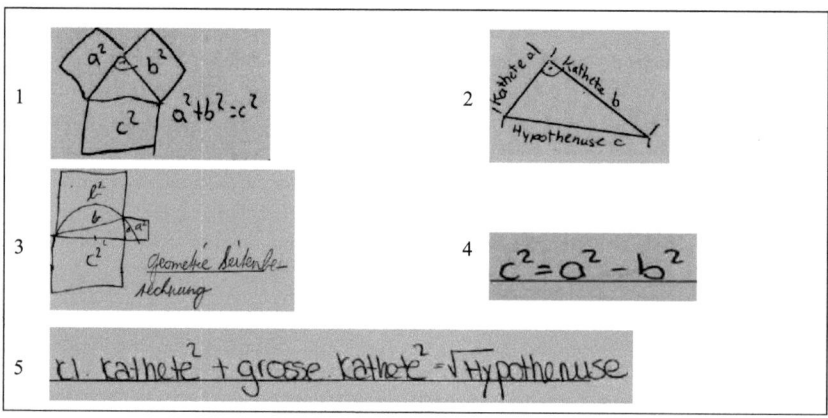

Abbildung 14:   Schülervorstellungen zum Satz des Pythagoras

Man erkennt unschwer, dass die Schülerinnen und Schüler sich einerseits an unterschiedliche Aspekte des Satzes erinnern und andererseits auch sehr verschieden elaborierte Darstellungen wiedergeben können. Die Schülervorstellungen werden nun kurz

---

80   Diese Frage wurde in der unten angefügten, etwas ausführlicheren Form den Schülerinnen und
      Schülern im Forschungsprojekt „Unterrichtsqualität, Lernverhalten und mathematisches Ver-
      ständnis" gestellt (Lipowsky, Drollinger-Vetter, Hartig & Klieme, 2006, S. 66). Die Antworten
      stammen alle aus dem Projekt.
      „Was hast du vor Augen, wenn du vom Satz des Pythagoras hörst oder liest? Du kannst mehrere
      Antworten ankreuzen.
      Ein Bild – Wenn ja, stelle es bitte in einer Skizze dar:_____
      Einen algebraischen Ausdruck: Wenn ja, welchen? _____
      Etwas anderes: ____
      Ich kann mir darunter gar nichts vorstellen."

aus fachdidaktischer Sicht auf ihren „Verständnisgehalt" analysiert, weil hier ganz wesentliche, allgemeine Aspekte eines Verständnisses des Satzes des Pythagoras erkennbar werden. Die Nummerierung bezieht sich auf die Bilder der Abbildung 14:

1) Die bildliche und die formale Darstellung des Satzes werden bis auf zeichnerische Ungenauigkeit und eine unübliche Beschriftungsreihenfolge im Dreieck korrekt wiedergegeben. Bild und Formel stimmen überein, das rechtwinklige Dreieck ist in der Figur erkennbar.

2) In dieser Darstellung ist ein rechtwinkliges Dreieck erkennbar, dessen Seiten mit den Begriffen „Katheten" und „Hypotenuse" richtig beschriftet sind. Die Beziehung zwischen den Seiten ist jedoch nicht angegeben.

3) Die bildliche Darstellung zeigt aus fachlicher Sicht einige richtige und einige falsche Elemente: Die Figur über der Seite b ist kein Quadrat. Dies kann ein Flüchtigkeitsfehler sein, der bei Nachfrage sofort korrigiert werden könnte, weil die Figur als Quadrat gemeint war. Es könnte aber auch ein Hinweis darauf sein, dass das Bild als eine Einheit erinnert worden ist, ohne dass die darin enthaltenen Teilelemente des Satzes (z.B. die Quadrate über den Dreiecksseiten) verstanden wurden. Die bildliche Darstellung dieses Satzes ist bereits so komplex, dass ein solches im wertheimerschen Sinne „strukturblindes" Erinnern (vgl. Kapitel 2.3.5.5) sehr schwierig und fehleranfällig wird. Weiter sind zwei ungenau gezeichnete Quadrate erkennbar. Interessant ist, dass diese bildliche Darstellung in Bezug auf den rechten Winkel uneindeutig ist. Optisch gesehen liegt der rechte Winkel beim (nicht eingezeichneten) Winkel Beta. Der Kreisbogen von der Ecke A durch die Ecke C deutet darauf hin, dass der Schüler oder die Schülerin vermutlich im Nachhinein einen Thaleskreis einzeichnen wollte. Da das Dreieck aber nicht dort rechtwinklig gezeichnet wurde, wie es dem Thaleskreis entsprechen würde (bei der Ecke C), geht der Kreisbogen nicht durch die Ecke B. Das Bild weist darauf hin, dass der Schüler oder die Schülerin einige Teilelemente des Satzes kennt, diese aber nicht passend miteinander in Beziehung setzen kann. Diese Darstellung ist die einzige, die angibt, wozu man den Satz brauchen kann: In der Geometrie kann man damit „Seitenberechnungen" ausführen.

4) Hier wurde nur eine Formel erinnert. Aus mathematischer Sicht hat diese Formel, wie weiter oben gezeigt wurde, a priori nichts mit dem Satz des Pythagoras zu tun, welcher einen geometrischen Sachverhalt beschreibt. Es handelt sich bloss um eine Gleichung (fachsprachlich ist es eine „Aussageform"), die je nach eingesetzten Zahlen eine korrekte oder eine falsche Aussage liefert. Ohne eine Skizze des dazugehörenden rechtwinkligen Dreiecks kann hier nicht entschieden werden, ob die Formel die Aussage des Satzes richtig beschreibt oder nicht.

5) Diese letzte Darstellung ist schon in Kapitel 2.3.4 auf Seite 92 beschrieben worden und es wurde dort dargestellt, dass sich hinter dieser fachlich unkon-

ventionellen Darstellung durchaus eine fachlich korrekte Vorstellung des Satzes verbergen könnte. Diese Darstellung lässt sich beschreiben als formale Darstellung des Satzes mit sprachlichen Teilelementen anstelle der üblichen Variablen. Dies hat den grossen Vorteil, dass sofort ersichtlich ist, welche Seiten des Dreiecks an welcher Stelle der Formel eingesetzt werden müssen. Weil die Begriffe Katheten und Hypotenuse nur in rechtwinkligen Dreiecken definiert sind, ist aus mathematischer Sicht in dieser Formel auch erkennbar, dass es sich beim Satz des Pythagoras um eine Aussage über Seiten(längen) im rechtwinkligen Dreieck handelt.

Zusammenfassend über alle fünf Darstellungen lässt sich Folgendes erkennen: Die fünf Schülerinnen und Schüler haben im Sinne von Bruner (1974) verschiedene typische Darstellungen des Satzes des Pythagoras vor Augen: Es sind bildliche oder formale Darstellungen erkennbar. Einzelne sprachliche Elemente sind vorhanden, aber es ist keine vollständige sprachliche Version des Satzes aufgeschrieben worden. Betrachtet man die Darstellungen näher, so fällt auf, dass diese oft nicht in vollständig richtig oder falsch eingeteilt werden können. Oft sind einige „Elemente" innerhalb der Darstellung korrekt, andere aber wiederum ungenau, unpräzise oder falsch.[81] Dieses unvollständige Wiedergeben der fachlichen Repräsentationen kann verschiedene Ursachen haben: Flüchtigkeitsfehler, ein blosses Auswendiglernen unverstandener Strukturen oder einen noch unvollständigen Strukturaufbau. Selbstverständlich kann auch von einer fachlich korrekten Darstellung des Satzes nicht automatisch auf ein zugrunde liegendes „richtiges" Verständnis des Satzes geschlossen werden. Es gibt immer wieder Schülerinnen und Schüler, die selbst derart komplexe Darstellungen auswendig lernen können, wenn die Gegebenheiten es erfordern.

Zusammenfassend zeigt sich auch für den Satz des Pythagoras, dass verschiedene fachliche Repräsentationen von Sachverhalten wichtig sind für das Lernen, dass aber jede Repräsentationsform einzeln gelernt werden muss und dass dies viel schwieriger ist, als es auf den ersten Blick aussieht.

3.2 Verschiedene Arten von Verknüpfungen

Zuerst wird allgemein aus den vorangegangenen Kapiteln zusammengefasst, warum Verknüpfungen so wichtig für Verstehensprozesse im Mathematikunterricht sind (Kapitel 3.2.1). Anschliessend werden unterschiedliche Verknüpfungen zum Satz des Pythagoras dargestellt (Kapitel 3.2.2).

---

81 Diese unterschiedlichen Elemente einer Repräsentation werden später wichtig sein: Die typischen fachlichen Repräsentationen werden „aufgefaltet" in einfacher verständliche Teilelemente, sogenannte „Verstehenselemente" (vgl. Kapitel 4).

3.2.1 Warum Verknüpfungen beim Verstehen im Unterricht so wichtig sind – eine Zusammenfassung

Die vorangegangenen Kapitel haben gezeigt, dass Verknüpfungen innerhalb von Verstehensprozessen und bei deren Anleitung eine wichtige Rolle einnehmen. Im Folgenden werden die zentralen, in den vorangegangenen Kapiteln dargestellten Verknüpfungen kurz zusammengefasst. Es wird unterschieden zwischen Verknüpfungen im Prozess des Aufbaus von kognitiven Strukturen (psychologische Seite) und Verknüpfungen als Unterrichtsqualitätsmerkmal (didaktische Seite).

Verknüpfungen beim Aufbau von kognitiven Strukturen

Aus einer kognitionspsychologischen Sicht von Verstehen als Strukturaufbau heisst Lernen und Verstehen eines konkreten Konzepts Aufbau eines semantischen Netzwerkes bestehend aus Elementen und Relationen. Diese Netzwerkteile können zu Elementen höherer Ordnung verdichtet werden (vgl. Kapitel 2.3.2). Das Anknüpfen an das Vorwissen ist wichtig, denn es bildet den Ausgangspunkt, mit dem das Neue wahrgenommen wird. Bestehende Verknüpfungen werden im Verlauf der fortschreitenden Verstehensprozesse umstrukturiert, gelöscht oder ausgebaut. Die Netzwerke werden beim Durcharbeiten flexibilisiert, beweglich und transparent gemacht, damit Anwendung und Transfer möglich werden. Der Sinn und die Bedeutung eines Konzepts liegen in den Beziehungen (Aebli, 1994). Verknüpfungen sind aus dieser kognitionspsychologischen Sicht während des ganzen Verstehensprozesses zentral. Sinnfluss bedeutet das Verknüpfen und Verdichten in subjektiv sinnvoll erlebter Weise.

In der aktuellen deutschsprachigen mathematikdidaktischen Literatur der Sekundarstufe I wird der Begriff der Verknüpfung – meist wird von Vernetzung gesprochen – eher mit dem Ordnen und Systematisieren gegen Ende von umfassenden und länger dauernden Verstehensprozessen explizit genannt (z.B. Büchter & Leuders, 2005; Ulm, 2004).

Verstehen wird von Hiebert und Carpenter (1992, S. 67) definiert als „making connection between ideas, facts and procedures". Verknüpfungen innerhalb und zwischen verschiedenen Repräsentationen sind gemäss Hiebert und Carpenter (1992) zentral für das Verstehen und Lernen. Dies liegt auch daran, dass verschiedene Repräsentationen unterschiedliche Aspekte eines Begriffs besonders deutlich darstellen. Schülerfehler helfen, die von den Schülern vorgenommenen Verknüpfungen zu erkennen (Hiebert & Carpenter, 1992).

Die Wichtigkeit einer gut verknüpften Wissensbasis für das Problemlösen, für Transfer und für das Modellieren wird an vielen Stellen betont (z.B. Aebli, 2001; Hiebert & Carpenter, 1992; NCTM, 2000; Reusser, 1998, 2006). Dass die Prozesse des Verknüpfens oft Prozesse des Problemlösens sind, wurde in Kapitel 2.3.5 dargestellt. Umstrukturierungen von bereits vorhandenen Verknüpfungen sind zentral für Verstehensprozesse.

Verknüpfungen spielten schon bei den Gestaltpsychologen Wertheimer und Duncker eine wichtige Rolle, ohne dass diese explizit von „Verknüpfungen" sprechen würden: Die Rolle und Funktion des Teiles im Ganzen sind zentral. Rho-Relationen und der Funktionalwert bestimmen die „Gute Gestalt" (vgl. Kapitel 2.3.5.5). Obwohl von einem ganz anderen Lernverständnis ausgegangen wird, ist hier die Bedeutung von (oft sehr feinen) Verknüpfungen ebenfalls gut erkennbar.

In der Disziplin Mathematik stellt das Ordnen und Strukturieren auf immer höherer Ebene ein zentrales Merkmal der Disziplin dar. Begriffe, aber auch ganze Teilgebiete, werden miteinander in Beziehung gesetzt und verknüpft (vgl. Kapitel 2.2).

Kurz: Verknüpfungen sind aus theoretischer Sicht fundamental für das Verstehen.

Verknüpfungen als Unterrichtsqualitätsmerkmale

Der theoretische Hintergrund zu den im Folgenden zusammengefassten Unterrichtsqualitätsmerkmalen aus Kapitel 2.3.7 bilden ein konstruktivistisches Lehr-Lernverständnis und insbesondere die Vorstellung des Aufbaus von Wissen als semantisches Netzwerk.

In der TIMSS-1999-Videostudie (Hiebert et al., 2003) wurde deutlich, dass sich Unterricht aus verschiedenen Ländern in der Bearbeitung von Verknüpfungsaufgaben unterscheidet: In den USA werden zum Beispiel Verknüpfungsaufgaben meist so heruntertransformiert, dass das Verknüpfungspotenzial der Aufgabenstellung für die Lernenden in der Bearbeitung gar nicht mehr vorhanden ist.

Klarheit des Unterrichts wird häufig mit Zusammenfassungen und Vorwegnehmen der zentralen Punkte in Verbindung gebracht. Es kommt immer wieder das Argument des Verknüpfens mit dem Vorwissen vor (vgl. z.B. Lipowsky, 2009).

Mathematische Klarheit und Kohärenz werden in Hiebert et al. (2003) unter anderem mit der Vernetztheit der Aufgaben im zeitlichen Verlauf beschrieben. Auch hier stecken Verknüpfungen drin.

Das Mass der kognitiven Aktivierung eines Unterrichts wird unter anderem auch an komplexen, also verknüpfenden Aufgaben und Diskussionen festgemacht (vgl. Kapitel 2.3.7.4).

Die Ergebnisse der TIMSS-1995-Leistungstests in Mathematik wurden so interpretiert, dass in manchen Ländern der Schulstoff über die Themen und Schuljahre hinweg besser verknüpft wird als in anderen Ländern (Baumert et al., 1997).

Hiebert und Grouws (2007) wiederum sprechen davon, dass in einem Unterricht mit dem Ziel, Konzepte zu verstehen, Lehrer und Schülerinnen und Schüler ihre Aufmerksamkeit explizit auf die zentralen Konzepte richten sollen. Das Verstehen von Konzepten wird ebenfalls als Herstellen von Verknüpfungen aufgefasst.

Auch wenn die Befundlage in Bezug auf Leistungseffekte nicht immer eindeutig ist und gerade in den Auswertungen zu den TIMSS-Videostudien passende Leistungsdaten fehlten (vgl. Kapitel 2.3.7), Verknüpfungen spielen in verschiedenen Unterrichtsqualitätsmerkmalen eine zentrale Rolle.

Kurz: Die Art der Verknüpfungen und der Grad an Verknüpftheit des Unterrichts wurden unterschiedlich erhoben. Zum Teil erfolgte dies inhaltsunabhängig. Die bei den Unterrichtsstudien in den Leistungstests erhobenen Verknüpfungen stimmten häufig inhaltlich nicht mit den in den Videoaufnahmen betrachteten Verknüpfungen des Unterrichts überein.

Was auffällt

Verknüpfungen bilden ein Bindeglied zwischen den individuellen psychologischen Prozessen des Verstehens und der didaktischen Seite der Anleitung dieser Verstehensprozesse. Bisher sind Verknüpfungen aus empirischer Sicht in Videoanalysen eher allgemein erhoben worden. Beim Betrachten dieser Unterrichtsqualitätsmerkmale fällt im Hinblick auf das Erfassen von Verknüpfungen im Unterricht Folgendes auf: Meistens wurde erhoben, ob überhaupt Verknüpfungen vorkommen. Dies geschah zum Teil inhaltsunabhängig (Kommen Zusammenfassungen vor?), zum Teil inhalts-, aber nicht konzeptspezifisch (die Making-Connection-Codierung in Hiebert et al., 2003). Konzeptspezifische Verknüpfungen wurden hingegen kaum betrachtet. Eine Ausnahme bildet die „Teaching for understanding"-Forschung (Hiebert et al., 1996, 1997), in der spezifische Konzepte untersucht wurden. Da oft mit Materialien gearbeitet wurde und weil meist Expertenlehrpersonen unterrichtet haben, wurde von Brophy (2006) sowie Hiebert und Grouws (2007) die Verallgemeinerbarkeit dieser Ergebnisse in Frage gestellt.

Aus der Sicht der Förderung von Sinnfluss im Unterricht wären für das Verstehen eines konkreten Konzepts die folgenden Fragen wichtig:

1) Was für Verknüpfungen kommen im Unterricht vor? Beziehen sich diese auf das zu lernende Konzept?
2) Sind die Verknüpfungen fachlich korrekt?
3) Sind die vorkommenden Verknüpfungen für das zu lernende Konzept fachlich relevant?
4) Sind die Verknüpfungen für die Schülerinnen und Schüler zum vorkommenden Zeitpunkt bewältigbar?
5) Auf welcher Ebene befinden sich die Verknüpfungen? Dass diese Frage auch dann relevant ist, wenn man ein konkretes Konzept betrachtet, wird weiter unten deutlich werden.
6) Ist die Reihenfolge der vorkommenden Verknüpfungen kohärent?

Es gilt weiter zu beachten, dass der Unterricht den Aufbau von kognitiven Strukturen bei Schülerinnen und Schülern nur anregen kann. Die Verknüpfungsleistung ist die Leistung der Schülerin oder des Schülers.

Aus fachdidaktischer Sicht ist wichtig, dass diese Qualitäten von Verknüpfungen nur bestimmbar sind, wenn ein einzelner konkreter Inhalt vorliegt und wenn das Lernziel klar ist (z.B. Verstehen eines Konzepts, Trainieren von allgemeinen Problemlösefähigkeiten oder Einüben von Fertigkeiten usw.).

Es wurde bereits darauf hingewiesen, dass es unterschiedliche Arten von Verknüpfungen gibt. Aus kognitionspsychologischer Sicht gibt es zu einem konkreten Konzept keine eindeutige Hierarchie und auch keinen letzten Auflösungsgrad. Der Verknüpfungsgrad hängt vom Standpunkt (von der „Perspektive ins Weltwissen", vgl. Aebli, 1994), vom Vorwissen und vor allem vom zu verstehenden Konzept ab. Der Verstehensinhalt selbst kann auf sehr unterschiedlichen Abstraktions- oder Verdichtungsebenen angesiedelt sein.

Ein tiefes Verständnis zeichnet sich dadurch aus, dass flexibel zwischen diesen Ebenen des Verstehens gewechselt werden kann (vgl. Aebli, 1994). Dies beinhaltet Verdichtungs- und Auffaltungsprozesse. Doch welche dieser Ebenen sind für einen dreistündigen Einstieg zentral? Am Beispiel des Satzes des Pythagoras werden im nächsten Kapitel unterschiedliche Arten von Verknüpfungen beschrieben.

3.2.2 Verschiedene Arten von Verknüpfungen am Beispiel des Satzes des Pythagoras

In dieser Arbeit geht es um das Verstehen des Satzes des Pythagoras während einer dreistündigen Einführung. Die Abstraktionsebenen und die Komplexität des Konzepts sind also vorgegeben. Im Folgenden werden die oben erwähnten unterschiedlichen Verknüpfungsarten am Beispiel des Satzes des Pythagoras illustriert. Es werden unterschiedliche Grade an Verknüpfungen beim Satz des Pythagoras dargestellt, um nachher begründen zu können, warum bestimmte Verknüpfungen für eine dreistündige Einführung als besonders zentral erachtet werden. Es wird kein Anspruch auf Vollständigkeit erhoben. Die Darstellung von verschiedenen Verknüpfungsarten soll vielmehr eine Idee der Breite vermitteln. Deshalb wird hier ein weiter Verknüpfungs-Begriff verwendet: Alles, was mit „In-Beziehung-Setzen" zum Satz des Pythagoras zu tun hat, wird als Verknüpfung betrachtet.

Im Folgenden wird in Titeln in vorstrukturierender Weise auf die Art der Verknüpfung hingewiesen. Es werden folgende Verknüpfungsarten unterschieden: Verknüpfungen innerhalb des Konzepts (Kapitel 3.2.2.1); zwei Arten der Verknüpfungen von Repräsentationen (Kapitel 3.2.2.2); Verknüpfungen innerhalb von Beweisen (Kapitel 3.2.2.3); Verknüpfungen mit anderen Konzepten (Kapitel 3.2.2.4); viele weitere Verknüpfungen (Kapitel 3.2.2.5).

3.2.2.1 Verknüpfungen innerhalb des Konzepts

Dazu gehören die Relationen innerhalb von kognitiven Strukturen im Sinne von Aebli (1994) und anderen. Aebli selbst hat meines Wissens keine propositionale Darstellung des Satzes des Pythagoras aufgestellt, obwohl dieser Satz in seinen Werken mehrmals vorkommt (z.B. Kathetensatz in 2001, S. 283 f.; Pythagoras: 1993, S. 141[82], Beweis: 1993, S. 170; 1994, S. 364).

Eine propositionale Darstellung des Satzes des Pythagoras könnte wie folgt aussehen (Abbildung 15), wobei der Ausgangspunkt ein Dreieck mit den Seiten a, b und c ist.

1   HAT (Dreieck, rechter Winkel, IN: Ecke C)

$\rightarrow$ Dreieck mit rechtem Winkel in Ecke C

2   QUADRIEREN (Seitenlänge a von Dreieck 1)

$\rightarrow a^2$

3   QUADRIEREN (Seitenlänge b von Dreieck 1)

$\rightarrow b^2$

4   QUADRIEREN (Seitenlänge c von Dreieck 1)

$\rightarrow c^2$

5   ADDIEREN (a^2 2, b^2 3)

$\rightarrow a^2 + b^2$

6   IST GLEICH ($a^2 + b^2$ 5, c^2 4)

$\rightarrow$ Gleichheit $a^2 + b^2 = c^2$

7   Gleichheit 6 = „Satz des Pythagoras"

Abbildung 15:   Aufbauschema zum Satz des Pythagoras 1

Im Wesentlichen ist dies eine Anleitung, wie man die Formel ausrechnet. Zentrale Aspekte des Satzes, wie zum Beispiel die unterschiedlichen Typen von Seiten, werden nicht wirklich klar.

Die Beziehung der Seiten a, b und c zum rechten Winkel ist zwar implizit vorhanden, kann aber so von Schülern zum Teil noch nicht aufgenommen werden. Eine Fortsetzung der Begriffsbildung könnte dann wie in Abbildung 16 aussehen. (Zur besseren Lesbarkeit schreibe ich in Abweichung zur Darstellung von Aebli, 1994, S. 127, die Elemente in der gewohnten Gross-Klein-Schreibweise.)

---

82   Die Darstellung „GLEICH (c^2, $a^2 + b^2$)" in Aebli (1993, S. 141) deute ich nicht als propositionale Darstellung der Bedeutung des Satzes, sondern als Illustration der Darstellung eines Sachverhalts in propositionaler Form.

1   IST (Dreieck, rechtwinklig)

        → Dreieck

2   LIEGT (Dreiecksseite von Dreieck 1, gegenüber rechtem Winkel)

        → „Hypotenuse"

3   LIEGT (Dreiecksseite vom Dreieck 1, am rechten Winkel)

        → „Kathete" (es gibt zwei davon: $Kathete_1$ und $Kathete_2$)

Dann kann man wie folgt weitergehen:

4   QUADRIEREN ($Kathete_1$ 3)

        → Quadrat

5   QUADRIEREN ($Kathete_2$ 3)

        → Quadrat

6   QUADRIEREN (Hypotenuse 2)

        → Quadrat

7   ADDIEREN (Quadrat 4, Quadrat 5)

        → Summe

8   WENN DANN (Aussage 1, IST GLEICH (Summe 7, Quadrat 6))

        → Gleichheit

9   Gleichheit 8 = „Satz des Pythagoras"

Abbildung 16:   Aufbauschema zum Satz des Pythagoras 2

Allerdings wird die geometrische Bedeutung von a^2 nicht klar. Dazu bräuchte es einen Baustein der folgenden Art (Abbildung 17):

1   HAT (Dreieckseite, Länge a)

        → Dreiecksseite a

2   HERSTELLEN (Quadrat, ÜBER: Dreiecksseite 1)

        → Quadrat

3   IST GLEICH (Quadratfläche von Quadrat 2, a^2)

        → a^2

Abbildung 17:   Aufbauschema zur Bedeutung von a^2

Aeblis Beispiele sind meist sprachlicher Art, manchmal kommen auch Formeln vor, aber kaum Bilder. Er spricht aber davon, dass Objektivierungen/Verdichtungen nicht nur sprachlicher, sondern auch formaler und bildlicher Art sein können (Aebli, 1994). Die Einschränkung auf die Sprache zwingt zur sprachlichen und damit auch zur fachlichen Präzision. Ein zentrales Merkmal dieser Baumdarstellung ist ihre zeitliche Sequenzierung.

Man erkennt, dass ein Baum zum Satz des Pythagoras, welcher ein umfassendes Verständnis des Satzes darstellt, ziemlich unübersichtlich werden würde.

3.2.2.2 Zwei Arten der Verknüpfungen von Repräsentationen

Bei den Repräsentationen lassen sich gemäss Hiebert und Carpenter (1992) zwei Arten der Verknüpfung unterscheiden (ausgedrückt mit Hilfe des Begriffs „Medium der Repräsentation", welchen die Autoren nicht verwenden): Verknüpfungen zwischen zwei Darstellungen innerhalb des gleichen Mediums der Repräsentation und Verknüpfungen zwischen zwei Darstellungen aus zwei unterschiedlichen Medien der Repräsentation.

Verknüpfungen zwischen zwei Darstellungen innerhalb des gleichen Mediums der Repräsentation
Der Vergleich der drei Darstellungen in Abbildung 18 macht deutlich, dass die Grösse der einzelnen Quadrate und die Lage und Grösse der gesamten Figur beim Satz des Pythagoras sehr unterschiedlich sein können.

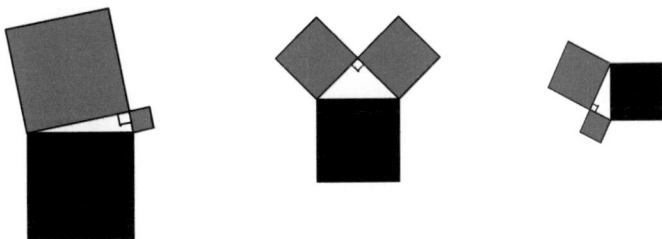

Abbildung 18:   Variationen der bildlichen Darstellung des Satzes des Pythagoras

Entscheidend sind die Rechtwinkligkeit des Dreiecks und die im Bild nicht direkt erkennbare Beziehung zwischen den Flächeninhalten über den Dreiecksseiten.

Verknüpfungen zwischen zwei Darstellungen aus zwei unterschiedlichen Medien der Repräsentation
Um den Zusammenhang zwischen der bildlichen (vgl. Abbildung 18) und der formalen Darstellung des Satzes zu verstehen (im Dreieck ABC mit $\gamma = 90°$ gilt $a^2 + b^2 = c^2$), müssen hauptsächlich zwei Dinge gesehen werden:

Erstens: Die Quadrate sind in der bildlichen Darstellung so angeordnet, dass in der Mitte ein rechtwinkliges Dreieck entsteht. Erst über dieses Dreieck kann der Bezug zur Formel hergestellt werden. Bei der bildlichen Darstellung sind die Quadrate so dominant, dass deren spezielle Anordnung von Anfängern gerne übersehen wird.

Zweitens: Es ist ein Wechsel vom Flächen- zum Seitenaspekt nötig: Die wesentliche Verknüpfungsleistung besteht darin, die geometrische Bedeutung von a^2 zu erkennen: Zur Dreiecksseite mit der Länge a gehört die Quadratfläche mit dem Flächeninhalt a^2.

3.2.2.3   Verknüpfungen innerhalb von Beweisen

Als Beispiel wird der Ergänzungsbeweis aufgeführt, zu welchem das folgende Bild gehört (Abbildung 19):

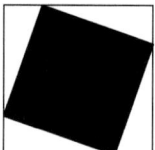 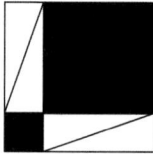

Abbildung 19:   Ergänzungsbeweis des Satzes des Pythagoras

Innerhalb des typischen Ergänzungsbeweises werden üblicherweise zum Hypotenusenquadrat einerseits und zu den beiden Kathetenquadraten andererseits je vier kongruente spezielle Dreiecke hinzugefügt, so dass zwei kongruente Quadrate entstehen. Die Dreiecke sind kongruent zum Ausgangsdreieck des Satzes des Pythagoras. Um zu zeigen, dass wirklich zwei Quadrate entstehen, werden Streckenlängen- und Winkelargumente gebraucht (insbesondere „Winkelsumme im Dreieck ist 180 Grad"). Was alles bewiesen werden muss, wird in der Lektion 1225-2 schön herausgearbeitet. Die Schlussargumentation von den zwei kongruenten Quadraten auf die Flächengleichheit des Hypotenusenquadrats zur Summe der Kathetenquadrate beruht auf dem Wegnehmen von vier kongruenten Dreiecken von zwei kongruenten Quadraten. Das, was pro Quadrat übrig bleibt, muss also denselben Flächeninhalt haben. Innerhalb eines solchen Beweises finden selbst wieder verschiedenste Verknüpfungen statt.

3.2.2.4   Verknüpfungen mit anderen Konzepten

Selbstverständlich sind beim Aufbau von kognitiven Strukturen zu einem neuen Konzept immer andere Konzepte beteiligt: Denn es wird ja ausgehend vom Vorwissen neues Wissen konstruiert. Gemeint sind hier Konzepte, welche nicht im engen Sinne zur Konstruktion des neuen Begriffs notwendig sind.

In vielen Aufgaben sind mehrere Verknüpfungen unterschiedlicher Art vorhanden. Auch hier werden exemplarisch einige wenige Möglichkeiten vorgestellt.

Verknüpfungen mit innermathematischen Elementen

Beispiel: *Von einer Raute ABCD sind der Umfang (68 cm) und die Diagonale AC (30 cm) gegeben. Berechne seinen Flächeninhalt.*

Diese Aufgabe kann man nur lösen, wenn man ein rechtwinkliges Dreieck identifizieren kann. Dazu muss man wissen, dass die Diagonalen einer Raute immer senkrecht aufeinanderstehen und sich halbieren.

Verknüpfungen mit aussermathematischen Elementen

Beispiel: *Der Fuss einer Leiter kann nicht näher als 2.5 m an eine Mauer herangestellt werden. Wie lang muss die Leiter sein, damit sie 6 m hoch reicht?*

Diese Textaufgabe muss zuerst in ein mathematisches Modell übersetzt werden. Dazu muss man aus dem Alltagswissen schliessen, dass diese Mauer – wie viele, aber längst nicht alle Mauern – senkrecht zum Boden aufgebaut worden ist. Denn sonst wäre der Satz des Pythagoras nicht anwendbar.

Verknüpfungen im Dreidimensionalen

Rechtwinklige Dreiecke in dreidimensionalen Körpern zu erkennen setzt voraus, dass man trennen kann zwischen dem, was man sieht und dem, was tatsächlich der Fall ist. Denn die Bilder zeigen, zweidimensional gelesen, keine rechten Winkel, obwohl dreidimensional gesehen einer vorhanden ist.

Beispiel: *Berechne die Länge der Raumdiagonale eines Würfels mit Kantenlänge 5 cm.*

In dieser Aufgabe muss der Satz sogar zweimal angewendet werden. Dabei wird die Hypotenuse aus dem ersten Teildreieck zur Kathete des zweiten Teildreiecks.

Verknüpfungen zwischen verschiedenen Sätzen der Satzgruppe des Pythagoras

Was hat der Kathetensatz mit dem Satz des Pythagoras zu tun? Wendet man den Kathetensatz in der Pythagorasfigur sowohl für die Kathete a als auch für die Kathete b an, so lässt sich damit der Satz des Pythagoras einfach herleiten. P und q seien die zu a und b gehörenden Hypotenusenabschnitte. Formal ausgedrückt gilt dann:

$$a^2 = p \cdot c, \ b^2 = q \cdot c \ \text{also ist} \ a^2 + b^2 = p \cdot c + q \cdot c = (p+q) \cdot c = c \cdot c = c^2.$$

Die bildliche Version davon ist in Abbildung 20 dargestellt.

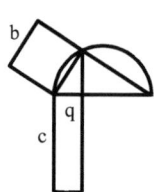 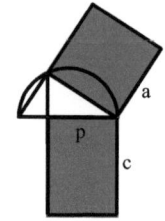 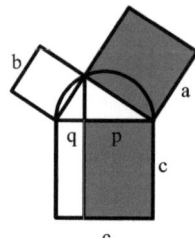

Abbildung 20:   Herleitung des Satzes des Pythagoras aus dem Kathetensatz

Verknüpfungen zwischen dem Satz des Pythagoras und allgemeineren Sätzen

Der Cosinussatz gilt für alle Dreiecke, nicht nur für rechtwinklige. Er lautet: $c^2 = a^2 + b^2 - 2ab \cdot \cos \gamma$. Mit Hilfe dieses Satzes kann man beispielsweise in einem beliebigen Dreieck aus zwei Seiten und dem Zwischenwinkel die dritte, dem Zwischenwinkel gegenüberliegende Seite ausrechnen. Für den speziellen Winkel $\gamma = 90°$ stellt der Cosinussatz gerade den Satz des Pythagoras dar, da in diesem Fall $\cos \gamma = 0$ ist.

3.2.2.5   Viele weitere Verknüpfungen

Es gibt viele weitere Arten von Verknüpfungen. Zum Beispiel:

- Verknüpfungen mit anderen Fächern, wie zum Beispiel mit der Kunst oder mit der Philosophie (der Philosoph Pythagoras und seine Schule).
- Verknüpfungen mit typischen Anwendungssituationen: Das Berechnen konkreter Längen. Das Bilden eines rechten Winkels auf einem Feld mit Hilfe einer Knotenschnur durch Verwenden der Umkehrung des Satzes usw.
- Weiter gibt es Verknüpfungen, welche mit der Art und Weise zu tun haben, wie der Satz selbst entdeckt wurde (vgl. z.B. Wittmann, 1996).
- Man könnte auch untersuchen, in welchen Beweisen der Satz des Pythagoras als Hilfsmittel vorkommt usw.

Es liessen sich beliebige weitere Verknüpfungen anhängen, die für die Schulmathematik der Sekundarstufe I nicht relevant sind: Verknüpfungen zwischen Sätzen, welche den Satz des Pythagoras als Spezialfall enthalten, und weiteren Sätzen. Verknüpfungen in Räumen mit anderer Krümmung usw.

Diese Beispiele von Verknüpfungen zum Satz des Pythagoras zeigen, dass es auch in Bezug auf ein einzelnes konkretes Konzept sehr unterschiedliche Verknüpfungen gibt, die sich auf verschiedenen Abstraktionsebenen befinden. Innerhalb von Aufgaben kommen oft mehrere Verknüpfungen auf unterschiedlichen Ebenen gleichzeitig vor. In den verschiedenen Beispielen von Verknüpfungen wurden unterschiedliche Elemente miteinander verknüpft: Verschiedene Sätze, Begriffe oder Teileelemente usw. Die Weite der Verknüpfung und das benötigte Vorwissen unterscheiden sich stark. Man beachte auch, dass die Verknüpfungen verschiedene Zeiträume umfassen: Manche der Verknüpfungen sind in kürzester Zeit herstellbar, andere erst über viele Schulstufen und Studienjahre hinweg. Diese verschiedenen Ebenen der Verknüpfung hängen aus kognitionspsychologischer Sicht zusammen: Durch Verdichten und Umstrukturieren gehen die komplexeren Verknüpfungen aus den einfacheren hervor.

Ein tiefes Verständnis des Satzes besteht darin, dass der Satz nicht allein, sondern in Beziehung zu anderen Sachverhalten erkannt wird (Baptist, 2001; Wittmann, 1996). Existiert eine Umkehrung des Satzes? Gibt es verwandte Sätze? Welche Sätze folgen aus dem Satz, welche Verallgemeinerungen gibt es? Für welche Anwendungen ist der Satz zentral? Welche Begriffe gehören dazu? Welche Beweise gibt es? Welche typischen Problemstellungen führen zu diesem Satz? Für ein tiefes Verständnis, sind also im Prinzip alle diese Verknüpfungen und noch viele weitere wichtig, denn Verstehen ist kein abschliessbarer Prozess (Reusser & Reusser-Weyeneth, 1994b). Hier geht es aber um Unterricht in der 8. und 9. Klasse. Es fragt sich, welche Verständnistiefe auf diesen Schulniveaus angestrebt werden soll. Für diese Arbeit findet eine weitere Einschränkung statt: Welche dieser Verknüpfungen sind innerhalb einer *dreistündigen Einführung* in den Satz wichtig und realistischerweise erreichbar? In welcher Reihenfolge? Die Annahme ist, dass nicht jede Verknüpfung während einer dreistündigen Einführung in ein neues Konzept für Schülerinnen und Schüler hilfreich ist. Ein Beispiel soll dies illustrieren (vgl. Abbildung 21).

P ist der Mittelpunkt der Würfelkante AB. Berechne die Länge der Strecke EP.

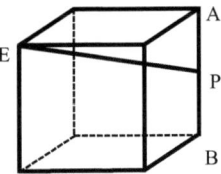

Abbildung 21:   Komplexe Aufgabe

Dies ist eine Anwendungsaufgabe zum Satz des Pythagoras, deren Lösung mathematische Verknüpfungen erfordert. Für Achtklässler stellt sie oft eine kognitiv aktivierende Aufgabe dar. Man kann sagen, dass hier Ringen im Sinne von Hiebert und Grouws (2007) möglich ist und dass ein Unterricht denkbar ist, in dem beim Bearbeiten der Aufgaben explizit auf die verschiedenen mathematischen Ideen eingegangen wird (Wo sind die rechtwinkligen Dreiecke? Wie lang sind die jeweiligen Seiten?). Solche Verknüpfungen sind für ein tiefes und umfassendes Verständnis des Satzes des Pythagoras zweifellos zentral. Trotzdem ist es möglich, dass genau diese Aufgabe das Verständnis der Schüler behindert: Es stellt sich nämlich die Frage, *wann* diese Aufgabe im Unterricht vorkommen sollen. Denn wenn die Struktur des Satzes des Pythagoras noch nicht genügend aufgebaut und durchgearbeitet ist, enthält diese Aufgabe zusätzliche Schwierigkeiten, welche die eigentliche Struktur des Satzes verdunkeln und kognitive Ressourcen abziehen können. Entscheidend ist also, auf welchen Verknüpfungen im Unterricht der inhaltliche Fokus liegt und wie viel Zeit jeweils dafür verwendet wird. Auf diese Weise kann dieselbe Aufgabe innerhalb einer Einleitung dem Strukturaufbau der Schülerinnen und Schüler dienen oder ihn behindern.

Solche Aspekte sind bisher in Videostudien kaum untersucht worden, weil oft Unterricht von verschiedenem Inhalt betrachtet wurde. Wenn es aber um das Lernziel des Verstehens eines konkreten Konzepts geht und nicht um allgemeine Lernziele oder allgemeine mathematische Kompetenzen, dann werden genau diese Aspekte wichtig. Im nächsten Kapitel werden ausgehend von den verschiedenen Arten der Verknüpfung drei fachdidaktische Unterrichtsqualitäten bestimmt.

4 Verstehenselemente und strukturelle Klarheit als zentrale fachdidaktische Unterrichtsqualitäten

In diesem Kapitel werden ausgehend von den vorangegangenen Analysen zum Verstehen drei fachdidaktische Unterrichtsqualitätsmerkmale der Anleitung von Verstehensprozessen der Schülerinnen und Schüler zum Satz des Pythagoras bestimmt. Das Vorgehen besteht darin, dass aus der kognitionspsychologischen Betrachtung des Verstehens als Struktur-/Begriffsaufbau Folgerungen für die fachdidaktische Gestaltung von Unterricht gezogen werden. Auf diese Weise lassen sich Merkmale von fachdidaktischer Unterrichtsqualität aus der Perspektive der anzuleitenden Verstehensprozesse konzeptspezifisch formulieren. Verknüpfungen stellen dabei das Bindeglied zwischen der psychologischen und der didaktischen Seite dar.

Wenn im Mathematikunterricht ein konkretes Konzept verstanden werden soll, so konstruieren die Lernenden aus kognitionspsychologischer Sicht ausgehend von ihrem Vorwissen ein individuelles Begriffsnetz. Sie benutzen also ihre vorhandenen Begriffe und Vernetzungen, um sich neue Begriffe und Zusammenhänge zu erschliessen. Die Wege des Aufbaus eines Begriffsnetzes sind auch bei Schülerinnen und Schülern, die demselben Unterricht folgen, vielfältig und individuell verschieden. Trotzdem muss das Endprodukt eines in fachlicher Hinsicht erfolgreichen Verstehensprozesses, also das „fertige Begriffsnetz", bei jedem Lernenden mindestens in der folgenden Hinsicht ähnlich sein: Gewisse fachliche Elemente und gewisse Verknüpfungen zwischen diesen Elementen müssen vorkommen – wie auch immer diese im Gesamten „aussehen" und vernetzt sind.

Es ergeben sich Konsequenzen für den Unterricht und für die Bestimmung von Unterrichtsqualität: Das Verstehen eines Konzepts kann im Unterricht nur dann angeregt werden, wenn der Unterricht den Schülerinnen und Schülern genügend Gelegenheit bietet, die zum zu verstehenden Konzept gehörenden zentralen Elemente und Verknüpfungen selbst zu konstruieren.[83] Ein Beispiel soll dies illustrieren: Es ist aus fachlicher Sicht unmöglich, den Satz des Pythagoras zu verstehen, wenn man nicht bemerkt hat, dass dieser Satz eine Aussage über Seitenlängen in einem rechtwinkligen Dreieck macht. Gibt es im Unterricht keine Gelegenheit, durch entsprechende Aufgaben oder in Diskussionen die zentrale Voraussetzung des rechtwinkligen Dreiecks zu erkennen, wird ein Verständnis des Satzes verhindert. Gelingt es umgekehrt der Lehrperson, diese wichtigen Elemente und Verknüpfungen im Unterricht auf vielfältige Art deutlich werden zu lassen, so sind die Chancen grösser, dass die Schülerinnen und Schüler das Konzept verstehen. Diese Vorgehensweise gehört zum Alltagsvorgehen

---

83 Diese Gelegenheiten und ihre Nutzung durch die Lernenden werden aus einer sozial-konstruktivistischen Sicht durch viele weitere Aspekte auf unterschiedlichen Ebenen beeinflusst (vgl. Angebots-Nutzungs-Modell, Fend, 2008; Helmke, 2003), auf die hier nicht eingegangen wird.

einer jeden Lehrperson, die sich um das Verstehen ihrer Schülerinnen und Schüler bemüht. Meines Wissens ist sie aber bisher nicht in Videostudien, die über Fallstudien hinausgehen, erhoben worden.

Zusammenfassend werden die folgenden drei Annahmen getroffen:

1) In jedem gelingenden Verstehensprozess zu einem konkreten Konzept müssen aus kognitionspsychologischen und fachlichen Gründen zwingend gewisse inhaltliche „Elemente" und „Verknüpfungen" vorkommen.

2) Deshalb muss jeder Unterricht mit dem Ziel, dieses konkrete Konzept zu verstehen, in der Tiefenstruktur gewisse gleiche „Merkmale" aufweisen: Er muss insbesondere die Konstruktion dieser speziellen Verknüpfungen im Sinnfluss der Lernenden anregen. Dahinter steckt die Kernannahme eines kognitiv-konstruktivistischen Lehr-Lernverständnisses, nach dem Lehren sich immer am Lernen zu orientieren hat.

3) Fachdidaktische Unterrichtsqualität in Bezug auf die Anleitung von Verstehensprozessen im Unterricht lässt sich dann mit Hilfe dieser Unterrichtsmerkmale, die aus denkpsychologischen Analysen von Verstehensprozessen hervorgegangen sind, bestimmen.

Diese Annahmen geben Anlass zu vielen Fragen: Was ist ein „gelingender" Verstehensprozess? Welche Verknüpfungen von welchen Elementen sind gemeint? Denn es gibt, wie die vorangegangenen Kapitel gezeigt haben, zu einem konkreten Konzept sehr viele verschiedene Verknüpfungen auf sehr unterschiedlichen Abstraktionsebenen. Welche Merkmale muss der Unterricht aufweisen? Wie lassen sich daraus beobachtbare und messbare Unterrichtsqualitätsmerkmale bestimmen? Inwiefern kann ein solches Vorgehen dem komplexen Phänomen des Verstehens im Mathematikunterricht gerecht werden? Diese Fragen werden im vorliegenden Kapitel in drei Schritten angegangen:

Im ersten Teil wird ausgehend von drei Arten von Verknüpfungen ein Verstehensmodell für den Satz des Pythagoras entwickelt, in dessen Rahmen sich individuelle Verstehensprozesse beschreiben lassen (Kapitel 4.1). Damit lässt sich angeben, welche Verknüpfungen bei einer dreistündigen Einführung in den Satz des Pythagoras besonders zentral sind. Der Begriff des „Verstehenselements" wird eingeführt.

Im zweiten Teil dieses Kapitels wird der zentrale Begriff des Verstehenselements allgemeiner formuliert (Kapitel 4.2).

Im dritten und letzten Teil dieses Kapitels wird auf die Ebene des Unterrichts und der Unterrichtsqualität gewechselt (Kapitel 4.3): Ausgehend vom Pythagoras-Verstehensmodell werden Qualitäten der Anleitung von Verstehensprozessen bei der Einführung eines neuen Konzepts im Unterricht bestimmt. Es werden zwei Aspekte unterschieden: Einerseits das Vorkommen und die Gewichtung der Verknüpfungsebenen im Unterricht (Kapitel 4.3.1) und andererseits die Klarheit, Kohärenz und Deutlichkeit im Verlauf (Kapitel 4.3.2). Der zentrale neue Begriff ist die „strukturelle Klarheit", welche aufbauend auf dem Begriff des Verstehenselements die Qualität des

Strukturaufbaus im zeitlichen Verlauf des Unterrichts beschreibt. Am Schluss folgt eine Zusammenfassung der neu bestimmten drei fachdidaktischen Unterrichtsqualitäten.

4.1 Pythagoras-Verstehensmodell

Ausgangspunkt ist ein kognitionspsychologischer Verstehensbegriff, der Verstehen als Begriffsaufbau auffasst. Die Prozesse des Verknüpfens, Umstrukturierens und Verdichtens sind zentral. Nun lassen sich, wie Kapitel 3.2.2 gezeigt hat, für den konkreten Inhalt des Satzes des Pythagoras verschiedenste Arten von Verknüpfungen bestimmen und es fragt sich, welche davon als Ausgangspunkt für die Anleitung von Verstehensprozessen im Unterricht und daraus folgend für die Bestimmung von Unterrichtsqualität ausgewählt werden sollen.

Aus einer kognitionspsychologisch-fachdidaktischen Perspektive sind die folgenden drei Verknüpfungsarten aus Kapitel 3.2.2 fundamental:

1) *Verknüpfungen mit anderen Konzepten*
   Der Satz selbst kann mit verschiedenen anderen Konzepten verknüpft werden. Diese Beziehungshaltigkeit des Satzes des Pythagoras macht aus fachdidaktischer Sicht seine Bedeutung aus.

2) *Verknüpfungen von Repräsentationen*
   Der Satz kann verschieden dargestellt und die verschiedenen Repräsentationen können miteinander verknüpft werden.

3) *Verknüpfungen von „Verstehenselementen" (Verknüpfungen innerhalb des Konzepts)*
   Der Satz kann aus kognitionspsychologischer Sicht in Teilelemente zerlegt werden, die geeignet miteinander verknüpft seine Bedeutung ausmachen. Diese Teilelemente werden später Verstehenselemente genannt.

Alle drei Arten der Verknüpfung sind für ein tiefes Verständnis zwingend notwendig. Die Annahme in dieser Arbeit ist aber, dass im Unterricht *bei der Einführung* in ein neues Konzept nicht alle Verknüpfungsarten gleich wichtig sind. Es wird theoretisch begründet, dass die Verstehenselemente und ihre Verknüpfungen unverzichtbar sind und dass sie die Basis für die anderen beiden Verknüpfungsarten darstellen. Weiter wird dafür plädiert, dass Verknüpfungen des Satzes mit anderen Konzepten erst dann systematisch erfolgen sollen, wenn die Verstehenselemente und Repräsentationen gut verknüpft sind.

Im Folgenden wird jede dieser Verknüpfungsarten in einem separaten Teilkapitel kurz beschrieben (Kapitel 4.1.1–4.1.3). Diese drei Verknüpfungsarten lassen sich Bezug nehmend auf Aebli (1994) auf einfache Weise miteinander in Beziehung setzen (Kapitel 4.1.4). Daraus entsteht ein Modell, das „Pythagoras-Verstehensmodell" genannt wird, mit dessen Hilfe Verstehensprozesse zum Satz des Pythagoras im zeitlichen Verlauf beschrieben werden können. Dadurch wird die Bedeutung der Verstehenselemente deutlich und später werden mit Hilfe dieses Modells Unterrichtsqualitätsmerkmale bestimmt (Kapitel 4.3).

4.1.1 Verknüpfungen mit anderen Konzepten

In welchen Beziehungen steht der Satz des Pythagoras mit anderen Konzepten? Was sind typische Anwendungen? Zu einem umfassenden Verständnis eines Konzepts gehört selbstverständlich, dass man dieses Konzept mit anderen inner- und aussermathematischen Konzepten in Beziehung setzen kann. Dazu gehören insbesondere:[84]

- seine Beziehungen zu verwandten Sätzen: zum Beispiel andere Sätzen der Satzgruppe des Pythagoras, seine Umkehrung und Sätze, die den Satz des Pythagoras als Spezialfall umfassen.
- typische Anwendungen: zum Beispiel Seitenberechnungen, Flächenverwandlungen, grafisches Wurzelziehen. Hier wird der Satz des Pythagoras als Werkzeug verwendet.
- Verknüpfungen, die über das Fach hinausgehen: zum Beispiel der Bezug zur Person Pythagoras und zu seiner Philosophie.

Abbildung 22 deutet exemplarisch einige Beziehungen des Satzes des Pythagoras zu anderen Konzepten an, ohne sie explizit zu nennen. Es gibt viele weitere Verknüpfungen, welche hier nicht dargestellt sind (vgl. Kapitel 3.2.2).

Allen diesen Verknüpfungen ist gemeinsam, dass sie ein Verständnis des Satzes des Pythagoras als Konzept im Prinzip bereits voraussetzen. (Es sei denn, man führt den Satz selbst via eines dieser Konzepte ein. Zum Beispiel kann der Satz des Pythagoras aus dem Kathetensatz hergeleitet werden.) Insgesamt sind diese Verknüpfungen nur über einen längeren Zeitraum zu erwerben. Manche davon sind für Schülerinnen und Schüler erst über mehrere Schuljahre hinweg erkennbar (z.B. der Cosinussatz, die Vektorgeometrie).

Diese Art der Verknüpfung ist stark durch die Disziplin selbst geprägt, wobei die Inhalte dem Lehrplan des Schulfachs entsprechen müssen. Solche Verknüpfungen sind für ein umfassendes Verständnis und für den Transfer auf andere Gebiete wichtig. Erst dadurch wird der Satz zu einem wirkungsvollen Werkzeug, das mit vielen anderen Konzepten in einer engen Beziehung steht. Diese Verknüpfungen ermöglichen das Wahrnehmen von Gemeinsamkeiten und Unterschieden von Konzepten von einem höheren Standpunkt aus.

---

84 Für eine umfassende Darstellung der Beziehungen des Satzes des Pythagoras zu anderen Sätzen wird auf die zu Beginn des Kapitels 3 erwähnte Literatur verwiesen.

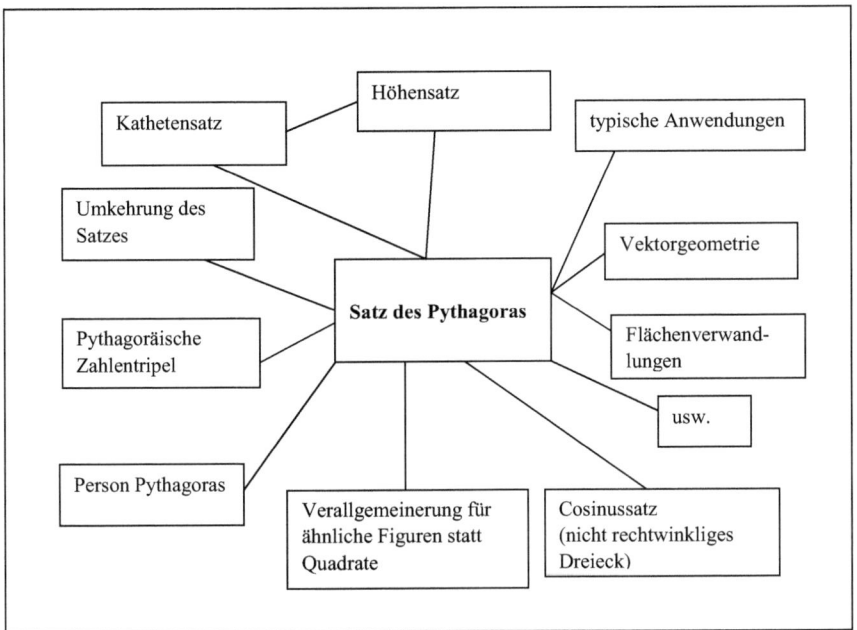

Abbildung 22: Verknüpfungen mit anderen Konzepten

Wenn in der aktuellen deutschsprachigen Mathematikdidaktik von Vernetzungen oder Verknüpfungen gesprochen wird (z.b. BLK, 1997; Büchter & Leuders, 2005; Ulm, 2004), so sind meist solche Verknüpfungen gemeint, manchmal auch in Verbindung mit Verknüpfungen, welche in den folgenden beiden Kapiteln dargestellt werden. Solche Verknüpfungsprozesse werden deshalb in der erwähnten Literatur häufig erst am Schluss des Begriffsbildungsprozesses zum Zweck des Ordnens und Systematisierens verwendet.

Diese Art der Verknüpfung findet auf einem hohen Abstraktionslevel statt und setzt deshalb viel Vorwissen voraus: Denn erst wenn man den Satz des Pythagoras im engen Sinne verstanden hat, kann man auch Beziehungen zu anderen Konzepten wirklich verstehen. Deshalb ist diese Art der Verknüpfung für die Bestimmung von fachdidaktischen Unterrichtsqualitäten hinsichtlich des Verstehens des Satzes *in einer dreistündigen Einführung* aus kognitionspsychologischer Sicht nicht geeignet. Natürlich können auch in einer solchen Einführung einzelne dieser Verknüpfungen mit anderen Konzepten thematisiert werden. Man kann beispielsweise einen Einstieg in den Satz des Pythagoras via Kathetensatz oder via eine Anwendung gestalten. Während einer Einführung in den Satz des Pythagoras sind aber aus kognitionspsychologischer Sicht die beiden in den folgenden Kapiteln beschriebenen Arten der Verknüpfung wesentlicher.

4.1.2 Verknüpfungen zwischen Repräsentationen

Wenn man ein Konzept verstanden hat, sind fachliche Repräsentationen wichtige Denk- und Kommunikationshilfsmittel (vgl. Abbildung 23).

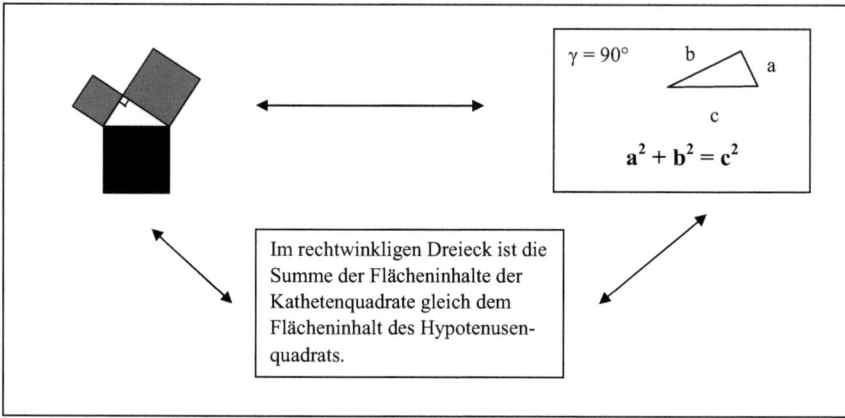

Abbildung 23:   Verknüpfungen zwischen Repräsentationen

Im Unterricht spricht man ab einem gewissen Zeitpunkt[85] mit Hilfe dieser oder ähnlichen (im Detail mehr oder weniger fachsprachlich präzisen) fachlichen Repräsentationen über den Satz und arbeitet mit ihm. Dies ist in den Unterrichtsbeispielen in Kapitel 1.2 gut zu erkennen.

Zu einem tiefen Verständnis des Satzes des Pythagoras gehören nach Kapitel 2.3.4 und der Darstellung in Bezug auf den Satz des Pythagoras in Kapitel 3.1.2 alle drei prototypischen Darstellungen des Satzes und ihre Verknüpfungen, weil sie je unter-

---

85   Die Einfügung „ab einem gewissen Zeitpunkt" ist wie folgt gemeint: Erfolgt die Einführung des Konzepts entdeckend, so werden zuerst singuläre Formulierungen des Konzepts vorkommen, die sich deutlich von den prototypischen Repräsentationen unterscheiden können. Erst nach und nach werden diese in reguläre Formulierungen übergeführt. Erfolgt die Einführung aber theoriegeleitet, indem zum Beispiel zu Beginn der Lektion in einem Lehrervortrag alles Wichtige vorgestellt wird, so sind die fachlichen Repräsentationen von Beginn an im Unterricht präsent. Allerdings werden diese von den Lernenden meist erst verzögert wirklich verstanden, weil sie deren Bedeutung erst nachkonstruieren müssen. Aus der aktuellen fachdidaktischen Sicht wird die erste Variante favorisiert (vgl. z.B. Reiss & Reiss, 2006). Im hier vorgestellten Modell sollen aber beide Vorgehensweisen und alle möglichen Zwischenformen gleichberechtigt Platz finden.

schiedliche Aspekte des Satzes betonen, während andere eher implizit im Hintergrund bleiben.[86]

Ein tiefes Verständnis eines Konzepts ist dadurch gekennzeichnet, dass flexibel zwischen diesen unterschiedlichen mathematischen Darstellungsformen gewechselt werden kann (vgl. z.B. Aebli, 1994, 2001; Bruner, 1971; Hiebert & Carpenter, 1992; Zech, 1998; siehe Kapitel 2.3.4). Dies setzt Verknüpfungen zwischen den Repräsentationen voraus, welche in Abbildung 23 durch Pfeile dargestellt sind.

Wie bereits in den oben erwähnten Kapiteln beschrieben, enthalten diese Repräsentationen für einen Experten alle notwendigen Informationen und Zusammenhänge in kompakter und visuell einprägsamer Form. Die Repräsentationen vergegenwärtigen für ihn die Bedeutung des Satzes und er verwendet sie zum Arbeiten. Ein Novize hingegen erkennt bloss ein Quadratbild, einen komplizierten, unverständlichen Satz und eine komische Formel. Die fachlichen Repräsentationen tragen für ihn noch keine Bedeutung. Lernt er sie unverstanden auswendig, so sind sie bloss drei zusätzliche Wissenselemente, aber keine Repräsentation einer vorhandenen kognitiven Struktur. Die Novizen müssen also die in den fachlichen Repräsentationen vergegenwärtigten Strukturen erst nachkonstruieren und verstehen lernen. Fachliche Repräsentationen sind nicht selbsterklärend. Sie müssen als fachlich standardisierte Darstellung von bestimmten Zusammenhängen erkannt und gelernt werden. Der Prozess des Verstehenlernens von fachlichen Repräsentationen wird unter sozial-konstruktivistischer Perspektive auch als Enkulturation angesehen, in welcher der Gebrauch und die Bedeutung einer Repräsentation sich wechselseitig bedingen und entwickeln (Cobb et al., 2000; Gravemeijer et al., 2002; vgl. Kapitel 2.3.4.3). Was macht die Bedeutung einer Repräsentation aus? Wie lassen sich Verknüpfungen zwischen Repräsentationen beschreiben? Auch diese Art der Verknüpfung setzt viel Vorwissen voraus, auf welches im nächsten Kapitel eingegangen wird.

4.1.3 Verknüpfungen zwischen Verstehenselementen

Aus einer fachlichen Sicht scheint die Frage nach der Bedeutung des Satzes des Pythagoras mit den beiden bereits erwähnten Arten der Verknüpfung geklärt: In den fachlichen Repräsentationen (Abbildung 23) und in den Beziehungen des Satzes zu anderen Konzepten (Abbildung 22) liegt die Bedeutung des Satzes. Dies widerspiegelt aber die Sicht eines Experten, der den Satz bereits verstanden hat. Für ihn ist die ganze Bedeutung des Satzes in den fachlichen Repräsentationen „verdichtet" und er kann sie direkt daraus ablesen. Für einen Schüler, der den Satz noch nicht kennt, sieht die Situation ganz anders aus: Er muss sich die Bedeutung des Satzes inklusive seiner fach-

---

86 Hier ist mit Absicht keine enaktive Darstellung des Satzes aufgeführt, weil sie aus fachdidaktischer Sicht heikel ist (vgl. die Bemerkung in Kapitel 3.1.2). Für andere mathematische Konzepte können aber enaktive Darstellungen zentral sein.

lichen Repräsentationen erst erschliessen. Diese Bedeutung liegt aus kognitionspsychologischer Sicht sozusagen in „Verknüpfungen innerhalb des Konzepts", welche Aebli als Aufbauschemata beschrieben hat (vgl. die Darstellung in Kapitel 2.3.2 und für den Satz des Pythagoras in Kapitel 3.2.2.1).

Diese dritte Art der Verknüpfung beruht auf einer kognitionspsychologischen Vorstellung des Strukturaufbaus, welche in den Kapiteln 2.3.1 und 2.3.2 beschrieben worden ist: Die aufgebauten kognitiven Strukturen von Schülerinnen und Schülern der gleichen Klasse sind gemäss dem hier verwendeten sozial-konstruktivistischen Lehr-Lernverständnis (Kapitel 2.3.1) als Produkte von aktiven, individuellen Konstruktionsprozessen individuell verschieden. Aus kognitionspsychologischer Sicht muss der Schüler durch geeignetes Verknüpfen von Vorwissenselementen und durch Prozesse des Verdichtens neue kognitive Elemente konstruieren: Er muss ein individuelles semantisches Netz zum Satz des Pythagoras aufbauen. Denn aus konstruktivistischer Sicht wird neues Wissen immer mit Hilfe des bereits vorhandenen Wissens konstruiert. Die Annahme ist nun, dass die kognitive Struktur zum Satz des Pythagoras zwar bei jedem Schüler und jeder Schülerin sehr unterschiedlich, aber keinesfalls beliebig aussehen kann: Wer ein Konzept in einem fachlich passenden und sozial akzeptierten Sinne verstanden hat, dessen kognitive Struktur muss ganz bestimmte Elemente und Relationen umfassen, wie auch immer diese im Detail aussehen.[87] Für das Verstehen eines konkreten Konzepts bedeutet dies, dass zu einem fachlich passenden Verständnis zwingend gewisse Elemente und spezielle Verknüpfungen dieser Elemente gehören. Hier wird nun nicht auf die propositionalen Darstellungen von Aebli (vgl. Kapitel 2.3.2) hinuntergegangen, sondern es wird ein gröberer Auflösungsgrad gewählt.

Denkt man sich die Situation aus der Sicht eines *Experten*, so lautet die Frage: Welche Teilelemente des Satzes des Pythagoras muss man verstanden haben, um den Satz als Ganzes verstehen zu können? Diese Elemente nenne ich *Verstehenselemente*. Beim Satz des Pythagoras muss man beispielsweise verstanden haben, dass die Ausgangslage ein rechtwinkliges Dreieck darstellt. Und dass der Satz eine Aussage über die Flächeninhalte von speziellen Quadraten macht. Weitere Verstehenselemente sind in Abbildung 24 aufgeführt. Auch zwischen ihnen gibt es Verknüpfungen, welche mit Linien dargestellt sind.

Aus der Sicht des *verstehenden Schülers oder der verstehenden Schülerin* sieht die Situation so aus: Elemente des Vorwissens müssen so miteinander verknüpft werden, dass – in mehrschrittigen Verdichtungsprozessen – eine fachlich passende kognitive Struktur konstruiert wird, die mit einer fachlich adäquaten Repräsentation vergegenwärtigt werden kann. Der wesentliche Punkt ist, dass die Schülerin, der Schüler diese Verstehenselemente mit Hilfe seines Vorwissens versteht, dass aber die Art, wie sie verknüpft und verdichtet werden, für sie oder ihn neu ist. Sinnfluss besteht darin, dass

---

87 Da die kognitiven Strukturen in der sozialen Auseinandersetzung mit anderen erworben wurden, können sie nicht beliebig geformt sein, sonst wäre eine Teilnahme an der gemeinsamen sozialen Praxis nicht möglich.

die Schülerinnen und Schüler diese Verstehenselemente in subjektiv sinnvoller und im Idealfall auch in fachlich passender Weise miteinander verknüpfen können.

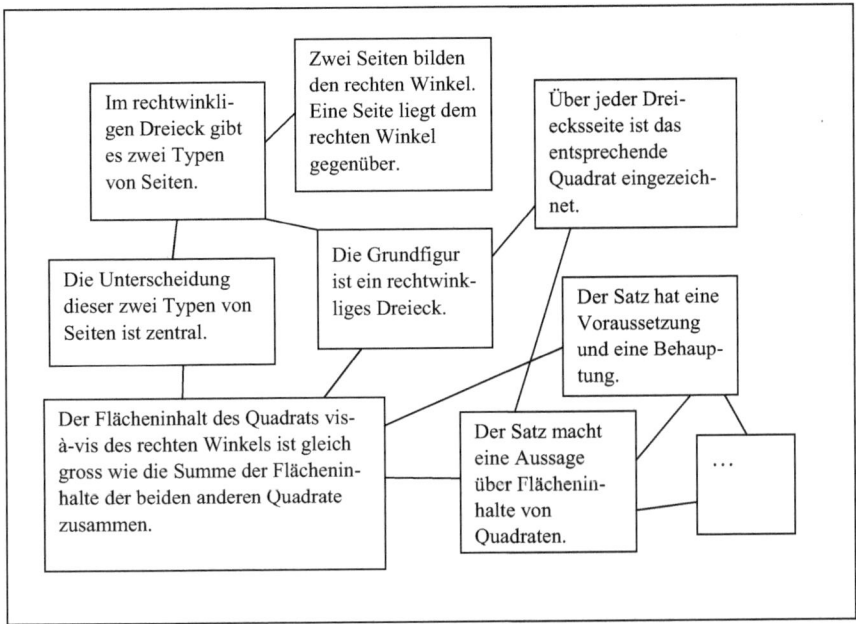

Abbildung 24:   Verknüpfungen zwischen Verstehenselementen

Die adäquaten Verknüpfungen zwischen diesen Verstehenselementen machen die Bedeutung des Konzepts des Satzes des Pythagoras aus. Hat sich ein Schüler ein entsprechendes semantisches Netz konstruiert und kann er sich diese Elemente und Beziehungen mit Hilfe von fachlich akzeptierten Repräsentationen vergegenwärtigen, so hat er den Satz des Pythagoras als Konzept verstanden. Zu einem umfassenden Verständnis gehören aber viele weitere Verknüpfungen, z.B. die in Abbildung 22 dargestellten Verknüpfungen mit anderen Konzepten. Man beachte, dass die Bedeutung eines Konzepts aus kognitionspsychologischer Sicht zuallererst in der Sinnhaftigkeit für den Lernenden besteht, welche sich aus dem Vorwissen heraus entwickelt. In der Fachdidaktik wird die Bedeutung (zusätzlich) auch im Beziehungsreichtum und der Relevanz innerhalb der Mathematik gesehen. Für jemanden, der den Satz umfassend verstanden hat, fallen beide Bedeutungsfacetten zusammen. Das Erkennen der beiden Arten von Bedeutungen muss das Ziel des Unterrichts sein, der Ausgangspunkt hingegen kann aus kognitionspsychologischer Sicht nur die individuelle Sinnhaftigkeit sein.

Zusammenfassend: Mit „Verstehenselementen" zu einem konkreten Konzept bezeichne ich die Teilelemente dieses Konzepts, welche man verstanden haben muss, um das Konzept als Ganzes verstehen zu können. Diese Teilelemente müssen im Vorwissen der Schülerinnen und Schüler vorhanden sein und sie lassen sich zum Konzept verknüpfen und verdichten.

4.1.4 Der Zusammenhang zwischen den drei Verknüpfungsarten

In den drei Arten von Verknüpfungen werden jeweils verschiedene Elemente miteinander in Beziehung gesetzt:

1) Die *Verknüpfungen des Satzes* enthalten die Beziehungen des Satzes zu anderen mathematischen Konzepten. Hier geht es um das Ordnen aus der Sicht der Disziplin. Diese Verknüpfungen können meist nur über einen längeren Zeitraum erworben werden.

2) Die *Repräsentationen* geben an, wie man im Unterricht über den Satz spricht und wie man ihn darstellt. Sie können miteinander verknüpft werden.

3) Die *Verstehenselemente* beschreiben die Teilelemente, welche miteinander verknüpft die Bedeutung des Satzes im kognitionspsychologischen Sinne des Begriffsaufbaus ausmachen. Diese Elemente und deren Verknüpfungen sind zentral für den Sinnfluss.

Zu einem umfassenden Verständnis des Satzes des Pythagoras gehören aus fachdidaktischer Sicht zwingend alle drei Arten der Verknüpfung. Die Bedeutung des Satzes wird in einem umfassenden Sinne erst im Zusammenspiel aller drei Verknüpfungsarten erkennbar. Wie hängen die drei Arten der Verknüpfung zusammen?

Die drei Arten der Verknüpfung unterscheiden sich aus kognitionspsychologischer Sicht nur im Grad der Verdichtung: Im Prinzip liesse sich nämlich ein riesiges Aufbauschema nach Aebli herstellen (analog zu Kapitel 3.2.2.1), in dem alle diese Verknüpfungen in propositionaler Darstellung enthalten sind. Die Aufbauschema-Darstellung von Aebli hat den grossen Vorteil, dass darin deutlich wird, wie aus einfachen, bereits verstandenen Elementen durch Verknüpfen und Verdichten neues Wissen entsteht. Aeblis Aufbauschemata zeigen aber für einen Begriff jeweils nur einen einzigen Aufbauweg. Viele mathematische Begriffe lassen sich jedoch unterschiedlich beschreiben und viele Elemente können in unterschiedlicher Reihenfolge miteinander verknüpft werden. In vielen Aufbauschemata kommt weiter nur eine Art der Repräsentation eines Sachverhalts vor. Für das Verstehen des Satzes des Pythagoras ist aber aus fachdidaktischer Sicht gerade das Zusammenspiel der verschiedenen Darstellungen wichtig (vgl. Kapitel 2.3.4). Weiter werden bei Konzepten vom Komplexitätsgrad des Satzes des Pythagoras Aufbauschemata mit propositionalem Auflösungsgrad derart riesig und unübersichtlich, dass sie für die Gestaltung von Unterricht unbrauchbar sind. Aus diesen Gründen scheinen mir die Aufbauschemata oft eher die fertige Sachstruktur von (verhältnismässig einfachen) Begriffen darzustellen als wirkliche Verstehensprozesse.

Obwohl in dieser Arbeit Aeblis Begriff des Verstehens als Strukturaufbau zentral ist, wird Aeblis Darstellungsweise von Strukturaufbauprozessen via propositionale Aufbauschemata nicht übernommen: Um die Dynamik von Verstehensprozessen beschreiben zu können, um ein Teilverständnis oder das Ringen um Verständnis auszudrücken und um verschiedene Arten des Strukturaufbaus in unterschiedlichen Unterrichtslektionen miteinander vergleichen zu können, braucht es eine andere Art der Darstellung. Gleichzeitig soll aber der Gedanke, dass aus bekannten Elementen des Vorwissens durch Verknüpfen und Verdichten neue Elemente höherer Ordnung entstehen, beibehalten werden. Denn, wenn man über Zusammenhänge mit anderen Konzepten oder über Verknüpfungen zwischen Repräsentationen spricht, so hat dies unausweichlich (implizit oder explizit) mit Verstehenselementen zu tun. Gesucht ist also eine Darstellung, welche die drei Arten der Verknüpfung miteinander in Beziehung setzt und mit deren Hilfe man über sich entwickelnde individuelle Verstehensprozesse zum Satz des Pythagoras und ihre Anleitung im Unterricht nachdenken kann. Diese Darstellung muss das Anknüpfen ans Vorwissen, die Bedeutungsgewinnung von Repräsentationen und den Beziehungsreichtum des Satzes (sofern er für die Sekundarstufe I relevant ist) in einfacher Weise miteinander in Beziehung setzen.

Es wurde bereits erwähnt, dass sich die drei Arten von Verknüpfungen aus kognitionspsychologischer Sicht im Prinzip nur hinsichtlich ihrer „Verdichtungstiefe" in einem propositionalen Aufbauschema unterscheiden. Deshalb scheint es mir zulässig zu sein, gedanklich ein solches Aufbauschema auf die im Folgenden beschriebene Art und Weise radikal zu vereinfachen:

Die Idee ist, auf die propositionalen Verknüpfungen zu verzichten, weil diese für die Gestaltung von Unterricht zu fein sind. Der Gedanke des Verknüpfens und Verdichtens soll aber in einem einfacheren Ausmass beibehalten werden. Anstelle einer zweidimensionalen Darstellung, wie sie Aebli verwendet, wird eine dreidimensionale Darstellung gewählt: Man stelle sich drei Ebenen übereinander vor. In der obersten sind alle Verknüpfungen mit anderen Konzepten enthalten, in der mittleren alle Repräsentationen und ihre Verknüpfungen und in der untersten alle Verstehenselemente und ihre Verknüpfungen. Verknüpfungen der gleichen Art sind also jeweils in derselben horizontalen Ebene enthalten. (Anschaulich wurden einfach die Kästchen in Abbildung 22 bis Abbildung 24 dreidimensional so gedreht, dass sie nun übereinanderliegende Ebenen im Raum darstellen.) Der Gedanke Aeblis, dass komplexere Elemente des Denkens aus Verknüpfungen und Verdichtungen von einfacheren Elementen hervorgehen, wird für die drei Ebenen beibehalten. Gemäss Aebli können Verdichtungen in verschiedenen Medien der Repräsentation stattfinden. Deshalb scheint es mir zulässig – und, wie man später erkennen wird, ist es für die Beschreibung von Verstehensprozessen produktiv –, die drei Ebenen der Verknüpfung via Prozesse des Verdichtens respektive Auffaltens miteinander in Beziehung zu setzen: Verstehenselemente und ihre Verknüpfungen können zu einer fachlichen Repräsentation verdichtet werden. Oder anders gesagt: Die Bedeutung der Repräsentation liegt in den dazugehörenden Beziehungen zwischen den Verstehenselementen. Die Repräsentationen und ihre Verknüpfungen können wiederum in der sprachlichen Repräsentation „Satz des Pythagoras" verdichtet werden. Insgesamt lässt sich das in Abbildung 25 dargestellte Modell gewinnen.

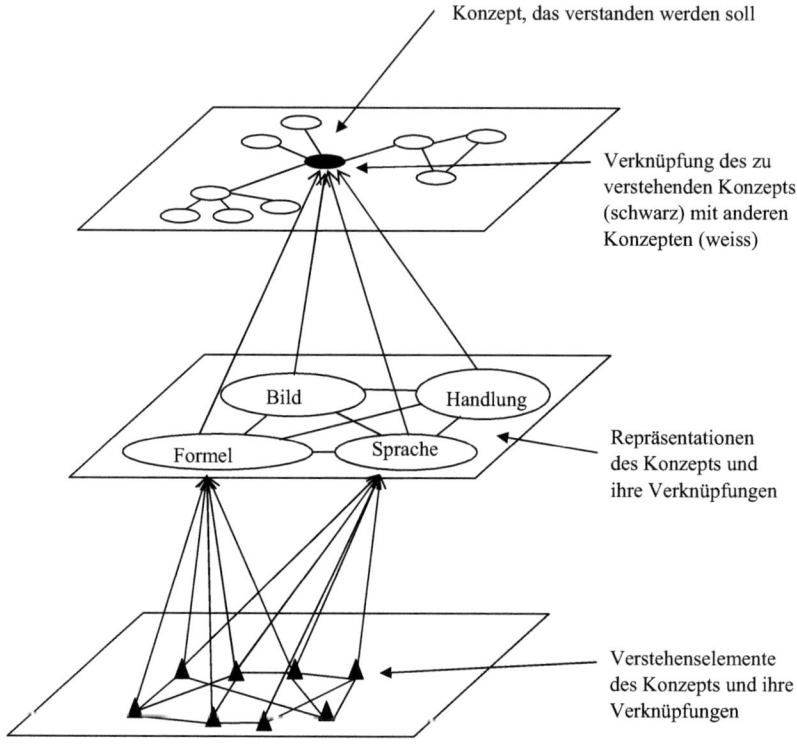

Abbildung 25: Pythagoras-Verstehensmodell (dreidimensional zu lesen, die Pfeile geben die Verdichtung zu einem Element höherer Ordnung an)

Ich nenne es *Pythagoras-Verstehensmodell*, weil sich mit seiner Hilfe Verstehensprozesse zum Satz des Pythagoras beschreiben lassen.[88] Der Kern des Modells besteht

---

88 Der Begriff „Verstehensmodell" wird in der Psychologie beim Textverstehen verwendet (vgl. z.B. Kintsch, 1994). Das Pythagoras-Verstehensmodell in dieser Arbeit bezieht sich hingegen auf das Verstehen von Mathematik und noch spezifischer auf das Verstehen eines speziellen mathematischen Konzepts, des Satzes des Pythagoras. Zur Abgrenzung vom allgemeinen Verstehensmodell des Textverstehens wird hier deshalb von *Pythagoras*-Verstehensmodell gesprochen.

darin, dass drei aus theoretischer Sicht wichtige Arten von Verknüpfungen zum Satz des Pythagoras analytisch getrennt, aber mittels der Prozesse des Verdichtens und Auffaltens miteinander in Beziehung gesetzt werden. Insbesondere werden Repräsentationen als Verdichtungen von Verstehenselementen aufgefasst.

Abbildung 25 wird nun näher beschrieben: Gemäss Aeblis Strukturaufbauvorstellungen (Kapitel 2.3.2) nehmen Verstehensprozesse ihren Ausgangspukt in einfachen Elementen aus dem Vorwissen. Wie oben erwähnt, nehme ich hier Verstehenselemente als Ausgangslage. Diese sind in der Abbildung in der untersten Ebene als Dreiecke dargestellt. Die Verstehenselemente müssen miteinander in geeigneter Form verknüpft werden – dies ist durch die verbindenden Linien angedeutet. Die verknüpften Verstehenselemente lassen sich nun zu Repräsentationen des Satzes verdichten. Am Ende von gelingenden Verstehensprozessen zum Satz des Pythagoras werden dies meist die angegebenen prototypischen Darstellungen des Satzes sein. Dieser Prozess des Verdichtens wird durch die schräg nach oben verlaufenden Pfeile dargestellt, welche jeweils in einer einzelnen Repräsentation münden.[89] Die verschiedenen Repräsentationen des Satzes (dargestellt in der mittleren Ebene) können ebenfalls miteinander verknüpft werden. Diese verknüpften Repräsentationen lassen sich dann zum Konzept des Satzes des Pythagoras verdichten. Auch dieser Prozess des Verdichtens wird durch die schräg nach oben verlaufenden Pfeile dargestellt, welche in einer schwarzen Ellipse münden, die das verdichtete Wissen zum Satz des Pythagoras darstellt. Der Satz selbst kann nun mit anderen Konzepten verknüpft werden, welche in der Abbildung als weisse Ellipsen dargestellt sind. Auf diese Weise lassen sich die drei Arten von Verknüpfungen – Verknüpfungen mit anderen Konzepten, Verknüpfungen zwischen Repräsentationen, Verknüpfungen von Verstehenselementen – durch Prozesse des Verdichtens miteinander in Beziehung setzen. Die Darstellung kann man selbstverständlich auch in die andere Richtung lesen: Den Satz des Pythagoras kann man mit anderen Konzepten in Verbindung bringen (oberste Ebene). Diese Verknüpfungen zeigen den Beziehungsreichtum des Satzes auf, die Bedeutung des Satzes im engen Sinne ist damit aber noch nicht geklärt. Ein Experte kann sein Verständnis zum Satz in verschiedene fachliche Repräsentationen auffalten, welche miteinander verknüpft sind (in der mittleren Ebenen dargestellt). Doch die Bedeutung der Repräsentationen liegt in den Beziehungen, welche mit diesen vergegenwärtig sind. Ein Experte kann also jede fachliche Repräsentation in die dazugehörenden Verstehenselemente und ihre Verknüpfungen auffalten, welche dann die Bedeutung des Konzepts aus kognitionspsychologischer Sicht ausmachen (in der untersten Ebene dargestellt).

Überlegungen zur Generalisierbarkeit dieses Pythagoras-Verstehensmodells werden in Kapitel 8.3.3 dargestellt.

89   Je nach Konzept sind einzelne Verstehenselemente denkbar, die nicht in allen Repräsentationen verdichtet sind. Dies beschreibt die schon früher erwähnte Tatsache, dass nicht jede Repräsentation alle Aspekte eines Begriffs gleich deutlich vergegenwärtigt. Zur besseren Übersichtlichkeit wurden nicht alle möglichen Pfeile eingezeichnet.

Die Zusammenhänge zwischen den drei Arten von Verknüpfungen lassen sich also Bezug nehmend auf Aebli als Verdichtungen (von unten nach oben gelesen) oder Auffaltungen (von oben nach unten gelesen) auffassen. Dadurch entsteht eine Hierarchie zwischen den Verknüpfungsarten: Die Bedeutung eines Elements ist jeweils in den Auffaltungen in den Ebenen unterhalb enthalten. (Genauso, wie in den Objektivierungen in Aeblis Bäumen die Bedeutung aller bisherigen im Baum enthaltenen Elemente und Verknüpfungen vergegenwärtigt ist.)

Wie ist dieses „Verdichten" und „Auffalten" gemeint? In Aeblis propositionalen Begriffsanalysen entstehen durch Objektivierungen aus vorhandenen Elementen und Relationen neue Elemente höherer Ordnung. Durch diesen Vorgang des Verdichtens kann das Gedächtnis entlastet werden, wobei entscheidend ist, dass das verdichtete Element jederzeit wieder in die ganze ursprüngliche Bedeutung aufgefaltet werden kann. Gemäss Aebli können solche Objektivierungen auch formal oder bildlich erfolgen. Der Begriff des Verdichtens wird hier analog verwendet, auch wenn Verknüpfungen und Verdichtungen nicht in propositionaler Form dargestellt werden und also ein gröberer Auflösungsgrad gewählt wird: Verdichten von Verstehenselementen bedeutet, dass die Verstehenselemente und ihre wechselseitigen Verknüpfungen in einer fachlichen Repräsentation vergegenständlicht werden können. Diese fachlichen Repräsentationen werden ihrerseits im Begriff des Satzes des Pythagoras verdichtet. Abbildung 25 kann man folglich als ein extrem stark vereinfachtes und reduziertes Aufbauschema zum Satz des Pythagoras lesen, in dem die drei Arten der Verknüpfung horizontal und die Verdichtungen/Auffaltungen zwischen diesen Verknüpfungsarten vertikal dargestellt sind.

Der Nutzen dieses Pythagoras-Verstehensmodells zeigt sich nun darin, dass sich mit seiner Hilfe verschiedene Aspekte von Verstehensprozessen einfach beschreiben lassen. Damit wird deutlich werden, wie hilfreich das Konzept der Verstehenselemente ist. Zuerst werden Beispiele aus der Sicht eines Novizen (Kapitel 4.1.4.1) und anschliessend aus der Sicht eines Experten (Kapitel 4.1.4.2) beschrieben. Am Schluss folgen einige zusammenfassende Bemerkungen zum Pythagoras-Verstehensmodell (Kapitel 4.1.5).

4.1.4.1   Verstehensprozesse aus der Sicht eines Novizen

Wie sieht es aus, wenn man das Konzept erst verstehen lernt? In welcher Reihenfolge entsteht das Verständnis, wenn man einen Zeitraum von drei Lektionen betrachtet? (Ein umfassendes Verständnis des Satzes benötigt mehr Zeit.) Diese Fragen sind entscheidend für die Anleitung von Verstehensprozessen während einer Einführung im Unterricht.

Die Bedeutung wird während eines Verstehensprozesses gemäss der Definition des Begriffs „Sinnfluss" (Kapitel 2.3.3) durch das Verknüpfen und Verdichten von bekannten Elementen weitergereicht zu neuen Elementen. Neue Bedeutungen entstehen so idealerweise in kohärenter Weise aus alten. Über das Verknüpfen bekannter Verstehenselemente des Satzes des Pythagoras erschliessen sich die Schülerinnen und Schüler auf diese Weise die Bedeutung der neuen fachlichen Repräsentationen und damit des Satzes. Das Verstehen des Satzes des Pythagoras lässt sich aus dieser Sicht wie folgt deuten:

Diese speziellen Verknüpfungen von besonderen Verstehenselementen (welche ihrerseits auch wieder Verknüpfungen von anderen Elementen darstellen) lassen sich – evtl. über mehrere Schritte von singulären Darstellungen hinweg – am Ende eines gelingenden Verstehensprozesses zu tief verstandenen fachlichen Repräsentationen verdichten. Im nächsten Verdichtungsschritt lassen sich die verschiedenen Repräsentationen ihrerseits zum Konzept des Satzes des Pythagoras verdichten. Man beachte, dass die Elemente, Verknüpfungen und Verdichtungen, welche die Schülerinnen und Schüler vornehmen, nicht den fachlichen Elementen, Verknüpfungen und Verdichtungen entsprechen müssen.

Sinnfluss ist zentral auf die Verstehenselemente angewiesen, er entwickelt sich aus dem Vorwissen heraus. Die Verstehenselemente sind folglich eine notwendige Voraussetzung für das Verstehen der beiden anderen Verknüpfungsarten. Denn die Verknüpfung aller Verstehenselemente macht die (enge) Bedeutung des Konzepts im Kern aus.

Mit Hilfe dieses kognitionspsychologischen Pythagoras-Verstehensmodells lassen sich die folgenden vier Verstehens-Phänomene, die teilweise schon in Kapitel 2.3.4.3 erwähnt worden sind, beschreiben. Denn in Abbildung 25 lassen sich nicht nur die Verknüpfungen aus Sicht eines fertigen Verständnisses darstellen, sondern auch diejenigen eines konkreten Schülerverständnisses: Es könnten dann beispielsweise einzelne Repräsentationen fehlen oder fachlich unkonventionell oder falsch sein. Auch die Verstehenselemente könnten unvollständig sein, und die Verknüpfungen mit anderen Konzepten werden zu Beginn rudimentär sein.

1) Verstehen von vorgegebenen fachlichen Repräsentationen

Wie lässt sich mit diesem Modell das Verstehen einer fachlichen Repräsentation beschreiben? Betrachtet man den Verstehensprozess aus der Sicht des Verstehens von vorgegebenen fachlichen Repräsentationen, so wird mehrfach zwischen den im Entstehen begriffenen Ebenen der Repräsentationen und Verstehenselemente hin- und hergewechselt werden (vgl. das wechselseitige Entwickeln der Bedeutung und des Gebrauchs eines Symboles in Gravemeijer et al., 2002, dargestellt in Kapitel 2.3.4.3).

Dieses Bedeutungsherstellen kann man sich nun vorstellen als ein mehrfaches Auf- und Absteigen in den unteren beiden Ebenen des Pythagoras-Verstehensmodells. In diesem Prozess werden zuerst meist nur einige, aber noch nicht alle Verstehenselemente zu einer fachlichen Repräsentation verdichtet. Dies entspricht einem unvollständigen Verständnis des dazugehörenden Konzepts. Im Laufe des Verstehensprozesses weitet sich dieses Verständnis aus, was man sich wie folgt vorstellen kann: Die Repräsentation wird wieder aufgefaltet und es werden neue Verstehenselemente hinzugeknüpft oder neue Verknüpfungen vorgenommen. Dieses neue Netz wird anschliessend wieder zur gleichen, nun aber umfassender verstandenen Repräsentation verdichtet. Auf diese Weise kann man ein schrittweise wachsendes Verständnis der Bedeutung einer fachlichen oder individuellen Repräsentation beschreiben. Die Repräsentationen erhalten nach und nach neue Bedeutungsfacetten. Die Verstehenselemente werden nach und nach zu einer bestimmten Repräsentation verdichtet, die sich im Verlaufe einer gelingenden Enkulturation den fachlichen Konventionen annähern wird.

2) Verknüpfungen zwischen verschiedenen Repräsentationsformen

Verknüpfungen zwischen verschiedenen Repräsentationsformen waren bei Bruner (1974) und Hiebert und Carpenter (1992) zentral für die Entwicklung von Verständnis. Mit Hilfe der Vorstellung von Repräsentationen als Verdichtungen von Verstehenselementen lässt sich diese Art der Verknüpfung kognitionspsychologisch wie folgt deuten: Die Verknüpfungen finden effektiv zwischen den zu der jeweiligen Repräsentation gehörenden Verstehenselementen statt. Verknüpfungen zwischen zwei Repräsentationen im Sinne von Hiebert und Carpenter (1992) sind nichts anderes als das Feststellen, dass gewisse Verstehenselemente sowohl zur einen als auch zur anderen Repräsentation gehören, aber jeweils anders repräsentiert werden. Der Vergleich zwischen verschiedenen Repräsentationen des Satzes kann folglich dazu führen, dass die Schülerinnen und Schüler ihnen bisher unbekannte Verstehenselemente entdecken oder die Bedeutung bestimmter Verstehenselemente deutlicher erkennen. Denn die einzelnen Verstehenselemente sind in den verschiedenen Repräsentationen unter Umständen unterschiedlich gut „ablesbar".

3) Meinen und Darstellenkönnen

Schülerinnen und Schüler können fachliche Repräsentationen verwenden, obwohl sie diese unvollständig, falsch oder gar nicht verstehen. Wie lässt sich diese Situation mit dem Modell deuten?

Der Schüler hat seine individuellen Verstehenselemente für ihn subjektiv sinnvoll zu einer prototypischen fachlichen Repräsentation verdichtet. Er verwendet also beim Arbeiten die fachlichen Repräsentationen. Diese können für ihn aber eine Bedeutung tragen, die nicht mit der fachlichen Sicht übereinstimmt. Er kann in diesem Fall die Repräsentationen zwar in gewisse „Verstehenselemente" auffalten, aber diese entsprechen nicht den typischen fachlichen Verstehenselementen.

Es gibt aber auch die umgekehrte Situation, dass ein Schüler die Struktur eines Sachverhalts verstanden hat, diesen aber fachlich nicht adäquat repräsentiert (vgl. Beispiel und Kommentar zur Abbildung 8 auf Seite 92). Diese Situation lässt sich so deuten, dass die Verstehenselemente im Schülerverständnis fachlich korrekt und vollständig sind. Aber die Repräsentation, in welche der Schüler die Verstehenselemente verdichtet hat, ist fachlich unkonventionell oder falsch. Eine solche Repräsentation kann manchmal für Schüler so stimmig sein, dass sie nicht bereit sind, diese für reguläre

Arten der Darstellung aufzugeben, solange sie damit auf keine Schwierigkeiten stossen.

4) Auswendiglernen versus Verstehen

Die prototypischen fachlichen Repräsentationen lassen sich auswendig lernen, ohne dass man sie versteht. In diesem Modell lässt sich das so interpretieren, dass die Repräsentationen als Ganzes mit dem Vorwissen verknüpft sind und sich nicht in Teilelemente auffalten lassen. Solche Repräsentationen tragen für die Schülerinnen und Schüler keine Bedeutung. Man beachte, dass es kein Problem ist, trotzdem gewisse Verknüpfungen mit anderen Konzepten auswendig zu lernen. Zum Beispiel: „Mit Hilfe des Kathetensatzes kann man den Satz des Pythagoras beweisen", oder: „Die Länge eines Vektors berechnet man effektiv mit Hilfe des Satzes des Pythagoras." Solche „Verknüpfungen" oder „Repräsentationen" sind keine Verknüpfungen respektive Repräsentationen eines Konzepts im kognitionspsychologischen Sinne des Strukturaufbaus (deshalb sind sie hier in Anführungszeichen gesetzt worden). Denn aus einer kognitionspsychologischen Sicht des Strukturaufbaus geht die Bedeutung eines neuen Konzepts und seiner Repräsentationen aus Verknüpfungen und Verdichtungen von bereits vorhandenen Elementen hervor.

Fachliche Repräsentationen oder auch anspruchsvolle Problemstellungen können im Sinne von Duncker (1935) als „Anregungen von oben" dienen, um bestimmte Verstehenselemente zu erkennen und bestimmte Verknüpfungen vorzunehmen. Die Verknüpfungen auf der Ebene der Verstehenselemente sind aber aus der Sicht des konzeptuellen Verstehens nicht umgehbar. Wenn die Repräsentationen nicht in Verstehenselemente auffaltbar sind, so sind sie nur bedeutungslose Darstellungen, denn sie sind nicht als Produkte von Strukturaufbauprozessen durch Verknüpfungen und Verdichtungen aus dem Vorwissen hervorgegangen. Oder anders gesagt, es gibt keinen Sinnfluss. Dieses „Scheinverstehen" (Wagenschein, 1989) fällt häufig erst auf, wenn ein Schüler mit dem Satz als Werkzeug selbständig arbeiten muss oder wenn nachgefragt wird, was denn seine Formulierungen bedeuten würden.

4.1.4.2   Denkweisen aus der Sicht eines Experten

Ein Experte hat sein Wissen gemäss Aeblis Begriff des Einebnens zu einem hierarchielosen Netz des Weltwissens eingeebnet, das er blitzschnell in die verschiedensten Hierarchien auffalten kann. Aebli nennt dies eine „Perspektive ins Weltwissen werfen" (Aebli, 1994). Innerhalb von Problemlöseprozessen zum Satz des Pythagoras wird sich ein Experte mehrfach sehr schnell zwischen den verschiedenen Elementen einer einzelnen Ebene in Abbildung 25 und über alle drei Ebenen hinweg bewegen. Das Bedeutungsnetz kann beliebig und in alle Richtungen aufgefaltet und verdichtet werden. Der Experte kann die typischen fachlichen Repräsentationen jederzeit in die dazugehörenden Verstehenselemente auffalten. Zwei Beispiele sollen diese Bewegungen illustrieren:

Wie weiss ein Experte, welche Repräsentation des Satzes er verwenden soll?

Es ist anzunehmen, dass der Experte eine geeignete Repräsentation vor dem Hintergrund auswählt, dass er ein bestimmtes Verstehenselement zum Problemlösen benötigt. Zum Beispiel will er mit Flächeninhalten von Quadraten arbeiten und denkt deshalb in der bildlichen Darstellung des Satzes.

Wie erkennt der Experte, dass er ein gegebenes Problem mit Hilfe des Satzes des Pythagoras lösen kann?

Der Experte sieht sofort, dass er den Satz anwenden kann und was er rechnen muss, ohne dass er zu überlegen scheint. In Zeitlupe könnte das effektive Vorgehen so ablaufen: Der Experte checkt beim gedanklichen Testen verschiedener Problemlösewerkzeuge blitzschnell deren Verstehenselemente durch. Für den Satz des Pythagoras könnte das so aussehen: Gibt es in der Problemstellung irgendwo ein rechtwinkliges Dreieck? Sind davon zwei Seiten bekannt? Würde die dritte Seite zur Problemlösung beitragen? Können alle diese Fragen bejaht werden, so ist der Satz des Pythagoras das richtige Werkzeug für diesen Teilschritt des Problems.[90] Da diese Prozesse so schnell ablaufen, werden sie vom Problemlöser selbst und aus der Sicht eines Beobachters eher als Sehen, denn als Denken erlebt. Dies liegt auch daran, dass in der schriftlichen Lösung des Experten höchstwahrscheinlich nur die Pythagoras-Formel zu erkennen ist und dass es keine expliziten Hinweise auf die oben beschriebenen Denkprozesse auf der Ebene der Verstehenselemente gibt.

Für einen Experten ist deshalb die gesamte (enge) Bedeutung des Satzes des Pythagoras in seinen Repräsentationen enthalten: Er kann diese Repräsentationen in die einzelnen Verstehenselemente auffalten und versteht ihre Verknüpfungen. Fachliche Repräsentationen sind aus diesem Grund für Experten Denk- und Kommunikationshilfsmittel. Ein Novize hingegen, der diesen fachlichen Repräsentationen zum ersten Mal begegnet, kann nur sehr wenig darin erkennen, da er noch keine entsprechende kognitive Struktur aufgebaut hat.

4.1.5 Allgemeine Bemerkungen zum Pythagoras-Verstehensmodell

Die Trennung der Ebene der Verstehenselemente und der Repräsentationen im Pythagoras-Verstehensmodell (Abbildung 25) erlaubt es, zwischen der Bedeutung und der Repräsentation eines Konzepts zu unterscheiden. Dies ermöglicht es, Verstehen nicht nur als linearen Vorgang des Verknüpfens in eine Richtung darzustellen (so wie es in

---

90 Das wäre dann in einem gewissen Sinne eine kognitionspsychologische Deutung dessen, was die Gestaltpsychologen hier wohl als Erkennen der guten (Pythagoras-)Gestalt bezeichnen würden.

Aeblis Aufbauschemata der Fall ist), sondern als ein Auf- und Absteigen zwischen den verschiedenen Ebenen, während dessen immer neue Elemente hinzukommen. Anregungen zur Konstruktion können im Sinne von Duncker (1935) auch von oberen Ebenen kommen, für Verstehensprozesse im zeitlichen Verlauf sind aber aus kognitionspsychologischer Sicht die Verstehenselemente nicht umgehbar.

Man beachte, dass das zu lernende Konzept in den drei Ebenen in zwei verschiedenen Funktionen vorkommt: a) Bei den Verknüpfungen mit anderen Konzepten ist das zu lernende Konzept ein einziges Element unter vielen anderen Elementen. Es wird als Ganzes mit anderen Konzepten verknüpft. Das Verstehen umfasst also eine umfassende und weite Einbettung des neuen Konzepts in andere Zusammenhänge. b) Ganz anders ist es bei den anderen beiden Ebenen: Das zu lernende Konzept selbst wird weiter aufgefaltet in Teileelemente: in die fachlichen Repräsentationen und Verstehenselemente.[91] Es gibt also zwei unterschiedliche Arten der Verknüpfung mit dem Vorwissen, welche beim Verstehen eines Konzepts je eine andere Rolle spielen: Erstens das Vorwissen, aus dem heraus sich das neue Verständnis im Sinne des Sinnflusses entwickelt. Zweitens das Vorwissen, mit dem ein im engen Sinne bereits verstandenes Konzept weiter vernetzt wird. Diese Unterscheidung ist für die Anleitung von Verstehensprozessen fundamental.

Dieses Pythagoras-Verstehensmodell widerspiegelt eine bestimmte Auffassung von Verstehen, welche im nächsten Kapitel, in dem das Konzept der Verstehenselemente allgemeiner beschrieben wird, noch deutlicher herausgearbeitet wird. Anschliessend wird dieses Modell als Leitlinie für die Bestimmung von Unterrichtsqualität verwendet (Kapitel 4.3).

4.2 Allgemeine Formulierung der Verstehenselemente

Bisher wurde das Verstehensmodell anhand des Satzes des Pythagoras formuliert. In diesem Kapitel wird der zentrale Begriff des Verstehenselements aus theoretischer Sicht präziser beschrieben und vertiefter begründet.

Es wird vom folgenden Verstehensbegriff ausgegangen, der bereits in den Kapiteln 2.1, 2.3.2 und 2.3.3 ausführlich dargestellt wurde: Verstehen bedeutet zentral, Verknüpfungen zu machen und (als Folge davon) Bedeutung herzustellen. Das Verstehen eines Konzepts, wie des Satzes des Pythagoras, kann aus kognitionspsychologischer Sicht als Begriffsaufbau gedeutet werden:[92] Verstehen heisst also Aufbau von

---

91   Selbstverständlich greifen Verknüpfungen mit anderen Konzepten immer auch auf Teileelemente des Konzepts zurück. Zum Beispiel, indem eine bestimmte Repräsentation des Satzes mit einem anderen Konzept in Verbindung gebracht wird.

92   Das mag auf den ersten Blick für Mathematiker etwas seltsam anmuten, wo doch in der Disziplin selbst deutlich zwischen Definition und Satz unterschieden wird. Der entscheidende Punkt

beweglichen, semantischen Netzwerken, bestehend aus Elementen und Verknüpfungen, wobei die Prozesse des Verdichtens und Einebnens zentral sind.

Aus einer sozial-konstruktivistischen Sicht des Lernens hat ein Schüler ein konkretes Konzept dann verstanden, wenn er – in der sozialen Auseinandersetzung mit anderen – selbst aktiv ein semantisches Netz konstruiert hat, das sich in der Anwendung und in der Kommunikation bewährt, d.h. sozial akzeptiert ist. Die Bedeutung muss also vom Lernenden aktiv konstruiert werden. Verstehen heisst Aufbau von kognitiven Strukturen und mentalen Repräsentationen. Dieser Aufbau ist auch bei Schülerinnen und Schülern, welche dem gleichen Unterricht folgen, individuell verschieden: Aufgrund ihres Vorwissens, ihrer Überzeugungen, ihrer Motivation und ihrer Emotionen nehmen die Lernenden andere Konstruktionswege und die aufgebauten kognitiven Strukturen werden sich unterscheiden. Obwohl aber die Aufbauprozesse und die kognitiven Strukturen individuell verschieden sind, können die aufgebauten semantischen Netzwerke nicht beliebig sein, wenn das Verständnis den fachlichen Konventionen entsprechen und sozial akzeptiert sein soll. Dies ist für das Anleiten von Verstehensprozessen der entscheidende Punkt: Ein tiefes Verständnis eines bestimmten Konzepts muss zwingend gewisse Elemente und Beziehungen zwischen diesen Elementen enthalten, damit es fachlich auch wirklich als ein tiefes und sozial geteiltes Verständnis des Sachverhalts gelten kann. Diese speziellen Teilelemente eines Konzepts, die man verstanden haben muss, um das ganze Konzept zu verstehen, werden Verstehenselemente des Konzepts genannt. Ich betrachte sie als notwendige Grundlage für das tiefe Verstehen eines Konzepts. Es ist wichtig, dass diese Verstehenselemente unabhängig von den prototypischen Repräsentationen des Konzepts formuliert sind.

Die theoretische Ausgangslage für die Verstehenselemente bildet folgende Aussage von Aebli, in der eine kognitiv-konstruktivistische Sicht von Lernen als Strukturaufbau mit den Mitteln des bereits vorhandenen Wissens beschrieben wird: „Wir sind der Meinung, dass alle neuen Inhalte des geistigen Lebens durch Konstruktion aus einfacheren Elementen hervorgehen" (Aebli, 2001, S. 389). Das Verständnis eines neuen Begriffs oder Konzepts geht also aus dem Verknüpfen und Verdichten von einfacheren, bereits verstandenen Elementen hervor. Wer folglich ein komplexes neues Konzept verstanden hat, hat letztlich ihm bereits bekannte Teilkonzepte so miteinander verknüpft, umstrukturiert und verdichtet, dass daraus etwas für ihn sinnvolles Neues entstanden ist. In diesem Fall konnte Sinnfluss hergestellt werden.

Für das Anleiten von Verstehensprozessen lässt sich die Sichtweise umkehren: Jedes komplexe Konzept kann in einfachere, miteinander verknüpfte Teilkonzepte/Teileelemente zerlegt werden, die man verstanden haben muss, um das ganze, übergreifende Konzept verstehen zu können. Gehören diese einfacheren Teilelemente bereits zum Vorwissen der Lernenden, so besteht die Konstruktionsleistung aus einer neuen Art der Verknüpfung bereits vorhandener Elemente und Zusammenhänge. Da-

---

ist, dass es hier nicht darum geht, wie die Disziplin selbst ihre Strukturen deduktiv ordnet, sondern darum, wie Individuen ein Konzept verstehen.

mit hat man einen Ansatzpunkt für die Unterstützung des Sinnflusses der Schülerinnen und Schüler.

Der Kern des Konzepts wird mit Hilfe aller Verstehenselemente im Sinne von Wertheimers funktionaler Bedeutung und Rho-Relation deutlich. Mit Hilfe der Verstehenselemente wird auch explizit, worauf man achten muss, wenn man das Konzept anwenden will. (Dabei wird aber meist noch nicht das ganze Potenzial des Konzepts ausgeschöpft, denn dieses wird erst auf der Ebene der Verknüpfungen mit anderen Konzepten erkennbar.)

Wie lassen sich diese Teilelemente, aus denen ein neues Konzept durch Verknüpfung entsteht, beschreiben? Gemäss Aebli gilt: „Die Strukturen des Denkens müssen in Begriffen der Sache beschrieben werden" (Aebli, 2001, S. 387). Dieses Postulat geht auf die „Sachverhältnisse" von Selz (1913) zurück. Man beachte, dass Aebli im Plural von Begriffen spricht und dass von der „Sache" die Rede ist und nicht von der Disziplin. Ich deute dies so, dass damit fachliche Formulierungen gemeint sind, die in der entsprechenden Schulstufe relevant sind. Nimmt man hinzu, dass für Aebli Objektivierungen nicht nur im Medium der Sprache, sondern auch in Formeln oder Bildern erfolgen können, lassen sich die „Begriffe der Sache" so deuten, dass auch Formeln und Bilder dazugehören.

Gemäss Aebli (1994) ist „Bedeutung" nur ein anderer Ausdruck für „Beziehung". Die Bedeutung einer Repräsentation des Satzes des Pythagoras wird erst deutlich, wenn man die Beziehungen, welche in dieser Repräsentation vergegenwärtigt werden, erkennen kann. Für einen Experten verkörpert eine fachliche Repräsentation ein ganzes Netz von Beziehungen und enthält deswegen Bedeutung. Dadurch können Experten in fachlichen Repräsentationen denken und diese als Werkzeuge verwenden. Ein Novize (ohne entsprechende kognitive Struktur) sieht in einer fachlichen Repräsentation nicht viel mehr als ein bedeutungsloses Bild oder eine sinnleere Formel. Fachliche Repräsentationen, welche ein Schüler verstanden hat, können in diesem Sinne als Objektivierungen innerhalb seiner kognitiven Struktur aufgefasst werden. Sie enthalten für den Schüler Bedeutung, weil er sie in die dazugehörenden Elemente und Beziehungen auffalten kann. Somit können fachliche Repräsentationen sowohl als bedeutungshaltige als auch als bedeutungslose Darstellungen aufgefasst werden, je nachdem, ob der Betrachter die Repräsentation in Verstehenselemente auffalten kann oder nicht (d.h. ob er eine dazugehörende kognitive Struktur aufgebaut hat).

Nach dieser Verankerung in Aeblis Theorie des Begriffsaufbaus folgen einige Betrachtungen zur Art der Formulierung und zur Menge der Verstehenselemente.

Die Verstehenselemente sind absichtlich in sprachlichen Sätzen formuliert worden. Denn die Sprache zwingt dazu, Aspekte zu umschreiben, welche in Bildern und Formeln für Kenner einfach, aber für Novizen schwierig zu erkennen sind. Der Grad der Verdichtung und die Sprache entsprechen dem aktuellen Verständnis der Schülerinnen und Schüler, sollen aber fachlich korrekt sein. Denn die Sprache muss kompatibel sein mit den späteren verdichteten und abstrakteren fachlich konventionalisierten

Darstellungsformen. Auch bei der Formulierung der Verstehenselemente sind verschiedene Möglichkeiten denkbar. Diese sind nur im Hinblick auf das jeweilige Publikum zu bestimmen.

Die Verstehenselemente sind nicht trennscharf, es gibt Überschneidungen. Manche Verstehenselemente bauen aufeinander auf. Diese Schnittmengen sind entscheidend, denn sie widerspiegeln, dass sich inhaltlich bedeutungsvolle Teilnetze eines semantischen Netzwerkes überschneiden. Dadurch sind mit den einzelnen Verstehenselementen auch bereits gewisse Verknüpfungen zwischen diesen gegeben.

Es sind weiter verschiedene Sets von Verstehenselementen zu ein und demselben Konzept denkbar. Ein relativ grosser Kern davon ist aber obligatorisch. Zum Beispiel kann die Rechtwinkligkeit des Dreiecks beim Satz des Pythagoras nicht weggelassen werden. Auch die Anzahl der Verstehenselemente lässt sich nicht abschliessend festlegen: Die Verstehenselemente weisen selbst wieder Hierarchien auf, die weiter aufgefaltet und ihrerseits wieder in verschiedenen Unterebenen dargestellt werden könnten. Es sind also viele Ebenen von Verstehenselementen untereinander vorzustellen und es gibt im Prinzip keinen letzten Auffaltungsgrad. Mit den Verstehenselementen zu einem konkreten Konzept meine ich die „nächste Stufe" der Auffaltung des Begriffs: Das, was als Vorwissen der Schülerinnen und Schüler bekannt ist, muss nicht weiter zerlegt werden. Also lassen sich Verstehenselemente nur in Bezug auf das gegebene Vorwissen der Lernenden bestimmen.

Die Verstehenselemente kommen im Unterricht sehr selten einzeln vor. Es sind immer schon halb verdichtete, verknüpfte Netzteile, welche im Verlauf des Unterrichts auf verschiedene Art und Weise in verschiedenen Kombinationen vorkommen. Meist sind sie verbunden mit fachlichen Repräsentationen des Satzes. Die Verstehenselemente zu einem bestimmten Thema müssen aus meiner Sicht nicht möglichst vollständig und erschöpfend sein. Die Verstehenselemente sollen einen Auflösungsgrad haben, welcher für das Niveau der Lernenden, das Lernen in der Schule und für die Praxis relevant und brauchbar ist. Der Umfang aller Verstehenselemente zusammen ist so zu wählen, dass er die Aufnahmekapazität der Lernenden nicht überfordert. Die Zone der nächsten Entwicklung von Vygotsky (1978) muss berücksichtigt werden. Diese kann nur bezogen auf die jeweiligen Adressaten bestimmt werden. Der Kern des Sachverhalts soll mit Hilfe der Verstehenselemente möglichst schlank und einprägsam herausgearbeitet werden. Wobei die Verstehenselemente und ihre Verknüpfungen aus einer konstruktivistischen Sicht des Lernens nicht von aussen in den Kopf des Lernenden abgebildet werden können, sondern vom Lernenden selbst konstruiert werden müssen. Dass das Durcharbeiten der Verstehenselemente wichtig für den Strukturaufbau ist, lässt sich aus Aeblis PADUA-Modell entnehmen (vgl. Kapitel 2.3.2).

Meine Vermutung ist, dass Lehrpersonen, die gut erklären können, solche Verstehenselemente instinktiv erkennen und diese im Laufe der zunehmenden Erfahrung ständig weiterverfeinern.

Zur Abgrenzung wird hier noch kurz dargestellt, worum es bei den Verstehenselementen *nicht* geht: Die Verstehenselemente dürfen nicht mit einer Zerstückelung des Lehrstoffes in noch „kleinere Portionen" verwechselt werden, welche dann einzeln und nacheinander unterrichtet werden, weil die Lernenden „grössere Portionen" nicht verdauen können. Denn die Aufteilung ist im Sinne des Auffaltens von verdichteten kognitiven Strukturen von Aebli vorgenommen worden. Die Idee ist also, dass „Andockstellen" im Vorwissen gefunden werden, an denen die Lernenden weiterkonstruieren können. Gleichzeitig enthalten diese Verstehenselemente die zentralen Elemente des Konzepts. Die Auffaltung ist also sehr gezielt vorgenommen worden: Sie ist „im Bewusstsein der Struktur" vorzunehmen (Aebli, 2001) und sie hat die Rho-Relationen von Wertheimer (1945/1964, vgl. Kapitel 2.3.5.5) und den Funktionalwert von Duncker (1935) im Blick. Die Verstehenselemente bestehen deshalb beim Satz des Pythagoras keineswegs aus einer Auflistung aller Begriffe, welche üblicherweise in den sprachlichen Formulierungen des Satzes vorkommen. Und es sind auch nicht alle Aspekte, die irgendwie mit dem Satz zu tun haben, Verstehenselemente: Dazu gehören nur Sachverhalte und Beziehungen, die sich auf die „strukturelle Natur des Satzes" im Sinne von Wertheimer beziehen. Die funktionale Bedeutung ist wichtig. Erinnerungstechnische Tricks, wie „c ist immer unten im Dreieck", gehören nicht zu den Verstehenselementen. Denn die Verstehenselemente haben wirkliches Verstehen der Sachstruktur zum Ziel. Verstehenselemente sind auch etwas anderes als die Wissenseinheiten nach Neubrand (2002, S. 103), welche die obersten Verdichtungen eines Netzes darstellen, während die Verstehenselemente gerade durch Auffalten entstehen.

Zusammenfassung: Verstehenselemente sind die zentralen Teilkonzepte eines Konzepts, die man verstanden haben muss, um das Konzept als Ganzes zu verstehen. Fachliche Arten der Repräsentation des ganzen Konzepts sind hier explizit ausgenommen, denn diese werden als Verdichtungen von Verstehenselementen betrachtet.

Das Konzept der Verstehenselemente ist vor dem Hintergrund eines kognitionspsychologischen Verständnisses des Strukturaufbaus zu verstehen, wobei hier anstelle von propositionalen Analysen in Bäumen oder umfassenden Darstellungen in Netzen der begriffliche Gehalt eines Konzepts in wenige, prägnante Teilstrukturen aufgeteilt und sprachlich formuliert wird. Diese Teilstrukturen sind nicht disjunkt, was dazu führt, dass mit den Verstehenselementen gleichzeitig auch gewisse Verknüpfungen zwischen den Verstehenselementen gegeben sind. Die Gesamtheit aller Verstehenselemente macht – geeignet verknüpft – die Bedeutung eines Konzepts (im engen Sinne) aus.

Verstehenselemente sind Auffaltungen der fachlichen Repräsentationen des zu lernenden Konzepts, die am Vorwissen der Schülerinnen und Schüler ansetzen. Diese Vorwissenselemente lassen sich durch geeignetes Verknüpfen zum Konzept verdichten. Sie können mit Hilfe von fachspezifisch-pädagogischem Wissen und nur adressatenbezogen bestimmt werden. Es gibt oft nicht nur eine Möglichkeit der Auffaltung in Verstehenselemente, gewisse Aspekte sind aber aus fachlicher Sicht notwendig. Verstehenselemente zu bestimmen ist schwieriger, als es auf den ersten Blick aussieht.

Die Verbindung zwischen den individuellen Verstehensprozessen einerseits und ihrer Anleitung im Unterricht andererseits wird in dieser Arbeit über das Herausarbeiten zentraler, zum fachspezifischen Verständnis gehörender Verstehenselemente und Verknüpfungen hergestellt. Konkret wird angenommen, dass im Unterricht die zu einem tiefen Verständnis notwendigen Elemente und Beziehungen zwischen diesen Elementen zwingend „vorkommen" müssen. Daran lässt sich nun im folgenden Kapitel fachdidaktische Unterrichtsqualität festmachen.

4.3 Fachdidaktische Unterrichtsqualität in Bezug auf die Anleitung von Verstehensprozessen bei der Einführung eines neuen Konzepts

Während die bisherigen Überlegungen mehrheitlich das Verstehen eines Konzepts zum Thema hatten, geht es im Folgenden um *Qualitäten von Unterricht* in Bezug auf das Anleiten von Verstehensprozessen zu einem Konzept. Im Unterschied zu den in Kapitel 2.3.7 dargestellten allgemeinen Unterrichtsqualitätsmerkmalen aus der empirischen Unterrichtsforschung werden im Folgenden *fachdidaktische* Unterrichtsqualitäten bestimmt, es wird also inhaltsspezifisch und sogar konzeptspezifisch gearbeitet. Aus dem vorher dargestellten Pythagoras-Verstehensmodell lassen sich unter Verwendung verschiedener Theorien gewisse Aussagen über Qualitäten von Unterricht mit dem Ziel, dass die Schülerinnen und Schüler ein Konzept verstehen, machen: Die grundlegende Annahme in Anlehnung an Aebli (2001), Hiebert und Carpenter (1992), Hiebert und Grouws (2007) und NCTM (2000) ist, dass diejenigen Verknüpfungen, welche die Lernenden in ihrer kognitiven Struktur herstellen sollen, im Unterricht explizit vorkommen müssen. Der Unterricht muss deshalb zentral mit den Verstehenselementen und Repräsentationen arbeiten. Er muss so gestaltet sein, dass er es den Schülerinnen und Schülern ermöglicht, die zentralen Verstehenselemente zu erkennen, aus denen das neu zu verstehende Konzept besteht. Weiter muss der Unterricht die Schülerinnen und Schüler darin unterstützen, diese Verstehenselemente in einem fachlich passenden Sinne miteinander zu verknüpfen, auf diese Weise zum Konzept zu verdichten und fachlich passend zu repräsentieren. Dabei nehmen die Schülerinnen und Schüler alles, was im Unterricht geschieht, auf der Basis ihres Vorwissens und ihrer affektiven Voraussetzungen wahr. Ob sie das Vorkommen solcher Verstehenselemente und die Verknüpfungsgelegenheiten im Unterricht überhaupt nutzen können, hängt von vielen weiteren Aspekten des Angebots-Nutzungs-Modells ab (Fend, 2008; Helmke, 2003), auf die in dieser Arbeit nur am Rand eingegangen wird. Die Annahme ist aber, dass durch das Vorkommen der Verstehenselemente und Verknüpfungen im

Unterricht die Wahrscheinlichkeit der Konstruktion von bestimmten Verknüpfungen bei den Lernenden erhöht wird.[93]

Im Unterricht müssen folglich zwingend die zu einem tiefen Verständnis notwendigen Elemente und Beziehungen zwischen diesen Elementen in geeigneter Weise „vorkommen". Kapitel 2.3.7 hat gezeigt, dass Klarheit und Kohärenz von Unterricht wichtige Qualitätsmerkmale für das Verstehen eines Konzepts sind. Sie wurden unter anderem mit Verknüpfungen im zeitlichen Verlauf des Unterrichts in Verbindung gebracht. Für das Lernziel „Verstehen eines konkreten Konzepts" lassen sich Klarheit und Kohärenz von Unterricht nun konzeptspezifischer bestimmen: Wenn ganz bestimmte Verknüpfungen und bestimmte Elemente für den individuellen Strukturaufbau wichtig sind, so lässt sich daraus folgern, dass genau diese Elemente und Verknüpfungen im zeitlichen Verlauf des Unterrichts möglichst kohärent und klar miteinander in Beziehung gesetzt werden sollten. Gemäss den vorangegangenen Kapiteln sind das Vorkommen und die Reihenfolge der Verstehenselemente und Repräsentationen im Unterricht wichtig. Diese spezielle Art der konzeptspezifischen Klarheit und Kohärenz im Unterricht wird im Folgenden *strukturelle Klarheit* genannt.

Man beachte, dass die auf diese Weise bestimmte Unterrichtsqualität unabhängig von speziellen Methoden, Sozialformen, speziellen Aufgabenstellungen und weiteren Oberflächenmerkmalen von Unterricht ist. Sie lässt sich beispielsweise sowohl für eine problemlösende Einführung als auch für einen Einstieg via Lehrervortrag verwenden. Aus theoretischer Sicht müssten diese Unterrichtsqualitätsmerkmale also im Prinzip durch verschiedenste Methoden und mit verschiedenen Aufgaben erreichbar sein. Unter Umständen sind sie aber nicht mit allen Aufgaben und Methoden gleich einfach zu erreichen.

Aufbauend auf diesen Überlegungen werden in den nächsten zwei Kapiteln die drei folgenden fachdidaktischen Unterrichtsqualitäten näher beschrieben: Das Vorkommen von Verstehenselementen und die Qualität der fachlichen Repräsentationen (Kapitel 4.3.1) sowie die strukturelle Klarheit (Kapitel 4.3.2).

4.3.1 Vorkommen von Verstehenselementen und Qualität der Repräsentationen

Auf welcher Ebene soll unterrichtet werden? Verstehen des Konzepts bedeutet das beliebige Auf- und Absteigen, Verdichten und Auffalten im dazugehörigen semantischen Netz. Wer das Konzept verstanden hat, für den sind alle drei in Kapitel 4.1 dargestellten Verknüpfungen in einem einzigen Netz enthalten (vgl. „Einebnen" bei Aebli, 1994). Ein simultanes Denken auf verschiedenen Abstraktionsebenen ist dann mög-

---

93 Verstehenselemente vermitteln in diesem Sinne zwischen einer linearen Abfolge (Strukturaufbau im Unterricht) und einer Netzdarstellung (Strukturaufbau aus kognitionspsychologischer und fachlicher Sicht).

lich, wobei das Netz zu einem bestimmten Konzept selbst wieder nur ein winziger Bestandteil des gesamten Weltwissens eines Individuums ist. Erst wenn man versucht, einer anderen Person die Bedeutung und das Wesentliche eines Konzepts zu zeigen, muss man wieder bewusst auf die Ebene der Verstehenselemente zurückgreifen und das Bedeutungsnetz in einer passenden Hierarchie auffalten. Gemäss Aebli (2001) ist genau dies die Aufgabe der Lehrperson bei der Vorbereitung. Die prototypischen Repräsentationen müssen in Teilelemente zerlegt werden, die bis auf das Vorverständnis der Lernenden zurückgehen. Diese Teilelemente geben an, was man verstanden haben muss, um das Konzept verstehen zu können.

Ausgehend vom Konzept des Sinnflusses ist klar, dass die Anleitung von Verstehensprozessen zentral via Verstehenselemente und Repräsentationen erfolgen muss (wobei die Repräsentationen als Verdichtungen von Verstehenselementen betrachtet werden). Denn Sinnfluss kann nur im bereits Verstandenen seinen Ausgangspunkt nehmen.

Die *Verstehenselemente* sind bei einer Einführung in ein neues Konzept im Unterricht ganz fundamental. Diese Elemente müssen mehrmals vorkommen und für alle Schülerinnen und Schüler deutlich werden. Entscheidend ist, dass deren Formulierung an das Vorwissen und die Fähigkeiten der Lernenden angepasst ist. Auch der Auflösungsgrad (die Schrittgrösse der Verstehenselemente und deren Menge) muss mit den Fähigkeiten und Möglichkeiten der Lernenden übereinstimmen. Denn die Verstehenselemente stellen den Ausgangspunkt im Vorwissen der Schülerinnen und Schüler dar, aus dem heraus die neuen Verknüpfungen hergestellt werden und woraus sich im besten Fall Sinnfluss entwickeln kann. Wichtig ist, dass dieses Vorkommen der Verstehenselemente im Unterricht auf sehr unterschiedliche Art und Weise erfolgen kann. Die Bedeutung des rechten Winkels im Satz des Pythagoras kann beispielsweise in den folgenden Situationen im Unterricht explizit werden:

- beim einführenden Lehrervortrag;
- als zentrale Erkenntnis bei der Besprechung eines Einstiegsproblems;
- im Theoriehefteintrag;
- als Kernpunkt des Beweisprozesses;
- beim Aufgabenlösen: beispielsweise kommt eine Aufgabe vor, in der gar kein rechtwinkliges Dreieck gegeben ist;
- während einer Klassendiskussion oder im individuellen Lehrer-Schüler-Gespräch.

Es ist anzunehmen, dass in einem Unterricht, in dem auf vielfältige Weise mit demselben Verstehenselement gearbeitet wird, die Wahrscheinlichkeit grösser ist, dass die Lernenden dieses Element in einer bedeutungsvollen Art und Weise konstruieren können. Allerdings ist vermutlich weniger entscheidend, wie oft das Verstehenselement tatsächlich vorkommt, als dass dies für die Schülerinnen und Schüler deutlich und verständlich geschieht. Es gilt hier kein einfacher Zusammenhang der Art „je öfter das Element vorkommt, desto besser ist das Verstehen". Die Verstehenselemente müssen aber im Sinne von Aebli durchgearbeitet werden (vgl. Kapitel 2.3.2), wobei auch Gegenbeispiele zur Abgrenzung wichtig sind.

Auch die *Repräsentationen* sind bei einer Einführung zentral: Viele mathematische Repräsentationen, die im Unterricht nicht vorkommen, werden von Schülerinnen und Schülern nicht gelernt, weil sie im Alltag kaum verwendet werden. Der Satz des Pythagoras gehört zu den mathematischen Inhalten, die ohne jeden direkten oder indirekten Kontakt zur Schule kaum von selbst gelernt werden. (Der Formel allein begegnen die Schülerinnen und Schüler auch ausserhalb der Schule, wohl wegen ihrer Schönheit und Einfachheit. Meistens verstehen sie aber deren Bedeutung nicht.)

Es genügt aber nicht, dass die Repräsentationen im Unterricht nur vorkommen. Sie müssen auch bezüglich der Fähigkeiten der Lernenden in einer geeigneten Form formuliert werden sowie fachlich korrekt und vollständig sein. Es ist zum Beispiel anzunehmen, dass eine bildliche Darstellung des Satzes, welche an der Wandtafel aus Platzmangel nicht ganz dargestellt werden kann oder nur ungefähr skizziert worden ist, weniger einprägsam ist, als eine vollständige und präzise Darstellung. Denn bildliche Darstellungen des Satzes mit Rechtecken anstelle von Quadraten über den Dreiecksseiten können beispielsweise die Entwicklung des Verstehenselements „Es geht um Quadrate über den Seiten" behindern. (Weitere Beispiele zu unterschiedlicher Qualität von Repräsentationen werden in Kapitel 6.3.2 dargestellt.) Auch hier ist anzunehmen, dass eine prägnante Vorkommensweise, welche explizit reflektiert wird, effizienter ist, als das mehrfache, sehr kurze Einblenden einer Repräsentation im Unterricht. Eine solche deutliche Vorkommensweise ist zum Beispiel durch das gemeinsame Erarbeiten der Darstellungen des Satzes gegeben. Da in dieser Arbeit Repräsentationen als Verdichtungen von Verstehenselementen betrachtet werden, ist die Qualität der Repräsentation wesentlich durch die darin explizit gewordenen Verstehenselemente bestimmt (z.B. ob der rechte Winkel deutlich wird). Fachliche Repräsentationen werden nur dann wichtig für die Anleitung von Verstehensprozessen im Unterricht, wenn deren Bedeutung für die Schülerinnen und Schüler deutlich wird.

Erst wenn die Verstehenselemente und Repräsentationen verstanden sind, soll *systematisch* mit *Verknüpfungen mit anderen Konzepten* gearbeitet werden. Dies schliesst einen problemlösenden Einstieg, Problemlöseaufgaben beim Durcharbeiten oder Anwendungsbezüge nicht aus. Der Hauptfokus soll aber zuerst auf das zu lernende Konzept im engeren Sinn gerichtet sein. Das bedeutet, dass auch beim Bearbeiten von Aufgaben, welche mit Verknüpfungen mit anderen Konzepten zu tun haben, zügig zu den Verstehenselementen gewechselt und dort ausführlich mit ihnen gearbeitet werden muss. Denn die kognitiven Ressourcen der Lernenden sollen zu Beginn des Verstehensprozesses zu einem möglichst grossen Anteil auf die Verstehenselemente konzentriert werden. In einer späteren Phase des Strukturaufbauprozesses, nämlich bei der Anwendung und Verknüpfung des bereits bekannten Konzepts mit anderen Themen, spielen die Verknüpfungen mit anderen Konzepten aber eine wichtige Rolle. Dann soll damit gearbeitet werden, wobei immer wieder die darunterliegenden Verstehenselemente und Repräsentationen aufgefaltet werden, weil dort die Bedeutung des Satzes im engen Sinne liegt.

Die Situation im Unterricht ist aber noch viel komplexer: Schülerinnen und Schüler machen während des Verstehensprozesses bei einer Einführung in ein neues Konzept im Unterricht eventuell noch ganz andere Verknüpfungen, als dies von der Lehrperson beabsichtigt ist. Weiter können die in einer Diskussion explizit vorkommenden Verknüpfungen für Schülerinnen und Schüler genauso unsichtbar sein, wie scheinbar im Material vorhandene Verknüpfungen: Dann nämlich, wenn ihnen das nötige Vorwissen fehlt, um der Diskussion zu folgen und die Verknüpfung wahrzunehmen.

Eine weitere Schwierigkeit besteht darin, dass individuelle Verstehensprozesse nicht direkt beobachtbar sind. Die Lehrperson kann nur von den explizit gewordenen Schüleräusserungen indirekt auf das Verständnis der Schülerinnen und Schüler schliessen. Das heisst auch, dass aus dem kollektiv entstandenen, beobachtbaren Verständnis im Unterricht nicht auf die einzelnen individuellen Verstehensprozesse der Lernenden geschlossen werden kann. Denn Unterricht stellt immer nur ein Angebot dar, das von den Schülerinnen und Schülern unterschiedlich genutzt wird.

Damit sind die ersten beiden Unterrichtsqualitätsmerkmale für einen Unterricht mit dem Ziel, das Verstehen eines konkreten Konzepts anzuleiten, bestimmt: Das Vorkommen der Verstehenselemente und die Qualität der im Unterricht vorkommenden Repräsentationen des Satzes. Im nächsten Kapitel werden nun Verlaufsqualitäten betrachtet und das dritte Unterrichtsqualitätsmerkmal wird bestimmt, welches eine inhaltliche Klarheit von Unterricht beschreibt.

4.3.2 Strukturelle Klarheit

Betrachtet man den Unterricht im zeitlichen Verlauf, so kommen weitere Phänomene hinzu. Dies lässt sich anhand eines absurden Gedankenexperiments zeigen: Man stelle sich vor, dass im Unterricht während der ganzen Lektion in hoher Frequenz alle wesentlichen Verstehenselemente und Repräsentationen immer wieder mündlich aufgesagt respektive bildlich auf eine Leinwand projiziert würden. Das Vorkommen der Repräsentationen und Verstehenselemente, wie es im vorhergehenden Kapitel gefordert wurde, wäre damit erreicht. Eine hohe Qualität dieser Repräsentationen liesse sich ebenfalls einrichten. Der Effekt auf das Verstehen der Lernenden ist aber vermutlich nicht hoch. Woran liegt das?

An dieser Stelle muss wieder auf den Begriff des Sinnflusses aus Kapitel 2.3.3 zurückgegriffen werden. Sinnfluss ist dort beschrieben worden als das Resultat der Bemühung des Lernenden, im zeitlichen Verlauf inhaltlichen Sinn in seinen kognitiven Aufbauprozessen herzustellen. Betrachtet man Unterricht in seinem zeitlichen Verlauf, so ist es also von grosser Wichtigkeit, dass die Verstehenselemente und Repräsentationen *in ihrer Abfolge* deutlich und in kohärenter Weise vorkommen.

Kohärenz, Klarheit und Strukturiertheit sind schon lange empirisch gut gesicherte allgemeine Qualitätsmerkmale (vgl. Kapitel 2.3.7). Zu diesen Unterrichtsqualitätsmerkmalen gehören beispielsweise die folgenden Aspekte, an die jeweils Fragen angehängt sind, welche entstehen, wenn man eine Einführung in den Satz des Pythagoras plant.

- Der inhaltliche Kern soll aus der Sicht der Lernprozesse der Schüler beschrieben werden (Meyer, 2004): Was ist der inhaltliche Kern des Satzes des Pythagoras?
- Plausibilität des thematischen Ganges (ebd.): Woran kann sie festgemacht werden?
- Den Inhalt mit Betonung auf seine Struktur und Verknüpfungen entwickeln (Brophy, 1999): Auf welche Struktur und welche Verknüpfungen?
- Neues mit Bezug auf bereits Bekanntes präsentieren (ebd.): Gemäss dem Begriff des Sinnflusses müsste man Neues aus dem Bekannten heraus entwickeln.
- Auf Hauptideen aufmerksam machen und die zentralen Punkte zusammenfassen (Brophy & Good, 1986): Welches sind die Hauptideen und die zentralen Punkte? Was gehört nicht dazu?
- Übergänge zwischen Lektionsteilen kennzeichnen (ebd.): Worauf muss man achten?
- Teile zum Ganzen in Beziehungen setzen (ebd.): Es gibt sehr unterschiedliche Beziehungen: Auf welcher Ebene soll dies erfolgen?
- Unnötige Brüche im Unterrichtsfluss vermeiden, zum Beispiel indem keine Inhalte vorkommen, die nicht zur aktuellen Arbeit gehören (Hiebert et al., 2005): Wie entscheidet man dies?
- Mathematische Beziehungen zwischen Aufgaben (Hiebert et al., 2003): Es gibt viele verschiedene solche Beziehungen, welche sind bei einer Einführung relevant?
- Mathematische Verknüpfungen sollen explizit und öffentlich behandelt werden (Hiebert & Grouws, 2007): Welche Verknüpfungen zu welchem Zeitpunkt?

Alle diese Fragen sind für eine konzeptspezifische Vorgehensweise relevant. Mit Hilfe des oben dargestellten kognitionspsychologischen Pythagoras-Verstehensmodells lassen sich diese Aspekte von Klarheit, Strukturiertheit und Kohärenz nun für den spezifischen Fall des Anleitens des Verstehens eines konkreten Konzepts während einer Einführung konzeptspezifischer fassen: Die Annahme ist, dass inhaltliche Klarheit des Unterrichts im Verlauf durch die Kohärenz bezüglich der Verstehenselemente und Repräsentationen bestimmt ist. Aber je nach im Unterricht vorkommendem Einstieg oder den verwendeten Aufgaben werden andere Verstehenselemente in unterschiedlicher

Reihenfolge deutlich. Was bedeutet Kohärenz der Verstehenselemente und Repräsentationen am Beispiel des Satzes des Pythagoras? Vier Beispiele sollen dies illustrieren:

Beispiel 1

Bei einem Einstieg mit dem Feldertauschproblem (vgl. Einstiegsproblem in Kapitel 1.2) ist der Fokus auf den Flächenaspekt und die bildliche Darstellung des Satzes gerichtet. Um anschliessend mit dem Seitenaspekt und der Formel rechnen zu können, braucht es einen sorgfältigen Übergang von der bildlichen zur formalen Darstellung des Satzes. Kommt bei den Übungen kein Flächenproblem vor, so ist für die Schülerinnen und Schüler der Bezug zum Einstieg schwer erkennbar.

Beispiel 2

Erfolgt der Einstieg via den Seitenaspekt und die Formel des Satzes und soll als Beweis der Ergänzungsbeweis vorkommen, so braucht es auch hier einen Übergang, weil dieser Beweis mit dem Flächenaspekt des Satzes arbeitet. Der Beweis trägt nur dann etwas zum Verständnis des Satzes bei, wenn die Schülerinnen und Schüler einen Bezug zwischen dem Einstieg und dem Beweis herstellen können. Das setzt in diesem Fall voraus, dass die formale Darstellung des Satzes mit der bildlichen Darstellung verknüpft werden muss.

Beispiel 3

Ein Einstieg in den Satz des Pythagoras handelt vom Aufstellen eines am Boden zusammengebauten Schrankes. Die Ausgangsfigur ist also die Diagonale im Rechteck. Hier muss anschliessend zuerst das rechtwinklige Dreieck als Grundfigur, als Voraussetzung des Satzes herausgearbeitet werden. Erst dann können typische Seitenberechnungsaufgaben in Angriff genommen werden.

Beispiel 4

Am Anfang der Lektion wird deutlich erwähnt, dass der Satz nur im rechtwinkligen Dreieck gilt. Dann wird während der ganzen Unterrichtseinheit nie mehr explizit Bezug darauf genommen und alle vorkommenden Beispiele sind rechtwinklige Dreiecke. In diesem Fall ist bezüglich des rechtwinkligen Dreiecks keine strukturelle Klarheit gegeben. Denn die Verstehens-Unterstützung im Unterricht ist ganz anders, wenn im gesamten Verlauf des Unterrichts immer wieder betont wird, dass die Rechtwinkligkeit wichtig ist, wenn Gegenbeispiele vorkommen, wenn also Aufgaben eingestreut sind, in denen der Satz gar nicht angewendet werden kann, wenn beim Beweis herausgearbeitet wird, wo die Rechtwinkligkeit verwendet wird und wie die Beweisfigur für nicht rechtwinklige Dreiecke aussehen würde usw.

Inhaltliche Kohärenz hat in diesem Sinne mit dem Vorkommen der Verstehenselemente und mit Verknüpfungen zwischen den Repräsentationen zu tun, welche via die zentralen Verstehenselemente verlaufen. Diese Klarheit zeigt sich insbesondere zwischen verschiedenen Unterrichtsphasen, also Einstieg – Beweis, Einstieg – Aufgaben, Beweis – Aufgaben, und zwischen zwei verschiedenen Aufgaben. Je nachdem, welche Verstehenselemente und Repräsentationen in der ersten Phase vorgekommen sind, braucht es zusätzliche Verstehenselemente und Verknüpfungen, um die zweite Phase zu verstehen.

Konkreter heisst dies, dass sich konzeptspezifische Klarheit von Unterricht wie folgt bestimmen lässt: Die zentralen Verstehenselemente und typischen Repräsentationen kommen im Unterricht ausführlich vor, werden genügend verknüpft, sind deutlich, auch im Handwerk, und kohärent arrangiert. Dann sollte aus der Sicht des hier vorgestellten Pythagoras-Verstehensmodells die Wahrscheinlichkeit ziemlich gross sein, dass die Lernenden eine kognitive Struktur mit guter Passung zur fachlichen Struktur aufbauen. Ich bezeichne diese umfassende konzeptspezifische Qualität des Unterrichts als *strukturelle Klarheit*[94]. Der Begriff „strukturell" soll den Unterschied betonen zu einer eher inhaltsfreien Definition von Klarheit, welche nebst inhaltlichen oft auch organisatorische Elemente enthält (vgl. Kapitel 2.3.7). Denn hier geht es um den Aufbau von ganz bestimmten kognitiven Strukturen.

Die strukturelle Klarheit wird, etwas ausführlicher, durch die folgenden Punkte bestimmt:

- Vorkommen und Deutlichkeit der Verstehenselemente und Repräsentationen im Verlauf. Das einmalige sorgfältige Präsentieren der Verstehenselemente und der Repräsentationen genügt in der Regel nicht. Diese Beziehungen müssen immer wieder vorkommen und im Sinne Aeblis durchgearbeitet werden.

- Verständliche und sachlogisch richtige Reihenfolge und Widerspruchsfreiheit der vorkommenden konzeptspezifischen Verknüpfungen.

- Der inhaltliche rote Faden ist in Bezug auf die Verstehenselemente und Repräsentationen gegeben. Die Zeitdauer spielt auch eine Rolle: Wenn es zu lange dauert, bis das Konzept erkennbar wird, so besteht die Gefahr, dass der rote Faden nicht mehr sichtbar ist und die Verstehenselemente zu wenig deutlich werden. Umgekehrt kann wohl ein zu kurzes und zu dichtes Vorkommen der Verstehenselemente das Verständnis ebenfalls erschweren.

- Kohärenz der Verstehenselemente über längere Zeiträume hinweg, besonders bei Repräsentationsformenwechsel.

- Vernetzung der Verstehenselemente und Repräsentationen mit- und untereinander, wobei die Verknüpfungen der Repräsentationen effektiv auf der Ebene der Verstehenselemente stattfinden. Die typischen Repräsentationen müssen untereinander verknüpft werden: Eine korrekte bildliche Darstellung, bei welcher der Bezug zur Formel nie hergestellt wird, trägt wenig zum Verständnis bei. Besonders deutlich sieht man dies beim Übergang vom Satz zum Beweis (vgl. Beispiele oben).

- Fachliche Korrektheit, die aber gerade bei entdeckenden Phasen sinnvoll gehandhabt werden muss. Auch die fachsprachliche Präzision muss der Lernphase und dem Schulniveau angepasst werden.

---

94 Den Begriff der „strukturellen Klarheit" hat schon Wertheimer (1945/64) gebraucht, allerdings in einem anderen Zusammenhang (vgl. Kapitel 2.3.5.5). Ich war mir dessen bei der Benennung dieser fachdidaktischen Qualität nicht bewusst.

Es ist anzunehmen, dass mangelnde strukturelle Klarheit den Sinnfluss der Schülerinnen und Schüler erschwert, weil sie immer wieder von Neuem und an einer anderen Stelle an- und weiterknüpfen müssen (vgl. Zitat von Aebli auf Seite 64). Wenn diese Klarheit während einer Einführung in ein neues Konzept fehlt, wird fachliches Verstehen vermutlich auch dann behindert, wenn der Unterricht problemlösend, methodisch brillant, stark verknüpfend im weiten Sinne usw. ist. Die strukturelle Klarheit muss aus der in dieser Arbeit beschriebenen Theorie aus der Sicht der Verstehensprozesse der Schülerinnen und Schüler und unter Berücksichtigung der aufzubauenden fachlichen Struktur beurteilt werden (vgl. ähnlich auch „inhaltliche Klarheit" bei Meyer, 2004).

4.3.3 Zusammenfassung: Drei fachdidaktische Unterrichtsqualitäten

In dieser Arbeit sind fachdidaktische Unterrichtsqualitätsmerkmale für einen Unterricht mit einem spezifischen Lernziel und von einer festgelegten zeitlichen Dauer gesucht: Im Unterricht, der betrachtet wird, findet eine *Einführung* in ein neues Konzept statt. Ziel des Unterrichts ist also das Verstehen eines *bestimmten Konzepts*, das neu eingeführt wird: Hier ist es der Satz des Pythagoras. Es geht um das Verstehen eines neuen Konzepts, nicht um allgemeines konzeptuelles Verstehen und um oft nur langfristig erwerbbare Kompetenzen wie Problemlösen usw. (vgl. z.B. Blum et al., 2006). Die Zeitdauer besteht aus *drei aufeinanderfolgenden Lektionen*. Dies ist insofern wichtig, als diese Zeitdauer den Grad des in dieser Zeitspanne realistischerweise erreichbaren Verständnisses beschränkt. Das hier betrachtete Verständnis eines Konzepts ist darauf fokussiert, was in den ersten drei Lektionen der Einführung erreichbar ist. Es geht folglich um kurzfristige Verstehensprozesse. In dieser Zeitspanne können unmöglich alle Facetten eines bereits ziemlich komplexen Konzepts wie des Satzes des Pythagoras erworben werden. Dies hat einen Einfluss auf die Trennung in unterschiedliche Arten der Verknüpfung. (Denn die Satzgruppe des Pythagoras wird im Unterricht deutlich länger behandelt als nur während dreier Lektionen, üblicherweise während rund drei bis fünf Wochen.) Es geht noch nicht um das systematische Vernetzen mit anderen, bereits gelernten Unterrichtsstoffen oder um Systematisierung von einem höheren Standpunkt aus. Die gesuchten fachdidaktischen Qualitätsmerkmale beziehen sich weiter auf die Anleitung der Verstehensprozesse *einer ganzen Klasse* im Unterricht.

Es wurden die folgenden drei fachdidaktischen Unterrichtsqualitäten in Bezug auf die Anleitung von Verstehensprozessen im Unterricht bestimmt:

1) Vorkommen der Verstehenselemente,
2) Qualität der Repräsentationen,
3) strukturelle Klarheit des Unterrichts.

Der Hintergrund ist folgender: Für den Satz des Pythagoras können aus verschiedenen theoretischen Blickwinkeln drei zentrale Arten der Verknüpfung unterschieden werden: Verknüpfungen mit anderen Konzepten, Verknüpfungen von Repräsentationen und Verknüpfungen von Verstehenselementen. Die These ist, dass eine der drei Verknüpfungsarten für das Verstehen eines Konzepts während einer dreistündigen Einführung im Zentrum stehen soll. Denn der Weg zum Verständnis des Konzepts und seiner prototypischen Repräsentationen geht über die Verstehenselemente. Sie geben den Repräsentationen den Sinn, die Bedeutung. Die Repräsentationen des Satzes sind dann verstanden, wenn sie jederzeit und aufgabenadäquat in die benötigten Verstehenselemente aufgefaltet werden können. Auch das Durcharbeiten muss sich zuerst auf die Verstehenselemente und Repräsentationen konzentrieren und erst später systematisch im Hinblick auf Verknüpfungen in einem weiten Sinne erfolgen.

Es ist aus dieser Perspektive nicht wichtig, welcher Einstieg, welcher Beweis und welche Aufgaben im Unterricht vorkommen. Entscheidend ist, ob im gesamten Unterrichtsverlauf die folgenden Aspekte erfüllt sind (wobei im Auge behalten werden muss, dass dies nur für das Lernziel des Verstehens eines Konzepts während einer dreistündigen Einführung gilt):

- Die Verstehenselemente und prototypischen Repräsentationen müssen ausführlich vorkommen.

- Die Verknüpfungen im Unterricht müssen sich zuerst vor allem auf Verknüpfungen zwischen den Verstehenselementen und Repräsentationen konzentrieren.

- Die Kohärenz im Verlauf des Unterrichts bezüglich der Verstehenselemente und Repräsentationen ist zentral. Es sollen diesbezüglich möglichst keine Brüche vorkommen, weil diese das Verstehen erschweren können. Falls sich Brüche nicht vermeiden lassen oder wenn diese bewusst innerhalb einer Problemlöseaufgabe eingebaut werden, müssen sie explizit thematisiert werden.

Kurz: Im Unterricht muss so auf das zu lernende Konzept fokussiert werden, dass die Verstehenselemente und Repräsentationen deutlich werden. Weiter ist die Klarheit und Kohärenz im Verlauf bezüglich genau dieser Verstehenselemente und Repräsentationen zentral. In diesem Sinne wurde das Unterrichtsqualitätsmerkmal von Hiebert und Grouws (2007) – „teachers and students attend explicitly to concepts" – konzeptspezifisch und vor dem Hintergrund eines kognitionspsychologischen Verstehensbegriffs präzisiert. Strukturelle Klarheit des Unterrichts in Bezug auf die Anleitung eines konkreten Konzepts ist bestimmt durch das Vorkommen, die Qualität und die Kohärenz der zum Konzept gehörenden Verstehenselemente und Repräsentationen im zeitlichen Verlauf des Unterrichts. Ein verständnisorientierter Unterricht zeichnet sich also durch strukturelle Klarheit aus. Typische Merkmale von allgemein formulierter Klarheit und Kohärenz von Unterricht, wie Zusammenfassungen machen, mit dem Vorwissen verknüpfen, Unterrichtsphasen vernetzen usw., werden neu ganz spezifisch auf die Verstehenselemente und Repräsentationen des zu verstehenden Konzepts bezogen.

Als Folge davon lassen sich diese speziellen fachdidaktischen Unterrichtsqualitäten im Prinzip unabhängig von Methoden oder Aufgabenstellungen bestimmen. Man hat damit ein Kriterium zur Hand, um den Einsatz von Methoden und Aufgaben in gewisser Hinsicht zu beurteilen: Trotz gleicher Auswahl von Aufgabenstellungen oder anderer Oberflächenmerkmale von Unterricht kann dieser eine völlig unterschiedliche fachdidaktische Qualität aufweisen. Umgekehrt können sehr unterschiedliche Oberflächeninszenierungen von gleich hoher fachdidaktischer Qualität sein und zu erfolgreichem Strukturaufbau führen.

Wichtig ist, dass diese fachdidaktischen Qualitäten der Anleitung von Verstehensprozessen im Unterricht nur bestimmt werden können, wenn bekannt ist, *welches* Konzept die Schülerinnen und Schüler lernen sollen. Lektionen mit unterschiedlichem Inhalt können nicht miteinander verglichen werden, da die Klarheit hier konzeptspezifisch erfasst wird.

Bei der Nutzung eines Konzepts als Werkzeug kommen weitere Aspekte hinzu. Diese werden in der Diskussion, unter dem Titel „Überlegungen zur Generalisierbarkeit des Pythagoras-Verstehensmodells und der daraus bestimmten fachdidaktischen Unterrichtsqualitäten" kurz umrissen (Kapitel 8.3.3).

Zuletzt werden nochmals die beiden zentralen, neu entwickelten Begriffe zusammengefasst:

Verstehenselemente

Verstehenselemente sind die zentralen Teilelemente eines Konzepts, die man verstanden haben muss, um dieses als Ganzes zu verstehen. Sie beschreiben also Elemente eines Begriffsnetzes, welches ein „fertiges" Verständnis darstellt.[95] Fachliche Arten der Repräsentation des ganzen Konzepts sind hier explizit ausgenommen. Aus der Sicht des Schülers oder der Schülerin sind es die (als vorhanden angenommenen) Elemente des Vorwissens, aus welchen durch Verknüpfen und Verdichten das neue Verständnis entsteht, falls der Schüler oder die Schülerin Sinnfluss herstellen kann.

Das Konzept der Verstehenselemente ist vor dem Hintergrund eines kognitionspsychologischen Verständnisses des Strukturaufbaus zu verstehen, wobei der begriffliche Gehalt eines Konzepts in wenige, prägnante Teilstrukturen aufgeteilt wird. Diese Teilstrukturen sind nicht disjunkt. Dies führt dazu, dass mit den Verstehenselementen gleichzeitig auch Verknüpfungen zwischen den Verstehenselementen gegeben sind. Die Gesamtheit aller Verstehenselemente macht – geeignet verknüpft – die Bedeutung des Konzepts aus. Fachliche Repräsentationen können als Verdichtungen von Verstehenselementen aufgefasst werden.

---

95 Verstehen ist, wie in Kapitel 2.1 erwähnt, kein abschliessbarer Vorgang. Es gibt keinen letzten Auflösungsgrad. Für eine Einführung in ein Konzept von einer bestimmten Anzahl Lektionen muss aber das angestrebte Verständnis klar eingegrenzt werden. Dies ist hier mit „fertigem" Verständnis gemeint.

Strukturelle Klarheit

Strukturelle Klarheit bezieht sich auf die Qualität des Strukturaufbaus im *zeitlichen Verlauf* des Unterrichts: Sie wird an der Klarheit und Kohärenz der vorkommenden Verstehenselemente und Repräsentationen festgemacht. Das Kriterium ist die Anleitung von Sinnfluss im Unterricht: Dienen das Vorkommen und die Reihenfolge der Verstehenselemente und Repräsentationen dem Sinnfluss eines durchschnittlichen Schülers? Die Klarheit ist also aus der Sicht der Fähigkeiten der Lernenden bestimmt. Strukturelle Klarheit ist ein Unterrichtsqualitätsmerkmal im Hinblick auf die Anleitung von Verstehensprozessen zu einem konkreten Konzept. Sie ist eine konzeptspezifische Klarheit und Kohärenz des Unterrichts und beruht auf einer kognitionspsychologischen Vorstellung von Verstehensprozessen.

5 Fragestellungen

Die vorliegende Arbeit ist im Rahmen der binationalen Unterrichtsstudie „Unterrichtsqualität, Lernverhalten und mathematisches Verständnis" entstanden. Ziel der Arbeit ist es, fachdidaktische Unterrichtsqualitäten der Anleitung von Verstehensprozessen im Mathematikunterricht zu bestimmen.

Im Theorieteil dieser Arbeit (Kapitel 4.3) wurden die folgenden drei fachdidaktischen Unterrichtsqualitäten in Bezug auf die Anleitung von Verstehensprozessen im Unterricht bestimmt:

1) Vorkommen der Verstehenselemente,
2) Qualität der Repräsentationen des Satzes des Pythagoras,
3) strukturelle Klarheit des Unterrichts.

Ausgangspunkt zur Bestimmung dieser Unterrichtsqualitätsmerkmale war die Analyse verschiedener theoretischer Perspektiven auf Mathematikverstehen: Aus Sicht der Disziplin (Kapitel 2.2), aus Sicht eines sozial-konstruktivistischen Lehr-Lernverständnisses (Kapitel 2.3.1) und aus Sicht von Aeblis Strukturaufbautheorie (Kapitel 2.3.2 und 2.3.3). Weiter wurde die Rolle der Repräsentationen (Kapitel 2.3.4), des Problemlösens (Kapitel 2.3.5) und nicht kognitiver Aspekte wie Überzeugungen, Emotionen und Motivation (Kapitel 2.3.6) für das Verstehen untersucht. Und es wurden Qualitätsmerkmale von Unterricht in Bezug auf Konzeptverstehen aus Sicht der empirischen Unterrichtsforschung beschrieben (Kapitel 2.3.7). Zusammenfassend zeigte sich, dass Verstehen in verschiedenen Theorierichtungen als ein Herstellen von Verknüpfungen und Sinn aufgefasst wird, wobei Verknüpfungen auf unterschiedlichen Abstraktionsebenen betrachtet wurden. (Für den Satz des Pythagoras wurden solche unterschiedlichen Arten von Verknüpfungen in Kapitel 3 beschrieben.) Unter Berücksichtigung dieser verschiedenen, für mathematisches Verstehen zentralen Theorierichtungen wurden drei Arten der Verknüpfung identifiziert und mit Hilfe kognitionspsychologischer Vorstellungen von Strukturaufbauprozessen (Aebli, 1994; Kapitel 2.3.2) miteinander in Beziehung gesetzt. Die Grundannahme war, dass eine dieser drei Arten von Verknüpfungen für das Verstehen vorgeordnet ist: Es sind die feinen, sozusagen „innerhalb" des Konzepts liegenden Verknüpfungen, welche aus kognitionspsychologischer Sicht die Bedeutung des Konzepts ausmachen. Diese Elemente, welche miteinander verknüpft die Bedeutung des Satzes des Pythagoras ausmachen, werden in dieser Arbeit „Verstehenselemente" genannt. Sie verknüpfen eine kognitionspsychologische und eine fachlich-fachdidaktische Sicht. Repräsentationen des Satzes wurden als Verdichtungen dieser Verstehenselemente aufgefasst. Diese Ideen wurden in einem sogenannten „Pythagoras-Verstehensmodell" zusammengefasst, mit dessen Hilfe Verstehensprozesse im zeitlichen Verlauf beschrieben werden können (vgl. Kapitel 4).

Die Kernannahme in Bezug auf Unterricht war, dass die oben erwähnten Verknüpfungen, welche zu einem Verständnis des Satzes gehören, im Unterricht explizit vorkommen müssen (z.B. Hiebert & Grouws, 2007). Dies führte zu den Unterrichtsqualitätsmerkmalen „Verkommen der Verstehenselemente" und „Qualität der Repräsentationen" des Satzes des Pythagoras. Davon ausgehend konnte eine konzeptspezifische Art von Klarheit im Unterricht bestimmt werden, welche „strukturelle Klarheit" genannt wird. Diese spezielle, inhaltliche Klarheit bezieht sich auf das Lernziel des Verstehens eines Konzepts und ist bestimmt durch das Vorkommen, die Qualität und die Kohärenz der zum Konzept gehörenden Verstehenselemente und Repräsentationen im zeitlichen Verlauf des Unterrichts. Ein verständnisorientierter Unterricht zeichnet sich also durch strukturelle Klarheit aus.

In diesem Sinne wurden typische Merkmale von allgemein formulierter Klarheit, Strukturiertheit und Kohärenz von Unterricht, wie Zusammenfassungen machen, mit dem Vorwissen verknüpfen, Unterrichtsphasen vernetzen usw. (vgl. Kapitel 2.3.7.2), neu ganz spezifisch auf die Verstehenselemente und Repräsentationen des zu verstehenden Konzepts bezogen. Als Folge davon lassen sich diese speziellen fachdidaktischen Unterrichtsqualitäten im Prinzip unabhängig von Methoden oder Aufgabenstellungen bestimmen.

Diese fachdidaktischen Unterrichtsqualitäten lassen nur auf das Potenzial zur Anregung von inneren Verknüpfungen schliessen. Ob die Schülerinnen und Schüler diese Verknüpfungen tatsächlich vornehmen, ist nicht beobachtbar und hängt davon ab, wie sie das unterrichtliche Angebot nutzen können.

In den drei oben erwähnten fachdidaktischen Unterrichtsqualitätsmerkmalen wurde also versucht, verschiedene Theorieansätze zu integrieren, wobei der Kern dieser Integration aus einer genauen Analyse dessen bestand, was „Verknüpfungenmachen" in den jeweiligen Theorieansätzen bedeutet. Eine ausführlichere Zusammenfassung der Art und Weise, wie die drei fachdidaktischen Unterrichtsqualitäten bestimmt worden sind, findet sich in Kapitel 8.3.1.

Man beachte, dass die im Theorieteil dieser Arbeit bestimmten fachdidaktischen Unterrichtsqualitätsmerkmale für einen Unterricht mit einem spezifischen Lernziel und von einer festgelegten zeitlichen Dauer formuliert worden sind. Denn in der Videostudie „Unterrichtsqualität, Lernverhalten und mathematisches Verständnis" wurde von 38 Klassen Unterricht videographiert, in dem eine *Einführung* in den Satz des Pythagoras stattfand. Es geht um das Verstehen eines neuen Konzepts. Die Zeitdauer besteht aus *drei aufeinanderfolgenden Lektionen*. Dies ist insofern wichtig, als diese Zeitdauer den Grad des in dieser Zeitspanne realistischerweise erreichbaren Verständnisses beschränkt. Die fachdidaktischen Qualitätsmerkmale beziehen sich zudem auf die Anleitung und Unterstützung der Verstehensprozesse *einer ganzen Klasse* im Unterricht. Es liegt ein mikrogenetisches Forschungsdesign vor mit pythagorasspezifischem Vor- und Nachtest rund um die videographierten Unterrichtslektionen.

Es ist dieses spezielle, aus fachdidaktischer Sicht hochinteressante Forschungsdesign, welches das Erheben dieser drei fachdidaktischen Unterrichtsqualitätsmerkmale erst möglich macht. Im empirischen Teil dieser Arbeit wird versucht, diese drei fachdidaktischen Qualitäten zu operationalisieren und es werden entsprechende Instrumente entwickelt, mit denen der videographierte Unterricht mittel bis hoch inferent beurteilt werden kann (Kapitel 6.4). Anschliessend werden die eingeschätzten fachdidaktischen Qualitäten mit anderen Unterrichtsdaten in Zusammenhang gebracht. Im Folgenden werden nun die Fragensstellungen dieser Arbeit formuliert.

5.1 Rating der fachdidaktischen Unterrichtsqualitäten

In einem ersten Schritt werden die drei in Kapitel 4 theoriegeleitet entwickelten fachdidaktischen Unterrichtsqualitäten operationalisiert. Mit den entwickelten Instrumenten werden die Theoriephasen zur Einführung in den Satz des Pythagoras eingeschätzt und aus den Einzelratings werden fachdidaktische Skalen respektive ein Summenscore gebildet. Das methodische Vorgehen wird in Kapitel 6 und die deskriptiven Ergebnisse werden in Kapitel 7.1 dargestellt.

Aus theoretischer Sicht müssten die fachdidaktischen Qualitäten miteinander korrelieren, weil sie gemäss Kapitel 4.3 aufeinander aufbauend konstruiert worden sind. Es stellt sich deshalb die folgende Frage, welche in Kapitel 7.2 analysiert wird:

Frage 1: Zeigen sich die theoretisch postulierten Zusammenhänge zwischen den drei fachdidaktischen Qualitäten auch empirisch?

In der Videostudie waren zwei Länder – Deutschland und die Schweiz – sowie zwei Schulformen beteiligt. Deshalb fragt es sich, ob es Unterschiede zwischen den beiden an der Studie beteiligten Ländern und Schulformen gibt. Dies wird in Kapitel 7.4 untersucht:

Frage 2: Unterscheiden sich die Einschätzungen der fachdidaktischen Qualitäten im deutschen und im schweizerischen Mathematikunterricht?

Frage 3: Unterscheiden sich die Einschätzungen der fachdidaktischen Qualitäten zwischen den Schulformen, d.h. zwischen dem Gymnasium auf der einen Seite und der Realschule beziehungsweise der Sekundarschule auf der anderen Seite?

Unterschiede zwischen den Ländern wären vor dem Hintergrund der Leistungsdifferenzen der beiden Länder in der TIMSS-1999-Videostudie (z.B. Hiebert et al., 2003; Reusser & Pauli, 2003) und in der PISA-Studie (Klieme et al., 2001a) interessant. Unterschiede zwischen den Schulformen könnten als Hinweis darauf gedeutet werden, dass die fachdidaktischen Qualitäten vom Fachwissen der Lehrpersonen abhängen könnten.

5.2 Fachdidaktische Unterrichtsqualitäten und Leistungsstand

Der Nachtest, welcher unmittelbar nach den drei videographierten Lektionen erfolgte, war ebenfalls pythagorasspezifisch formuliert. Deshalb wäre zu erwarten, dass die konzeptspezifisch formulierten fachdidaktischen Qualitäten einen Effekt auf die Nachtestleistungen ausüben sollten. In Kapitel 7.4 wird deshalb die folgende Frage betrachtet:

Frage 4: Welchen Effekt haben die fachdidaktischen Qualitäten auf die Nachtestleistungen der Schülerinnen und Schüler?

Aus theoretischer Sicht sollte Unterricht von hoher fachdidaktischer Qualität mit besseren Leistungen der Schülerinnen und Schüler in der betreffenden Klasse einhergehen. Diese Fragestellung wird aufgrund der ineinander geschachtelten Daten mehrebenenanalytisch angegangen.

5.3 Fachdidaktische Unterrichtsqualitäten und kognitive Aktivierung

Verschiedene Autoren fordern aus theoretischer oder empirischer Sicht eine fach- und lernzielspezifischere Erfassung von Unterrichtsqualitätsmerkmalen (Hiebert & Grouws, 2007; Klieme & Rakoczy, 2008; Messner & Reusser, 2006; Reusser, 2006, 2008; Seidel & Shavelson, 2007). Es stellt sich nun die Frage, ob mit den neuen fachdidaktischen Qualitäten tatsächlich etwas anderes gemessen wurde, als mit bisherigen, inhaltsübergreifend formulierten Unterrichtsqualitätsmerkmalen. Dies wird hier exemplarisch anhand des Qualitätsmerkmals der kognitiven Aktivierung untersucht, von der ebenfalls angenommen wird, dass sie die geistige Aktivität der Lernenden fördere (vgl. Kapitel 2.3.7.4). Die kognitive Aktivierung wurde in der vorliegenden Stichprobe von externen Beobachtern hoch inferent eingeschätzt und sie zeigt einen Effekt auf die Nachtestleistungen der Schülerinnen und Schüler (Lipowsky et al., 2009). In Kapitel 7.5 wird deshalb der folgenden Frage nachgegangen:

Frage 5: Gibt es einen linearen Zusammenhang zwischen den fachdidaktischen Qualitäten und der kognitiven Aktivierung?

Dazu wird die Korrelation zwischen den beiden Skalen berechnet. Aus theoretischer Sicht lässt sich vermuten, dass kein Zusammenhang bestehen könnte, weil die fachdidaktischen Qualitäten konzeptspezifisch formuliert worden sind, während die kognitive Aktivierung eher allgemeindidaktische konzeptübergreifende Merkmale berück-

217

sichtigt. Ein fehlender Zusammenhang würde darauf hinweisen, dass die in dieser Arbeit bestimmten konzeptspezifischen fachdidaktischen Unterrichtsqualitäten zumindest für den Satz des Pythagoras und für die vorliegende Stichprobe andere Qualitäten von Unterricht erfassen würden als das eher allgemeindidaktisch formulierte Unterrichtsqualitätsmerkmal der kognitiven Aktivierung.

6 Methode

Diese Arbeit entstand im Rahmen der binationalen Unterrichtsstudie „Unterrichtsqualität, Lernverhalten und mathematisches Verständnis" (vgl. Klieme et al., 2009; Klieme & Reusser, 2003). Das Projekt wurde vom Institut für Erziehungswissenschaft der Universität Zürich und dem Deutschen Institut für Internationale Pädagogische Forschung (DIPF) in Frankfurt am Main gemeinsam durchgeführt. Die Projektleitung hatten Prof. Dr. K. Reusser, PD Dr. C. Pauli und Prof. Dr. E. Klieme inne. In der Schweiz wurde das Projekt im Rahmen des NFP 33 durch Mittel des Schweizerischen Nationalfonds, in Deutschland im Rahmen des Schwerpunktprogramms „Bildungsqualität von Schule" (BIQUA) gefördert.[96] Das Projekt war auf sechs Jahre angelegt (2000–2006) und bestand aus drei verschiedenen Phasen, von welchen nur die zweite Phase für die vorliegende Arbeit eine Rolle spielt:

Die *erste Projektphase* bestand aus einer repräsentativen Befragung von Lehrpersonen aus der Schweiz und aus Deutschland. Ziel war es, Gemeinsamkeiten und Unterschiede in den unterrichts-, selbst- und schulumweltbezogenen Kognitionen der Lehrpersonen zu ermitteln und in beiden Ländern Kontextbedingungen von Unterricht zu erfassen (Diedrich, Thussbas & Klieme, 2002; Lipowsky, Thussbas, Klieme, Reusser & Pauli, 2003; Pauli & Reusser, 2003).

In der *zweiten Phase* wurde eine videobasierte Unterrichtsstudie zu den Inhalten Pythagoras und Textaufgaben durchgeführt. Diese Videostudie bildete den Kern des binationalen Forschungsprojektes. Es nahmen 20 deutsche und 20 Schweizer Klassen an der Unterrichtsstudie teil, wobei in der Schweiz die achte und in Deutschland die neunte Jahrgangsstufe vertreten war. Die unterschiedlichen Jahrgangsstufen waren notwendig, weil in den beteiligten Schweizer Kantonen der Satz des Pythagoras im Lehrplan des achten Schuljahres, in Deutschland hingegen im Lehrplan des neunten Schuljahres vorkommt. Die vorliegende Arbeit ist in dieser zweiten Phase angesiedelt.

In der *dritten Projektphase* wurde eine video- und internetbasierte Lehrerweiterbildung mit den an der Videostudie beteiligten Lehrpersonen durchgeführt. Ziel war es, einige der im Rahmen der ersten beiden Phasen gewonnenen Erkenntnisse in den schulischen Alltag zurückzuführen (Krammer, Ratzka, Klieme, Lipowsky, Pauli & Reusser, 2006; Krammer et al., 2008).

Die videobasierte Unterrichtsstudie knüpft an zwei Videostudien an: an die repräsentative TIMSS-1995-Videostudie (Stigler & Hiebert, 1999) und an die TIMSS-1999-Videostudie (Hiebert et al., 2003). In beiden Studien entstanden Hypothesen über Zusammenhänge zwischen fachdidaktischen Unterrichtsmerkmalen und Schülerleistungen (z.B. zusammenfassend Pauli & Reusser, 2006, vgl. auch Kapitel 2.3.7). Weil jedoch keine Leistungsdaten der gefilmten Schülerinnen und Schüler vorhanden waren, konnten diese Hypothesen nicht überprüft werden. In der schweizerischen Vertie-

---

96 Projektnummern SNF 1114-63564.00/1 und DFG KL1057/1-2.

fungsstudie zur TIMSS-1999-Videostudie (Reusser & Pauli, 2003; Reusser, Pauli & Waldis, 2010) wurden hingegen Leistungsdaten erhoben, so dass eine Überprüfung solcher Hypothesen möglich wurde. Da aber in dieser Ergänzungsstudie, genau wie in den beiden TIMSS-Videostudien, jeweils nur *eine* Unterrichtsstunde zu einem *beliebigen* Inhalt videographiert wurde, war es nicht möglich, inhaltsspezifische, vergleichende fachdidaktische Analysen durchzuführen. Im Forschungsprojekt „Unterrichtsqualität, Lernverhalten und mathematisches Verständnis" hingegen ist genau dies möglich, weil pro Lehrperson *mehrere* Unterrichtslektionen zu einem *vorgegebenen Inhalt* videographiert wurden: Drei Lektionen zur Einführung des Satzes des Pythagoras und zwei Lektionen zum Lösen von vorgegebenen Textaufgaben. Diese spezielle Ausgangslage ermöglicht fachdidaktische Analysen in einer Tiefe und Vielfalt, welche im Rahmen der beiden TIMSS-Videostudien unmöglich waren. Die vorliegende Arbeit stützt sich nur auf die Pythagoras-Einheit.

Übergreifendes Ziel der binationalen Videostudie war es, Merkmale von Unterrichtsqualität zu analysieren, indem Zusammenhänge zwischen didaktischem Verhalten, mathematischer Lernleistung (Verständnis) und Persönlichkeit (Interesse, Lernstrategien, Einstellungen) untersucht wurden. Dies geschah, indem drei Perspektiven vernetzt wurden: 1) eine längsschnittliche Untersuchung der Entwicklung mathematischer Kompetenz und mathematikbezogener Interessen der Schülerinnen und Schüler über ein ganzes Schuljahr hinweg; 2) eine mikrogenetische Untersuchung zur Entwicklung von mathematischem Verständnis im Unterricht und 3) Untersuchungen des Zusammenhangs zwischen dem schulischen Kontext, den Einstellungen der Lehrpersonen, der Verlaufsmuster, der Qualitätsdimensionen und der Wirkungen des Unterrichts im interkulturellen Vergleich (Reusser & Pauli, 2000). Diese Arbeit bezieht sich vorwiegend auf die zweite Perspektive.

Das gesamte Untersuchungsdesign der Videostudie ist an mehreren Stellen ausführlich dargestellt worden (Klieme et al., 2006; Klieme et al., 2009; Klieme & Reusser, 2003; Lipowsky et al., 2005). Deshalb werden im Folgenden nur diejenigen Elemente des Untersuchungsdesigns vorgestellt, welche für die Fragestellung dieser Arbeit von Bedeutung sind.

6.1   Datenerhebung

Die Datenerhebung der videobasierten Unterrichtsstudie „Unterrichtsqualität, Lernverhalten und mathematisches Verständnis" fand während des Schuljahres 2002–2003 zu verschiedenen Erhebungszeitpunkten statt. Es werden im Folgenden nur diejenigen Erhebungszeitpunkte dargestellt, deren Daten für die Beantwortung der Fragestellungen dieser Arbeit verwendet werden. Die Videoaufnahmen der Unterrichtseinheiten fanden jeweils dann statt, wenn die Lehrperson mit der Unterrichtseinheit zum Satz des Pythagoras beginnen wollte. Dies war in den verschiedenen Klassen zu unterschiedlichen Zeitpunkten der Fall. Die Erhebungszeitpunkte werden nun in chronologischer Abfolge dargestellt:

Anfangs des Schuljahres erfolgten ein Intelligenztest und eine Fragebogen-Befragung bei den Schülerinnen und Schülern, welche unter anderem Items zum allgemeinen Interesse am Fach Mathematik enthielten.

In der Lektion vor den Videoaufnahmen bearbeiteten die Schülerinnen und Schüler einen 15-minütigen Vortest zum Vorwissen, das für den Satz des Pythagoras wichtig ist.

Die darauffolgenden drei Unterrichtslektionen, eine Doppel- und eine Einzellektion, wurden videographiert (N = 39, M = 128.00 Min, SD = 7.29 Min). Vorgegeben war das Unterrichtsthema „Einführung in die Satzgruppe des Pythagoras" und die Lehrpersonen wurden gebeten, innerhalb der drei Lektionen einen Beweis durchzuführen. Ansonsten sollten die Lehrpersonen einen möglichst alltäglichen Unterricht planen und durchführen. Es wurden Kopien von sämtlichen im Unterricht abgegebenen Aufgaben- und Theorieblättern hergestellt sowie Fotoaufnahmen der Aufschriften auf dem Hellraumprojektor und der Wandtafeln angefertigt. Für fachdidaktische Videoanalysen stehen folglich viele Materialien zur Verfügung.

In der unmittelbar auf die Videoaufnahmen folgenden Lektion bearbeiteten die Schülerinnen und Schüler unter Aufsicht der Lehrperson einen 15-minütigen Nachtest. Mit Hilfe des Nachtests ist es später möglich, kurzfristige Effekte von Unterrichtsqualitätsmerkmalen auf den Leistungsstand zu erheben und gleichzeitig das Vorwissen und weitere Variablen zu kontrollieren.

Es ist folglich im mikrogenetischen Sinne ein Längsschnitt vorhanden: Vorwissen, Unterricht, Nachtest.

Die konkreten Inhalte der Fragebogen werden hier nicht näher beschrieben, weil sie in den „Dokumentationen der Erhebungs- und Auswertungsinstrumente der schweizerisch-deutschen Videostudie" ausführlich dargestellt werden (Lipowsky et al., 2006; Rakoczy, Buff & Lipowsky, 2005). Auf die Tests wird in Kapitel 6.6 eingegangen.

6.2 Stichprobe

Die Stichprobe der videobasierten Unterrichtsstudie besteht auf der Ebene der Klassen (und damit auch der Lehrpersonen) aus 20 deutschen Klassen des neunten Schuljahres und 20 Schweizer Klassen des achten Schuljahres. Die unterschiedlichen Schuljahre waren durch einen unterschiedlichen Zeitpunkt der Behandlung des Satzes des Pythagoras nötig: In der Schweiz wird dieser Satz im achten und in Deutschland im neunten Schuljahr unterrichtet. In der Schweiz waren es 3 Gymnasialklassen und 17 Sekundarklassen, in Deutschland waren es 9 Gymnasialklassen und 11 Realklassen.[97] Insgesamt waren 1015 Schülerinnen und Schüler an der Untersuchung beteiligt.

Zwei Klassen mussten für die Auswertungen in dieser Arbeit ausgeschlossen werden: Von einer Lehrperson gibt es keine Videoaufnahmen zur Einführung in die Satzgruppe des Pythagoras, weil sie irrtümlicherweise mit der Bearbeitung des Themas vor dem vereinbarten Termin begonnen hat. Eine zweite Lehrperson hat die Einführung in die Satzgruppe mit dem Kathetensatz (auch Satz des Euklid genannt) begonnen und hat dafür die gesamten drei videographierten Lektionen verwendet. Der Satz des Pythagoras ist im Unterricht nicht vorgekommen. Für einen Vergleich der Strukturaufbauprozesse *zum Satz des Pythagoras* spielt es keine Rolle, ob ein Teil der Unterrichtszeit für die anderen Sätze der Satzgruppe verwendet wird. Wenn der Satz des Pythagoras aber gar nicht vorkommt, so hat diese Klasse im Nachtest deutlich andere Voraussetzungen als alle anderen Klassen. Deshalb wurde auch diese Klasse ausgeschlossen.

Die Stichprobe reduziert sich folglich für die vorliegende Arbeit auf 38 Klassen mit total 755 Schülerinnen und Schülern, die an allen in dieser Arbeit verwendeten Tests teilgenommen und alle verwendeten Fragebogen ausgefüllt haben.[98] In Tabelle 2 ist die Stichprobe dieser 38 Klassen aufgeteilt auf die Länder und Schulformen angegeben. Aufgrund der verschiedenen Zeitpunkte variiert die Schülerzahl je nach Test. Hier sind die Werte für den Nachtest angegeben.

Tabelle 2:   Stichprobe

	Deutschland		Schweiz	
	Gymnasium	Realschule	Gymnasium	Sekundarschule
Anzahl Klassen	9	10	3	16
Schülerinnen und Schüler pro Klasse M (3D)	23.8 (2.9)	26.2 (2.5)	21.3 (1.2)	18.1 (3.2)
Minimum, Maximum	20–29	22–30	20–22	14–24

Die Lehrpersonen wurden über Annoncen in Fachzeitschriften und über Schulleitungen auf das Projekt aufmerksam gemacht. Sie nahmen freiwillig an der Studie teil. Als einzige Teilnahmebedingung wurde vorgeschrieben, dass die Lehrperson ihre Klasse bereits seit mindestens einem Schuljahr unterrichtet hatte.

Tabelle 2 zeigt, dass die Schulformen nicht in beiden Ländern mit einem ausgewogenen Anteil beteiligt sind: In der Schweiz sind nur drei Gymnasialklassen, dafür aber 16 Sekundarklassen in der Stichprobe. Der kulturelle Hintergrund (das Land) ist

---

97   Das mittlere Schulniveau wird in der Schweiz und in Deutschland anders genannt: In der Schweiz heisst es Sekundarschule, in Deutschland Realschule.

98   Über die einzelnen Instrumente hinweg variiert die Schülerzahl zwischen 824 bis 857.

also mit der Schulform konfundiert. Dies muss bei der Interpretation der Ergebnisse berücksichtigt werden. Aufgrund des unterschiedlichen Zeitpunktes, zu dem der Satz des Pythagoras im Lehrplan erscheint (in der Schweiz im 8. Schuljahr und in Deutschland im 9. Schuljahr), sind Schülerinnen und Schüler mit unterschiedlichem Alter in die Stichprobe miteinbezogen worden.

Die Stichprobe ist nicht repräsentativ, da die Lehrpersonen freiwillig teilnahmen und weil die Schulform mit Basisansprüchen (Hauptschule in Deutschland und Realschule in der Schweiz) ausgeschlossen wurde. Es war auch nicht das Ziel der Videostudie „Unterrichtsqualität, Lernverhalten und mathematisches Verständnis", den Unterricht in Deutschland und in der Schweiz repräsentativ zu beschreiben. Vielmehr war das Ziel, den alltäglichen Unterricht möglichst breit abzubilden, um differentielle Zusammenhänge zwischen Unterrichtsmerkmalen und dem Lernen der Schülerinnen und Schüler untersuchen zu können.

Eine umfangreiche Datenerhebung mit verschiedenen Messzeitpunkten, die über ein ganzes Schuljahr verteilt sind, weist zwangsläufig fehlende Werte auf: Schülerinnen und Schüler fehlten bei einer Datenerhebung oder verliessen die Schule während des Schuljahres. Es gab auch einige wenige Schülerinnen oder Schüler, welche ihren Code auf den Fragebogen oder Test unleserlich machten, so dass eine eindeutige Zuordnung der Daten zur Identifikationsnummer des entsprechenden Schülers oder der entsprechenden Schülerin nicht mehr möglich war. Die Daten dieser Schülerinnen und Schüler wurden als neue Fälle im Datensatz integriert. Bei den Auswertungen werden jeweils nur diejenigen Fälle berücksichtigt, welche auf der entsprechenden Variable gültige Werte aufweisen. Die in dieser Arbeit verwendeten Fragebogen und Testdaten weisen in 11.7% bis 15.1% der Fälle fehlende Werte auf.

In der binationalen Videostudie wurde auf Dateninputation verzichtet, auch deshalb, weil es sich nicht um eine repräsentative Stichprobe handelt. (Für weitere Argumente, welche gegen eine Dateninputation in der binationalen Videostudie sprechen vgl. Hugener, 2008 und Rakoczy, 2008).

6.3 Videobasierte Unterrichtsanalyse

Zur Bestimmung von fachdidaktischen Qualitäten der Anleitung von Verstehensprozessen im Mathematikunterricht und zur Einschätzung der kognitiven Aktivierung werden in dieser Arbeit Videodaten verwendet. Videoaufnahmen von Unterricht ermöglichen eine Aussenperspektive durch Personen, welche nicht am Unterrichtsgeschehen beteiligt sind. Für fachdidaktische Unterrichtsanalysen ist dies besonders wichtig, weil die am Lernprozess beteiligten Schülerinnen und Schüler und die Lehrpersonen die fachdidaktische Unterrichtsqualität kaum einschätzen können (Clausen, 2002). Durch die Beteiligung am Unterricht und das damit verbundene subjektive Erleben der Unterrichtssituation fehlt die Distanz, welche zu einer „objektiven" Sicht wichtig ist. Schülerinnen und Schülern fehlt auch das Fachwissen und der nötige Überblick über den soeben gelernten Inhalt, um fachdidaktische Qualitäten von Unterricht beurteilen zu können. Beobachter hingegen können Unterricht von verschiedenen Lehrpersonen miteinander vergleichen und besitzen somit gemäss Clausen (2002) ein anderes Referenzsystem. Auch die Beobachtersicht ist aber nie ganz „objektiv". Es müssen Massnahmen getroffen werden, um Gütekriterien des Ratingverfahrens zu sichern (vgl. weiter unten).

Für die Fachdidaktik ist es von grossem Vorteil, dass man mit Hilfe von Videoaufnahmen auf die Unterrichtsphänomene zeigen und dadurch fachdidaktische Begriffe und Perspektiven anschaulich illustrieren kann. Oft werden subtile fachdidaktische Phänomene erst im Vergleich von verschiedenen unterrichtlichen Vorgehensweisen gut erkennbar und beschreibbar.

Bei der Videoaufzeichnung zum Zweck von Unterrichtsanalysen müssen methodische und technische Aspekte berücksichtigt werden: Entscheidend ist, dass das Verfahren der Videoaufzeichnung standardisiert werden muss, um „Kameraeffekte" möglichst zu vermeiden. Ausführlichere Angaben findet man insbesondere in Petko, Waldis, Pauli und Reusser (2003), Petko (2006) und Jacobs et al. (2003), vgl. auch zusammenfassend Hugener (2008).

Das videographierte und digitalisierte Datenmaterial kann immer wieder analysiert werden. So können dieselben Daten mit verschiedenen Fragestellungen, theoretischen Perspektiven und methodischen Zugängen zu unterschiedlichen Zeitpunkten erforscht werden. Ein wesentlicher Vorteil der Videodaten besteht darin, dass qualitative und quantitative Analysemethoden miteinander kombiniert werden können (Stigler, Gallimore & Hiebert, 2000) und somit eine Triangulation von Methoden möglich wird (Klieme & Bos, 2000).

Es gibt verschiedene Typen von Beobachtungsinstrumenten, welche sich im Grad der Schlussfolgerung (Inferenz) unterscheiden, die für den jeweiligen Codierentscheid nötig ist (Clausen et al., 2003; Hugener, Rakoczy, Pauli & Reusser, 2006b; Petko et al., 2003). Von „niedrig inferenten Beobachtungsinstrumenten" spricht man, wenn sich der Codierentscheid auf konkret beobachtbare Indikatoren im Unterricht stützt und so gut wie keine Schlussfolgerungen notwendig sind. Auf diese Weise wurde beispielsweise die gesamte Unterrichtseinheit in flächendeckende Phasen von inhaltsbezogenen Aktivitäten eingeteilt. „Hoch inferente Beobachtungsinstrumente" sind Instrumente, welche einen hohen Grad an Schlussfolgerungen verlangen und sich auf qualitative Einschätzungen beziehen, die über das konkret beobachtbare Verhalten hinausgehen. Auf diese Weise können verschiedene Aspekte gleichzeitig analysiert und zu einer Beurteilung integriert werden. Bei hoch inferenten Qualitätsratings geht es meist darum, die Qualität von Unterricht einzuschätzen, während bei niedrig inferenten Codierungen der Unterricht eher beschrieben wird. Beobachtungsinstrumente lassen sich auf einem Kontinuum von niedrig bis hoch inferent einordnen (Clausen et al., 2003). In dieser Arbeit werden fachdidaktische Unterrichtsqualitäten mit Hilfe von mittel und hoch inferenten Instrumenten bestimmt, wobei die Analyseeinheit, mit der gearbeitet wird, auf den oben erwähnten niedrig inferenten Basiscodierungen der inhaltlichen Aktivitäten beruht (Hugener, Pauli & Reusser, 2006a). Auch die Einschätzung der kognitiven Aktivierung des Unterrichts erfolgte mit einem hoch inferenten Ratingsystem (Rakoczy & Pauli, 2006).

Vorgehen des Ratings

In dieser Arbeit wurde aufgrund der in Kapitel 4 dargestellten theoretischen Betrachtungen ein Ratingsystem entwickelt, welches an drei Datenbeispielen aus der Stichprobe[99] getestet, noch einmal überarbeitet und anschliessend eingesetzt worden ist. Damit die Stichprobe des Ratings möglichst gross blieb, wurde auf die Testlektionen nicht verzichtet, sie wurden aber am Schluss des Ratings nochmals beurteilt.

Das Ratingsystem konnte auf gesammelte Materialien und bereits gemachte Basiscodierungen zurückgreifen: Als Grundlage des Ratings dienten neben den Videoaufnahmen die ausgedruckten Transkripte und die Lektionsübersichten (vgl. Hugener et al., 2006a), welche einen Überblick über die Dauer und den zeitlichen Verlauf der inhaltlichen Basiscodierungen geben. Auch die Aufgabenstellungen lagen in Papierform vor.

Das fachdidaktische Rating setzt fachliches, fachdidaktisches und kognitionspsychologisches Wissen sowie Unterrichtserfahrung voraus. Das Ratingmanual (Drollinger-Vetter & Lipowsky, 2006b) habe ich zusammen mit Frank Lipowsky entwickelt und wir haben die Daten auch selbst geratet. Es waren ein gemeinsamer theoretischer Hintergrund sowie gemeinsame praktische Erfahrungen aus der Entwicklung des mittel inferenten Ratings der Qualität der Aufgabenbearbeitung vorhanden (Drollinger-Vetter & Lipowsky, 2006a). Als eine der Raterinnen in der Studie von Clausen et al. (2003), brachte ich bereits Erfahrung mit einem hoch inferenten Rating mit.

Es wurden alle Theoriephasen einer Lehrperson nacheinander betrachtet, wobei dazwischenliegende Übungsphasen übersprungen wurden. (Die Bestimmung der Analyseeinheit wird im nächsten Kapitel dargestellt.) Die Aufgabenstellungen der Übungsphasen auf den Aufgabenblättern wurden kurz angeschaut, damit bekannt war, an welchen Aufgaben in der Zwischenzeit gearbeitet wurde. Dann füllten die beiden Ratingpersonen unabhängig voneinander pro Lehrperson einen Ratingbogen aus. Anschliessend wurden die Ratings gemeinsam verglichen. Bei Nichtübereinstimmung wurde ein Konsensurteil gebildet. Die unabhängigen, ursprünglichen Werte wurden für die intervallskalierten Daten mit Hilfe von Generalisierbarkeitskoeffizient überprüft (Clausen et al., 2003; Rakoczy & Pauli, 2006), welche mit dem Programm GT (Ysewijn, 1997) berechnet wurden. In dieser Arbeit werden jeweils die relativen Generalisierbarkeitskoeffizienten angegeben, weil die Rangreihenfolge und nicht die abso-

---

99 Weil das Rating spezifisch für eine dreistündige Einführung in den Satz des Pythagoras entwickelt wurde, setzt ein Test genau solche Videodaten voraus. Eine Überprüfung an Videodaten mit einem anderen mathematischen Inhalt wäre sinnlos.

lute Reihenfolge der Urteile eine Rolle spielt. Der Generalisierbarkeitskoeffizient ist gemäss Clausen et al. (2003) das Pendant zum Reliabilitätskoeffizienten aus der klassischen Testtheorie. Es gelten die gleichen Beurteilungsrichtlinien wie für andere Reliabilitätsmasse der klassischen Testtheorie (Wirtz & Caspar, 2003). In dieser Arbeit gilt ein relativer Generalisierbarkeitskoeffizient von $\geq .65$ als Kriterium für eine zufriedenstellende Qualität der Daten. Für nicht intervallskalierte Daten wurde die Beurteilerübereinstimmung mit Cohens Kappa-Koeffizient berechnet.

Aufgrund der theoretischen Herleitung, der Darstellung des Vorgehens und der vielen illustrierenden Beispiele in dieser Arbeit sowie in der Kurzdarstellung im technischen Bericht (Drollinger-Vetter & Lipowsky, 2006b) müsste die Objektivität des Ratingsystems gegeben sein (zu den Gütekriterien von Datenerhebungen vgl. Bortz & Döring, 1995). Die Validität des Ratingsystems ist durch die theoretische Herleitung, durch die Konsensbildung bei Nichtübereinstimmung sowie durch meine Erfahrung als Raterin in der Studie von Clausen et al. (2003) gegeben.

6.3.1 Analyseeinheit

Die Bestimmung der Analyseeinheit beruht auf einer Codierung der Sichtstrukturen (den sogenannten „Basiscodierungen"), die ihrerseits zwar auf der Sichtstrukturcodierung der TIMSS-1999-Videostudie aufbaut, sich aber in wesentlichen Punkten deutlich davon unterscheidet. Das genaue Vorgehen dieser Sichtstrukturcodierung ist in Hugener und Drollinger-Vetter (2006) aufgeführt. Hier werden nur die zentralen Punkte, soweit sie für das Verständnis der folgenden Argumentation nötig sind, beschrieben.

Strukturaufbauprozesse werden in dieser Arbeit nicht über die gesamte videographierte Unterrichtszeit einer Lehrperson analysiert, obwohl alle Unterrichtsphasen, in denen inhaltlich gearbeitet wird, zum Aufbau von Strukturen beitragen (Aebli, 2001; Reusser, 1999a). Im Zentrum des Interesses steht der Aufbau der *neuen* Strukturen, wobei dieser auch nicht problemlösend erfolgen kann. Das Üben und Anwenden der bereits *bekannten* Strukturen wird hier nicht betrachtet, obwohl beide selbstverständlich für einen sicheren und langfristigen Strukturaufbau und also für tiefes Verstehen unerlässlich sind. Es ist zu vermuten, dass sich die Vorgehensweisen in Bezug auf den Strukturaufbau in den Aufbauphasen viel deutlicher unterscheiden als in den Übungsphasen. Ausserdem lag für die Übungsphasen bereits eine andere Art der Codierung vor, welche den kognitiven Anspruchsgehalt der Aufgabenstellungen und der Aufgabenbearbeitung erfasst (Drollinger-Vetter, 2006; Drollinger-Vetter & Lipowsky, 2006a).

Im Folgenden wird gezeigt, wie diese bisher erst theoretisch diskutierte Analyseeinheit empirisch am Datenmaterial bestimmt wurde. Die wesentliche Grundeinheit bei der Kategorisierung der Inhalte war die Definition von Aufgaben. Auf der Grundlage der Basiscodierungen (vgl. Band 3 des technischen Berichtes, Hugener et al., 2006a) lässt sich die Unterrichtszeit einer Einführungslektion in die oben erwähnten zwei Phasen unterteilen. Diese werden im folgenden Theorie- und Übungsphasen genannt, wobei nur die Theoriephasen zur Analyseeinheit dieser Arbeit gehören.

Theoriephasen sind Unterrichtsphasen, in denen der *noch unbekannte* Satz entdeckt oder erarbeitet wird. Es findet ein Strukturaufbau statt. Dazu gehören:[100]

1) Phasen, in denen neue Begriffe und Regeln eingeführt oder repetiert werden, insbesondere auch Formulierungen des Satzes des Pythagoras in verschiedenen Repräsentationsformen;

2) Beweisphasen, in denen der schon bekannte Satz bewiesen wird;

3) historische Phasen, in denen der Satz historisch eingebettet wird, weil hier oft auch mathematische Aspekte vorkommen;

4) Phasen, in denen der Satz mit Hilfe einer Aufgabenstellung entdeckt wird. Diese speziellen Aufgabenstellungen wurden in Hugener und Drollinger-Vetter (2006) „Theorieprobleme" genannt. Als Spezialfall kann der Satz auch via eine Beweisaufgabe entdeckt werden.

Übungsphasen sind Unterrichtsphasen, in denen der *bereits bekannte* Satz mit Hilfe von Aufgabenstellungen eingeübt und angewendet wird. Übungsphasen werden in dieser Arbeit nicht analysiert.

Man beachte, dass Beweisphasen unabhängig davon, ob damit der Satz entdeckt oder nachträglich begründet wird, zur Theoriephase gehören. Denn aus mathematikdidaktischer Sicht gehören Beweise zu Strukturaufbauphasen, weil in ihnen wesentliche Aspekte des Satzes deutlich werden. Weil der Satz des Pythagoras, im Unterschied zu vielen anderen Sätzen der Sekundarstufe I, nicht von blossem Auge als richtig erkannt werden kann, zeigt ein Beweis, sowohl *dass* der Satz richtig ist, als auch *warum* dies so ist. Ein konkretes Beispiel, das illustriert, auf welche Weise ein Beweis zum Verständnis des Satzes beitragen kann, ist in Kapitel 6.3.2.3 angegeben.

Mit Hilfe der bereits vorliegenden Lektionsübersichten (vgl. Hugener et al., 2006a) konnten die Theoriephasen als Analyseeinheit für das Rating identifiziert werden. Wichtig ist, dass Einführungslektionen einer Lehrperson im Allgemeinen nicht aus *einer* Theoriephase und *einer* anschliessenden Übungsphase bestehen. Theoriephasen und Übungsphasen wechseln sich vielmehr mehrfach ab. Bei den Analysen wurden die videographierten Übungsphasen übersprungen, es wurden nur deren Aufgabenstellungen betrachtet.

Bei den Codierungen wurde unterschieden, ob es um den Satz des Pythagoras selbst, um den Kathetensatz (Satz des Euklid) oder um den Höhensatz geht. Wenige Lehrpersonen behandelten in den Theoriephasen ihres Unterrichts neben dem Satz des Pythagoras auch den Katheten- oder den Höhensatz. Diese Sequenzen gehören genauso zur Analyseeinheit wie die Phasen, welche sich auf den Satz des Pythagoras bezie-

---

100 Technisch gesehen bestand die Analyseeinheit aus den Phasen „Theorieproblem" (TIP), „Satzphasen" (S), „Beweisphasen" (B), „Historisches" (HI) und „Anderes" (A2), wobei sich die Abkürzungen auf Hugener und Drollinger-Vetter (2006) beziehen. A2 waren inhaltliche Phasen, die keiner Kategorie zugeordnet werden konnten.

hen. Wie weiter unten zu erkennen sein wird, wurden diese Kathetensatz- und Höhensatz-Phasen aber nur aus der Perspektive ihres Beitrags für das Verständnis *des Satzes des Pythagoras* analysiert.

In Tabelle 3 sind Mittelwert, Standardabweichung und Extremwerte der absoluten Theoriezeit in Sekunden und der relativen Theoriezeit bezüglich der totalen Lektionszeit angegeben. Die Stichprobengrösse beträgt N = 38.

Tabelle 3:   Zeitdauer der Theoriephasen

	Min	Max	M	SD
Theoriezeit absolut (in Sekunden)	1182	7944	4569.05	1685.77
Theoriezeit relativ zur totalen Lektionszeit	15.23%	96.16%	59.60%	21.30%

Die Theoriephasen, welche die Analyseeinheit der hier vorgestellten Auswertungen darstellen, decken 59.6% der gesamten Unterrichtszeit der 38 Klassen ab. Die Länge der Analyseeinheit variiert von Lehrperson zu Lehrperson stark: Minimal wurden 15.23% der Lektionszeit analysiert, maximal 96.16%. Diese zeitliche „Ungleichbehandlung" muss bei der Interpretation der Resultate berücksichtigt werden. Die Tatsache, dass im Unterricht deutlich unterschiedlich viel Zeit für die Erarbeitung der Theorie eingesetzt wird, ist aber aus fachdidaktischer Sicht bereits ein interessanter Befund. Auch in der TIMSS-1999-Videostudie (Hiebert et al., 2003) zeigten sich bei der Einführung von neuem Inhalt Unterschiede zwischen den Ländern: während in Tschechien im Schnitt 22% der gesamten Lektionszeit für die Einführung von neuem Inhalt verwendet wurde, waren es in Japan 60% der Lektionszeit.

Der Anteil der Theoriezeit an der totalen Lektionszeit ist in der Schweiz signifikant höher als in Deutschland (Tabelle 4). Die Standardabweichung ist in Deutschland grösser.

Tabelle 4:   Anteil der Theoriezeit an der totalen Lektionszeit pro Land

	Land	M	SD	T	df	p
Theoriezeit relativ zur totalen Lektionszeit	D	50.64%	21.45%	2.826	36	0.008
	CH	68.55%	17.41%			

Anmerkungen: M ist der Mittelwert, SD die Standardabweichung, T ist der T-Wert, df sind die Freiheitsgrade und p ist die 2-seitige Signifikanz.

6.3.2 Beispiele aus den Videodaten

Von 38 Klassen liegen Videoaufnahmen von je drei Lektionen vor, in denen der gleiche Inhalt mit demselben Lernziel unterrichtet wurde: Eine Einführung in die Satzgruppe des Pythagoras, mit dem Ziel, dass die Lernenden den Satz verstehen. Viele Lehrpersonen arbeiteten mit dem gleichen Lehrmittel, alle führten einen oder mehrere Beweise durch. Die folgenden Beispiele zeigen einen Ausschnitt aus der Vielfalt an unterrichtlichen Möglichkeiten, welche in den 38 Einführungen beobachtbar sind. Damit muss ein hoch inferentes Rating der fachdidaktischen Unterrichtsqualität umgehen können.

Es werden nun verschiedene Einstiege, unterschiedliche Formulierungen des Satzes des Pythagoras im Unterricht, mehrere Varianten, wie mit dem gleichen Beweis umgegangen wird, sowie verschiedene Aufgaben zum Satz, welche mehrheitlich aus den Videodaten stammen, dargestellt und kommentiert.[101] Es wurde versucht, wenn immer möglich, die genauen Formulierungen zu übernehmen. Weil sich aber Fragestellungen und Aufgaben zum Teil während des Unterrichts verändert haben und weil hier aus Platzgründen nicht immer der ganze Kontext vollständig dargestellt werden kann, gibt es Abweichungen zu den Originaldaten. Grössere Veränderungen sind als solche gekennzeichnet. Neben den Beispielen werden auch kurze, vergleichende fachdidaktische Analysen angefügt. So wird beispielsweise bei jeder Einführung angegeben, welches die mathematische Ausgangslage ist. Denn das Ziel der Einführung ist das Entdecken oder Entwickeln des Satzes des Pythagoras, dessen Voraussetzung ein rechtwinkliges Dreieck ist. Weicht beispielsweise die Grundfigur der Einführung deutlich vom rechtwinkligen Dreieck ab, so muss bei der Erarbeitung darauf geachtet werden, dass die Voraussetzung des Satzes dennoch deutlich wird. Im Folgenden werden zuerst unterschiedliche Einführungen vorgestellt und kommentiert.

6.3.2.1 Beispiele von Einstiegen in den Satz des Pythagoras

Als Einstiege werden diejenigen Phasen zu Beginn des Unterrichts betrachtet, in denen der Satz des Pythagoras entdeckt oder entwickelt wird. Die Darstellung verschiedener Einführungsmöglichkeiten in den Satz soll deutlich machen, was für unterschiedliche Verstehenselemente jeweils im Zentrum stehen (vgl. Tabelle 5). Der „Weg" vom Einstiegsbeispiel zum Satz des Pythagoras ist je nach Einführung unterschiedlich. Man achte bei den folgenden Einführungen darauf, wie deutlich die bildliche, sprachliche oder formale Repräsentation des Satzes des Pythagoras bereits an der Einstiegsaufgabe zu erkennen ist und wie explizit die Voraussetzung des rechtwinkligen Dreiecks wird.

---

101 Die meisten dieser Beispiele sind im Unterricht von mehreren Klassen vorgekommen. Von einem in dieser Arbeit beschriebenen Beispiel kann also nicht direkt auf den Unterricht einer bestimmten Klasse geschlossen werden. In Klammern ist jeweils eine Klasse angegeben, in der dieses Beispiel vorgekommen ist.

Einführung 1: Schrank (2204)

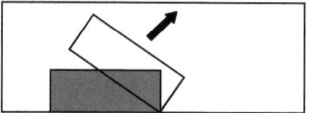

Ausgangsfrage (in eine Geschichte verpackt, die hier nicht wiedergegeben wird):
Wie hoch und breit darf ein am Boden zusammengebauter Schrank sein, damit er
in einem 223 cm hohen Raum durch Kippen aufgestellt werden kann?

Die Ausgangslage ist ein Rechteck, dessen Diagonale in einer entsprechend ge-
drehten Position eine zentrale Rolle spielt. Das rechtwinklige Dreieck ist nur implizit vorhanden. Aber es ist ein Realitätsbezug gegeben.

Einführung 2: Feldertausch (siehe Kapitel 1.2, unter anderen 1225)

 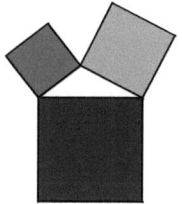 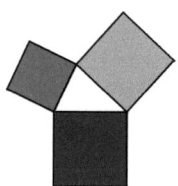

Ausgangsfrage: Diese drei Bilder zeigen drei Situationen eines vorgeschlagenen
Feldertauschs, bei dem jeweils die oberen beiden Feldflächen, die immer gleich
gross sind, gegen die untere Feldfläche eingetauscht werden können. Lohnt sich
der Tausch in allen drei Fällen? (Die Aufgabenstellung ist in eine Geschichte eingebaut, die hier nicht wiedergegeben wird, und stammt aus Wagenführ, 2001.)

Hier gibt es als Ausgangslage drei Figuren: Es sind die typische bildliche Repräsentation des Satzes und zwei analoge Darstellungen mit Winkel γ grösser respektive kleiner als 90°, wobei durch die Fokussierung auf die Flächeninhalte der
Quadrate das Dreieck als zentrale Figur erst herausgearbeitet werden muss. Die
Bedeutung des Winkels gegenüber der Seite c muss erkannt werden.

Einführung 3: Rittersport-Schokolade (1126)

Ausgangsfrage: Das Bild wird aufgehängt und es wird gefragt: Was fällt hier auf?

Ausgangslage ist die typische bildliche Repräsentation des Satzes, die mit Hilfe von Rittersport-Schokolade illustriert wird. Der rechte Winkel ist angegeben.

Einführung 4: Theorie-Einstieg (unter anderen 2102)

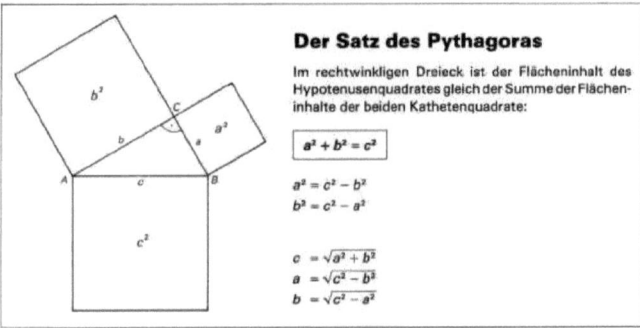

(aus Hohl, 1987, S. 81)

Ausgangsfrage: Es gibt keine Ausgangsfrage. Die Theorie zum Satz des Pythagoras wird von der Lehrperson an der Wandtafel präsentiert.

Die Ausgangslage ist das rechtwinklige Dreieck.

Hier ist zwar aus fachlicher Sicht innerhalb kürzester Zeit alles Wissen zum Satz präsentiert. Wenn man aber an die Dichte der mathematischen Sprache und an die typischen Schülervorstellungen zum Satz denkt, so wird deutlich, dass dies erst eine mathematische Darstellung des Satzes ist, die nicht automatisch zu einem Verständnis des Satzes bei den Schülerinnen und Schülern führt.

Einführung 5: Knotenschnur (2101)

Ausgangsfrage: (Nachdem einige Bilder von römischen und ägyptischen Bauwerken gezeigt wurden.) Wie werden „auf dem Feld" rechte Winkel bestimmt?

Die Ausgangslage ist eine Schnur mit 12 Knoten, aus der ein rechtwinkliges Dreieck gebildet werden kann. (Mathematisch wird hier also die Umkehrung des Satzes illustriert.)

Die Schnur ist ein historisches Beispiel, welches gemäss der Aussage einer Lehrperson aus der Stichprobe heute in der Archäologie auf dem Feld immer noch verwendet wird.

Einführung 6: Dreiecke (siehe Kapitel 1.2, 2111)

Auf einem Blatt sind verschiedene rechtwinklige Dreiecke in der folgenden Form vorgegeben:

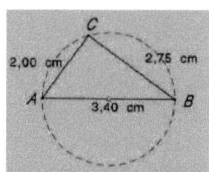

Ausgangsfrage: Welchen Zusammenhang könnt ihr in den rechtwinkligen Dreiecken zwischen den gegebenen Seiten feststellen?

Ausgangslage ist das rechtwinklige Dreieck. Durch Messen der Seitenlängen sollen die Schülerinnen und Schüler die spezielle Beziehung zwischen den Seitenlängen entdecken. Dieser Entdeckungsprozess wird nach einer ersten Erkundungsphase durch das Ausfüllen der folgenden Tabelle für verschiedene Dreiecke angeleitet:

Dreiecksnummer	a	b	c	a^2	b^2	$a^2 + b^2$	c^2
1							
2							

232

In manchen Lektionen wird auch via einen Beweis in den Satz eingestiegen (vgl. nächster Abschnitt). Ein Vergleich der Einstiege zeigt, dass die Ausgangslage sehr unterschiedlich ist. Manche arbeiten direkt mit den typischen fachlichen Repräsentationen des Satzes. Bei anderen Einstiegen werden diese erst im Verlauf der Bearbeitung deutlich werden. Als Ausgangslage ist zum Teil das rechtwinklige Dreieck gegeben, manchmal besteht sie aber auch aus einem Rechteck, dessen Diagonale von Interesse ist oder aus der bildlichen Repräsentation des Satzes. Die „Wege" von der Ausgangslage der Einführung zur Voraussetzung des Satzes sind also unterschiedlich „weit". Die unterschiedliche Nähe zur angestrebten Struktur des Satzes des Pythagoras ist gut erkennbar: Zum Teil sind im Einstieg bereits alle zentralen Elemente des Satzes vorhanden, aber dieser ist nicht an einem konkreten Beispiel verankert. Zum Teil wird der Nutzen anschaulich sehr deutlich, aber das Dreieck als Grundfigur des Satzes ist nicht erkennbar. Es ist sofort ersichtlich, dass es ganz entscheidend ist, wie im Unterricht mit diesen Einstiegsaufgaben umgegangen wird, insbesondere wie ausgehend vom Einstieg der Satz des Pythagoras entwickelt wird und wie es im Anschluss daran weitergeht. Denn nach dem Einstieg muss die Struktur geklärt werden, Zusammenhänge zwischen den Repräsentationen müssen hergestellt werden usw. Die Einstiege unterscheiden sich in vielen weiteren Facetten, zum Beispiel im Alltagsbezug, auf die hier nicht eingegangen werden kann. Das zu entwickelnde Ratinginstrument muss für alle Einstiegsvarianten und die darauffolgenden Präzisierungen des Satzes anwendbar sein.

Im Folgenden werden verschiedene Formulierungen des Satzes betrachtet.

6.3.2.2   Beispiele von Formulierungen des Satzes des Pythagoras im Unterricht

Die verschiedenen Formulierungen sollen aufzeigen, wie stark sich diese im Abstraktionsgrad, im Grad der Verwendung der Fachsprache, in der fachlichen Korrektheit, in der Anschaulichkeit und in der Komplexität unterscheiden können. Gerade beim Entdecken des Satzes im Unterricht kommen zwangsläufig unvollständige und vorläufige Formulierungen des Satzes vor, beispielsweise sprachliche Formulierungen der Art „Die beiden kleinen Quadrate sind zusammen gleich gross wie das grosse Quadrat" oder Pythagorasbilder ohne rechte Winkel sowie Formeln in unkonventionellen Schreibweisen. In Lernprozessen können unvollständige, unkonventionelle oder sogar falsche Darstellungen des Satzes des Pythagoras wichtige Zwischenschritte in einem sich entwickelnden Verständnis darstellen. Dies entspricht auch der Arbeitsweise in der Disziplin beim Entdecken neuer Zusammenhänge (vgl. Kapitel 2.2): Auch Mathematikerinnen und Mathematiker verwenden im Prozess der Entwicklung neuer Mathematik eine unpräzise Sprache, erraten Zusammenhänge und erarbeiten erst am Schluss präzise fachliche Formulierungen (vgl. Kapitel 2.2.3). Für die Lernenden ist der Strukturaufbauprozess bei einer problemlösenden Einführung im Unterricht vergleichbar mit genau diesen Arbeitsphasen der „wirklichen" Mathematikerinnen und Mathematiker. Aber die singulären Formulierungen der Schülerinnen und Schüler müssen sich den regulären Darstellungen im Laufe des Unterrichts nähern (vgl. Gallin & Ruf, 1990 sowie Ruf & Gallin, 1998). Sonst ist die Kommunikation im Schulzimmer schwierig und je nach Konzept kann auch der kumulative Wissensaufbau gefährdet werden.

Bei der Einschätzung der Qualität der Anleitung von Verstehensprozessen darf deshalb nicht nur auf die fachliche Korrektheit der vorkommenden Repräsentationen geachtet werden. Entscheidend sind einerseits der Zeitpunkt im Lernprozess, zu dem eine Repräsentation des Satzes vorkommt, und andererseits der Zweck und das Ziel einer Formulierung. Zu frühe fachsprachlich prägnante Formulierungen können zu Beginn des Verstehensprozesses für Schülerinnen und Schüler nur unverstandene „Worthülsen" darstellen. Umgekehrt behindern oder verhindern fachlich heikle oder falsche Formulierungen die Verstehensprozesse. Am Ende einer dreistündigen Einführung in den Satz des Pythagoras kann erwartet werden, dass alle fachlichen Repräsentationen im Unterricht fachlich korrekt vorgekommen und im Heft dokumentiert sind.

Im Folgenden werden exemplarisch drei Formulierungen des Satzes angegeben.

Variante A
Die beiden dunklen Quadrate sind gleich gross wie das helle Quadrat (wobei zwei dunkle Kathetenquadrate und ein helles Hypotenusenquadrat aus Papier in der Luft geschwenkt werden).

Variante B

$$\text{kl. Kathete}^2 + \text{grosse Kathete}^2 = \sqrt{\text{Hypothenuse}}$$

Variante C
In jedem rechtwinkligen Dreieck haben die Quadrate über den Katheten zusammen den gleichen Flächeninhalt wie das Quadrat über der Hypotenuse.

Fachlichen Kriterien genügt nur die letzte Variante. Die beiden anderen enthalten Fehler. Bei Variante A fehlen die Ausgangslage des rechtwinkligen Dreiecks und eine nähere Bezeichnung, was „gleich gross" bedeutet. Bei Variante B müsste anstelle der Wurzel aus der Hypotenuse das Quadrat der Hypotenuse stehen. Als erste anschauliche Formulierung der Grundidee ist umgekehrt Variante A sicher einprägsamer als Variante C. Variante B könnte, falls sich hinter der fachlich unkorrekten Schreibweise ein richtiges Verständnis des Satzes verbirgt, als Kürzestanleitung zum Ausrechnen hilfreich sein (vergleiche die ausführlichere Diskussion dazu in Kapitel 2.3.4.2).

Wenn man an die Einführungen im Abschnitt vorher denkt, fällt auf, dass die Passung zwischen der Formulierung und dem Einstiegsbeispiel wichtig ist. Im Verlauf des Einstiegs wird irgendwann der Satz des Pythagoras zum ersten Mal formuliert. Arbeitet der Einstieg zentral mit den Flächeninhalten über dem rechtwinkligen Dreieck und bezieht sich die Formulierung hingegen auf die Seitenlängen des Dreiecks, so muss dieser Übergang sorgfältig durchgeführt werden, wenn für die Lernenden kein Bruch entstehen soll.

Die Situation ist aber noch viel komplizierter, da die Theoriephasen nicht nur aus Einstiegen und Formulierungen des Satzes, sondern auch aus Beweisen bestehen.

6.3.2.3 Beispiel eines Beweises des Satzes des Pythagoras

Die Tätigkeit des Beweisens ist in der Mathematikdidaktik ein zentrales Thema und die vorliegenden Daten eignen sich hervorragend dafür, Qualitäten von Beweisphasen zum Satz des Pythagoras näher zu identifizieren. In dieser Arbeit interessiert aber ausschliesslich der Beitrag des Beweises zum Verständnis des Satzes. Inwiefern die Beweisphase das Beweisverständnis der Schülerinnen und Schüler oder ein passendes Bild von Mathematik fördern kann, wird hier nicht betrachtet. Das Ziel der folgenden Überlegungen ist, anschaulich und exemplarisch aufzuzeigen, wie ein Verständnis des Satzes mit Hilfe eines Beweises gefördert werden kann.

Die Beziehung des Satzes des Pythagoras ist nicht offensichtlich von Auge erkennbar. Der Beweis zeigt also, *dass* der Sachverhalt wirklich gilt und im Idealfall auch, *warum* er gilt. Dass der Satz gilt, lässt sich schön mit einem Zerlegungsbeweis[102] illustrieren. Warum der Satz aus mathematischer Sicht gilt, ist hingegen bei Zerlegungsbeweisen für Schülerinnen und Schüler der Sekundarstufe I schwierig zu erkennen, weil die Argumentation für den allgemeinen Fall oft sehr schwierig wird. Beim Ergänzungsbeweis ist dies hingegen möglich. Deshalb wird im Folgenden der Ergänzungsbeweis dargestellt, welcher in der Stichprobe der Videostudie am häufigsten vorgekommen ist (bei 23 von 38 Klassen).

 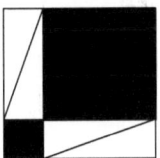

Abbildung 26:   Ergänzungsbeweis des Satzes des Pythagoras

Beim Ergänzungsbeweis wird das Ausgangsdreick des Satzes des Pythagoras achtmal verwendet: Ergänzt man das Hypotenusenquadrat einerseits und die beiden Kathetenquadrate andererseits mit je vier dieser speziellen Dreiecke, so enstehen zwei kongruente Quadrate (vgl. Abbildung 26). Um zu zeigen, dass wirklich zwei Quadrate entstehen, werden Streckenlängen- und Winkelargumente gebraucht. Nimmt man aber von zwei kongruenten Quadraten je vier kongruente Dreiecke weg, so müssen die jeweils übrig bleibenden Restfiguren denselben Flächeninhalt haben. Also ist der Flächenin-

---

102 Beim Zerlegungsbeweis werden die beiden Kathetenquadrate in geeignete Teile zerschnitten, welche sich zum Hypotenusenquadrat zusammensetzen lassen.

halt des Hypotenusenquadrats gleich gross wie die Summe der Flächeninhalte der beiden Kathetenquadrate.

Die folgenden Skizzen von drei Arten des Umgangs mit diesem Beweis zeigen unterschiedliche Qualitäten im Hinblick auf die Unterstützung des Verständnisses des Satzes auf:

Erste Variante (ohne Beispielslektion)

Jede Schülerin und jeder Schüler erhält alle zum Beweis nötigen geometrischen Teilfiguren in zwei Farben aus Papier: Die Katheten und das Hypotenusenquadrat sind beispielsweise rot und alle acht rechtwinkligen Dreiecke sind blau. Die Schülerinnen und Schüler werden aufgefordert, mit diesen Figuren zwei gleich grosse Quadrate zu legen. Die Lösung wird anschliessend im Plenum am Hellraumprojektor dargestellt (vgl. Abbildung 26) und die Schülerinnen und Schüler kleben sie in ihr Heft ein.

Zweite Variante (2110)

Die Lehrperson befestigt an der linken Seite der Wandtafel mit grossen farbigen Figuren aus festem Papier und Magneten die bildliche Darstellung des Satzes des Pythagoras. Das rechtwinklige Dreieck ist hellblau, die Kathetenquadrate sind rot und das Hypotenusenquadrat ist weiss. Die Lehrperson holt sieben weitere hellblaue rechtwinklige Dreiecke hervor und zeigt, dass diese kongruent zum Ausgangsdreieck des Satzes des Pythagoras sind. Anschliessend heftet die Lehrperson die zwei Kathetenquadrate wie links in Abbildung 26 dargestellt auf den mittleren Wandtafelteil und ergänzt die Figuren unter Anleitung der Schülerinnen und Schüler mit vier hellblauen rechtwinkligen Dreiecken zu einem Quadrat. Mit dem Hypotenusenquadrat wird analog verfahren: Es wird durch geeignetes Anfügen von vier hellblauen Dreiecken zu einem Quadrat ergänzt. Die Lehrperson erklärt nun kurz die oben erwähnte Grundidee des Beweises und die Schülerinnen und Schüler zeichnen anschliessend ausschliesslich die Figur in ihr Heft ab.

Dritte Variante (1225)

Die Lehrperson verteilt den Schülern ein Blatt, auf dem das typische Pythagorasbild auf dreifache Weise abgebildet ist: 1) gewöhnlich, 2) ohne Hypotenusenquadrat und 3) ohne Kathetenquadrate (in den beiden letzten Fällen ist aber jeweils das rechtwinklige Dreieck vorhanden). Der Beweis wird nun im Plenum gemeinsam erarbeitet, wobei die Lehrperson das Blatt am Hellraumprojektor vervollständigt. Zuerst wird das Pythagorasbild ohne Hypotenusenquadrat durch Hinzufügen von drei weiteren rechtwinkligen Dreiecken zu einem Quadrat ergänzt. Es wird begründet, warum es sich tatsächlich um ein solches handelt: Es gibt vier rechte Winkel, alle Seiten sind gleich lang. Und dort, wo die Dreiecke und das Quadrat zusammenkommen, gibt es jeweils aufgrund von Winkelargumenten keinen „Knick". Bei der zweiten, unvollständigen Pythagorasfigur wird ebenfalls durch Ergänzen von vier rechtwinkligen Dreiecken ein Quadrat gebildet und dies wird analog begründet. Zum Schluss wird argumentiert, dass beide neu entstandenen Quadrate kongruent sind. Also müssen die beim Wegnehmen von jeweils vier rechtwinkligen Dreiecken entstandenen beiden Restflächen ($a^2 + b^2$ und c^2) gleich gross sein. Die Schülerinnen und Schüler füllen das Beweisblatt aus und gemeinsam wird die Grundidee des Beweises notiert.

Diese drei Varianten unterschieden sich in vielen Merkmalen: Jeder Schüler und jede Schülerin der ersten erwähnten Variante konnte handelnd und problemlösend tätig sein, er oder sie hatte die acht kongruenten rechtwinkligen Dreiecke selbst in der Hand.

In der zweiten Klasse wurde der Übergang von der bildlichen Darstellung des Satzes (die bereits in der vorangegangenen Lektion vorgekommen war) zum Beweis des Satzes sorgfältig angeleitet: Die Schülerinnen und Schüler sehen, was die acht kongruenten Dreiecke der Ergänzungsbeweisfigur mit dem Dreieck des Satzes des Pythagoras zu tun haben. Es ist offensichtlich, welche Bedeutung die Quadrate in der Beweisfigur haben. (Dieser Sachverhalt ist nicht trivial. Wenn der Satz vor dem Beweis im Unterricht nur in formaler Darstellung vorgekommen ist und wenn über die geometrische Bedeutung von a^2 noch nicht diskutiert worden ist, dann sehen die Schülerinnen und Schüler kaum von selbst den Zusammenhang. In dieser Situation können viele Schülerinnen und Schüler keinen Bezug zwischen dem Beweis und dem Satz erkennen. Deshalb trägt der Beweis nichts zum Verständnis des Satzes bei und der Sinnfluss wird unterbrochen.)

In der dritten Klasse wird ausführlich diskutiert, warum es tatsächlich zwei Quadrate gibt. Dadurch wird deutlich, an welcher Stelle die Voraussetzung des rechtwinkligen Dreiecks in den Beweis eingeht. Diese Beweisführung braucht aber relativ viel Zeit und ist sprachlich anspruchsvoll.

Aus fachdidaktischer Sicht trägt eine enaktive, problemlösende Führung des Beweises nicht per se zum Verständnis des Satzes bei: Wenn die Schülerinnen und Schüler im Beweis die Satzaussage nicht erkennen können, so ist das Ganze nur ein nettes Puzzle ohne Bezug zum Rest der Lektion. Aus ihrer Sicht haben die Schülerinnen und Schüler mit ein paar dreieckigen und quadratischen Figuren zwei gleich grosse Quadrate gelegt, was das mit dem Satz des Pythagoras zu tun hat, können sie nicht erkennen. Denn dieser Beweis ist für die meisten Schülerinnen und Schüler nicht selbsterklärend. Im Unterricht muss herausgearbeitet werden, was für besondere Dreiecke verwendet werden, und auch der Flächenaspekt des Satzes muss vorher unbedingt besprochen worden sein.

Jede dieser drei Beweisvarianten liesse sich so ergänzen, dass die Qualitäten der je anderen Variante auch zum Tragen kommen würden. Entscheidend ist wohl auch, wie der Beweis dokumentiert wird: Wird nur die Figur in Abbildung 26 ins Heft gezeichnet oder geklebt? Oder werden auch die zentralen Gedanken notiert? Ist die typische bildliche Darstellung des Satzes im Heft in der unmittelbaren Nähe des Beweises abgebildet und stimmt sie farblich mit der Beweisfigur überein, so dass der Zusammenhang optisch erkennbar ist? Gibt es allenfalls eine Skizze, was bei nicht rechtwinkligen Dreiecken geschehen würde? Würde man die obige Darstellung zusätzlich noch dynamisch visualisieren, so könnte im Sinne von Aeblis Durcharbeiten eventuell noch besser erkannt werden, was eine Veränderung des rechtwinkligen Ausgangsdreiecks bewirkt.

Es gibt viele weitere Beweise des Satzes, auf die hier nicht eingegangen wird (vgl. zum Beispiel Fraedrich, 1995 oder für eine Kurzdarstellung der in dieser Videostudie vorgekommenen Beweise: Hugener & Drollinger-Vetter, 2006).

Im nächsten Abschnitt werden nun verschiedene Aufgaben zum Satz des Pythagoras dargestellt.

6.3.2.4 Beispiele von Aufgaben zum Satz des Pythagoras

Die Übungsphasen werden im empirischen Teil dieser Arbeit nicht betrachtet. Um in der Diskussion über die Generalisierbarkeit des Modells auf die gesamte Unterrichtszeit nachdenken zu können, wird hier trotzdem kurz auf Übungsaufgaben eingegangen. Diese Aufgaben stammen nur zum Teil aus der Stichprobe. Im Zusammenhang mit den verschiedenen Arten von Verknüpfungen sind bereits in Kapitel 3.2.2 einige wenige verschiedene Arten von Pythagoras-Aufgaben dargestellt worden.

Man betrachte die unten aufgeführten Aufgaben aus dem Blickwinkel der folgenden Fragen:

1) Über welche fachlichen Repräsentationen des Satzes muss man verfügen, um die Aufgabe lösen zu können?
2) Geht es um den Seiten- oder den Flächenaspekt? (Vgl. dazu die Bemerkung auf Seite 162.)
3) Hilft die Aufgabe zu erkennen, dass der Satz nur in rechtwinkligen Dreiecken gilt?
4) Lässt sich die Aufgabe auch dann richtig lösen, wenn man nicht verstanden hat, dass im rechtwinkligen Dreieck zwei Typen von Seiten unterschieden werden müssen?

Alle Aufgaben werden jeweils gemäss diesen Fragen kurz diskutiert.

Aufgabe 1: Fülle die Tabelle aus: Es gilt die Beziehung $a^2 + b^2 = c^2$.

a	b	c
5		13
	4	5

Diese Aufgabe benötigt im Prinzip kein Verständnis des Satzes des Pythagoras. Wie in Kapitel 3.1.2 bereits erwähnt wurde, stellt die obige Formel nur eine Aussageform, nicht aber die geometrische Bedeutung des Satzes dar. Ein rechtwinkliges Dreieck kommt nicht vor, von Seitenlängen oder Flächeninhalten ist nicht die Rede. Zur Bewältigung dieser Aufgabe müssen Zahlen in Terme eingesetzt werden können, die Gesetze der Reihenfolge der Operationen müssen bekannt sein und einfache Gleichungen müssen umgeformt werden können. Diese Aufgabe hilft, die rechnerischen Anforderungen, die innerhalb der Anwendung des Satzes des Pythagoras vorkommen, zu trainieren. Zu einem Verständnis des Satzes als Konzept trägt sie wenig bei.

Aufgabe 2:   *Wie lautet der Satz des Pythagoras im folgenden rechtwinkligen Dreieck?*

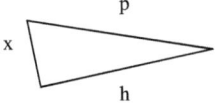

Diese Aufgabe wird üblicherweise mit einer formalen Darstellung des Satzes gelöst. Der Seitenaspekt ist naheliegender als der Flächenaspekt, beide wären aber theoretisch möglich. Weil das Dreieck eine ungewöhnliche Lage hat und weil zusätzlich die Seiten unüblich beschriftet sind, muss zur Lösung dieser Aufgabe zwischen den beiden Typen von Seiten unterschieden werden können. Da das rechtwinklige Dreieck gegeben ist, muss diese Voraussetzung des Satzes nicht reflektiert werden.

Aufgabe 3:   *Zwei Seiten eines rechtwinkligen Dreiecks messen 8 cm und 10 cm. Wie lang ist die dritte Seite?*
Diese Aufgabe fokussiert auf den Seitenaspekt des Satzes und wird üblicherweise mit der formalen Darstellung des Satzes gelöst. Da nicht angegeben ist, wo der rechte Winkel liegt, sind zwei Lösungen möglich: Entweder sind beide gegebenen Seiten Katheten oder die längere Seite ist die Hypotenuse. Schülerinnen und Schüler, welche die zwei Typen von Seiten nicht unterscheiden, werden hier vermutlich nur auf eine Lösung kommen. Auch hier ist der rechte Winkel gegeben.

Aufgabe 4:   *Berechne im Kopf den fehlenden Flächeninhalt.*

Bei dieser Aufgabe ist eine bildliche Darstellung des Satzes gegeben und der Flächenaspekt steht im Vordergrund. Das rechtwinklige Dreieck liegt via Thaleskreis vor. Die beiden Typen von Seiten müssen beachtet werden (wobei man die Aufgabe auch intuitiv lösen kann, da man aus der Grösse der Quadrate schliessen kann, ob addiert oder subtrahiert werden muss).

Aufgabe 5: *Der Fuss einer Leiter kann nicht näher als 2.5 m an eine Mauer herangestellt werden. Wie lang muss die Leiter sein, damit sie an der Mauer 6 m hoch reicht?*

Hier liegt die Schwierigkeit darin, dass die Situation aus dem Alltag zuerst mathematisiert werden muss. Das Wissen darüber, dass Mauern üblicherweise senkrecht zum Boden stehen, ist notwendig, um in einer Skizze das rechtwinklige Dreieck erkennen zu können. Es wird wieder auf den Seitenaspekt fokussiert und die Aufgabe wird von Schülerinnen und Schülern üblicherweise mittels einer formalen Repräsentation des Satzes gelöst. Die zwei Typen von Seiten müssen unterschieden werden.

Aufgabe 6: *Gilt der Satz des Pythagoras im folgenden Dreieck? Begründe!*

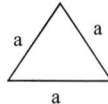

Hier wird nach der Voraussetzung des Satzes gefragt, welche in diesem gleichseitigen Dreieck nicht gegeben ist.

Diese sechs Aufgaben zeigen, dass die oben erwähnten Fragen jeweils sehr unterschiedlich abgedeckt werden. Verschiedene Repräsentationen des Satzes können im Zentrum stehen. Oft wird auf den Seiten- und seltener auf den Flächenaspekt fokussiert. Weiter ist erkennbar, dass das rechtwinklige Dreieck meist gegeben ist oder gar keine Rolle spielt. Deshalb können diese Aufgaben auch ohne Wissen um die Voraussetzung des Satzes gelöst werden. Auch das Erkennenkönnen der zwei Typen von Seiten ist nicht bei allen Aufgaben erforderlich. Aufgaben zeigen oder benötigen zur Bearbeitung also typischerweise nur bestimmte Verstehenselemente und Repräsentationen des Satzes. Deshalb sind die Auswahl und die Reihenfolge der Aufgaben für Verstehensprozesse im Unterricht entscheidend.

Selbstverständlich kommen bei komplexeren Aufgaben zusätzliche Schwierigkeiten hinzu. Zum Beispiel muss das rechtwinklige Dreieck zuerst in einer inner- oder aussermathematischen Situation erkannt werden. Unter Umständen braucht es zusätzliche Argumente, warum ein rechter Winkel vorliegen könnte. Bei komplexeren Aufgaben braucht es oft auch vorgelagerte Ausrechnungen, um den Satz überhaupt anwenden zu können.

Man könnte viele weitere Fragen zu den Aufgaben stellen: Fördert die Aufgabe die Verknüpfung zwischen verschiedenen Repräsentationen des Satzes? Hilft die Aufgabe zu erkennen, wozu man den Satz brauchen kann? Kommen mathematische Aspekte vor, die nichts mit dem Satz des Pythagoras zu tun haben?

Man beachte: Wenn man sich für Strukturaufbauprozesse im Hinblick auf das tiefe Verstehen eines konkreten Konzepts innerhalb einer dreistündigen Einführung interessiert, so stehen gemäss der in Kapitel 2 dargestellten Theorie andere Aspekte der Aufgabenqualität im Vordergrund, als wenn man Verstehensprozesse über drei Wochen hinweg oder allgemeine Kompetenzen wie Problemlösen, Modellieren und Begründen fördern möchte.

Diese Überlegungen zeigen, dass Verknüpfungen zwischen Aufgaben respektive die Reihenfolge von Aufgaben im Verlauf mit Hilfe der Verstehenselemente und Repräsentationen konzeptspezifischer erfasst werden könnten, als es in der TIMSS-1999-Videostudie aufgrund der unterschiedlichen Inhalte gemacht werden konnte (vgl. Kapitel 2.3.7). Die oben gestellten Fragen, nach denen die Aufgaben analysiert wurden, deuten an, worauf man für eine den Sinnfluss der Schülerinnen und Schüler unterstützende Reihenfolge der Aufgaben im Unterricht achten könnte: Eine wichtige Rolle spielt, dass Repräsentationswechsel verständlich gestaltet werden und dass die Verstehenselemente im Sinne von Aebli durchgearbeitet werden.

Bisher wurden Einstiege, Beweise und Übungsaufgaben hauptsächlich einzeln betrachtet. Wenn man den Sinnfluss der Schülerinnen und Schüler fördern will, so sind aber die Übergänge zwischen Einstiegen, Beweisen und Aufgaben sowie zwischen verschiedenen Aufgaben wesentlich. Solche Aspekte von Klarheit und Kohärenz über Einstieg, Beweis und Übungen hinweg sind bereits in Kapitel 4.3.2, in dem der Begriff der strukturellen Klarheit eingeführt wurde, illustriert worden. Betrachtet man die in diesem Kapitel exemplarisch angedeutete Vielfalt der Einstiege, Formulierungen, Beweise und Übungsaufgaben und die daraus entstehenden vielen Möglichkeiten der Verknüpfungen zwischen diesen Phasen, so wird noch deutlicher, wie schwierig und wie wichtig es ist, ein konzeptspezifisches Mass für Klarheit und Kohärenz des Unterrichts im zeitlichen Verlauf zu finden.

Zusammenfassend: Dieses Kapitel hatte zum Ziel, die Vielfalt des Unterrichts zur Einführung in den Satz des Pythagoras, welche in den Daten sichtbar wird, darzustellen. Eine Operationalisierung der theoretisch bestimmten, fachdidaktischen Unterrichtsqualitäten aus Kapitel 4 muss diesen unterschiedlichen Unterrichtsmöglichkeiten in verschiedensten Zusammensetzungen und Reihenfolgen gleichermassen gerecht werden. Die entwickelten Instrumente zur Erfassung der fachdidaktischen Qualitäten der Anleitung von Strukturaufbauprozessen im Unterricht werden im folgenden Kapitel vorgestellt.

6.4 Instrumente zur Erfassung der fachdidaktischen Unterrichtsqualitäten

Bereits beim Betrachten der Vorgehensweise von wenigen Lehrpersonen ist eine grosse Variabilität zu erkennen, trotz der Einschränkung auf das mittlere und höchste Leistungsniveau und der freiwilligen Teilnahme der Lehrpersonen. Dies macht die Videos aus fachdidaktischer Sicht hochinteressant. Die Vorgehensweisen der Lehrpersonen unterscheiden sich nicht nur in den im unmittelbar vorangegangenen Kapitel beschriebenen fachlichen Beispielen, sondern auch auf der Oberflächenstruktur des Unterrichts: Die methodischen Vorgehensweisen gehen vom klassischen Frontalunterricht bis zum Wochenplanunterricht. Manche Klassen arbeiten fast nur im Plenum, andere fast nur in Gruppen. Es gibt Lehrpersonen, welche enaktive Elemente verwenden, andere arbeiten viel mit Bildern und einige stark auf der formalen Ebene. Manche Lehrpersonen lassen den Satz während mehr als zwei Lektionen entdecken, während andere innerhalb von wenigen Minuten die gesamte Theorie einführen. Es gibt Unterricht, in dem die Theorie immer wieder aufgenommen wird, während bei anderen Lehrpersonen die Theorie nur einmal, aber ausführlich vorkommt. Einige arbeiten stark mit dem Lehrmittel, andere fast gar nicht. Ähnlich könnten noch viele weitere Unterschiede aufgeführt werden. Dies macht deutlich, dass die zu entwickelnden Instrumente für sehr unterschiedliche Oberflächenstrukturen, für unterschiedliche Repräsentationsformen des Satzes und für verschiedene inhaltliche Schwerpunktsetzungen gleichermassen tauglich sein müssen. Umgekehrt sollen die Instrumente aber auch ausreichend spezifisch sein, damit sie die in Kapitel 4 beschriebenen fachdidaktischen Qualitäten erfassen können. Da aber von 38 Klassen je die Theoriephasen aus drei Lektionen geratet werden sollen, dürfen die Instrumente wiederum nicht zu aufwendig sein.

Zusammengefasst lässt sich sagen, dass die Instrumente die grosse Variabilität der unterrichtlichen Vorgehensweisen der Lehrpersonen bezüglich des Strukturaufbaus erfassen sollen, unabhängig von den jeweils angewendeten Methoden, Sozialformen und weiteren konzeptunabhängigen Oberflächenmerkmalen. Gleichzeitig müssen sie Bedingungen erfüllen, welche a) durch das Fach und den konkreten Inhalt gegeben sind, b) durch die kognitionspsychologische Sicht auf die Verstehensaufbauprozesse bestimmt sind und c) forschungsmethodischen Kriterien genügen.

Bei allen Unterrichtsqualitätsmerkmalen wird nicht nur das öffentliche Lehrerhandeln, sondern auch das öffentliche Schülerhandeln in die Beurteilung miteinbezogen. Denn wenn man Unterricht als sozialen Prozess anschaut, in dem Wissen durch die beteiligten Personen ko-konstruiert wird (Klieme, 2006; Pauli & Reusser, 2006; Reusser, 2006), so besteht das Unterrichtsangebot in Bezug auf die Unterrichtsqualitätsmerkmale nicht nur aus dem Lehrerhandeln, sondern es wird von allen Beteiligten gemeinsam geformt, aber individuell genutzt. An der „Gelegenheitsstruktur" des Unterrichts (Baumert & Köller, 2000; Prenzel et al., 2002) sind die Lehrperson und die Schülerinnen und Schüler beteiligt. Deshalb werden bei der Einschätzung der Klarheit des Unterrichts sowohl das beobachtbare Lehrer- als auch das Schülerverhalten berücksichtigt.

Den Ausführungen in Kapitel 4.3 folgend, werden drei Instrumente zur Messung der fachdidaktischen Qualität benötigt:

1) Instrument: Vorkommen der Verstehenselemente

Aus einer fachdidaktischen Sicht wird angenommen, dass für den Aufbau des Verständnisses des Satzes des Pythagoras als Erstes das Vorkommen gewisser Verstehenselemente zentral ist. Da der Aufbau über drei Lektionen hinweg verfolgt wird, kann das Vorkommen in zwei Stufen unterteilt werden: kurz oder ausführlich. Bei den Verstehenselementen spielt, im Unterschied zu den folgenden Qualitäten, die Art der Repräsentation keine Rolle.

2) Instrument: Qualität der Repräsentationen

Der mathematische Satz kann nach Bruner et al. (1971) in unterschiedlichen Repräsentationsformen dargestellt werden. Die Qualität dieser Repräsentationen kann auch daran gemessen werden, wie explizit die in der entsprechenden Darstellung vorhandenen zentralen Verstehenselemente werden. Die verschiedenen Darstellungen des Satzes werden in dieser Arbeit als Verdichtungen von bestimmten Sets von Verstehenselementen verstanden. Da während dreier Lektionen dieselbe Repräsentation meist mehrfach verwendet wird, spielt bei der Qualität ebenfalls deren Kohärenz über die drei Lektionen hinweg eine Rolle. Es werden aber keine Verknüpfungen zwischen unterschiedlichen Repräsentationen betrachtet.

3) Instrument: Strukturelle Klarheit

Das blosse Vorkommen der zentralen Verstehenselemente und eine hohe Qualität der einzelnen Repräsentationen des Satzes sind aus fachdidaktischer Sicht notwendige Voraussetzungen für einen Unterricht, der die individuellen Verstehensprozesse der Schülerinnen und Schüler optimal anregen will. Stehen die verschiedenen Repräsentationen aber unzusammenhängend nebeneinander, so kann ein umfassendes Verständnis trotzdem erschwert werden. Ein tiefes Verständnis des Satzes des Pythagoras umfasst gleichzeitig verschiedene Repräsentationen des Satzes und eine Vielzahl verschiedener Verstehenselemente. Insbesondere ist die Fähigkeit, zwischen verschiedenen Repräsentationen flexibel wechseln zu können, ein Kennzeichen eines tiefen Verständnisses (vgl. Kapitel 2.3.4). Kommen gewisse Verstehenselemente zwar deutlich, aber beispielsweise nur zu Beginn der Unterrichtssequenz vor und später nicht mehr, so kann der Sinnfluss der Schülerinnen und Schüler beeinträchtigt werden. Zentral sind also eine geeignete Verknüpfung und ausgeprägte Kohärenz der Verstehenselemente und Repräsentationen im Verlauf über die drei Lektionen hinweg.

In den folgenden drei Kapiteln werden nun die einzelnen Instrumente inhaltlich genauer beschrieben. Diese Darstellung geht über die Kurzversion hinaus, welche in

Band drei der „Dokumentation der Erhebungs- und Auswertungsinstrumente zur schweizerisch-deutschen Videostudie" (Hugener et al., 2006a) präsentiert wurde. Die deskriptiven Ergebnisse dieser Ratings und die darauf aufbauende Skalenbildung werden anschliessend in Kapitel 7 dargestellt.

6.4.1 Erstes Instrument: Vorkommen der Verstehenselemente

In Kapitel 4.1.3 wurden Verstehenselemente beschrieben als Teilelemente des Satzes des Pythagoras, welche man verstanden haben muss, um den Satz als Ganzes verstehen zu können. Die zu lernende fachliche Struktur soll so in einzelne Elemente aufgefaltet werden, dass jedes dieser fachlichen Elemente *aus der Sicht der Lernenden* deutlich erkennbar wird. Verstehenselemente sollen also dem Vorwissen[103] der Schülerinnen und Schüler entsprechen. Sie sind zum einen fachlich bestimmt, der Auflösungsgrad und die Art der Formulierung sind aber aus der Sicht des Verstehensprozesses der Schülerinnen und Schüler gedacht. Zum Bestimmen von Verstehenselementen ist deshalb Unterrichtserfahrung nützlich.

Tabelle 6 zeigt das im Rahmen der Videostudie „Unterrichtsqualität, Lernverhalten und mathematisches Verständnis" entwickelte Instrument der Verstehenselemente (vgl. Drollinger-Vetter & Lipowsky, 2006b). Das Auftreten wird dann als „kurz" geratet, wenn das Verstehenselement von einem kurzfristig unaufmerksamen Schüler überhört oder übersehen werden kann. Das Antwortformat dieses Ratings – „kommt nicht vor", „kommt kurz vor", „kommt ausführlich vor" – macht in erster Linie eine Aussage über die Dauer des Vorkommens. Implizit wird durch die Formulierung der Items aber ebenfalls eine gewisse Qualitätsaussage bezüglich des Strukturaufbaus gemacht. Weil die Verstehenselemente in verschiedenen Repräsentationsformen vorkommen können, setzt das Rating der Verstehenselemente relativ viele Fachkenntnisse voraus.

---

103 Sinnfluss bedeutet nach Kapitel 2.3.3, dass die Schülerinnen und Schüler aus den vorhandenen Elementen und Verknüpfungen in subjektiv sinnvoll erlebter Weise neue Bedeutungen knüpfen und verdichten. Das spezifische Vorwissen, an dem weitergeknüpft werden kann, ist also ganz zentral. Wie sieht dieses beim Satz des Pythagoras aus? Die Schülerinnen und Schüler verfügen bereits über viele für das Verständnis des Satzes nötige Begriffe: Sie kennen die Begriffe „Dreieck", „rechtwinklig", „Quadrat", „Summe", „Flächeninhalt", evtl. auch „Kathete" und „Hypotenuse". Jeder dieser Begriffe stellt im Sinne von Aebli (1994) selbst eine verdichtete Struktur dar, die auch wieder aufgefaltet werden könnte. Diese Begriffe werden im Folgenden nicht weiter zerlegt, sondern als Vorwissen angenommen. Einen Zusammenhang zwischen Dreiecken und Quadraten kennen Schülerinnen und Schüler der achten Klasse bisher nur in der Form, dass jedes Quadrat in zwei deckungsgleiche rechtwinklige Dreiecke zerlegt werden kann. Die durch den Satz des Pythagoras gegebene Beziehung zwischen einem rechtwinkligen Dreieck und drei speziellen Quadraten ist eine völlig neue Sicht. Manche Schülerinnen und Schüler haben die Formel schon einmal gehört, meist ohne sie zu verstehen.

| Tabelle 6: | Items zu Verstehenselementen (aus Drollinger-Vetter & Lipowsky, 2006b, S. 196/197)[104] |

		Vorkommen und Dauer		
		Kommt nicht vor	Kommt kurz vor	Kommt ausführlich vor
1	Es geht um zwei Typen von Seiten.			
2	Katheten/Hypotenusen werden repetiert oder eingeführt (als längste Seite in einem rechtwinkligen Dreieck oder vis-à-vis vom rechten Winkel).			
3	Die zwei Typen von Seiten müssen unterschiedlich behandelt werden. D.h. zur Anwendung des Satzes ist die Identifikation der beiden Typen von Seiten notwendig.			
4	Katheten usw. werden an unterschiedlichen Dreiecken geübt (unterschiedliche Lage, Grösse,...).			
5	Die zentrale Figur des Satzes ist das Dreieck.			
6	Es muss ein rechtwinkliges Dreieck sein.			
7	Es kommen auch nicht rechtwinklige Dreiecke vor.			
8	Es geht um Seitenlängen im Dreieck.			
9	Formulierung des Satzes via Seitenlängen kommt vor (Seitenaspekt).[105]			
10	Verschiedene Buchstaben kommen vor (Hypotenuse ist nicht immer Seite c).[106]			
11	Verschiedene Lagen des Dreiecks kommen vor.			
12	Formulierung des Satzes via Flächeninhalte kommt vor (Flächenaspekt).			

---

104 Die Formulierungen der Items 9, 12 und 13 sind gegenüber dem Original sprachlich verändert worden, um die etwas missverständlichen Ausdrücke „algebraische" und „geometrische" Formulierung des Satzes zu vermeiden. Denn dieser Satz ist in jedem Fall ein geometrischer Satz, egal, ob er formal oder bildlich repräsentiert wird. Weiter enthält diese Tabelle im Original zusätzlich die folgenden Verstehenselemente, welche hier nicht aufgeführt werden, weil sie für eine dreistündige Einführung nicht als zentral betrachtet werden: Der Satz handelt von Ähnlichkeitsbeziehungen, Quadratzahlen, Zahlentripeln; Umformungen des Satzes kommen vor; der Satz ist mit Menschen verbunden und hat eine Geschichte; die Umkehrung des Satzes wird explizit erwähnt.

105 Formulierungen wie „Die Quadrate über den Katheten sind genauso gross wie das Quadrat über der Hypotenuse" gelten nicht als Indikatoren für eine Formulierung via Seitenlängen.

106 Die Items 10 und 11 können sich auf die Formulierung des Satzes sowohl via Seitenlängen als auch via Flächeninhalte beziehen.

13	Verknüpfung von Flächen- und Seitenaspekt: Im Pythagorasbild[107] sind die Seiten oder die Flächen beschriftet, der rechte Winkel ist gekennzeichnet.			
14	Die geometrische Bedeutung von „a^2" und/oder der Wurzel wird besprochen.			
15	Es wird explizit zwischen der Voraussetzung und der Behauptung unterschieden (z.B. mit Wenn-dann-Formulierungen).			

In Tabelle 6 sind Verstehenselemente aufgeführt, welche aus theoretischer Sicht in den ersten drei Lektionen zur Einführung in den Satz des Pythagoras und für die in der Stichprobe vorhandenen Schulniveaus als zentral und obligatorisch angenommen werden. Manche Items der Tabelle 6 sind eingerückt. Diese stellen „Unteritems" zu dem jeweils unmittelbar vorangegangenen *nicht* eingerückten Item dar. Die eingerückten „Unteritems" spezifizieren das jeweilige „Oberitem" näher und geben eine Möglichkeit an, wie das dazugehörende „Oberitem" im Unterricht deutlich gemacht werden kann.

Oft gibt es aber selbstverständlich noch andere Möglichkeiten, als diejenigen, die explizit aufgeführt sind.[108]

Weil in den Theoriephasen der ersten drei Lektionen erst ein Teil eines umfassenden Verständnisses des Satzes des Pythagoras erarbeitet werden kann und weil ganz unterschiedliche Unterrichtslektionen mit demselben Instrument erfasst werden müssen, ist es sinnvoll, sich auf die zentralsten Aspekte zu beschränken. Es muss weiter beachtet werden, dass die Verstehenselemente (insbesondere die Items Nummer 4, 10 und 11) auch in den Übungsphasen vorkommen können, welche hier nicht beurteilt wurden. Aus einer fachdidaktischen Sicht sind für die Theoriephasen der ersten drei Unterrichtslektionen zum Satz des Pythagoras die Items 1, 3, 5, 6, 8, 9, 12, 13, 15 zentral. In den Auswertungen werden die Verstehenselemente deshalb auf diese neun Items eingeschränkt, welche in Tabelle 7 nochmals zusammengefasst dargestellt sind.

---

107 Wenn die Verknüpfung nur innerhalb eines Beweisbildes vorkommt, wird „kurz" angekreuzt.
108 Beispielsweise kann während eines Beweises sehr anschaulich deutlich gemacht werden, warum der Satz nur in rechtwinkligen Dreiecken gilt. Es hilft aber sicher für das Verständnis, wenn im Unterricht auch nicht rechtwinklige Dreiecke vorkommen, weil erst dann für die Lernenden deutlich wird, dass die Voraussetzung nicht nur eine leere Floskel ist, sondern eine notwendige Voraussetzung, deren Zutreffen vor dem Anwenden des Satzes immer überprüft werden muss.

Tabelle 7: Items der Verstehenselemente, welche in den Auswertungen verwendet wurden

		Vorkommen und Dauer		
		Kommt nicht vor	Kommt kurz vor	Kommt ausführlich vor
1	Es geht um zwei Typen von Seiten.			
3	Die zwei Typen von Seiten müssen unterschiedlich behandelt werden. D.h. zur Anwendung des Satzes ist die Identifikation der beiden Typen von Seiten notwendig.			
5	Die zentrale Figur des Satzes ist das Dreieck.			
6	Es muss ein rechtwinkliges Dreieck sein.			
8	Es geht um Seitenlängen im Dreieck.			
9	Formulierung des Satzes via Seitenlängen kommt vor (Seitenaspekt).			
12	Formulierung des Satzes via Flächeninhalte kommt vor (Flächenaspekt).			
13	Verknüpfung von Flächen- und Seitenaspekt: Im Pythagorasbild sind die Seiten oder die Flächen beschriftet, der rechte Winkel ist gekennzeichnet.			
15	Es wird explizit zwischen der Voraussetzung und der Behauptung unterschieden (z.B. mit Wenn-dann-Formulierungen).			

Im Folgenden werden einige der als zentral bestimmten Verstehenselemente noch etwas genauer beschrieben und analysiert, damit deutlicher wird, was damit gemeint ist. Die Nummern verweisen auf das entsprechende Verstehenselement:

1. Hier könnten die Fachbegriffe „Hypotenuse" und „Kathete" eingebracht werden. Sie sind nicht zwingend nötig, vereinfachen aber die Kommunikation. Die Seiten können auch, ohne Fachbegriffe zu verwenden, danach unterschieden werden, ob die Seite am rechten Winkel anliegt oder ob sie dem rechten Winkel gegenüberliegt.

6. Die Lernenden müssen verstehen, dass der Satz nur unter dieser Voraussetzung gilt.

8. Ob man mit Seitenlängen oder mit Flächeninhalten argumentiert, die Seitenlängen des Dreiecks sind die zentrale geometrische Ausgangslage.

9. Dieser Seitenaspekt kann sehr unterschiedlich formuliert werden. Zum Beispiel: Die Seitenlängen des rechtwinkligen Dreiecks werden quadriert. Dies ergibt drei Quadratzahlen. Diejenigen zwei Quadratzahlen, welche zu den Seiten gehören, die den rechten Winkel

bilden, ergeben zusammengezählt die dritte Quadratzahl.[109] Eine alternative Formulierung, wenn die Begriffe „Kathete" und „Hypotenuse" bekannt sind: Die Seitenlängen werden quadriert. Das Quadrat der Länge der einen Kathete plus das Quadrat der Länge der anderen Kathete ergibt das Quadrat der Länge der Hypotenuse.

12   Auch der Flächenaspekt kann sehr unterschiedlich im Unterricht vorkommen. Zum Beispiel: Ein rechtwinkliges Dreieck und drei Quadrate werden miteinander in Beziehung gesetzt. Jedes Quadrat hat genau eine Seite mit dem Dreieck gemeinsam. Die Summe der Flächeninhalte der beiden Quadrate, welche den rechten Winkel bilden, ist gleich gross wie der Flächeninhalt des Quadrats gegenüber dem rechten Winkel. Eine andere Formulierung, welche die zwei Typen von Seiten nicht explizit berücksichtigt, ist: Mit Hilfe des Satzes kann gezeigt werden, dass zwei Quadrate zusammen den gleichen Flächeninhalt haben wie ein drittes Quadrat, falls die drei Quadrate auf eine spezielle Art angeordnet werden können, nämlich so, dass ein rechtwinkliges Dreieck entsteht. (Man erkennt sofort, dass beim Flächenaspekt ein Bild sehr hilfreich sein wird.)

13   Dieser Zusammenhang beruht auf der folgenden Überlegung: Wenn ich eine Seitenlänge quadriere, so entspricht diese Zahl geometrisch dem Flächeninhalt des Quadrats über der Seite. Formaler ausgedrückt: Wenn a eine Seitenlänge kennzeichnet, dann ist a^2 der Flächeninhalt des dazugehörenden Quadrats. Es ist zu erkennen, dass der Begriff „Quadrat" in der Mathematik doppelt belegt ist: Ein Quadrat kann eine geometrische Figur sein oder aber als Abkürzung für eine Quadratzahl oder die Operation des Quadrierens stehen. Die Doppelbelegung erweist sich in diesem Zusammenhang als sinnvoller Sprachgebrauch. Für Lernende kann es aber schwierig sein, diese Bedeutungen auseinanderzuhalten: Wenn sie im individuellen Strukturaufbauprozess den Begriff algebraisch deuten, obwohl er im Unterricht geometrisch gemeint gewesen wäre, kann dies verwirrend sein.

Man beachte, dass manche Items nur in Kombination miteinander im Unterricht vorkommen können: Wenn beispielsweise im Unterricht nicht deutlich wird, dass es um ein Dreieck geht, so wird auch nicht deutlich werden, dass es um ein *rechtwinkliges* Dreieck geht. Hingegen ist der umgekehrte Fall (Dreieck wird deutlich, aber Rechtwinkligkeit nicht) sehr wohl möglich. Diese Abhängigkeit widerspielt die Tatsache, dass Verstehenselemente nicht unabhängig voneinander formuliert werden können (vgl. Kapitel 4.2). Sie hat den Vorteil, dass gewisse zentrale Aspekte später beim Bilden des Summenscores mehr gewichtet werden (vgl. Kapitel 7.1.1).

Verstehenselemente lassen sich gemäss Kapitel 4.1.4 zu Repräsentationen verdichten. Um die Repräsentationen des Satzes des Pythagoras geht es im nächsten Kapitel.

---

109 Man erkennt sofort, welchen Vorteil eine Skizze eines Dreiecks mit Beschriftungen der Dreiecksseiten und eine formale Darstellung des Satzes in sich tragen. Es ist aber nur dann ein Vorteil, wenn man sowohl die Skizze als auch die Formel richtig deuten kann!

6.4.2 Zweites Instrument: Qualität der Repräsentationen des Satzes des Pythagoras

Die Bedeutung der verschiedenen Repräsentationsformen für das mathematische Lernen ist in Kapitel 2.3.4 besprochen worden. Fachliche Repräsentationen des Satzes des Pythagoras sind in Kapitel 3.1.2 ausführlich beschrieben und analysiert worden. Es ist deutlich geworden, dass mathematische Inhalte im Unterricht in verschiedenen Repräsentationsformen behandelt werden sollten, weil das Verknüpfen der unterschiedlichen Repräsentationen ein tiefes Verständnis der mathematischen Konzepte fördert.

Jede mathematische Struktur, auch der Satz des Pythagoras, ist uns nur über ein Medium zugänglich. Sachverhalte, auch Verstehenselemente, müssen immer in irgendeiner Repräsentationsform dargestellt werden, sonst sind sie nicht mitteilbar. Wie in Kapitel 2.3.4 dargestellt, sind in der Mathematikdidaktik in Anlehnung an Bruner vier Repräsentationsformen üblich: Enaktiv, bildlich, sprachlich und formal (Zech, 1998). Es ist meist möglich, die gleiche mathematische Struktur sowohl sprachlich als auch bildlich und formal darzustellen, häufig zusätzlich auch enaktiv. Aus einer sozialkonstruktivistischen Sicht des Lernens müssen Bilder, Formeln und auch die Sprache immer vom Individuum gedeutet werden. Wie bereits erwähnt, können auch Darstellungen von Sachverhalten unverstanden auswendig gelernt werden.

Der Satz des Pythagoras wird in Lehrmitteln meist in allen drei Medien der Repräsentation dargestellt (ohne die enaktive Darstellungsform). Weil beim Automatisieren oft nur noch mit der Formel gearbeitet wird, verwechseln die Lernenden häufig die Formel mit der dahinterliegenden mathematischen Struktur. Die Formel ist aber nichts anderes als eine prägnante und abstrakte Kurzschreibweise für einen geometrischen Sachverhalt. Es braucht viel Wissen, um die Formel richtig deuten zu können (vgl. Kapitel 3.1.2).

Im Pythagoras-Verstehensmodell wurden fachliche Repräsentationen des Satzes des Pythagoras als Verdichtungen von Verstehenselementen betrachtet. Die Ebene der Repräsentationen beschreibt, wie man im Unterricht über den Satz spricht. Es wurde betont, dass das Verstehenlernen einer fachlichen Repräsentation als ein mehrfach auf- und absteigender Prozess zwischen den beiden Ebenen der Verstehenselemente und der Repräsentation betrachtet werden kann. Im Folgenden sind mit dem Begriff „Repräsentationen" immer Repräsentationen des Satzes des Pythagoras gemeint.

Rating der Repräsentationen des Satzes des Pythagoras

Im Mittelpunkt steht die Frage, welche Repräsentationen des Satzes des Pythagoras vorkommen und welche Qualität diese haben. Repräsentationen, die sich auf andere Inhalte beziehen, werden nicht berücksichtigt. Das Vorgehen des Ratings sieht wie folgt aus (vgl. Tabelle 8):

Tabelle 8: Items der Repräsentationen (aus Drollinger-Vetter & Lipowsky, 2006b, S. 193)

Repräsentationen		Wer (L, S, B)	Vorkommen und Dauer			Qualität			
			kommt nicht vor	kurz	aus- führlich	1	2	3	4
Bildlich:	typische Py- thagorasfigur								
	Beweisbild								
Formal									
Sprachlich									
Enaktiv	Theorie								
	Beweis								

Es wird untersucht, ob die Repräsentationen überhaupt vorkommen, wenn ja, wer hauptsächlich an ihnen beteiligt ist, und ob sie nur kurz oder ausführlich vorkommen. Weiter wird die Qualität der vorkommenden Repräsentationen erfasst.

Für den Strukturaufbau ist weniger die Dauer des Vorkommens als die Qualität wichtig. Denn eine hohe Qualität ist gemäss dem Rating bei einem kurzen Vorkommen im Allgemeinen nicht erreichbar, während ein ausführliches Vorkommen umgekehrt sehr wohl von niedriger Qualität sein kann.[110] Wer – Lehrer, Schüler oder beide – die entsprechende Repräsentation formuliert, wird in den folgenden Analysen nicht berücksichtigt.

Weitere zentrale Bedingungen des Ratings sind gemäss Band 3 der „Dokumentation der Erhebungs- und Auswertungsinstrumente zur schweizerisch-deutschen Videostudie" (vgl. Hugener et al., 2006a): Alle Repräsentationsformen werden einzeln beurteilt. Bei bildlichen Repräsentationen wird unterschieden, ob es sich um die typische Pythagorasfigur (vgl. Abbildung 7) handelt oder um ein typisches Beweisbild (vgl. beispielsweise Abbildung 26). Bei enaktiven Repräsentationen wird unterschieden, ob sie in Theorie- oder in den Beweisphasen vorkommen.[111] Bei der formalen Repräsentation werden nicht nur schriftliche Formeln, sondern auch mündliche Formulierungen der Formel mitberücksichtigt (Beispiel: „a-Quadrat plus b-Quadrat gibt c-Quadrat").

---

110 Bei der Skalenbildung im Ergebnisteil (Kapitel 7.1.2) wird dem Nichtvorkommen insofern Rechnung getragen, als Unterricht, in welchem eine Repräsentation gar nicht vorkommt, trotzdem einen Qualitätswert, nämlich den tiefsten, zugeordnet erhält.

111 Einstiege via einen Beweis werden dabei in beiden Ratings berücksichtigt.

Formale Darstellungen, die an konkreten Zahlenbeispielen festgemacht sind, werden nicht zur formalen Repräsentation gezählt (Beispiel: $3^2 + 4^2 = 5^2$).

Die folgenden weiteren Angaben, welche spezifisch für das Qualitätsrating gelten, stammen aus dem obengenannten Band 3 und geben einen tieferen Einblick in den Gehalt des Ratings. Diese Aspekte werden anschliessend durch Beispiele veranschaulicht.

Qualität: In der Qualität sind sowohl Anschaulichkeit als auch Korrektheit enthalten. In allen Repräsentationsformen muss der rechte Winkel im Dreieck erkennbar sein bzw. genannt werden. Darüber hinaus wurden die folgenden Kriterien einem hohen Qualitätsrating (3 oder höher) zugrunde gelegt:

Ein hohes Qualitätsurteil bei der bildlichen Repräsentation der Pythagorasfigur setzt voraus, dass es sich deutlich um drei Quadrate handelt und dass die Seiten und Flächen angeschrieben sind.

Ein hohes Qualitätsurteil bei der symbolischen Darstellung der Formel setzt voraus, dass die zwei Typen von Seiten unterschieden werden und die Formel mehrfach vorkommt.

Ein hohes Qualitätsurteil bei der sprachlichen Repräsentation setzt voraus, dass der Satz des Pythagoras in eigenen Worten der Schülerinnen und Schüler oder der Lehrperson formuliert wird und dass dabei zwischen den beiden Typen von Seiten unterschieden wird, also z.B.: „Die beiden Kathetenquadrate sind genau so gross wie das Hypotenusenquadrat."

Hohe Qualität bei der enaktiven Repräsentation bedeutet, dass die Handlung zum Aufbau des Verständnisses beiträgt. Es wird also nicht nur gebastelt, sondern durch das äussere Handeln wird auch das Verstehen des Satzes unterstützt.

Die Qualität wird auf einer Viererskala erfasst (1 ist gering, 4 ist hoch). Ein „kurzes" Vorkommen erhält im Allgemeinen höchstens den Qualitätswert 2.5. Die Prozesse werden miteinbezogen. Für eine 4 muss eine verständliche Dokumentation vorhanden sein. (Drollinger-Vetter & Lipowsky, 2006b, S.193 f.)

Der letzte Punkt weist darauf hin, dass davon ausgegangen wird, dass für den Strukturaufbau über mehrere Unterrichtslektionen hinweg ein schriftliches Festhalten der gelernten Strukturen wichtig ist.

In der Qualität sind auch die Verläufe jeder Repräsentation enthalten; dies ist vor allem für die sprachliche Repräsentation wichtig und wird weiter unten genauer beschrieben. Jede Repräsentationsform wird aber einzeln geratet, der Zusammenhang zwischen den verschiedenen Repräsentationen wird an dieser Stelle nicht beachtet. Selbstverständlich treten die Repräsentationen häufig gemischt auf: Anhand eines Bildes wird sprachlich der Satz hergeleitet. Solche Situationen wurden doppelt codiert, beim Bild und bei der sprachlichen Darstellung.

Um diese Anleitungen anschaulicher zu machen, werden im Folgenden einige Beispiele diskutiert, welche in ähnlicher Weise in der Stichprobe vorgekommen sind.

Beispiele für eine bildliche Darstellung mit hoher fachdidaktischer Qualität

In Abbildung 27 ist eine bildliche Darstellung des Satzes des Pythagoras dargestellt, welche gemäss diesem Rating von hoher fachdidaktischer Qualität ist.

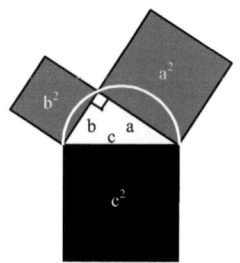

Abbildung 27:   Bildliche Darstellung des Satzes von hoher Qualität

Der rechte Winkel ist eingezeichnet, die Quadrate sind als solche erkennbar und die Seiten und Flächen sind angeschrieben. Eine Visualisierung mit dynamischer Geometriesoftware kann die bildliche Darstellung des Satzes unterstützen. Im Folgenden werden exemplarisch einige Bedingungen formuliert, welche die Qualität der fachlichen Darstellung herabsetzen: Die qualitätsvermindernden Merkmale lassen sich in eine statische und in eine dynamische Komponente unterteilen: Die statische Komponente gilt für jede bildliche Darstellung einzeln. Die dynamische Komponente betrachtet auch die Zusammenhänge mehrerer bildlicher Darstellungen in ihrem zeitlichen Verlauf im Unterricht und in ihrer Dauer.

Statische Komponente

Die Quadrate über den Seiten sind nicht als solche erkennbar.

Der rechte Winkel ist nicht eingezeichnet oder nicht als solcher erkennbar.

Die Darstellung wirkt überladen, so dass dadurch sehr hohe Anforderungen an die Wahrnehmungsfähigkeiten der Lernenden gestellt werden.

Die Beschriftung ist nicht vorhanden oder es ist schlecht erkennbar, worauf sich die Variablen beziehen.

Die Figur ragt über den Tafelrand hinaus.

Die Farbwahl entspricht nicht der zugrunde liegenden Struktur (zum Beispiel sind ein Kathetenquadrat und das Hypotenusenquadrat in der gleichen Farbe und das zweite Kathetenquadrat in einer anderen Farbe gezeichnet).

Dynamische Komponente

Die verschiedenen vorkommenden bildlichen Repräsentationen sind sehr unterschiedlich, so dass sie schlecht als gleiche Darstellung wahrgenommen werden können.

Es kommt zwar eine gemäss den oben erwähnten Kriterien qualitätsvolle bildliche Darstellung vor. Aber diese erscheint nur sehr kurz und es wird später kein Bezug mehr hergestellt.

Qualitativ gute bildliche Darstellungen kommen mehrfach, aber zeitlich so kurz vor, dass sie aus fachdidaktischer Sicht kaum den Strukturaufbau des Individuums anregen können. („Das wäre also die bildliche Darstellung des Satzes und jetzt gehen wir weiter zum Beweis.")

Man kann sich fragen, ob zu einem Verständnis des Satzes des Pythagoras überhaupt eine bildliche Darstellung des Satzes notwendig ist. Denn in manchen Lehrmitteln spielt die bildliche Darstellung des Satzes des Pythagoras eine untergeordnete Rolle. In dieser Arbeit wird die Position vertreten, dass mittels dieser bildlichen Vorstellung die Bedeutung des Satzes besser verstanden werden kann. Neben den allgemeinen, in Kapitel 2.3.4 aufgeführten Argumenten für vielfältige Darstellungsformen sprechen die folgenden drei pythagorasspezifischen Gründe für das Verwenden der bildlichen Darstellung: Erstens ist aus einer korrekten bildlichen Vorstellung des Satzes jederzeit rekonstruierbar, welche Seitenlänge des Dreiecks an welcher Stelle in die Formel eingesetzt werden muss. Dadurch wird zweitens weniger vergessen, dass die Beziehung die Quadrate der Seiten und nicht nur die Seiten selbst enthält. Und als dritter und letzter Grund: Viele Beweise arbeiten mit einer bildlichen Darstellung des Satzes.

Beispiel für eine formale Repräsentation mit hoher Qualität

Es wird explizit, dass sich die Formel $a^2 + b^2 = c^2$ auf ein rechtwinkliges Dreieck bezieht, dessen rechter Winkel bei der Ecke C liegt. Eine der folgenden Ergänzungen kommt mündlich oder schriftlich vor:

- Im rechtwinkligen Dreieck mit $\gamma = 90°$ gilt: …
- Es wird auf eine Skizze mit einem entsprechend beschrifteten rechtwinkligen Dreieck Bezug genommen.
- Es wird erwähnt, dass a und b Katheten sind und c die Hypotenuse ist.

Die Dreiecksseiten können auch anders benannt sein (z.B. e, f, g statt a, b, c). Es ist aus fachdidaktischer Sicht entscheidend, dass die Formel nicht allein vorkommt, denn diese stellt aus mathematischer Sicht nur eine Aussageform dar (vgl. Kapitel 3.1.2) und nicht den Satz des Pythagoras. Deshalb muss auch bei der Nennung der Formel deutlich werden, dass es sich um eine geometrische Aussage handelt. Dazu gehört das rechtwinklige Dreieck, auf das sich die Formel bezieht, und es muss deutlich werden, wie dieser Bezug aussieht: Die Variablen a, b und c bezeichnen bestimmte Seitenlängen im rechtwinkligen Dreieck und sind nicht beliebig in der Formel austauschbar. Dass die Formel einige Male vorkommt, ist sicher wichtig. Dass sie sehr oft vorkommt, hingegen nicht. Die Merkmale von formalen Repräsentationen mit tiefer Qualität sind mit umgekehrten Vorzeichen in dieser Erklärung ebenfalls beschrieben.

Beispiel für eine sprachliche Repräsentation mit hoher Qualität

Gegeben ist ein rechtwinkliges Dreieck. Über jeder Dreiecksseite wird ein Quadrat eingezeichnet. Der Flächeninhalt des Quadrats gegenüber dem rechten Winkel ist gleich gross wie die Summe der Flächeninhalte der beiden anderen Quadrate zusammen.

Oder:

In jedem rechtwinkligen Dreieck gilt: Die Summe der Flächeninhalte der Kathetenquadrate ist gleich gross wie der Flächeninhalt des Hypotenusenquadrats.

Die Voraussetzung des rechtwinkligen Dreiecks muss wiederum deutlich werden. Weiter müssen die beiden Typen von Seiten unterschieden werden.

Ein Beispiel für eine sprachliche Repräsentation mit tiefer Qualität wäre: „Das grüne Quadrat ist gleich gross wie die beiden roten Quadrate." Hier wird weder die Voraussetzung des Satzes deutlich noch wird klar, was mit „gleich gross" gemeint ist: Die Höhe, die Fläche? Eine solche Formulierung kann für den Aufbau eines Verständnisses ganz zu Beginn des Lernprozesses hilfreich sein. Später muss sie aber unbedingt präzisiert werden.

Die sprachliche Darstellung des Satzes ist enorm anspruchsvoll, weil es ohne bildliche und formale Hilfen sehr viel stärker auf einen richtigen Gebrauch der Fachbegriffe wie „Katheten", „Hypotenuse", „Summe", „Flächeninhalt" ankommt. Die übliche Standardformulierung (vgl. zweites Beispiel oben) ist für Schülerinnen und Schüler schwer verständlich, weil sie sehr dicht formuliert ist und viele Fachbegriffe enthält. Das mehrfache Nennen dieser Standardformulierung genügt nicht für den Wert 4. Die Entwicklung der Formulierung wird im Rating mitberücksichtigt. Im Sinne von Ruf und Gallin (1998) wird hier davon ausgegangen, dass für das Lernen von fachlichen Strukturen der Weg von einer singulären zur regulären Sprache hilfreich sein kann. Deshalb wird auch darauf geachtet, dass die Formulierung der jeweiligen Stelle im Unterrichtsprozess gerecht wird, an der sie vorkommt: Eine perfekte mathematische sprachliche Formulierung zu Beginn der Einführung kann in diesem Sinne weniger für das Verständnis der Schülerinnen und Schüler beitragen, als wenn dieselbe Formulierung am Schluss der dreistündigen Einführung und als erarbeitetes Schlussprodukt aus vielen vorangegangenen unpräziseren Formulierungen hervorgegangen ist. Auch hier steckt also hinter dem Rating immer die Frage: Was kann die Repräsentation aus fachdidaktischer Sicht zum Aufbau der fachlichen Struktur im Individuum beitragen? Und dazu gehört nicht nur die fachliche Korrektheit. In diesem Sinne tragen sowohl sprachliche Formulierungen des Satzes, welche über die drei Lektionen hinweg fachlich zu unpräzise bleiben, als auch solche, die immer wieder auf dem gleichen, zwar fachlich sehr hohen, aber unverständlichen Niveau bleiben, wenig zum Strukturaufbau bei. Das gemeinsame Herleiten und Ringen um eine sprachliche Formulierung hingegen fördert das Verständnis der sprachlichen Darstellung des Satzes und der Verstehenselemente. Das Rating der sprachlichen Qualität erfasst also etwas anderes als einen über die drei Lektionen gemittelten Wert der fachlichen Korrektheit der sprachlichen Formulierung. Vielmehr wird eingeschätzt, ob eine sprachliche Formulierung des Satzes für die Schülerinnen und Schüler am Schluss der Lektion verständlich werden könnte. Fachliche Korrektheit ist wichtig, aber nicht fachsprachliche Präzision.

Beispiel für eine enaktive Repräsentation des Satzes mit hoher Qualität

Die Qualität einer enaktiven Repräsentation des Satzes des Pythagoras ist hoch, wenn zum Beispiel während eines Ergänzungsbeweises herausgearbeitet wird, dass die Voraussetzung des Satzes ein rechtwinkliges Dreieck ist und wie man anhand der enaktiven Darstellung die Aussage des Satzes erkennen kann. Das Ausführen des Zerlegungsbeweises durch Ausprobieren ohne anschliessende Reflexion wird nicht als hohe Qualität einer enaktiven Repräsentation beurteilt. Auch hier muss das rechtwinklige Dreieck thematisiert werden und es muss zumindest angesprochen werden, dass dieser Beweis erst allgemeingültig ist, wenn man das Allgemeine an der Zerlegung zeigen kann.

Wenn die Qualität von enaktiven Darstellungen aus fachdidaktischer Sicht tief ist, so liegt das fast immer daran, dass kein Übergang vom Handeln zur eigentlich aufzubauenden mathematischen Struktur vorkommt: Es wird zwar hantiert und gebastelt, aber es wird nicht deutlich, was damit mathematisch gezeigt wurde und worauf man aus fachlicher Sicht nicht schliessen darf. Es geht hier nicht darum, jedes Detail eines Beweises zu verstehen. Aber die Voraussetzung des rechtwinkligen Dreiecks und die Aussage des Satzes müssen mit Hilfe der Handlung deutlich werden. Denn das Handeln muss dazu beitragen, im Lernenden das rechtwinklige Dreieck als zentrale Grundfigur zu verankern und deutlich zu machen, dass der Satz eine Aussage über Flächeninhalte macht. Diese Punkte müssen (meist sprachlich) herausgearbeitet werden. Dies entspricht der Übersetzung in ein anderes Medium als zentraler Bedingung des Strukturaufbaus bei Aebli (2001). Genau dies ist aber sehr anspruchsvoll und zeitaufwendig. Denn Material kann ablenken, verwirren, Zeit wegnehmen, Unruhe stiften. Aus dem „Greifen" folgt, wie man so schön sagt, nicht unmittelbar das „Be-greifen". Aus fachdidaktischer Sicht sind deshalb die Auswahl und der strukturbezogene Umgang mit dem Material zentral. Aus der Forderung von Aebli, dass alles Denken aus dem Handeln hervorgehen soll, entsteht in der Umkehrung manchmal der Irrtum, dass Handeln allein schon Denken sei. Strukturblindes Puzzeln führt aber genauso wenig zu Verstehen, wie das blosse Nachzeichnen der Bilder, das Nachschreiben der Formeln oder Nachsprechen der sprachlichen Formulierung bereits ein Verständnis des Satzes ausdrücken würde. Die enaktiven Darstellungen werden später nicht in die Skalenbildung eingeschlossen, deshalb wird hier nicht ausführlicher darauf eingegangen.

Zusammenfassend für alle Repräsentationen: Ausgehend von der kognitionspsychologischen Trennung zwischen der Struktur eines Konzepts und dem Medium ihrer Repräsentation muss man zwischen der Bedeutung eines Konzepts und dessen Darstellung in einem bestimmten Medium unterscheiden.

Die typischen Repräsentationen sind für einen Schüler aus kognitionspsychologischer und fachlicher Sicht nur dann mit Bedeutung gefüllt, wenn er sie in die entsprechenden Verstehenselemente auffalten kann. Deshalb wurde die Qualität der Repräsentationen immer an das Vorkommen gewisser Verstehenselemente gebunden. Es geht also nicht um eine oberflächliche Qualität der Repräsentationen: Die Schönheit der bildlichen Darstellung wird beispielsweise nicht berücksichtigt, die wesentlichen Verstehenselemente müssen aber deutlich erkennbar sein. Ein ausführliches Vorkommen der Repräsentation garantiert noch keine Qualität, umgekehrt ist aber ein sehr kurzes Vorkommen im Allgemeinen der Qualität abträglich. Gerade sprachliche Repräsentationen sind im Schulalltag selten fachlich perfekt. Entscheidend ist, ob die

Darstellungen des Satzes im Unterricht die Verstehensprozesse der Schülerinnen und Schüler aus fachdidaktischer Sicht unterstützen können, das heisst, ob sie zum Aufbau der Strukturen hilfreich sind. Enaktive Zugänge sind nicht automatisch von hoher Qualität für den Strukturaufbau. Im Gegenteil, oft stellen sie bloss einen sinnleeren Aktionismus dar, der eher von der zu lernenden Struktur ablenkt: Zum Beispiel dann, wenn mitten im Strukturaufbau plötzlich mit Papierfiguren gepuzzelt wird, ohne dass die Schülerinnen und Schüler dies mit dem vorangegangenen und dem nachfolgenden Unterrichtsgeschehen in Verbindung bringen können.

Es geht bei diesem Rating nur um das Potenzial der Darstellungen des Satzes des Pythagoras für das Unterstützen der Verstehensprozesse der Schülerinnen und Schüler. Die Kernfrage ist also folgende: Ist es aus einer fachdidaktischen Sicht für die Lernenden möglich, mit Hilfe dieser Darstellungen den Satz zu verstehen? Dabei ist die fachdidaktische Interpretation der Verständlichkeit zentral und nicht die tatsächliche Reaktion der Lernenden. Zum Teil ist Letztere erkennbar, oft aber auch nicht. Dies spielt hier keine Rolle, obwohl, wie bei allen analogen Ratings, die Raterinnen und Rater nicht vollständig von den Schülerreaktionen abstrahieren können. Weiter ist die fachliche Adäquatheit eine notwendige, aber keinesfalls hinreichende Voraussetzung. Es ist sogar so, dass zu Beginn des Lernprozesses gewisse fachliche Ungenauigkeiten und gewisse Mängel in der sprachlichen Präzision das Verstehen fördern können. Deshalb sind bei dieser Analyse die mathematische Eleganz und Präzision weniger wichtig als die Verständlichkeit der Repräsentation, welche aus Sicht einer durchschnittlichen Schülerin oder eines durchschnittlichen Schülers beurteilt wird.

Einen weiteren wichtigen Punkt gilt es bei den Repräsentationen zu beachten: Zu Beginn des Lernprozesses können Schülerinnen und Schüler verschiedene Repräsentationen des Satzes des Pythagoras nicht automatisch als Darstellung ein und desselben Sachverhalts erkennen. Die Lernenden können oft problemlos die einzelnen Repräsentationen nacheinander beschreiben, ohne dass ihnen deren Zusammenhänge untereinander klar sind. Die Übergänge von der einen Repräsentation zur anderen sind anspruchsvoll und müssen deshalb sorgfältig angeleitet werden. Dieser Vorgang braucht Zeit. In Aeblis (2001) und Reussers (1999a) Denkmodell geht es hier ganz wesentlich um einen Prozess der Umstrukturierung und des Durcharbeitens. Dies kann sowohl durch geeignet ausgewählte Übungen als auch innerhalb von Theoriephasen angeregt werden (vgl. Kapitel 8). Wenn diese Übergänge gelingen und also Verknüpfungen zwischen den Repräsentationen des Satzes aufgebaut werden können, dann hat die Schülerin oder der Schüler ein mächtiges Denkwerkzeug erworben. Diese Zusammenhänge *zwischen* den *unterschiedlichen* Repräsentationen des Satzes wurden im Rating der Repräsentationen nicht beachtet, sondern erst im Rating der strukturellen Klarheit erfasst, welches im nächsten Kapitel beschrieben wird.

6.4.3 Drittes Instrument: Strukturelle Klarheit

Die strukturelle Klarheit ist im Hinblick auf die Förderung von Sinnfluss bei den Schülerinnen und Schülern bestimmt worden (Kapitel 4.3.2). Sie bezieht sich nur auf die fachlichen Inhalte und nicht auf organisatorische Aspekte; dies im Unterschied zu gängigen Definitionen von Klarheit und Strukturiertheit (vgl. Kapitel 2.3.7.2). Eingeschätzt werden insbesondere der Verlauf und die Passung der Verstehenselemente und der Repräsentationen über die ganze Analyseeinheit hinweg.

Die vier Items der strukturellen Klarheit, welche in Tabelle 9 dargestellt sind, werden im Folgenden näher beschrieben.

Die Qualität wird auf einer Viererskala erfasst (1 ist gering, 4 ist hoch). Das Item „Qualität der Verstehenselemente" ist eine *Qualitäts*einschätzung aller in Kapitel 6.4.1 vorkommenden Verstehenselemente. Denn dort wurde das *Vorkommen* grob für *jedes* einzelne Verstehenselement beurteilt. Hier geht es um *ein* Qualitätsurteil über alle Items und über die gesamte Unterrichtszeit hinweg. Dies beinhaltet auch die Deutlichkeit im Verlauf des Unterrichts und die Zusammenhänge zwischen den Verstehenselementen. Wenn beispielsweise der Einstieg via Feldertausch von quadratischen Feldflächen erfolgt, muss die Wahrnehmung von den Quadraten zum rechtwinkligen Dreieck als Grundfigur des Satzes verlagert werden. Dies muss besonders betont werden.

Tabelle 9:   Items zur strukturellen Klarheit (aus Drollinger-Vetter & Lipowsky, 2006b, S. 198)

	Qualität			
	1	2	3	4
Qualität der Verstehenselemente				
Die Verknüpfungen der Repräsentationsformen tragen zum Aufbau von Verständnis bei.				
Die Darstellungsformen/Visualisierungsmittel werden so eingesetzt, dass sie die Strukturbildung fördern („handwerkliche Sorgfalt" wie zum Beispiel die farbliche Gestaltung oder die Übersicht in einer Skizze).				
Kohärenz von Satz und Beweis ist nachvollziehbar.				

Das Item „Die Verknüpfungen der Repräsentationsformen …" erfasst im Unterschied zum Rating der Repräsentationen (Kapitel 6.4.2) nicht das Vorkommen *jeder* Repräsentation einzeln, sondern die Qualität der *Verknüpfung* der Repräsentationen *untereinander*. Das Maximum ist nur erreichbar, wenn alle Repräsentationen (ohne die enaktiven) vorkommen und untereinander nachvollziehbar verknüpft sind. Hierzu gehört insbesondere das Deutlichmachen der geometrischen Bedeutung des Terms a^2. Das

Maximum ist auch ohne enaktive Repräsentation erreichbar; falls aber eine solche vorkommt, muss auch diese von hoher Qualität sein.

Die Qualität jeder Repräsentation wird im Rating der Repräsentationen für jede Repräsentation separat erhoben. Diese Qualität kann für jede Repräsentation einzeln als hoch beurteilt werden, auch wenn die einzelnen Repräsentationen nicht miteinander verknüpft werden. Diesen Fall würde man erst an einem tiefen Rating der strukturellen Klarheit erkennen. Im zeitlichen Verlauf des Unterrichts wird die Klarheit des Unterrichts daran bemessen, ob die Repräsentationen im Verlauf miteinander verknüpft werden. Diese Verknüpfungen müssen wiederum fachlich korrekt sein, aber aus der Sicht der Verstehensprozesse der Schülerinnen und Schüler beurteilt werden.

Das Item der „handwerklichen Sorgfalt" erfasst den fachlich adäquaten und lernpsychologisch geschickten Einsatz von Visualisierungsmitteln. Hierzu gehört zum Beispiel das konsequente Verwenden derselben Farbgebung bei Skizzen zum Satz des Pythagoras oder das Tempo beim Umlegen der Figuren bei einer enaktiven Beweisführung. Auch die Menge der vorkommenden Visualisierungsmittel spielen eine Rolle, denn zu viel Unterschiedliches kann den Strukturaufbau behindern.

Bei der „Kohärenz von Satz und Beweis" wird beurteilt, wie der Übergang vom Satz zum Beweis (oder umgekehrt) gestaltet wird. Denn der Beweis kann viel zum Verständnis des Satzes beitragen, wenn dadurch gewisse Verstehenselemente und Repräsentationen verständlicher werden. Dies setzt aber im Minimum voraus, dass die Schülerinnen und Schüler im Beweis den Satz wiedererkennen können. Dazu ist Kohärenz zwischen der Formulierung des Satzes und des Beweises nötig: Wenn der Satz via Seitenaspekt eingeführt wurde und vor allem die formale Darstellung im Unterricht im Zentrum stand, so braucht es einen sorgfältigen Übergang zum Ergänzungsbeweis, der mit den Quadratflächen, also mit dem Flächenaspekt des Satzes arbeitet. Dieser Übergang kann unterschiedlich gestaltet sein: Zum Beispiel durch das Einführen der bildlichen Darstellung des Satzes via das Herausarbeiten der Bedeutung des Terms a^2. Im Grenzfall können die Schülerinnen und Schüler die Satzaussage im Beweis gar nicht wiedererkennen. Dann trägt dieser nichts zum Verständnis des Satzes bei.

Allgemeine Formulierung der strukturellen Klarheit

Ein Unterricht ist dann von hoher struktureller Klarheit, wenn die Verstehenselemente und die wesentlichen Repräsentationen für die Lernenden im zeitlichen Verlauf des Unterrichts aus fachdidaktischer Sicht deutlich werden und kohärent miteinander verknüpft sind. Das bedeutet, dass über die ganze beobachtete Lektionszeit die aufzubauende Struktur klar hervortritt und im Sinne von Aebli (und nicht im Sinne eines möglichst weiten „Das-gehört-auch-noch-dazu") vernetzt wird. Dabei kann die Sprache – in einem gewissen Ausmass – durchaus aus einer fachlichen Sicht unpräzise sein, solange sie nicht falsch ist und dem Sinnfluss der Schülerinnen und Schüler dient. Besonders deutlich sieht man Brüche im Strukturaufbau beim Übergang zum Beweis.

Diese dritte Facette der fachdidaktischen Qualität stellt also eine Verdichtung und Verknüpfung der beiden anderen Facetten dar. Im Unterschied zu bisherigen Einschätzungen von Klarheit, Strukturiertheit und Kohärenz von Unterricht (vgl. Kapitel 2.3.7.2) wird weder auf die Disziplin im Unterricht noch auf methodisch-didaktische Aspekte geachtet. Auch das Vorkommen von Previews oder Zusammenfassungen führt nicht automatisch zu einem hohen Rating der strukturellen Klarheit. Denn diese müssen in Bezug auf die Verstehenselemente und Repräsentationen von hoher Qualität sein und zum Unterricht passen.

6.4.4 Zusammenhänge zwischen den drei Instrumenten

Alle drei Qualitätsratings sind auf die Anleitung von Sinnfluss im Hinblick auf den Satz des Pythagoras bezogen. Das Pythagoras-Verstehensmodell, auf dem diese Instrumente basieren (vgl. Kapitel 4), betrachtet Repräsentationen des Satzes als Verdichtungen von Verstehenselementen. Weiter geht es davon aus, dass Sinnfluss von der Klarheit und Kohärenz des Unterrichts bezüglich der Verstehenselemente und Repräsentationen abhängt. Die drei fachdidaktischen Qualitäten sind also in gewisser Hinsicht kumulativ aufeinander aufbauend formuliert worden. Sie sind nicht unabhängig voneinander formulierbar, weil sie auf einer kognitionspsychologischen Sicht des Strukturaufbaus basieren. Wie äussern sich diese theoretischen Zusammenhänge in den Instrumenten?

Beim Rating der *Verstehenselemente* wird nur grob unterschieden zwischen fehlendem, kurzem und ausführlichem Vorkommen. Eine Verlaufskomponente ist nicht enthalten.

Bei der *Qualität der Repräsentationen* wird jede einzelne Repräsentation für sich betrachtet. (Es werden aber nicht nur die prototypischen fachlichen Repräsentationen berücksichtigt, sondern alle Repräsentationen des Satzes, die aus fachlicher Sicht sinnvoll sind.) Gewisse Verstehenselemente werden zum Bestimmen der Qualität der Repräsentationen beigezogen. Hier ist auch bereits eine erste Verlaufskomponente enthalten, weil die Qualität jeder einzelnen Repräsentation für sich im Verlauf betrachtet wird. Gerade für die sprachliche Repräsentation wäre sonst ein Qualitätsrating gar nicht möglich. Es wird davon ausgegangen, dass ein einmaliges, kurzes Vorkommen einer Repräsentation zum Verstehen wenig beiträgt.

Mit diesen beiden Ratings sind Qualitäten des Verlaufs des Unterrichts bisher nur in Ansätzen erhoben worden. Solche Verlaufskomponenten, welche mit Klarheit und Kohärenz zu tun haben, sind aber für den Sinnfluss ganz zentral und werden mit dem Rating der *strukturellen Klarheit* erhoben. Dieses Rating ist komplexer als eine blosse Verbindung der Verstehenselemente und der Repräsentationen, weil die Frage der Kohärenz und des Ablaufs zentral wird. Das Qualitätsrating der strukturellen Klarheit baut sowohl auf Verstehenselementen als auch auf Repräsentationen auf. Im Unterschied zur Qualität der Repräsentationen werden bei der strukturellen Klarheit Zusammenhänge zwischen verschiedenen Repräsentationen berücksichtigt. Und es wird die Qualität der Verstehenselemente insgesamt beurteilt.

In diesem Sinne kommen Verstehenselemente in allen drei Qualitätsratings explizit oder implizit vor. Verknüpfungen zwischen Verstehenselementen sind in Ansätzen in den Repräsentationen enthalten, vor allem aber in der strukturellen Klarheit. Die Qualitäten der Repräsentationen werden auch in der Beurteilung der strukturellen Klarheit berücksichtigt.

Die aus theoretischer Sicht eng zusammenhängenden drei fachdidaktischen Qualitäten zeigen also auch in ihrer Operationalisierung Überschneidungen. Es ist deshalb aus theoretischer Sicht anzunehmen, dass die drei fachdidaktischen Qualitäten miteinander korrelieren.

Diese Instrumente sind eine Neuentwicklung und es muss sich zuerst zeigen, ob sie sich bewähren. Dies wird in den folgenden Kapiteln deutlich werden. Vorerst werden aber noch weitere Instrumente vorgestellt.

6.5 Fragebogen zur Erfassung der individuellen Lernvoraussetzungen

Die folgenden beiden Instrumente werden ganz am Schluss der Ergebnispräsentation als Kontrollvariablen im linearen hierarchischen Modell zum Zusammenhang zwischen den fachdidaktischen Skalen und dem Leistungsstand verwendet.

Als individuelle Lernvoraussetzungen werden das Interesse und die kognitive Leistungsfähigkeit sowie das im folgenden Kapitel erwähnte pythagorasspezifische Vorwissen kontrolliert. Das Interesse an Mathematik allgemein und die kognitive Leistungsfähigkeit wurden, wie in Kapitel 6.1 erwähnt, zu Beginn des Schuljahres erhoben.

Das *individuelle Interesse* der Schülerinnen und Schüler an Mathematik im Allgemeinen umfasste acht Items, die auf einer vierstufigen Skala von „stimmt gar nicht" bis „stimmt genau" eingeschätzt werden mussten. Als Beispiele seien die folgenden zwei Items angegeben: „Ich habe Mathematik gern", „Freiwillig würde ich mich nie mit Mathematik beschäftigen" (das Item wurde umgepolt). Die Reliabilität der Skala beträgt $\alpha = .91$. Die Kennwerte betragen für die Stichprobe der 38 Klassen: N = 857, M = 2.70, SD = 0.71, Min = 1, Max = 4. Die vollständige Skala mit allen relevanten statistischen Kennwerten ist in Rakoczy et al. (2005) auf Seite 31 aufgeführt.

Die *kognitive Leistungsfähigkeit* wurde mit Hilfe des Intelligenztestes von Heller und Perleth (2000) erfasst. Die Kennwerte betragen für die Stichprobe der 38 Klassen: N = 824, M = 51.09 Punkte, SD = 9.96 Punkte, Min = 25 Punkte, Max = 71 Punkte.

6.6 Tests zur Erfassung des Leistungsstands

Aufgrund der Standardisierung des videographierten Unterrichts konnten im Rahmen der videogestützten Unterrichtsstudie „Unterrichtsqualität, Lernverhalten und mathematisches Verständnis" konzeptspezifische Tests entwickelt werden, die auf das Lernziel und die Unterrichtsdauer von drei Unterrichtseinheiten abgestimmt sind. Die mikrogenetische Leistungsentwicklung wurde mit Hilfe zweier Tests erfasst: Im Vortest wurde konzeptuelles und prozedurales Vorwissen aus der Algebra und der Geometrie getestet, von dem angenommen wird, dass es das Verstehen und das Anwenden des Satzes beeinflussen kann.

Im Nachtest wurden sowohl konzeptuelles Wissen als auch Anwendungsfähigkeiten zum Satz des Pythagoras erhoben. Es wurde darauf geachtet, welches konzeptuelle Verständnis realistischerweise innerhalb einer dreistündigen Einführung in den Satz des Pythagoras erreicht werden kann. Der Test würde also bei einer Unterrichtseinheit von anderer Dauer, beispielsweise von einer einzigen Lektion oder von drei Wochen, anders aussehen.

Hiebert und Carpenter (1992) weisen darauf hin, dass für die Forschung des „teaching for understanding" gute Masse für Verstehen zentral sind. Hiebert und Grouws (2007) betonen die Schwierigkeit, gute Masse für konzeptuelles Verstehen zu finden. Wenn man Verstehen messen will, so muss man gemäss dem in dieser Arbeit verwendeten Verstehensbegriff erheben, welche Elemente und Verknüpfungen die Schülerinnen und Schüler konstruiert haben. Es stellt sich deshalb die Frage, inwiefern dieser Verstehensbegriff in den Testinstrumenten abgebildet ist, das heisst, welche Verstehenselemente und Repräsentationen des Satzes des Pythagoras und welche Verknüpfungen in den beiden im empirischen Teil verwendeten Tests vorhanden sind. Denn das in Kapitel 4 beschriebene Pythagoras-Verstehensmodell wurde erst nach der Fertigstellung der Tests entwickelt.

Das spezifische Vorwissen zum Satz des Pythagoras wurde unmittelbar vor den videographierten Unterrichtseinheiten erfasst, kurzfristige Effekte auf den Leistungsstand wurden direkt danach erhoben. Mit Hilfe der Item-Response-Theorie wurden die individuellen Leistungsscores erfasst. Das Vorgehen, die Testaufgaben und die Ergebnisse der Skalen- und Reliabilitätsanalysen sind im zweiten Band der „Dokumentation der Erhebungs- und Auswertungsinstrumente zur schweizerisch-deutschen Videostudie" ausführlicher dargestellt (Lipowsky et al., 2006).

6.6.1 Vortest zur Erfassung des Vorwissens

Im Vortest wurde Vorwissen geprüft, welches für einen fachlich adäquaten kognitionspsychologischen Strukturaufbau des Satzes des Pythagoras als zentral angenommen wird.

Der Test dauerte 15 Minuten. In die Raschskalierung wurden zehn Aufgaben auf-genommen. Vier weitere Aufgaben mussten aufgrund ungeeigneter Parameter ausge-schlossen werden (die Aufgaben 1a, 1b, 2 und 4 gemäss Lipowsky et al., 2006). Die Reliabilität des Vortests beträgt .64 (ebd.). Die Kennwerte betragen für die Stichprobe der 38 Klassen N = 825, M = .39, SD = 1.28, Min = -3.95, Max = 3.69.

Es folgt eine kurze inhaltliche Beschreibung und Analyse der Aufgaben, welche anschliessend aufgeführt werden. Inhaltlich musste von gegebenen Dreiecken begrün-det werden, ob sie rechtwinklig sind oder nicht. Dabei waren unter anderem ein gleichseitiges Dreieck und ein rechtwinkliges Dreieck innerhalb einer Thaleskreis-Konstruktion gegeben (Aufgabe 3). Es mussten auch Quadratzahlen identifiziert wer-den (Aufgabe 5). Weiter mussten einfache Gleichungen gelöst werden, welche in ver-schiedenen Variationen die typischen algebraischen Anforderungen der zum Satz des Pythagoras gehörenden Formel aufwiesen, beispielsweise die Problematik der Reihen-folge der Operationen (Aufgabe 6). Dieses Vorwissen, das in den Aufgaben 3, 5 und 6 getestet wurde, hilft beim Entdecken, Verstehen und später auch beim Anwenden des Satzes. Im Vortest kam auch eine Aufgabe vor, in der eine geometrische Darstellung der binomischen Formel algebraisch gedeutet werden musste (Aufgabe 7). Das Able-sen der binomischen Formel anhand der bildlichen Darstellung ist schwierig, zumal diese Formel in der Schweiz üblicherweise erst nach dem Satz des Pythagoras unter-richtet wird, während es in Deutschland gerade umgekehrt ist. Die binomische Formel selbst ist für das Verstehen des Satzes des Pythagoras nicht wichtig. Die bildliche Dar-stellung der ersten binomischen Formel ist aber identisch mit einer Darstellung, die auch im Ergänzungsbeweis des Satzes des Pythagoras eine wichtige Rolle spielt. Wer die binomische Formel in einer bildlichen Repräsentation verstanden hat, weiss auch, was die geometrische Bedeutung des algebraischen Ausdrucks a^2 ist. Dies ist ein wich-tiges Element bei der Verknüpfung zwischen der formalen und der bildlichen Darstel-lung des Satzes des Pythagoras. Deshalb haben Schülerinnen und Schüler, welche die-se Aufgabe lösen können, einen Vorteil beim Verstehen des Satzes und des Beweises und es ist folglich sinnvoll, dieses Vorwissen bei Mehrebenenanalysen zu kontrollie-ren.

Die Aufgaben des Vortests sind auf den folgenden beiden Seiten aufgeführt.

3. Welche der folgenden Dreiecke E, F, G sind rechtwinklig, welche nicht? Kreuze an und begründe, warum die Dreiecke rechtwinklig sind oder nicht.

E

Das Dreieck E ist rechtwinklig.

❑ ja

❑ nein

Grund: _____

F

Das Dreieck F ist rechtwinklig.

❑ ja

❑ nein

Grund: _____

G

M

Das Dreieck G ist rechtwinklig.

❑ ja

❑ nein

Grund: _____

5. Welche der folgenden Zahlen sind Quadratzahlen? Kreuze alle Quadratzahlen an!

1   2   3   4   5   6   7   8   9   10   100   1000   10000

6. Bestimme jeweils a:

$a = (2 + 3)^2$ $a = $ _____

$30 = 10 + a$ $a = $ _____

$200 + a^2 = 300$ $a = $ _____

$a = \sqrt{9 + 16}$ $a = $ _____

$a = b^2 + c^2$ für $b = 2$ und $c = 3$ $a = $ _____

7. Welche Formel wird mit der folgenden Zeichnung dargestellt? Ergänze!

$($_____$)^2 = $ _____

e   g

e

g

6.6.2 Nachtest

Ziel des Nachtests war es, kurzfristige Effekte des videographierten Unterrichts auf den Leistungsstand der Schülerinnen und Schüler erfassen zu können. Im Zentrum standen deshalb das konzeptuelle Verständnis des Satzes und einfache Anwendungsaufgaben.

Der Test dauerte 15 Minuten und umfasste 16 kurze Aufgaben. (Der Test enthielt noch zwei weitere Aufgaben, Aufgabe 1 und 2 gemäss Lipowsky et al., 2006, welche typologisch ausgewertet werden müssen und in der Raschskalierung nicht mitberücksichtigt wurden.) Die Reliabilität des Nachtests beträgt .78 (ebd.). Die Kennwerte betragen für die Stichprobe der 38 Klassen N = 830, M = .07, SD = 1.20, Min = -4.44, Max = 3.66.

Es folgt wiederum eine kurze inhaltliche Beschreibung und Analyse der Aufgaben, welche anschliessend aufgeführt werden. Zuerst musste bei acht Ankreuzaufgaben entschieden werden, welche der angegebenen Darstellungen den Satz des Pythagoras beschreiben (Aufgabe 3). Es war jeweils eine Skizze, meist ein mit Seitenlängen beschriftetes Dreieck, gegeben. Hier mussten insbesondere zu unterschiedlichen Dreiecksbeschriftungen die dazugehörenden formalen Darstellungen des Satzes des Pythagoras als richtig oder falsch identifiziert werden. Das Schwergewicht lag auf der formalen Darstellung des Satzes, und der Seitenaspekt wurde betont. Es kamen aber auch sprachliche und eine bildliche Darstellung des Satzes vor. Weiter gab es unter den Aufgaben Beispiele von nicht rechtwinkligen Dreiecken. Form, Lage und Grösse der Dreiecke und auch deren Beschriftungen wurden variiert. Dies erforderte, dass die Schülerinnen und Schüler die zwei Typen von Seiten im rechtwinkligen Dreieck unterscheiden mussten. Die formale Darstellung wurde auch umgeformt, beispielsweise stand die Hypotenuse nicht immer allein auf der einen Seite des Gleichheitszeichens oder die Wurzel war bereits gezogen worden. Die Begriffe „Hypotenuse" und „Katheten" kamen hingegen nicht vor. Anschliessend war ein Rechteck gegeben, das mit Hilfe einer Diagonale und zweier Höhen in verschiedene rechtwinklige Teildreiecke zerlegt worden ist (Aufgabe 4 mit insgesamt 6 Aufgaben). Es wurde gefragt, in welchen Teildreiecken dieses Rechtecks der Satz des Pythagoras anwendbar sei. Hier ging es darum, dass der Satz nur in rechtwinkligen Dreiecken gilt, und solche mussten in einer unübersichtlichen Situation identifiziert werden.[112] Es folgten zwei Anwendungsaufgaben: Die erste Aufgabe war innermathematisch formuliert (Aufgabe 5). Es musste die Länge der Diagonale eines Rechtecks mit gegebenen Seitenlängen berechnet werden, wobei die Aufgabenstellung nur sprachlich gegeben war. Als Erstes werden Schülerinnen und Schüler die Aufgabe im Kopf oder auf Papier vom sprachlichen in ein

---

112 Der Satz des Pythagoras kann in jedem Dreieck angewendet werden, sobald dieses in rechtwinklige Teildreiecke zerlegt worden ist. Dieser Aspekt wird aber im Unterricht oft nicht in den ersten drei Lektionen thematisiert und deshalb wurde in diesem Test noch nicht darauf eingegangen.

bildliches Medium übersetzen. Dann muss das rechtwinklige Dreieck erkannt werden, die zwei Typen von Seiten müssen identifiziert werden und anschliessend kommt die Beziehung des Satzes des Pythagoras zum Zug. Dies erfordert einen Rückgriff auf algebraisches Vorwissen, das im Vortest erhoben wurde. Es handelt sich um eine typische Schulbuchaufgabe zum Satz des Pythagoras. Die zweite Aufgabe war ebenfalls als Text formuliert (Aufgabe 6). Es wurde danach gefragt, ob Essstäbchen einer gegebenen Länge in einem vorgegebenen Briefumschlag verschickt werden können. Es liegt ein aussermathematischer Kontext vor, in dem der Satz des Pythagoras erkannt werden muss. Dies setzt eine gewisse Modellierung der Alltagssituation voraus, die aber bereits in der vorangegangenen Aufgabe vorbereitet wurde. Hier muss also die Diagonale des Briefumschlags ausgerechnet werden, um anschliessend entscheiden zu können, ob die Stäbchen hineinpassen. Es folgen die Aufgaben des Nachtests:

Nachtest

3. Kreuze alle Darstellungen an, die den Satz des Pythagoras wiedergeben!

a) ❑ $x^2 + y^2 = z^2$

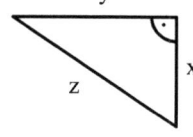

b) ❑ $a^2 + b^2 = c^2$

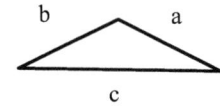

c) ❑ $a^2 + b^2 = c^2$

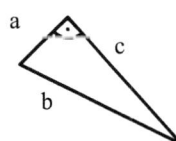

d) ❑ l ist die Wurzel aus der Summe von h^2 und k^2

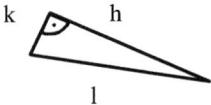

e) ❑ $x^2 = z^2 - y^2$

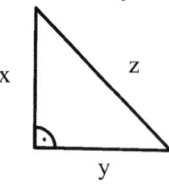

f) ❑ $c^2 = 2a^2$

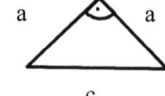

g) Der Flächeninhalt des Hypotenusenquadrats ist gleich der Summe der Flächeninhalte der Kathetenquadrate.

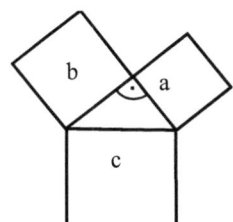

h) ❏ $y^2 = x^2 - z^2$

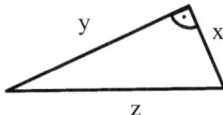

4. In welchen Teildreiecken des Rechtecks ACDF ist der Satz des Pythagoras anwendbar?

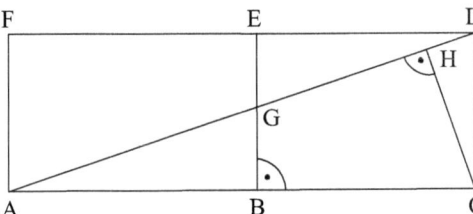

Antwort: _____

5. Ein Rechteck hat die Seitenlängen 12 cm und 5 cm. Wie lang ist seine Diagonale?

Antwort: _____

6. Lisa hat aus China für ihre Freundin Essstäbchen mitgebracht. Die Stäbchen sind 35 cm lang. Kann sie die Stäbchen in einem Briefumschlag von 32 cm Länge und 23 cm Breite verschicken? Begründe Deine Antwort.

   Antwort: _____

Insgesamt sind alle zentralen Verstehenselemente und fachlichen Repräsentationen des Satzes des Pythagoras im Nachtest abgedeckt und der Satz muss in zwei Aufgaben angewendet werden. Der Fokus liegt deutlich auf der formalen Darstellung des Satzes und auf dem Seitenaspekt. Diese Gewichtung widerspiegelt die Behandlung des Satzes in vielen Lehrbüchern.

6.7 Hoch inferentes Rating zur Erfassung der kognitiven Aktivierung

Im Rahmen der binationalen Videostudie „Unterrichtsqualität, Lernverhalten und mathematisches Verständnis" wurde auch ein Ratingsystem zur hoch inferenten Erfassung der Qualität von unterrichtlichen Prozessen entwickelt (Rakoczy & Pauli, 2006). Aus diesem Beobachtungsinstrument wird hier die Skala „Unterstützung bei der Konstruktion von Wissen" betrachtet, welche im Folgenden „kognitive Aktivierung" genannt wird. Diese Skala ist eine Weiterentwicklung und Anpassung der Skala „Konstruktion von Wissen" von Kunter (2005, S. 292) und wurde hoch inferent eingeschätzt. Sie umfasst die folgenden fünf Rating-Dimensionen:

1) In welchem Ausmass stellt die Lehrperson anspruchsvolle Aufgaben und Probleme, welche das Denken der Schülerinnen und Schüler anregen und herausfordern?

2) In welchem Ausmass aktiviert die Lehrperson das Vorwissen der Schülerinnen und Schüler?

3) In welchem Ausmass ermuntert die Lehrperson die Schülerinnen und Schüler, eigene Ideen, Konzepte und Lösungen zu erklären (Exploration der Denkprozesse)?

4) In welchem Ausmass geht die Lehrperson in der Interaktion mit den Schülerinnen und Schülern auf evolutionäre Weise mit den bereits vorhandenen Konzepten und Ideen um und löst auf diese Weise kognitive Konflikte, Umstrukturierungen und eine Erweiterung der Wissensstrukturen aus?

5) In welchem Ausmass stellt die Lehrperson beim Problemlösen ihre Lösungsmethode als einzigen Weg voran? (umgepolt: rezeptives Lernverständnis)

Für jede der fünf Dimensionen lag eine vierstufige Antwortskala vor, wobei „1" eine sehr geringe und „4" eine sehr hohe Ausprägung war. Alle Generalisierbarkeitskoeffizienten der Items waren grösser gleich .65. Das Cronbach Alpha der Skala „kognitive Aktivierung" beträgt α =.80. Nach einer Skalenbildung durch Mittelwertbildung über alle fünf Items entstand die Skala „kognitive Aktivierung", welche für die in diesen Auswertungen betrachteten 38 Klassen die in Tabelle 10 dargestellten deskriptiven Kennwerte erfüllt.

Tabelle 10:   Deskriptive Werte der Skala „kognitive Aktivierung"

Skala	N	Min	Max	M	SD
Kognitive Aktivierung	38	1.13	2.53	1.77	.36

Der Mittelwert liegt mit M = 1.77 unter dem statistischen Mittelwert von 2.5 und die Standardabweichung ist mit .36 klein. Das Minimum liegt bei 1.13, das Maximum liegt fast beim statistischen Mittelwert. Der Grad der kognitiven Aktivierung des Unterrichts der 38 Klassen wird also insgesamt als eher gering eingeschätzt.

7   Ergebnisse

Die Ergebnisse werden in der Reihenfolge der in Kapitel 5 beschriebenen Fragestellungen dargestellt. In Kapitel 7.1 werden die deskriptiven Ergebnisse und die Summenscore- oder Skalenbildung jeder fachdidaktischen Qualität einzeln dargestellt. Im darauffolgenden Kapitel 7.2 wird analysiert, ob es Zusammenhänge zwischen den Skalen gibt, wie es aus theoretischer Sicht zu erwarten wäre. Die Ergebnisse zu den Länder- und Schulformunterschieden werden in Kapitel 7.3 dargestellt. Anschliessend wird in Kapitel 7.4 der Einfluss der fachdidaktischen Qualitäten auf den durch Tests gemessenen Leistungsstand der Schülerinnen und Schüler analysiert. Dies ist der Prüfstand für die Aussagekraft der neu entwickelten fachdidaktischen Qualitäten. Zum Schluss wird in Kapitel 7.5 der Zusammenhang zwischen den fachdidaktischen Qualitäten und der ebenfalls hoch inferent erfassten kognitiven Aktivierung beschrieben.

7.1   Fachdidaktische Unterrichtsqualitäten

In den ersten drei Kapiteln (Kapitel 7.1.1 bis 7.1.3) werden für jedes Teilinstrument der fachdidaktischen Qualitäten einzeln zuerst die deskriptiven Ergebnisse der Einzelitems dargestellt und kommentiert. Anschliessend wird das Vorgehen der Skalen- oder Summenscorebildung inhaltlich begründet, statistisch durchgeführt und die deskriptiven Werte werden dokumentiert. Im zusammenfassenden Kapitel 7.1.4 wird erkennbar, dass bei allen fachdidaktischen Qualitäten Varianz zwischen den Lehrpersonen vorhanden ist.

7.1.1   Vorkommen der Verstehenselemente

Die Verstehenselemente bilden, wie in Kapitel 4 gezeigt, den Kern des entwickelten Instruments. Sie wurden auf einer Skala mit dem Antwortformat „kommt nicht vor", „kommt kurz vor", „kommt ausführlich vor" eingeschätzt. Nichtübereinstimmungen wurden durch ein Konsensurteil bereinigt. In Tabelle 11 sind die Beurteilerübereinstimmungen vor dem Konsensurteil angegeben, sowohl in Prozent als auch mit Cohens Kappa-Koeffizient (Wirtz & Caspar, 2003).

Fünf der Items zeigen eine Übereinstimmung von mehr als 70%, bei einem liegt sie höher als 85%. In Bezug auf den Kappa-Koeffizienten haben vier der neun Items Werte zwischen 0.4 und 0.6, was gemäss Wirtz und Caspar (2003) eine akzeptable Übereinstimmung darstellt. Es ist anzunehmen, dass durch eine genauere Beschreibung höhere Beurteilerübereinstimmungen zu erreichen wären.

Tabelle 11:   Beurteilerübereinstimmungen zu den Verstehenselementen

Items in Kurzversion Die vollständige Formulierung ist in Tabelle 7 auf Seite 247 zu finden (über die Nummern in der ersten Spalte von beiden Tabellen).	%	κ
1 Typ von Seiten	.80	.575
3 Identifikation von Seiten	.64	.329
5 Dreieck	.76	.334
6 rechtwinkliges Dreieck	.88	.569
8 Seitenlängen im Dreieck	.66	.293
9 Formulierung via Seitenlängen	.71	.383
12 Formulierung via Flächeninhalte	.74	.459
13 Verknüpfung von Flächen- und Seitenaspekt	.69	.467
15 die Reihenfolge	.52	.230

Tabelle 12 zeigt den Median und die Häufigkeiten der einzelnen Antwortformate (1 = kommt nicht vor, 2 = kommt kurz vor, 3 = kommt ausführlich vor). Zur besseren Übersicht ist die Tabelle zweifach sortiert nach Median und anschliessend nach dem Antwortformat „kommt ausführlich vor". Die Stichprobengrösse beträgt für alle Items N = 38.

Tabelle 12:   Deskriptive Werte der Items „Verstehenselemente"

Items in Kurzversion	Median	Kommt nicht vor	Kommt kurz vor	Kommt ausführlich vor
5 Dreieck	3	1	9	28
6 rechtwinkliges Dreieck	3	1	9	28
1 Typ von Seiten	3	1	11	26
8 Seitenlängen im Dreieck	3	1	12	25
12 Formulierung via Flächeninhalte	3	3	11	24
9 Formulierung via Seitenlängen	3	1	14	23
3 Identifikation von Seiten	3	2	15	21
13 Verknüpfung von Flächen- und Seitenaspekt	3	7	11	20
15 die Reihenfolge	2	14	19	5

Die aus fachdidaktisch-theoretischer Sicht identifizierten zentralen Items kommen im Allgemeinen ausführlich vor, was als empirische Validierung der theoretischen Auswahl der Items angesehen werden kann. Es fällt auf, dass das Item 15 nur einen Median von 2 aufweist. Eine ausführliche Unterscheidung zwischen der Voraussetzung und der Behauptung des Satzes des Pythagoras wurde nur bei 5 Lehrpersonen identifiziert, während sie bei 14 Lehrpersonen gar nicht zu erkennen war. Dies ist insbesondere dann der Fall, wenn die Lehrperson selbst nicht beobachtbar zwischen dem Satz und seiner Umkehrung unterscheidet. Aus fachlicher Sicht ist die Unterscheidung zwischen Voraussetzung und Behauptung zentral. Deshalb müssen die Daten als Anlass betrachtet werden, näher darüber nachzudenken, wie dieser fachsprachlich zentrale Punkt in einem Unterricht der Sekundarstufe I sinnvoll zu realisieren wäre.[113]

An Tabelle 12 ist erkennbar, dass es Lehrpersonen gibt, bei welchen einige der zentralen Verstehenselemente gar nicht vorkommen. Dies zeigt, dass es zwischen den Lehrpersonen Unterschiede gibt.

Bei den Verstehenselementen ist nicht systematisch erhoben worden, wie lange tatsächlich an dem jeweiligen Element gearbeitet wird. Dies wäre methodisch sehr aufwendig und wohl kaum ergiebig, weil die Verstehenselemente untereinander Hierarchien aufweisen und deshalb oft gleichzeitig vorkommen (vgl. Kapitel 6.4.1).

Wie lässt sich nun aus diesen neun Items ein einziger fachdidaktischer Qualitätswert bilden? Es gibt in Tabelle 12 zwei Items zur Voraussetzung (rechtwinkliges Dreieck), zwei Items zu den Typen von Seiten, vier Items, die mit der eigentlichen Aussage des Satzes zu tun haben und ein Item zur Reihenfolge der Voraussetzung und Behauptung. Dadurch ist eine gewisse Gewichtung gegeben und es wird keine zusätzliche Gewichtung vorgenommen. Aus einer fachlichen Sicht ist die Voraussetzung des Satzes zentral. Diese ist direkt oder indirekt in mindestens vier Items enthalten, nämlich in den Items 1, 3, 6 und 15. Aus fachdidaktischer Sicht wird angenommen, dass alle diese neun Items für einen erfolgreichen Strukturaufbau im Unterricht ausführlich vorkommen müssen. Deshalb wird in dieser Arbeit der Mittelwert über alle neun Items als Mass für das Vorkommen der Verstehenselemente im Unterricht festgesetzt.[114] Die

---

113 Hier sind wiederum die Vorteile von Videoaufnahmen für die Erforschung von fachdidaktischen Fragestellungen zu erkennen (vgl. Kapitel 6.3): Mit Hilfe des Ratings ist es einfach möglich, diejenigen Lehrpersonen zu finden, bei welchen diese Unterscheidung im Unterricht ausführlich vorgekommen ist. Anschliessend könnte in deren Videoaufnahmen genauer analysiert werden, wie sie vorgegangen sind. Selbstverständlich beeinflusst die Art des Ratings umgekehrt die Wahrnehmbarkeit der Phänomene, weil immer eine Auswahl getroffen werden muss. Weil aber die Videoaufnahmen jederzeit re-analysiert werden können, ist es auch im Nachhinein noch problemlos möglich, neue Hypothesen am selben Datenmaterial zu testen. Tests und Fragebogen hingegen können im Nachhinein nicht mehr verändert werden.

114 Hier handelt es sich nicht um Variablen, die allesamt Qualitätsaussagen zum gleichen theoretischen Konstrukt beschreiben, sondern um Variablen, von denen angenommen wird, dass sie alle ausführlich vorkommen müssen. Deshalb wird hier im Unterschied zu den anderen beiden fachdidaktischen Qualitäten keine Skalenbildung vorgenommen, sondern ein Summenscore gebildet.

Antwortformate sind im Datenfile auf die folgende Art als Zahlen codiert worden: „kommt nicht vor": 1; „kommt kurz vor": 2; „kommt ausführlich vor": 3. Die Lehrpersonen können folglich auf dem Verstehenselemente-Summenscore Werte von 1 bis 3 annehmen. Der Wert 1 bedeutet dabei, dass keines der Verstehenselemente beobachtbar war, der Wert 3 bedeutet, dass alle Verstehenselemente ausführlich zu erkennen waren. Dazwischen gibt es Werte, welche unterschiedliche Bedeutungen haben können, weil verschiedene Konstellationen zum gleichen Wert führen. Tabelle 13 zeigt die deskriptiven Werte des Summenscores „Verstehenselemente".

Tabelle 13:   Deskriptive Werte des Summenscores „Verstehenselemente"

Skala	N	Min	Max	M	SD
Verstehenselemente	38	1.56	3.00	2.49	.39

Der Mittelwert liegt deutlich über dem statistischen Mittelwert von 2 und die Standardabweichung beträgt SD = .39. Bei allen Lehrpersonen konnten gewisse Verstehenselemente beobachtet werden, denn das Minimum beträgt 1.56. Dies entspricht 14 Roh-Punkten, wobei 9 Punkte das Minimum wären. Bei 4 Lehrpersonen kommen alle neun Verstehenselemente ausführlich vor (dies entspricht dem Maximum von 3).

7.1.2 Qualität der Repräsentationen des Satzes des Pythagoras

In Tabelle 14 sind die deskriptiven Werte der Qualitäten der Repräsentationen abgebildet.

Tabelle 14:   Deskriptive Werte der Items „Repräsentationen zum Satz des Pythagoras"

	N	Min	Max	M	SD	Rel. GK
Bildliche Repräsentation: typische Pythagorasfigur	34	1.5	4	3.10	.75	.85
Bildliche Repräsentation: Beweisfigur	37	2	4	3.05	.51	.66
Formale Repräsentation	37	1	4	2.73	.80	.76
Sprachliche Repräsentation	37	1.5	4	2.85	.72	.67
Enaktive Repräsentation: Theorie	16	1.5	4	2.44	.70	.57
Enaktive Repräsentation: Beweis	26	1.5	3.5	2.71	.53	.75

Die unterschiedliche Fallzahl sticht sofort ins Auge: Tabelle 14 zeigt, dass keine Repräsentation von allen 38 Lehrpersonen verwendet wurde, denn für fehlende Repräsentationen wurden keine Qualitätsratings vergeben. Umgekehrt gibt es 13 Lehrpersonen,

273

bei welchen sämtliche sechs in Tabelle 14 dargestellten Repräsentationen beobachtbar waren. (Dies ist aus der Tabelle nicht ablesbar.) Das Minimum wird nur bei der formalen Repräsentation erreicht, das Maximum wird umgekehrt nur bei der enaktiven Beweisführung nicht erreicht. Die Mittelwerte liegen bei den bildlichen Repräsentationen deutlich über dem statistischen Mittelwert, bei der enaktiven Repräsentation in der Theorie liegt der Mittelwert bei 2.44 und die anderen Werte liegen dazwischen. Bei der bildlichen und enaktiven Repräsentation der Beweisfigur ist die Standardabweichung mit 0.51 respektive 0.53 deutlich tiefer als bei allen anderen Repräsentationen, welche eine Standardabweichung zwischen 0.70 und 0.80 aufweisen.

Die Spalte ganz rechts zeigt die relativen Generalisierbarkeitskoeffizienten vor der Konsensbildung (vgl. Kapitel 6.3.1). Mit Ausnahme des Items „enaktive Repräsentation: Theorie" weisen alle Items einen Koeffizienten höher als .65 auf.

Am seltensten kommen enaktive Repräsentationen in der Theorie vor, insgesamt nur bei 16 Lehrpersonen. Bei den Beweisen sind bei 26 Lehrpersonen enaktive Repräsentationen erkennbar.[115] Tabelle 15 zeigt, wie viele Lehrpersonen jeweils 2 bis 6 Repräsentationen in ihrem Unterricht aufweisen.

Tabelle 15:   Anzahl Lehrpersonen, welche 2 bis 6 Repräsentationen verwenden

Anzahl verschiedener Repräsentationen, welche im Unterricht vorkommen	Anzahl Lehrpersonen
6	13
5	14
4	8
3	1
2	2

Es fällt auf, dass bei keiner Lehrperson weniger als 2 Repräsentationen vorkommen. Bei insgesamt 27 Lehrpersonen werden im Unterricht sogar 5 oder alle 6 Repräsentationen verwendet.

Tabelle 16 zeigt dieselbe Fragestellung, wobei die enaktiven Repräsentationen weggelassen wurden. Bei 33 Lehrpersonen kommen alle 4 Repräsentationen vor, die nicht enaktiv sind. Bei drei Lehrpersonen fehlt eine, bei zwei Lehrpersonen fehlen zwei Repräsentationen. Interessant ist nun, welche der Repräsentationen nicht vorkommen:

- Bei zwei Lehrpersonen fehlt ausschliesslich das typische Pythagorasbild.
- Bei einer Lehrperson fehlt nur die Formel.
- Bei einer Lehrperson fehlen das Pythagorasbild und das Beweisbild.

---

115 Hier wäre es interessant zu wissen, ob dies ein Filmeffekt ist oder ob die Lehrpersonen im normalen Unterricht ebenfalls so viel Material verwenden.

- Bei einer Lehrperson fehlen das Pythagorasbild und die sprachliche Formulierung.

Insgesamt fehlen also viermal ein Pythagorasbild, einmal ein Beweisbild, einmal die sprachliche Version und einmal die Formel.

Tabelle 16:   Anzahl Lehrpersonen, welche 2 bis 4 Repräsentationen verwenden (ohne enaktive Repräsentationen)

Anzahl verschiedener Repräsentationen, welche im Unterricht vorkommen	Anzahl Lehrpersonen
4	33
3	3
2	2

Weil bei der grossen Mehrheit aller Lehrpersonen alle vier nicht enaktiven Repräsentationen vorkommen, ist eine Skalenbildung durch Mittelwertbildung über diese vier Items inhaltlich denkbar. Um zu schauen, ob eine solche Skalenbildung auch aus statistischer Sicht in Frage kommt, muss zuerst das Problem angegangen werden, was mit den fünf Lehrpersonen passiert, bei welchen nicht alle Repräsentationen vorgekommen sind.

Eine Möglichkeit wäre, dass in die Skalenbildung nur die Lehrpersonen miteinbezogen werden, welche in allen Ratings Werte aufweisen. Aber das Nichtvorkommen einer zentralen Repräsentation stellt aus der hier vertretenen Sicht gerade eine interessante negative Qualitätsaussage dar. Werden genau diese Lehrpersonen gar nicht berücksichtigt, gibt es unerwünschte Verzerrungen in den Daten, welche aus inhaltlicher Sicht nicht akzeptiert werden können. Ein weiterer Nachteil ist, dass nur 33 Lehrpersonen übrig bleiben würden, was für Mehrebenenanalysen eine sehr kleine Fallzahl darstellt. Damit für die Skalenbildung alle Lehrpersonen beibehalten werden können, müssen die fünf Lehrpersonen, bei welchen eine oder mehrere Repräsentationen nicht vorgekommen sind, trotzdem auf eine inhaltliche und statistisch sinnvolle Art eingebunden werden. Es sind hier zwei verschiedene, übliche Vorgehensweisen denkbar:

Erste Vorgehensweise: Es wird der Mittelwert pro Lehrperson über alle jeweils vorkommenden Repräsentationen genommen. Die Mittelwerte werden also über die jeweils zwei bis vier vorhandenen Werte berechnet. Es entsteht dann ein neues Problem: Auf diese Weise könnte eine Lehrperson mit nur zwei Repräsentationen, aber sehr hohen Werten viel besser abschneiden als eine Lehrperson, welche zwar alle vier Repräsentationen verwendet, von denen aber nicht alle den höchsten Wert aufweisen. Oder zwei Lehrpersonen erhalten den gleichen Skalenwert, obwohl die eine vier, die andere aber nur zwei Repräsentationen von gleicher Qualität im Unterricht verwendet hat. Auch diese Verzerrungen sind aus inhaltlicher Sicht unbefriedigend.

Zweite Vorgehensweise: Lehrpersonen, in deren Unterricht eine Repräsentation nicht vorkommt, wird im Nachhinein auf dem entsprechenden Qualitätsitem der tiefste Qualitätswert zugewiesen. Aus inhaltlicher Sicht kann angenommen werden, dass es für den Aufbau von Strukturen etwa gleichbedeutend ist, ob die Repräsentation in sehr schlechter Qualität oder gar nicht vorkommt. Diese Vorgehensweise ist also auch aus inhaltlicher Sicht sinnvoll. Durch die Umcodierung ändert sich nichts am Skalenniveau, das auch weiter als intervallskaliert angenommen werden kann.

Im Folgenden erhalten also alle fünf Lehrpersonen neu für das fehlende Repräsentationsrating den Qualitätswert 1 zugeordnet. Die Skalenbildung und alle weiteren Auswertungen beruhen auf diesen umcodierten Werten. Tabelle 17 zeigt die neuen deskriptiven Werte unter Berücksichtigung dieser Umcodierung. Rechts sind zum Vergleich die ursprünglichen Werte aus Tabelle 14 angegeben.

Tabelle 17: Deskriptive Werte der Items „Repräsentationen zum Satz des Pythagoras" nach Umcodierung der fehlenden Werte (ohne enaktive Repräsentationen)

	N	Min	Max	M	SD	Zum Vergleich: Die bisherigen Werte aus Tabelle 14	
						M	SD
Bildliche Repräsentation: typische Pythagorasfigur	38	1	4	2.88	.96	3.10	.75
Bildliche Repräsentation: Beweisfigur	38	1	4	3.00	.60	3.05	.51
Formale Repräsentation	38	1	4	2.68	.83	2.73	.80
Sprachliche Repräsentation	38	1	4	2.80	.77	2.85	.72

Im Vergleich zu Tabelle 14 wird mit den umcodierten Werten nun überall das Minimum 1 angenommen. Alle Mittelwerte sind erwartungsgemäss gesunken, am stärksten bei der bildlichen Repräsentation der typischen Pythagorasfigur, wo viermal der Wert 1 neu hinzugekommen ist. Die Standardabweichung hat als Folge davon überall zugenommen. Alle Mittelwerte liegen über dem theoretischen Mittelwert von 2.5. Der Mittelwert ist bei der formalen Repräsentation mit 2.68 am tiefsten und bei der bildlichen Repräsentation der Beweisfigur mit 3 am höchsten.

Für die Skalenbildung werden im Folgenden die enaktiven Repräsentationen nicht mitberücksichtigt, es wird nur mit den vier in Tabelle 17 dargestellten Repräsentationen gerechnet. Zwei Gründe führen zu diesem Entscheid: Der *erste Grund* ist hauptsächlich inhaltlicher Art. Aus fachdidaktischer Sicht und gemäss Aeblis problemlösendem Strukturaufbau sind enaktive Zugänge sehr lernwirksam, wenn sie von hoher

Qualität sind. Die Art der in der Stichprobe vorgekommenen enaktiven Zugänge unterscheidet sich sehr. Bei der Theorie sind insbesondere Papierfiguren (z.b. bei einem Einstieg via Beweis) und Knotenseile (für einen Einstieg via die Umkehrung des Satzes) vorgekommen. Die enaktiven Beweissequenzen arbeiten bei verschiedenen Beweisarten mit Papier- oder Plastikfiguren. Manchmal haben alle Schülerinnen und Schüler eigene Figuren, z. T. wird auch nur an der Tafel oder am Hellraumprojektor mit Material gearbeitet (vgl. die in Kapitel 6.3.2.3 beschriebenen drei Varianten). Aus fachdidaktischer Sicht besteht die Gefahr, dass Material so eingesetzt wird, dass zwar äusserliche Aktivität, nicht aber kognitive Aktivität entsteht (siehe auch Mayer, 2004). In diesem Fall kann angenommen werden, dass der Einsatz von Material weniger produktiv ist, als wenn gar kein Material verwendet würde, weil der Sinnfluss der Schülerinnen und Schüler dadurch behindert wird. Das tiefste Qualitätsrating und ein umcodierter Wert für eine fehlende enaktive Repräsentation wären also inhaltlich nicht gleichwertig, im Unterschied zu den anderen Repräsentationen. Aus fachdidaktischer Sicht kann weiter ein Strukturaufbau zum Satz des Pythagoras auch ohne handelnden Einstieg und handelnden Beweis erfolgen. Als *zweiter Grund* gegen die Verwendung der enaktiven Repräsentationen spricht das oben ausführlich diskutierte Problem des fehlenden Vorkommens von Repräsentationen: Tabelle 14 zeigt, dass 16 respektive 26 der 38 Lehrpersonen eine enaktive Repräsentation in der Theorie respektive im Beweis verwendet haben. Wenn man mit den fehlenden Werten analog vorgehen würde wie bei den anderen Repräsentationen, so müsste man bei 22 respektive 12 Lehrpersonen neu den Wert 1 einsetzen. Dies würde zu einer Verzerrung der Stichprobe führen: Wer nicht den minimalsten Qualitätswert hat, würde auf diese Weise plötzlich höchst überdurchschnittlich abschneiden. Dies ist inhaltlich nicht sinnvoll. Aus diesen beiden Gründen werden die enaktiven Repräsentationen nicht in die Skalenbildung miteinbezogen.

Eine Skalenbildung durch Mittelwertbildung bedeutet inhaltlich, dass davon ausgegangen wird, dass alle vier Repräsentationen, die in Tabelle 17 dargestellt sind, von gleicher Wichtigkeit für das Verstehen sind. Es wird hier also angenommen, dass das Vorkommen jeder dieser Repräsentationen gleich wichtig ist, sofern sie von hoher Qualität sind. Beweisbilder werden miteinbezogen, weil diese die Satzaussage deutlicher machen können.

Nun erfolgt die statistische Prüfung der Skalenbildung: Eine Faktorenanalyse mit Kaiserkriterium zeigt, dass sich die vier Variablen zu einer latenten Variable zusammenfassen lassen. Die total aufgeklärte Varianz der Gesamtvarianz durch diesen einen neuen Faktor beträgt 56.2%. Die Reliabilitätsanalyse zeigt ein Cronbach Alpha von $\alpha = .73$. Tabelle 18 zeigt die Trennschärfen der Reliabilitätsanalyse (r_{it}) sowie die Faktorenladungen der Komponentenmatrix (a) und die Kommunalitäten der Faktorenanalyse (Spalte Varianzaufklärung).

Tabelle 18:   Skalenkennwerte der Skala „Repräsentationen"

Variable	M	SD	r_{lt}	a	Varianzauf-klärung	Rel. GK
					56.2%	
Bildliche Repräsentation: typische Pythagorasfigur	2.88	.96	.54	.76	.58	.85
Bildliche Repräsentation: Beweis-figur	3.00	.60	.46	.68	.47	.66
Formale Repräsentation	2.68	.83	.53	.76	.57	.76
Sprachliche Repräsentation	2.80	.77	.59	.79	.63	.67
Skala: repr38	Cronbachs $\alpha = 0.73$ N ist für alle Items 38					

Alle Items weisen einen relativen Generalisierbarkeitskoeffizienten höher als .65 auf (Spalte Rel. GK). Nach einer Skalenbildung durch Mittelwertbildung über alle vier Items entsteht die Skala „Repräsentationen", welche die in Tabelle 19 dargestellten deskriptiven Kennwerte erfüllt.

Tabelle 19:   Deskriptive Werte der Skala „Repräsentationen"

Skala	N	Min	Max	M	SD
Repräsentationen	38	1.50	3.88	2.84	.60

Der Mittelwert liegt mit M = 2.84 über dem statistischen Mittelwert und die Standard-abweichung beträgt .60. Weder das Minimum noch das Maximum werden in der Stichprobe angenommen.

7.1.3 Strukturelle Klarheit

Tabelle 20 zeigt auf der linken Seite die Extremwerte, den Mittelwert und die Standardabweichung der Einzelitems zur strukturellen Klarheit.

Das Minimum wird nur beim Item der Visualisierungsmittel, das Maximum nur bei der Qualität der Verstehenselemente nicht angenommen. Alle Mittelwerte der Einzelitems sind leicht über dem Mittelwert der Skala (2.5), auch die Standardabweichungen sind sehr ähnlich. Die Spalte ganz rechts zeigt wiederum die relativen Generalisierbarkeitskoeffizienten vor der Konsensbildung. Alle Koeffizienten sind zufriedenstellend (>.65).

278

Tabelle 20: Skalenkennwerte der Skala „strukturelle Klarheit" inklusive Extremwerte der Items

Variable	Min	Max	M	SD	r_{it}	a	Varianzauf-klärung	Rel. GK
							74.5%	
Qualität der Verstehenselemente	1.00	3.50	2.62	.72	.77	.88	.77	0.79
Beitrag der Verknüpfungen der Repräsentationsformen zum Aufbau von Verständnis	1.00	4.00	2.68	.70	.79	.89	.80	0.84
Einsetzung der Darstellungsformen/Visualisierungsmittel	1.50	4.00	2.70	.72	.70	.83	.68	0.72
Kohärenz von Satz und Beweisphase	1.00	4.00	2.78	.87	.74	.86	.73	0.77
Skala: strukklar					Cronbachs α = 0.88 N ist für alle Items 38			

Eine Faktorenanalyse mit Kaiserkriterium zeigt, dass sich die vier Items durch einen einzelnen latenten Faktor beschreiben lassen, welcher 74.5% der gesamten Varianz aller vier Items erklären kann (vgl. Tabelle 20, rechter Teil). Das Cronbach Alpha beträgt α = .88. Tabelle 20 zeigt weiter die Trennschärfen der Reliabilitätsanalyse (r_{it}) sowie die Faktorenladungen der Komponentenmatrix (a) und die Kommunalitäten der Faktorenanalyse (Spalte Varianzaufklärung).

Die Skalenbildung geschieht wiederum durch Mittelwertbildung über alle vier Items. Die deskriptiven Werte der Skala strukturelle Klarheit sind in Tabelle 21 aufgeführt.

Tabelle 21: Deskriptive Werte der Skala „strukturelle Klarheit"

Skala	N	Min	Max	M	SD
Strukturelle Klarheit	38	1.13	3.75	2.70	.65

Die Skala „strukturelle Klarheit" weist eine Spannweite von über 2.5. Punkten auf. Es gibt also grosse Differenzen zwischen den Lehrpersonen, die Extremwerte werden aber in beide Richtungen nicht erreicht. Der Mittelwert liegt mit M = 2.7 wiederum über dem statistischen Mittelwert.

7.1.4 Alle drei fachdidaktischen Unterrichtsqualitäten im Vergleich

Zusammenfassend über alle drei fachdidaktischen Qualitäten ergeben sich die in Tabelle 22 dargestellten deskriptiven Werte.

Tabelle 22: Deskriptive Werte aller fachdidaktischen Unterrichtsqualitäten

Skalen/Summenscore	N	Antwortskala	Min	Max	M	SD
Verstehenselemente	38	1-3	1.56	3.00	2.49	.39
Repräsentationen	38	1-4	1.50	3.88	2.84	.60
Strukturelle Klarheit	38	1-4	1.13	3.75	2.70	.65

Was die deskriptiven Werte anbelangt, gibt es wenige markante Unterschiede zwischen den drei fachdidaktischen Skalen, wenn man beachtet, dass die Antwortskala der Verstehenselemente nur dreistufig war, während sie bei den anderen beiden Skalen vierstufig war. Sowohl das Minimum als auch das Maximum nehmen von den Verstehenselementen über die Repräsentationen zur strukturellen Klarheit ab. Das Maximum wird nur bei den Verstehenselementen angenommen. Man beachte, dass das Rating der Verstehenselemente als mittel inferent angeschaut werden muss, während die anderen beiden Ratings hoch inferent waren. Insgesamt zeigt sich, dass sich die Klassen bezüglich der identifizierten fachdidaktischen Qualitäten unterscheiden, wobei die Differenzen bei der strukturellen Klarheit am grössten sind.

7.2 Korrelationen zwischen den drei fachdidaktischen Unterrichtsqualitäten

Aus inhaltlicher Sicht ist zu erwarten, dass die zwei Skalen und der Summenscore miteinander korrelieren (vgl. Kapitel 4 und 6.4.4), denn die Verstehenselemente bilden die Grundlage für die zwei anderen fachdidaktischen Qualitäten. In den Qualitätsratings der Repräsentationen ist das Vorkommen gewisser Verstehenselemente als Vorbedingung für eine hohe Qualität verlangt. Dieses Qualitätsrating geht aber inhaltlich deutlich über die Verstehenselemente hinaus. Die strukturelle Klarheit umfasst ihrerseits insbesondere die Qualität der Verstehenselemente als Gesamtrating und die Qualität der Repräsentationen im Verlauf und untereinander.

Berechnet man die Korrelationskoeffizienten zwischen den fachdidaktischen Skalen, so sind tatsächlich hohe Korrelationen zu erkennen (vgl. Tabelle 23).

Tabelle 23: Korrelationen zwischen den drei fachdidaktischen Unterrichtsqualitäten

	Repräsentationen	Strukturelle Klarheit
Verstehenselemente	.763**	.721**
Repräsentationen	1	.818**

$N = 38$, ** $p < .01$, Korrelation nach Pearson, zweiseitig

Es ist deshalb zu vermuten, dass statistisch gesehen nicht drei verschiedene Dimensionen vorliegen, sondern nur eine einzige. Dies lässt sich mit einer Faktorenanalyse zweiter Ordnung zeigen.[116] (Da bei einer Faktorenanalyse automatisch alle Faktoren z-standardisiert werden, vgl. Bühl & Zöfel, 2000, entstehen wegen der ungleichen Antwortformate keine falschen Gewichtungen. Diese müssten aber bei einer Skalenbildung berücksichtigt werden.)

Eine Faktorenanalyse mit Kaiserkriterium zeigt, dass sich die drei Items durch einen einzelnen latenten Faktor beschreiben lassen, welcher 84.6% der gesamten Varianz aller drei Items erklären kann (vgl. Tabelle 24). Das Cronbach Alpha beträgt $\alpha = .89$. Tabelle 24 zeigt weiter die Trennschärfen der Reliabilitätsanalyse (r_{it}) sowie die Faktorenladungen der Komponentenmatrix (a) und die Kommunalitäten der Faktorenanalyse (Spalte Varianzaufklärung).

Tabelle 24:   Skalenkennwerte einer fachdidaktischen Skala zweiter Ordnung

Variable	r_{it}	a	Varianzaufklärung
			84.5%
Verstehenselemente	.78	.90	.81
Repräsentationen	.86	.94	.88
Strukturelle Klarheit	.83	.92	.85
Skala: fachqual	Cronbachs $\alpha = 0.89$ N ist für alle Items 38		

Für weitere, über den Horizont dieser Arbeit hinausgehende Auswertungen mit Hilfe dieser Daten, muss ein Weg gefunden werden, wie mit diesen hohen Korrelationen auf eine sowohl inhaltlich als auch statistisch befriedigende Art umgegangen werden kann. In den folgenden Kapiteln wird weiter mit den einzelnen fachdidaktischen Qualitäten gearbeitet.

---

116 Eine Faktorenanalyse mit allen Einzelitems der drei fachdidaktischen Qualitäten ist sowohl aus inhaltlichen als auch aus statistischen Gründen nicht möglich: Es wären 17 Einzelitems auf 38 Fälle, dieses Verhältnis ist für eine Faktorenanalyse nicht sinnvoll. Ausserdem machen die Items zum Summenscore der Verstehenselemente eine andere Aussage als die restlichen Einzelitems: Sie beurteilen das Vorkommen auf eine mittel inferente Art, während es bei den anderen um eine hoch inferente Qualitätseinschätzung geht. Eine Faktorenanalyse über alle Einzelitems wäre deshalb auch aus inhaltlichen Gründen nicht sinnvoll.

7.3 Länder- und Schulformunterschiede

Gemäss Tabelle 25 gibt es in dieser Stichprobe bei allen drei fachdidaktischen Qualitäten keine statistisch signifikanten Länder- oder Schulformunterschiede. Allerdings ist die Verteilung der Schulformen in der Schweiz sehr asymmetrisch und deshalb sind Land und Schulform miteinander konfundiert. Es gilt auch zu berücksichtigen, dass die Stichprobe nicht repräsentativ ist und deshalb keine Aussagen über mögliche Resultate bei zufälligen Stichproben gemacht werden können.

Tabelle 25: Länder- und Schulformunterschiede (df = 36)

	Schultyp	N	M	SD	T	p
Verstehenselemente	Gym	12	2.62	.42	1.372	.179
	Sek/Real	26	2.44	.37		
Repräsentationen	Gym	12	2.90	.66	.372	.712
	Sek/Real	26	2.82	.58		
Strukturelle Klarheit	Gym	12	2.78	.73	.557	.581
	Sek/Real	26	2.65	.62		
	Land					
Verstehenselemente	CH	19	2.55	.40	.876	.387
	D	19	2.44	.38		
Repräsentationen	CH	19	2.80	.63	-.403	.690
	D	19	2.88	.57		
Strukturelle Klarheit	CH	19	2.63	.70	-.650	.520
	D	19	2.76	.61		

Anmerkungen: N sind die Anzahl Klassen, M ist der Mittelwert, SD die Standardabweichung, T ist der T-Wert, p ist die 2-seitige Signifikanz und df sind die Freiheitsgrade.

7.4 Fachdidaktische Unterrichtsqualitäten und Leistungsstand

In diesem Kapitel werden die identifizierten fachdidaktischen Qualitätsmerkmale des Unterrichts zum Satz des Pythagoras mit dem Leistungsstand der Schülerinnen und Schüler unmittelbar nach den Videoaufnahmen in Beziehung gesetzt.

Die vorhandenen Daten weisen eine hierarchische Struktur auf: Von jeder Schülerin und jedem Schüler sind Leistungsdaten vorhanden. Gleichzeitig gehört aber jede Schülerin und jeder Schüler zu einer Klasse. In jeder Klasse wiederum fand ein Unterricht statt, dessen fachdidaktische Qualität mit den beschriebenen Beobachtungsinstrumenten eingeschätzt worden ist. Es sind also nicht nur zwei Ebenen vorhanden (Klassen- und Individualebene), sondern diese sind via die Klassenzugehörigkeit der Schülerinnen und Schüler ineinander geschachtelt. Um bei der Überprüfung der Fragestellung beide Ebenen simultan berücksichtigen zu können, ist ein mehrebenenanalytisches Verfahren notwendig. Die folgenden Analysen wurden mit dem Programm HLM (Hierarchical Linear Modeling, Version 6.06) durchgeführt (Raudenbush, Bryk, Cheong & Congdon, 2004). Vereinfacht gesagt werden mathematisch gesehen zwei Regressionsanalysen ineinander geschachtelt (Hox, 2002; Tabachnick & Fidell, 2007). Dadurch ist es möglich, auf beiden Ebenen gleichzeitig Prädiktoren ins Modell einzubeziehen. Die abhängige Variable, hier der Leistungsstand im Nachtest, ist auf der Individualebene. Um die Interpretation zu vereinfachen, wurden alle Variablen vor den Analysen z-standardisiert. Die Regressionskoeffizienten der Mehrebenenanalyse können deshalb als standardisierte Regressionsgewichte der Prädiktoren interpretiert werden (Hox, 2002). Die unabhängigen Variablen wurden unzentriert eingeführt, denn die z-Standardisierung entspricht einer Zentrierung am Gesamtmittelwert.

Als Kontrollvariable wurde das pythagorasspezifische Vorwissen der Schülerinnen und Schüler verwendet. Diese Variable wurde sowohl auf der Individualebene als auch (als Mittelwert über die Klasse aggregiert) auf der Klassenebene eingeführt. Denn das mittlere Vorwissen kann als Annäherung an die Schulform betrachtet werden. Auf der Individualebene wurden weiter auch das Interesse und die kognitive Leistungsfähigkeit der Lernenden kontrolliert.

Der Intraclassenkorrelationskoeffizient (ICC) beträgt .43 (für N = 38). Folglich liegen 43% der Leistungsvarianz auf der Klassenebene und es lohnt sich, Prädiktoren für die Erklärung dieser Varianz auf der Klassenebene beizuziehen.

Tabelle 26 zeigt die HLM-Modelle zum Einfluss jeder fachdidaktischen Qualität einzeln auf den Leistungsstand der Schülerinnen und Schüler als abhängige Variable.

Alle drei fachdidaktischen Qualitätsmerkmale zeigen unter Kontrolle des Vorwissens, der Intelligenz und des Interesses einen signifikanten Effekt auf die Nachtestleistungen der Schülerinnen und Schüler. In Klassen mit Theoriephasen von einer höheren fachdidaktischen Qualität erreichen Schülerinnen und Schüler höhere Nachtestwerte als in Klassen mit Unterricht von tieferer fachdidaktischer Qualität. Der Befund ist auch deshalb bemerkenswert, weil sich die fachdidaktischen Qualitätsratings nur auf einen Teil der gesamten Lektionszeit bezogen, nämlich auf die Theoriezeit.

Tabelle 26: Mehrebenenanalysen zum Einfluss der fachdidaktischen Unterrichtsqualitäten auf die Leistung im Nachtest

	Abhängige Variable: Leistung im Nachtest, N = 38					
	Modell 1		Modell 2		Modell 3	
	β	SE	β	SE	β	SE
Klassenebene						
Mittleres Vorwissen	.25***	.05	.28***	.06	.25***	.06
Verstehenselemente	.23***	.05				
Repräsentationen			.22***	.04		
Strukturelle Klarheit					.21***	.04
Individualebene						
Vorwissen	.17***	.03	.17***	.03	.17***	.03
Intelligenz	.21***	.03	.21***	.03	.21***	.03
Interesse	.10**	.04	.10**	.04	.10**	.04

β: Standardisierter Regressionskoeffizient; SE: Standardfehler von β, ***p < .001, **p < .01

Die Länge der Theoriephasen war je nach Lehrperson sehr unterschiedlich (vgl. Kapitel 6.3.1). Fügt man auf der Klassenebene als weitere Kontrollvariable die Theoriezeit hinzu, so verändert sich wenig. Die Theoriezeit zeigt keinen signifikanten Einfluss auf die Nachtestleistungen, die Beta-Koeffizienten der Qualitätsskalen ändern sich nur geringfügig und die Signifikanzen bleiben bestehen. Dabei spielt es keine Rolle, ob die absolute Theoriezeit oder die relative Theoriezeit bezüglich der totalen Lektionszeit eingefügt wird.

7.5 Fachdidaktische Unterrichtsqualitäten und kognitive Aktivierung

Wie hängt die fachdidaktische Qualität mit der ebenfalls hoch inferent erfassten kognitiven Aktivierung zusammen?

Tabelle 27 zeigt, dass es keine statistisch signifikanten Korrelationen zwischen den fachdidaktischen Qualitäten und der hoch inferent erfassten kognitiven Aktivierung gibt. Die fachdidaktischen Qualitäten scheinen also etwas anderes zu messen als die kognitive Aktivierung.

Tabelle 27: Korrelationen zwischen den fachdidaktischen Unterrichtsqualitäten und der kognitiven Aktivierung

	Kognitive Aktivierung
Verstehenselemente	.228
Repräsentationen	.148
Strukturelle Klarheit	.007

N = 38, , Korrelation nach Pearson, zweiseitig

Allerdings bezog sich die Einschätzung der fachdidaktischen Qualitäten nur auf die Theoriezeit, während das Rating der kognitiven Aktivierung die gesamte Lektionszeit berücksichtigte.

8 Diskussion

Die vorliegende Arbeit entstand im Rahmen der Videostudie „Unterrichtsqualität, Lernverhalten und mathematisches Verständnis". In der Studie wurde von 38 Lehrpersonen je eine dreistündige Einführung in den Satz des Pythagoras videographiert. Dies ermöglichte es, die Qualität der Anleitung und Unterstützung der Verstehensprozesse zum Satz des Pythagoras aus kognitionspsychologisch-fachdidaktischer Sicht näher zu untersuchen.

Ausgehend von einem kognitionspsychologischen Verstehensbegriff, der Verstehen als Strukturaufbau beschreibt und unter Einbezug verschiedener allgemein- und fachdidaktischer Theorien zum Verstehen wurden drei Arten von Verknüpfungen unterschieden. Daraus konnten anschliessend drei fachdidaktische Unterrichtsqualitäten der Anleitung von Verstehensprozessen zum Satz des Pythagoras bestimmt werden: Das Vorkommen von Verstehenselementen, die Qualität der Repräsentationen zum Satz des Pythagoras und die strukturelle Klarheit des Unterrichts, welche eine konzeptspezifische Klarheit/Strukturiertheit/Kohärenz des Unterrichts beschreibt. Die Theoriephasen der videographierten Unterrichtslektionen wurden nach diesen fachdidaktischen Qualitäten mittel bis hoch inferent beurteilt. Die daraus gewonnen Skalen konnten mit den Leistungstests der Schülerinnen und Schüler und mit einem allgemeindidaktischen Unterrichtsqualitätsmerkmal der kognitiven Aktivierung in Beziehung gesetzt werden.

In Kapitel 8.1 werden zuerst die zentralen Ergebnisse der vorliegenden Arbeit zusammengefasst und diskutiert. Es folgen Überlegungen zum methodischen Vorgehen (Kapitel 8.2). Anschliessend wird das in Kapitel 4 entworfene Pythagoras-Verstehensmodell kritisch diskutiert (Kapitel 8.3). Hier ist eine Kurzzusammenfassung des Modells dargestellt und es wird darüber nachgedacht, inwiefern sich dieses auch auf andere mathematische Konzepte und allenfalls auf Begriffe anderer Unterrichtsfächer erweitern liesse. Einige Bemerkungen zu weiterführenden Auswertungen werden in Kapitel 8.4 beschrieben. Da in dieser Arbeit fachdidaktische Unterrichtsqualitätsmerkmale bestimmt wurden, die sich sowohl theoretisch als auch empirisch von gewissen allgemeindidaktischen Unterrichtsqualitäten unterscheiden lassen, werden in Kapitel 8.5 einige Überlegungen zum Begriff der allgemein- und fachdidaktischen Unterrichtsqualität formuliert. Das hinter den fachdidaktischen Qualitäten steckende fachdidaktische Lehrerwissen wird in Kapitel 8.6 näher untersucht und mit einer anderen Konzeptualisierung von fachdidaktischem Lehrerwissen verglichen. In Kapitel 8.7 werden anschliessend einige Folgerungen für die Lehrerbildung diskutiert.

8.1 Zusammenfassung der zentralen Befunde

Ziel dieser Arbeit war es, fachdidaktische Unterrichtsqualitäten der Anleitung von Verstehensprozessen während einer Einführung in den Satz des Pythagoras zu bestimmen. Diese Qualitäten wurden theoretisch bestimmt und hoch inferent geratet. Dafür konnten Daten der binationalen Videostudie „Unterrichtsqualität, Lernverhalten und mathematisches Verständnis" verwendet werden, in welche die vorliegende Arbeit eingebettet ist. Das Rating der Daten stützte sich auf die Theoriephasen der drei videographierten Unterrichtseinheiten zur Einführung des Satzes des Pythagoras von insgesamt 38 Klassen aus der Schweiz und aus Deutschland. Zur Beschreibung des Effekts dieser Unterrichtsqualitäten auf den Leistungsstand der Schülerinnen und Schüler wurden deren Nachtestleistungen sowie einige Kontrollvariablen beigezogen. Um die fachdidaktischen Unterrichtsqualitäten vom Unterrichtsqualitätsmerkmal der kognitiven Aktivierung abgrenzen zu können, wurde die von externen Beobachtern eingeschätzte Skala der kognitiven Aktivierung des Unterrichts verwendet. Die zentralen Befunde werden in den folgenden Kapiteln zusammengefasst und diskutiert.

8.1.1 Fachdidaktische Unterrichtsqualitäten

In dieser Arbeit wurden Bezug nehmend auf kognitionspsychologische und fachdidaktische Vorstellungen von Verstehensprozessen drei fachdidaktische Unterrichtsqualitätsmerkmale bestimmt: das Vorkommen der Verstehenselemente, die Qualität der Repräsentationen und die strukturelle Klarheit des Unterrichts. Die Ergebnisse des empirischen Teils zeigen, dass sich die Qualität der Repräsentationen und die strukturelle Klarheit hoch inferent beurteilen lassen. In Kapitel 7 wurde dargestellt, dass alle Einzelitems Generalisierbarkeitskoeffizienten über .65 aufwiesen (wobei Nichtübereinstimmungen mit Konsensurteilen beseitigt wurden). Beim Vorkommen der Verstehenselemente waren die Beurteilerübereinstimmungen vor dem Konsensurteil höchstens akzeptabel. Es ist anzunehmen, dass mit einer optimierten Beschreibung die Übereinstimmungen erhöht werden könnten.

Die theoretischen Überlegungen scheinen sich also auch empirisch zu bewähren: Die fachdidaktischen Qualitäten sind beobachtbar und die Ratings zeigen Unterschiede zwischen den Lehrpersonen auf (Kapitel 7.1.4). Fachdidaktische Unterrichtsqualität in Bezug auf das Anleiten von Verstehensprozessen zum Satz des Pythagoras lässt sich zumindest für diese Stichprobe an den zu verstehenden Sachverhältnissen festmachen. Insbesondere lässt sich Klarheit von Unterricht in Bezug auf das Anleiten von Verstehensprozessen zu einem konkreten Konzept konzeptspezifisch beschreiben. Diese fachdidaktischen Qualitäten könnten also als ein Schritt hin zu einer von verschiedenen Autoren aus theoretischer oder empirischer Sicht geforderten fach- und lernzielspezifischeren Erfassung von Unterrichtsqualitätsmerkmalen betrachtet werden (Hiebert & Grouws, 2007; Klieme & Rakoczy, 2008; Messner & Reusser, 2006; Reusser, 2006, 2008; Seidel & Shavelson, 2007).

Die fachdidaktischen Qualitäten sind kumulativ aufeinander aufbauend definiert worden (zur theoretischen Herleitung vgl. Kapitel 4, zur Operationalisierung vgl. Kapitel 6.4). Es wurde bereits in diesen Kapiteln darauf hingewiesen, dass aus diesem Grund Zusammenhänge zwischen den fachdidaktischen Qualitäten zu erwarten sind. Diese zeigen sich nun tatsächlich zwischen den zwei Skalen und dem Verstehensele-mente-Score (vgl. Kapitel 7.2).

Die fachdidaktischen Qualitäten zeigen weder signifikante Länder- noch Schulformunterschiede zwischen den Klassen auf (vgl. Kapitel 7.3). Da die Stichprobe nicht repräsentativ ist und weil die Schulformen nicht symmetrisch vertreten sind, ist dieser Befund jedoch mit Vorsicht zu interpretieren.

8.1.2 Fachdidaktische Unterrichtsqualitäten und Leistungsstand

Das Pythagoras-Verstehensmodell und seine Folgerungen für die Unterrichtsqualität liefern eine Möglichkeit, die Unterrichtsqualität und das entwickelte Verständnis der Schülerinnen und Schüler mit einem ähnlichen Mass zu messen: Der Unterricht kann danach beurteilt werden, ob die Verstehenselemente und Repräsentationen im Unterricht vorkommen und ob sie in kohärenter Weise miteinander verknüpft sind. Im Nachtest können genau diese Verstehenselemente und Repräsentationen systematisch variiert und miteinander kombiniert werden. Inwiefern dies in den verwendeten Tests tatsächlich der Fall war, wurde bereits in Kapitel 6.6 diskutiert.

Alle fachdidaktischen Qualitäten zeigen unter Kontrolle von Interesse, Intelligenz und Vortest (Letzteres auf beiden Ebenen) einen Effekt auf den Leistungsstand. Dieses Resultat kann als Validierung der Instrumente zur fachdidaktischen Qualität aufgefasst werden. Die Sicht von externen Beobachtern auf den Unterricht hängt zumindest in dieser Stichprobe und unter Verwendung der beschriebenen Instrumente, Tests und Fragebogen mit den Leistungen der Lernenden zusammen. Eine höhere fachdidaktische Qualität des Unterrichts geht mit einem höheren Leistungsstand der Schülerinnen und Schüler einher. Dies steht in Übereinstimmung mit Hiebert und Grouws (2007) welche das explizite Achten auf Konzepte als Unterrichtsqualitätsmerkmal bestimmt haben.

Man beachte, dass das hoch inferente Rating der fachdidaktischen Phasen nur die Theorie- und nicht die Übungsphasen berücksichtigte und damit also nur rund 60% der Lektionszeit umfasste (vgl. Tabelle 3 in Kapitel 6.3.1). Es ist anzunehmen, dass ein gutes Konzeptverständnis zu einem erfolgreichen Werkzeuggebrauch wesentlich beiträgt. Das könnte ein Grund sein, weshalb ein Rating der Theoriephasen positiv mit Nachtestleistungen zusammenhängt, welche neben konzeptuellen Fragen auch zwei Anwendungsaufgaben umfassten.

Wenn man bedenkt, dass alle drei fachdidaktischen Qualitäten hoch miteinander korrelieren (vgl. Kapitel 7.2), ist es aus statistischer Sicht nicht erstaunlich, dass alle Qualitäten einen signifikanten Effekt auf den Nachtest haben. Berücksichtigt man aber die unterschiedliche inhaltliche Bedeutung und Komplexität der fachdidaktischen Qualitäten, so ist dies ein interessanter Befund: Es sieht so aus, als ob ein relativ einfaches, mittel inferentes Rating des Vorkommens von Verstehenselementen vergleichbare Effekte wie ein viel komplexeres, hoch inferentes Qualitätsrating der strukturellen Klarheit zeigen kann. Es wären aber weitere ähnliche Ratings zu anderen Inhalten und mit anderen Daten nötig, bevor man wirklich sagen könnte, dass ein solcher Sachverhalt vorliegt. Insgesamt deuten die Ergebnisse in Bezug auf die Leistungsdaten darauf hin, dass es sich lohnen könnte, diese Forschungsrichtung weiterzuverfolgen und sowohl die Theorie als auch die empirische Operationalisierung weiterzuentwickeln und an anderen mathematischen Themen zu testen.

8.1.3 Fachdidaktische Unterrichtsqualitäten und allgemeine kognitive Aktivierung

Die über die Theoriephasen beurteilten fachdidaktischen Qualitäten korrelieren nicht oder nur schwach und statistisch nicht signifikant mit der über die ganze Lektionszeit beurteilten, ebenfalls hoch inferent eingeschätzten kognitiven Aktivierung des Unterrichts (r liegt zwischen 0.007 und 0.228, vgl. Kapitel 7.5). Dies deutet darauf hin, dass die fachdidaktischen Qualitäten etwas anderes messen als die allgemeine kognitive Aktivierung, welche gemäss Lipowsky et al. (2009) ebenfalls einen Effekt auf die Nachtestleistungen zeigt. Dies ist ein interessanter Befund, weil er darauf hinweist, dass sich zumindest für die vorliegende Stichprobe fachdidaktisch konzeptualisierte Unterrichtsqualität von einer allgemeindidaktischen Unterrichtsqualität unterscheiden lässt. Wie lässt sich der Befund erklären? Der nicht vorhandene lineare Zusammenhang zwischen den fachdidaktischen Qualitäten und der kognitiven Aktivierung könnte darauf zurückzuführen sein, dass die fachdidaktischen Qualitäten im Unterschied zur kognitiven Aktivierung *konzeptspezifisch* formuliert worden sind. Ein Unterricht konnte auch dann als kognitiv aktivierend eingeschätzt werden, wenn sich die anspruchsvollen Aufgaben oder die Lehrer-Schüler-Interaktionen auf mathematische Inhalte gerichtet haben, welche nicht im engen Sinne mit dem zu verstehenden Konzept zu tun haben.

Pauli et al. (2008) vermuten, dass sich die hoch inferenten Ratings der kognitiven Aktivierung vor allem auf die Lehrer-Schüler-Interaktionen gestützt haben, weil diese Skala mit der Länge der Schülerantworten, nicht aber mit dem Anteil an anspruchsvollen Aufgaben in den Schülerarbeitsphasen und der strukturellen Klarheit der Theoriephasen korreliert. In Pauli et al. (2008) wurde weiter zwischen zwei Gruppen von Unterrichtseinheiten unterschieden, welche durch das methodische Vorgehen beim Begriffsaufbau in der Einführungsphase bestimmt waren (fragend-entwickelndes Lehrergespräch/Lehrervortrag vs. explorativ-entdeckendes Vorgehen). Es zeigte sich, dass sich die strukturelle Klarheit in beiden methodischen Vorgehensweisen realisieren liess. Auch dies ist ein Hinweis darauf, dass sich die fachdidaktischen Qualitäten von allgemeindidaktischen Qualitäten unterscheiden.

Es gilt aber zu beachten, dass die Analyseeinheit beider Ratings – fachdidaktische Qualitäten einerseits und kognitive Aktivierung andererseits – nicht identisch war: Bei der fachdidaktischen Qualität wurden nur die Theoriephasen (dies entspricht rund 60% der totalen Lektionszeit, vgl. Kapitel 6.3.1), bei der kognitiven Aktivierung hingegen wurde die gesamte Lektionszeit beurteilt. Falls sich dieser Befund des nicht oder nur schwach vorhandenen Zusammenhangs zwischen den fachdidaktischen Qualitäten und der kognitiven Aktivierung mit anderen Daten replizieren lässt, entstehen interessante Folgerungen für die Erfassung von Unterrichtsqualität und für die Lehrerbildung. Diese werden in den Kapiteln 8.5 respektive 8.7 diskutiert.

8.2   Methodische Überlegungen

In diesem Kapitel werden das spezielle Forschungsdesign (Kapitel 8.2.1) und methodische Einschränkungen diskutiert (Kapitel 8.2.2). Methodische Anforderungen beim Erheben der fachdidaktischen Qualitäten werden in Kapitel 8.2.3 beschrieben. In Kapitel 8.2.4 wird kurz auf die Leistungstests eingegangen. Angaben dazu, wie Verstehenselemente bestimmt werden können, sind weiter unten, in Kapitel 8.6 aufgeführt.

8.2.1 Spezielles Forschungsdesign

Videobasierte empirische Unterrichtsforschung hat sich bisher (mit Ausnahme von Fallstudien und experimentellen Designs) kaum auf das Verstehen eines konkreten Konzepts konzentriert (Pauli & Reusser, 2006): Die Inhalte des videographierten Unterrichts waren oft nicht standardisiert, weil andere Forschungsinteressen – wie internationale Vergleichbarkeit – im Zentrum standen. Leistungstests waren oft standardisierte Tests aus TIMSS oder PISA. Sie bezogen sich häufig nicht auf den videographierten Unterrichtsinhalt und waren auch oft zeitlich weit davon entfernt durchgeführt worden. Wenn Leistungstests allgemeine mathematische Fähigkeiten und Kompetenzen erfassen und nicht den konkreten Inhalt der videographierten Unterrichtseinheit, so eignen sie sich nicht, um Aussagen über kurzzeitiges konzeptuelles Verstehen zu machen, wie es in dieser Arbeit von Interesse ist.

Liegen unterschiedliche Inhalte vor, so können nur abstrakt formulierte, fachdidaktische Qualitäten von Unterricht erfasst werden wie beispielsweise das Vorkommen von zentralen mathematischen Ideen. Welche Ideen das sind, auf welcher Ebene sie sich befinden und ob sie in Bezug auf die Verstehensprozesse an der entsprechenden Stelle sinnvoll sind, kann kaum beurteilt werden. Dies wäre aber, wie Kapitel 2 gezeigt hat, für kurzfristige Strukturaufbauprozesse wesentlich.

Das mikrogenetische Design der Unterrichtsstudie „Unterrichtsqualität, Lernverhalten und mathematisches Verständnis" ist insbesondere in den vier folgenden Punkten speziell (vgl. Klieme et al., 2009; Lipowsky et al., 2005): *Erstens* wurde der Unterrichtsinhalt standardisiert: Es ging um eine Einführung in die Satzgruppe des Pythagoras. Damit ist auch das Lernziel des konzeptuellen Verstehens gegeben. *Zweitens* wurden drei Unterrichtseinheiten und nicht, wie häufig, nur eine Unterrichtseinheit videographiert. Dieser Zeitraum ermöglicht einen umfassenderen und tieferen Aufbau eines Verständnisses des Satzes des Pythagoras. *Drittens* erfolgten die hier verwendeten Tests direkt vor und nach der videographierten Unterrichtseinheit und nicht Wochen oder Monate später. Es ist also anzunehmen, dass der videographierte Unterricht und die Leistungsentwicklung in einem engeren Zusammenhang stehen könnten, als wenn ein grosser Zeitraum zwischen Test und Unterricht liegen würde. Gemäss dem Angebots-Nutzungs-Modell (Fend, 2008; Helmke, 2003) tragen aber auch viele andere Faktoren zur tatsächlichen Nutzung des Unterrichtsangebots durch die Schülerinnen und Schüler und damit zur Leistungsentwicklung bei. *Viertens* waren die Tests vor und nach der videographierten Unterrichtseinheit inhaltlich auf den Unterricht bezogen: Es wurde pythagorasspezifisches Vorwissen erhoben und der Nachtest überprüfte konzeptuelles Verständnis und einfache Anwendungen des Satzes. Zusammenfassend kann man sagen, dass die fachdidaktischen Qualitäten nur aufgrund dieses speziellen Forschungsdesigns konzeptspezifisch bestimmt werden konnten.

8.2.2 Einschränkungen und Grenzen

Die Stichprobe war nicht repräsentativ, denn die Lehrpersonen haben sich freiwillig auf ein Inserat zur Teilnahme gemeldet und die Schulform mit Basisansprüchen (Hauptschule in Deutschland und Realschule in der Schweiz) wurde ausgeschlossen. Weil die beiden Schulformen in den beiden Ländern nicht ausgewogen verteilt sind, ist die Schulform mit dem Land konfundiert. In der Schweizer Stichprobe sind 3 von 19 Klassen Gymnasialklassen, während es in der deutschen Stichprobe 9 von 19 sind. Die Schülerinnen und Schüler in der Schweiz stammen aus der 8. Klasse und diejenigen aus Deutschland aus der 9. Klasse. Mit 38 Klassen ist die Stichprobe für Mehrebenenanalysen relativ klein.

Für Videostudien ist eine Analyseeinheit von drei Lektionen bereits relativ lang. (Man muss bedenken, dass Videoanalysen nach wie vor sehr zeitaufwendig sind.) Für eine Einführung in den Satz des Pythagoras ist dies eine sinnvolle Zeiteinheit. Wie mehrfach erwähnt, kann in diesem Zeitraum aber nur ein eingeschränktes Verständnis des Satzes erworben und untersucht werden. Will man ein umfassendes Verständnis des Satzes testen, so wäre ein längerer Analysezeitraum nötig. Wie sich das in dieser

Arbeit beschriebene Vorgehen auf längere Zeiträume erweitern liesse, wird in Kapitel 8.3.3 diskutiert.

Das fachdidaktische Rating bezog sich nur auf die *Theoriephasen des Unterrichts.* Die Übungsphasen, also rund 40% der Lektionszeit, wurden nicht betrachtet. Es wäre denkbar, dass es Kompensationseffekte zwischen Theorie- und Übungsphasen geben könnte. Denn auch während des Übens können Verstehenselemente und Repräsentationen deutlich herausgearbeitet werden und der Unterricht kann strukturell klar sein. Eine Erweiterung des Theorieratings auf die ganze Unterrichtszeit wäre folglich interessant. Es gilt auch zu beachten, dass die Dauer der Theoriephasen je nach Lehrperson sehr unterschiedlich war (vgl. Kapitel 6.3.1).

Eine weitere Einschränkung liegt darin, dass das Theorierating teilweise auf Konsensurteilen beruht und dass die Analyseeinheit des Theorieratings aus mehreren unzusammenhängenden Phasen bestehen konnte, welche unmittelbar nacheinander angeschaut wurden.

Es wäre weiter denkbar, dass das Thema des Satzes des Pythagoras Besonderheiten aufweist (vgl. auch Kapitel 3.1.1). Es unterscheidet sich von anderen mathematischen Themen beispielsweise darin, dass es ein relativ in sich geschlossenes Gebiet ist (es gibt wenige Vorerfahrungen dazu und deshalb auch kaum Schwierigkeiten des Konzeptwechsels), dass es Geometrie und Algebra miteinander verbindet und dadurch sowohl bildliche als auch formale Darstellungen umfasst. Deshalb spielen verschiedene Repräsentationen eine besondere Rolle. Es ist anzunehmen, dass bei anderen Themen andere Eigenheiten zum Tragen kommen (vgl. dazu Kapitel 8.3.3).

Falls man genauer auf die *individuellen* Verstehensprozesse der Schülerinnen und Schüler eingehen möchte, müsste man diese präziser erheben. Dann bräuchte es zusätzliche Kameras und Mikrophone für die Schülerinnen und Schüler.

8.2.3 Methodische Anforderungen beim Erheben der drei fachdidaktischen Unterrichtsqualitäten

Das spezielle Forschungsdesign der Videostudie „Unterrichtsqualität, Lernverhalten und mathematisches Verständnis" hat es ermöglicht, konzeptspezifische fachdidaktische Qualitäten von Unterricht zu erheben. In diesem Kapitel werden die methodischen Anforderungen für ein solches spezifisches Qualitätsrating etwas allgemeiner betrachtet.

Es gilt fünf Punkte zu berücksichtigen: der Inhalt und das Lernziel müssen standardisiert sein, die Länge der Analyseeinheit, die Tests und evtl. auch die Kontrollvariablen müssen darauf abgestimmt sein. Diese Punkte werden nun näher beschrieben:

Erstens muss der Inhalt standardisiert werden. Je nach Thema umfasst dies mehr als ein Festlegen des Inhalts: Es gibt Themen, bei denen es grundsätzlich unterschiedliche fachliche Zugangsweisen gibt, welche erst nach mehreren Lektionen wieder zusammenkommen. Bei solchen Themen muss nicht nur das Thema, sondern auch die fachliche Zugangsweise im Unterricht standardisiert werden, damit die Lehrpersonen wissen, auf welche Grundvorstellungen sie hinarbeiten sollen.[117] Die Anleitung, welche den Lehrpersonen gegeben wird, ist also sehr wichtig.

Zweitens muss das Lernziel vorgegeben sein. Es ist ein Unterschied, ob beim Lernen eines gegebenen Inhalts auf das Verstehen des Konzepts, auf Fertigkeiten oder auf Modellbildung und andere Kompetenzen geachtet werden soll. Das eine schliesst das andere nicht notwendig aus. Man hätte beim Satz des Pythagoras auch festlegen können, dass der Nutzen im Alltag oder die historisch-genetische Entwicklung des Satzes im Zentrum stehen soll. Auch diesbezüglich könnte man fachdidaktische Unterrichtsqualitätsmerkmale formulieren und entsprechende Tests konstruieren. Ein bestimmter Unterricht ist gemäss Hiebert und Grouws (2007) effektiv für ein ganz bestimmtes Lernziel, andere Aspekte vernachlässigt er. Es geht also um „effective teaching under condition X for learning Y" (ebd., S. 399).

Drittens muss die Analyseeinheit eine zum Lernziel und zum Inhalt passende zeitliche Dauer haben. Das Verstehen von Begriffen braucht beispielsweise oft mehr Zeit als nur eine Lektion. Die Analyseeinheit muss so gewählt werden, dass das Lernziel in dieser Zeit erreichbar ist. (Oder man muss das Lernziel weiter einschränken.)

Viertens braucht es Tests, die dem Inhalt und dem Lernziel entsprechen. Wenn konzeptspezifische Qualitäten der Anleitung von Verstehensprozessen gesucht sind, so muss der Leistungstest auch genau dieses Verständnis testen. Die Kapitel 2.3.2, 2.3.4 und 2.3.5.5 haben gezeigt, dass dazu sehr feine Analysen der Sachstruktur und des Denkens der Lernenden nötig sind.

Fünftens fordern Klieme und Rakoczy (2008), dass nicht nur Tests, sondern auch Schülervariablen wie das Interesse fachspezifischer formuliert werden sollen.

Insgesamt wird deutlich, dass ein solches Forschungsdesign eine Zusammenarbeit zwischen Erziehungswissenschaftlern und Mathematikdidaktikern braucht (Klieme, 2006; Klieme & Rakoczy, 2008; Reusser, 2008), und beide sollten idealerweise über Unterrichtserfahrung verfügen.

In dieser Arbeit wurden die fachdidaktischen Qualitäten von Beobachtern beurteilt. Wären auch andere Perspektiven denkbar? Vermutlich sind solche Qualitäten kaum von den Lernenden selbst beurteilbar, die das Konzept soeben frisch gelernt haben. Denn sie können wohl nicht beurteilen, ob alle nötigen Verstehenselemente vorgekommen sind, auch deshalb, weil sie nur den einen Weg des Strukturaufbaus kennen, denjenigen, den sie soeben im Unterricht erfahren haben. Umgekehrt können die Lernenden selbst am besten beurteilen, ob der Unterricht für sie verständlich war.

Auch die Lehrperson selbst kann ihren Unterricht wohl nur aus zeitlicher Distanz und mit Hilfe von Videoaufnahmen bezüglich inhaltlicher Klarheit beurteilen. Es

---

117 Für die Auswertungen in dieser Stichprobe wurde eine Lehrperson ausgeschlossen, welche in den drei Lektionen nur den Kathetensatz (Satz des Euklids) unterrichtet hat. Die Schülerinnen und Schüler dieser Klasse hätten einen Nachteil im Leistungstest gehabt.

braucht also externe Beobachter (vgl. Clausen, 2002). Ein solches Rating benötigt relativ viel Wissen. Welches Wissen dies sein könnte, wird in Kapitel 8.6 diskutiert. Wie viel fachliches und pädagogisches Wissen und Schulerfahrung tatsächlich nötig sind und welche dieser Wissensbereiche man, falls nicht vorhanden, allenfalls auch trainieren könnte, ist unklar. Es stellt sich die Frage, welchen Aufwand ein solches Training erfordern würde.

8.2.4 Leistungstests

Da im verwendeten fachdidaktischen Rating denkpsychologische Analysen von Verstehensprozessen als Grundlage für das Bestimmen von Merkmalen von Unterrichtsqualität genommen wurden, können die Unterrichtsqualitäten und das entwickelte Verständnis der Schülerinnen und Schüler mit einem ähnlichen „Mass" gemessen werden: Beim Unterricht wurde untersucht, welche Verstehenselemente und Repräsentationen im Unterricht vorkommen und ob diese in kohärenter Weise miteinander verknüpft werden. Der Nachtest enthielt Aufgaben, in welchen die Verstehenselemente und Repräsentationen variiert und miteinander kombiniert werden.

Vermutlich wäre es möglich, die einzelnen Verstehenselemente und fachlichen Repräsentationen im Nachhinein noch deutlicher voneinander zu trennen und unabhängiger voneinander zu testen. Denn die bildliche Darstellung des Satzes kommt beispielsweise nur zusammen mit der sprachlichen Darstellung vor.

Ansätze dazu wären im verwendeten Nachtest vorhanden, denn dieser umfasste eine weitere Aufgabe, in der nach bildlichen, formalen und sprachlichen Vorstellungen der Schülerinnen und Schüler zum Satz des Pythagoras gefragt wurde. Diese Aufgabe mit offenem Antwortformat lässt sich gezielt auf vorhandene und fehlende Verstehenselemente innerhalb von Vorstellungen von fachlichen Repräsentationen untersuchen. Sie ist nicht in den hier verwendeten Summenscore des Nachtests eingegangen, weil die Lösungen nicht in einfacher Weise in eine Rangreihenfolge gebracht werden können.

Es gäbe auch andere Möglichkeiten, Verstehen zu messen, als die in der Studie verwendeten Aufgaben, zum Beispiel ein Vorgehen via Concept-Maps (vgl. z.B. Shavelson, Ruiz-Primo & Wiley, 2005). Es wäre interessant zu untersuchen, ob man damit tatsächlich andere Verstehensqualitäten messen kann als mit den hier verwendeten Aufgaben, und welche Zusammenhänge mit den fachdidaktischen Qualitäten entstehen.

Man könnte sich auch fragen, ob die Erfassung eines konzeptuellen Verständnisses nicht mehr Zeit als 15 Minuten beanspruchen würde. Diese Frage muss aber unter dem Gesichtspunkt der vorhandenen Ressourcen betrachtet werden: Ein multikriteriales Forschungsdesign, das verschiedenste Entwicklungen beschreiben und unterschiedliche Einflussfaktoren erheben möchte, erfordert unterschiedlichste Tests und Fragebogen, welche die Schülerinnen und Schüler ausfüllen müssen. Aus diesem Grund war die zeitliche Länge, welche die einzelnen Testinstrumente in Anspruch nehmen konnten, beschränkt.

Die Frage, wie tiefes konzeptuelles Verstehen auf effiziente und ökonomische Weise gemessen werden kann, ist noch nicht vollständig geklärt. Gute Masse sind gemäss Hiebert und Grouws (2007) schwierig zu bestimmen. Die Verstehenselemente können Hinweise darauf geben, wie das Verständnis systematischer getestet werden kann. Weiter vereinfacht die Tatsache, dass mit den Verstehenselementen die Unterrichtsqualität und das Verständnis der Schülerinnen und Schüler mit ähnlichen „Massen" erfasst werden können, das Aufstellen von Vermutungen und das Interpretieren der Ergebnisse.

8.3   Überlegungen zum Pythagoras-Verstehensmodell

In Kapitel 8.3.1 werden das Pythagoras-Verstehensmodell und die daraus bestimmten fachdidaktischen Unterrichtsqualitäten aus Kapitel 4 nochmals kurz zusammengefasst und anschliessend kritisch diskutiert. Die Grenzen des Modells werden in Kapitel 8.3.2 besprochen und zuletzt werden Überlegungen zur Ausweitung des Pythagoras-Verstehensmodells und der fachdidaktischen Qualitäten dargestellt (Kapitel 8.3.3).

8.3.1   Kurzzusammenfassung des Pythagoras-Verstehensmodells und der daraus bestimmten Unterrichtsqualitäten

Das Ziel dieser Arbeit war das Bestimmen von fachdidaktischen Unterrichtsqualitäten der Anleitung von Verstehensprozessen bei der *Einführung eines neuen Konzepts* im Mathematikunterricht. Es ist wichtig, dass Verstehen hier im Sinne des Kennenlernens eines bisher unbekannten mathematischen Konzepts innerhalb einer *dreistündigen Einführung* betrachtet wird. Dies ist also eine spezielle Sicht auf Verstehen, die von allgemeinem konzeptuellem Verstehen oder vom Erwerb von Kompetenzen deutlich zu unterscheiden ist.

Ausgangslage war ein Verstehensbegriff, der das Verstehen eines Konzepts im kognitionspsychologischen Sinne als Begriffsaufbau betrachtet (Aebli, 1994): Elemente des Vorwissens werden durch Verknüpfungen miteinander in Beziehung gesetzt und durch Verdichtungen dieser Verknüpfungen entstehen neue Elemente. Dieses Weiterreichen der Bedeutung durch Verknüpfen und Verdichten während des Konstruierens bezeichnet Aebli (1994) als Sinnfluss. Durch den Prozess des Einebnens entstehen aus den anfänglich hierarchischen Netzteilen hierarchielose kognitive Strukturen, welche je nach Bedarf in die verschiedensten „Richtungen" aufgefaltet werden können.

Die Annahme ist, dass es bei gelingenden Verstehensprozessen zu einem konkreten Konzept gewisse Invarianten gibt, obwohl Verstehensprozesse der Schülerinnen und Schüler im Unterricht sehr unterschiedlich verlaufen können: In einer fachlich passend aufgebauten kognitiven Struktur müssen zwingend gewisse Elemente und Beziehungen zwischen diesen Elementen vorkommen, wie auch immer der konkrete Verstehensprozess im Unterricht verlaufen ist. Anders gesagt: In jedem fachlich passenden Sinnfluss, so individuell verschieden er auch ist, müssen irgendwann bestimmte Verknüpfungen von bestimmten Elementen vorkommen, sonst ist das Verstehen nicht anschlussfähig an die fachlichen Konzepte.

Die Elemente, welche aus dem Vorwissen der Schülerinnen und Schüler stammen und aus denen man durch geeignete Verknüpfung die Struktur des neu zu verstehenden Konzepts konstruieren kann, wurden in dieser Arbeit *Verstehenselemente* genannt. Sie geben an, welche Teilelemente man verstanden haben muss, um das neue Konzept als Ganzes verstehen zu können. Repräsentationen des Konzepts, fachlicher oder singulärer Art, werden als Verdichtungen von solchen Verstehenselementen aufgefasst. Denn gemäss Aebli (1994) sind Verdichtungen in allen Medien der Repräsentation möglich. Diese Auffassung hat den Vorteil, dass damit einige Phänomene rund um das Verstehen von fachlichen Repräsentationen einfach beschrieben werden können (vgl. Kapitel 4.1.4).

Die Verknüpfung aller fachlichen Repräsentationen zusammen lässt sich zum Begriff „Satz des Pythagoras" verdichten und macht das vielseitige Verständnis des Satzes aus. Der Satz des Pythagoras kann seinerseits mit vielen weiteren mathematischen Konzepten in Verbindung gebracht werden, zum Beispiel mit anderen Sätzen der Satzgruppe oder mit anderen mathematischen Themen wie der Vektorgeometrie.

Insgesamt lässt sich somit für das Verstehen des Satzes des Pythagoras während einer dreistündigen Einführung ein Drei-Ebenen-Modell bilden (vgl. Abbildung 25 in Kapitel 4.1.4): Zuunterst ist die Ebene der Verstehenselemente, welche die Verbindung zum Vorwissen herstellt und die Bedeutung des Satzes enthält. In der Mitte folgt die Ebene der Repräsentationen, welche angibt, wie man über den Satz spricht und diesen darstellt. Und zuoberst ist die Ebene der Verknüpfungen mit anderen Konzepten, welche alle Vernetzungen des Satzes mit anderen Konzepten sowie Anwendungen enthält. Die Beziehungen zwischen diesen Ebenen werden in dieser Arbeit als Verdichtungen und Auffaltungen betrachtet, wobei die jeweils oberen Ebenen die Verdichtung der jeweils unteren Ebenen darstellen. Die Trennung in drei Ebenen ist ein Hilfsmittel, um über sich entwickelnde Verstehens*prozesse* im zeitlichen Verlauf nachdenken zu können. Denn in einem umfassenden, „fertigen" Verständnis gibt es im Sinne von Aebli keine solche Hierarchien mehr, die Ebenen sind eingeebnet zu einem hierarchielosen Netz, das in beliebige Richtungen aufgefaltet und durchwandert werden kann.

Weil davon ausgegangen wird, dass interne Verknüpfungsprozesse durch im Unterricht explizit gewordene Verknüpfungen angeregt werden können (vgl. Hiebert & Grouws, 2007), lässt sich mindestens zu einem gewissen Grad aus den im Unterricht beobachtbaren Verknüpfungen auf das Potenzial zur Anregung von internen Verknüpfungen schliessen. Aus konstruktivistischer Sicht kann nicht gefolgert werden, dass die Lernenden tatsächlich die entsprechenden Verknüpfungen konstruieren, denn auch die im Unterricht vorkommenden Verknüpfungen werden durch das Individuum sinngebend gedeutet. Unter Umständen können die Schülerinnen und Schüler die im Unterricht vorkommenden Verknüpfungen gar nicht erkennen, obwohl sie für einen Kenner vorhanden wären.

Ausgehend von Aeblis Sinnflussvorstellungen kann man annehmen, dass für Verstehensprozesse und damit auch für die Anleitung von Verstehensprozessen nicht alle drei Ebenen der Verknüpfung gleichermassen zentral sind: Die Ebene der Verstehenselemente ist von vorgeordneter Bedeutung, weil sie den Sinnfluss auf den anderen beiden Ebenen erst ermöglicht. Deshalb wurden die folgenden drei Unterrichtsqualitätsmerkmale bestimmt:

1) Das Vorkommen der Verstehenselemente.

2) Die Qualität der fachlichen Repräsentationen, welche insbesondere durch das Deutlichwerden gewisser Verstehenselemente bestimmt ist.

3) Die strukturelle Klarheit des Unterrichts im zeitlichen Verlauf. Sie beschreibt die *inhaltliche* Klarheit und Kohärenz des Unterrichts bezüglich der Verstehenselemente und der Repräsentationen, zu denen auch eine handwerkliche Komponente gehört.

Die ersten beiden Unterrichtsqualitätsmerkmale sind eher statischer Art, das dritte berücksichtigt zentral den Verlauf des Unterrichts.

Im Folgenden wird näher auf den Verstehens- und Verknüpfungsbegriff sowie auf die Verstehenselemente und Repräsentationen eingegangen. Anschliessend wird der Übergang zur Unterrichtsqualität kurz beschrieben, um dann die strukturelle Klarheit zu thematisieren.

1) Verstehensbegriff und Verknüpfungen

Verstehen wird in der Mathematikdidaktik meist mit Herstellen von Verknüpfungen und Sinn oder Bedeutung beschrieben (z.B. Hiebert & Carpenter, 1992; Reusser & Reusser-Weyeneth, 1994b; Sierpinska, 1994). Unter „Verknüpfung" wird aber sehr Unterschiedliches verstanden. Weiter wird meist nicht zwischen verschiedenen Ebenen der Verknüpfung unterschieden. In der Definition von Hiebert und Carpenter (1992, S. 67) ist beispielsweise von „making connections between ideas, facts, or procedures" die Rede. Von Vernetzungen wird in der Mathematikdidaktik oft in einer späteren Phase des Lernprozesses gesprochen, wenn verschiedene Begriffe und Themen systematisch geordnet und in Verbindung gebracht werden (vgl. z.B. Ulm, 2004). In dieser Arbeit wird unterschieden zwischen dem Aufbau eines Verständnisses des zu lernenden Konzepts im engen Sinne und dem Einordnen in weitere Zusammenhänge (Aebli, 2001).

Verstehen wird als Begriffsaufbau betrachtet, deshalb sind während einer dreistündigen Einführung aus kognitionspsychologischer Sicht ganz bestimmte Verknüpfungen zentral. Aus dem Vorwissen heraus entstehen neue Konzept, und deren Bedeutung wird in die neuen Verknüpfungen weitergereicht. Aus dieser Sicht des Sinnflusses entstehen Hierarchien, welche nur im Prozess des Strukturaufbaus bestehen und während des Durcharbeitens wieder abgebaut werden. Deshalb kann man sagen, dass die Ebene der Verstehenselemente der Ausgangspunkt der Verstehensprozesse sein soll.

Neu ist also, dass Verknüpfungen bei einer Einführung in ein neues Konzept viel spezifischer und aus kognitionspsychologischer Sicht betrachtet werden: Es werden nicht nur mathematische, sondern konzeptspezifische Verknüpfungen betrachtet. Diese lassen sich aus der Sicht von Verstehens*prozessen*, d.h. wenn man den Sinnfluss der Schülerinnen und Schüler berücksichtigt, in verschiedene Ebenen unterteilen, von denen zu Beginn von Verstehensprozessen nicht alle gleich wichtig sind. Als zentrale Verknüpfungsebene für Begriffsaufbauprozesse werden die sehr feinen, sozusagen innerhalb des Konzepts liegenden Verknüpfungen der Verstehenselemente betrachtet, welche sich an kognitionspsychologischen Vorstellungen des Strukturaufbaus anlehnen. Dies im Unterschied zu Verknüpfungen, welche verschiedenen Stoffgebiete miteinander in Beziehung bringen. Verknüpfungen werden also kognitionspsychologisch gedeutet und die Prozesse des Verdichtens, Auffaltens und Einebnens sind zentral. Verknüpfungen spielen deshalb von Anfang an in den Verstehensprozessen eine wichtige Rolle und nicht erst in den Phasen des Ordnens und Systematisierens gegen Ende von Begriffsbildungsprozessen, wie es in der aktuellen Mathematikdidaktik unter dem Begriff der Vernetzung anzutreffen ist (Büchter & Leuders, 2005; Ulm, 2004).

Es wird davon ausgegangen, dass sich Aspekte von fachdidaktischer Unterrichtsqualität in Bezug auf die Einführung eines neuen Konzepts während dreier Lektionen wesentlich durch diese feinen kognitionspsychologischen Verknüpfungen beschreiben lassen.

2) Verstehenselemente

Die Frage, was man verstanden haben muss, um ein Konzept verstehen zu können, stellt sich wohl jede „gute" Mathematiklehrperson in einer ähnlichen Weise. Dass man beim Lernen des Satzes des Pythagoras zum Beispiel die Bedeutung des rechten Winkels erkennen muss, würde niemand bestreiten. Neu ist die theoretische Einbettung in kognitionspsychologische Vorstellungen des Strukturaufbaus unter Berücksichtigung von fachlichen und fachdidaktischen Blickwinkeln. Der Gedanke des Verknüpfens und Verdichtens von Verstehenselementen ist wichtig, denn sonst ist es nur eine Auflistung, welche für das Lernen auch unproduktiv eingesetzt werden kann.

Die Verstehenselemente sind sowohl aus Sicht des Fachs als auch gleichzeitig aus der Sicht der Verstehensprozesse der Schülerinnen und Schüler bestimmt. Denn die Schrittgrösse, die Formulierungen und der Auflösungsgrad lassen sich nicht aus fachlichen Überlegungen ableiten. Das Auffalten des Konzepts muss bis auf das Vorverständnis der Schülerinnen und Schüler zurückgehen. Umgekehrt lässt sich die fachliche Relevanz von Verstehenselementen nur aus fachlicher Sicht beurteilen.

Diese Vorgehensweise zeigt eine Verschränkung von kognitionspsychologischen, fachlichen und fachdidaktischen Argumenten.

3) Repräsentationen

Repräsentationen, egal ob fachlicher oder singulärer Art, wurden in dieser Arbeit als Verdichtungen von Verstehenselementen angeschaut. Dies ermöglicht es, zwischen der Repräsentation und deren Bedeutung zu trennen, was für die Anleitung von Verstehensprozessen wichtig ist. Gleichzeitig wird für den Satz des Pythagoras angenommen, dass gewisse fachliche Repräsentationen gelernt werden müssen, weil sie die Kommunikation vereinfachen und deshalb wichtige Kulturgüter (Reusser, 2006) darstellen.

4) Von Analysen von Verstehensprozessen zur Unterrichtsqualität

Es wird nun von der kognitionspsychologischen Analyse von Verstehensprozessen auf die Ebene des Unterrichts und zur didaktischen Sicht der Anleitung von Verstehensprozessen gewechselt, wobei Verknüpfungen eine zentrale Rolle einnehmen, sowohl beim individuellen Verstehen als auch beim Anleiten von Verstehen. Inhalt und Verlauf des Unterrichts werden aus der Sicht der bei den Schülerinnen und Schülern aufzubauenden kognitiven Strukturen interpretiert. Diese Sicht vom Lernen auf das Lehren ist nicht neu, sie bildet sozusagen die Kernannahme eines konstruktivistischen Lehr-Lernverständnisses (Reusser, 2006; Messner & Reusser, 2006). Neu ist, dass Unterrichtsqualität in dieser Arbeit *inhaltsspezifisch* formuliert wird. Etwas plakativ formuliert: Es wird nicht nur das Vorkommen von *irgendwelchen* Verknüpfungen untersucht (wie es zum Beispiel bei der Making-Connection-Codierung in der TIMSS-1999-Videostudie gemacht wurde, vgl. Hiebert et al., 2003). Es wird nicht beurteilt, ob *irgendwelche* zentralen Punkte durch Previews oder Zusammenfassungen deutlich gemacht werden, wie es in vielen Beschreibungen von Klarheit und Strukturiertheit von Unterricht gefordert wird (vgl. Kapitel 2.3.7). Und auch die Abfolge von Aufgaben wird nicht an *irgendeinem* mathematischen Zusammenhang zwischen zwei Aufgaben festgemacht, wie es in der TIMSS-1999-Videostudie gemacht wurde.

Denn wenn es um das Verstehen eines *konkreten* Konzepts geht und nicht um allgemeines konzeptuelles Verstehen oder um eine unspezifische Leistungsfähigkeit, dann wird die zu verstehende *Sache* ganz zentral. Die Verknüpfungen müssen in diesem Fall konzeptspezifisch betrachtet werden, die Unterscheidung zwischen mathematischen und nicht mathematischen Aspekten genügt für dieses spezielle Forschungsinteresse nicht. Die Unterrichtsqualität in Bezug auf das Verstehen eines konkreten Konzepts kann – in Anlehnung an Aeblis Formulierung für die Denkstrukturen – mit Hilfe von Begriffen der zu verstehenden Sache ausgedrückt werden.

Die zentrale Annahme dieser Arbeit ist, dass bei der Einführung eines neuen Konzepts die unterste Ebene des oben beschriebenen Pythagoras-Verstehensmodells im Unterricht eine besondere Stellung einnimmt. Die Verständlichkeit eines Unterrichts entscheidet sich gemäss des Begriffs „Sinnfluss" darin, ob die Verstehenselemente im

Unterricht deutlich werden und in kohärenter Weise miteinander verknüpft werden, so dass die Schülerinnen und Schüler daraus bedeutungshaltige, „sinn-volle" fachliche Repräsentationen konstruieren können. Dieser Prozess wird im Unterricht dadurch unterstützt, dass fachliche Repräsentationen in hoher Qualität vorkommen, dass also gewisse Verstehenselemente darin jeweils deutlich gemacht werden. Aufgrund des Pythagoras-Verstehensmodells und mit Hilfe der Vorstellung von Sinnfluss lassen sich nun Klarheit und Kohärenz von Unterricht konzeptspezifisch beschreiben.

5) Strukturelle Klarheit

Für das Lernziel des Konzeptverstehens innerhalb einer dreistündigen Einführung scheint eine Trennung in inhaltliche Klarheit, inhaltliche Kohärenz oder Strukturiertheit des Unterrichts nicht sinnvoll. Alle drei beschreiben, wenn sie sich explizit und eng auf den Strukturaufbau richten, letztlich dasselbe. Deshalb wurde in dieser Arbeit nur von struktureller Klarheit gesprochen.

Bei bisherigen Definitionen von Klarheit kommt der eigentlich zu verstehende Inhalt in den Unterrichtsqualitätsmerkmalen häufig gar nicht vor. Was soll klar, kohärent, explizit sein? Was soll verknüpft werden und wann? Womit soll man ringen, worauf soll die Aufmerksamkeit gerichtet werden? Auch Hiebert und Grouws (2007) formulieren nicht näher aus, welche zentralen Ideen sie meinen, und es scheinen mir auch bei diesen Autoren verschiedene Ebenen vorzukommen. In Fallstudien und explorativen Designs wurden konzeptspezifische Verstehensprozesse in grosser Detailliertheit untersucht. Ihre Übertragbarkeit auf sehr unterschiedliche Unterrichtssettings, wie sie mit einer Stichprobe von 38 Klassen gegeben sind, wird aber in Frage gestellt (Brophy, 2006; Hiebert & Grouws, 2007).

Für einen Unterricht, in dem ein konkretes Konzept eingeführt wird, kann man Klarheit genauer bestimmen. Es können konzeptspezifische Verknüpfungen betrachtet werden, diejenigen, die für die kognitive Struktur im Sinne von Aebli und Wertheimer zentral sind. Es geht nicht nur um die Mathematik, sondern um ein ganz spezifisches Konzept und darin um diejenigen Anteile, welche dem wirklichen Verstehen *während einer Einführung* dienen. Das Kriterium für Klarheit ist die Anleitung von Sinnfluss, es geht um Merkmale von Unterricht, welche den Sinnfluss unterstützen können. Wertheimer (1945/1964) zeigt Bespiele, in denen es im Unterricht zwar um „die Sache" geht, in denen aber trotzdem kein (tiefes) Verständnis gefördert wird.

Die klare, bewegliche, kohärente und transparente begriffliche Struktur ist aus kognitionspsychologischer Sicht das Ziel des Verstehensprozesses. Also ist es naheliegend, genau die Elemente und Verknüpfungen der angestrebten begrifflichen Struktur als Ausgangspunkt für die Festlegung von Klarheit zu nehmen. Das fachdidaktische Qualitätsmerkmal der strukturellen Klarheit erlaubt es, die Qualität von Verläufen im Unterricht zu betrachten, indem Merkmale von Unterricht in Bezug auf Verstehen an der Klarheit der sich im Unterricht explizit entwickelnden Struktur festgemacht werden: an Verstehenselementen und Repräsentationen und ihren Verknüpfungen im Verlauf. Es wird also nicht mit der Einheit „Aufgabe" gearbeitet. Man beachte, dass in einem strukturell klaren Unterricht durchaus problemlösende Elemente mit hoher Schüleraktivierung vorkommen können. Aber der Fokus der Bearbeitung dieser Probleme liegt auf der Ebene der Verstehenselemente.

In der TIMSS-1999-Videostudie (Hiebert et al., 2003) wurde analysiert, welche Verknüpfungen im Unterricht vorkommen, und diese wurden klassifiziert. Das Vorgehen war also datengeleitet. In den Ratings, welche in dieser Arbeit verwendet wurden, wurde untersucht, ob gewisse theoretisch bestimmte Verknüpfungen im Unterricht vorkommen und ob dies in kohärenter Art und Weise geschieht. Es wurde also theoriegeleitet vorgegangen. Das ist ein wesentlicher Unterschied, der nicht nur mit dem standardisierten Inhalt zusammenhängt. Die in dieser Arbeit bestimmten fachdidaktischen Unterrichtsqualitätsmerkmale sind unabhängig von bestimmten Methoden und Aufgabenstellungen. Die tatsächlich im Unterricht stattfindenden Prozesse sind zentral. Trotz gleicher Auswahl von Aufgaben (oder anderer Oberflächenmerkmale) können deshalb zwei Unterrichtslektionen eine völlig unterschiedliche fachdidaktische Qualität aufweisen. Umgekehrt kann auf der Oberflächenstruktur sehr unterschiedlicher Unterricht konzeptuelle Verstehensprozesse gleich gut unterstützen, wenn die Verstehenselemente und Repräsentationen gleichermassen deutlich werden.

Die These ist, dass sich ein verständnisorientierter Unterricht beziehungsweise eine „gut erklärende" Lehrperson – nebst anderen Kriterien – zentral durch strukturelle Klarheit in Bezug auf Verstehenselemente und Repräsentationen auszeichnet.

8.3.2 Grenzen und Einschränkungen des Modells

In dieser Arbeit wurden Strukturaufbauprozesse während einer dreistündigen Einführung betrachtet. Das Pythagoras-Verstehensmodell und die daraus bestimmten Unterrichtsqualitätsmerkmale gelten für das Verstehen eines neuen Konzepts während einer solchen Einführung. Es geht also um kurzfristige Verstehensprozesse. Beim Verstehen von Begriffen, wie dem Zahlbegriff oder dem Funktionsbegriff, welche sich über Jahre und auf verschiedenen Abstraktionsstufen entwickeln, können weitere Aspekte hinzukommen. Der zugrunde liegende Verstehensbegriff ist also ein eingeschränkter.

Weiter wurden im Modell nur die Theoriephasen betrachtet, welche sich an den Strukturaufbau im Sinne von Aebli anlehnen. Mit diesen Phasen ist aber noch kein vollständiger Lernprozess gegeben: Üben und Anwenden sind für tiefes Verstehen unerlässliche Prozesse; diese wurden in den Analysen nicht berücksichtigt.

Verstehenselemente lassen sich nicht eindeutig und ein für alle Mal bestimmen, denn sie lassen sich nur für eine bestimmte Adressatengruppe festlegen. Aber in einer Einführung in den Satz müssen bestimmte Verstehenselemente vorkommen, damit bei allen Schülern, auch bei den schwachen, ein Verständnis des Konzepts angeregt werden kann. Denn gute Schülerinnen und Schüler sind oft in der Lage, anhand von Definitionen und wenigen Aufgaben sowie den typischen Repräsentationen den Kern der

Sache selbst zu erfassen, auch wenn dieser aus der hier vertretenen Sicht im Unterricht zu wenig deutlich und kohärent thematisiert wird.

Brüche im Sinnfluss der Schülerinnen und Schüler werden selbstverständlich nicht nur durch das beobachtbare Geschehen im Unterricht beeinflusst. Auch affektive oder soziale Aspekte spielen eine grosse Rolle (vgl. Kapitel 2.3.6). Es gibt weitere Schwierigkeiten, welche im Fach selbst liegen (vgl. epistemologische Hürden in Kapitel 2.3.4.3). Das Modell beschränkt sich auf kognitive Aspekte des Verstehens. Affektive Aspekte wurden nicht explizit berücksichtigt. Wie komplex solche Zusammenhänge sein können, ist in Rakoczy et al. (2007) dargestellt: Während Disziplin sowohl einen Einfluss auf die Leistung als auch auf die Motivation hat und gewisse Moderatoreffekte zu erkennen sind, zeigt die inhaltliche Strukturiertheit der Präsentation, welche eng mit den Verstehenselementen zusammenhängt, nur einen Effekt auf die Leistung.

Die individuellen Verstehensprozesse sind nicht direkt beobachtbar. Das heisst auch, dass das kollektiv entstandene, beobachtbare Verständnis im Unterricht nicht die einzelnen individuellen Verstehensprozesse der Lernenden zu widerspiegeln braucht. Denn die in der öffentlichen Diskussion im Unterricht explizit vorgekommenen Verknüpfungen können für einzelne Schülerinnen und Schüler im Prinzip genauso unsichtbar sein wie scheinbar im Material vorhandene Verknüpfungen: Dann nämlich, wenn ihnen das nötige Vorwissen fehlt, um der Diskussion zu folgen.

8.3.3 Überlegungen zur Generalisierbarkeit des Pythagoras-Verstehensmodells und der daraus bestimmten fachdidaktischen Unterrichtsqualitäten

Das Pythagoras-Verstehensmodell und die daraus bestimmten fachdidaktischen Qualitäten sind für eine dreistündige Einführung in den Satz des Pythagoras konzipiert worden, wobei der Aufbau eines Verständnisses und noch nicht das Üben und Anwenden im Zentrum stand. In diesem Kapitel wird diskutiert, ob sich das Modell und die fachdidaktischen Qualitäten auch für länger dauernde Verstehensprozesse, für andere mathematische Konzepte und evtl. sogar für andere Fächer erweitern lassen.

Weil das Pythagoras-Verstehensmodell auf kognitionspsychologischen Vorstellungen des Verstehens als Begriffsaufbau beruht, welche weder von einer bestimmten Zeitdauer noch von einem bestimmten Fach abhängen, müsste im Prinzip sowohl eine zeitliche als auch eine fachliche Verallgemeinerung möglich sein. Es fragt sich, welche Komponenten des Pythagoras-Verstehensmodells durch die zeitliche Vorgabe von drei Lektionen, durch die Beschränkung auf den Strukturaufbau (ohne Üben und Anwenden) und durch den Inhalt des Satzes des Pythagoras gegeben sind und wie man diese Komponenten allenfalls verändern könnte. Diese Fragen werden in fünf Schritten diskutiert, wobei vieles nur angedeutet werden kann:

1) Übertragbarkeit auf die Übungsphasen der dreistündigen Einführung;
2) Übertragbarkeit auf die ganze Unterrichtseinheit zur Satzgruppe des Pythagoras;
3) Übertragbarkeit auf andere mathematische Themen;
4) Übertragbarkeit auf andere Fächer;
5) Verallgemeinerung des verwendeten Verstehensbegriffs.

1) Übertragbarkeit auf die Übungsphasen der dreistündigen Einführung

Das Pythagoras-Verstehensmodell bezieht sich auf eine Einführung in das neue Konzept, welche den Strukturaufbau bis und mit gewissen Phasen des Durcharbeitens im Auge hat. Das Üben und Anwenden im Sinne von Aebli (2001) ist nicht mitberücksichtigt.

In Übungsphasen kommt neu hinzu, dass der Satz des Pythagoras ein Werkzeug wird, um Probleme zu lösen. Er wird dabei innerhalb des Aufgabenlösungsprozesses zu einem einzelnen Teilschritt unter vielen anderen. Dies hat zur Folge, dass entschieden werden muss, ob und wann der Satz des Pythagoras das geeignete Werkzeug ist. Im Prinzip müssen dazu zwei Denkschritte vollzogen werden (vgl. Kapitel 3.1.3): Das gegebene Problem muss in ein Teilproblem übersetzt werden, welches darin besteht, dass erstens ein rechtwinkliges Dreieck vorhanden sein muss, von dem zweitens zwei Seitenlängen bekannt sind, und drittens muss die Länge der dritten, noch unbekannten Seite beim Lösen des ursprünglichen Problems weiterhelfen. In diesem Fall kann man den Satz des Pythagoras erfolgreich als Werkzeug einsetzen und anschliessend das ursprüngliche Problem weiterbearbeiten. Dieses Prinzip der Suche nach geeigneten rechtwinkligen Dreiecken und die Fähigkeit, solche rechtwinkligen Dreiecke auch in ungewöhnlichen Zusammenhängen erkennen zu können, müssen geübt werden.

Was bedeutet das nun für das Pythagoras-Verstehensmodell und die fachdidaktischen Qualitäten aus Kapitel 4? Zu den bisherigen Verstehenselementen kommen neue hinzu, zum Beispiel:

- Gesucht sind rechtwinklige Dreiecke mit zwei bekannten Seiten und einer dritten Seite, deren Berechnung im Aufgabenkontext weiterhilft.
- Der Satz lässt sich auch im Dreidimensionalen verwenden, solange ein entsprechendes rechtwinkliges Dreieck gefunden werden kann.

Weil rechtwinklige Hilfsdreiecke gesucht werden müssen, werden Konzepte wichtig, die mit rechten Winkeln zu tun haben: Thaleskreis, Höhen im Dreieck, Tangenten, Diagonalen in Rauten usw. Auch aussermathematische Konzepte, welche auf rechte Winkel führen, müssen bekannt sein: Mauern, Pfosten, Möbel und Bäume werden üblicherweise als senkrecht auf dem Untergrund stehend angenommen und deshalb können rechtwinklige Dreiecke bestimmt werden. Auch dazu liessen sich Verstehenselemente formulieren.

Da in Anwendungen rechtwinklige Dreiecke in beliebigen Lagen, Grössen und verschiedenen Seitenverhältnissen und Beschriftungen vorkommen, sind die diesbezüglichen Verstehenselemente besonders wichtig.

In Übungsphasen kommen aber immer auch Aufgaben vor, welche sich direkt auf das Konzept beziehen und deshalb mit den bisherigen Verstehenselementen allein zu lösen sind. Als Beispiel seien die beiden folgenden Aufgaben genannt: a) Erkläre den Satz des Pythagoras in eigenen Worten. b) Formuliere den Satz des Pythagoras für das folgende (speziell beschriftete) rechtwinklige Dreieck ....

Die Repräsentationen des Satzes ändern sich in Übungsphasen nicht. Das Sehen von rechtwinkligen Dreiecken in komplexen Situationen muss aber geübt werden. Denn oft ist zu Beginn einer Aufgabe kein rechtwinkliges Dreieck erkennbar. Dieses muss zuerst durch Einzeichnen einer Hilfslinie oder durch Verwenden eines Konzepts, das mit rechten Winkeln zu tun hat, identifiziert werden.

Was heisst das nun für die strukturelle Klarheit: Bezieht sich diese weiterhin auf die bisherigen neun Verstehenselemente? Wie geht man damit um, dass fortwährend neue Verstehenselemente hinzukommen? Sind diese alle gleich wichtig? Müssen in einem verstehensorientierten Mathematikunterricht möglichst viele Verstehenselemente vorkommen? Ist die strukturelle Klarheit des Unterrichts allenfalls nur während des Strukturaufbaus, nicht aber während des Übens und Anwendens zentral? Hier steht man also insbesondere vor der Frage, was alles zu einem umfassenden Verständnis des Satzes des Pythagoras gehört.

Eine Erweiterung des fachdidaktischen Ratings auf die Übungsphasen des Satzes des Pythagoras wäre aus den folgenden drei Gründen interessant:

Erstens ist denkbar, dass es Kompensationseffekte zwischen Theorie- und Übungsphasen geben könnte: Bei einer geschickten Auswahl von Aufgaben und bei deren verstehensfördernder Bearbeitung im Unterricht könnten die Verstehensaufbauprozesse der Schülerinnen und Schüler unter Umständen während Übungsphasen genauso gut unterstützt werden wie während Theoriephasen. Kommen gewisse Verstehenselemente in den Theoriephasen kaum vor, so könnte dies möglicherweise in anschliessenden Übungsphasen kompensiert werden und umgekehrt. Um diese Hypothese testen zu können, müssten also Theorie- und Übungsphasen getrennt beurteilt werden.

Der *zweite* Punkt, der für ein analoges Rating der Übungsphasen spricht, ist die Beziehung zwischen dem Unterrichtsqualitätsmerkmal der allgemeinen kognitiven Aktivierung und der strukturellen Klarheit. Ein Rating der strukturellen Klarheit der Aufgabenbearbeitung müsste den kognitiven Anspruchsgehalt, der sich nicht auf die zu verstehende Struktur bezieht, negativ mit einrechnen. Dadurch liesse sich ein Mass bestimmen, mit welchem man die Hypothese untersuchen könnte, dass sich während einer Einführung kognitiv anspruchsvolle Aufgaben und deren kognitiv anspruchsvolle Bearbeitung nur dann positiv auf das konzeptuelle Verstehen der Schülerinnen und

Schüler auswirken, wenn sich die kognitive Aktivität hauptsächlich auf die zu lernenden neuen Verknüpfungen bezieht und nicht auf konzeptfremde Aspekte.

Wichtig scheint mir *drittens*, dass sich die Qualität der Reihenfolge von Aufgaben mindestens teilweise mittels der Kohärenz der darin vorkommenden Verstehenselemente und Repräsentationen des Satzes des Pythagoras beurteilen lässt. Dies ist interessant, weil es meines Wissens bisher in der empirischen Unterrichtsforschung kein inhaltsspezifisches Kriterium für eine verstehensfördernde Reihenfolge von Aufgaben gibt.

2) Übertragbarkeit auf die ganze Unterrichtseinheit zur Satzgruppe des Pythagoras

Betrachtet man die ganze Unterrichtseinheit zur Satzgruppe des Pythagoras, so werden andere Aufgaben, zusätzliche Theorie (Höhen- und Kathetensatz mit Beweisen und Verknüpfungen zwischen den Sätzen) und viele Verknüpfungen im weiten Sinne gelernt. Die ganze Unterrichtseinheit zum Satz des Pythagoras, welche meist drei bis fünf Wochen umfasst, besteht folglich aus mehreren Theorieteilen und mehreren darauf bezogenen Übungsphasen. Es gibt also weitere neue Verstehenselemente und auch neue fachliche Repräsentationen und somit lassen sich Klarheit und Kohärenz auch zwischen diesen Theorieteilen herstellen. Dann gibt es noch Flächenverwandlungsprobleme, pythagoräische Zahlentrippel usw. Der Unterschied zwischen kurz- und langfristigen Verstehensprozessen zum Satz des Pythagoras besteht also wesentlich aus der Anzahl der Verstehenselemente, der Repräsentationen, der Verknüpfungsmöglichkeiten und damit der Anzahl von Aspekten der strukturellen Klarheit.

Ein verstehensförderlicher Mathematikunterricht hat zum Ziel, dass die Schülerinnen und Schüler ein eingeebnetes Pythagorasnetz aufbauen, das sie flexibel in den verschiedensten Richtungen durchwandern können. Dies setzt Prozesse des Durcharbeitens und Anwendens voraus, in denen sich die ursprüngliche Trennung zwischen den drei Ebenen der Verknüpfung aufhebt. Was also bei einer Einführung ganz zentral war, nämlich die Unterscheidung der drei Ebenen der Verknüpfung, soll in längerfristigen Verstehensprozessen gerade wieder abgebaut werden. Klarheit von Unterricht kann sich also nicht mehr darauf beziehen, dass vor allem auf zwei Ebenen gearbeitet werden soll. Ausserdem wird in einer dreiwöchigen Unterrichtseinheit der Anteil an öffentlicher Arbeit vermutlich abnehmen, was die Beobachtbarkeit von Klarheit erschwert und beschränkt.

In Übungsphasen werden oft mehrere Lernziele gleichzeitig verfolgt, nicht nur das Verstehen eines Konzepts. Es können unterschiedliche Schwerpunkte gesetzt werden. Beim Satz des Pythagoras kann man beispielsweise auf Anwendungsaufgaben oder auf innermathematische Verknüpfungen zwischen den unterschiedlichen Sätzen fokussieren. Bei den Anwendungsaufgaben kann man ebenfalls verschiedene Schwerpunkte setzen. Weiter kann man mit diesem Thema die Kompetenz des Modellierens fördern, was wiederum eine bestimmte Auswahl von Aufgaben zur Voraussetzung hat. Aktuelle Lehrmittel fokussieren auf vielfältige Anwendungen. Der Beziehungsreichtum

(Baptist, 2001) und die Aufgabenvielfalt sind bei diesem Thema derart riesig, dass zwangsläufig eine Auswahl getroffen werden muss. Als Anforderungen an ein Forschungsdesign über diesen längeren Zeitraum wäre es deshalb vermutlich wichtig, dass man den Lehrpersonen angibt, welche Typen von Aufgaben die Schülerinnen und Schüler am Ende der Unterrichtseinheit beherrschen sollen.

Es fragt sich weiter, ob ab einem gewissen Zeitpunkt die strukturelle Klarheit im engen Sinne in den Hintergrund tritt und ganz bewusst Brüche vorkommen können. Denn wenn der Satz im engen Sinn tief verstanden ist und man ihn im Rahmen von Anwendungen mit vielen bereits vorhandenen Netzteilen verknüpft, ist inhaltliche Klarheit eventuell nur lokal erreichbar. Es ist zu erwarten, dass über längere Zeiträume neue Aspekte hinzukommen: Begriffe werden auf verschiedenen begrifflichen Abstraktions- und Generalisierungsebenen immer wieder vorkommen. Es fragt sich, ob diese verschiedenen Verstehensniveaus mit dem Pythagoras-Verstehensmodell aus Kapitel 4 in einem ausreichenden Umfang beschrieben werden können.

Zusammenfassend kann man also sagen, dass das Modell in verschiedener Hinsicht ausgebaut werden muss, wenn man die Übungsphasen miteinbezieht und wenn sich die Zeitdauer verlängert. Vielleicht müsste man auch mehrere Ebenen von Verstehenselementen einfügen, so dass es Verstehenselemente „höherer Ordnung" geben würde: Das, was in der ersten Woche ein Verstehenselement war, gehört in der zweiten Woche zum selbstverständlichen, bereits verdichteten Vorwissen usw. Was in der ersten Woche eine Verknüpfung auf der Ebene der Verknüpfungen mit anderen Konzepten war, wird in der zweiten Woche unter Umständen zu einem neuen Verstehenselement. Dass durch eine Ausweitung auf einen längeren Zeitraum die Anforderungen an die Raterinnen und Rater weiter zunehmen, versteht sich von selbst.

3) Übertragbarkeit auf andere mathematische Themen

Es ist anzunehmen, dass sich das Pythagoras-Verstehensmodell und die fachdidaktischen Qualitäten auf Einführungen in andere mathematische Themen übertragen lassen. Allerdings müssen konzeptspezifisch formulierte Unterrichtsqualitäten bei jedem neuen Konzept von Neuem bestimmt werden. Dazu müssen die konzeptspezifischen Eigenheiten betrachtet werden, denn Verstehenselemente und Repräsentationen sind sehr themenabhängig. Auch das, was Klarheit auszeichnet, scheint sehr konzeptspezifisch zu sein.

Aeblis Strukturaufbau-Vorstellungen gelten für jede Schulstufe und jedes Schulniveau: Das Vorwissen, die Schrittgrösse der Verknüpfungen und die Konzentrationsfähigkeit unterscheiden sich je nach Alter der Schülerinnen und Schüler und müssen berücksichtigt werden, damit Sinnfluss möglich wird. Die Auswahl und die Formulierung der Verstehenselemente und Repräsentationen hängen also davon ab und beeinflussen wiederum die strukturelle Klarheit.

Wenn man andere mathematische Themen betrachtet, verändern sich die Art und Anzahl der Verstehenselemente und der fachlichen Repräsentationen. Es ist denkbar, dass es nicht zu jedem mathematischen Konzept alle vier Repräsentationen gibt.[118] Manchmal wird es zu einem bestimmten Medium der Repräsentation mehrere fachliche Darstellungsweisen geben, welche man lernen muss, weil sie unterschiedliche Aspekte aufzeigen. (Man denke zum Beispiel an die Normalform und die Scheitelpunktsform von Parabeln, welche beide formale Darstellungen von quadratischen Funktionen sind.) Es könnte auch sein, dass sich bei anderen Konzepten die Struktur weniger explizit beschreiben lässt als beim Satz des Pythagoras, weil bei diesen die Ablesbarkeit im Sinne von Duncker (1935) weniger gegeben sein könnte. Es gibt weiter viele mathematische Themen, bei welchen die Schülerinnen und Schüler mehr Vorwissen und Alltagswissen und damit auch mehr Fehlvorstellungen mitbringen als beim Satz des Pythagoras: Zum Beispiel spielen bei Brüchen oder bei der Wahrscheinlichkeit Konzeptwechsel eine viel grössere Rolle. Andere Themen weisen also nicht nur eine andere Komplexität des Begriffsnetzes auf, je nach Thema sind auch fachdidaktische Aspekte wie Grundvorstellungen und epistemologische Hürden sehr unterschiedlich. Beispielsweise gelten bei den Brüchen plötzlich gewisse Eigenschaften und Grundvorstellungen der natürlichen Zahlen nicht mehr: Die Multiplikation macht nicht mehr immer grösser, die Schreibweise der Zahl ist nicht mehr eindeutig und zwischen zwei Brüchen gibt es unendlich viele weitere Brüche (Prediger, 2008). Es müssen also bestehende Verknüpfungen modifiziert werden und damit ist man in der Theorie des Konzeptwechsels (vgl. z.B. Vosniadou, 2008), welche im bisherigen Pythagoras-Verstehensmodell nicht berücksichtigt wurde.

Man beachte weiter, dass der Satz des Pythagoras ein Konzept ist, das üblicherweise etwa drei bis fünf Wochen lang unterrichtet wird. Verschiedene Begriffe haben innerhalb der Schulmathematik eine unterschiedliche Tragweite. Es gibt Konzepte, welche man innerhalb von wenigen Minuten verstehen kann (zum Beispiel den Begriff der Kathete) und andere, für welche man fast Jahre braucht (zum Beispiel der Begriff der Zahl oder der Funktion). Das Pythagoras-Verstehensmodell aus Kapitel 4 wird unübersichtlich für zu lange Zeiträume. Es eignet sich, um über mehrere Stunden nachzudenken, aber nicht für mehrere Wochen. Dazu müssten vermutlich mehr Verdichtungsschritte vorkommen. Eventuell sind mehrere Verstehenselemente-Ebenen nötig, wobei der grosse Vorteil des Modells gerade seine bisherige Einfachheit war.

4) Übertragbarkeit auf andere Fächer

Als Nächstes stellt sich die Frage der Übertragbarkeit auf andere Fächer. Das Pythagoras-Verstehensmodell beruht auf einer kognitionspsychologischen Vorstellung von Verstehensprozessen als Strukturaufbau. Diese Vorstellungen sind fachunabhängig,

---

118 Begriffe aus der Sekundarstufe II sind oft nicht mehr enaktiv darstellbar: Unendliche Prozesse, wie sie hinter dem Begriff des Grenzwerts und als Folge davon hinter dem Ableitungsbegriff oder auch im Begriff der Wahrscheinlichkeit stecken, entziehen sich einer handelnden Darstellung, die über einige wenige Schritte hinausgeht. Computersimulationen, welche sozusagen das Handeln zeitlich verlängern können, sind hier sehr hilfreich.

jede Begriffsbildung ist nach Aebli (1994) hierarchisch. Allerdings wurden in dieser Arbeit diejenigen Besonderheiten des fachlichen Verstehens der Disziplin miteinbezogen, welche für das Verstehen der Schülerinnen und Schüler im betrachteten Alter relevant scheinen. Für die Mathematik war insbesondere wichtig, dass mathematisches Arbeiten aus Problemlösen besteht und die formale Schreibweise und das deduktive Ordnen erst ganz am Schluss zum Zweck des Sicherns und Kommunizierens vorkommen (vgl. Kapitel 2.2). Es gibt weitere Eigenheiten der fachlichen Sprache und der Denkweise, die auch in der Schule berücksichtigt werden müssen: Begriffe aus dem Alltag werden anders verwendet, Voraussetzungen und Behauptungen müssen klar getrennt werden, Gegenbeispiele sind zentral usw. Es fällt weiter auf, dass das Vorkommen verschiedener Repräsentationsformen eine wichtige Rolle beim mathematischen Arbeiten spielt. Viele mathematische Konzepte der Volksschule lassen sich in allen vier Medien der Repräsentation darstellen. Die Frage der Klarheit von Mathematikunterricht entscheidet sich deshalb wesentlich an einer kohärenten Abfolge der fachlichen Repräsentationen und deren Verknüpfungen untereinander.

Es ist klar, dass andere Fächer gewisse andere disziplinäre Eigenheiten aufweisen, welche für die Schule relevant sind. Es sind auch ganz andere Phänomene vorstellbar, welche in der Mathematik keine Rolle spielen und sich eventuell mehr auf der emotionalen und körperlichen Ebene abspielen. Wie sieht es in anderen Disziplinen aus: Zum Beispiel wenn es konkurrierende Theorien gibt? Wenn Ursache-Wirkung-Richtungen hinzukommen? Wenn normative und moralische, ästhetische Aspekte eine Rolle spielen? Wenn es eine zeitliche, historische Dimension gibt? Wenn wissenschaftliche Experimente zentral werden?

Welche Rolle spielen fachliche Repräsentationen und was sind allenfalls zusätzliche weitere Denk- und Kommunikationsinstrumente? Bei der Rolle der Repräsentationen unterscheiden sich vermutlich die einzelnen Fächer. Dass die meisten Konzepte in sehr verschiedenen Darstellungsformen notiert werden können, ist möglicherweise eine Besonderheit der Disziplin Mathematik. Umgekehrt gibt es andere Fächer, in denen es andere Arten von Repräsentationsformen gibt: Aebli (2001) verwendet die Medien des Erzählens, Lesens und Schreibens. Als Folge davon muss man entscheiden, ob dieselben drei Verknüpfungs-Ebenen für andere Fächer ebenfalls gelten. Abhängig davon können dann fachspezifische Kriterien für Klarheit im Verlauf bestimmt werden.

Im Vergleich mit anderen Fächern würden das Allgemeine und das Disziplinspezifische von Verstehensprozessen besser erkennbar und unterscheidbar werden (vgl. disziplinübergreifende Merkmale von Verstehensprozessen in Reusser & Reusser-Weyeneth, 1994b). Für die Mathematikdidaktik wäre es beispielsweise sehr hilfreich, mehr über das Verstehen von Texten und Bildern zu wissen.

Zusammenfassend bedeutet dies, dass für das Bestimmen eines zum Pythagoras-Verstehensmodell analogen Verstehensmodells und von fachdidaktischen Unterrichtsqualitäten für andere Fächer hauptsächlich die folgenden Aspekte berücksichtigt werden müssen:

- Analyse desjenigen Anteils des Denkens der Disziplin, der für die Schule relevant ist;
- aktuellen Stand der jeweiligen fachdidaktischen Diskussion berücksichtigen;
- typische Schwierigkeiten, Grundvorstellungen und epistemologische Hürden;
- Trennen zwischen fachlichen Darstellungen und der eigentlichen Struktur, Bestimmen von zentralen fachlichen Repräsentationen;
- Schuljahr und Niveau, d.h. das Vorwissen muss berücksichtigt werden.

5) Verallgemeinerung des verwendeten Verstehensbegriffs

In einem Unterricht zum Satz des Pythagoras können ganz unterschiedliche Dinge verstanden und gelernt werden. Verstehen wurde als Begriffsaufbau definiert, in welchem Verknüpfungen eine zentrale Rolle spielen. Dies ist ein eingeschränkter Verstehensbegriff. Es gibt weitere zentrale Merkmale eines verstehensorientierten Mathematikunterrichts zum Satz des Pythagoras, wenn man andere Konzeptionen oder Aspekte von Mathematikunterricht berücksichtigt: Aus der Sicht eines genetischen Mathematikunterrichts (z.b. Wagenschein, 1989; z.b. Wittmann, 1981) fehlt die Entstehungsgeschichte des Satzes.[119] Aus dem Blickwinkel von Kompetenzen (Blum et al., 2006) wäre in einem verstehensorientierten Mathematikunterricht zum Satz des Pythagoras das Erarbeiten von Modellierungskompetenzen besonders wichtig. Wer einen realitätsnahen Mathematikunterricht fordert, würde nach realistischen Problemstellungen und der Reflexion der Brauchbarkeit des Werkzeugs Pythagoras suchen. Aus der Sicht eines Mathematikunterrichts, der axiomatisch vorgeht, ist ein Verstehen der deduktiven Herleitung des Satzes besonders wichtig. Für Baptist (2001) macht die Beziehungshaltigkeit des Satzes dessen Bedeutung aus. Ein verstehensorientierter Unterricht müsste also genau diese Beziehungshaltigkeit deutlich machen. Selbstverständlich gibt es noch viele weitere Verstehensaspekte (vgl. Reusser & Reusser-Weyeneth, 1994a), zum Beispiel wären auch affektive Komponenten und die Einbettung in Alltagserfahrungen der Schülerinnen und Schüler zu nennen.

Diese etwas plakative und stark vereinfachende Darstellung soll zeigen, dass sich Verständlichkeit und Verstehensorientierung eines Mathematikunterrichts nicht absolut bestimmen lassen. Vielmehr hängen sie davon ab, welche Ziele der Unterricht erreichen soll und welche Prozesse dabei als wertvoll erachtet werden. Zuerst muss also geklärt werden, *was* denn eigentlich verstanden werden soll: Ist es die Genese des Satzes, das Prinzip des Modellierens, sind es die konkreten Einsatzmöglichkeiten des zu lernenden Konzepts oder ist es dessen deduktive Einordnung in das System der Mathematik? Selbstverständlich schliessen sich diese Aspekte nicht zwingend gegenseitig

---

119 Freudenthal (1973) findet, dass dieser nicht offensichtliche Satz nur mittels eines Beweises hätte entdeckt werden können und plädiert deshalb für einen Einstieg via einen Beweis.

aus. Sie können in einem gewissen Ausmass im selben Unterricht thematisiert und erworben werden. Allerdings sind die zeitlichen Ressourcen im Unterricht beschränkt. In dieser Arbeit wird als Gegenstand des Verstehens nur das Konzept selbst betrachtet, ohne die vier oben erwähnten Aspekte, die selbstverständlich im Mathematikunterricht ihre Berechtigung haben.[120] Es gibt zwei pragmatische Gründe für diese Einschränkung: Erstens wird in den Analysen sehr unterschiedlicher Unterricht betrachtet und die Qualitäten von Verstehensorientierung sollen unabhängig von den oben erwähnten Konzeptionen eines guten Mathematikunterrichts eingeschätzt werden. Zweitens besteht die Analyseeinheit aus drei Lektionen. In einer dreistündigen Einführung hat nicht alles Platz. Hier wird davon ausgegangen, dass Verstehenselemente und Repräsentationen zwingend notwendig sind, während das Modellieren, realitätsnahe Bezüge und genetische Aspekte auch erst später vorkommen können. Die Verstehenselemente liessen sich aber problemlos in diese Richtung ergänzen oder umformulieren.

In diesem Sinne ist das hier verwendete Konzept von Verstehen in Bezug auf die oben erwähnten Konzeptionen eines guten Mathematikunterrichts offensichtlich eingeschränkt. Das Modell erfasst nur ganz bestimmte Aspekte von fachdidaktischer Qualität: Solche, welche sich auf eine Einführung in ein neues Konzept mit dem Ziel des Verstehens des Konzepts im engen Sinne beziehen. Beim Verstehen von Mathematik sind viele weitere Aspekte zentral, auf die hier nicht eingegangen werden kann, aber es scheint gemäss diesem Kapitel Potenzial für eine Ausweitung des Modells vorhanden zu sein.

8.4   Ausblick auf weiterführende Auswertungen

In dieser Arbeit wurden fachdidaktische Unterrichtsqualitätsmerkmale bestimmt und mit den unmittelbaren Nachtestleistungen sowie dem hoch inferenten Rating der kognitiven Aktivierung in Beziehung gesetzt.

Eine der fachdidaktischen Qualitäten, die strukturelle Klarheit, ist bereits mit weiteren Indikatoren für kognitive Aktivierung in Zusammenhang gebracht worden (vgl. Pauli et al., 2008). In weiterführenden Auswertungen können die fachdidaktischen Qualitäten mit verschiedenen weiteren Daten verknüpft werden, die aus der Datenerhebung des Projekts „Unterrichtsqualität, Lernverhalten und mathematisches Verständnis" vorhanden sind.

In Bezug auf die Lernqualität, das heisst die Leistung und Schülerwahrnehmung, sind insbesondere die folgenden Fragen interessant: Hat die fachdidaktische Unterrichtsqualität einen Einfluss auf langfristige Leistungen, welche zu einem späteren Zeitpunkt erhoben wurden? Gibt es auf der Klassenebene einen Zusammenhang zwi-

---

120   In zusätzlichen Analysen wurden auch Aspekte der Realitätsorientierung und anderes erfasst. Es wäre im Prinzip auch problemlos möglich, die vorhandenen Daten nach genetischen Aspekten oder bezüglich Modellbildung zu re-analysieren. Das ist der Vorteil von Videodaten.

schen den fachdidaktischen Qualitäten und den Schülerwahrnehmungen, insbesondere der Einschätzung, wie gut die Schülerinnen und Schüler den Unterricht verstanden haben? Profitieren gute und schwache Schülerinnen und Schüler gleichermassen von der fachdidaktischen Unterrichtsqualität?

Weiter stellt sich die Frage, ob die fachdidaktischen Qualitäten über die hoch inferent beurteilten Basisqualitäten wie kognitive Aktivierung und Classroom Management hinaus das Zustandekommen der Schülerleistungen aufklären.

Die fachdidaktischen Qualitäten der Theoriephasen könnten auch mit dem kognitiven Anspruchsgehalt der Aufgabenbearbeitung in Zusammenhang gebracht werden: Ist in Unterricht von höherer fachdidaktischer Qualität der Theoriephasen auch der kognitive Anspruchsgehalt der Aufgabenbearbeitung höher?

Weiter lässt sich vermuten, dass es Kompensationseffekte zwischen Theorie- und Übungsphasen geben könnte. Es stellt sich folgende Frage: Sind bei Lehrpersonen, welche eine unterdurchschnittliche fachdidaktische Qualität der Theoriephasen aufweisen und deren Schülerinnen und Schüler überdurchschnittlich hohe Nachtestleistungen erreicht haben, die Übungsphasen von hoher fachdidaktischer Qualität?

In Bezug auf die Lehrerkognitionen, die mit einem Interview erfasst wurden, stellen sich insbesondere folgende Fragen: Welcher Zusammenhang besteht zwischen den Kognitionen der Lehrpersonen und der fachdidaktischen Qualität der Theoriephasen ihres Unterrichts? Erwähnen die Lehrpersonen in den Interviews spontan gewisse Verstehenselemente, Qualitäten von Repräsentationen und Aspekte von struktureller Klarheit? Kommt dies bei Lehrpersonen, deren Unterricht als von hoher fachdidaktischer Qualität eingeschätzt wurde, häufiger vor?

Einige weiter gehende Fragestellungen, welche über die Möglichkeiten der Daten dieser Videostudie hinausgehen, werden in den folgenden Kapiteln angesprochen. Wie die Überlegungen in Kapitel 8.3.3 gezeigt haben, könnten die in dieser Arbeit bestimmten fachdidaktischen Unterrichtsqualitätsmerkmale vermutlich auch auf andere Unterrichtsinhalte übertragen werden. Es wäre daher auch interessant, in einer Designstudie zu erforschen, wie sich die fachdidaktische Qualität von Unterricht zu einem bestimmten Thema optimieren lässt.

8.5 Überlegungen zum Begriff der allgemein- und fachdidaktischen Unterrichtsqualität

Eine fach- und lernzielspezifischere Erfassung von Unterrichtsqualitätsmerkmalen wird aus theoretischer oder empirischer Sicht von verschiedenen Autoren gefordert (Hiebert & Grouws, 2007; Klieme & Rakoczy, 2008; Messner & Reusser, 2006; Reusser, 2006, 2008; Seidel & Shavelson, 2007). In dieser Arbeit wurde an unterschiedlichen Stellen explizit oder implizit über Unterschiede und Gemeinsamkeiten von allgemein- und fachdidaktischen Unterrichtsqualitäten nachgedacht. Diese Überlegungen werden im vorliegenden Kapitel zusammengefasst und diskutiert.

Die theoretische Herleitung der fachdidaktischen Qualitäten in Kapitel 4 und die Diskussion zu ihrer Erweiterung auf andere Inhalte in Kapitel 8.3.3 haben gezeigt, dass sich die in dieser Arbeit beschriebenen Qualitäten ähnlich auch für andere Inhalte bestimmen lassen sollten. Deshalb lohnt sich eine etwas allgemeinere Diskussion über diese spezielle fachdidaktische Konzeptualisierung von Unterrichtsqualität: Kapitel 8.5.1 beschäftigt sich mit der Bedeutung der Standardisierung des Inhalts und des Lernziels für die Bestimmung der fachdidaktischen Unterrichtsqualitäten. Darauf aufbauend wird zusammengefasst, wie die fachdidaktischen Qualitäten in dieser Arbeit konzeptualisiert wurden (Kapitel 8.5.2).

Das empirische Ergebnis dieser Arbeit, dass die theoretisch bestimmten fachdidaktischen Qualitäten nicht mit der allgemeinen kognitiven Aktivierung korrelieren (vgl. Kapitel 8.1.3), gibt Anlass dazu, über das Verhältnis von spezifisch fachdidaktisch konzeptualisierter und allgemeindidaktischer Unterrichtsqualität nachzudenken (Kapitel 8.5.3). Dies wird am Beispiel der kognitiven Aktivierung (Kapitel 8.5.3.1) und der Klarheit (Kapitel 8.5.3.2) gemacht. In Kapitel 8.5.4 werden anschliessend einige zusammenfassende Schlussfolgerungen gezogen.

8.5.1 Bedeutung der Standardisierung des Inhalts und des Lernziels für die Bestimmung der fachdidaktischen Unterrichtsqualitäten in dieser Arbeit

Derzeit wird sowohl in der allgemeindidaktischen Literatur (Tobias & Duffy, 2009) als auch in fachdidaktischen Artikeln (z.B. Hiebert & Grouws, 2007) darauf hingewiesen, dass es bei der Frage nach der Unterrichtsqualität ganz entscheidend ist, welches Lernziel mit dem betrachteten Unterricht erreicht werden soll.

Das Bestimmen und Einschätzen der Unterrichtsqualitäten in dieser Arbeit war nur aufgrund der Standardisierung des Inhalts und des damit verbundenen Lernziels möglich: In allen Klassen wurde eine Einführung in den Satz des Pythagoras unterrichtet. Das Lernziel war das Verstehen des Konzepts „Satz des Pythagoras" in einem Umfang, der in einer dreistündigen Einführung möglich ist.[121]

Im Folgenden wird zusammengefasst, welche Rolle diese Standardisierung des Inhalts und des damit verbunden Lernziels bei der Bestimmung der fachdidaktischen Unterrichtsqualität gespielt hat:

---

121 Zum Satz des Pythagoras hätte man im Unterricht auch andere Lernziele verfolgen und untersuchen können: Zum Beispiel das Trainieren des Satzes; den Satz im Rahmen des Trainings von Modellierungskompetenzen verwenden; den Beziehungsreichtum des Satz erfahren; Beweisverständnis aufbauen.

Erstens hat es die Standardisierung des Inhalts ermöglicht, den Unterricht aus einem inhaltsspezifischen fachdidaktischen Blickwinkel zu betrachten. Im Unterschied zur TIMSS-Videostudie, in der trotz unterschiedlichem Inhalt der betrachteten Lektionen verschiedene fachdidaktische Fragestellungen untersucht worden sind (vgl. Kapitel 2.3.7), konnte hier die Qualität des Unterrichts *konzeptspezifisch* festgemacht werden. Dies hat sich insbesondere darin geäussert, dass verschiedene Arten von Verknüpfungen unterschieden worden sind und davon – aus kognitionspsychologischer Sicht – *eine* Art als zentral für eine Einführung betrachtet wurde (vgl. Kapitel 4). Der betrachtete Zeitraum von drei Lektionen schränkte den Inhalt weiter ein: Es musste bestimmt werden, welche von den zum Satz gehörenden Verknüpfungen für eine Einführung von dieser Dauer als zentral angesehen werden.

Das Rating der hier entwickelten fachdidaktischen Qualitäten war nur aufgrund des gleichen Inhalts möglich.

Zweitens hat es die Standardisierung des Inhalts ermöglicht, Tests herzustellen, welche inhaltlich mit dem Unterricht übereinstimmen. Für die Erfassung des Effekts von Unterrichtsqualität auf die Verstehensprozesse ist dies ein wesentlicher Punkt. Die Qualität des Unterrichts und das Verstehen der Schülerinnen und Schüler wurden zumindest ansatzweise mit einem ähnlichen Mass gemessen, nämlich mit Hilfe des Vorkommens oder Vorhandenseins von Verstehenselementen.

Drittens ist zu vermuten, dass gewisse Strukturen im Unterricht erst beim Vergleich von Unterricht zum selben Inhalt sichtbar werden. Jedenfalls vereinfacht die Standardisierung des Inhalts das Identifizieren von Unterschieden und Gemeinsamkeiten. Das äussert sich auch nach dem fachdidaktischen Rating: Es wird erkennbar, wie unterschiedlich gleichermassen als verständlich beurteilter Unterricht zum gleichen Inhalt aussehen kann. Das Nachdenken und Sprechen über das Verhältnis von allgemein- und fachdidaktischer Unterrichtsqualität wird damit vereinfacht. Denn die Komplexität des Inhalts wird reduziert und das Argument, dass ein Sachverhalt auf einen unterschiedlichen Inhalt zurückzuführen sei, fällt weg.

Natürlich entstehen auch Nachteile: Die Verallgemeinerbarkeit auf andere Inhalte ist unklar. Es wäre denkbar, dass der spezifische Inhalt Eigenheiten besitzt, die eine Übertragbarkeit auf andere Inhalte einschränken. Gemäss der Diskussion in Kapitel 8.3.3 besteht Anlass zur Annahme, dass die fachdidaktischen Qualitäten mit Anpassungen auch für andere Inhalte und evtl. auch für andere Fächer in ähnlicher Weise bestimmt werden könnten.

Zusammenfassend kann gesagt werden, dass es Aspekte von fachdidaktischer Qualität von Unterricht gibt, welche nur bei gleichem Inhalt des Unterrichts sichtbar und vergleichbar werden. Man hätte auch bei unterschiedlichem Inhalt gewisse Qualitätsaspekte der Anleitung von konzeptuellen Verstehensprozessen untersuchen können. Die in dieser Arbeit gewählte Feinheit des inhaltlichen Auflösungsgrades, welche durch die Verbindung einer kognitionspsychologischen und einer fachdidaktischen Sicht entstanden ist, wäre aber nicht möglich gewesen.

Diese Überlegungen werfen die allgemeine Frage auf, inwiefern eine Standardisierung des Unterrichtsinhalts das Erfassen von gewissen fachdidaktischen oder auch allgemeindidaktischen Unterrichtsqualitätsmerkmalen erst ermöglicht oder – was auch denkbar wäre – einschränkt.

8.5.2 Wie wurde die fachdidaktische Unterrichtsqualität in dieser Arbeit konzeptualisiert?

In diesem Kapitel wird auf zwei Aspekte eingegangen, welche die Vorgehensweise bei der Konzeptualisierung der fachdidaktischen Qualitäten in dieser Arbeit auszeichnet: Die theoriegeleitete Bestimmung der Qualitäten unter Einbezug verschiedener theoretischer Blickwinkel und die Unabhängigkeit von der Einheit „Aufgabe".

Theoriegeleitete Bestimmung der fachdidaktischen Unterrichtsqualität: Integration verschiedener theoretischer Blickwinkel

Wie in Kapitel 4 dargestellt, wurden die fachdidaktischen Qualitäten theoriegeleitet bestimmt: Ausgehend von denkpsychologischen Analysen von Verstehensprozessen wurden Merkmale von Unterrichtsqualität bestimmt. Die Grundlage bildete die sowohl in der Kognitionspsychologie als auch in der Mathematikdidaktik vertretene Auffassung, dass Verstehen zentral Herstellen von Verknüpfungen bedeutet. Ausgangspunkt war Aeblis kognitionspsychologische Vorstellung von Verstehen als Begriffsaufbau (Kapitel 2.3.2), in der Elemente des Vorwissens so miteinander verknüpft und verdichtet werden, dass dadurch neue Elemente entstehen. Ergänzt wurde diese Sicht durch die zentrale Bedeutung von fachlichen Repräsentationen beim Lernen von Mathematik (vgl. Kapitel 2.3.4), wobei der Bezug zwischen der Bedeutung und der Darstellung dieser Bedeutung im Sinne von Aebli als Verdichtungsprozess interpretiert wurde. Es wurde versucht, Eigenheiten des Fachs und des konkreten Inhalts „Satz des Pythagoras" sowie aktuelle Aspekte des fachdidaktischen Diskurses genauso miteinzubeziehen, wie lernpsychologische Grundlagen des Verstehens.

Die Trennung in drei Arten von Verknüpfungen und die Annahme, dass eine davon für die Anleitung von Verstehensprozessen vorgeordnet sei, bildete dann den Ausgangspunkt für die Bestimmung der fachdidaktischen Qualitäten: das Vorkommen der Verstehenselemente, die Qualität der im Unterricht vorkommenden fachlichen Repräsentationen des Satzes und die strukturelle Klarheit des Unterrichts. Da der Inhalt vereinheitlicht war und weil ganz bestimmte Verknüpfungen als zentral betrachtet wurden, konnte die inhaltliche Klarheit von Unterricht sehr viel spezifischer definiert werden, als dies bei bisherigen allgemeinen Unterrichtsqualitätsmerkmalen der Klarheit, Strukturiertheit und Kohärenz von Unterricht der Fall war (vgl. Kapitel 2.3.7.2).

Im Kern bestand also der Versuch, verschiedene Theorieansätze zu integrieren, aus einer genauen Analyse dessen, was „Verknüpfungenmachen" in den jeweiligen

Theorieansätzen bedeutet. Man könnte auch sagen, dass durch diese fachdidaktischen Qualitätsmerkmale das Unterrichtsqualitätsmerkmal von Hiebert und Grouws (2007) „teachers and students attend explicitly to concepts" (vgl. Kapitel 2.3.7.3) konzeptspezifisch und vor dem Hintergrund eines kognitionspsychologischen Verstehensbegriffs für das Lernziel des Verstehens des Satzes des Pythagoras präziser formuliert wurde.

Man beachte, dass in anderen Videostudien datengeleitet an Verknüpfungen herangegangen wurde: In der TIMSS-1999-Videostudie (Hiebert et al., 2003) wurde beispielsweise analysiert, welche Verknüpfungen im Unterricht vorkamen und anschliessend wurden diese klassifiziert.

In dieser Arbeit wurden kognitionspsychologische Sichten von Verstehensprozessen mit fachlichen Eigenheiten erweitert und allgemeindidaktische Unterrichtsqualitätsmerkmale von Klarheit/Strukturiertheit/Kohärenz wurden unter konzeptspezifischer Perspektive betrachtet und kritisiert. Eigentlich wäre es deshalb präziser gewesen, statt von „fachdidaktischer Unterrichtsqualität" von „kognitionspsychologisch-fachdidaktischer Unterrichtsqualität" zu sprechen. In Anbetracht der Unhandlichkeit dieses Ausdrucks wurde aber darauf verzichtet.

Fachdidaktische Unterrichtsqualität wird unabhängig von der Einheit „Aufgabe" definiert

Man beachte, dass die in dieser Arbeit neu definierten Unterrichtsqualitätsmerkmale nicht an der Einheit „Aufgabe" festgemacht worden sind (vgl. dazu auch Kapitel 2.3.7.1). Die Analyseeinheit waren die Theoriephasen der Lektionen (zur Definition, vgl. Kapitel 6.3.1), in denen zwar auch Aufgaben im herkömmlichen Sinne vorkommen konnten. Diese dienten aber dazu, den Satz erst kennenzulernen. Das gewählte Vorgehen unterscheidet sich deshalb vom Vorgehen vieler Studien der empirischen Unterrichtsforschung zum Fach Mathematik, in denen fachdidaktische Unterrichtsqualität oft direkt oder indirekt an der Qualität von Aufgaben und ihrer Bearbeitung festgemacht wurde (vgl. z.B. Unterrichtsqualitätsmerkmale in TIMSS und COACTIV).

Aufgaben sind zweifellos *die* Denk- und Arbeitseinheit im Mathematikunterricht (z.B. Bromme, 1992; Büchter & Leuders, 2005). Allerdings gibt es bisher meines Wissens keine Instrument, das die Qualität der *Reihenfolge* von Aufgaben in Bezug auf ihren Beitrag zur Unterstützung von konzeptuellen Verstehensprozessen inhaltlich messen kann (siehe auch Kapitel 2.3.7.2.2). Für die Anleitung von Verstehensprozessen ist aber nicht nur die Qualität der Bearbeitung der Einzelaufgabe, sondern auch die Reihenfolge der Aufgaben im zeitlichen Verlauf zentral. Denn Brüche zwischen den vorkommenden Verstehenselementen und Repräsentationen verschiedener Aufgaben oder Unterrichtsphasen können gemäss der in dieser Arbeit bestimmten strukturellen Klarheit das Verstehen behindern.

Die fachdidaktischen Unterrichtsqualitäten sind unabhängig von bestimmten Methoden und Aufgabenstellungen formuliert. Die tatsächlich im Unterricht stattfindenden Prozesse sind zentral. Trotz gleicher Auswahl von Aufgaben können deshalb zwei Unterrichtslektionen eine unterschiedliche fachdidaktische Qualität aufweisen. Umgekehrt können zwei Unterrichtslektionen, die auf der Oberflächenstruktur sehr unterschiedlich sind, konzeptuelle Verstehensprozesse im Sinne der in dieser Arbeit bestimmten fachdidaktischen Qualitäten gleich gut unterstützen, wenn die Verstehenselemente und Repräsentationen gleich deutlich werden.

Insgesamt ist die theoriegeleitete Konzeptualisierung der fachdidaktischen Qualitäten in dieser Arbeit ein Versuch, Verstehensqualitäten eher auf der Tiefenstruktur von Unterricht zu bestimmen. Der in Kapitel 7.4 nachgewiesene Effekt auf die Nachtestleitungen der Schülerinnen und Schüler deutet darauf hin, dass dies zumindest für die vorliegende Stichprobe gelungen sein könnte. Aus theoretischer Sicht müssten diese fachdidaktischen Qualitäten eine notwendige Voraussetzung für einen verstehensorientierten Unterricht mit dem Lernziel „Verstehen des Satzes des Pythagoras" darstellen.

Selbstverständlich gibt es viele verschiedene Facetten von fachdidaktischer Unterrichtsqualität, die hier nicht betrachtet wurden. Für Lernziele, die nicht mit konzeptuellem Lernen zu tun haben oder weit über die Einführung hinausgehen (z.B. langfristige Lernziele wie der Erwerb von Kompetenzen des Problemlösens, Mathematisierens usw.), kommen andere Facetten von fachdidaktischer Unterrichtsqualität hinzu.

8.5.3 Zwei Unterrichtsqualitätsmerkmale aus allgemein- und fachdidaktischer Sicht betrachtet

In dieser Arbeit ist an verschiedenen Stellen sowohl aus allgemein- als auch aus fachdidaktischer Sicht über die Unterrichtsqualitätsmerkmale der kognitiven Aktivierung und der Klarheit gesprochen worden. In diesem Kapitel werden zentrale Punkte zu dieser doppelten Perspektive – allgemein- und fachdidaktisch – für jede dieser beiden Qualitäten einzeln zusammengetragen. Im darauffolgenden Kapitel 8.5.4 werden anschliessend einige zusammenfassende Schlussfolgerungen formuliert. Es geht im ganzen Kapitel wiederum um das Lernziel des Verstehens eines Konzepts während einer Einführung.

8.5.3.1 Kognitive Aktivierung

Die aus theoretischer Sicht bestimmten drei fachdidaktischen Unterrichtsqualitätsmerkmale wurden auch mit dem allgemeindidaktischen Unterrichtsmerkmal der kognitiven Aktivierung in Beziehung gesetzt, welches ebenfalls hoch inferent erfasst wurde (vgl. Kapitel 7.5). Es zeigte sich, dass es keine signifikanten Korrelationen zwischen jedem fachdidaktischen Unterrichtsqualitätsmerkmal und der kognitiven Aktivierung gibt. Dieser Befund wurde aus methodischer Sicht bereits in Kapitel 8.1.3 diskutiert. In diesem Kapitel wird etwas allgemeiner über das Konzept der kognitiven Aktivierung[122] im Hinblick auf das Verstehen eines Konzepts nachgedacht.

Wechselt man auf die Ebene eines Schülers, der den ihm unbekannten Satz des Pythagoras verstehen will, so lässt sich dieser Verstehensprozess als ein Prozess des Verknüpfens und Verdichtens beschreiben: Verstehensprozesse, welche nicht automatisch erfolgen, haben Problemlösecharakter (vgl. Kapitel 2.3.5). Wenn das Herstellen von Sinnfluss nicht glatt verläuft, wenn Brüche im Sinnfluss entstehen und die Lernenden diese wahrnehmen können und aktiv beseitigen wollen, dann sind die Lernenden in hohem Masse kognitiv aktiviert. Diese geistige Aktivität besteht aus kognitionspsychologischer Sicht insbesondere im Herstellen von neuen, nicht offensichtlichen Verknüpfungen. In Kapitel 3.2.2 wurde gezeigt, dass es selbst innerhalb des Themas „Satz des Pythagoras" unterschiedliche Arten von Verknüpfungen gibt, von denen während einer Einführung für den Sinnfluss der Lernenden nicht alle gleich wichtig sind: Nimmt man an, dass die kognitive Aktivität der Schülerinnen und Schüler dem Pythagoras-Sinnfluss dienen soll, so kann man aus dem Pythagoras-Verstehensmodell folgern, dass sich die kognitive Aktivität der Schülerinnen und Schüler während einer Einführung in den Satz des Pythagoras vor allem auf die Verstehenselemente und Repräsentationen richten soll und Verknüpfungen mit anderen Konzepten erst später systematisch vorkommen sollen.

Schülerinnen und Schüler können also während einer Einführung in den Satz des Pythagoras geistig in hohem Mass aktiv sein, aber trotzdem keine für das Verstehen des Satzes des Pythagoras notwendigen Verknüpfungen vornehmen:[123] Denn die im Unterricht vorgekommenen Verknüpfungen können sich auf aussermathematische Zusammenhänge beziehen oder auf mathematische Zusammenhänge, die nichts mit dem Satz des Pythagoras zu tun haben. Weiter können im Unterricht Verknüpfungen vorkommen, welche zwar mit dem Satz des Pythagoras zu tun haben, aber für die Schülerinnen und Schüler zu diesem Zeitpunkt noch nicht verstehbar sind. Auch solche Verknüpfungen tragen aus der theoretischen Sicht dieser Arbeit wenig zum Verständnis bei.

In Bezug auf das Lernziel „Verstehen eines konkreten Konzepts" könnte deswegen eine andere Art von kognitiver Aktivierung interessant sein, eine, die konzeptspezifisch formuliert ist (vgl. auch Kapitel 2.3.5.4 und 2.3.7.4). Denn für das Verstehen eines konkreten Konzepts ist es ganz entscheidend, dass sich die Verstehensarbeit auch wirklich auf die zentralen Verknüpfungen des zu verstehenden Konzepts bezieht, also auf die Verstehenselemente und Repräsentationen. In diesem Sinne müsste man für die

---

122 Das Unterrichtsqualitätsmerkmal „kognitive Aktivierung" wird unterschiedlich konzeptualisiert, vgl. Kapitel 2.3.7.4 und ausführlicher in Hugener (2008), Lipowsky et al. (2009), Pauli et al. (2008).

123 Sie lernen in diesem Unterricht vielleicht Problemlösekompetenzen, erwerben ein positives Bild von Mathematikunterricht, erleben sich als selbstwirksam und geniessen einen abwechslungsreichen Unterricht – alles Faktoren, welche später indirekt weiteren Verstehensprozessen zugutekommen können. Aber das zu verstehende Konzept verstehen sie nicht.

Einschätzung einer konzeptspezifischen kognitiven Aktivierung von Unterricht nicht nur den Anspruchsgehalt der Aufgabenstellungen und ihrer Bearbeitungen sowie die Qualität des Klassengesprächs erheben (als Beispiele für einen kognitiv aktivierenden Unterricht), sondern man müsste darauf achten, ob sich diese auf das zu verstehende Konzept beziehen und darüber hinaus auch dem Sinnfluss der Lernenden dienen. Denn eine anspruchsvolle Aufgabe oder ein komplexer Dialog, welche die Mehrheit der Schülerinnen und Schüler kognitiv nicht bewältigen können, weil sie hinsichtlich der Verstehensaufbauprozesse zu einem ungünstigen Zeitpunkt erfolgen, tragen wenig zum Verstehen bei. Die Reihenfolge der Aufgaben prägt deshalb vermutlich die Qualität des konzeptspezifischen kognitiven Anspruchsgehalts. Wenn sich Schülerinnen und Schüler mit Verknüpfungen mit anderen Konzepten beschäftigen müssen, bevor sie die Verstehenselemente wirklich kennengelernt haben, so kann dies zwar sehr kognitiv herausfordernd sein, aber es trägt trotzdem zum Sinnfluss der Schülerinnen und Schüler wenig bei. Auch bei einem hoch inferenten Rating kann natürlich die Passung zu den tatsächlichen individuellen Fähigkeiten der Schülerinnen und Schüler nicht eingeschätzt werden. Es kann aber beurteilt werden, ob eine Aufgabe aus fachdidaktischer Sicht für die Strukturaufbauprozesse im Unterricht unpassend ist.

Die beschriebene Art von kognitiver Aktivierung wäre dann sozusagen eine konzeptspezifisch formulierte Kombination von beiden Unterrichtsqualitätsmerkmalen von Hiebert und Grouws (2007): Die Schülerinnen und Schüler ringen während der Theoriephasen einer dreistündigen Einführung mit den Verstehenselementen, den Repräsentationen und ihren wechselseitigen Verknüpfungen, und diese werden explizit thematisiert.

Mit Hilfe des Pythagoras-Verstehensmodells aus Kapitel 4 liesse sich in diesem Sinne eine konzeptspezifische Facette von kognitiver Aktivierung bestimmen, welche aber nur für die Theoriephasen einer dreistündigen Einführung gelten würde, also für den Begriffsaufbau. Ein solches konzeptspezifisches hoch inferentes Rating der kognitiven Aktivierung würde Raterinnen und Rater erfordern, welche unterscheiden können zwischen Anteilen von kognitiver Aktivierung, welche dem Sinnfluss des zu verstehenden Konzepts dienen, und solchen, welche Ressourcen abziehen, die für die Verstehensprozesse im engen Sinne nicht mehr zur Verfügung stehen.

Aus dieser Unterscheidung zwischen „allgemein kognitiv aktivierend" und „konzeptspezifisch kognitiv aktivierend" eröffnen sich interessante Forschungshypothesen. Wenn man optimistisch davon ausgeht, dass es im Prinzip möglich wäre, eine solche konzeptspezifische, dem Sinnfluss der Schülerinnen und Schüler dienende kognitive Aktivierung als Unterrichtsqualitätsmerkmal zu bestimmen, so fragt es sich, ob ein „konzeptspezifisch kognitiv aktivierender" Unterricht einen höheren Effekt auf die Verstehensleistungen der Schülerinnen und Schüler hat als der „allgemein kognitiv aktivierende" Unterricht.

Nun wäre es weiter denkbar, dass ein „konzeptspezifisch kognitiv aktivierender" Unterricht von tiefer struktureller Klarheit ist, weil er bezüglich der Verstehenselemente und der Repräsentationen nicht kohärent verläuft. Denn ausgehend von den theoretischen Überlegungen in dieser Arbeit müsste strukturelle Klarheit des Unterrichts eine notwendige Voraussetzung für einen verstehensorientierten Unterricht zum Satz des Pythagoras sein. Nun stellt sich folgende Frage: Man nehme Unterricht von identischer struktureller Klarheit und teile ihn in drei Gruppen: Gruppe A ist nur strukturell klar. Gruppe B ist zusätzlich „allgemein kognitiv aktivierend". Gruppe C ist strukturell klar und „konzeptspezifisch kognitiv aktivierend". Was wäre hier im Hinblick auf a) Verstehen der Schülerinnen und Schüler, b) Motivation, c) Argumentationsfähigkeit, d) Problemlösefähigkeiten, e) Bild von Mathematikunterricht und weitere Lernziele zu erwarten?

Der Hintergrund dieser Frage ist die Vermutung, dass die nicht eindeutigen Ergebnisse des Einflusses der kognitiven Aktivierung auf Leistungen (vgl. Kapitel 2.3.7.4) darauf beruhen könnten, dass jeweils Unterricht von sehr unterschiedlicher fachdidaktischer Qualität miteinander verglichen wurde. Es könnte sein, dass der zusätzliche Effekt von kognitiv aktivierendem Unterricht erst dann zum Tragen kommt, wenn die für das Verstehen notwendige, aber nicht hinreichende Bedingung der hohen fachdidaktischen Qualität gegeben ist. Denn ein kognitiv aktivierender Unterricht kann die Schüler auch überfordern und vom zu verstehenden Inhalt ablenken, weil die kognitiven Ressourcen der Schülerinnen und Schüler beschränkt sind (vgl. Sweller et al., 1998). Es könnte deshalb sein, dass es (auch) bei der „konzeptspezifischen kognitiven Aktivierung" ein Zuviel gibt (vor allem in zeitlicher Hinsicht), jedenfalls dann, wenn die Unterstützung durch die Lehrpersonen nicht angemessen ist.

Es besteht also Anlass zur Vermutung, dass es im Hinblick auf das Lernziel „Verstehen des Satzes des Pythagoras" einen fachlich-fachdidaktischen Kern gibt, worauf sich die kognitive Aktivität der Lernenden beziehen soll. Für andere Lernziele wie Motivation, Problemlösefähigkeiten usw. ist diese Unterscheidung, worauf sich die kognitive Aktivierung beziehen soll, vermutlich weniger relevant.

8.5.3.2 Klarheit – allgemein und inhaltlich erfasst

In dieser Arbeit wurde eine spezielle Art von inhaltlicher Klarheit von Unterricht eingeführt, die strukturelle Klarheit. Sie beschreibt die fachdidaktische Qualität des Unterrichts in Bezug auf das Anleiten von Verstehensprozessen zum Satz des Pythagoras. Kern dieser Klarheit sind das Vorkommen und die Kohärenz der Verstehenselemente und Repräsentationen im zeitlichen Verlauf. Im Folgenden wird versucht, den Zusammenhang zwischen allgemeiner und inhaltlicher Klarheit aus verschiedenen Blickwinkeln kritisch zu betrachten.

Zuerst wird der Unterschied zwischen allgemeiner und konzeptspezifischer Klarheit nochmals herausgearbeitet. Weiter wird diskutiert, ob inhaltliche Klarheit bei jedem Inhalt gleich gut erreichbar ist und dann wird kurz auf die Folgen für die Rolle der Lehrperson eingegangen. Anschliessend wird diskutiert, ob strukturelle Klarheit im Widerspruch zur Forderung des „Ringens um Verständnis" steht und ob sie mit jeder Methode gleich gut zu erreichen ist.

Dient jede Klarheit dem Verstehen eines konkreten Konzepts?

Es wird oft argumentiert, dass (allgemeine, also nicht konzeptspezifisch erfasste) Klarheit, Strukturiertheit und Kohärenz von Unterricht wichtig sind, weil damit der Lektionsfluss aufrechterhalten werden kann (vgl. Kapitel 2.3.7.2). Es fragt sich aber, ob von einem glatten, problemlosen Lektionsfluss automatisch auf eine Förderung des individuellen Sinnflusses der Schülerinnen und Schüler geschossen werden darf. Anders gesagt: Bringt das, was den Unterricht im Fluss hält, auch den Sinnfluss der Schülerinnen und Schüler weiter?

Gemäss den theoretischen Überlegungen in dieser Arbeit ist anzunehmen, dass ein reibungslos verlaufender, hochstrukturierter Ablauf des Unterrichts den Schülerinnen und Schülern beim konzeptuellen Verstehen weiterhelfen *kann*, aber nicht *muss*. Einerseits bildet der Unterricht nur ein Angebot, das die Schülerinnen und Schüler nicht zuletzt wegen ihres Vorwissens und unterschiedlicher moderierender Faktoren nur teilweise nutzen können. Andererseits kann trotz guter Disziplin und klarer didaktischer Gestaltung des Unterrichts auf der inhaltlichen Ebene wenig passieren, weil entweder kaum Inhalte vorkommen (es wird beispielsweise nur gebastelt) oder weil die vorkommenden Inhalte fachlich falsch, irrelevant oder inkohärent sind. Es ist weiter auch denkbar, dass der glatte Unterrichtsverlauf deshalb zustande kommt, weil den fachlichen Schwierigkeiten ausgewichen wird: Die Schülerinnen und Schüler haben beispielsweise gelernt, dass die Dreiecksseite C bei der Anwendung des Satzes des Pythagoras immer unten ist, und alle Aufgaben sind so arrangiert, dass dies auch funktioniert.

Aus fachdidaktischer Sicht ist nicht nur das Vorkommen von Zielen und Zusammenfassungen wichtig, sondern deren *Qualität* ist entscheidend. Denn Zusammenfassungen oder Ziele, welche nicht die wesentlichen fachlichen Punkte aufzeigen, sondern fachliche Fehler aufweisen oder für die Schülerinnen und Schüler unverständlich sind, helfen den Schülerinnen und Schülern beim Verstehen wenig. Inhaltliche Ziele und Zusammenfassungen müssen im Hinblick auf Konzeptverstehen fachlich wesentlich und für das Verstehen relevant sein.

Verwendet man die Unterscheidung zwischen Oberflächen- und Tiefenstruktur von Unterricht, so ist ein oberflächlich reibungsloser und klarer Unterricht denkbar, der auf der Tiefenstruktur überhaupt nicht klar und kohärent ist. Es ist also ein Unterricht mit hoher allgemeiner Klarheit auf der Oberfläche vorstellbar, in dem es trotzdem kaum inhaltliche Klarheit gibt: Die Schülerinnen und Schüler wissen genau, was sie nun tun müssen, wie lange und mit wem, aber sie gelangen nicht zu den wesentlichen strukturellen Aspekten des Inhalts und verstehen deshalb das Konzept nicht. Möglicherweise wurden sogar Previews und Zusammenfassungen der „zentralen Punkte" gegeben, welche aber für das Verstehen nicht wichtig sind. Umgekehrt ist ein in gewisser Hinsicht etwas chaotischer Unterricht mit grosser inhaltlicher Klarheit vorstellbar: Die Lehrperson gibt beispielsweise zu wenig präzise Anweisungen bei Gruppen-arbeiten, sie vergisst hin und wieder etwas bei der Organisation. Aber es gelingt ihr, die zentralen Aspekte des Konzepts deutlich zu machen. Um den Unterschied zwischen einem reibungslosen, auf der Oberfläche hochstrukturierten Unterricht mit und einem ohne inhaltliche Klarheit erkennen zu können, muss man als Beobachter den Inhalt gut verstehen und ihn aus der Sicht der Schülerinnen und Schüler denken können.

Es ist zu vermuten, dass sich inhaltliche Klarheit im Unterricht auf ganz unterschiedliche Arten realisieren und auch zerstören lässt. Darauf weisen einerseits die Vergleiche unterschiedlicher Kohärenzarten in der TIMSS-1999-Videostudie hin (vgl. Kapitel 2.3.7.2). Andererseits lassen sich in den Daten, welche in dieser Arbeit verwendet wurden, unterschiedliche Vorgehensweisen erkennen.

Ist inhaltliche Klarheit bei jedem (mathematischen) Inhalt gleich gut erreichbar?

Inhaltliche Klarheit wurde insbesondere an der Kohärenz von Verstehenselementen und Repräsentationen und deren Verknüpfungen untereinander festgemacht. Nun besitzt nicht jedes mathematische Konzept gleich viele Verstehenselemente, Repräsentationen und Verknüpfungen. Es ist also zu erwarten, dass nicht jedes mathematische Thema gleich viele Möglichkeiten für Verknüpfungen und Kohärenz bietet. Deshalb ist eine Standardisierung des videographierten Unterrichtsinhalts so wichtig, wenn man sich für inhaltliche Klarheit interessiert. Allerdings weisen wohl auch nicht alle verschiedenen Einstiegsmöglichkeiten zum selben Konzept das gleiche Potenzial oder die gleichen Schwierigkeiten in Bezug auf Klarheit auf. Bei einem standardisierten Forschungsdesign ist dies aber keine Fehlerquelle, sondern ein wesentliches Merkmal für die fachdidaktische Qualität.

Betrachtet man die Frage über die Fachgrenzen hinweg, so gibt es Hinweise darauf, dass das Unterrichtsqualitätsmerkmal der Klarheit möglicherweise fachspezifische Komponenten umfasst: Klarheit im Sinne von Häufigkeit von Zusammenfassungen, Previews und strukturierenden Hinweisen hat in der DESI-Studie (Klieme et al., 2008) für den Leistungszuwachs im Englischunterricht keine Erklärungskraft (Klieme, 2006). Klieme vermutet, dass die inhaltliche Strukturiertheit in logisch-systematisch aufgebauten Fächern wie Mathematik möglicherweise eine andere Rolle spielt als bei sprachlichen Lernprozessen. Allerdings wurde die Klarheit nicht konzeptspezifisch erhoben. Aus kognitionspsychologischer Sicht müsste für das Lernziel des Konzeptverstehens auch bei anderen Fächern eine ähnliche inhaltliche Klarheit bestimmbar sein (vgl. auch Kapitel 8.3.3).

Strukturelle Klarheit und die Rolle der Lehrperson

Der Gedanke der inhaltlichen Klarheit des Unterrichts weist auch darauf hin, dass (zumindest indirekte) Hilfe von aussen wichtig ist, dass Lernende also nicht alles aus sich selbst heraus erschaffen können (Kirschner et al., 2006; Mayer, 2004; Reusser, 2006; Tobias & Duffy, 2009). Das Unterrichtsqualitätsmerkmal der inhaltlichen Klarheit betont somit die Wichtigkeit der Lehrperson im Unterricht mit dem Ziel des Strukturaufbaus. Wie wichtig das Unterstützungsverhalten der Lehrperson in Schülerarbeitsphasen ist und worauf es bei einer guten Unterstützung ankommt, wird in Krammer (2009) mit Hilfe von Daten der TIMSS-1999-Videostudie analysiert.

Steht strukturelle Klarheit im Widerspruch zur Forderung des „Ringens um Verständnis"?

Es fragt sich weiter, ob strukturelle Klarheit des Unterrichts nicht im Widerspruch steht zur Forderung des Ringens (Hiebert & Grouws, 2007), zum Problematisieren (Hiebert et al., 1997) aus Kapitel 2.3.7.3. Aber auch ein problemlösender Unterricht kann nach inhaltlichen Aspekten klar strukturiert und kohärent sein. Es geht sozusagen um die Grösse der Zeiteinheit, in der Klarheit herrschen muss, und um die Ebene, auf der Klarheit stattfindet. Denn Problemlösen besteht nach Dewey (1910/2002) zentral darin, dass eine Schwierigkeit wahrgenommen wird; also fehlt lokal Klarheit, und Inhalte können noch nicht so strukturiert werden, wie es gewünscht wäre. Umgekehrt darf ein Unterricht, in dem ein neues Konzept gelernt werden soll, die Schülerinnen und Schüler nicht zu lange ringen lassen. Über welchen Zeitraum sind Kohärenz und Klarheit nötig? Über welchen Zeitraum dürfen sich kognitive Herausforderungen höchstens erstrecken? Dies ist auch eine Frage von affektiven Komponenten (beispielsweise von Frustrationstoleranz) und die Zone der nächsten Entwicklung muss berücksichtigt werden (Vygotsky, 1978). Gemäss BLK (1997) muss die Sequenzierung des Lehrstoffes für Schülerinnen und Schüler langfristig kohärent sein und nicht in jedem einzelnen Schritt, wobei es dort vor allem um die Vernetzung über Themen und Schuljahre hinweg geht. Die inhaltliche Klarheit in dieser Arbeit erstreckt sich hingegen über eine viel kleinere Zeitspanne.

Entscheidend scheint also, dass das Ringen dem Verstehen dient, dass die Zeitspanne nicht zu lang ist und dass das Problem nachher vollständig aufgelöst wird und somit der Sinnfluss der Schülerinnen und Schüler unterstützt wird.

Ist strukturelle Klarheit mit jeder Unterrichtsmethode gleich gut erreichbar?

Aus theoretischer Sicht kann ein Unterricht, der vollständig im fragend-entwickelnden Unterrichtsgespräch erfolgt, genauso von hoher struktureller Klarheit sein wie ein Unterricht, der auch individuelle Problemlösephasen enthält. Pauli et al. (2008) zeigen für die Stichprobe, welche auch in dieser Arbeit verwendet wurde, dass es keinen Mittelwertunterschied der strukturellen Klarheit zwischen einem Unterricht mit einem problemlösend-entdeckenden und einem stark geführten Einführungsmuster gibt.[124] Es gibt auch keinen Interaktionseffekt zwischen diesem methodischen Vorgehen und der strukturellen Klarheit (wobei die abhängige Variable der Nachtest ist). Ein strukturell

---

124 Allerdings war die Analyseeinheit nicht identisch: Die strukturelle Klarheit war ein Rating über alle Theoriephasen der drei Unterrichtslektionen, während das Unterrichtsmuster anhand der Einführung nur bis zur ersten Nennung des Satzes des Pythagoras bestimmt wurde.

klarer Unterricht ist also in dieser Stichprobe mit unterschiedlichen Unterrichtsmustern erreichbar.

Es fragt sich aber, ob strukturelle Klarheit mit jeder Unterrichtsmethode, die sich für eine Einführung in ein Konzept eignet, gleich gut zu erreichen ist. Wie muss man beispielsweise vorgehen, um bei einer Öffnung von Unterricht nicht deutlich an struktureller Klarheit zu verlieren? Erfolgen die aktivierenden Unterrichtsmethoden mit Vorteil zu Beginn der Einführung? Oder eher im Rahmen des Durcharbeitens des Begriffs? Welche Veränderungen sind je nachdem an der Methode nötig? Welche Verstehensprozesse sind je nachdem zu erwarten? Welche Anleitung und welche Besprechung müssen deshalb erfolgen? Über welchen Zeitraum darf sich die methodische Bearbeitung erstrecken, damit die Lernenden den roten Faden nicht verlieren? Es ist zu vermuten, dass die Antworten auf diese Fragen stark vom zu verstehenden Konzept abhängen. Die Wichtigkeit der Lehrperson im Hinblick auf die Anleitung und Unterstützung von Verstehensprozessen wurde in Kapitel 2.3.1 beschrieben (vgl. auch Reusser, 2006).

Für die Lehrerbildung ist wichtig, wie die oben erwähnten Fragen für *Anfänger im Lehrberuf* aussehen. Es ist denkbar, dass es kognitiv aktivierende Unterrichtsmethoden für die Unterstützung von Begriffsaufbauprozessen gibt, welche für Berufsanfänger viel schwieriger strukturell klar umzusetzen sind als andere. Denn Experten können ihren Methodeneinsatz flexibel variieren und den aktuellen Begebenheiten anpassen. Bei Anfängern im Lehrberuf, für welche das Management der Oberflächenstruktur des Unterrichts viele Ressourcen abverlangt, ist diese Flexibilität mangels Erfahrung meist noch nicht gegeben.

Die Frage, welchen Mehrwert kognitiv aktivierender Unterricht haben könnte, wenn Unterricht von gleicher struktureller Klarheit vorliegt, wurde bereits im vorangegangenen Kapitel 8.5.3.1 angesprochen.

Im Hinblick auf das Verstehen eines Konzepts unter dem hier gewählten Verstehensbegriff stellt sich ganz unabhängig von der gewählten Inszenierungsform für die Lehrperson die folgende Frage: Wie stellt man als Lehrperson sicher, dass sich die Schülerinnen und Schüler wirklich mit dem Kern des Inhalts beschäftigen? Wie kann man im Unterricht die Wahrscheinlichkeit erhöhen, dass die Lernenden die entscheidenden Verknüpfungen vornehmen können? Hier ist anzunehmen, dass verschiedene Inszenierungsformen und Unterrichtsmethoden im Hinblick auf die Anleitung und Unterstützung von Verstehensprozessen je ihre spezifischen Stärken und Schwächen haben. Mit einem Vortrag ist das explizite Vorkommen von bestimmten Verstehenselementen und Verknüpfungen im Unterricht wohl einfacher erreichbar als innerhalb von Schülerarbeitsphasen. Bei der Frage nach der Nutzung der explizit gewordenen Verknüpfungen durch die Schülerinnen und Schüler könnte die Situation aber umgekehrt aussehen.

Schülerinnen und Schüler können vermutlich in allen unterrichtlichen Settings in ihren Verstehensbemühungen alleingelassen werden. Für strukturelle Klarheit von Unterricht ist also zu erwarten, dass die *Qualität* der Methode im Hinblick auf die tatsächliche Unterstützung der Verstehensprozesse im Unterricht entscheidend ist (vgl. dazu auch Hiebert & Grouws, 2007; Klieme et al., 2006; Reusser, 2006).

8.5.4 Überlegungen zum Verhältnis fachdidaktischer und allgemeindidaktischer Unterrichtsqualitäten

Die Überlegungen zur fachdidaktischen und allgemeindidaktischen Erfassung von kognitiver Aktivierung und Klarheit von Unterricht in den beiden vorangegangenen Kapiteln zeigen, dass eine Standardisierung des Inhalts für die Frage nach dem Verhältnis von fachdidaktischer und allgemeindidaktischer Unterrichtsqualität produktiv ist. Denn viele der erwähnten Aspekte hätten bei unterschiedlichem Inhalt gar nicht oder weniger detailliert beschrieben und analysiert werden können.

Es lassen sich folgende Vermutungen aufstellen: Der Mehrwert von allgemein kognitiv aktivierendem Unterricht könnte eventuell erst dann deutlich werden, wenn der betrachtete Unterricht von hoher fachdidaktischer Qualität ist. Nun wäre es aber denkbar, dass strukturelle Klarheit von Unterricht nicht mit jeder Unterrichtsmethode gleich einfach zu erreichen wäre. Ausserdem hat vermutlich das Maximieren der strukturellen Klarheit im Unterricht einschränkende Folgen auf andere fachdidaktische und allgemeindidaktische Unterrichtsaspekte. Beispielsweise dürften wohl problemlösende Phasen, in denen um Verständnis gerungen wird, nicht zu lang sein, weil sonst der rote Faden verloren gehen könnte. Umgekehrt könnte es sein, dass gewisse fachdidaktische Unterrichtsqualitätsmerkmale nur in bestimmten Unterrichtsphasen wichtig sind. Möglicherweise ist strukturelle Klarheit nur während des Strukturaufbaus im engen Sinne wichtig, nicht aber in den Phasen des Übens und Anwendens. (Da die in dieser Arbeit beschriebenen Ratings nur für die Theoriephasen beurteilt wurden, kann darüber keine Aussage gemacht werden.)

Diese Überlegungen deuten an, dass fachdidaktische und allgemeindidaktische Unterrichtsqualitäten zumindest im Hinblick auf das Lernziel des Verstehens eines Konzepts möglicherweise in derart vielschichtiger Art und Weise zusammenhängen könnten, dass zur Erforschung ihres Zusammenspiels sehr komplexe Forschungsdesigns nötig wären.

Die Standardisierung des Inhalts des betrachteten Unterrichts hat den grossen Vorteil, dass fachdidaktische Qualitäten konzeptspezifischer erfasst werden können als dies zum Beispiel in den TIMSS-Videostudien möglich war (vgl. Kapitel 2.3.7). Dadurch könnten evtl. die Unterschiede zwischen allgemeindidaktischen und fachdidaktischen Unterrichtsqualitätsmerkmalen deutlicher hervortreten.

Es fragt sich, ob jedes Unterrichtsqualitätsmerkmal in Bezug auf das Verstehen eines konkreten Konzepts sowohl allgemein- als auch fachdidaktische Komponenten aufweist und ob manche davon erst bei einer Standardisierung des Inhalts sichtbar werden. So hat auch Classroom Management einen inhaltlichen Aspekt: Bei inhaltlicher Unter- oder Überforderung nimmt die Unruhe oft auch in Klassen mit guter Disziplin zu.

Die Frage, was fachdidaktische Unterrichtsqualität ist, aber auch was kognitive Aktivierung und Klarheit von Unterricht wirklich ausmacht, scheint also insgesamt genauso wenig abschliessend geklärt zu sein, wie diejenige, was fachdidaktisches Wissen ist (vgl. dazu Baumert & Kunter, 2006, im nächsten Kapitel).

8.6 Überlegungen zum fachdidaktischen Lehrerwissen

Fachdidaktisches Wissen gilt als ein Wissen, das aus einer Mischung aus pädagogisch-didaktischem und fachlichem Wissen sowie eigener Erfahrungen besteht (Bromme, 1992; Shulman, 1987). Gemäss Baumert und Kunter (2006) ist nach wie vor unklar, was darunter genau zu verstehen ist. Ausgehend von der Herleitung der fachdidaktischen Qualtäten in dieser Arbeit lässt sich darüber nachdenken, was fachdidaktisches Wissen spezifisch *in Bezug auf die Anleitung von Verstehensprozessen während einer Einführung in ein neues Konzept* sein könnte. Es stellt sich also folgende Frage: Was für ein spezifisch fachdidaktische Wissen braucht es, um Unterricht zu einer Einführung des Satzes des Pythagoras von hoher fachdidaktischer Qualität (in Sinne dieser Arbeit) zu gestalten?

Auf einer pragmatischen Ebene kann man sich zuerst fragen, wie man ganz konkret Verstehenselemente bestimmen kann und worauf man bei der Planung von Unterricht im Hinblick auf strukturelle Klarheit achten muss. Im Folgenden werden dazu Fragen formuliert, die man auch als Heuristiken zum Auffinden von Verstehenselementen und zur Planung von strukturell klarem Unterricht bezeichnen könnte.

8.6.1 Heuristiken zum Auffinden von Verstehenselementen und zur Planung von strukturell klarem Unterricht

Wie können Verstehenselemente bestimmt werden? Es gibt keinen Algorithmus zum Finden von Verstehenselementen. Wenn man typische Lehrmittelaufgaben kritisch untersucht und die am häufigsten vorkommenden Schülerfehler analysiert, so sind einige zentrale Verstehenselemente schnell gefunden. Die folgenden Fragen könnten beim Suchen von Verstehenselementen helfen (Abbildung 28):

- Was sind mathematisch produktive und für Schülerinnen und Schüler verständliche Darstellungen des Konzepts?

- Wie kann man das Konzept umgangssprachlich (also ohne Verwendung der prototypischen Darstellungen und Fachbegriffe, welche die Schülerinnen und Schüler noch nicht kennen), aber fachlich korrekt beschreiben und darstellen?

- Welches Vorwissen, insbesondere welche Begriffe, braucht man beim Verstehen des Konzepts? Welche davon sind bei den Schülerinnen und Schülern vorhanden?

- Welches sind typische Alltagsvorstellungen, Schülerfehler, Verstehenshürden und Fehlvorstellungen zum Konzept? Was sind also die typischen Schwierigkeiten beim Verstehen dieses Konzepts?

- Welche für die Schülerinnen und Schüler relevanten verschiedenen Grundvorstellungen gibt es zum Konzept? (vgl. Kapitel 2.3.4.2)

- Wo gibt es allenfalls fachliche Brüche beim Lernen dieses Konzepts (vgl. Kapitel 2.3.4.2), welche auch für die Schülerinnen und Schüler zum Problem werden könnten? Wie kann man sie deutlich machen?

- Welche vermeintlichen Details zum Konzept müssen deutlich werden, weil man sie leicht übersehen kann? (Beim Satz des Pythagoras wären dies zum Beispiel die zwei Typen von Seiten.)

- Gibt es innerhalb der Formulierung des Konzepts bestimmte Reihenfolgen, die zentral sind (z.B. Voraussetzung und Behauptung)?

- Worauf kommt es nicht an, obwohl Schülerinnen und Schüler dies annehmen könnten (Gegenbeispiele gegen falsche Verallgemeinerungen)?

- Welche Schrittgrössen, welchen Auflösungsgrad verstehen die Schülerinnen und Schüler der entsprechenden Schulstufe und des entsprechenden Niveaus bei der Erklärung des Konzepts?

- In welchen Situationen wendet man das Konzept in der Schule typischerweise an?

- Welche Tragweite und Bedeutung nimmt das Konzept in der ganzen Schulausbildung ein?

Abbildung 28:   Heuristiken zum Auffinden von Verstehenselementen

Beim Bestimmen von Verstehenselementen gilt es also immer, den zu verstehenden Sachverhalt simultan aus der Sicht der Schülerinnen und Schüler *und* des Fachs zu denken. Das Bestimmen von Verstehenselementen ist schwieriger, als es auf den ersten Blick aussieht. Wer das Konzept bereits selbst unterrichtet hat, besitzt vermutlich Vorteile beim Formulieren von Verstehenselementen. Denn es ist nicht einfach, die eigenen kognitiven Strukturen so aufzufalten, dass die zentralen fachlichen Elemente *für die Schülerinnen und Schüler* deutlich werden. Es ist anzunehmen, dass dies einerseits fachliches Wissen voraussetzt, andererseits aber auch die Fähigkeit, sich in das

Denken von Personen einfühlen zu können, welche über diese Strukturen noch nicht verfügen (in diesem Zusammenhang wird auch von „kognitiver Empathie" gesprochen, vgl. Beck, Borner & Aebli, 1986). Denn es scheint wichtig zu sein, dass die Lehrperson ein Gespür dafür entwickelt, welche Repräsentationen das Verstehen vereinfachen können und wie der Kern von Begriffen und Zusammenhängen umgangssprachlich beschrieben werden kann. Vermutlich braucht es auch Erfahrung, welche Verknüpfungen in welcher „Schrittgrösse" für die Lernenden der gegebenen Altersstufe im Bereich des Möglichen liegen.[125]

Sobald man zentrale Verstehenselemente und geeignete Repräsentationen identifiziert hat, lassen sich mit deren Hilfe Einstiege, Beweise, Aufgaben und Methoden für die Gestaltung eines strukturell klaren Unterrichts auswählen. Eine Hilfe für diese Auswahl könnten die in Abbildung 29 dargestellten Fragen bieten:

- Was trägt eine konkrete Aufgabe, ein Einstieg oder ein Beweis zum Verständnis des Konzepts im engen Sinne bei? (Das ist im Allgemeinen etwas anderes, als der Lösungsweg der Aufgabe oder die Beweisführung.) Welche Verstehenselemente und Repräsentationen werden besonders deutlich, welche kommen kaum oder gar nicht vor? Welche Aspekte könnten das Verstehen erschweren? (Insbesondere: Wie viel konzeptfremdes mathematisches Wissen ist nötig, um die Aufgabe, den Einstieg, den Beweis zu verstehen?)

- Welche Aspekte eines Konzepts und welche Darstellungen können die Schülerinnen und Schüler mit welcher Hilfe selbst entdecken? Welche Aspekte eignen sich nicht zum Selbstherausfinden?

- Was ist das Spezifische an einer bestimmten Unterrichtsmethode im Hinblick auf das Anleiten von Verstehensprozessen zu diesem Konzept? Wie unterstützt die Methode die konzeptspezifischen Verstehensprozesse? Wo liegen diesbezüglich heikle Punkte?

Abbildung 29:   Heuristische Leitfragen zur Auswahl von Aufgaben und Methoden im Hinblick auf die Unterstützung von Verstehensprozessen

Für die Planung eines strukturell klaren Unterrichts kommen weitere Aspekte hinzu, welche durch die Dynamik des Verlaufs von Unterricht gegeben sind (vgl. Abbildung 30). Man muss unterscheiden können zwischen mathematischen Inhalten, die dem Verstehen des Konzepts dienen, und solchen, welche dazu unnötig oder gar hinderlich sind. Bei der in dieser Arbeit definierten inhaltlichen Klarheit genügt es beispielsweise nicht, zu beurteilen, ob am Ende der Lektion (irgendwelche) zentrale Punkte zusammengefasst werden. Aus der hier vertretenen kognitionspsychologisch-fachdidaktischen Sicht ist es *für das Verstehen eines Konzepts* wesentlich, dass die für das Ver-

---

125 Beim Suchen von Verstehenselementen für Forschungszwecke kommt hinzu, dass bei Analysen über Ländergrenzen hinweg berücksichtigt werden muss, dass die Verstehenselemente möglichst unabhängig von Lehrmitteln und anderen speziellen Ländercharakteristika formuliert sind.

stehen des Konzepts *zentralen* Punkte zusammengefasst werden. Andere Zusammenfassungen könnten das Verstehen sogar behindern.

- Wie müssen verschiedene Aufgaben angeordnet werden, damit die Schülerinnen und Schüler einen roten Faden bezüglich der Verstehenselemente und Repräsentationen im Verlauf des Unterrichts erkennen können? Wie sind Übergänge zwischen verschiedenen Aufgaben und rund um Beweise zu gestalten?

- Welche Aspekte des Konzepts müssen durchgearbeitet werden?

- Wie lassen sich die zentralen Verstehenselemente eines Konzepts im Unterricht auf verschiedene Arten immer wieder thematisieren?

- Wie kann man den Schülerinnen und Schülern die Zusammenhänge zwischen den verschiedenen Repräsentationen respektive den verschiedenen Grundvorstellungen eines Konzepts verständlich machen?

- Wie viel Redundanz in den Verstehenselementen und Repräsentationen könnte für das Verstehen dieses Konzepts für Schülerinnen und Schülern nötig sein?

Abbildung 30:   Heuristische Leitfragen zur Planung von strukturell klarem Unterricht

Neben diesen auf das Konzept gerichteten Aspekten könnten für die konkrete Gestaltung von strukturell klarem Unterricht auch die folgenden allgemeineren Fähigkeiten wichtig sein, welche in Anlehnung an die Kompetenzdimensionen zur proaktiven Klassenführung in Baumert und Kunter (2006, S. 488) formuliert sind:

- Gleichzeitiges Richten der Aufmerksamkeit auf die Strukturaufbauprozesse der Schülerinnen und Schüler und auf die Entwicklung der fachlichen Struktur im Unterricht.

- Überwachen der Zeitdauer von unterrichtlichen Tätigkeiten, weil diese über das Erkennenkönnen von Kohärenz mitentscheidet (z.B. die Dauer von Problemlösephasen).

- Sensibilität für Verhaltensweisen von Schülerinnen und Schülern, welche auf Verstehensprobleme und damit auf einen Verlust von inhaltlicher Klarheit des Unterrichts hindeuten können: Vorkommen von bestimmten Fragen; Abnahme der Aufmerksamkeit („geistiges Zurücklehnen"), Zunahme der Unruhe in der Klasse als Folge von Unter- oder Überforderung usw. Gleichzeitig müssen andere Gründe wie Disziplinprobleme, Motivationsmängel und lokale Müdigkeit ausgeschlossen werden können.

- Flexibilität, den Unterricht gemäss den Beobachtungen zu den Verstehensprozessen der Schülerinnen und Schüler anzupassen.

Für genetische Aspekte des Inhalts, für kompetenzorientierten Unterricht oder für die Förderung von affektiven Komponenten könnte man viele weitere Fragen formulieren, die vermutlich ebenfalls zumindest teilweise konzeptspezifisch beantwortbar sind.

Die meisten der in den drei vorangegangenen Abbildungen gestellten Fragen gelten vermutlich auch für andere Konzepte als den Satz des Pythagoras, sind aber wohl oft nur konzeptspezifisch zu beantworten. Es ist weiter anzunehmen, dass sich manche dieser Fragestellungen nur schwer ohne Unterrichtserfahrung beantworten lassen. Es ist sogar denkbar, dass eine erfahrene Lehrperson für manche Konzepte viele dieser Fragen ausführlich beantworten kann, während sie gleichzeitig zu anderen Konzepten viel weniger weiss. Möglicherweise gibt es also Anteile an fachdidaktischem Wissen, die konzeptspezifisch sind.

Man beachte, dass viele der oben erwähnten Fragen sowohl allgemeindidaktische/kognitionspsychologische als auch fachlich-fachdidaktische Aspekte enthalten.

Die Fragen in den drei Abbildungen lassen sich zu zwei Kernfragen verdichten:

1) Was bedeutet es, den Satz des Pythagoras zu verstehen? (Wissen um individuelle Verstehensprozesse)

2) Was trägt das konkrete unterrichtliche Handeln, vor allem die Wahl der Aufgaben und Methoden und deren Bearbeitung im Unterricht zum Verständnis der Schülerinnen und Schüler bei?

Man beachte, dass die zweite Frage eine Antwort auf die erste Frage voraussetzt.

Das fachdidaktische Wissen, das zur Beantwortung der beiden Fragen nötig ist, umfasst mehr als das Wissen, wie das Konzept in einem bestimmten Lehrmittel eingeführt wird und wie die typischen, zum Konzept gehörenden Aufgaben gelöst werden. Und es braucht im Hinblick auf Methoden auch mehr als ein allgemeines Wissen, wie man die konkrete Methode im Unterricht umsetzt. Dieses „Mehr" erfordert einen Perspektivenwechsel: Die Aufgaben, die Methode und andere unterrichtliche Aspekte müssen aus der Sicht der Schülerinnen und Schüler und im Hinblick auf die Unterstützung ihres Sinnflusses gedacht werden. Denn aus einer konstruktivistischen Sicht des Lernens (vgl. Kapitel 2.3.1) ist ganz entscheidend, dass das Wissen um individuelle Verstehensprozesse und das Wissen um die Gestaltung von Unterricht miteinander verknüpft werden, dass also alles unterrichtliche Handeln aus der Perspektive der bei den Schülerinnen und Schülern auszulösenden Verstehensprozesse beurteilt wird (vgl. Messner & Reusser, 2006). Dabei kann eine fachdidaktisch an sich wertvolle Aufgabe oder eine aus allgemeindidaktischer Sicht erfolgreich umgesetzte Methode den Zweck der Unterstützung des Verstehensprozesses völlig verfehlen. Novizen im Lehrberuf müssen erst lernen in diesem Sinne „hinter" die Aufgaben und die Methoden zu blicken.

Man beachte, dass bei der Konzeptualisierung der fachdidaktischen Qualitäten in dieser Arbeit eine Verbindung zwischen den individuellen psychologischen Prozessen des Verstehens und der didaktischen Seite der Unterrichtsgestaltung via Verknüpfungen hergestellt wurde (vgl. Kapitel 4): Diejenigen Verknüpfungen, welche zu einem

Verständnis des Satzes gehören, sollen im Unterricht explizit werden und mehrfach vorkommen (Aebli, 2001; Hiebert & Carpenter, 1992; Hiebert & Grouws, 2007; NCTM, 2000).

Zusammenfassend könnte man also sagen, dass das Anleiten von Verstehensprozessen im Unterricht aus der Perspektive dieser Arbeit ein fachdidaktisches Wissen erfordert, das auf das zu verstehende Konzept fokussiert ist, sich an kognitionspsychologischen Vorstellungen von Verstehen orientiert, das Fach berücksichtigt, über die Einzelaufgaben hinaus geht und sich an der Realität der unterrichtlichen Möglichkeiten ausrichtet. Kurz, es braucht Wissen darüber, wie Fachliches aus Schülersicht gedacht werden kann. Es sieht deshalb danach aus, als ob fachdidaktisches Wissen im Hinblick auf das Anleiten von konzeptuellen Verstehensprozessen eng mit kognitionspsychologischem Wissen, mit Fachwissen sowie mit dem Bild von Mathematik und vom Mathematikunterricht zusammenhängt und Unterrichtserfahrung ebenfalls eine wichtige Komponente darstellt.

8.6.2 Vergleich mit der Definition von fachdidaktischem Wissen in COACTIV

In der COACTIV-Studie (Krauss et al., 2004; Krauss et al., 2008, S. 234) wurde fachdidaktisches Wissen für das Fach Mathematik durch die folgenden drei Wissenskomponenten konzeptualisiert, wobei in Klammern nähere Hinweise zur Operationalisierung angegeben sind:

- Wissen über das Verständlichmachen von mathematischen Inhalten (Sachverhalte verschieden erklären und in verschiedenen Repräsentationen darstellen),
- Wissen über mathematische Schülerkognitionen (Erkennen von typischen Schülerfehlern und Schwierigkeiten),
- Wissen über das kognitive Potenzial von Mathematikaufgaben (substantiell verschiedene Lösungswege zu einer Aufgabe finden).

Diese Aspekte von Lehrerwissen wurden offen erhoben und beruhten auf verschiedenen Inhalten.

Man beachte, dass das in den fachdidaktischen Qualitäten dieser Arbeit beinhaltete fachdidaktische Wissen zwar auf dem Angebenkönnen von verschiedenen Lösungswegen zu einer Aufgabe, von verschiedenen Erklärungen und Repräsentationen zu einem Konzept und von typischen Schülerfehlern (vgl. Konzeptualisierung von fachdidaktischem Wissen in der COACTIV-Studie in Krauss et al. 2008) aufbaut, aber spezifischer formuliert ist: Dieses Wissen wird immer im Hinblick auf das Lernziel „Verstehen eines Konzepts" betrachtet und deshalb ist der jeweilige Nutzen für die Verstehensprozesse der Schülerinnen und Schüler zentral. Ausgangspunkt ist der oben erwähnte Verstehensbegriff und hinzu kommt eine Verlaufskomponente, die zum

Konzept der strukturellen Klarheit gehört. Die Kernfrage ist also immer: Was trägt das unterrichtliche Handeln (die Auswahl und Art der Bearbeitung von Aufgaben, die methodische Gestaltung von Unterricht usw.) *zum Verstehen des Konzepts* bei?

Wenn man davon ausgeht, dass fachdidaktisches Wissen im Kern ein Wissen um das „Verständlichmachen von Inhalten" (Shulman, 1996, zitiert in der Übersetzung nach Krauss et al., 2008) ist, so scheint mit den Verstehenselementen eine Möglichkeit gegeben, wie man diese „Verständlichkeit" aus theoretischer Sicht für das Lernziel des Verstehens eines Konzepts etwas konkreter festmachen kann: an bestimmten, aus kognitionspsychologischer und fachdidaktischer Sicht zentralen, konzeptspezifischen Elementen und Verknüpfungen. Man beachte, dass mit den Verstehenselementen ein sehr konzeptspezifisches Wissen gegeben ist, das nahe am konkreten Unterricht und in Bezug auf bestimmte Schülerinnen und Schüler formuliert ist. Es wird deutlich, dass die Standardisierung des Inhalts es erlaubt, feinere Aspekte von fachdidaktischem Wissen in Bezug auf das Anleiten von Verstehensprozessen zu einem bestimmten Konzept zu betrachten, als wenn man ein allgemeines, inhaltübergreifendes fachdidaktisches Wissen sucht. In diesem Sinne liefert die vorliegende Arbeit auch einen Betrag dazu, was fachdidaktisches Wissen sein könnte. Es entsteht die Vermutung, dass fachdidaktisches Wissen möglicherweise nicht nur inhaltsspezifisch ist, sondern auch konzeptspezifische Komponenten umfassen könnte.

8.6.3 Über den Zusammenhang zwischen fachdidaktischem Wissen und Fachwissen

Es zeigt sich gemäss Baumert und Kunter (2006), dass das separat erhobene Fachwissen und das fachdidaktische Wissen zwei Wissensarten darstellen, welche sich theoretisch und empirisch trennen lassen. In der COACTIV-Studie, welche mit der PISA-2004-Studie verankert wurde, erwies sich das fachdidaktische Wissen als wichtiger Prädiktor „für eine kognitiv herausfordernde und gleichzeitig konstruktive Unterstützung gewährende Unterrichtsführung" (Baumert & Kunter, 2006, S. 196). Vermittelt über die Unterrichtsgestaltung zeigt sich weiter, dass das Fachwissen und das fachdidaktische Wissen bedeutsam für die Fachleistungen der Schülerinnen und Schüler sind (vgl. auch Krauss et al., 2008). Ähnliche Ergebnisse für die Bedeutung eines allerdings kombinierten fach- und fachdidaktischen Wissens von Lehrpersonen auf den Leistungsfortschritt der Schülerinnen und Schüler konnten Hill, Rowan und Ball (2005, zitiert nach Baumert & Kunter, 2006) für die Grundschule zeigen. Das fachliche Verständnis der unterrichteten Inhalte scheint gemäss Baumert und Kunter für einen verständnisorientierten Unterricht und für Lernfortschritte der Schülerinnen und Schüler zwar eine notwendige, aber nicht hinreichende Voraussetzung zu sein: „Fachwissen ist die Grundlage, auf der fachdidaktische Beweglichkeit entstehen kann" (Baumert & Kunter, 2006). Fachdidaktisches Wissen im Hinblick auf die Gestaltung eines verstehensorientierten Einstiegs in den Satz des Pythagoras setzt zweifellos Fachwissen voraus. Es ist aber unklar wie viel und welches fachliche Wissen nötig ist.

In der COACTIV-Studie wurde festgestellt, dass auch mit niedrigem Fachwissen ein relativ hohes fachdidaktisches Wissen erreicht werden konnte, woraus gefolgert wurde, dass es neben dem Fachwissen eine weitere Quelle von fachdidaktischem Wissen geben müsse (Krauss et al., 2008). Im Hinblick auf das Lernziel des Verstehens eines Konzepts während einer Einführung könnte aus der Argumentation in dieser Arbeit auch kognitionspsychologisches Wissen eine Quelle für fachdidaktisches Wissen darstellen. Gemäss den theoretischen Überlegungen in dieser Arbeit ist zu vermuten, dass die fachdidaktische Beweglichkeit in Bezug auf das Anleiten von Verstehensprozessen zu einem konkreten Konzept im Unterricht nicht nur auf dem Fachwissen fusst (Baumert & Kunter, 2006), sondern auch mitbestimmt sein müsste von den Vorstellungen darüber, wie Verstehensprozesse zum Satz des Pythagoras ablaufen.

Das spezifische fachdidaktische Wissen der Lehrpersonen zum Satz des Pythagoras wurde in der Videostudie „Unterrichtsqualität, Lernverhalten und mathematisches Verständnis" nicht erhoben. Gewisse inhaltsbezogene Aspekte sind in den Interviews, welche unmittelbar nach dem Unterricht erfolgten, enthalten (vgl. Leuchter, 2009), wobei diese bisher noch nicht systematisch nach Aspekten auf der Ebene der Verstehenselemente und der strukturellen Klarheit analysiert wurden. Abgesehen davon wurde Lehrerwissen auf verschiedenen Ebenen erhoben und ausgewertet (Diedrich et al., 2002; Leuchter, 2009; Leuchter et al., 2006; Lipowsky et al., 2003).

8.7 Folgerungen für die Lehrerbildung

In diesem Kapitel werden Folgerungen für die Lehrerbildung diskutiert. Es wird dabei ausschliesslich auf den spezifisch fachdidaktischen Teil der Anleitung und Unterstützung von konzeptuellen Verstehensprozessen eingegangen. Einen Überblick über allgemeindidaktische Aspekte des Unterstützungsverhaltens von Lehrpersonen, insbesondere zu Scaffolding und Adaptivität, findet man in Krammer (2009).

Im vorangegangenen Kapitel zum Lehrerwissen wurde deutlich, dass die Anleitung und Unterstützung von Verstehensprozessen zu einem konkreten Konzept während einer Einführung ein kombiniertes kognitionspsychologisch-fachdidaktisches Wissen voraussetzt: Unterricht muss aus einer konstruktivistischen Sicht des Lernens aus der Perspektive der fachlichen Verstehensprozesse der Schülerinnen und Schüler gedacht werden (Messner & Reusser, 2006).

Ausgangspunkt ist ein Verstehensbegriff, welcher Verstehen als Strukturaufbau betrachtet, in dem aus Elementen des Vorwissens durch Verknüpfen, Umstrukturieren und Verdichten neue Wissenselemente entstehen (Kapitel 2.3.2). Zentral sind also ganz bestimmte Arten von Verknüpfungen, welche in dieser Arbeit als Verknüpfungen von Verstehenselementen bezeichnet wurden. Anleiten von konzeptuellen Verstehensprozessen setzt aber auch ein bestimmtes Mathematikverständnis voraus (Kapitel 2.2), in dem mathematische Begriffe Bezeichnungen für mathematische Strukturen darstellen, welche sich historisch entwickelt haben und deren formale Darstellung nur eine von vielen Möglichkeiten ist, die Bedeutung des Konzepts auszudrücken. Das Anleiten von Verstehensprozessen aus der Sicht dieser Arbeit fokussiert also auf die feinen Prozesse des Verstehens und betrachtet diese auch im zeitlichen Verlauf. Dabei wird von Merkmalen der Oberflächenstruktur des Unterrichts abstrahiert und der Blick wird auf die Tiefenstruktur des unterrichtlichen Geschehens gerichtet (Oser & Patry, 1990; Reusser, 2006, 2008).

Insgesamt ist diese Sichtweise auf die Anleitung von Verstehensprozessen im Unterricht für viele angehende Lehrpersonen neu und muss erst gelernt werden. Zentral sind vermutlich die folgenden Elemente: Die Perspektivenübernahme setzt viel Wissen über individuelle Verstehensprozesse voraus. Unter anderem muss erkannt werden, dass das Lösenkönnen von Aufgaben erst ein kleiner Teilschritt auf dem Weg zur Unterstützung von Schülerinnen und Schülern darstellt. Die „kognitive Empathie" (Beck et al., 1986), die es zu erwerben gilt, setzt nicht nur ein Interesse am Schulfach Mathematik voraus, sondern auch ein Interesse an den Verstehensprozessen der Schülerinnen und Schüler.

Wie kann man die angehenden Lehrpersonen für diese feinen Verknüpfungsprozesse während konzeptueller Verstehensprozesse sensibilisieren? Wie kann man die Perspektivenübernahme anregen und systematisch als Ausgangspunkt von unterrichtlichem Denken und Handeln verankern? Wie lässt sich also dieses spezielle fachdidaktische Wissen erwerben?

Es braucht, wie bereits erwähnt, als Grundlage theoretische Vorstellungen davon, was Verstehen aus kognitionspsychologischer und fachdidaktischer Sicht bedeutet: das Herstellen von Verknüpfungen und Sinn (vgl. Kapitel 2). Ausgehend davon scheinen die folgenden Aspekte wesentlich zu sein:

1) Wissen um die Vielfalt an Möglichkeiten, konzeptuelle Verstehensprozesse anzuleiten und zu unterstützen. Denn nur so ist die Frage, was eine Aufgabe oder eine Methode zum Verstehen beitrage, relevant.

2) Auffaltenkönnen der fachlichen Struktur, so dass sie für Schülerinnen und Schüler verstehbar wird.

3) Trennenkönnen zwischen der Bedeutung (Struktur) und der Darstellung eines Konzepts.

4) Unterscheidenkönnen von verschiedenen Arten von mathematischen Verknüpfungen, um daraus diejenigen auswählen zu können, die für das Erreichen des Lernziels zum jeweiligen Zeitpunkt relevant sind.

5) Freude am Unterstützen von Verstehensprozessen gewinnen und Vertrauen in die Flexibilität des eigenen unterrichtlichen Denkens und Handelns erwerben.

Im Folgenden wird auf die Punkte zwei und drei kurz eingegangen, weil diese besonders schwierig zu sein scheinen und weil sie die spezifisch fachdidaktische Sicht deutlich machen. Beide Aspekte hängen eng zusammen.

8.7.1 Das Problem des Auffaltens der fachlichen Struktur

Die Schwierigkeiten des Erkennens von Strukturen und damit der Bedeutung eines Konzepts im Sinne von Aebli liegen auch darin, dass die Strukturen am Anfang und am Ende von Verstehensprozessen unsichtbar sind: Zu Beginn von Verstehensprozessen sind die zentralen Strukturen für die Schülerinnen und Schüler oft nicht ohne Hilfe wahrnehmbar/erkennbar. Es braucht einen Aufbauprozess, in dem die Strukturen idealerweise bewusst und explizit gemacht und miteinander verknüpft werden. Sobald man einen Sachverhalt tief verstanden hat, werden die Zusammenhänge von Neuem unsichtbar: Sie sind derart selbstverständlich und automatisiert, dass der Experte sie blitzschnell und oft unbewusst auffalten und verdichten kann. Dies spart kognitive Ressourcen, gleichzeitig verliert man aber vermutlich wieder den direkten und bewussten Zugriff. Anfänger im Lehrberuf stehen oft an dieser Stelle. Sie müssen lernen, ihr stark verdichtetes Wissen aufzufalten in Elemente, welche aus dem Vorwissen der Schülerinnen und Schüler heraus verstehbar sind und aus welchen durch Verknüpfen und Verdichten das Konzept konstruiert werden kann (Aebli, 2001).

Das explizite Auffalten von verdichteten Strukturen, die jahrelang auf einer höheren Abstraktionsstufe verwendet worden sind, ist deshalb nicht einfach. Wenn Berufsanfänger Schwierigkeiten damit haben, die Kernpunkte eines Themas zu erkennen und zu beschreiben, dann kann das daran liegen, dass sie noch zu stark an den fachlichen Repräsentationen verhaftet sind und deren Bedeutung noch zu wenig erkennen (vgl. auch das nächste Kapitel). Dies äussert sich auch darin, dass es für angehende Lehrpersonen oft schwierig ist, Advanced Organizers oder Zusammenfassungen herzustellen, die im Sinne dieser Arbeit hilfreich sind für das Verstehen der Schülerinnen und Schüler. Die fehlende Fähigkeit, die Kernpunkte eines Themas zu bestimmen, schränkt die Anfänger in ihrer Flexibilität im Umgang mit Verstehensprozessen der Schülerinnen und Schüler im Unterricht ein.

Auch das Erkennenkönnen, was Durcharbeiten (Aebli, 2001) bei einem konkreten Konzept bedeutet, setzt voraus, dass man die aufgebaute Struktur als bestehend aus verschiedenen Elementen und Verknüpfungen auffassen kann. Denn sonst gibt es nichts zu klären, zu entschlacken, zu variieren und es besteht die Gefahr, dass – in den Begriffen des Pythagoras-Verstehensmodells aus Kapitel 4 ausgedrückt – aus dem Durcharbeiten der Verstehenselemente ein Variieren auf der Ebene der Verknüpfungen mit anderen Konzepten wird. Auch diese Form des Durcharbeitens ist für umfassende Verstehensprozesse wichtig. Innerhalb einer Einführung hingegen ist aus der Sicht von Aeblis Strukturaufbautheorie nur die erste Variante fundamental.

8.7.2 Unterscheidung von Darstellung und Bedeutung

Eine zentrale Voraussetzung, um Verstehensprozesse begleiten zu können, ist vermutlich das Trennenkönnen zwischen der Art, wie man einen Sachverhalt fachlich darstellt, und der Bedeutung, welche hinter der konkreten Repräsentation steht (vgl. Kapitel 2.3.4). Damit beschäftigen sich verschiedene Theoriezweige in der Mathematikdidaktik, zum Beispiel Cobb et al. (2000) und Gravemeijer et al. (2002). Kognitionspsychologisch betrachtet hat dies mit der Unterscheidung zwischen der Struktur und dem Medium ihrer Repräsentation zu tun (Aebli, 1994; Bruner et al., 1971). Diese Unterscheidung zwischen der Bedeutung und der Darstellung hilft, in unkonventionellen Lösungswegen und Darstellungen fachlich richtige Ideen erkennen zu können. Dies benötigt wohl nicht nur fachliche Kenntnisse, sondern auch die Bereitschaft, sich auf andere Denkwege einzulassen und sich von fachlichen Konventionen der Darstellung auf die eigentlich dahinterliegende fachliche Struktur zu konzentrieren. Die Enkulturation kann dabei so stark sein, dass die Beliebigkeit vieler mathematischer Darstellungen, die auch in der Schulmathematik zur Konvention geworden sind, nur dann auffällt, wenn man sich mit sozial-konstruktivistischen Theorien von Verstehen (Kapitel 2.3.1) oder aber mit der Art, wie neue Mathematik historisch entstanden ist (vgl. Kapitel 2.2), auseinandersetzt. Im Pythagoras-Verstehensmodell in Kapitel 4 und darin insbesondere in der Auffassung von Repräsentationen als Verdichtungen von Verstehenselementen wurde versucht, diese beiden Ebenen – Bedeutung und Darstellung – auseinanderzuhalten und für das Beschreiben von Verstehensprozessen zum Satz des Pythagoras in einen kognitionspsychologischen Zusammenhang zu stellen.

Es wird deutlich, dass Verstehenselemente als Hilfsmittel für die Planung, Umsetzung und Evaluation von Unterricht verwendet werden könnten. Es stellt sich weiter das Problem, wie die in dieser Arbeit beschriebenen fachdidaktischen Qualitäten für die Lehrerbildung sichtbar gemacht werden können. Diese beiden Punkte werden in den zwei folgenden Kapiteln kurz besprochen.

8.7.3 Verstehenselemente als Hilfsmittel für den Unterricht, insbesondere zur Unterrichtsvorbereitung

Die vielen Fragen in Kapitel 8.6, die man sich stellen könnte, um einen Unterricht zur Einführung eines Konzepts zu planen, lassen erahnen, wie umfangreich und vielfältig das fachdidaktische Wissen ist, welches hilft, Verstehensprozesse zu einem Konzept anzuleiten und zu unterstützen. Es wird klar, dass in der Lehrerbildung nur exemplarisch für einige Konzepte auf dieses Wissen eingegangen werden kann. Umso wichtiger sind Hilfsmittel, welche das Anleiten von Verstehensprozessen unterstützen. Mit den Verstehenselementen ist ein relativ konkret fassbares, fachspezifisches pädagogisches Wissen umschrieben, welches nahe an der Unterrichtspraxis ist. Weil die fachdidaktischen Qualitäten theoriegeleitet aus denkpsychologischen Analysen von Verstehensprozessen hervorgegangen sind, ist anzunehmen, dass sie sich – in angepasster Form – auch für die Gestaltung von Mathematikunterricht bei einer Einführung in ein konkretes Konzept eignen könnten. Allerdings nur unter der Voraussetzung, dass auch der dazugehörende theoretische Hintergrund in den Kernaussagen mitgedacht wird.

Die Verstehenselemente könnten im Mathematikunterricht beispielsweise als Hilfsmittel genutzt werden,

- um Einstiege, Beweise und Aufgaben aus kognitionspsychologischer und fachlicher Sicht auszuwählen.
- um Übergänge zwischen verschiedenen Repräsentationen und Unterrichtsphasen zu gestalten.
- um die Schülerinnen und Schüler während ihrer Verstehensprozesse im Unterricht gezielt zu unterstützen.
- um bei der Diagnose des Vorwissens oder beim Überprüfen des Lernzuwachses das Verständnis der Schülerinnen und Schüler systematisch zu erheben.

Aus dieser Arbeit lässt sich entnehmen, dass man für eine Einführung in den Satz des Pythagoras darauf achten sollte, dass a) die Verstehenselemente deutlich werden, b) die Repräsentationen des Satzes in hoher Qualität vorkommen und c) der Unterricht bezüglich der Verstehenselemente, Repräsentationen und ihrer Verknüpfungen kohärent ist. Weil sie nicht selbsterklärend sind und kaum direkt gelernt werden können, muss es im Unterricht auf vielfältige Weise die Möglichkeit geben, sich damit auseinanderzusetzen. Die fachdidaktischen Qualitäten lassen sehr viel Gestaltungsfreiraum auf der Oberflächenstruktur von Unterricht. Trotzdem hat man ein gewisses Kriterium zur Hand, um die Auswahl und die Anordnung von Aufgaben zu planen.

Lehrpersonen, welche gut erklären können, haben vermutlich schon immer intuitiv auf dieser Ebene gearbeitet (wobei es selbstverständlich noch andere Kriterien für gute Erklärungen gibt, vgl. z.B. Aebli, 2001; Renkl et al., 2006, Wittwer & Renkl, 2008). Bei der Planung, Durchführung und Evaluation von Unterricht müssen weitere Aspekte berücksichtigt werden, welche im Pythagoras-Verstehensmodell nicht vorkommen. Und neben dem Verstehen eines Konzepts gibt es viele andere wichtige Lernziele im Mathematikunterricht.

Gemäss Hiebert et al. (2005) ist es wichtig, dass die Lehrpersonen verstehen, was die Funktion eines Unterrichtsmerkmals ist. Für die fachdidaktischen Unterrichtsqualitätsmerkmale stellen sich also folgende Fragen: Warum sollen die Verstehenselemente deutlich werden? Wofür ist die Qualität der Repräsentationen wichtig? Was ist die Funktion von struktureller Klarheit des Unterrichts im zeitlichen Verlauf? Und was soll klar sein? Dies zu verstehen, setzt, wie bereits erwähnt, ein bestimmtes Mathematik- und Lehr-Lernverständnis voraus, welches in dieser Arbeit in den Kapiteln 2.2 und 2.3.1 beschrieben worden ist. Dieses müssten Lehrpersonen wenigstens in den Grundzügen kennen, um die Funktion der fachdidaktischen Unterrichtsqualitätsmerkmale verstehen zu können. Wichtig ist, dass nicht bei Katalogen von Verstehenselementen und Beispielen von „verständlichen" Repräsentationen stehen geblieben wird, sondern Strukturaufbauprozesse in ihren Verläufen betrachtet werden. Denn die Prozesse des Verknüpfens, Verdichtens und Auffaltens sowie des Einebnens sind für Sinnfluss fundamental. Sonst wird aus den fachdidaktischen Qualitäten nur eine Auflistung von Verstehenselementen und Repräsentationen, welche wenig zum Verstehen beitragen.

Die Qualität der Verstehenselemente für die Lehrerausbildung liegt also neben ihrer theoretischen Herleitung wesentlich in ihrer Einfachheit und ihrer flexiblen Kombinierbarkeit. Erst dadurch könnten sie zu einem Hilfsmittel (unter vielen anderen) für die Planung und Gestaltung von Unterricht von hoher struktureller Klarheit werden.

Es ist zu vermuten, dass das Wissen um konkrete Verstehenselemente die Diagnosekompetenz in Bezug auf dieses Konzept erhöhen und damit die Unterstützung von Verstehensprozessen erleichtern könnte.

Das Konzept des fachspezifisch-pädagogischen Coachings (Staub, 2001, 2004) würde für den Erwerb dieses speziellen fachdidaktischen Wissens vermutlich wesentliche Vorteile mitbringen, weil das gemeinsame Vorbereiten und Durchführen des Unterrichts eine Vielfalt an Möglichkeiten bietet, um über Verstehensprozesse und deren Anleitung zu diskutieren, als Anfänger eine Expertensicht auf konkreten Schulunterricht kennenzulernen und zu erleben, was Elemente von struktureller Klarheit im Unterricht konkret sein könnten. Dies könnte das Lernen der erwähnten Perspektivenübernahme erleichtern und angehende Lehrpersonen könnten erleben, warum für eine Vorbereitung eines verstehensorientierten Unterrichts zu einer Einführung in ein neues Konzept das oberflächliche Lösen aller Aufgaben im Lehrmittel nicht genügt.

8.7.4 Videosequenzen zum Sichtbarmachen der fachdidaktischen Unterrichtsqualitäten

Für die Lehrerbildung ist es wichtig, die Qualitäten der Anleitung von Verstehensprozessen im Unterricht an Beispielen aufzeigen zu können und damit diskutierbar zu machen. Es gilt, die strukturelle Klarheit im Unterricht sichtbar zu machen, was gar nicht so einfach ist, weil dazu ein Einblick in den längeren Verlauf des Unterrichts gegeben werden muss. Das Aufzeigen und Vergleichen unterschiedlicher Vorgehensweisen und die Vielfalt an gelingenden Unterrichtsmöglichkeiten können helfen, die angehenden Lehrerinnen und Lehrer für das Erkennen von Kernpunkten beim Anleiten von Verstehensprozessen zu sensibilisieren. Dazu sind Videosequenzen sehr hilfreich.

Auf dem Videoportal des Instituts für Erziehungswissenschaft der Universität Zürich sind neben anderen Unterrichtslektionen auch einige Unterrichtseinheiten aus der Videostudie „Unterrichtsqualität, Lernverhalten und mathematisches Verständnis" zugänglich (vgl. www.didac.uzh.ch/videoportal oder das gemeinsame Videoportal mit der Pädagogischen Hochschule Zentralschweiz-Schwyz www.unterrichtsvideos.ch). Zu dieser Videostudie sind ähnliche DVDs geplant, wie es sie bereits zur Schweizer Stichprobe der TIMSS-1999-Videostudie gibt (Hugener, Krammer & Reusser, 2007; Krammer, Hugener & Reusser, 2007; Zobrist, Krammer & Reusser, 2006). Für das Sichtbarmachen von Verstehenselementen und struktureller Klarheit wären Videoaufnahmen hilfreich, welche zeigen würden, wie der gleiche Inhalt mit unterschiedlichsten Methoden in ähnlich hoher fachdidaktischer Qualität unterrichtet wird. Damit könnte der Perspektivenwechsel von Merkmalen der Oberflächenstruktur auf die Tiefenstruktur des Unterrichts im Hinblick auf das Anleiten von konzeptuellen Verstehensprozessen unterstützt werden (Krammer & Reusser, 2004; Pauli & Reusser, 2006; Reusser, 2005b). In Bezug auf die strukturelle Klarheit können Videosequenzen unter anderem aufzeigen, welche wichtige Rolle die Lehrperson bei der Anleitung und Unterstützung von konzeptuellen Verstehensprozessen im Unterricht einnimmt (vgl. Kapitel 2.3.1).

9 Literatur

Aebli, H. (1977). Piagets Deutung der kognitiven Entwicklung und ein Gegenmodell des geleiteten Strukturaufbaus. In W. Reulecke (Hrsg.), *Strukturelles Lernen* (S. 145-161). Hamburg: Hoffmann & Campe.

Aebli, H. (1978). Von Piagets Entwicklungspsychologie zur Theorie der kognitiven Sozialisation. In G. Steiner (Hrsg.), *Die Psychologie des 20. Jahrhunderts* (S. 604-627). Zürich: Kindler.

Aebli, H. (1985). Das operative Prinzip. *mathematik lehren, 11*, 44-47.

Aebli, H. (1993). *Denken. Das Ordnen des Tuns. Band I: Kognitive Aspekte der Handlungstheorie* (2. Aufl.). Stuttgart: Klett-Cotta.

Aebli, H. (1994). *Denken. Das Ordnen des Tuns. Band II: Denkprozesse* (2. Aufl.). Stuttgart: Klett-Cotta.

Aebli, H. (2001). *Zwölf Grundformen des Lehrens* (11. Aufl.). Stuttgart: Klett.

Aeschbacher, U. (1989). *Unterrichtsziel: Verstehen. Über die psychischen Prozesse beim Denken, Lernen und Verstehen.* Stuttgart: Klett.

Ashcraft, M.H. & Ridley, K.S. (2005). Math anxiety and its cognitive consequences. A tutorial review. In J.I.D. Campbell (Hrsg.), *Handbook of mathematical cognition* (S. 315-327). New York: Psychology Press.

Baptist, P. (1998). *Pythagoras und kein Ende?* Leipzig: Ernst Klett Schulbuchverlag.

Baptist, P. (2001). Aus der Praxis des Modellprogramms: Mathematikunterricht verändern – Verständnis fördern. In E. Klieme & J. Baumert (Hrsg.), *TIMSS – Impuls für Schule und Unterricht. Forschungsbefunde, Reforminitiativen, Praxisberichte und Video-Dokumente* (S. 67-73). Bonn: BMBF.

Battista, M.T. (2007). The development of geometric and spatial thinking. In F.K. Lester (Hrsg.), *Second handbook of research on mathematics teaching and learning. A project of the National Council of Teachers of Mathematics* (S. 843-908). Charlotte, NC: Information Age Publishing/NCTM.

Bauersfeld, H. (1983). Subjektive Erfahrungsbereiche als Grundlage einer Interaktionstheorie des Mathematiklernens und -lehrens. In H. Bauerfeld, H. Bussmann, G. Krummheuer, J.H. Lorenz & J. Voigt (Hrsg.), *Lernen und Lehren von Mathematik* (S. 1-56). Köln: Aulis Deubner.

Baumert, J., Blum, W. & Neubrand, M. (2004). Drawing the lessons from PISA 2000. Long-term implications: Gaining a better understanding of the relationship between system inputs and learning outcomes by assessing instructional and learning processes as mediating factors. *Zeitschrift für Erziehungswissenschaft, 7* (Beiheft 3), 143-157.

Baumert, J. & Köller, O. (2000). Unterrichtsgestaltung, verständnisvolles Lernen und multiple Zielerreichung im Mathematik- und Physikunterricht der gymnasialen Oberstufe. In J. Baumert, W. Bos & R. Lehmann (Hrsg.), *TIMSS/III: Dritte Internationale Mathematik- und Naturwissenschaftsstudie – Mathematische und naturwissenschaftliche Bildung am Ende der Schullaufbahn* (Band 2, S. 271-315). Opladen: Leske + Budrich.

Baumert, J. & Kunter, M. (2006). Stichwort: Professionelle Kompetenz von Lehrkräften. *Zeitschrift für Erziehungswissenschaft, 9* (4), 469-520.

Baumert, J., Lehmann, R., Lehrke, M., Schmitz, B., Clausen, M., Hosenfeld, I., Köller, O. & Neubrand, J. (1997). *TIMSS – Mathematisch-naturwissenschaftlicher Unterricht im internationalen Vergleich. Deskriptive Befunde.* Opladen: Leske + Budrich.

339

Beck, E., Borner, A. & Aebli, H. (1986). Die Funktion der kognitiven Selbsterfahrung des Lehrers für das Verstehen von Problemlöseprozessen bei Schülern. *Unterrichtswissenschaft, 14* (3), 303-317.

BLK (1997). *Gutachten zur Vorbereitung des Programms „Steigerung der Effizienz des mathematisch-naturwissenschaftlichen Unterrichts".* Materialien zur Bildungsplanung und zur Forschungsförderung Band 60. Bonn: Bundes-Länderkommission für Bildungsplanung und Forschungsförderung.

Blum, W., Drüke-Noe, C., Hartung, R. & Köller, O. (2006). *Bildungsstandards Mathematik: konkret. Sekundarstufe I: Aufgabenbeispiele, Unterrichtsanregungen, Fortbildungsideen.* Berlin: Cornelsen Scriptor.

Blum, W. & vom Hofe, R. (2003). Welche Grundvorstellungen stecken in der Aufgabe? *mathematik lehren, 118,* 14-18.

Blum, W., vom Hofe, R., Jordan, A. & Kleine, M. (2004). Grundvorstellungen als aufgabenanalytisches und diagnostisches Instrument bei PISA. In M. Neubrand (Hrsg.), *Mathematische Kompetenzen von Schülerinnen und Schülern in Deutschland. Vertiefende Analysen im Rahmen von PISA 2000* (S. 145-158). Wiesbaden: Verlag für Sozialwissenschaften.

Bortz, J. & Döring, N. (1995). *Forschungsmethoden und Evaluation für Sozialwissenschaftler* (2. Aufl.). Berlin: Springer.

Bransford, J., Zech, L., Schwartz, D., Barron, B., Vye, N. & CTGV (2000). Designs for environments that invite and sustain mathematical thinking. In P. Cobb, E. Yackel & K. McClain (Hrsg.), *Symbolizing and communicating in mathematics classrooms. Perspectives on discourse, tools, and instructional design* (S. 275-324). Mahwah, N.J.: Lawrence Erlbaum Associates.

Brinkmann, A. (2002). *Über Vernetzungen im Mathematikunterricht – eine Untersuchung zu linearen Gleichungssystemen in der Sekundarstufe I.* Dissertation. Universität Duisburg: Institut für Mathematik. Verfügbar unter: http://www.ub.uniduisburg.de/ETD-db/theses/available/duett-09112002-195540/ [Stand: 9.12.2008].

Brinkmann, A. (2007). *Vernetzungen im Mathematikunterricht. Visualisieren und Lernen von Vernetzungen mittels graphischer Darstellungen.* Hildesheim: Franzbecker.

Bromme, R. (1992). *Der Lehrer als Experte. Zur Psychologie des professionellen Wissens.* Bern: Hans Huber.

Brophy, J. (1999). *Teaching.* Brüssel/Genf: International Academy of Education (IAE).

Brophy, J. (2006). Observational research on generic aspects of classroom teaching. In P.A. Alexander & P. Winne (Hrsg.), *Handbook of educational psychology* (2. Aufl., S. 755-780). Mahwah, N.J.: Erlbaum.

Brophy, J. & Good, T.L. (1986). Teacher behaviour and student achievement. In M.C. Wittrock (Hrsg.), *Handbook of research on teaching* (3. Aufl., S. 328-375). New York: Macmillan.

Brown, J.S. & Campione, J.C. (1996). Psychological theory and the design of innovative learning environments: on procedures, principles, and systems. In L. Schauble & R. Glaser (Hrsg.), *Innovations in learning. New environment for education* (S. 289-325). Mahwah, N.J.: Erlbaum.

Brown, J.S., Collins, A. & Duguid, P. (1989). Situated cognition and the culture of learning. *Educational Researcher, 18* (1), 32-42.

Brown, S.I. & Walter, M.I. (1990). *The art of problem posing* (2. Aufl.). Hillsdale: Lawrence Erlbaum Associates.

Bruder, R., Leuders, T. & Büchter, A. (2008). *Mathematikunterricht entwickeln. Bausteine für kompetenzorientiertes Unterrichten.* Berlin: Cornelsen Scriptor.

Bruner, J. (1974). *Entwurf einer Unterrichtstheorie.* Berlin: Berlin Verlag.

Bruner, J., Olver, R.R. & Greenfield, P.M. (1971). *Studien zur kognitiven Entwicklung.* Stuttgart: Klett.

Büchter, A. & Leuders, T. (2005). *Mathematikaufgaben selbst entwickeln. Lernen fördern – Leistung überprüfen.* Berlin: Cornelsen Scriptor.

Bühl, A. & Zöfel, P. (2000). *SPSS Version 10. Einführung in die moderne Datenanalyse unter Windows* (7. Aufl.). München: Addison-Wesley.

Clausen, M. (2002). *Unterrichtsqualität: Eine Frage der Perspektive? Empirische Analysen zur Übereinstimmung, Konstrukt- und Kriteriumsvalidität.* Münster: Waxmann.

Clausen, M., Reusser, K. & Klieme, E. (2003). Unterrichtsqualität auf der Basis hochinferenter Unterrichtsbeurteilungen: Ein Vergleich zwischen Deutschland und der deutschsprachigen Schweiz. *Unterrichtswissenschaft, 31* (2), 122-141.

Clements, D.H. & Battista, M.T. (1992). Geometry and spatial reasoning. In D.A. Grouws (Hrsg.), *Handbook of research on mathematics teaching and learning* (S. 420-464). New York: Macmillan.

Cobb, P. (2000). From representations to symbolizing: introductory comments on semiotics and mathematical learning. In P. Cobb, E. Yackel & K. McClain (Hrsg.), *Symbolizing and communicating in mathematics classrooms. Perspectives on discourse, tools, and instructional design* (S. 17-36). Mahwah, N.J.: Lawrence Erlbaum Associates.

Cobb, P. & Yackel, E. (1996). Constructivist, emergent, and sociocultural perspectives in the context of developmental research. *Educational Psychologist, 31* (3/4), 175-190.

Cobb, P., Yackel, E. & McClain, K. (Hrsg.). (2000). *Symbolizing and communicating in mathematics classrooms. Perspectives on discourse, tools, and instructional design.* Mahwah, N.J.: Lawrence Erlbaum Associates.

Cobb, P., Yackel, E. & Wood, T. (1992). A constructivist alternative to the representational view of mind in mathematics education. *Journal for Research in Mathematics Education, 23* (1), 2-33.

Collins, A., Brown, J.S. & Newman, S.E. (1989). Cognitive apprenticeship: Teaching the craft of reading, writing and mathematics. In L.S. Resnick (Hrsg.), *Knowing, learning and instruction. Essays in honor of Robert Glaser* (S. 453-494). Hillsdale, NJ: LEA.

Davis, P.J. & Hersh, R. (1994). *Erfahrung Mathematik.* Basel: Birkhäuser.

De Corte, E. (1995). Fostering cognitive growth: A perspective from research on mathematics learning and instruction. *Educational Psychologist, 30* (1), 37-46.

De Corte, E. (2004). Mainstreams and perspectives in research on learning (mathematics) from instruction. *Applied Psychology: An International Review, 53* (2), 279-310.

De Corte, E. (2007). Learning from instruction: the case of mathematics. *learning inquiry, 1* (1), 19-30.

De Corte, E., Greer, B. & Verschaffel, L. (1996). Mathematics teaching and learning. In D.C. Berliner & R.C. Calfee (Hrsg.), *Handbook of educational psychology* (S. 491-549). New York: Macmillan.

De Corte, E., Op 't Eynde, P. & Verschaffel, L. (2002). „Knowing what to believe": The relevance of students mathematical beliefs for mathematics education. In B.K. Hofer & P.R. Pintrich (Hrsg.), *Personal epistemology: The psychology of beliefs about knowledge and knowing* (S. 297-320). Mahwah, N.J.: Erlbaum.

De Corte, E. & Verschaffel, L. (2006). Mathematical Thinking and Learning. In K.A. Renninger & I.E. Sigel (Hrsg.), *Handbook of child psychology, Volume 4: Child psychology and practice* (6. Aufl., S. 103-152). Hoboken, N.J.: John Wiley & Sons.

Deci, E.L. & Ryan, R.M. (1993). Die Selbstbestimmungstheorie der Motivation und ihre Bedeutung für die Pädagogik. *Zeitschrift für Pädagogik, 39* (2), 223-238.

341

Devlin, K. (1998). *Muster der Mathematik. Ordnungsgesetz des Geistes und der Natur.* Heidelberg: Spektrum.

Devlin, K. (2000). *Das Mathe-Gen oder wie sich das mathematische Denken entwickelt und warum Sie Zahlen ruhig vergessen können* (2. Aufl.). Stuttgart: Klett-Cotta.

Dewey, J. (1910/2002). *Wie wir denken. Mit einem Nachwort neu herausgegeben von R. Horlacher und J. Oelkers.* Zürich: Pestalozzianum.

Dewey, J. (2000). *Demokratie und Erziehung. Eine Einleitung in die philosophische Pädagogik. Mit einem Nachwort neu herausgegeben von J. Oelkers.* Weinheim: Beltz.

Diedrich, M., Thussbas, C. & Klieme, E. (2002). Professionelles Lehrerwissen und selbstberichtete Unterrichtspraxis im Fach Mathematik. *Zeitschrift für Pädagogik, 45. Beiheft,* 107-123.

Doise, W. & Mugny, G. (1984). *The social development of the intellect.* Oxford: Pergamon Press.

Dossey, J.A. (1992). The Nature of Mathematics: Its Role and Its Influence. In D.A. Grouws (Hrsg.), *Handbook of research on mathematics teaching and learning* (S. 39-48). New York: Macmillan.

Drollinger-Vetter, B. (2006). Kognitiver Anspruchsgehalt der Aufgabenstellungen. In I. Hugener, C. Pauli & K. Reusser (Hrsg.), *Videoanalysen (= Teil 3 der Dokumentation der Erhebungs- und Auswertungsinstrumente zur schweizerisch-deutschen Videostudie „Unterrichtsqualität, Lernverhalten und mathematisches Verständnis", hrsg. von E. Klieme, C. Pauli & K. Reusser)* (S. 148-164). Frankfurt a. M.: GFPF/DIPF.

Drollinger-Vetter, B. & Lipowsky, F. (2006a). Kognitiver Anspruchsgehalt der Aufgabenbearbeitung. In I. Hugener, C. Pauli & K. Reusser (Hrsg.), *Videoanalysen (= Teil 3 der Dokumentation der Erhebungs- und Auswertungsinstrumente zur schweizerisch-deutschen Videostudie „Unterrichtsqualität, Lernverhalten und mathematisches Verständnis", hrsg. von E. Klieme, C. Pauli & K. Reusser)* (S. 165-188). Frankfurt a. M.: GFPF/DIPF.

Drollinger-Vetter, B. & Lipowsky, F. (2006b). Fachdidaktische Qualität der Theoriephasen. In I. Hugener, C. Pauli & K. Reusser (Hrsg.), *Videoanalysen (= Teil 3 der Dokumentation der Erhebungs- und Auswertungsinstrumente zur schweizerisch-deutschen Videostudie „Unterrichtsqualität, Lernverhalten und mathematisches Verständnis", hrsg. von E. Klieme, C. Pauli & K. Reusser)* (S. 189-205). Frankfurt a. M.: GFPF/DIPF.

Duncker, K. (1935) *Zur Psychologie des produktiven Denkens.* Berlin: Springer.

Einsiedler, W. (1997). Unterrichtsqualität und Leistungsentwicklung. Literaturüberblick. In F.E. Weinert & A. Helmke (Hrsg.), *Entwicklung im Grundschulalter* (S. 223-240). Weinheim: Beltz, PVU.

Fend, H. (2008). *Neue Theorie der Schule. Einführung in das Verstehen von Bildungssystemen* (2. Aufl.). Wiesbaden: VS Verlag für Sozialwissenschaften.

Fennema, E. & Romberg, T.A. (Hrsg.). (1999). *Mathematics classrooms that promote understanding.* Mahwah, N.J.: Erlbaum.

Fennema, E., Sowder, J. & Carpenter, T.P. (1999). Creating classrooms that promote understanding. In E. Fennema & T.A. Romberg (Hrsg.), *Mathematics classrooms that promote understanding* (S. 185-199). Mahwah, N.J.: Erlbaum.

Fraedrich, A.M. (1995). *Die Satzgruppe des Pythagoras.* Mannheim: Wissenschaftsverlag.

Franke, M.L., Kazemi, E. & Battey, D. (2007). Mathematics teaching and classroom practice. In F.K. Lester (Hrsg.), *Second handbook of research on mathematics teaching and learning. A project of the National Council of Teachers of Mathematics* (S. 225-256). Charlotte, NC: Information Age Publishing/NCTM.

Freudenthal, H. (1973). *Mathematik als pädagogische Aufgabe. Band 1 und 2.* Stuttgart: Klett.

Freudenthal, H. (1983). *Didactical phenomenology of mathematical structures.* Dordrecht: Reidel.

Friedrich, H.F. & Mandl, H. (1997). Analyse und Förderung des selbstgesteuerten Lernens. In F.E. Weinert & H. Mandl (Hrsg.), *Psychologie der Erwachsenenbildung. Enzyklopädie der Psychologie, Themenbereich D, Serie I, Band 4* (S. 237-293). Göttingen: Hogrefe.

Gallin, P. & Ruf, U. (1990). *Sprache und Mathematik. Auf eigenen Wegen zu Fachkompetenz* (3. Aufl.). Zürich: Verlag Lehrerinnen und Lehrer Schweiz.

Glaser, R. (1984). Education and thinking: the role of knowledge. *American Psychologist, 39* (2), 93-104.

Goetz, T., Pekrun, R., Zirngibl, A., Jullien, S., Kleine, M., vom Hofe, R. & Blum, W. (2004). Leistung und emotionales Erleben im Fach Mathematik. Längsschnittliche Mehrebenenanalysen. *Zeitschrift für Pädagogische Psychologie, 18* (3/4), 201-212.

Gravemeijer, K. (2002). Preamble: From models to modeling. In K. Gravemeijer, R. Lehrer, B. Van Oers & L. Verschaffel (Hrsg.), *Symbolizing, modeling and tool use in mathematics education* (S. 7-22). Dordrecht: Kluwer.

Gravemeijer, K., Lehrer, R., Van Oers, B. & Verschaffel, L. (Hrsg.). (2002). *Symbolizing, modeling and tool use in mathematics education.* Dordrecht: Kluwer.

Greeno, J.G., Collins, A.M. & Resnick, L.B. (1996). Cognition and learning. In D.C. Berliner & R.C. Calfee (Hrsg.), *Handbook of educational psychology* (S. 15-46). New York: Macmillan.

Grigutsch, S., Raatz, U. & Törner, G. (1998). Einstellungen gegenüber Mathematik bei Mathematiklehrern. *Journal für Mathematik-Didaktik, 19* (1), 3-45.

Grouws, D.A. & Cebulla, K.J. (2000). *Improving student achievement in mathematics.* Brüssel/Genf: International Academy of Education (IAE).

Gruber, H., Mandl, H. & Renkl, A. (2000). Was lernen wir in Schule und Hochschule: Träges Wissen? In H. Mandl & J. Gerstenmaier (Hrsg.), *Die Kluft zwischen Wissen und Handeln: Empirische und theoretische Lösungsansätze* (S. 139-156). Göttingen: Hogrefe.

Halmos, P. (1968). Mathematics as a creative art. *American Scientist, 56,* 375-389.

Hammond, A.L. (1978). Mathematics – Our Invisible Culture. In L.A. Steen (Hrsg.), *Mathematics Today. Twelve Informal Essays* (S. 15-34). New York: Springer-Verlag.

Hasselhorn, M. & Gold, A. (2006). *Pädagogische Psychologie.* Stuttgart: Kohlhammer.

Hefendehl-Hebeker, L. (1996). Brüche haben viele Gesichter. *mathematik lehren, 78,* 20-48.

Heintz, B. (2000). *Die Innenwelt der Mathematik. Zur Kultur und Praxis einer beweisenden Disziplin.* Wien: Springer.

Heller, K.A. & Perleth, C. (2000). *Kognitiver Fähigkeitstest für 4. bis. 12. Klassen, Revision. (KFT4-12+R).* Göttingen: Beltz Test.

Helmke, A. (2003). *Unterrichtsqualität – erfassen, bewerten, verbessern.* Seelze: Kallmeyer.

Helmke, A. (2007). Lernprozesse anregen und steuern. Was wissen wir über Klarheit und Strukturiertheit? *Pädagogik, 59* (6), 44-47.

Helmke, A. & Weinert, F.E. (1997a). Bedingungsfaktoren schulischer Leistungen. In F.E. Weinert (Hrsg.), *Psychologie des Unterrichts und der Schule. Enzyklopädie der Psychologie, Themenbereich D, Serie I, Band 3* (S. 71-176). Göttingen: Hogrefe.

Helmke, A. & Weinert, F.E. (1997b). Unterrichtsqualität und Leistungsentwicklung: Ergebnisse aus dem SCHOLASTIK-Projekt. In F.E. Weinert & A. Helmke (Hrsg.), *Entwicklung im Grundschulalter* (S. 241-252). Weinheim: Beltz, PVU.

Hersh, R. (1986). Some proposals for reviving the philosophy of mathematics. In T. Tymoczko (Hrsg.), *New directions in the philosophy of mathematics* (S. 9-28). Boston: Birkhäuser.

Hiebert, J. & Carpenter, T.P. (1992). Learning and teaching with understanding. In D.A. Grouws (Hrsg.), *Handbook of research on mathematics teaching and learning* (S. 65-97). New York: Macmillan.

Hiebert, J., Carpenter, T.P., Fennema, E., Fuson, K., Human, P., Murray, H., Olivier, A. & Wearne, D. (1996). Problem Solving as a Basis for Reform in Curriculum and Instruction: the Case of Mathematics. *Educational Researcher, 25* (4), 12-21.

Hiebert, J., Carpenter, T.P., Fennema, E., Fuson, K., Wearne, D., Murray, H., Olivier, A. & Human, P. (1997). *Making sense. Teaching and learning mathematics with understanding.* Portsmouth: Heinemann.

Hiebert, J., Gallimore, R., Garnier, H., Givvin, K.B., Hollingsworth, H., Jacobs, J., Chui, A.M.-Y., Wearne, D., Smith, M., Kersting, N., Manaster, A., Tseng, E., Etterbeek, W., Manaster, C., Gonzales, P. & Stigler, J.W. (2003). *Teaching mathematics in seven countries: Results from the TIMSS 1999 video study.* Washington, DC: U.S. Department of Education, National Center for Education Statistics.

Hiebert, J. & Grouws, D.A. (2007). The effects of classroom mathematics teaching on students' learning. In F.K. Lester (Hrsg.), *Second handbook of research on mathematics teaching and learning. A project of the National Council of Teachers of Mathematics* (S. 371-404). Charlotte, NC: Information Age Publishing/NCTM.

Hiebert, J., Stigler, J.W., Jacobs, J.K., Givvin, K.B., Garnier, H., Smith, M., Hollingsworth, H., Manaster, A., Wearne, D. & Gallimore, R. (2005). Mathematics in the United States Today (and Tomorrow): Results From the TIMSS 1999 Video Study. *Educational Evaluation and Policy Analysis, 27* (2), 111-132.

Hiebert, J., Stigler, J.W. & Manaster, A.B. (1999). Mathematical features of lessons in the TIMSS video study. *Zentralblatt für Didaktik der Mathematik (ZDM), 31* (6), 196-201.

Hiebert, J. & Wearne, D. (1993). Instructional Tasks, Classroom Discourse and Students' Learning in Second-Grade Arithmetic. *American Educational Research Journal, 30* (2), 393-425.

Hiebert, J. & Wearne, D. (2003). Developing understanding through problem solving. In H.L. Schoen (Hrsg.), *Teaching mathematics through problem solving: Grades 6-12* (S. 3-13). Reston, VA: National Council of Teachers of Mathematics.

Hill, H.C., Rowan, B. & Ball, D.L. (2005). Effects of teachers' mathematical knowledge for teaching on student achievement. *American Educational Research Journal, 42*, 371-406.

Hoehn, A. & Huber, M. (2005). *Pythagoras. Erinnern Sie sich? Faszinierendes aus Geometrie, Zahlentheorie und Kulturgeschichte.* Zürich: Orell Füssli.

Hohl, W. (1987). *Geometrie 2. Lehrerausgabe.* Zürich: Lehrmittelverlag des Kantons Zürich.

Hörmann, H. (1976). *Meinen und Verstehen.* Frankfurt a. M.: Suhrkamp.

Hox, J. (2002). *Multilevel analysis: techniques and applications.* Mahwah, N.J.: Erlbaum.

Huang, R. & Leung, F.K.S. (2002). How Pythagoras' theorem is taught in Czech Republic, Hong Kong and Shanghai: A case study. *Zentralblatt für Didaktik der Mathematik (ZDM), 34* (6), 268-277.

Hugener, I. (2008). *Inszenierungsmuster im Unterricht und Lernqualität. Sichtstrukturen schweizerischen und deutschen Mathematikunterrichts in ihrer Beziehung zu Schülerwahrnehmung und Lernleistung – eine Videoanalyse.* Münster: Waxmann.

Hugener, I. & Drollinger-Vetter, B. (2006). Inhaltsbezogene Aktivitäten. In I. Hugener, C. Pauli & K. Reusser (Hrsg.), *Videoanalysen (= Teil 3 der Dokumentation der Erhebungs- und Auswertungsinstrumente zur schweizerisch-deutschen Videostudie „Unterrichtsqualität, Lernverhalten und mathematisches Verständnis", hrsg. von E. Klieme, C. Pauli & K. Reusser)* (S. 62-88). Frankfurt a. M.: GFPF/DIPF.

Hugener, I., Krammer, K. & Reusser, K. (2007). Problemlösen im Mathematikunterricht. In K. Reusser, C. Pauli & K. Krammer (Hrsg.), *Unterrichtsvideos mit Begleitmaterialien für die Aus- und Weiterbildung von Lehrpersonen – DVD 2.* Zürich: Pädagogisches Institut.

Hugener, I., Pauli, C. & Reusser, K. (2006a). *Videoanalysen (= Teil 3 der Dokumentation der Erhebungs- und Auswertungsinstrumente zur schweizerisch-deutschen Videostudie „Unterrichtsqualität, Lernverhalten und mathematisches Verständnis", hrsg. von E. Klieme, C. Pauli & K. Reusser).* Frankfurt a. M.: GFPF/DIPF.

Hugener, I., Rakoczy, K., Pauli, C. & Reusser, K. (2006b). Videobasierte Unterrichtsforschung: Integration verschiedener Methoden der Videoanalysen für eine differenzierte Sicht auf Lehr-Lernprozesse. In S. Rahm, I. Mammes & M. Schratz (Hrsg.), *Schulpädagogische Forschung. Unterrichtsforschung. Perspektiven innovativer Ansätze* (S. 41-53). Innsbruck: Studienverlag.

Jacobs, J.K., Garnier, H., Gallimore, R., Hollingsworth, H., Givvin, K.B., Rust, K., Kawanaka, R., Smith, M., Wearne, D., Manaster, A., Etterbeek, W., Hiebert, J., Stigler, J.W. & Gonzales, P. (2003). *Third International Mathematics and Science Study 1999 Video Study Technical Report. Volume 1: Mathematics.* Washington D.C.: National Center for Education Statistics, U.S. Department of Education.

Jordan, A., Krauss, S., Löwen, K., Blum, W., Neubrand, M., Brunner, M., Kunter, M. & Baumert, J. (2008). Aufgaben im COACTIV-Projekt: Zeugnisse des kognitiven Aktivierungspotentials im deutschen Mathematikunterricht. *Journal für Mathematik-Didaktik, 29* (2), 83-107.

Jordan, A., Ross, N., Krauss, S., Baumert, J., Blum, W., Neubrand, M., Löwen, K., Brunner, M. & Kunter, M. (2006). *Klassifikationsschema für Mathematikaufgaben: Dokumentation der Aufgabenkategorisierung im COACTIV-Projekt. Materialien aus der Bildungsforschung Nr. 81.* Berlin: Max-Plank-Institut.

Kaiser, H. & Nöbauer, W. (2002). *Geschichte der Mathematik* (3. Aufl.). Wien: öbv & hpt.

Kilpatrick, J., Swafford, J. & Findell, B. (Hrsg.). (2001). *Adding it up: Helping children learn mathematics.* Washington, D.C.: National Academy Press.

Kintsch, W. (1994). Kognitionspsychologische Modelle des Textverstehens: Literarische Texte. In K. Reusser & M. Reusser-Weyeneth (Hrsg.), *Verstehen: Psychologischer Prozess und didaktische Aufgabe* (S. 39-53). Bern: Hans Huber.

Kirschner, P.A., Sweller, J. & Clark, R.E. (2006). Why minimal guidance during instruction does not work: An analysis of the failure of constructivist, discovery, problem-based, experiential, and inquiry-based teaching. *Educational Psychologist, 41* (2), 75-86.

Kleine, M., Jordan, A. & Harvey, E. (2005a). With a focus on ‚Grundvorstellungen'. Part 1: A theoretical integration into current concepts. *Zentralblatt für Didaktik der Mathematik (ZDM), 37* (3), 226-233.

Kleine, M., Jordan, A. & Harvey, E. (2005b). With a focus on ‚Grundvorstellungen'. Part 2: ‚Grundvorstellungen' as a theoretical and empirical criterion. *Zentralblatt für Didaktik der Mathematik (ZDM), 37* (3), 234-239.

Klieme, E. (2006). Empirische Unterrichtsforschung: aktuelle Entwicklungen, theoretische Grundlagen und fachspezifische Befunde. *Zeitschrift für Pädagogik, 52* (6), 765-773.

Klieme, E., Avenarius, H., Blum, W., Döbrich, P., Gruber, H., Prenzel, M., Reiss, K., Riquarts, K., Rost, J., Tenorth, H.-E. & Vollmer, H.J. (2003). *Zur Entwicklung nationaler Bildungsstandards*. Berlin: BMBF.

Klieme, E. & Baumert, J. (2001). *TIMSS – Impulse für Schule und Unterricht. Forschungsbefunde, Reforminitiativen, Praxisberichte und Video-Dokumente*. Bonn: BMBF.

Klieme, E. & Bos, W. (2000). Mathematikleistung und mathematischer Unterricht in Deutschland und Japan. Triangulation qualitativer und quantitativer Analysen am Beispiel der TIMS-Studie. *Zeitschrift für Erziehungswissenschaft, 3* (3), 359-380.

Klieme, E., Helmke, A., Lehmann, R.H., Nold, G., Rolff, H.-G., Schröder, K., Thomé, G. & Willenberg, H. (Hrsg.). (2008). *Unterricht und Kompetenzerwerb in Deutsch und Englisch. Ergebnisse der DESI-Studie*. Weinheim: Beltz.

Klieme, E., Lipowsky, F., Rakoczy, K. & Ratzka, N. (2006). Qualitätsdimensionen und Wirksamkeit von Mathematikunterricht. Theoretische Grundlagen und ausgewählte Ergebnisse des Projekts „Pythagoras". In M. Prenzel & L. Allolio-Näcke (Hrsg.), *Untersuchungen zur Bildungsqualität von Schule. Abschlussbericht des DFG-Schwerpunktprogramms* (S. 127-146). Münster: Waxmann.

Klieme, E., Neubrand, M. & Lüdtke, O. (2001a). Mathematische Grundbildung: Testkonzeption und Ergebnisse. In J. Baumert, E. Klieme, M. Neubrand, M. Prenzel, U. Schiefele, W. Schneider, P. Stanat, K.-J. Tillmann & M. Weiss (Hrsg.), *PISA 2000. Basiskompetenzen von Schülerinnen und Schülern im internationalen Vergleich* (S. 140-190). Opladen: Leske + Budrich.

Klieme, E., Pauli, C. & Reusser, K. (2009). The Pythagoras Study: Investigating Effects of Teaching and Learning in Swiss and German Mathematics Classrooms. In T. Janik & T. Seidel (Hrsg.), *The Power of Video Studies in Investigating Teaching and Learning in the Classroom* (S. 137-160). Münster: Waxmann.

Klieme, E. & Rakoczy, K. (2008). Empirische Unterrichtsforschung und Fachdidaktik. *Zeitschrift für Pädagogik, 54* (2), 222-237.

Klieme, E. & Reusser, K. (2003). Unterrichtsqualität und mathematisches Verständnis im internationalen Vergleich. Ein Forschungsprojekt und erste Schritte zur Realisierung. *Unterrichtswissenschaft, 31* (3), 194-205.

Klieme, E., Schümer, G. & Knoll, S. (2001b). Mathematik in der Sekundarstufe I: „Aufgabenkultur" und Unterrichtsgestaltung. In E. Klieme & J. Baumert (Hrsg.), *TIMSS – Impulse für Schule und Unterricht. Forschungsbefunde, Reforminitiativen, Praxisberichte und Video-Dokumente* (S. 43-57). Bonn: BMBF.

Klieme, E. & Thussbas, C. (2001). Kontextbedingungen und Verständigungsprozesse im Geometrieunterricht. Eine Fallstudie. In S. Aufschnaiter & M. Welzel (Hrsg.), *Nutzung von Videodaten zur Untersuchung von Lehr-Lernprozessen* (S. 41-59). Münster: Waxmann.

Knipping, C. (2003). *Beweisprozesse in der Unterrichtspraxis. Vergleichende Analyse von Mathematikunterricht in Deutschland und Frankreich*. Hildesheim: Franzbecker.

Knoll, S. (2003). *Verwendung von Aufgaben in Einführungsphasen des Mathematikunterrichtes*. Dissertation. Freie Universität Berlin. Marburg: Tectum.

Krammer, K. (2009). *Individuelle Lernunterstützung in Schülerarbeitsphasen. Eine videobasierte Analyse des Unterstützungsverhaltens von Lehrpersonen im Mathematikunterricht*. Münster: Waxmann.

Krammer, K., Hugener, I. & Reusser, K. (2007). Adaptiver Unterricht mit Arbeitsplänen. In K. Reusser, C. Pauli & K. Krammer (Hrsg.), *Unterrichtsvideos mit Begleitmaterialien für die Aus- und Weiterbildung von Lehrpersonen – DVD 3*. Zürich: Pädagogisches Institut.

Krammer, K., Ratzka, N., Klieme, E., Lipowsky, F., Pauli, C. & Reusser, K. (2006). Learning with classroom videos: conception and first results of an online teacher-training programm. *Zentralblatt für Didaktik der Mathematik (ZDM), 38* (5), 422-432.

Krammer, K. & Reusser, K. (2004). Unterrichtsvideos als Medium der Lehrerinnen- und Lehrerbildung. *SEMINAR – Lehrerbildung und Schule, 10* (4), 81-101.

Krammer, K., Schnetzler, C.L., Ratzka, N., Reusser, K., Pauli, C., Lipowsky, F. & Klieme, E. (2008). Lernen mit Unterrichtsvideos: Konzeption und Ergebnisse eines netzgestützten Weiterbildungsprojekts mit Mathematiklehrpersonen aus Deutschland und der Schweiz. *Beiträge zur Lehrerbildung, 26* (2), 178-197.

Krapp, A. (1998). Entwicklung und Förderung von Interesse im Unterricht. *Psychologie in Erziehung und Unterricht, 44,* 185-201.

Krauss, S., Kunter, M., Brunner, M., Baumert, J., Blum, W., Neubrand, M., Jordan, A. & Löwen, K. (2004). COACTIV. Professionswissen von Lehrkräften, kognitiv aktivierender Mathematikunterricht und die Entwicklung mathematischer Kompetenz. In J. Doll & M. Prenzel (Hrsg.), *Studien zur Verbesserung der Bildungsqualität von Schule: Lehrerprofessionalisierung, Unterrichtsentwicklung und Schülerförderung* (S. 31-53). Münster: Waxmann.

Krauss, S., Neubrand, M., Blum, W., Baumert, J., Brunner, M., Kunter, M. & Jordan, A. (2008). Die Untersuchung des professionellen Wissens deutscher Mathematik-Lehrerinnen und -Lehrer im Rahmen der COACTIV-Studie. *Journal für Mathematik-Didaktik, 29* (3/4), 223-258.

Krauthausen, G. & Scherer, P. (2003). *Einführung in die Mathematikdidaktik* (2. Aufl.). Heidelberg: Spektrum Akademischer Verlag.

Krummheuer, G. (1992). *Lernen mit „Format". Elemente einer interaktionistischen Lerntheorie.* Weinheim: Deutscher Studienverlag.

Krummheuer, G. & Voigt, J. (1991). Argumentations-Formate im Mathematikunterricht. In H. Maier & J. Voigt (Hrsg.), *Interpretative Unterrichtsforschung* (S. 57-78). Köln: Aulis-Verlag Deubner.

Kunter, M. (2005). *Multiple Ziele im Mathematikunterricht.* Münster: Waxmann.

Kunter, M., Klusmann, U., Dubberke, T., Baumert, J., Blum, W., Brunner, M., Jordan, A., Krauss, S., Löwen, K., Neubrand, M. & Tsai, Y.-M. (2007). Linking aspects of teacher competence to their instruction. Results from the COACTIV project. In M. Prenzel (Hrsg.), *Studies on the educational quality of schools. The final report on the DFG priority programm* (S. 39-59). Münster: Waxmann.

Lakatos, I. (1979). *Beweise und Widerlegungen: die Logik mathematischer Entdeckungen.* Braunschweig: Vieweg.

Lampert, M., Rittenhouse, P. & Crumbaugh, C. (1998). Agreeing to disagree: Developing sociable mathematical discourse. In D.R. Olson & N. Torrance (Hrsg.), *The handbook of education and human development. New models of learning, teaching and schooling* (S. 731-764). Oxford: Blackwell.

Lang, S. (1989). *Faszination Mathematik. Ein Wissenschaftler stellt sich der Öffentlichkeit.* Braunschweig: Vieweg.

Lehtinen, E. (1994). Institutionelle und motivationale Rahmenbedingungen und Prozesse des Verstehens im Unterricht. In K. Reusser & M. Reusser-Weyeneth (Hrsg.), *Verstehen. Psychologischer Prozess und didaktische Aufgabe* (S. 143-162). Bern: Hans Huber.

Leuchter, M. (2009). *Die Rolle der Lehrperson bei der Aufgabenbearbeitung. Unterrichtsbezogene Kognitionen von Lehrpersonen.* Münster: Waxmann.

Leuchter, M., Pauli, C., Reusser, K. & Lipowsky, F. (2006). Unterrichtsbezogene Überzeugungen und handlungsleitende Kognitionen von Lehrpersonen. *Zeitschrift für Erziehungswissenschaft, 9* (4), 562-579.

Leuders, T. (2007). Fachdidaktik und Unterrichtsqualität im Bereich Mathematik. In K.-H. Arnold (Hrsg.), *Unterrichtsqualität und Fachdidaktik* (S. 205-234). Bad Heilbrunn: Julius Klinkhardt.

Leuders, T. (Hrsg.). (2003). *Mathematikdidaktik. Praxishandbuch für die Sekundarstufe I und II*. Berlin: Cornelsen Scriptor.

Lietzmann, W. (1966). *Der Pythagoreische Lehrsatz* (8. Aufl.). Leipzig: Teubner.

Lipowsky, F. (2002). Zur Qualität offener Lernsituationen im Spiegel empirischer Forschung – Auf die Mikroebene kommt es an. In U. Drews & W. Wallrabenstein (Hrsg.), *Freiarbeit in der Grundschule. Arbeitskreis Grundschule* (S. 126-159). Frankfurt a. M.: Arbeitskreis Grundschule.

Lipowsky, F. (2006). Auf den Lehrer kommt es an – empirische Evidenz für Zusammenhänge zwischen Lehrerkompetenzen, Lehrerhandeln und dem Lernen der Schüler. *Zeitschrift für Pädagogik, 51. Beiheft*, 47-70.

Lipowsky, F. (2009). Unterricht. In E. Wild & J. Möller (Hrsg.), *Pädagogische Psychologie* (S. 73-102). Berlin: Springer.

Lipowsky, F., Drollinger-Vetter, B., Hartig, J. & Klieme, E. (2006). *Leistungstests (= Teil 2 der Dokumentation der Erhebungs- und Auswertungsinstrumente zur schweizerisch-deutschen Videostudie „Unterrichtsqualität, Lernverhalten und mathematisches Verständnis", hrsg. von E. Klieme, C. Pauli & K. Reusser)*. Frankfurt a. M.: GFPF/DIPF.

Lipowsky, F., Rakoczy, K., Klieme, E., Reusser, K. & Pauli, C. (2005). Unterrichtsqualität im Schnittpunkt unterschiedlicher Perspektiven – Rahmenkonzept und erste Ergebnisse einer binationalen Studie zum Mathematikunterricht in der Sekundarstufe I. In H.G. Holtappels & K. Höhmann (Hrsg.), *Schulentwicklung und Schulwirksamkeit. Systemsteuerung, Bildungschancen und Entwicklung der Schule* (S. 223-238). Weinheim: Juventa.

Lipowsky, F., Rakoczy, K., Pauli, C., Drollinger-Vetter, B., Klieme, E. & Reusser, K. (2009). Quantity and quality of geometry instruction and its short-term impact on students' understanding of Pythagorean Theorem. *Learning and Instruction, 19* (6), 527-537.

Lipowsky, F., Thussbas, C., Klieme, E., Reusser, K. & Pauli, C. (2003). Professionelles Lehrerwissen, selbstbezogene Kognitionen und wahrgenommene Schulumwelt – Ergebnisse einer kulturvergleichenden Studie deutscher und schweizerischer Mathematiklehrer. *Unterrichtswissenschaft, 31* (3), 206-237.

Loomis, E.S. (1968). *The Pythagorean Proposition*. Washington, D.C.: NCTM.

Maier, H. & Schweiger, F. (1999). *Mathematik und Sprache. Zum Verstehen und Verwenden von Fachsprache im Unterricht*. Wien: övb & hpt.

Maier, H. & Steinbring, H. (1998). Begriffsbildung im alltäglichen Mathematikunterricht – Darstellung und Vergleich zweier Theorieansätze zur Analyse von Verstehensprozessen. *Journal für Mathematik-Didaktik, 19* (4), 292-330.

Maier, H. & Voigt, J. (Hrsg.). (1994). *Verstehen und Verständigung: Arbeiten zur interpretativen Unterrichtsforschung*. Köln: Aulis Verlag Deubner.

Mandl, H. & Friedrich, H.F. (Hrsg.). (2006). *Handbuch Lernstrategien*. Göttingen: Hogrefe.

Maor, E. (2007). *The pythagorean theorem. A 4000-year history*. Princeton: Princeton University Press.

Mason, L. & Scrivani, L. (2004). Enhancing students' mathematical beliefs: an intervention study. *Learning and Instruction, 14* (2), 153-176.

Mayer, R.E. (2004). Should there be a three-strikes rule against pure discovery learning? The case for guided methods of instruction. *American Psychologist, 59* (1), 14-19.

McLeod, D.B. (1992). Research on affect in mathematics education: a reconceptualization. In D.A. Grouws (Hrsg.), *Handbook of research on mathematics teaching and learning* (S. 575-596). New York: Macmillan.

Merenluoto, K. & Lehtinen, E. (2004). Number concept and conceptual change: towards a systemic model of the processes of change. *Learning and Instruction, 14* (2), 519-534.

Messner, R. & Reusser, K. (2006). Aeblis Didaktik auf psychologischer Grundlage im Kontext der zeitgenössischen Didaktik. In M. Baer, M. Fuchs, P. Füglister, K. Reusser & H. Wyss (Hrsg.), *Didaktik auf psychologischer Grundlage. Von Hans Aeblis kognitionspsychologischer Didaktik zur modernen Lehr-Lernforschung* (S. 52-73). Bern: h.e.p.

Meyer, H. (2004). *Was ist guter Unterricht?* Berlin: Cornelsen Scriptor.

Mietzel, G. (1998). *Pädagogische Psychologie des Lernens und Lehrens* (5. Aufl.). Göttingen: Hogrefe.

Müller, G.N., Steinbring, H. & Wittmann, E.C. (1997). *10 Jahre „mathe 2000". Bilanz und Perspektiven.* Düsseldorf: Klett.

NCTM (1989). *Curriculum and evaluation standards for school mathematics.* Reston, VA: National Council of Teachers of Mathematics.

NCTM (1991). *Professional standards for teaching mathematics.* Reston, VA: National Council of Teachers of Mathematics.

NCTM (2000). *Principles and standards for school mathematics.* Reston, VA: National Council of Teachers of Mathematics.

Neubrand, J. (2002). *Eine Klassifikation mathematischer Aufgaben zur Analyse von Unterrichtssituationen: Selbsttätiges Arbeiten in Schülerarbeitsphasen in den Stunden der TIMSS-Video-Studie.* Hildesheim: Franzbecker.

Neubrand, J., Neubrand, M. & Sibberns, H. (1998). Die TIMSS-Aufgaben aus mathematikdidaktischer Sicht. Stärken und Defizite deutscher Schülerinnen und Schüler. In W. Blum & M. Neubrand (Hrsg.), *TIMSS und der Mathematikunterricht. Informationen, Analysen und Konsequenzen* (S. 17-27). Hannover: Schroedel.

Neubrand, M. (2003). „Mathematical literacy"/"Mathematische Grundbildung". *Zeitschrift für Erziehungswissenschaft, 6* (3), 338-356.

Oerter, R. & Montada, L. (Hrsg.). (1998). *Entwicklungspsychologie.* Weinheim: Beltz PVU.

Op 't Eynde, P., De Corte, E. & Verschaffel, L. (2006). Epistemic dimensions of students' mathematics-related belief systems. *International journal of educational research, 45,* 57-70.

Oser, F. & Patry, J.-L. (1990). *Choreographien unterrichtlichen Lernens. Basismodelle des Unterrichts.* Freiburg: Pädagogisches Institut (Berichte zur Erziehungswissenschaft Nr. 89).

Pauli, C. (2006). „Fragend-entwickelnder Unterricht" aus der Sicht der soziokulturalistisch orientierten Unterrichtsforschung. In M. Baer, M. Fuchs, P. Füglister, K. Reusser & H. Wyss (Hrsg.), *Didaktik auf psychologischer Grundlage. Von Hans Aeblis kognitionspsychologischer Didaktik zur modernen Lehr-Lernforschung* (S. 192-206). Bern: h.e.p.

Pauli, C., Drollinger-Vetter, B., Hugener, I. & Lipowsky, F. (2008). Kognitive Aktivierung im Mathematikunterricht. *Zeitschrift für Pädagogische Psychologie, 22* (2), 127-133.

Pauli, C. & Reusser, K. (2000). Zur Rolle der Lehrpersonen beim kooperativen Lernen. *Schweizerische Zeitschrift für Bildungswissenschaft, 22* (3), 421-442.

Pauli, C. & Reusser, K. (2003). Unterrichtsskripts im schweizerischen und im deutschen Mathematikunterricht. *Unterrichtswissenschaft, 31* (3), 238-272.

Pauli, C. & Reusser, K. (2006). Von international vergleichenden Video Surveys zur videobasierten Unterrichtsforschung und -entwicklung. *Zeitschrift für Pädagogik, 52* (6), 774-798.

Pekrun, R., Goetz, T., Titz, W. & Perry, R.P. (2002). Academic emotions in students' self-regulated learning and achievement: A program of qualitative and quantitative research. *Educational Psychologist, 37* (2), 91-105.

Pekrun, R., Götz, T., vom Hofe, R., Blum, W., Jullien, S., Zirngibl, A., Kleine, M., Wartha, S. & Jordan, A. (2005). Emotionen und Leistung im Fach Mathematik: Ziele und erste Befunde aus dem „Projekt zur Analyse der Leistungsentwicklung in Mathematik" (PALMA). In J. Doll & M. Prenzel (Hrsg.), *Bildungsqualität von Schule: Lehrerprofessionalisierung, Unterrichtsentwicklung und Schülerförderung als Strategien der Qualitätsverbesserung* (S. 345-363). Münster: Waxmann.

Pekrun, R. & Schiefele, U. (1996). Emotions- und motivationspsychologische Bedingungen der Lernleistung. In F.E. Weinert & H. Mandl (Hrsg.), *Psychologie des Lernens und der Instruktion. Enzyklopädie der Psychologie, Themenbereich D, Serie 1, Band 2* (S. 153-180). Göttingen: Hogrefe.

Pekrun, R. & Zirngibl, A. (2004). Schülermerkmale im Fach Mathematik. In PISA-Konsortium Deutschland (Hrsg.), *PISA 2003. Der Bildungsstand der Jugendlichen in Deutschland – Ergebnisse des zweiten internationalen Vergleichs* (S. 191-210). Münster: Waxmann.

Petko, D. (2006). Kameraskript. In I. Hugener, C. Pauli & K. Reusser (Hrsg.), *Videoanalysen (= Teil 3 der Dokumentation der Erhebungs- und Auswertungsinstrumente zur schweizerisch-deutschen Videostudie „Unterrichtsqualität, Lernverhalten und mathematisches Verständnis", hrsg. von E. Klieme, C. Pauli & K. Reusser)* (S. 15-37). Frankfurt a. M.: GFPF/DIPF.

Petko, D., Waldis, M., Pauli, C. & Reusser, K. (2003). Methodologische Überlegungen zur videogestützten Forschung in der Mathematikdidaktik. *Zentralblatt für Didaktik der Mathematik (ZDM), 35* (6), 265-280.

Philipp, R.A. (2007). Mathematics teachers' beliefs and affect. In F.K. Lester (Hrsg.), *Second handbook of research on mathematics teaching and learning. A project of the National Council of Teachers of Mathematics* (S. 257-315). Charlotte, NC: Information Age Publishing/NCTM.

Piaget, J. (1973). *Einführung in die genetische Erkenntnistheorie*. Frankfurt a. M.: Suhrkamp.

Polya, G. (1949). *Schule des Denkens. Vom Lösen mathematischer Probleme*. Bern: Francke Verlag.

Polya, G. (1975). *Mathematik und plausibles Schliessen. Band 2. Typen und Strukturen plausibler Folgerung* (2. Aufl.). Basel: Birkhäuser Verlag.

Posner, G.J., Strike, K.A., Hewson, P.W. & Gertzog, W.A. (1982). Accommodation of a scientific conception: towards a theory of conceptual change. *Science Education, 66* (2), 211-227.

Prediger, S. (2008). The relevance of didactic categories for analysing obstacles in conceptual change: Revisiting the case of multiplication of fractions. *Learning and Instruction, 18* (1), 3-17.

Prenzel, M. (2000). Steigerung der Effizienz des mathematisch-naturwissenschaftlichen Unterrichts: Ein Modellversuchsprogramm von Bund und Ländern. *Unterrichtswissenschaft, 28* (2), 103-126.

Prenzel, M., Seidel, T., Lehrke, M., Rimmele, R., Duit, R., Euler, M., Geiser, H., Hoffmann, L., Müller, Ch. & Widodo, A. (2002). Lehr-Lernprozesse im Phyikunterricht – eine Videostudie. *Zeitschrift für Pädagogik, 45. Beiheft*, 139-156.

Rakoczy, K. (2008). *Motivationsunterstützung im Mathematikunterricht: Unterricht aus der Perspektive von Lernenden und Beobachtern.* Münster: Waxmann.

Rakoczy, K., Buff, A. & Lipowsky, F. (2005). *Befragungsinstrumente (= Teil 1 der Dokumentation der Erhebungs- und Auswertungsinstrumente zur schweizerisch-deutschen Videostudie „Unterrichtsqualität, Lernverhalten und mathematisches Verständnis", hrsg. von E. Klieme, C. Pauli & K. Reusser).* Frankfurt a. M.: GFPF/DIPF.

Rakoczy, K., Klieme, E., Drollinger-Vetter, B., Lipowsky, F., Pauli, C. & Reusser, K. (2007). Structure as a quality feature in mathematics instruction. Cognitive and motivational effects of a structured organisation of the learning environment vs. a structured presentation of learning content. In M. Prenzel (Hrsg.), *Studies on the educational quality of schools. The final report on the DFG priority programm* (S. 101-120). Münster: Waxmann.

Rakoczy, K. & Pauli, C. (2006). Hoch-inferentes Rating: Beurteilung der Qualität unterrichtlicher Prozesse. In I. Hugener, C. Pauli & K. Reusser (Hrsg.), *Videoanalysen (= Teil 3 der Dokumentation der Erhebungs- und Auswertungsinstrumente zur schweizerisch-deutschen Videostudie „Unterrichtsqualität, Lernverhalten und mathematisches Verständnis", hrsg. von E. Klieme, C. Pauli & K. Reusser)* (S. 206-233). Frankfurt a. M.: GFPF/DIPF.

Raudenbush, S.W., Bryk, A., Cheong, Y.F. & Congdon, R. (2004). *HLM 6: Hierarchical linear and nonlinear modeling.* Lincolnwood: Scientific Software International.

Reiss, K. & Reiss, M. (2006). Unterrichtsqualität und der Mathematikunterricht. In I. Hosenfeld & F.-W. Schrader (Hrsg.), *Schulische Leistungen. Grundlagen Bedingungen, Perspektiven* (S. 225-242). Münster: Waxmann.

Renkl, A., Wittwer, J., Grosse, C., Hauser, S., Hilbert, T., Nückles, M. & Schworm, S. (2006). Instruktionale Erklärungen beim Erwerb kognitiver Fertigkeiten: sechs Thesen zu einer oft vergeblichen Bemühung. In I. Hosenfeld & F.-W. Schrader (Hrsg.), *Unterricht und schulische Leistung. Grundlagen, Konsequenzen, Perspektiven* (S. 205-224). Münster: Waxmann.

Resnick, L.B. & Ford, W.W. (1981). *The psychology of mathematics for instruction.* Hillsdale: Lawrence Erlbaum Associates.

Reusser, K. (1984/1994). *Problemlösen in wissenstheoretischer Sicht. Problematisches Wissen, Problemformulierung und Problemverständnis.* Dissertation. Bern: Universität Bern.

Reusser, K. (1989/1995). *Vom Text zur Situation zur Gleichung. Kognitive Simulation von Sprachverständnis und Mathematisierung beim Lösen von Textaufgaben.* Habilitation. Bern: Universität Bern.

Reusser, K. (1994a). Die Rolle von Lehrerinnen und Lehrern neu denken. Kognitionspädagogische Anmerkungen zur „neuen Lernkultur". *Beiträge zur Lehrerbildung, 12* (1), 19-37.

Reusser, K. (1994b). *Problemlösen.* Aus Skript zur Vorlesung „Denken, Verstehen, Problemlösen". Zürich: Pädagogisches Institut der Universität Zürich.

Reusser, K. (1995). Lehr-Lernkultur im Wandel: Zur Neuorientierung in der kognitiven Lernforschung. In R. Dubs & R. Dörig (Hrsg.), *Dialog Wissenschaft und Praxis* (S. 164-190). St. Gallen: Institut für Wirtschaftspädagogik IWP.

Reusser, K. (1998). Denkstrukturen und Wissenserwerb in der Ontogenese. In F. Klix & H. Spada (Hrsg.), *Wissen. Enzyklopädie der Psychologie, Themenbereich C, Serie II, Band 6* (S. 115-166). Göttingen: Hogrefe.

Reusser, K. (1999a). *KAFKA und SAMBA als Grundfiguren der Artikulation des Lehr-Lerngeschehens*. Aus: Skript zur Vorlesung „Allgemeine Didaktik". Zürich: Pädagogisches Institut der Universität Zürich.

Reusser, K. (1999b). „Und sie bewegt sich doch" – aber man behalte die Richtung im Auge! Zum Wandel der Schule und zum neu-alten pädagogischen Rollenverständnis von Lehrerinnen und Lehrern. *Die neue Schulpraxis, Themenheft 99*, 11-15.

Reusser, K. (1999c). Schülerfehler. Die Rückseite des Spiegels. In W. Althof (Hrsg.), *Fehlerwelten. Vom Fehlermachen und Lernen aus Fehlern* (S. 213-248). Opladen: Leske + Budrich.

Reusser, K. (2001a). Co-constructivism in educational theory and practise. In N.J. Smelser, P.B. Baltes & F.E. Weinert (Hrsg.), *International encyclopaedia of the social and behavioral sciences* (S. 2058-2062). Oxford: Pergamon/Elsevier Science.

Reusser, K. (2001b). Unterricht zwischen Wissensvermittlung und Lernen lernen. Alte Sackgassen und neue Wege in der Bearbeitung eines pädagogischen Jahrhundertproblems. In C. Finkbeiner & G.W. Schnaitmann (Hrsg.), *Lehren und Lernen im Kontext empirischer Forschung und Fachdidaktik* (S. 106-140). Donauwörth: Auer.

Reusser, K. (2005a). Problemorientiertes Lernen – Tiefenstruktur, Gestaltungsformen, Wirkung. *Beiträge zur Lehrerbildung, 23* (2), 159-182.

Reusser, K. (2005b). Situiertes Lernen mit Unterrichtsvideos. Unterrichtsvideografie als Medium des situierten beruflichen Lernens. *Journal für Lehrerinnen- und Lehrerbildung, 5* (2), 8-18.

Reusser, K. (2006). Konstruktivismus – vom epistemologischen Leitbegriff zur Erneuerung der didaktischen Kultur. In M. Baer, M. Fuchs, P. Füglister, K. Reusser & H. Wyss (Hrsg.), *Didaktik auf psychologischer Grundlage. Von Hans Aeblis kognitionspsychologischer Didaktik zur modernen Lehr-Lernforschung* (S. 151-168). Bern: h.e.p.

Reusser, K. (2008). Empirisch fundierte Didaktik – didaktisch fundierte Unterrichtsforschung. Eine Perspektive zur Neuorientierung der Allgemeinen Didaktik. In M.A. Meyer, M. Prenzel & S. Hellekamps (Hrsg.), *Zeitschrift für Erziehungswissenschaft. Sonderheft 9* (S. 219-237). Wiesbaden: VS Verlag für Sozialwissenschaften.

Reusser, K. & Pauli, C. (2000). *Unterrichtsqualität, Lernverhalten und mathematisches Verständnis. Eine schweizerisch-deutsche Videostudie. Forschungsgesuch an den SNF*. Zürich: Universität Zürich, Pädagogisches Institut. Projekt-Nr. 1114-63564.00/1.

Reusser, K. & Pauli, C. (2003). *Mathematikunterricht in der Schweiz und in weiteren sechs Ländern. Bericht über die Ergebnisse einer internationalen und schweizerischen Video-Unterrichtsstudie. Doppel-CD-ROM*. Zürich: Universität Zürich.

Reusser, K., Pauli, C. & Waldis, M. (Hrsg.). (2010). *Mathematikunterricht und Mathematiklernen in Schweizer Schulen. Ergebnisse einer internationalen und nationalen Videostudie zum Mathematikunterricht*. Münster: Waxmann.

Reusser, K. & Reusser-Weyeneth, M. (1994a). Verstehen als psychologischer Prozess und als didaktische Aufgabe: Einführung und Überblick. In K. Reusser & M. Reusser-Weyeneth (Hrsg.), *Verstehen: Psychologischer Prozess und didaktische Aufgabe* (S. 9-35). Bern: Hans Huber.

Reusser, K. & Reusser-Weyeneth, M. (Hrsg.). (1994b). *Verstehen: Psychologischer Prozess und didaktische Aufgabe*. Bern: Hans Huber.

Romberg, T.A. & Kaput, J.J. (1999). Mathematics worth teaching, mathematics worth under-standing. In E. Fennema & T.A. Romberg (Hrsg.), *Mathematics classrooms that pro-mote understanding* (S. 3-17). Mahwah, N.J.: Erlbaum.

Ruf, U. & Badr Goetz, N. (2002). Dialogischer Unterricht als pädagogisches Versuchshandeln – Instruktion und Konstruktion in einem komplexen didaktischen Arrangement. In R. Voss (Hrsg.), *Unterricht aus konstruktivistischer Sicht. Die Welt in den Köpfen der Kinder.* Neuwied, Kriftel: Luchterhand.

Ruf, U. & Gallin, P. (1998). *Dialogisches Lernen in Sprache und Mathematik* (2 Bände). Seelze-Velber: Kallmeyer.

Salomon, G. & Perkins, D.N. (1989). Rocky roads to transfer: rethinking mechanisms of a neglected phenomenon. *Educational Psychologist, 24* (2), 113-142.

Schiefele, U. & Pekrun, R. (1996). Psychologische Modelle des fremdgesteuerten und selbstgesteuerten Lernens. In F.E. Weinert & H. Mandl (Hrsg.), *Psychologie des Ler-nens und der Instruktion. Enzyklopädie der Psychologie, Themenbereich D, Serie 1, Band 2* (S. 153-180). Göttingen: Hogrefe.

Schoenfeld, A.H. (1985). *Mathematical Problem Solving.* San Diego, CA: Academic Press.

Schoenfeld, A.H. (1992). Learning to think mathematically: Problem solving, metacognition, and sense-making in mathematics. In D.A. Grouws (Hrsg.), *Handbook of research on mathematics teaching and learning* (S. 334-370). New York: Macmillan.

Schoenfeld, A.H. (2006). Mathematics teaching and learning. In P.A. Alexander & P. Winne (Hrsg.), *Handbook of educational psychology* (2. Aufl., S. 479-510). Mahwah, N.J.: Lawrence Erlbaum.

Schoy-Lutz, M. (2005). *Fehlerkultur im Mathematikunterricht.* Hildesheim: Franzbecker.

Seel, N.M. (2003). *Psychologie des Lernens: Lehrbuch für Pädagogen und Psychologen* (2. Aufl.). München: Reinhardt.

Seidel, T., Rimmele, R. & Prenzel, M. (2005). Clarity and coherence of lesson goals as a scaf-fold for student learning. *Learning and Instruction, 16* (6), 539-556.

Seidel, T. & Shavelson, R.J. (2007). Teaching effectiveness research in the past decade: The role of theory and research design in disentangling meta-analysis results. *Review of Educational Research, 77* (4), 454-499.

Selz, O. (1913). *Über die Gesetze des geordneten Denkverlaufs. Eine experimentelle Unter-suchung.* Stuttgart: Spemann.

Sfard, A. (1998). On two metaphors for learning and the dangers of choosing just one. *Educa-tional Researcher, 27* (2), 4-13.

Sfard, A. (2001). There is more to discourse than meets ears: Looking at thinking as commu-nicating to learn more about mathematical learning. *Educational Studies in Mathemat-ics, 46*, 13-57.

Shavelson, R.J., Ruiz-Primo, M.A. & Wiley, E.W. (2005). Windows into the mind. *Higher Education, 49*, 413-430.

Shuell, T.J. (1996). Teaching and learning in a classroom context. In D.C. Berliner & R.C. Calfee (Hrsg.), *Handbook of educational psychology* (S. 726-764). New York: Mac-millan.

Shuell, T.J. (2001). Leaning theories and educational paradigms. In N.J. Smelser, P.B. Baltes & F.E. Weinert (Hrsg.), *International encyclopedia of the social and behavioral sciences* (S. 8613-8620). Oxford: Pergamon/Elsevier Science.

Shulman, L.S. (1987). Knowledge and Teaching: Foundations of the New Reform. *Harvard Educational Review, 57* (1), 1-22.

Sierpinska, A. (1994). *Understanding in Mathematics.* London: The Falmer Press.

Spiegel, H. & Selter, C. (2003). *Kinder und Mathematik. Was Erwachsene wissen sollten.* Seelze-Velber: Kallmeyer.

Staub, F. (2001). Fachspezifisch-pädagogisches Coaching: Theoriebezogene Unterrichtsentwicklung zur Förderung von Unterrichtsexpertise. *Beiträge zur Lehrerbildung, 19* (2), 175-198.

Staub, F. (2004). Fachspezifisch-pädagogisches Coaching: ein Beispiel zur Entwicklung von Lehrerfortbildung und Unterrichtskompetenz als Kooperation. *Zeitschrift für Erziehungswissenschaft, 7* (Beiheft 3), 113-141.

Staub, F.C. & Stern, E. (2002). The nature of teachers' pedagogical content beliefs matters for students' achievement gains: Quasi-experimental evidence from elementary mathematics. *Journal of Educational Psychology, 94* (2), 344-355.

Stebler, R., Reusser, K. & Pauli, C. (1994). Interaktive Lehr-Lern-Umgebungen: Didaktische Arrangements im Dienste des gründlichen Verstehens. In K. Reusser & M. Reusser-Weyeneth (Hrsg.), *Verstehen: Psychologischer Prozess und didaktische Aufgabe* (S. 227-259). Bern: Hans Huber.

Steen, L.A. (1978). Mathematics Today. In L. A. Steen (Hrsg.), *Mathematics Today. Twelve Informal Essays* (S. 2-12). New York: Springer-Verlag.

Stein, M.K., Boaler, J. & Silver, E.A. (2003). Teaching mathematics through problem solving. In H.L. Schoen (Hrsg.), *Teaching mathematics through problem solving: Grades 6-12* (S. 245-256). Reston, VA: National Council of Teachers of Mathematics.

Stein, M.K., Grover, B.W. & Henningsen, M. (1996). Building student capacity for mathematical thinking and reasoning: An analysis of mathematical tasks used in reform classrooms. *American Educational Research Journal, 33,* 455-488.

Stein, M.K. & Lane, S. (1996). Instructional task and the development of student capacity to think and reason: An analysis of the relationship between teaching and learning in a reform mathematics project. *Educational Research and Evaluation, 2* (1), 50-80.

Steiner, G. (1996). *Lernen. 20 Szenarien aus dem Alltag.* Bern: Huber.

Steiner, G. (2001). Lernen und Wissenserwerb. In A. Krapp & B. Weidenmann (Hrsg.), *Pädagogische Psychologie* (4. Aufl., S. 137-205). Weinheim: Beltz, PVU.

Stigler, J.W., Gallimore, R. & Hiebert, J. (2000). Using video surveys to compare classrooms and teaching across cultures: Examples and lessons from the TIMSS video studies. *Educational Psychologist, 35* (2), 87-100.

Stigler, J.W. & Hiebert, J. (1999). *The teaching gap.* New York: Free Press.

Sweller, J., van Merrienboer, J.J.G. & Paas, F.G.W.C. (1998). Cognitive architecture and instructional design. *Educational Psychology Review, 10* (3), 251-296.

Tabachnick, B.G. & Fidell, L.S. (2007). *Using multivariate statistics* (5. Aufl.). Boston: Pearson.

Tobias, S. & Duffy, T.M. (Hrsg.). (2009). *Constructivist Instruction. Success or Failure?* New York: Routledge.

Ulm, V. (2004). *Mathematikunterricht für individuelle Lernwege öffnen. Sekundarstufe* (2. Aufl.). Seelze-Velber: Kallmeyer.

Voigt, J. (1998). The culture of the mathematical classroom: Negotiating the mathematical meaning of empirical phenomena. In F. Seeger, J. Voigt & U. Waschescio (Hrsg.), *The Culture of the Mathematics Classroom* (S. 191-220). Cambridge: University Press.

Vollrath, H.-J. (1984). *Methodik des Begriffslehrens im Mathematikunterricht.* Stuttgart: Klett.

Vollrath, H.-J. (2001). *Grundlagen des Mathematikunterrichtes in der Sekundarstufe* (2. Aufl.). Heidelberg: Spektrum Akademischer Verlag.

vom Hofe, R. (1995). *Grundvorstellungen mathematischer Inhalte.* Heidelberg: Spektrum Akademischer Verlag.

vom Hofe, R. (1996). Grundvorstellungen – Basis für inhaltliches Denken. *mathematik lehren, 78,* 4-8.

vom Hofe, R. (2003). Grundbildung durch Grundvorstellung. *mathematik lehren, 118,* 4-8.

Vosniadou, S. (2001). *How children learn.* Brüssel/Genf: International Academy of Education (IAE).

Vosniadou, S. (Hrsg.). (2008). *International handbook of research on conceptual change.* New York: Routledge.

Vosniadou, S., Skopeliti, I. & Ikospentaki, K. (2005). Reconsidering the role of artifacts in reasoning: Children's understanding of the globe as a model of earth. *Learning and Instruction, 15* (4), 333-351.

Vosniadou, S. & Verschaffel, L. (2004). Extending the conceptual change approach to mathematics learning and teaching. *Learning and Instruction, 14* (2), 445-451.

Vygotsky, L.S. (1978). *Mind in society.* Cambridge: Harvard University Press.

Vygotsky, L.S. (2002). *Denken und Sprechen: psychologische Untersuchungen* (3. Aufl.). Weinheim: Beltz PVU.

Wagenführ, K. (2001). Gebietsreform in Feldhausen. Eine Einführung in den Satz des Pythagoras. *mathematik lehren, 109,* 10-13.

Wagenschein, M. (1980). Physikalismus und Sprache. Gegen die Nichtachtung des Unmessbaren und Unmittelbaren. In G. Schaefer & W. Loch (Hrsg.), *Kommunikative Grundlage des naturwissenschaftlichen Unterrrichts* (S. 11-37). Weinheim: Beltz.

Wagenschein, M. (1989). *Verstehen lehren* (8. Aufl.). Weinheim: Beltz.

Wang, M.C., Haertel, G.D. & Walberg, H.J. (1993). Toward a knowledge base for school learning. *Review of Educational Research, 63* (3), 249-294.

Weinert, F.E. (2001). Vergleichende Leistungsmessung in Schulen – eine umstrittene Selbstverständlichkeit. In F.E. Weinert (Hrsg.), *Leistungsmessungen in Schulen* (S. 17-31). Weinheim: Beltz.

Weinstein, C.E. & Mayer, R.E. (1986). The teaching of learning strategies. In M.C. Wittrock (Hrsg.), *Handbook of research on teaching* (3. Aufl., S. 315-327). New York: Macmillan.

Wertheimer, M. (1945/1964). *Produktives Denken.* Frankfurt a. M.: Kramer.

Weth, T. (1999). *Kreativität im Mathematikunterricht: Begriffsbildung als kreatives Tun.* Hildesheim: Franzbecker.

Winter, H. (1975). Allgemeine Lernziele im Mathematikunterricht? *Zentralblatt für Didaktik der Mathematik (ZDM), 7* (3), 106-116.

Winter, H. (1978). Umgangssprache – Fachsprache im Mathematikunterricht. In H. Bauersfeld, M. Otte & H.G. Steiner (Hrsg.), *Lernschwierigkeiten im Mathematikunterricht. Schriftenreihe des IDM, Band 18* (S. 5-56). Bielefeld: Universität Bielefeld, Institut für Didaktik der Mathematik.

Winter, H. (1984). Satzgruppe des Pythagoras. *mathematik lehren, 2,* 42-48.

Winter, H. (1987). *Mathematik entdecken. Neue Ansätze für den Unterricht in der Grundschule.* Frankfurt am Main: Cornelsen Scriptor.

Winter, H. (1989). *Entdeckendes Lernen im Mathematikunterricht. Einblicke in die Ideengeschichte und ihre Bedeutung für die Pädagogik.* Braunschweig: Vieweg.

Winter, H. (1996). Mathematik und Allgemeinbildung. *Mitteilungen der Deutschen Mathematiker-Vereinigung, 2,* 35-41.

Winter, H. (2006). Entdeckend üben – übend entdecken. *Die Grundschule, 5,* 26-30.

Wirtz, M. & Caspar, F. (2003). *Beurteilerübereinstimmung und Beurteilerreliabilität. Methoden zur Bestimmung und Verbesserung der Zuverlässigkeit von Einschätzungen mittels Kategoriensystemen und Ratingskalen.* Göttingen: Hogrefe.

Wittmann, E.C. (1981). *Grundfragen des Mathematikunterrichts* (6. Aufl.). Braunschweig: Vieweg.

Wittmann, E.C. (1985). Objekt – Operation – Wirkungen: Das operative Prinzip in der Mathematikdidaktik. *mathematik lehren, 11,* 44-47.

Wittmann, E.C. (1990). Wider die Flut der „bunten Hunde" und der „grauen Päckchen": Die Konzeption des aktiv-entdeckenden Lernens und des produktiven Übens. In E.C. Wittmann & G.N. Müller (Hrsg.), *Handbuch produktiver Rechenübungen* (S. 152-166). Stuttgart: Klett.

Wittmann, E.C. (1996). Designing Teaching: The Pythagorean Theorem. In T. Cooney (Hrsg.), *Mathematics, Pedagogy and Secondary Teacher Education* (S. 97-165). Portsmouth: Heinemann.

Wittmann, E.C. (2000). Aktiv-entdeckendes und soziales Lernen im Rechenunterricht – vom Kind und vom Fach aus. In G.N. Müller & E.C. Wittmann (Hrsg.), *Mit Kindern rechnen* (2. Aufl., S. 10-41). Frankfurt a. M.: Arbeitskreis Grundschule – Der Grundschulverband – e.V.

Wittmann, E.C. (2001). Rettet die Phänomene! In C. Selter & G. Walther (Hrsg.), *Mathematik lernen und gesunder Menschenverstand. Festschrift für Gerhard Norbert Müller* (S. 222-242). Düsseldorf: Klett.

Wittmann, E.C. (2003). Was ist Mathematik und welche pädagogische Bedeutung hat das wohlverstandene Fach auch für den Mathematikunterricht der Grundschule? In M. Baum & H. Wielpütz (Hrsg.), *Mathematik in der Grundschule. Ein Arbeitsbuch.* Seelze: Kallmeyer.

Wittmann, E.C. (2004). Design von Lernumgebungen zur mathematischen Frühförderung. In G. Faust, M. Götz, H. Hacker & H.G. Rossbach (Hrsg.), *Anschlussfähige Bildungsprozesse im Elementar- und Primarbereich.* Bad Heilbronn: Klinkhardt.

Wittwer, J. & Renkl, A. (2008). Why instructional explanations often do not work: A framework for understanding the effectiveness of instructional explanations. *Educational Psychologist, 43* (1), 49-64.

Wood, T., Cobb, P. & Yackel, E. (1991). Change in teaching mathematics: A case study. *American Educational Research Journal, 28,* 587-616.

Yscwijn, P. (1997). *GT Programm für Generalisierbarkeitsstudien.* Neuchâtel: Institut de Recherche et de Documentation Pédagogique.
Verfügbar unter: http://www.irdp.ch/methodo/generali.htm [Stand: 9.12.2008].

Zech, F. (1998). *Grundkurs Mathematikdidaktik. Theoretische und praktische Anleitungen für das Lehren und Lernen von Mathematik* (9. Aufl.). Weinheim: Beltz.

Zobrist, B., Krammer, K. & Reusser, K. (2006). Einführungssequenzen. In K. Reusser, C. Pauli & K. Krammer (Hrsg.), *Unterrichtsvideos mit Begleitmaterialien für die Aus- und Weiterbildung von Lehrpersonen – DVD 1.* Zürich: Pädagogisches Institut.

Abbildungsverzeichnis

Tabellenverzeichnis

Empirische Studien zur Didaktik der Mathematik

herausgegeben von Götz Krummheuer und Aiso Heinze

■ Band 7

Anke Lindmeier

Modeling and Measuring Knowledge and Competencies of Teachers

A Threefold Domain-Specific Structure Model for Mathematics

2011, 232 pages, br., 29,90 €, ISBN 978-3-8309-2453-1

Recent studies used content knowledge and pedagogical content knowledge as predicting variables for expertise in order to explain success in student learning for example. In this work, potential disadvantages of these approaches are analyzed: Acting competent in classroom situations demands more dispose of content and pedagogical content knowledge. Central topic is the analysis and description of these domain-specific competencies. Therefore, the study proposes a model compatible with existing approaches. It consists of three components of domain-specific competencies: First, a basic component of mathematical and mathematical pedagogical knowledge, second, reflective competencies, and third, action-related competencies.

■ Band 6

Stanislaw Schukajlow

Mathematisches Modellieren

Schwierigkeiten und Strategien von Lernenden als Bausteine einer lernprozessorientierten Didaktik der neuen Aufgabenkultur

2010, 244 Seiten, br., 49,90 €, ISBN 978-3-8309-2441-8

Ziel der Studie ist es, Schüler-Schwierigkeiten und -Strategien bei der Bearbeitung von Modellierungsaufgaben empirisch zu erfassen, mit kognitiven Lern- und Problemlösetheorien zu verbinden und erste Bausteine einer Didaktik der neuen Aufgabenkultur zu entwerfen. Als eine neue Aufgabenkultur werden in dieser Arbeit die Auswahl von zum Nachdenken herausfordernden Aufgaben, die unterschiedliche Lösungsmöglichkeiten zulassen oder geradezu anbieten, sowie eine adäquate Behandlung dieser Aufgaben im Unterricht bezeichnet.

Waxmann

MÜNSTER · NEW YORK · MÜNCHEN · BERLIN

Waxmann

■ Band 5

Birgit Brandt,
Marei Fetzer,
Marcus Schütte (Hrsg.)

Auf den Spuren Interpretativer Unterrichtsforschung in der Mathematikdidaktik

Götz Krummheuer zum 60. Geburtstag

2010, 328 Seiten, br., 34,90 €, ISBN 978-3-8309-2398-5

Die Interpretative Unterrichtsforschung ist ein Zweig der Mathematikdidaktik, der entscheidend dazu beigetragen hat, die Mathematikdidaktik als wissenschaftliche Disziplin zu etablieren. Ihre Wurzeln reichen bis in die 1970er Jahre zurück. Die Interpretative Unterrichtsforschung hat viele Gesichter. Ein Name, der untrennbar mit der Interpretativen Unterrichtforschung verknüpft ist, ist Götz Krummheuer. Von Beginn seiner Forschungstätigkeiten an hat Götz Krummheuer maßgeblich an der theoretischen Ausdifferenzierung dieses Ansatzes mitgewirkt. Seine Arbeiten schaffen forschungsmethodisch und forschungsmethodologisch Orientierungen für die empirische Theoriegenese in der Interpretativen Unterrichtsforschung.

■ Band 4

Christof Schreiber

Semiotische Prozess-Karten

Chatbasierte Inskriptionen
in mathematischen Problemlöseprozessen

2010, 180 Seiten, br., 24,90 €, ISBN 978-3-8309-2373-2

In dieser Publikation geht es um die detaillierte Analyse kollektiver mathematischer Problemlöseprozesse, die wesentlich auf schriftlich-graphischer Kommunikation basieren. Solche Problemlöseprozesse werden erzeugt, indem in einem experimentellen Setting Schüler in einer Chat-Umgebung Aufgaben gemeinsam lösen und die Kommunikation zwischen den Chat-Partnern ausschließlich schriftlich-graphisch stattfindet. Die Analyse der Interaktionsprozesse fußt auf einem interaktionstheoretischen Ansatz des Mathematiklernens, der durch semiotische Elemente ergänzt wird

MÜNSTER · NEW YORK · MÜNCHEN · BERLIN